당제국의 개방과 창조

이해원

1957년 서울에서 태어나 고려대학교 중어중문학과를 졸업하고, 대만 국립정치대학 중문연구소에서 석사학위와 호주 시드니대학교 동아시아학과에서 박사학위를 취득하였다. 고려대학교 인문대학 중국학부 교수로 재직하고 있으며, 대한민국학술원 우수학술도서상을 2회 수상했다. 저서로는 『당시의 이해』, 『이백의 삶과 문학』, 『황하에 흐르는 명시』, 『한자 속의 중국문화』, 『중국의 음식문화』 등이 있다.

서강학술총서
048

당제국의 개방과 창조

이해원 지음

서강대학교출판부

서강학술총서 048
당제국의 개방과 창조

초판발행 | 2013년 1월 30일
지 은 이 | 이해원
발 행 인 | 이종욱
편 집 인 | 우찬제
발 행 처 | 서강대학교 출판부
등록번호 | 1978년 9월 28일 제313-2002-170호

주　소 | 서울특별시 마포구 신수동 1번지
전　화 | (02) 705-8212
팩　스 | (02) 705-8612

ISBN 978-89-7273-221-1　94910
ISBN 978-89-7273-139-9(세트)

값 45,000원

* '서강학술총서'는 SK SUPEX 기금의 후원으로 제작됩니다.

머리글

새뮤얼 헌팅턴은 자신의 저서 『새뮤얼 헌팅턴의 미국』에서 멕시코와 같은 라틴계 이민이 미국의 핵심을 이루는 앵글로－개신교의 개인주의와 직업윤리, 법치주의라는 가치관을 무너뜨린다고 경고한 바 있다. 이에 반기를 든 예일대학교 법대 교수 에이미 추아(Amy Chua)는 최근 그녀의 저서 『제국의 미래』(*Day of Empire*)에서 16세기 초강대국 스페인은 유대인과 무슬림을 배척하면서 동원 가능한 인적, 물적 자원이 점차 줄어들어 쇠퇴의 길을 걷게 되었다고 했고, 미국의 정체성을 하나의 고유한 인종 집단 혹은 종교 집단에 묶어놓으려는 시도는 미국의 사회구조를 파괴하는 가장 확실한 방법이라고 비판했다.

추아는 저서에서 제국의 흥망성쇠를 독창적인 이론으로 설명하면서, 미국이 초강대국이 된 비결과 향후 갈 길을 '관용'(tolerance)이라는 독특한 시각에서 접근하였다. 여기에서 그녀가 말하는 '관용'은 (인권과 같은, 현대적 의미의 관용이 아니라) 이질적인 집단이 특정 사회에서 생활하고 번영할 수 있도록 허용하는 것을 말한다. 그리고 초강대국에 필수적인 인적 자원은 종교나 인종 차별의 벽을 없애야 하고, 또한 강대국을 유지하기 위해서는 서로 다른 민족으로 구성된 강대국의 각 구성원이 중심 민족에 동화될 수 있는 공통의 접착제가 필요하며, 이민족 누구에게나 정치, 경제적으로 성공할 수 있는 기회를 제공하여야 한다고 역설했다.

헌팅턴의 서로 다른 문명의 충돌이 아닌 이질적인 민족과의 융합으로 다양한 문화의 힘을 중요시한 에이미 추아가 말하는 초강대국의 조건을 갖춘 중국의 왕조는 당제국이었다. 당나라는 위구르, 아랍, 돌궐 등 세계 각지에서 당왕조의 도성 장안, 낙양뿐만 아니라 양주, 광주 그리고 변방 등지에 들어와 상업 활동에 종사하거나 관직에 등용되고 종교 활동 등 다양한 문화와의 접촉, 인적 자원의 다양성 때문에 강대국이 될 수 있었다.

'관용'의 내재적 코드는 '개방'(the open door)이다. 당제국의 대외 개방은 여러 이질적인 이민족과의 민족적, 문화적 융합을 내포한다. 당나라 시기의 중국은 대외 교류와 개방의 전성기였다. 이질적인 문화와의 접촉을 통해 흥성과 개방, 상호 의존과 촉진이 당제국 시기에 활발했다. 대외 개방정책은 경제, 문화의 발전과 밀접한 관계가 있다. 국가의 흥성과 번영은 대외 개방을 확대하고 세계 각국과의 경제, 문화 교류를 활발하게 진행하며 다른 국가와 민족의 문화를 흡수하여 본국을 촉진시켜 경제, 문화, 사회 발전을 꾀하는 정책과 밀접한 관계가 있다.

당제국은 70여 국가가 사절을 파견하면서 외국의 사신, 유학생, 승려, 상인, 관광객이 끊임없이 들어왔다. 이에 따라 외국의 종교, 음악, 춤, 음식, 복식, 회화와 조각예술이 당대 문화에 유입되었고, 외국의 물품, 기술, 의학이 전래되었다. 반면에 선박 건조 기술과 항해술의 발달로 중동의 아랍을 포함한 아시아와 아프리카에 당대 문명이 유행하였다.

당제국은 대외 개방정책을 실시하면서 엄격한 관리 체제를 갖추었다. 당제국은 외교 사무와 외국인을 관리하는 법규를 제정하였다. 기미부주(羈縻府州)의 조직 기구를 통해 중앙의 정치 법령을 하달하였고, 양주와 광주 등 주요 항구에 시박사(市舶司)를 설치하여 외국 사신의 접대에서부터 외국인의 중국에서의 경제활동이나 종교생활에 이르기까지 모든 방면의 관리와 비용을 부담하였다.

당제국은 대외 개방을 통해 이질적인 문화를 수용하여 다문화주의(multi-culturalism) 사회를 이룩하고 이민족 문화를 한족 문화와 융합시켜 세계주의(cosmopolitanism)를 창조하여 중국 역사는 물론 세계 역사에서도 당시 가장 찬란한 경제, 사회, 문화의 번영을 구가할 수 있었다.

당제국의 대외 개방을 통해 외국과의 교류 사실은 사서의 기록, 문집, 필기(筆記), 문서 그리고 기타 문헌 등을 통해 알 수 있다.

첫째, 사서류는 정사(正史), 편년사(編年史), 정법(政法)에 관한 기록으로 나눌 수 있다. 『수서』(隋書) 가운데 대외 교류를 포함한 당왕조와 관련된 기록이 있다. 당왕조의 정사인 『구당서』(舊唐書)와 『신당서』(新唐書)의 본기, 열전 등에 외국과의 교류를 알 수 있는 기록이 상당히 많다.

편년사로는 『대당창업기거주』(大唐創業起居注)와 『자치통감』(資治通鑑)이 있다. 전자는 당왕조 초기의 중요한 사회 사료로 그 가운데 정사의 부족한 점을 보충해주는 기록이 들어 있다. 후자는 저명한 편년체 정치역사서로 당대 동서 교류의 기록도 정사에 없는 부분이다.

정치제도와 법령에 관한 사서는 기본적으로는 역사 문헌이면서 당대 정치제도, 정치에 관한 황제의 칙령, 법제도, 군사조직, 제정관리와 경제생활 등에 관한 중요한 참고서이다. 당대 법제도사와 사회구조에 관한 『당률소의』(唐律疏議), 국가 행정조직에 대한 『당육전』(唐六典), 식화(食貨), 직관(職官), 주군(州郡), 변방(邊防)에 관한 『통전』(通典), 전장(典章)제도에 관한 『당회요』(唐會要)에 외교 사절의 접대와 상인을 포함한 외국인 그리고 대외 교류에 대한 기록이 서술되어 있다. 『당대조령집』(唐大詔令集)은 외국과의 교류에 관한 황제의 조령을 수록하였다.

둘째, 당대 문인들의 문집 속에 시(詩), 주소(奏疏), 표문(表文), 문독(文牘)과 비명묘지(碑銘墓志) 등이 보존되어 있어 당대 사회문화를 이해하는 데 필수불가결한 문헌인 동시에 당왕조와 외국과의 교류를 알 수 있는 기록이 포함되어 있다. 당대 시인들은 예민한 감각과 풍부한 상상력을 동원하여 대외 교류와 외국인의 당왕조에서의 생활 모습을 자세하게 묘사하였다.

셋째, 필기 잡저(雜著) 가운데 동서 교류에 관한 기록이 보인다. 당대 필기소설(筆記小說) 가운데 일부에서 외국과의 교류에 관해 서술하였다. 그 밖에 정치 문제, 황제의 생활을 기록한 오긍(吳兢)의 『정관정요』(貞觀政要), 왕인유(王仁裕)의 『개원천보유사』(開元天寶遺事), 조일원(趙一元)의 『봉천록』(奉天綠)이 있다. 사회, 경제에 관해서는 단성식(段成式)의 『유양잡조』(酉陽雜俎), 손광헌(孫光憲)의 『북몽쇄언』(北夢瑣言)이 있다. 인물의 언행과 문물제도 그리고 서회에 잘 알려지지 않은 고사를 기록한 봉인(封寅)의 『봉씨견문기』(封氏見聞記), 유숙(劉肅)의 『대당신어』(大唐新語), 이조(李肇)의 『국사보』(國史補)가 있다. 지리, 도시와 지방 경제에 관해서는 이길보(李吉甫)의 『원화군현도지』(元和郡縣圖志), 위술(韋述)의 『양경신기』(兩京新記), 송민구(宋敏求)의 『장안지』(長安志)가 있다. 외국과의 교통, 견문과 풍속인정에 관해서는 현장(玄奘)의 『대당서역기』(大唐西域記), 의정(義淨)의 『대당서역구법고승전』(大唐西域求法高僧傳), 두환(杜環)의 『경행기』(經行記) 그리고 일본 승려 엔닌(圓仁)의 『입당구법순례행기』(入唐求法巡禮行記)가 있다.

넷째, 문서는 돈황 석굴 장경동(藏經洞)에서 발견된 두루마리 문서를 말한다. 3세기 중엽에서부터 10세기까지의 불교경전, 유가경전, 사서, 시부, 소설, 변문, 방지(方志), 호적, 장책(帳册), 역본(歷本), 계거(契据), 신찰(信札), 장첩(狀牒) 등이 있는데 이 가운데 외국과의 교류를 나타낸 기록이 있다.

이상 각종 문헌 이외에 동서 경제, 문화를 살펴볼 수 있는 문헌이 또 있다. 『전당문』(全唐文)과 『전당시』(全唐詩) 가운데 동서 경제, 문화 교류에 관한 기록이 상당히 많다. 서역 변방지방을 통해 이민족의 음악과 춤, 음식과 복식 등 생활과 예술이 당왕조에 유입되었다. 이러한 사실은 개인 문집이 없는 시인의 시와 문장에도 사서의 기록에 보이지 않는 대외교류 사실이 기록되어 있다. 『태평광기』(太平廣記)에 당대의 경제생활과 야사, 소설 등의 내용을 수록하였고, 외국인의 중국에서의 삶에 대한 기록이 있다. 『태평어람』(太平御覽)에는 적지 않은 당대의 유실된 문헌을 보존하고 있고 중국에 전래된 박래품에 대한 기록이 보인다. 『책부원구』(册府元龜)에는 역대 군주의 사적을 중심으로 정책 법령, 문물제도 등을 수록하였는데, 당대에 관한 기록은 내용이 상세하고 문헌 가치가 높으며 외교에 관한 사실도 기록하였다.

당제국을 중국 역사상 황금시대(the Golden Age)라고 일컫게 된 이유는 첫째, 당황실이 이민족의 혈통이 섞여 있어 이민족에 전통적인 화의(華夷)의 관념과는 달리 개방적인 태도를 취하였다. 둘째, 왕조의 영속을 위해 이민족을 이용하여 제국 건설을 이룩했다. 셋째, 이민족과의 경제 문화 교류를 통해 당왕조의 경제 번영을 이룩했다.

당왕조를 건립한 당고조 이연(李淵)의 가정은 대대로 관료귀족이었고, 서위(西魏), 북주(北周), 수대의 세습 명문 집안이었다. 사서의 기록에 그의 조상은 농서(隴西) 적도(狄道), 지금의 감숙 임조(臨洮)현 사람으로 16국의 양무(涼武) 소왕(昭王) 이고(李暠)의 후손이라고 한다. 이연의 모친은 선비(鮮卑)에 귀속된 흉노 독고씨(獨孤氏)였고, 부인은 선비족 두씨(竇氏)였다. 위진남북조 시기에 이민족과 한족이 혼합되었고, 수당왕조의 중국 통일 이후 이민족에 대한 편견이 줄어들면서 조정은 이민족에 대해 개방정책을 시행하였다. 이런 개방정책은 결국 당왕조 정치, 군사, 사회, 경제 방면의 번영과도 깊은 관계가 있었다.

7세기 초에 건립된 당왕조는 동돌궐족, 서돌궐족, 위구르족, 토번, 남조, 거란족, 고구려 등 사방팔방으로 비(非)한족들의 위협에 둘러싸였다. 당고조는 통일된 중국을 유지하기 위해 이들 이민족들과의 우호적인 관계가 절대 필요했다. 서북부 이민족들은 중국의 한족 문화를 흡수하고 당왕조 황실이나 한족 가문과 혼인 관계를 맺었다. 한편 당왕조는 군사적 정복과 활발한 외교정책을 병행하면서 이민족을 활용하였는데 이민족의 군대를 통합하고 이들의 지도자들을 장군으로 기용하여 작위를 주고 군대 지휘권을 유지한 채 당제국에 편입된 변방 영토를 통치하도록 하여 중국인과 이민족은 동등한 자격을 보유하는 통일된 제국을 완성하였다.

당태종은 대외 무역의 중요성을 인식하고 실크로드를 재정비했다. 이민족들, 이민족의 상품들과 관습이 당왕조 장안에 들어왔고 다시 중국 전역으로 흘러들어갔다. 당왕조에는 수많은 세계 각국의 사절단과 상인들이 유입되어 외교와 통상이 이루어졌다. 한편 한반도와 일본의 수많은 유학생과 승려들이 중국에 왔다. 당 조정은 외교 관계를 처리하기 위해 외국 사절에 대한 숙박시설 제공, 외국 왕과 사절에 대한 중국의 작위 부여, 공물과 선물 접수, 통역자의 고용, 외국 사절에 대한 답례품 전달, 외국의 관습, 지리, 상품에 관한 정보수집 등의 업무를 처리하는 행정제도가 정비되었다.

당대의 대외 외무 관리기관으로는 사방관(四方館), 홍려시(鴻臚寺), 예빈원(禮賓院), 호시감(互市監), 시박사(市舶司), 번장사(蕃長司)가 설치되었다. 당대의 외무 기구는 그 업무의 성질에 따라 외국 사신의 접대, 무역 관리, 외국인 관리 세 부분으로 나뉜다. 외무 활동 중에 예의, 정책, 법령 등 중대한 문제가 있을 때는 3성(省) 6부(部)의 관련 부문과 관리들이 책임을 지고 처리했다. 중서성과 문하성은 당대 중앙의 중요 부서였다. 중서성은 정령을 관장하고, 문하성은 황제의 명령을 출납하던 기구였다. 외교 칙령을 기초하고 심사하는 업무를 담당하고, 황제가 외국 국왕, 사신을 접견하는 의식과 연회에 참가하며, 외국 국왕과 사신이 전달하는 외교문서 수령을 책임졌다. 이런 업무를 중서성의 중서시랑(中書侍郎)과 통사사인(通事舍人)이 맡았다.

호시감(互市監)은 서북 변경 지방과 소수민족, 외국 상안의 호시무역을 관장했다. 시박사(市舶司)는 항구도시의 외국 무역 사무를 책임졌다. 당대에 중국에 거주하는 외국인의 집단 거주지 혹은 거류지를 번방(蕃坊), 이들을 관리하는 기구를 번장사(蕃長司)라고 불렀다. 당대의 번방은 주로 동남 해안의 주요 항구인 광주(廣州), 천주(泉州), 양주(揚州)에 설치되었다.

당왕조의 변방 이민족에 대한 통치는 회유(懷柔)와 기미(羈縻)정책이었다. 기미정책의 일환으로 당 조정은 변방 이민족 지역에 구체적인 정책을 실시했다. 첫째, 융합정책을 실시했다. 고위 관리에게는 후한 봉록을 주고 왕과 후작에 책봉하였다. 둘째, 이민족을 이주시켜 안정적인 삶을 보장해주었다. 셋째, 화친, 혼인으로 혈연관계를 맺어 통치하는 방법을 유지했다. 넷째, 학교를 설립하여 한족 문화를 전파했다. 다섯째, 실크로드를 개통하여 중국 내륙의 비단과 변방의 말이 상호 교류하는 무역이 증대되었다.

이민족 관습과 박래품의 전래로 장안, 낙양과 같은 대도시의 한족 생활은 이전과 다른 모습으로 바뀌었다. 이민족 생활풍속처럼 천막 생활을 하는 중국인이 생겨났고, 시내 곳곳에 각종 종교 사원이 세워지기 시작했다. 중국인들은 돌궐과 페르시아의 몸에 꼭 끼는 옷을 입고 숄을 어깨에 둘렀고, 말을 탈 때 이민족의 통이 넓은 바지를 입고 모자를 썼다. 이민족의 약, 식품, 향신료를 귀하게 여겼는데, 특히 인도산 향로는 대단한 인기를 끌었다. 한편 외국 사절단은 당 황제에게 사자, 코뿔소, 코끼리 등을 선물로 바쳤고 선물로 보낸 외국인 음악가, 무용수, 난쟁이가 황실에서 공연하여 이민족의 음악과 춤, 잡기(雜技)가 유행했는데, 페르시아에서 유래된 폴로 경기가 인기 스포츠였다. 중국의 부유한 가정에서는 외국인 노예를 시종으로 삼았다.

장안과 낙양에 국제적인 시장을 개설하여 외국인의 상업 활동을 허용했고, 서역을 통해 전래된 불교를 비롯하여 네스토리우스교, 조로아스터교, 마니교, 유대교, 이슬람교 등이 전래되어 종교 다원화주의가 융성했으며, 변방 이민족의 악무, 음식, 복식, 의학, 과학기술 등이 전해져 당나라의 찬란한 경제, 문화를 이룩하는 데 커다란 영향을 끼쳤다. 동시에 이렇게 찬란했던 당문화는 지나치게 많은 권한을 부여받은 속특인과 돌궐족 혈통을 가진 이민족 안록산의 반란으로 쇠퇴하였다는 역사의 아이러니는 개방정책에 의한 다문화주의와 세계주의의 새로운 문화 창조가 얼마나 중요하고 번영의 첩경이라는 사실에 대한 재확인인 동시에 역사적 교훈이 된다.

수당시대의 중국 통일은 위진남북조 이후 민족 융합의 결합이라고 말할 수 있다. 위진남북조 시기에 탁발씨(拓拔氏)로 대표되는 선비족(鮮卑族)이 대거 중원에 진입하여 한족과 교류하고 융합되었으며 동화되기도 하였다. 황하 유역에서 흉노(匈奴), 갈(羯), 저(氐), 강(羌), 선비모용(鮮卑慕容)이 남하하여 정권을 세우고 이 지역의 한족들은 멀리 쫓겨났다. 중원지방을 차지한 이민족들은 한족 문화를 이용하여 중원을 통치하였다. 이민족 문화는 한족 문화와 융합하여 새로운 한족 문화가 탄생한 것이다. 이민족 문화가 한족 문화에 깊은 영향을 미치어 수당시대 이후의 한족 문화 속에는 이민족 문화가 상당히 깊게 스며들었다.

당대 외국과의 교류는 다른 시대를 뛰어넘는다. 교류 지역의 광역화,

교류의 높은 빈도수, 교류 통로의 다양화, 왕래 사절의 계속성, 넓은 교류 영역과 교류의 높은 성과를 성취했다. 교류와 왕래의 내용으로 볼 때, 당대의 국외 교류는 이미 정치적 의미를 넘어서서 경제, 문화, 사상, 예술과 생활 각 방면에 걸쳐 이루어져서 그 내용이 다채롭고 다양했다. 경제 방면에서는 외국의 '조공'(朝貢)과 당 조정의 '회사'(回賜)가 육로와 해로를 통해 이루어졌는데 일반 민간의 상선 활동도 활발하였다. 외국 상선에서 일하는 중국인의 수도 많았고 무역활동의 범위도 넓었다. 문화 방면의 교류에서 당대의 외래 문화에 대한 태도는 무조건적인 배척은 하지 않았고 선택적으로 흡수하였다. 이러한 관용적인 수용 분위기에서 당대의 문화 교류는 어느 시대보다 광범위하고 활발했다. 예를 들면 경교(景教), 마니교(摩尼教), 요교(祆教), 이슬람교는 당대에 전파되어 이미 중국에 전래된 불교와 중국 전통의 도교(道教)와 융합되는 현상도 있었다. 여러 사회계층 사람은 중국에 유행한 대승불교 중에서 일부를 수용하였다. 상층계층은 인도의 사변철학에 흥미와 흡수 능력을 발휘하여 일부 고승은 불교의 심오한 교리를 터득했고, 불교도들을 광범위하게 끌어들인 것은 단순화되고 통속화된 설교 덕분이었다. 종교 이외에 음악, 춤, 미술, 희극 등의 영역에서도 교류가 이루어졌다.

당대는 대외 교류와 개방의 극성기였다. 개방과 흥성, 상호 의존, 상호 작용, 상호 촉진이 이루어졌다. 대외 개방과 경제, 문화의 발전은 밀접한 관계가 있다. 당제국은 대외 개방을 확대하고 외국과의 광범위한 경제, 문화 교류를 가속화하여 사회와 경제 발전을 촉진시켜 고도의 경제 부흥과 새로운 문화 창조를 이룩하였다.

이 책의 저술은 바로 이러한 당제국의 대외 개방을 통한 정치적 안정, 경제적 번영과 문화의 다양화의 창조에 있다.

제1장에서는 당대의 대외 교류 관리체제에 대해 논했다. 당대는 외국

과의 교류를 통해 선린 외교정책으로 변방의 방어를 견고하게 하고 다른 한편으로는 경제적 이익을 획득하였다. 이것은 '기미'라고 하는 제도를 통해 달성되었는데 안서(安西), 안북(安北), 선우(單于), 안동(安東), 안남(安南)과 북정(北庭)에 도호부(都護府)를 설치하고 기미부주로 삼아 효과적으로 변방 이민족을 다스렸다. 당대의 기미부주는 이민족의 본래 영토와 점령한 이민족 지역 둘로 나뉘는데, 이민족 본래의 지역은 당 조정과는 밀접한 관계가 없어 당정부의 완전한 지배를 받지 않았기 때문에 당왕조에 복종하거나 혹은 반역하기도 하여 대비책으로 당 조정은 삭방군(朔方軍)을 설치하였다. 삭방군과 기미부주는 당 조정의 변방 지역을 경영하는 두 가지 다른 방법이었다. 기미부주는 주로 행정 수단이었고, 삭방군은 군사 방어였다.

제2장은 외교와 무역 사무를 관장하는 주요 기관에 관해 서술하였다. 당대의 대외 개방정책을 실행하기 위해 당 조정은 사방관, 홍려시, 예빈관, 호시감, 시박사, 번장사 등의 외교와 무역 사무를 관장하는 정부기관을 설치하여 외국의 사신, 유학생, 승려, 상인을 관리하였다.

제3장은 당제국의 대외 교류 국가에 관한 것이다. 당나라와 교류한 국가는 『신당서』, 『구당서』와 『책부원구』 등과 같은 역사 기록과 『전당시』에 수록된 당나라 시인들의 시에서 쉽게 알 수 있다. 『당회요』(권49)에 당시에 당 조정에 조공을 바친 국가는 70여 국가에 이르렀다고 하였고, 『신당서』에는 천보 연간에 당나라에 귀속된 국가와 지역이 72개국에 달했다고 하였다. 『구당서』에는 권194부터 권199까지 45개국이다. 『신당서』에는 권215부터 권222까지 50개국을 기록하였다. 『당회요』에 기록된 외국은 권92부터 권100까지 모두 80개국이다.

제4장은 당제국 때의 실크로드에 대해 서술하였다. 중국의 고대 서방 및 동북아 문명과의 교통과 교류는 실크로드를 통해 이루어졌는데, 이 실

크로드란 명칭은 1877년 독일의 지리학자 리히트호펜(F. von Richthofen, 1833~1905)이 처음 사용하였다. 당제국의 실크로드는 서역, 중앙아시아, 서아시아, 남아시아, 동남아시아, 동북아시아와 동부아프리카, 동로마제국과의 활발한 교류를 통해 사신과 상인들의 왕래가 빈번하여 최고의 번영기를 맞이하였다. 정관(貞觀) 연간에 당태종은 고창을 멸망시키고 이곳에 서주(西州)를 설치하였으며, 얼마 후에 이곳에 안서도호부를 설치하였다. 이후로 당대 육상 실크로드가 번영을 구가하였다. 탈라스 전투에서 당제국의 군대가 아랍제국에게 패하면서 육상 실크로드는 차단되었고, 대신 해상 실크로드가 개척되면서 중국의 도자기, 비단 등이 동남아시아, 인도, 아랍과 동아프리카까지 수출되었다. 동남아시아와 통하는 해상 실크로드인 남해(南海) 실크로드 이외에 동해(東海) 실크로드도 활발하였다. 한반도와 일본과의 교류는 바로 이 동해 실크로드를 통해 이루어졌다.

제5장은 한반도와의 교류에 대해 논했다. 한반도는 중국 문화의 영향을 가장 일찍 그리고 많이 받았고 중국 문화가 일본에 전래되는 교량 역할을 하여 한반도는 중국과 일본, 인도와의 문화 교류에도 커다란 역할을 하였다. 당대에 신라는 당 조정에 사신을 126차례나 파견하였고, 당 조정은 책봉의 명의로 신라에 사신을 34차례 파견하여 양국이 모두 160여 차례나 사신 왕래가 있었다. 신라는 당나라에 유학생과 승려를 파견하였다. 최치원(崔致遠), 김가기(金可紀) 등과 같은 신라 유학생이 과거시험에 합격하여 관리가 되거나 입산하여 수도에 정진하기도 했다. 신라의 저명한 학자 설총(薛聰), 강수(强首)가 한자의 음을 이용하여 한국어를 표기하는 이두(吏讀)를 고안하였다. 신라의 원측(圓測), 자장(慈藏), 의상(義湘), 혜초(慧超), 지장(地藏) 등이 불교를 배우러 당나라로 갔다. 중국에 온 한반도 승려 가운데 인도로 간 구법승도 혜초(慧超)를 비롯하여 9명이나 되었다. 중국에 설치된 신라방(新羅坊), 신라원(新羅院), 신라관(新羅館)은 중국에 정

착한 신라인의 종교 활동 및 거주 장소였다. 신라는 당왕조의 정치제도와 균전제, 조용조와 같은 경제제도를 수용하여 정전제(丁田制)를 실시하였고, 신문왕(神文王) 때 국학(國學)을 설치했다. 당대의 의학서 손사막(孫思邈)의 『천금방』(千金方), 왕수(王燾)의 『외대비요』(外臺秘要)와 『광리방』(廣利方) 등이 신라에 전래되었다. 반면 신라에서 약재 우황(牛黃)과 인삼이 중국에 조공으로 바쳐졌다. 당왕조와 신라의 문학 교류는 당시 한중 문화 교류 가운데 중요한 부분이었다. 최치원과 그의 중국 친구와의 시문 교류, 신라 승려와 중국 시인과 승려와의 문학 교류가 빈번했다. 당나라의 문학작품이 한반도에 유행하였다.

제6장은 일본과의 교류에 관하여 설명했다. 일본이 중국 당나라에 파견한 견당사(遣唐使)는 264년 동안 19차례였다. 아베 나카마로(阿倍仲麻呂)는 견당 유학생으로 태학에 입학하고 후에 진사에 급제하였으며 관리가 되어 황제로부터 조형(晁衡)이라는 중국 이름을 하사받았다. 감진(鑒眞)은 일본으로 간 중국 승려인데, 불상, 불구(佛具), 불경, 자첩(字帖) 등을 가져갔다. 그는 일본에서 계단(戒壇)을 설치하고 계율을 전수하며 사원을 건립하는 등 홍법 활동을 펼치며 율종의 경전을 강해하고 일본에서 원적하였다. 일본의 덴표(天平) 문화는 중국과 한반도의 불상 조소와 회화 예술의 영향을 받았다. 엔닌(圓仁)은 중국에 10여 년을 머물다가 일본으로 귀국하고 『입당구법순례행기』를 남겼다. 견당사 유학생이 당나라의 율령제도를 일본에 들여와 당나라와 같은 율령제를 만들고 반포였다. 일본도 중앙에 대학(大學), 각국에 국학(國學)을 설치했다. 대학에서 중국의 경서를 가르쳤다. 대략 5세기에 중국의 유가사상이 일본에 전해졌다. 쇼토쿠태자는 유학생을 중국에 파견하여 중국의 유가사상과 불교를 배워오게 했다. 헤이안(平安)시대 이후에 사이초(最澄), 엔닌(圓仁), 엔친(圓珍), 구카이(空海)와 같은 '입당팔가'(入唐八家)로 불리는 승려들이 중국에 들어가 구법 활동

을 펼쳤다. 7세기 이후에 일본은 중국 의학을 흡수하여 일본 특유의 의학을 발전시켰다. 일본의 『시경』(詩經)이라는 『만엽집』(萬葉集)은 중국 남조 때의 양나라 태자 소통(蕭統)이 편찬한 『문선』(文選)에 적지 않은 영향을 받았는데 나라(奈良)시대 일본의 시인들은 이 책을 필독서로 여길 정도로 중시하였다. 도다이사(東大寺)의 쇼소인(正倉院)에 수장되어 있는 당제국의 유물은 중국과 일본의 문화 교류에 아주 귀중한 역사유물이다. 당대 호남 장사요(長沙窯)는 일본에 대략 27군데에서 출토되었다. 중국의 상박(相撲), 축구(蹴球), 격국(擊鞠)과 바둑이 전해졌다.

제7장은 동남아시아와의 교류에 대해 논했다. 당대에 해외 무역이 흥성하여 광주를 관통하는 주강(珠江)에는 인도, 페르시아, 곤륜 등의 선박이 셀 수 없이 많았다. 해상 실크로드에서 동남아시아의 곤륜박(昆侖舶)은 중요한 역할을 하여 진귀한 물품으로 중국과 교역을 하였다. 베트남의 교지(交趾), 크메르의 부남(扶南), 태국의 타화라(墮和羅), 미얀마의 표국(驃國)과 인도네시아의 실리불서(室利佛逝, Srivijaya), 가릉국(訶陵國, Java)과 파리국(婆利國, Brunei)과 당제국은 외교, 경제 및 문화 교류를 하였다.

제8장은 인도, 아랍과의 교류에 대해 설명했다. 인도는 고대 중국과의 교류에서는 신독(身毒), 천축(天竺) 등으로 불렸다. 당대 중국에서 인도로 통하는 도로는 '안남통천축도'(安南通天竺道)인데, 현장(玄奘)의 인도 구법 활동은 유명한 『대당서역기』에 기록되어 있다. 왕현책(王玄策)은 세 차례에 걸쳐 인도를 방문했고, 의정(義淨)은 25년 동안 인도에 머물면서 30여 국가를 방문하고 불경을 가지고 낙양에 도착했다. 사산조페르시아를 중국 문헌에서는 파사(波斯)라고 부르는데 지금의 이란이다. 대식국(大食國)이 파사를 멸망시키자, 야즈제드(Yazdegerd)의 아들 페로즈(Peroz)는 아들 나르세스(Narses)를 데리고 장안으로 망명했다. 중국 문헌에는 백의대식(白衣大食)이라고 하는 우마이야왕조(Umayyads, 661~750년)와 지금의 이란

동북부의 호라산(Horasan)의 총독이 중국과 교류하여 사신과 상인이 왕래하였다. 흑의대식(黑衣大食)이라고 일컬었던 압바스왕조(Abbasids, 750~1258년)가 우마이야왕조를 대신하였는데, 중국과 대식은 탈라스에서 전투를 벌여 중국이 패한 후에 중앙아시아에서의 패권을 대식에게 빼앗겼다. 아랍 상인이 당대에는 인도양, 동남아시아, 중국을 왕래하였고, 광주가 당시 해로 무역의 중심지였다. 또한 아랍이나 인도의 배들이 동남아 항구들을 왕래하며 중국 광주까지 항해하였다. 중국에 온 아랍인들은 광주에 살았고, 복건의 천주(泉州)와 절강 해안 지역 항구에 페르시아인이 모여 살았다. 이들은 번방(蕃坊)을 형성하고 번장(蕃長)을 추천에 의해 선발하였다.

제9장은 중앙아시아와의 교류에 관한 것이다. 한대 장건(張騫)이 서역의 길을 개척한 후로 중앙아시아는 넓은 의미에서 서역(西域)에 속했고, 동서 육상 교통로가 통과하는 중요한 지역이 되었다. 당대에는 중앙아시아 지역에 기미부주(羈縻府州)를 설치하여 변방 지역을 통치하였고, 변방 이민족이나 국가들과 기본적으로는 우호관계를 맺었다. 당대에 중앙아시아 속특(粟特, Sogdia) 지역에 정식으로 탄생한 안국(安國), 강국(康國), 미국(米國), 석국(石國), 하국(何國), 사국(史國), 조국(曹國) 등 소무구성(昭武九姓)의 국가들은 중국과 빈번하게 교류하였다. 고창(高昌)을 점령하고 안서도호부를 설치하여 중원에서 서역으로 들어가는 문호 역할을 하였고, 또 실크로드의 중요한 도시가 되었다. 당나라 정부는 이곳에 관시(官市)를 설치하고 차마(茶馬) 무역을 하였다.

제10장은 당제국의 번영에 대해 설명했다. 당대에 수륙 교통이 매우 발달하여 수도 장안은 상업의 중심지가 되었고 외국과의 무역의 중심지가 되어 경제적 부흥을 이룩하였는데 육상 실크로드와 해상 실크로드의 발달 때문이다. 광주, 천주, 복주, 명주, 양주 등과 같은 해외 무역항이 번영

을 구가하여 외국과의 무역 교류를 확대하면서 막대한 이익을 얻었다.

제11장은 장안의 외국 상인에 대해서 논했다. 장안, 낙양은 당시 전국에서 가장 큰 도시로 국제 무역의 도시였다. 당시 장안성은 경제가 번영하고 흥성하여 중앙아시아, 페르시아, 아라비아 등 많은 외국인도 모여들어 무역활동에 종사하였다. 장안성의 상업시장은 동시(東市)와 서시(西市)였다. 시장에는 적지 않은 시장 관리기구를 설치하고 관리를 배치하였다. 장안의 동시에는 동시국(東市局)과 평준국(平準局)을 설치했다. 서시는 이러한 외국 상인이 제일 먼저 닿았던 곳이었기 때문에 서시의 상인은 특별히 많았고 특히 수많은 서역과 외국 상인이 서시에서 상업 활동을 하였다. 서역의 상인과 외국 상인의 경영 활동은 다방면에 걸쳤다. 그 가운데 주로 많이 경영한 품목은 보석, 비단, 약재, 차, 말, 소, 양, 창고, 술, 음식, 고리대금(高利貸金) 등이었다. 당대 북방의 이민족 상인 가운데 실력을 갖춘 상인은 회흘 사람이었다. 장안에 살았던 페르시아, 아랍 등의 상인도 적지 않았고 치부한 상인도 존재했다.

제12장은 당제국 중국에 와서 살았던 외국인과 외래 이민에 관해서 논했다. 당나라를 왕래하는 외국의 상인과 종교인, 사절, 군인 등 가운데 중국에 귀화하거나 장기 체류하는 사람들이 많았다. 또한 당 조정은 대외개방정책으로 외국의 수많은 인재들을 적극 수용하였다. 당나라에 살았고 당시 당대 사회에 비교적 사회적 지위가 높거나 당대 사회에 끼친 영향을 동북, 북부, 서역, 특히 속특인과 페르시아인을 중심으로 살펴보았다. 동북 외국인은 해(奚), 거란, 실위(室韋), 말갈(靺鞨) 등 많은 이민족들은 정치, 경제, 문화 등 각 방면에서 중국과 밀접한 관계를 맺었다. 북부지역의 외국인은 아사나씨(阿史那氏)를 중심으로 돌궐인이다. 속특인은 지금의 중앙아시아에 살던 강씨(康氏), 안씨(安氏), 미씨(米氏), 사씨(史氏), 조씨(曹氏) 등이다. 페르시아인은 당제국에 와서 상업 활동에 종사한 사람

이 많았다.

제13장은 외래 종교의 유입과 전파에 관해서 설명했다. 한나라 때 인도에서 전래된 불교는 당대에 이르러 더욱 발전하여 장안성 전체 방(坊)의 60% 정도에 사원이 건립되었고, 점차 불교가 중국화되어갔다. 외국 상인이 장안에 급증하자 이에 따라 경교, 요교, 마니교, 이슬람교 등의 외래 종교가 장안에 급속도로 전파되기 시작했고, 장안에는 적지 않은 요사(祆祠), 호요사(胡祆祠), 파사호사(波斯胡寺) 등의 외래 종교 사원이 생겨났다. 지금까지도 전해 내려오는 「대진경교유행중국비」(大秦景教流行中國碑)의 비문을 통해 당대 경교의 전래를 알 수 있다.

제14장은 당제국에 전래된 외국의 박래품에 관해서 논했다. 외국과의 교류를 통해 외국으로부터 수많은 박래품들이 중국에 전래되었다. 각종 호식(胡食), 호복(胡服), 호악(胡樂), 호희(胡戲) 등의 장안에서의 흥성은 장안 호상들의 활동과 밀접한 관계가 있다. 다른 한편으로 호상이 장안에서 오랫동안 상업 활동을 하면서 그들의 음식, 복장, 예의, 풍속, 예술, 과학, 문화, 운동, 오락, 여가활동 등은 중국인에게도 상당한 영향을 끼쳤고, 이러한 풍속습관은 강렬한 민족적 특색을 갖추었다. 향료, 약물, 식물, 과일, 말, 보석과 염료 등이 중국에 전래되었다.

제15장은 외국의 문화와 예술의 전래에 대해 논했다. 당대에는 외국의 물질문화뿐만 아니라 정신문화와 예술도 전래되어 중국에 영향을 끼쳤고 이를 바탕으로 중국인은 당제국의 새로운 중국 문화와 예술을 창조하였다. 외국에서 중국에 전래된 것으로는 음악, 춤, 발한호희(潑寒胡戲)와 같은 외래 풍속, 불상, 회화, 금은기, 유리, 화폐이고, 중국에서 세계로 수출된 상품은 한반도와 일본뿐만 아니라 동남아시아, 남아시아, 아랍, 아프리카 북부 이집트와 동아프리카 해안에까지 전해진 도자기였다.

제16장은 당제국에 전래된 외국의 천문학과 의학에 관해 논했다. 과학

방면에서도 당제국은 인도, 페르시아와 중앙아시아 천문학의 영향을 받았다. 중천축에서 중원에 온 구담(瞿曇) 가족은 당나라에서 대대로 천문학 관련 직업에 종사했고, 당대 천문학과 역법에 커다란 영향을 끼쳤다. 페르시아인 이미건(李彌乾)과 이소(李素)는 당대 천문학 발전에 공헌을 하였다. 이슬람 약학 지식과 치료 방법이 중의학 발전을 촉진시켰다. 또한 인도와 대진국의 안과 기술이 당나라에 영향을 끼쳤는데, 인도 의학, 특히 눈 치료법이 당나라에 전래되었고 다시 고구려에 유입되기도 하였다.

제17장은 외국의 체육, 마술과 도박의 전래에 관해서 설명했다. 페르시아에서 전래된 마구(馬球)는 당제국 황제들이 좋아하여 궁중에서 크게 유행했다. 환술이라고 하는 마술(魔術)은 서역에서 전래되었고 중국에서는 기예로 공연되었는데 당제국에 이르러 유행하였고, 민간과 일부 승려, 도사 중에 신기한 마술을 부리는 사람이 있었다. 아랍에서 기원한 쌍륙(雙陸)이 중국에 영향을 끼쳤다. 당대에 크게 유행한 쌍륙이 육로와 해로를 통해 중앙아시아, 남아시아, 동남아시아와 일본에까지 전래되었다.

결론 부분에서는 당제국이 대외 개방을 통해 정치 안정, 경제의 발전과 번영 그리고 문화의 창조와 다양성을 이룩하는 과정을 확인할 수 있었지만 문호 개방을 통한 번영이라는 정책이 지닌 치명적인 단점이 당제국 말경에 나타난 당제국의 역사적 사실에 주목하였다.

당제국의 개방정책 결과는 다음과 같다. 결론적으로 말하면 대외 개방은 선택적이고 제한적이어야 했다. 중심 문화의 형성과 연속성은 황제의 통치 이념과 능력에서 비롯되는데 만약 황제가 권위를 상실하거나 도덕적으로 타락하여 통치 능력을 상실할 경우 대외적으로는 토번, 남조와 같은 변방 국가들과의 전쟁이나 대내적으로는 안록산과 황소와 같은 사회적 반란으로 인해 제국은 무너질 수밖에 없는 것이다. 황제의 개인적인 무능과 통치에 대한 무관심은 제국 경영에 치명적인 퇴행으로 이어졌다.

안록산과 같이 황제 측근이 당제국의 중심을 대신했기 때문에 엄청난 전국적 혼란을 초래했고, 황소의 난을 평정하기 위한 외국 군대의 용병은 결국 장안성의 약탈과 방화라는 큰 대가를 치렀다. 주변 문화가 중심의 중앙 정부로 대체되었기 때문에 불가피한 개방은 당제국의 멸망을 초래하는 요소가 되었다. 황제가 중심이 된 당제국의 중심 문화는 황제가 무능하고 부패하면 기미정책으로 변방을 책임진 외국인 장수에게는 반란을 통한 정권 탈취의 기회가 되고 약탈을 통한 개인적 치부의 첩경이 되었다. 당제국의 개방과 창조에 의한 정치적 안정과 경제적 번영 그리고 다문화주의의 양면성이 지닌 제국 몰락의 가능성을 타산지석으로 삼아야 할 것이다.

끝으로 이러한 방대한 주제를 연구하는 데 큰 도움을 준 서강대학교 출판부에 감사를 드리고 싶다.

2012년 9월

이해원

차례

제1장
당대의 대외교류 관리체제

당대는 외국과의 교류를 통해 경제 발전의 물질적 기초를 세웠는데, 외국과의 선린 외교정책 또한 경제적 이익을 획득하는 데 큰 역할을 하였다. 전통적인 화이(華夷)의 관념을 타파하고 중원 지역과 주변 국가와의 융합을 촉진하고 외국과의 화해의 외교관계를 정립하였다.

선린 외교정책은 당고조 때부터 정립되었다. 무덕(武德) 5년(622년), 당고조는 고구려 왕 고건무(高建武)에 보낸 편지 중에 "모든 나라들을 부드럽게 대하고, 화목하게 지내며 우호적인 왕래를 하겠다"라고 했다.[1] 후에 태종, 고종, 무측천, 현종 모두 이러한 선린 외교정책을 계승하였고 구체적인 보완정책을 실시했다. 태종은 이전부터 제왕이 중화(中華)를 중시하고 이적(夷狄)을 천시하는 전통적인 외교정책을 버리고, 각 이민족을 "똑같이 사랑하는" 동시에 적극적으로 주변 국가들과 우호관계를 맺었다. 고종은 기본적으로는 주변 국가들과 우호관계에 주력하였다. 현종의 대외관계의 기본족인 정책은 "마음을 열고 이민족을 받아들이고"[2] 동시에 주

1 『舊唐書』 卷199, 「東夷傳」, 「高麗」, 5320쪽.

변 국가들에 대해 "비가 내리듯 윤택하게 하고 봄의 태양빛처럼 따뜻하며 덕으로써 그들을 부드럽게 대하며 믿음으로 균등하게 훈육하여" 각국의 사신들을 성실하게 맞이하는 것이었다.[3] 당 조정은 변방에 기미부주(羈縻府州)를 설치하고 조정이나 지방관을 통해 주변 국가들과 우호관계를 맺었다.

당대 변방의 이민족 분포를 보면, 북쪽에는 해(奚), 거란과 말갈족이 있는데 해와 말갈족은 무측천 때 여러 차례 중원을 침략하였고 오대 초에 거란은 독립 국가를 형성하고 거란문자를 창제하고 법률을 제정했으며 발해국을 공략하여 강대한 국가를 건설했다. 북방에는 돌궐(突厥), 설연타(薛延陀), 철륵(鐵勒), 회흘(回紇) 등이 있었는데 돌궐은 북조(北朝) 때부터 끊임없이 중원을 침략했다. 당태종 때 당 조정은 돌궐과 설연타를 격퇴하고, 돌궐이 쇠퇴한 후에 회흘이 돌궐의 옛 지역을 점령했다. 철륵과 회흘은 오랫동안 당 조정과 우호관계를 맺었고 무력 충돌은 드물었다. 당나라 초기에 서돌궐은 서역 지역을 통제하여 당나라와 서역과의 교류를 차단했다. 당 조정은 이주(伊州), 서주(西州)와 정주(庭州)를 설치하고 서역과 중원과의 관계를 원활하게 하였다. 고종(高宗)은 서돌궐을 공격하여 당나라와 서역 지역의 우호관계를 회복하였다. 서남 지역의 토번(吐蕃)은 수, 당 교체기에 토욕혼(吐谷渾)을 공격하여 멸한 후에 변방정책을 당 조정은 서북 지역으로 방향을 돌렸다. 운남(雲南) 지역에 남조(南詔)가 흥성하자 당 조정은 서천(西川)과 안남(安南)에 군대를 출동시켜 자주 무력 충돌이 벌어졌다. 만당 때 토번, 남조가 차례로 쇠퇴하여 서북과 서남 지역이 안정되는 국면을 맞이하였고, 서북의 당항(黨項) 강족(羌族)은 당

2 『全唐文』 卷27, 「安置降蕃詔」. 董誥 等編, 『全唐文』(1), 131쪽.

3 『全唐文』 卷26, 「放還諸蕃宿衛子弟詔」. 董誥 等編, 『全唐文』(1), 126쪽.

대에 이미 점차 강대해졌으나 당, 오대 정부와는 대체적으로 평화로운 관계를 유지했다.

1. 당황실의 호족 혈통

당(唐)이란 국호는 진(晉)의 옛날 이름으로 지금의 산서(山西)의 중심에 있었다. 전설에 군주 요(堯)는 도당씨(陶唐氏)라고 불렀다. 주나라 때 성왕(成王)의 동생 숙우(叔虞)의 봉국(封國)으로 당국(唐國)은 후의 진국(晉國)이 되었다. 서위(西魏) 때 팔주국(八柱國) 가운데 하나인 이호(李虎)는 농서군공(隴西郡公)에 봉해졌다. 이호의 아들 이병(李昞)은 후에 당국공(唐國公)에 봉해졌고, 이병의 아들 이연(李淵)은 당국공의 작위를 계승하였다.

북위(北魏)는 중국 북부의 유목민족으로 오호(五胡)의 하나인 선비족(鮮卑族) 탁발씨(拓跋氏)가 중심이 된 나라이다. 북위가 화북을 통일한 후 효문제(孝文帝) 시기인 494년에 수도를 낙양으로 옮기고 한화(漢化) 정책을 실시하여 호한(胡漢) 정권을 확립했다. 이러한 정책은 선비족 지배계층의 반감을 사서 반란을 일으켜 북위는 혼란에 빠지게 되었다. 이러한 사회 혼란을 틈타 업(鄴)에 기반을 둔 고환(高歡)과 장안에 기반을 둔 우문태(宇文泰)가 북위(北魏)는 동위(東魏)와 서위(西魏)로 분열되었다. 서위의 우문태는 선비족으로 수적으로 동위보다 적어서 관중 지역의 토착 호한 세력의 도움을 받아야 했다. 이러한 상황에서 훗날 수문제(隋文帝, 재위 581~604)가 될 양견(楊堅)이 541년에 서위(西魏)에서 태어났다. 서위는 군사행정의 중추 역할을 담당했던 8주국(八柱國) 12대장군(大將軍) 제도를 국가 확립의 기반으로 삼아 한족을 징병하였다. 8주국 12대장군의 우두머리는 우문태였다. 이러한 군대 체제는 당나라 때의 부병제(府兵制)의 모체가 되었다.

수문제 양견은 6세기의 전형적인 북조 귀족으로, 그의 가문은 막강한 이민족 가문들과 실리적인 통혼관계를 맺고 있었다. 이러한 8주국 12대장군으로 조직화된 군대를 이용하여 중원의 쟁란을 쳐부수고 589년에 중국 남부의 정통 한족 왕조를 무너뜨리고 중국을 통일하였다.

양견의 부친 양충(楊忠)은 서위의 무예가 뛰어난 장수였다. 우문태의 부하가 되어 장안에 들어갔고 동위 정벌에서 전공을 세웠고 대장군이 되었다. 8주국 12대장군은 서위의 최고 문벌이었다. 8주국 가운데 6주국 대장군의 하나였던 당고조 이연의 조부 이호(李虎)와 한때 양충이 따랐던 독고신(獨孤信)이 있었다.

독고신은 훗날 황후가 된 딸이 셋이나 있었다. 우문태의 아들인 북주(北周) 명제(明帝)의 황후, 당고조 이연의 모친, 즉 고조의 부친 이병(李昞)의 처 그리고 양견의 처로 수나라 문헌독고황후(文獻獨孤皇后)가 바로 그의 딸들이었다.[4] 당황실 황후의 혈통은 선비족인 것이다.

우문태의 아들 우문각(宇文覺)은 서위를 무너뜨리고 북주(北周)를 세웠고, 양충은 서위 말년에 주국대장군에 올랐다가 북주 때 수국공(隨國公)에 봉해졌다. 수(隨)는 지금의 호북 수현(隨縣)으로 수국공은 이 지역에 봉해진 관직이다. 수나라의 나라명은 바로 여기 수(隨)에서 유래하였다. 북주, 수, 당 세 왕조의 창업자 혹은 그 선조가 서위 8주국 12대장군의 일원이었고, 이들의 선조는 모두 무천진(武川鎭), 지금의 내몽고자치구 호화호특(呼和浩特) 북부의 무천 출신이다. 무천진은 북위의 옛 수도 평성(平城), 지금의 산서 대동(大同)의 서북부, 음산(陰山) 부근의 수도를 방위하던 옛 6

4 북주, 수, 당 황실의 혼인 관계를 나타내는 도표는 누노메 조후, 구리하라 마쓰오 외 지음, 임대희 옮김, 『중국의 역사』(수당오대), 17쪽.

진(鎭)의 하나였다. 북위 말경의 반란의 근거지였던 옥야진(沃野鎭)이나 동위를 건립한 고환의 출신지 회삭진(懷朔鎭) 모두 이 6진에 속했다. 6진의 군사는 북방 유목민과 한족으로 구성되었다. 6진의 군사는 부역을 면제받을 수 있는 특권을 가졌고 출세 길도 열려 있어 중요했지만 효문제가 낙양으로 천도한 후에 북방 방위의 중요성이 약화되면서 신분도 수도와는 현격한 차이가 있었고 출세의 희망도 없어져 불만이 많았다. 이러한 불만이 반란으로 표출된 것이다.

우문태는 그의 4대조 조상인 우문릉(宇文陵) 때 무천진으로 이주하였다. 또한 양견의 5대조 조상 양원수(楊元壽)는 무천진의 사마(司馬)였다. 또 당고조 이연의 4대조 조상 이희(李熙)도 무천진으로 이주하였다. 서위의 우문씨, 수왕조의 양씨와 당왕조의 이씨가 바로 이 무천진에 기반을 잡았던 것이다.

사서에 양견의 부친 양충이 서위 말경에 보육여(普六茹)라는 성을 하사받았으니, 양견 또한 보육여견(普六茹堅)으로 불렸던 것은 분명하다. 보육은 노성(虜姓)으로 불리는 북방 유목민족의 성이다. 북위 효문제 때 한화정책으로 황실의 노성 탁발씨를 원(元)씨 성으로 고친 것과 달리, 서위 말년 선비족의 국수주의 경향으로 한족의 성을 노성으로 다시 고쳤고 동시에 한족에게도 노성을 하사한 결과였다고 하였다. 또한 농서(隴西)의 당나라 황족이 된 이씨도 노성인 대야성(大野姓)을 하사받았다. 수나라 황실의 양씨와 당나라 황실의 이씨는 후세에 한족이었던 것처럼 족보를 고쳤던 것이다.[5]

---

5 陳寅恪은 당황실의 족보를 연구하여 중국 정사의 계보가 거짓 기재되었다고 하였음. 수왕조 황실의 보육여와 당황실의 대야성은 이 두 왕조의 선조가 선비족 성씨임에 틀림없음. 그러나 수당의 왕실이 모두 원래 선비족이었다고 단정 짓기 어렵다는 견해가 있음. 이 두 성씨의 선조가 모두 무천진에 있었고, 설령 이곳으로 이주한 한족이었다고 하더라도 북위 말경의 북진

당제국을 건설한 이연의 조상은 호인(胡人)과 잡거하던 지역과 관계가 깊고 모친은 선비족 출신이어서 당황실은 순수한 한족이 아니라 혼혈 혈통 집안이었다. 저명한 학자 진인각(陳寅恪)은 조군(趙郡) 이씨의 후손이라고 하였다. 이 이씨의 조상은 한족에게 선비족(鮮卑族)의 이름을 하사했거나 선비족 사람에게 하사한 한족 성씨라고 하였다.[6] 이러한 배경은 이민족이나 외국에 대한 태도에 영향을 주어 대외 외교와 무역 정책에 반영되었을 가능성이 높다.

2. 국제환경과 대외 개방정책

당대에 조정과 민간에서 대외 활동이 활발했던 것은 중앙 정권의 대외 개방정책과 밀접한 관계가 있다. 당대는 동북아시아의 한반도와 일본, 서남아시아의 인도, 동남아시아의 각국, 서아시아의 아랍 각국과 중앙아시아의 서역 국가들과 외교관계를 맺고 정치, 경제, 문화적으로 활발한 교류를 하였다.

동북아시아 한반도는 위진 이래로 오랫동안 고구려, 백제, 신라 삼국이 정립되면서 서로 대립하였다. 수, 당 정부는 여러 차례 출병하였는데 결

(北鎭)은 수도의 환화 풍조에 대한 반동으로서 선비족 국수주의 부흥 풍조가 강했기 때문에 그들이 선비화가 됐음은 확실하며, 수당 두 왕조가 이곳에서 발생한 것은 한인왕조를 부흥시켰다는 견해와는 다르다고 보았음. 누노메 조후, 구리하라 마쓰오 외 지음, 『중국의 역사』(수당오대), 20쪽.

6 陳寅恪은 「唐代政治史述論稿」와 「隋唐制度淵源略論稿」에서 李氏 家族은 西凉 王室과 關隴 貴族 李氏에서 유래한 것이 아니라 河北 趙郡 李氏의 작은 계파의 하나로 거주 지역이 鮮卑 拓拔氏 北魏 政權의 관할 안에 있었다. 이 李氏의 조상 가운데 두 사람이 있었는데 하나는 李初古拔이고, 다른 하나는 李買得으로 漢族 姓氏에 鮮卑의 이름임을 밝혀냈음.

국 신라와 협공하여 660년과 668년에 각각 백제와 고구려를 멸망시키고, 675년에 신라는 한반도를 통일하고 당나라와 우호관계를 맺었다. 만당과 오대에 이르러 통일신라는 다시 분열하였다가 936년에 고려가 신라를 멸망시키고 재차 한반도를 통일하고 오대와 밀접한 관계를 맺었다.

일본은 한대에 이미 대외 관계를 맺었고, 수대에는 4차례 사신을 파견했다. 7세기 초 당나라로부터 중국문화를 수입하여 중앙집권 체제를 수립하고 경제와 사회의 발전을 꾀하였다. 당나라 초기인 614년에 고토쿠 천황(孝德天皇)이 즉위하여 중국 유학생 출신과 함께 대화혁신(大和革新)을 추진하였고, 후에 당나라의 율령(律令)제도를 모방하여 702년에 대보율령(大寶律令)의 반포를 통해 사회개혁을 단행하고, 722년에는 양로령(養老令)을 반포하여 율령시대를 열었다. 나라(奈良) 시기에 국력이 신장되어 2백년 동안 견당사(遣唐使)를 18차례나 파견하였다.

동남아시아의 베트남, 크메르, 라오스는 7세기부터 9세기까지 중국의 관할을 받기도 하고 독립 국가를 형성하기도 했는데, 이들 국가들은 중국의 정치제도와 경제 문화의 영향을 받았다. 베트남은 중국에서는 옛날부터 교지(交趾), 월상(越裳)이라고 불렀다. 베트남의 국경은 지금의 중국 운남(雲南)과 광서(廣西)에 국경을 접하고 서쪽으로는 라오스, 남쪽으로는 임읍(林邑)과 접하였다. 기원전 221년, 진(秦)나라가 중국을 통일하고 지금의 복건인 백월(百越)에 민중(閩中), 광동에 남해(南海), 광서 서부에 계림(桂林), 광서 서부와 귀주 남부에 상(象) 등의 군을 설치했다. 진나라 말경에 남해군의 지방관 조타(趙佗)가 자립하여 남월국(南越國)을 건립하고 자칭 남월왕이 되어 남해, 계림과 상군 지역을 통솔했다. 후에 조타는 또 구낙국(甌雒國)을 합병하고 교지(交趾)와 구진(九眞) 두 군을 설치했다. 기원전 111년에 한무제는 조타의 남월국을 멸망시키고 교지와 구진 두 군을 한나라에 귀속시켰고 베트남 중부에 일남군(日南郡)을 설치하고 각 군에 군수를 파견하여 통치하게 했으며 교지에는 자사를 설치하여 이민족 부락을 통솔하게 했다. 이후로 베트남 지역은 중국과 이탈과 귀속을 반복하였다. 위진과 수당 때의 교지에 중국의 철기와 농업기술 그리고 문자와 법률제도가 전래되어 정치, 경제와 문화 등 여러 방면의 영향을 받으면서 사회 발전을 이루었다. 크메르는 7세기에서부터 9세기까지 진납(眞臘)이라고 불렸다. 진납은 원래 부남(扶南)으로 7세기 초에 부남이 쇠퇴하면서 세력이 커졌고 결국 부남을 공격하여 멸망시켰다. 8세기 초에 진남은 산이 많은 북부에 육진납(陸眞臘)과 바다를 접한 남부는 수진납(水眞臘)으로 분열되었다. 그러나 두 지역 내부는 수많은 독립된 왕국의 영지로 나뉘어 국왕은 명의에 불과했다.

중국의 서부 파미르고원의 서쪽에 소무구성(昭武九姓)의 여러 나라들이 있었는데 국력이 약했다. 국력이 강한 페르시아는 중국 문헌에 파사(波斯)라고 했는데 수나라 말경에 그 국왕이 서돌궐에게 피살되어 국내가 혼란에 빠졌고 사산조왕조는 신흥 국가인 대식(大食)이라고 불리는 아랍 국가에게 멸망당했다. 페르시아의 왕자 페로즈가 당나라에 와서 구원을 요청하고 국가를 회복시키려고 노력했지만 실패했다.

6세기에서 7세기에 걸쳐 아라비아반도는 혼란과 변혁의 시대를 맞았다. 씨족 부락 사이의 충돌과 민족 상호간의 연합이 교차하는 가운데 무하마드가 이슬람교를 창설하고 이슬람교를 이용하여 통일 국가를 형성하였다. 무하마드는 알라신을 우주의 유일신으로 받들고 통일 국가 형성의 사상적 장애물을 제거하여 다신교 숭배사상을 일소하고 통일 국가를 건설했다. 631년에 아라비아반도 전체는 이슬람교를 받아들였다. 632년 2월 8일에 무하마드가 죽자, 아라비아반도는 네 집단으로 분열되었다. 집단 간의 투쟁에서 칼리프가 승리를 거두었다. 시리아와 이집트 귀족이 무아미야(Muamiyah)를 칼리프(Caliph)[7]로 추대하고 수도를 다마스커스로 정하여 우마이야(Umayyad) 귀족의 세습왕조를 건립했다. 중국에서는 이 우마이야를 백의대식(白衣大食)이라고 불렀다. 우마이야 통치 시기(661~750년)에 아랍제국은 정벌 사업을 벌여 지금의 스페인, 북아프리카, 아라비아 반도, 이라크, 이란, 파키스탄, 아프가니스탄, 중앙아시아와 파미르고원까지 차지하여 유럽, 아프리카와 아시아에 걸친 광대한 영토를 가진 강대국이 되었다.

750년 이후 아랍제국은 압바스(Abbasids)왕조(750~1258년), 중국에서는 흑의대식(黑衣大食)이라고 불렀는데 8세기에서 9세기 중엽에 전성기를 이루었다. 대외적으로는 원교근공 정책을 실시했다. 중앙아시아에서 당나라와 탈라스전투에서 충돌하였고 당나라의 고선지(高仙芝) 장군을 격퇴하였는데 후에 당나라와 수교를 하였다. 이때 당나라로부터 종이제조 기술과 화약이 전해졌다. 압바스왕조는 수도를 다마스커스에서 바그다드로 천도하였는데, 당시 바그다드의 이슬람세계는 세계사의 과학, 철학, 의학과 교육의 중심으로 학술을 크게 진흥시켰으며 경제가 발전하여 국가의 번영을 이룩했다. 9세기 말경부터 쇠퇴하기 시작하여 이후 아랍제국 내에 수많은 독립 왕조가 출현했다.

인도는 지형적으로 북, 중과 남인도로 나뉜다. 5세기부터 6세기까지 인도 북부는 백흉노(白匈奴)가 활약하였다. 백흉노는 인도 문헌에 후나(Huna), 중국 문헌에 엽달(嚈噠)이라고 했는데, 흉노의 별종으로 대월지(大月氏)를 멸망시키고 인도 북부를 침략하여 굽타(Gupta)왕조를 와해시켜 북

7 칼리프는 원어로는 할리이파이다. 代理者 또는 後繼者의 뜻이다. 예언자를 대리(계승)하는 자인 칼리프는 신앙의 守護者라는 종교적 권위와 함께 政治首長으로서의 세속적 권한도 아울러 차지했다. 그 기능은 당연히 종교, 정치, 군사 전반에 관한 통치권을 장악하였다. 이 칭호는 神政政體下의 이슬람교 국가 원수의 호칭으로 오토만터키의 술탄-칼리프까지 이르는 13세기 동안 사용되었음. 文淑英, 『아랍』, 102쪽.

방의 인도인들이 대거 남방으로 이주하였다. 6세기 후반에 페르시아와 돌궐의 공격을 받고 멸망하였다. 굽타왕조 멸망 이후에 북인도는 소국들로 분열되었으나, 하르샤(Harsha), 중국어로는 계일왕(戒日王)이 펀잡(Punjab)에서부터 중앙아시아에 이르는 소국들을 통합했다. 그는 606년에 즉위하여 647년에 죽었는데, 41년 동안 북인도를 통치했다. 그가 통치하던 기간에 영토는 펀잡, 캐시미르, 네팔, 뱅골 등 북인도 전체였다. 그는 정치 능력이 뛰어났을 뿐만 아니라 불교에 귀의하여 전도 사업에 힘썼고, 나란다(Nalanda)의 대학에 큰 기여를 하는 등 문예 부흥에도 남다른 공헌을 하였다. 그는 예술과 문학의 후원자가 되었고, 자신은 산스크리트 극작가로 세 편의 희곡을 창작하였는데, 두 편은 희극이고 나머지 한 편은 불교에 관한 종교극 『나가난다』(*Naganada*)이다.[8] 현장이 636년에 하르샤를 방문하였을 때는 가람이 1백여 군데, 승도는 1만여 명이며 대승과 소승불교를 겸하여 학습하였다고 하였다.[9] 현장은 하르샤왕을 알현하고, 642년에 하르샤왕조의 수도 곡녀성(曲女城)[10]의 무차대회(無遮大會)에 참가하였다. 현장은 또 『도덕경』을 산스크리트어로 번역하였고 인도에서 가져온 불경을 한문으로 번역하였으며, 인도 기행문 『대당서역기』(大唐西域記)를 남겼다. 현장은 인도에서 불경만을 가져온 승려가 아니라 인도 왕의 환영을 받아 중국과 인도와의 우호적 관계를 맺은 민간 외교관이었다. 현장이 하르샤를 방문한 후 641년에 하르샤는 사신을 당나라에 보내 중

8 『나가난다』(Naganada)는 나가(Nagas)를 구하기 위해 지무타바하나(Jimutavahana) 왕자의 희생을 다룬 이야기를 기초로 창작된 5막의 작품임.

9 玄奘法師, 權德周 譯, 『大唐西域記』, 137쪽.

10 『大唐西域記』에 카냐쿠브자(羯若鞠闍)라고 했는데, 카냐는 소녀(少女), 쿠브자는 만곡(彎曲)의 뜻으로 카냐쿠브자는 곡녀(曲女)이고, 갠지스강과 카리강이 합류하는 지역에 위치하였고 지금의 카나우지(Kanauji, Kanoj)임. 玄奘 辯機 原著, 季羨林 校注, 『大唐西域記校注』 卷5 「카냐쿠브자국(羯若鞠闍國)」, 424쪽.

국과 인도의 첫 번째 외교관계를 맺었다. 답례로 당 조정은 왕현책(王玄策)을 인도 사신으로 파견하였다. 그러나 하르샤왕조(590~647년)의 번영은 북부 지역에만 국한되었고, 인도 남부는 삼국 쟁패의 혼란에 빠졌다.

서역에는 소무구성(昭武九姓)의 국가가 있었다. 『책부원구』(冊府元龜) 권 999에 안국(安國)의 왕이 표(表)를 올려 말하길, "대식국이 매년 침범하여 나라가 불안합니다. 엎드려 천자께서 은혜를 베푸시어 신을 어려움에서 구해주기 위해 돌궐에게 조칙을 내려 신을 구하시길 빕니다. 산은 군사를 통솔하고 함께 대식국을 격파할 것이니 천자께서 신에게 은혜를 베풀어 주시길 빕니다"라고 했고, 구밀국(俱密國) 왕도 표를 올려 "신은 일찍이 조부와 형제가 옛날부터 성심을 다해 대국을 대했습니다. 지금 대식이 쳐들어와 토화라국(吐火羅國)과 안국(安國), 석국(石國), 발한나국(撥汗那國) 등이 대식에 병합되었고 신의 나라는 창고의 진기한 보물과 부락의 백성들이 대식에서 세금으로 바치게 되었으니 천자께서 은혜를 베푸시어 대식을 처리하시어 신의 나라가 세금을 면해주시면 신은 영원히 대국의 서쪽 관문을 지키겠습니다." 또한 강국(康國)의 표문에 "대식의 군대는 그 수가 많아 신은 역부족입니다. 천자께 은혜를 입기를 바라며 중국의 군대를 보내주시어 어려움에 처한 신을 구원해주시길 빕니다. 중국의 군대가 온다면 신은 기필코 대식을 격파하겠습니다"라고 했다. 개원 15년(727년) 토하라의 엽호(葉護)가 대식의 침략을 받자, 사신을 당나라에 파견하고 "신은 지금 대식에게 과중한 세금을 바치고 있어 어려움을 크게 겪고 있습니다. 만약 천가한이 도와주지 않는다면 신은 살 수가 없고 국토는 재난을 당해 격파당하고 백성들은 뿔뿔이 흩어질 것이며 천가한의 서쪽 관문은 방어할 수가 없게 됩니다. 부디 천가한이 불쌍히 여겨 자비를 베푼다면 신은 있는 힘을 다해 살길을 찾을 수가 있을 것입니다"라고 했다. 이러한 기록들은 중앙아시아 각국이 당나라에 도움을 청하며 의지하였다는 사실을 말해준다.

현종은 개원 8년(720년) 4월, 안서(安西) 서쪽에 건립된 오장(烏萇), 골돌(骨咄), 구립(俱立)에 사신을 파견하여 왕을 책봉하고 비단 2백 필을 하사했으며, 개원 19년 4월에는 강국의 왕 오륵(烏勒)이 표를 올려 자신의 아들 돌갈(咄曷)을 조국(曹國), 묵철(默啜)을 미국(米國)의 왕으로 책봉해주길 청했다.[11] 천보 원년(742년), 석국의 왕이 사신을 파견하여 당 조정이 그의 아들을 관리에 임명해주길 청하자, 조서를 내려 대장군에 임명하고 봉록을 하사했다.[12] 서역의 각국은 당 조정으로부터 왕의 책봉을 받았음을 알 수 있는데, 이는 당 조정의 우호적인 외교정책과 밀접한 관계가 있었기 때문에 가능했다.

3. 기미정책

수대(隋代)에는 "서역의 여러 변방 이민족의 대부분과 장액(張掖)에서 중국과 호시를 열었고," 수양제는 배구(裴矩)를 파견하여 호시감에 임명했다. 배구는 『서역도기』(西域圖記)의 서문에서 "황제께서는 하늘이 만물을 양육하니 중국과 이민족을 구분하지 않고 땅과 백성을 거느리어 중국을 흠모하지 않는 사람이 없고 풍습이 이민족에까지 미치어 날마다 중국에 와서 공물을 바치고 먼 변방에 미치지 않는 곳이 없었다"라고 했다.[13] 이러한 수대의 대외정책은 일종의 기미정책이었다. 당제국은 경제와 국력이 강대하여 주변 이민족, 부락, 국가들과 우호적인 기미정책을 실시했

11 『冊府元龜』 卷964, 『四庫全書』(文津閣本), 第305冊, 95쪽.

12 『冊府元龜』 卷975, 『四庫全書』(文津閣本), 第305冊, 139쪽.

13 『隋書』 卷67, 「裴矩傳」, 1579쪽.

다. 책봉, 화친, 호시(互市)와 기타 우대 정책으로 변방 이민족이나 국가들과 우호적인 관계를 맺었다.

당 조정은 공주를 돌궐, 토욕혼, 회흘, 해, 거란, 토번 등의 이민족 상층부 사람과 결혼시켰다. 당 조정은 중국에 귀화하거나 정복한 변방의 이민족 사람을 받아들였다. 예를 들면, 태종 때 동돌궐 10만 명, 무측천 때 서돌궐 6~7만 명, 무종 때 회흘족 수십만 명이 중원에 복속되었다. "태종이 돌궐을 평정한 때부터 서북의 여러 이민족이 점차 중국에 복속되었고 이들 이민족 부락에 주현(州縣)을 설치하였고 큰 부락은 도독부(都督府)로 삼고 그 우두머리를 도독(都督), 자사(刺史) 등에 임명하였으며 대대로 세습하게 했다. 비록 세금을 바치기는 했지만 호부(戶部)에 등록되지는 않았다. 명성과 위엄 그리고 교화가 미치어 변방 주의 도독과 도호(都護)는 당 조정의 통치를 받았고, 존비귀천의 등급과 준수해야 할 규정이 있었다."[14] 이민족 부락에 주현을 설치한 것이 바로 당 조정의 기미제도였다. 당 조정은 변방에 모두 857개의 기미주를 설치했다. 중국 내지에 설치한 328개의 주부(州府)보다도 많았다. 당 조정이 설치한 기미주는 변방이나 이민족의 명칭을 모방하여 모든 이민족이 중국과 교류하였다. 도독과 자사는 해당 지역의 이민족 우두머리로 충당했고 세습되었다. 당 조정은 변방에 6개의 도호부(都護府)를 설치했고 변방 주(州)의 도독을 임명하여 기미부주를 통솔하게 했다. 『당육전』(唐六典) 권30에 "도호와 부도호의 직책은 소속된 변방을 위로하고 외국의 침략을 방어하며 간첩을 정탐하고 반란을 꾀하는 부락을 정벌하는 것이었다"라고 했다.[15] 기미부주의 설치 정책은 변방 지역을 안정시키고 당 조정의 중앙집권 국가의 역량을 강화하기

14 『新唐書』 卷43(下), 「地理志」, 1119쪽.

15 李林甫 撰, 陳仲夫 點校, 『唐六典』, 755쪽.

위한 것이었다.

당왕조 중앙기구인 호부(戶部)의 상서(尙書)와 시랑(侍郎)의 직무는 천하의 호구(戶口)와 정전(井田)에 관한 정령(政令)을 관장하는 것이었다. 이들의 직무 가운데 역역(力役), 부세(賦稅)와 직공(職貢)의 종류와 수량을 자문하였다.[16] 직공은 변방의 이민족이나 외국이 당 조정에 바치는 공납을 말한다. 기미주부의 통치자를 이민족 우두머리에게 맡기고 대신 이들로부터 세금을 받았다. 관내도(關內道)의 주는 모두 22개였고, 이 가운데 원주(原州), 경주(慶州), 영주(靈州), 하주(夏州), 연주(延州)는 여러 변방의 중국에 귀속된 이민족을 관리하여 기미주로 삼았고, 변방의 경우는 회흘, 당항, 토욕혼의 북번(北蕃)과 돌궐의 조공을 관할했다.[17] 하남도(河南道)에는 총 28개 주가 있었고, 해동(海東)의 신라와 일본의 공헌(貢獻)을 관할했다.[18] 하북도(河北道)에는 총 25개의 주가 있는데, 이 가운데 유주(幽州), 영주(營州)와 안동도호부(安東都護府)는 각각 기미주를 관할했고, 거란, 해, 말갈, 실위(室韋)의 공헌을 관할했다.[19] 농우도(隴右道)는 총 21개 주가 있었는데, 그 가운데 진주(秦州), 양주(凉州), 선주(鄯州), 조주(洮州), 북정도호부(北庭都護府), 안서도호부(安西都護府), 감주(甘州), 민주(岷州)는 기미주를 관할했고, 서역의 호(胡), 융(戎)의 공헌을 관할했다.[20] 강남도(江南道)는 모두 51개 주가 있었는데, 검중(黔中)은 기미주를 관할했고, 오계(五溪)의 만(蠻)의 공헌을 관할했다. 오계는 웅계(雄溪), 만계(樠溪), 무계(無溪), 진계(辰溪) 또는 웅계, 포계(蒲溪), 유계(酉溪), 완계(浣溪), 진계를 가리키는데,

16 김택민 주편, 『역주 당육전』(상), 270쪽.

17 김택민 주편, 『역주 당육전』(상), 273~277쪽.

18 김택민 주편, 『역주 당육전』(상), 277~280쪽.

19 김택민 주편, 『역주 당육전』(상), 283~286쪽.

20 김택민 주편, 『역주 당육전』(상), 289~292쪽.

한대에 무릉군(武陵郡)에 속한 소수민족의 거주지로, 지금의 호남 서부와 귀주(貴州)의 동부에 있었다.[21] 검남도(劍南道)에는 모두 33개 주가 있었는데, 그 가운데 여주(黎州), 융주(戎州), 노주(瀘州), 무주(茂州), 송주(松州), 휴주(巂州), 요주(姚州)는 기미주를 관할했고, 서이하(西洱河)의 여러 만(蠻)의 공헌을 관할했다.[22] 영남도(嶺南道)는 모두 70개 주가 있었는데, 안남도호부(安南都護府)를 관할했고, 5부[23]는 기미주를 관할했으며, 백월(百越), 임읍(林邑), 부남(扶南)의 공헌을 관할했다.[24] 백월은 강절(江浙)과 민월(閩越)에 거주하던 월족(越族)을 말하고, 임읍은 지금의 베트남 중부지역이며, 부남은 지금의 크메르이다.

당 조정에 세금을 납부하는 기미주부의 분포를 살펴보면, 관내도(關內道)에 돌궐, 회흘, 당항, 토욕혼이 29부, 9주가 있었다. 하북도(河北道)에는 돌궐, 해, 거란, 말갈과 고구려가 14부, 46주가 있었다. 농우도(隴右道)에는 돌궐, 회흘, 당항, 토욕혼, 하서(河西)의 호(胡), 서역과 4진(鎮)에 51주, 198주가 있었다. 검남도(劍南道)에는 강(羌), 만(蠻)이 261주가 있었다. 강남, 영남에는 만인(蠻人)이 각각 51주, 93주가 있었다. 이밖에 설치 지역이 불분명한 당항족의 24주를 설치했다.[25]

당 조정이 설치한 주부의 특징은 첫째, 변방에 설치했고, 중원과 동남해안 지역에는 설치하지 않았다. 둘째, 당나라 초기부터 현종까지 설치했고, 중당 이후에는 국력이 쇠퇴하여 이 제도는 강력한 영향력을 갖추지

---

21 김택민 주편, 『역주 당육전』(상), 294~298쪽.

22 김택민 주편, 『역주 당육전』(상), 2298~2301쪽.

23 『舊唐書』 卷38 「地理志」에 의하면, 開元 21년(733년)에 천하를 15道로 나누어 道마다 採訪使를 설치하여 不法을 검찰하게 하였는데, 영남도에는 嶺南五府經略使를 두어 桂管, 容管, 安南, 邕管經略使를 통합하게 하였다고 하였음.

24 김택민 주편, 『역주 당육전』(상), 301~304쪽.

25 기미주에 관한 내용은 『新唐書』 卷43 「地理志」(7), 1119~1157쪽 참조.

못했다. 셋째, 돌궐, 회흘, 토욕혼, 거란, 말갈족 거주지에 설치한 주부는 당나라와 무력 충돌을 한 후에 설치되어 당나라 변방 정권기구가 되었다. 넷째, 강남, 영남과 검남도의 이민족 거주지 내에 설치된 400여 주부는 전국 총수의 반을 넘었는데 극소수의 예를 제외하고는 대부분 무력을 사용하지는 않았고 투항하여 설치되었다. 예를 들면, 동사만(東謝蠻)과 남사만(南謝蠻)은 정관 연간 초에 귀화하여 복속되었고, 장가(牂牁), 예주만(兗州蠻)은 주동적으로 공물을 바치어 주가 설치되었다. 다섯째, 기미부주가 바치는 세금은 중국의 내지와 달랐다. 『통전』(通典) 권6 「회흘전」에 당대는 "변방의 먼 주의 이민족이 내는 세금은 때에 따라 다르게 책정하여 중국과는 반드시 같지는 않았다"[26]라고 했다.

기미주 건립을 통해 당 조정은 대외 이민족과 우호관계를 맺었고 당 조정은 변방 이민족들의 환영을 받아 명망을 얻었다. 정관 4년(630년) 3월, 이정(李靖)이 힐리가한(頡利可汗)을 포로로 잡았고, 4월에 "서북의 이민족 군장(君長)이 상소를 올려 태종을 천가한(天可汗)으로 받들었다.[27] 정관 20년 6월, 서돌궐의 을비사궤가한(乙毗射匱可汗)이 사신을 파견하고 조공을 바치며 청혼하였고, 회흘의 추장 토미도(吐迷度)가 복골(僕骨)과 동라(同羅)와 함께 설연타의 다미가한(多彌可汗)을 공격하였으며, 강하왕(江夏王) 이도종(李道宗)이 좌위대장군(左衛大將軍) 아사마사이(阿史那社爾)와 함께 우령위대장군(右領衛大將軍) 집실사력(執失思力)의 돌궐 병사와 우효위대장군(右驍衛大將軍) 계필하력(契苾何力)의 이민족 병사의 도움을 받아 대주도독(代州都督) 설만철(薛萬徹), 영주대독(營州都督) 장검(張儉)의 병사를 인솔하고 설연타를 격파하였으며, "8월에는 태종이 영주(靈州)에 행차하여 철

26 杜佑 撰, 王文錦 外 點校, 『通典』 卷6 「食貨」(6) 「賦稅」(下), 106쪽.

27 『舊唐書』 卷2, 31쪽.

륵, 회흘, 발야고(撥野古), 동라, 복골, 다람갈(多濫葛), 사결(思結) 등 11개 성씨가 각기 사신을 파견하여 조공을 바쳤다. 9월에 철륵의 부락 사근(俟斤)이 사신을 파견하고 계속해서 영주(靈州)에 이르는 자가 수천 명에 이르렀고 공물을 바치며 '천가한'으로 받들기를 청했다"라고 했다.[28] 정관 4년 3월에 변방의 임니족 군장이 알현을 하고 태종을 '천가한'으로 존칭할 것을 요청하자, 태종은 조서를 내려 "지금 이후로 천자의 옥새로 찍은 문서를 서역 북부 황무지의 군장에게 하사하고 '황제천가한'(皇帝天可汗)으로 부르도록 하라"라고 했다.[29] 천가한은 서북 서역의 이민족들이 당나라 황제를 부르는 존칭이 되었음을 알 수 있다.

정관 21년(647년) 5월, 태종 자신은 "옛날부터 중화(中華)를 귀하게 여기고 이민족을 천시했는데, 짐은 그들을 우리와 같이 사랑하므로 이민족 부락은 부모처럼 짐에게 의지하라"라고 했다.[30] 당시에 회흘족은 회흘의 남부와 돌궐은 돌궐의 북부에 우역(郵驛)을 모두 66군데 설치해달라고 청하여 북부 황무지를 개통하였는데 이를 '참천가한도'(參天可汗道)라고 하였고 조공을 통해 단비 가죽을 세금으로 바쳤다.[31] 풀이 자란 곳에 설치된 우역은 당 조정과 서역 이민족들의 기미주부와의 관계를 밀접하게 연결시키는 역할을 하였다. 이민족 군장들이 파견한 사신들이 이 길을 통해 장안으로 들어가 황제를 알현하였던 것이다. 당 조정의 대외 개방정책의 실시로 변방의 방어에 전에 없던 큰 성과를 거두었다. 태종 이세민은 "나는 지금 천하의 주인이 되어 중국과 사방의 이민족을 막론하고 모두 양육

28 『資治通鑑』, 「唐紀」(14), 1974~1975쪽.

29 『唐會要』 卷100, 「雜錄」, 2134쪽.

30 『資治通鑑』, 「唐紀」(14), 1977쪽. 권중달 옮김, 『자치통감』(21), 244쪽.

31 『唐會要』 卷73, 「安北都護府」, 1557~1558쪽. 『자치통감』에는 68개의 역을 두고 각기 말과 술 그리고 고기를 지나는 사자에게 공급하게 하였다고 하였음. 권중달 옮김, 『자치통감』(21), 239쪽.

하여 편안하지 않은 자는 내가 지금 편안하게 하고 즐겁지 않은 자는 지금 즐겁게 할 것이다"라고 말했다.[32] 일방적이고 과장된 부분이 없지 않지만 당나라 초기에는 변방의 이민족과 우호관계를 맺었던 사실을 확인할 수 있는데 이러한 변방 정책은 이전 역사에는 없던 사건이었다.

4. 기미부주

당 조정은 전문적으로 외국 사무를 관장하는 직책을 설치하였는데, 예부(禮部)와 홍려시 이외에 이민족 거주 지역과 변방에 도호 등의 관리를 설치하여 관련 업무를 맡겼다. 이외에 변경의 안정과 평화를 위해 각 이민족의 추장, 수령 등에게 도독이나 자사 등의 관직을 하사하고 이들이 부락이나 국가를 통치하고 서로 침략하지 않게 하였다. 각 이민족의 수장이 다스리는 지역을 기미주(羈縻州)라고 했다.

당대는 수도 장안 주변 지역에 도독부(都督府)와 도호부(都護府)를 설치하여 관리했다. 대도독은 친왕이 통솔했고 장사가 사무를 관장했다. 통상 도독은 주를 다스리는 자사 직을 겸했다. 안사의 난 이후에 폐기되었다. 도호부는 대도호(大都護), 부대도호(副大都護), 도호(都護), 부도호(副都護)를 두었다. 서역과의 교류에 중요한 도호부는 안서(安西), 북정(北庭), 선우(單于)와 안남(安南) 등의 도호부가 있었다.

도호부는 중원의 당왕조가 변방을 방위하고 주변 이민족들을 통치하기 위해 설치한 군사기관이었다. 한대에는 서역에 서역도호부를, 위와 서진 때는 서역장사부(西域長史府)를 설치했었다. 당대에는 6개의 도호부를 설치했다.

32 『冊府元龜』 卷170, 「來遠」, 『四庫全書』(文津閣本), 第300冊, 245쪽.

1) 안서(安西)도호부

정관 14년(640년) 9월 후군집(侯君集)이 고창국(高昌國)을 평정하고 서주(西州)에 안남도호부를 설치했으며 군대를 교하성(交河城)에 주둔시켰다. 22년(648년) 4월에 돌궐의 니복사발라엽호(泥伏沙鉢羅葉護)와 아사나하로(阿史那賀魯)가 무리를 이끌고 당나라에 귀순했는데 당 조정은 이곳에 정주(庭州)를 설치했다. 이듬해 2월, 요지(瑤池)도독부를 설치하고 아사나하로를 도독에 임명했다. 영휘 2년(651년) 정월, 아사나하로가 반란을 일으키고 자칭 사발라가한(沙鉢羅可汗)이라고 했다. 4년 3월, 요지도독부를 폐지하였다. 현경 2년 11월, 이려도행군대총관(伊麗道行軍大總管) 소정방(蘇定方)이 아사나하로를 금아산(金牙山)에서 공격하여 궤멸시킨 뒤 아사나하로를 사로잡아 장안으로 압송하였다. 아사나하로의 점령지를 나누어 몽지(濛池)와 곤릉(昆陵) 두 도호부를 설치했다. 추장 아사나보진(阿史那步眞)을 몽지도호, 아사나미사(阿史那彌射)를 곤릉도호에 임명했다.

처목곤부(處木昆部)는 복정(匐廷)도독부, 돌기시삭갈막하부(突騎施索葛莫賀部)는 올록(嗢鹿)도독부, 돌기시아리시부(突騎施阿利施部)는 혈산(絜山)도독부, 호록옥결부(胡祿屋缺部)는 염박(鹽泊)도독부, 섭사제돈부(攝舍提暾部)는 쌍하(雙河)도독부, 서니시처반부(鼠尼施處半部)는 응파(鷹娑)도독부, 토화라국(吐火羅國)은 월씨(月氏)도독부, 염달부(嚈達部)는 대한(大汗)도독부, 아달라지국(阿達羅支國)은 조지(條支)도독부, 해소국(解蘇國)은 천마(天馬)도독부, 골돌시국(骨咄施國)은 고부(高附)도독부, 계빈국(罽賓國)은 수선(修鮮)도독부, 실범연국(失范延國)은 사봉(寫鳳)도독부, 오랍갈국(烏拉喝國)은 여오주(旅獒州)도독부, 달몰국(怛沒國)은 고묵주(姑默州)도독부, 다륵건국(多勒建國)은 곤허주(昆墟州)도독부, 구밀국(俱密國)은 발주(撥州)도독부, 호밀다국(護密多國)은 오비주(烏飛州)도독부, 구조득건국(久越得建國)은 왕정주(王庭州)도독부, 파사국(波斯國)은 파사(波斯)도독부로 삼았다.

상술한 2개의 도호부와 21개의 도독부 모두 안남도호부에 속했다. 처음에는 서주에 도호부를 설치했지만 아사나하로가 반란을 일으켜 다른 곳으로 옮겼다가 아사나하로를 평정한 후에는 고창국 옛 성으로 다시 옮겼다. 현경 3년(658년) 5월, 쿠차(龜玆)로 옮겼고, 또 쿠차, 우전(于闐), 언기(焉耆), 소륵(疏勒)에 4진(鎭)을 설치했다. 함형 원년(670년) 4월, 안서도호부가 토번(吐蕃)에게 점령당하였고, 장수 2년(692년) 11월, 무위군총관(武威軍總管) 왕효걸(王孝杰)이 다시 4진을 회복하였고, 안서도호부는 여전히 쿠차에 설치했다.

안사의 난을 틈타 토번이 농우(隴右)를 공격하고 점령하여 서역은 당나라 장군 이원충(李元忠)과 곽흔(郭昕)이 지켰다. 건중 2년(769년) 7월, 두 장수가 회흘을 경유하여 장안으로 돌아왔고, 덕종은 이서(伊西)와 북정(北庭) 절도사였던 이원충에게 북정대도호를 겸직하도록 했고, 사진절도유후(四鎭節度留后) 곽흔은 안서대도호, 사진절도, 관찰사에 임명했다.[33]

2) 안북(安北)도호부

정관 4년(630년) 정월에 이정(李靖)과 이적(李勣)이 돌궐을 공격하여 멸망시키고, 3월 3일에 돌궐의 힐리가한(頡利可汗)의 영토를 6개 주(州)로 나누어 좌측에는 정양(定襄)도독, 우측에는 운중(雲中)도독을 설치하고 항복한 돌궐족들을 통치했다. 21년(647년) 정월 9일에 철륵(鐵勒), 회흘(回紇) 등 13개 부락이 당왕조에 귀순하여 6개 도독부와 주(州)를 설치하고 각각의 추장을 도독, 자사에 임명했다. 회흘 등은 회흘 이남과 돌궐 이북의 우역(郵驛)에 북쪽의 황무지를 통하게 하는 소위 '참천가한도'(參天可汗道)를 설치해주기를 간청하고 공물로 담비 가죽을 세금으로 납부했다. 같은 해 4월

33 『唐會要』, 「安西都護府」 卷73, 1575쪽.

연연(燕然)도호부가 설치되어 양주사마(揚州司馬) 이소립(李素立)을 도호로 삼아 한해 등 6개 도독과 고란(皐蘭) 등 7개 주를 예속시켰다. 22년(648년) 2월에 서번(西蕃)의 사발라엽호(沙鉢羅葉護)가 무리를 이끌고 당왕조에 귀순했고, 결골부(結骨部)에 견곤(堅昆)도독을 설치하고 연연도호부에 예속시켰다. 또 한해도독부가 다스리는 골리간부(骨利干部)를 원궐주(元闕州)로 삼았고 구라발부(俱羅勃部)에는 촉룡주(燭龍州)를 설치했다. 23년(649년) 10월에 돌궐의 모든 부락이 당왕조에 귀순했고, 그 부족들에 주를 설치했다. 사리토리부(舍利吐利部)에 사리주(舍利州), 아사나부(阿史那部)에 아사나주(阿史那州), 작부(綽部)에 작주(綽州), 하로부(賀魯部)에 하로주(賀魯州), 라록(邏祿)과 읍항(悒怛) 두 부를 합쳐 갈라주(葛邏州)를 설치하고 모두 운중도독부에 예속시켰다. 소농부(蘇農部)에 소농주, 아사덕부(阿史德部)에 아사덕주, 집실부(執失部)에 집실주, 비부부(卑夫部)에 비실주(卑失州), 욱사부(郁射部)에 욱사주, 다지예실부(多地藝失部)에 라예실주(羅藝失州)를 설치하고 모두 정양도독부에 예속시켰다. 현경(顯慶) 3년(658년) 정월에 갈라록부락을 음산(陰山), 대막(大漠)과 현지(玄池)도독부에 설치했다. 용삭 3년(663년) 2월에 연연도호부를 회흘에 이주시켰고 한해도호부라고 개칭했다. 원래의 한해도호부는 안북도호부가 되었다. 총장(總章) 2년(669년) 8월에 한해도호부를 안북도호부로 개칭했다.

3) 선우(單于)도호부

고종(高宗) 영휘(永徽) 원년(650년) 9월 8일, 우효위중랑장(右驍衛中郎將) 고간(高侃)이 거비가한(車鼻可汗)을 사로잡아 무덕전(武德殿)에서 황제에게 바쳤다. 그의 동돌궐 부락민을 울독군산(鬱督軍山)에 안치하고 그들의 활동 지역 내에 선우(單于)와 한해(瀚海) 두 도호부를 설치하였다. 선우도호부는 낭산(狼山), 운중(雲中), 상간(桑干)의 3개 도독부와 소농(蘇農) 등 14개

주(州)를 다스렸고, 한해도호부는 금미(金微), 신여(新黎) 등 7개 도독부와 선악(仙萼), 하란(賀蘭) 등 8개 주를 다스렸는데 각 부락의 추장을 도독과 자사에 임명했다. 인덕(麟德) 원년(664년) 정월 16일에 선우도호부를 대도호부로 승격시키고 그 직관의 품계는 5개 대도독부와 같았으며 상왕(相王) 이단(李旦)을 대도호로 삼았다. 수공(垂拱) 2년(686년)에 진수사(鎮守使)로 개칭하였고, 성력(聖歷) 원년(698년) 5월 9일, 안북도호로 개칭했으며, 개원 2년(714년) 윤5월 5일에 선우도호부를 설치하고 안북도호부를 중수항성(中受降城)으로 옮겼다. 천보 4년(754년)에 선우도호부를 금하현(金河縣)으로 옮겼다.

4) 안동(安東)도호부

고종 총장 원년(668년) 9월, 요동도행군총관(遼東道行軍總管) 이적이 요동을 평정하였다. 고구려를 멸망시킨 뒤 9개 도독부, 42개 주와 100개의 현을 설치하고 안동도호부를 평양에 설치하고 고구려의 왕과 관리들을 도독, 자사와 현령에 임명하고 한족과 함께 한반도와 중국의 동북지방을 다스리게 했다. 우무위장군(右武衛將軍) 설인귀(薛仁貴)가 안동도호가 되어 군사 2만 명을 이끌고 주둔했다. 함형 원년(670년)에 고구려의 모잠(牟岑)이 반란을 일으켜 고구려의 왕 고장(高藏)의 외손자 안순(安舜)을 왕으로 추대하자, 고종이 좌위대장군(左衛大將軍) 고간(高侃)에게 명하여 평정하게 했다. 상원(上元) 3년(676년)에 신라와 고구려 유민이 계속 반기를 들고 일어나 요양(遼陽)으로 퇴각하였다. 성력(聖歷) 원년(690년)에 안동도독부로 개명하고 우무위장군 고덕무(高德武)를 도독으로 삼았다. 697년에 대조영의 발해 세력이 커지자 폐지하였다. 705년에 대조영과 화해한 후에 다시 안동도호부를 설치했고 개원 2년(714년) 10월, 평주(平州)를 안동도호부로 삼았다가, 안사의 난 이후에 폐지되었다.

5) 안남(安南)도호부

622년에 교주(交州)에 교주대총관부(交州大總管府)를 설치했다. 조로 원년(679년) 8월에 교주(交州)도독부를 안남도호부로 개칭했다. 관할 지역은 지금의 베트남 북부였다. 무측천 대족(大足) 원년(701년) 4월, 무안주(武安州)와 남성주(南城州)를 설치하고 안남도호부에 예속시켰다. 개원 24년(736년) 정월, 광주(廣州) 보안현(保安縣)에 새로 둔문진(屯門鎭)을 설치하고 병사 2천 명을 주둔시키고 바다를 방어하였다. 정원 7년(791년) 5월에 유원군(柔遠軍)을 설치하고 안남도호부에 예속시켰다.

안남도호부 내에 수많은 이민족이 살았는데 자주 반란이 일어났다. 안남도호부는 이러한 이민족의 반란을 진압하는 군사 활동이 주요업무였다. 원화(元和) 4년(809년) 환왕(環王) 곤륜(昆侖)이 반란을 일으켰다. 안남도호 장주(張舟)가 진압했다. 개성(開成) 3년(838년)에 안남도호부 마식(馬植)이 육무현(陸武縣)을 주(州)로 승격하고 이 지역 이민족 수령을 자사에 임명해주길 조정에 상주하였다. 860년과 863년에 남조(南詔)가 점령했다.

6) 북정(北庭)도호부

북정도호부는 702년, 정주(庭州) 부근의 별실팔리(別失八里)에 설치하여 실크로드의 천산북로 지금의 중가르를 수비했고, 790년에 토번에 점령당했다.

도독부와 도호부 모두 기미부주를 관리하는 책무가 있었다. 당대는 변방의 이민족에게 자주권을 부여하는 행정관리 체제를 실행했다. 기미란 “이적(夷狄)에 대해서는 의(義)로써 얽어매어두어 견제하면서 그 관계를

34 『史記』, 「司馬相如傳」. 丁範鎭 외 옮김, 『史記列傳』(下), 942쪽. 「蓋聞天子之於夷狄也, 其義羈

단절하지 않는 것을 말한다."[34] '기'(羈)는 군사와 정치수단으로 통치하는 것을 말하고, '미'(縻)는 경제와 물질적 혜택을 주는 것을 말한다. 정치적으로 당왕조 중앙정부의 통제를 받고 경제적으로는 조공을 당정부에 바치는 의무 이외에 일체는 이민족 수령이 자치적으로 관리하였다. 소위 기미부주는 내륙의 부주(府州)를 모방하여 변방지역에 설치한 행정기구였는데 당왕조의 대외정책에 커다란 형향을 끼쳤다.

태종 때 하주(夏州)도독 두정(竇靜)의 말처럼 "융적(戎狄)의 본성은 금수(禽獸)와 같아서 형벌이나 법으로 위엄을 보일 수가 없으며, 인의(仁義)를 가지고 교육할 수도 없다"라고 인식하였고, 또한 태종에게 직간하기로 유명한 위징의 말처럼 "융적들은 사람의 얼굴을 하였으나 짐승의 마음을 가졌으니, 약하면 복종하게 해달라고 청하고 강하면 반란을 일으키는 것이 진실로 그들의 일상적인 성질이다"라고 생각하였다.[35] 그래서 이러한 당시 중국 지도자들의 인식 아래 당 조정은 변방에 기미부주를 설치하고 변방 이민족과 정치경제적 관계를 맺었던 것이다. 예를 들면, 태종 정관 4년(630년), 서돌궐 조족의 부락이 이오(伊吾)에 흩어져 살았는데 양주(凉州)도독 이대량(李大亮)은 "이오의 땅은 대부분 모두 모래 언덕인데, 그 사람들이 혹 스스로 군장(君長)을 세우고 칭신하면서 안으로 속할 것을 요구하면 기미(羈縻)하여 그들을 받아주어서 요새의 밖에 살게 하여 중국의 울타리와 가림으로 삼으며, 이것이 바로 텅 빈 혜택을 시행하여 실제적인 이

縻勿絕而已」의 『索隱』에 "기는 말의 얼굴을 얽는 줄이다. 마는 소를 끌기 위한 고삐를 말한다"(羈, 馬絡頭也; 縻, 牛蚓也)라고 했음. 『史記』, 3050쪽. 羈와 縻는 잡아매어 자유를 속박한다는 뜻이 담겨 있음. 羈縻는 外國의 內屬을 말함. 明代에는 이민족 거주지에 羈縻都司衛所를 설치하여 그들의 추장, 족장들을 都督, 都指揮, 指揮, 千戶 등의 관직을 하사하고 明朝廷은 印信을 발급하여 무리들을 통솔하게 하였으며 明朝廷의 兵部에 예속시켰음. 주로 東北, 西北과 四川과 西藏 지역에 설치했음.

35 태종 정관 4년(630년). 권중달 옮김, 『資治通鑑』(20), 533~534쪽.

익을 거두는 것이다"라고 생각했다.[36] 바로 여기에 기미정책의 핵심이 포함되어 있다. 당 조정은 기미정책을 통해 이민족의 침입을 방어하면서 한편으로는 실제적인 이익을 얻으려는 것이었다.

당왕조는 변방의 이민족을 다스리기 위해 그들의 추장을 변방의 지방장관에 임명했다. 당태종이 당왕조의 황제인 동시에 변방 이민족에 의해 추대된 천가한인 것처럼 이들의 추장들도 이민족의 추장인 동시에 당왕조의 관리였다.[37] 당대 행정구역상 도독부와 주에 속했지만 실제로는 변방 이민족 장수들이 다스리는 이질적인 민족의 병립 상태였다. 호한(胡漢)의 공존 통치방식이었던 것이다.

변방 이민족의 추장이나 군장은 당왕조에 복속을 표시한 후에 명의상 당왕조의 속지이지만 실제로는 영토는 있어도 호부에 신고하지 않고 단지 신하만 인정했다. 당 조정은 지역의 대소와 인구의 과다에 따라 관직을 수여하였다. 영토가 넓은 지역에는 도호 혹은 도독, 적은 지역에는 자사나 현령을 수여했는데 이를 기미주(羈縻州), 기미현(羈縻縣)이라고 불렀다. 이러한 주와 현은 5, 6개 도호부에 예속되었고, 도호부 이외에 일부 주와 현을 설치했는데 영주(靈州), 영주(營州), 요주(姚州), 경주(慶州), 유주(幽州), 연주(延州), 양주(凉州), 진주(秦州), 임주(臨州), 무주(茂州), 여주(黎州), 융주(戎州), 노주(瀘州), 검주(黔州), 계주(桂州), 옹주(邕州), 봉주(峰州), 송주(松州) 등 18개 도독부를 설치했다. 이러한 도독부는 변방을 지키고 이민족의 침입을 방어하는 업무 이외에 기미주의 이민족에 관한 일도 맡

---

36 권중달 옮김, 『資治通鑑』(20), 542쪽.

37 태종 정관 4년(630년)에 四夷의 군장들이 궁궐에 와서 天可汗으로 올리기를 청하니, 황상이 말하였다. "나는 위대한 唐의 天子인데 또 아래로 可汗의 일을 수행할 것인가?" 여러 신하들과 四夷들이 모두 만세를 불렀다. 이후로는 璽書를 서북의 군장들에게 내려주면서 모두 天可汗이라고 불렀다. 권중달 옮김, 『資治通鑑』(20), 529쪽.

았다. 또 변방지역의 관내도(關內道)는 기미도독부 29개와 주(州) 9개 그리고 돌궐과 당항, 토욕혼 등 4개 이민족을 통솔하였다. 하북도(河北道)는 14개 도독부와 46개의 주 그리고 돌궐, 해(奚), 거란, 말갈, 호(胡), 고구려 6개 이민족을 통솔했다. 농우도(隴右道)는 51개 도독부, 198개 주 그리고 돌궐, 회흘, 당항, 토욕혼, 쿠차, 우전, 언기, 소륵, 하서(河西)의 호(胡), 서역의 16개 국가를 통솔했다. 검남도(劍南道)는 161개 주와 강(羌)과 만족(蠻族)을 통치했다. 강남도(江南道)는 51개 주와 만족을 다스렸고, 영남도(嶺南道)는 92개 주와 만족을 통치했다.[38]

당대 수도 장안을 에워싸고 있는 관내도와 그 북부에 이미 약간의 기미부주를 설치했다. 『신당서』「지리지」에 "당나라가 건립되고 초기에 변방이 어지러워 태종 때부터 돌궐을 평정했는데 서북의 여러 이민족들이 점차 귀순하였다. 그들의 부락에 주와 현을 설치했다. 큰 지역은 도독부로 삼고 그들의 수령을 도독, 자사에 임명하여 대대로 세습하도록 했다."[39] 이러한 기록에 따라 기미부주란 당나라에 귀순한 이민족 부락이 당 조정의 책봉을 받는 형식의 부주 체제를 말한다. 이 가운데 도독과 자사는 모두 이민족 수령으로 충당하였고 그들은 당 조정에 알현하고 조공, 세금과 호적 납부의 의무가 있었다. 그러나 실제로는 자치적 성격이 강했다. 당 조정의 변방지역 경영은 군사 수단을 이용하였는데 각 지역의 형세가 복잡하고 풍습도 달라서 시대에 따라 변화가 생겨 행정과 군사를 결합한 형식으로 통제를 하였다. 『신당서』「지리지」에 기미부주에 관한 기록이 보이는데 이러한 기록을 근거로 관내도의 기미부주를 살펴보면, 이 지역의 기미부주는 영주(靈州), 하주(夏州), 경주(慶州), 연주(延州)의 4개 도독부와

38 『新唐書』, 「地理志」 卷43(下), 1125~1157쪽.
39 『新唐書』, 「地理志」 卷43(下), 1119쪽.

선우(單于), 안북(安北)의 두 도호부에 집중되어 있음을 알 수 있다. 이 주부가 설치된 세력은 철륵(鐵勒), 돌궐(突闕), 회흘(回紇), 설연타(薛延陀), 당항(黨項), 토욕혼(吐谷渾) 등이다. 태종 정관 21년(647년)에 "조서를 내려 회흘부를 한해부(瀚海府), 복골(僕骨)은 금미부(金微府), 다람갈(多濫葛)은 연연부(燕然部), 발야고(拔野古)는 유릉부(幽陵府), 동라(同羅)는 구림부(龜林府), 사결(思結)은 노산부(盧山府), 혼(渾)은 고란주(皐蘭州), 곡설(斛薛)은 고궐주(高闕州), 해결(奚結)은 계록주(鷄鹿州), 아질(阿跌)은 계전주(鷄田州), 사결별부(思結別部)는 대림주(蹛林州), 백습을 치안주(寘顔州)로 삼았는데, 각기 그 추장을 도독과 자사로 삼고, 각기에게 금과 은 그리고 비단과 금포(錦袍)를 하사했다"라고 했다.[40] 이민족들을 정벌하고 그들의 수령에게 당 조정에서 관직을 하사하고 점령 지역의 통치를 맡겼던 것이다.

『신당서』「지리지」에 정관 3년(629년), "[당항의] 추장 세봉보뢰(細封步賴)가 귀순했고, 그 후에 여러 성씨를 가진 추장들이 부락민을 이끌고 귀순하니 모두 그 땅에 주현을 설치하고 송주(松州) 도독부에 예속시켰다. 정관 5년에 또 16개 주와 47개의 현을 설치했다. 또한 척발적사부(拓拔赤詞部)를 32개 주에 배치했다. 건봉(乾封) 2년(667년)에 토번이 침입하자, 도(都), 유(流), 궐(闕), 조(調), 주(湊), 반(般), 복(匐), 기(器), 이(邇), 굉(鍠), 솔(率), 차(差) 등의 12개 주를 폐지하였고, 함형(咸亨) 2년(671년)에 또 잠(蠶), 여(黎) 두 주를 폐지했다. 안록산의 난으로 하롱(河隴)이 토번에게 함락되자, 당항주의 나머지를 영(靈), 경(慶), 은(銀), 하(夏) 4개 주의 경계지로 이주시켰다"라고 했다. 당항과 당왕조의 관계가 밀접했는데 정관 3년에 세봉보뢰가 당왕조에 귀순한 후부터이다. 당시의 남회주(南會州) 도독 정원왕수(鄭元王壽)에 명을 받고 귀순을 종용하자 그는 장안에 들어가 태종으

40 권중달 옮김, 『資治通鑑』(21), 239쪽.

로부터 후한 상을 받고 그 지역을 궤주(軌州)로 삼았으며 세봉보뢰를 자사에 임명했다. 그 후에 여러 성을 가진 추장들이 당왕조에 귀순하자 거(岷), 봉(奉), 엄(嚴), 원(遠) 4개의 주를 설치하고 모두 자사에 임명했다. 척발적사는 강추(羌酋)라고 했는데 원래는 토욕혼에 속했다. 당왕조는 척발적사를 서융주(西戎州)의 도독에 임명하고 이씨 성을 하사했으며 그 지역에 의(懿), 차(嵯), 린(麟), 가(可) 등 32개의 주를 설치했다. 그러나 토번의 세력이 강성해져서 척발적사가 위협을 받아 당왕조에 편입되길 원하여 당왕조가 경주(慶州)에 이주시키고 정변(靜邊)에 주(州)를 설치하고 그들을 안치시켰다.[41] 토번이 침략하면 부주를 내륙으로 이주시켰음을 알 수 있는데 이러한 형세에 따라 주부는 항상 변경되었다. 이러한 조치는 당시에 항상 시행된 정책이었다.

정관 4년(630년)에 동돌궐을 평정한 후에 항복한 돌궐족을 영주(靈州)와 유주(幽州) 사이에 안치했고 여러 부주를 설치했는데 이것은 당왕조가 창립된 후에 처음으로 대규모 기미부주를 건립한 조치였다. 태종은 온언박(溫彦博)의 건의를 받아들여 "돌궐이 투항한 무리들을 동쪽으로는 유주로부터 서쪽으로 영주까지 살게 했다. 돌리(突利)가 옛날 통치한 지역을 나누어 순(順), 우(祐), 화(化), 장(長) 4개의 도독부를 설치했다. 또 힐리(頡利)의 땅을 6개의 주로 나누어 왼쪽에는 정양(定襄)도독부를, 오른쪽에는 운중(雲中)도독부를 설치했다."[42] 정관 23년(649년)에 당 조정은 돌궐의 사리(舍利) 등 5주(州)는 운중도독부에 소농(蘇農) 등 6주는 정양도독부에 예속시켰다.[43]

토욕혼은 당왕조와 토번 사이에 위치하여 당왕조에 투항과 반역을 일

41 『舊唐書』 卷198, 「西戎傳」, 5291~5292쪽.
42 『資治通鑑』 卷193, 「貞觀 4年」, 1919~1920쪽.
43 『資治通鑑』 卷199, 「貞觀 23年」, 1984쪽.

삼았지만 낙갈발(諾曷鉢)이 정권을 잡은 후에는 당왕조에 귀순하였고 당 조정으로부터 책봉을 받았다. 고종(高宗) 초에 토번이 토욕혼을 공격하자 낙갈발은 부락민들을 이끌고 양주에 투항하였으며 영주에 이르러 안낙주(安樂州)에 안치되었고 낙갈발은 자사가 되었다.[44]

결골부(結骨部) 사람은 키가 크고 머리가 노란색이며 눈이 파랗다고 하는데 옛날부터 중원과 통하지 않았다. 철륵부가 당왕조에 귀순했다는 소식을 듣고 그 수령 사리발실발굴아잔(俟利發失鉢屈阿棧)도 당왕조에 알현하고 당 조정으로부터 관직을 하사받았다. 정관 22년에 "결골을 견곤(堅昆) 도독부로 삼고 실발굴아잔을 우둔위대장군(右屯衛大將軍)과 견곤도독에 임명하여 연연도호(燕然都護)에 예속시켰다." 결골부가 정식으로 당 조정으로부터 책봉을 받고 당왕조와 외교관계를 맺었다.

이상 관내도를 예를 들어 기미부주의 설립 상황을 살펴보았다. 기미부주는 호족(胡族) 혹은 유목부락이 활동하던 지역이었음을 알 수 있다. 이 지역의 돌궐, 철륵, 당항과 토욕혼은 유목 혹은 반(半)유목 생활방식은 중원의 농경민족, 즉 한족과 밀접한 관계를 맺었다. 이러한 관계는 정관 4년(630년)에 당왕조가 동돌궐을 멸망시킨 후 더욱 강화되었다. 당왕조는 서북구와 북부 지역을 개척하고 기미부주 혹은 중앙정부의 군사적 행동을 통해 고비사막 남북의 각 이민족 세력과 정치적 관계를 결성했다.

기미부주가 당시에 변방 이민족을 다스리는 유효한 통치 방식이긴 했지만 완벽하지 못했다. 당대의 기미부주는 이민족의 본래 영토와 점령한 이민족 지역 둘로 나뉜다. 이민족 본래의 지역은 당 조정과는 밀접한 관계가 없었고 당정부의 완전한 지배를 받지 않았다. 남쪽으로 이주하였다고 하더라도 당왕조에 복종하거나 혹은 반역하기도 했다. 예를 들면, 정

44 『舊唐書』 卷198, 「西戎傳」, 5300쪽.

관 23년에 돌궐의 거비가한(車鼻可汗)이 입조하지 않자, 우효위낭장(右驍衛郎將) 고간(高侃)은 회흘과 복골의 군사로 그를 공격하였다.[45] 그래서 당 조정은 새로운 방법을 강구하여야만 했다. 삭방군(朔方軍)은 이러한 배경에서 성립되었다.

5. 삭방군

삭방군의 설립은 무측천 때 당왕조가 동돌궐을 취한 정책이었다. 당왕조의 돌궐에 대한 정책은 돌궐의 중원 침략을 방비하고 다른 한편으로는 돌궐의 귀족을 관직에 임명하는 동시에 돌궐의 기병을 전쟁의 도구로 사용하였다. 예를 들면 당나라의 고창과 쿠차, 설연타, 토번, 고구려를 정벌할 때 돌궐의 기병과 장수를 참여시켰다. 이러한 과중한 병역 부담이 원인으로 돌궐족은 당에 반기를 들었다.

고종 조로(調露) 원년(678년)에 선우도호부 관할 내의 돌궐 아사덕(阿史德) 온부(溫傅)과 봉직(奉職)이 반역하였다. 소농(蘇農) 등 24주의 추장들이 이에 호응하고 지금의 하북 정주(定州), 운주(雲州), 지금의 산서 대동, 원주(原州), 지금의 영하 고원(固原), 경주(慶州), 지금의 감숙 경양(慶陽)을 침략했고, 해(奚)와 거란이 영주(營州) 지금의 요녕 조양(朝陽)을 공격하도록 유도했다. 영융(永隆) 원년(680년)에 배행검(裴行儉)이 돌궐을 흑산(黑山)에서 대파하고 그 수령 봉직을 사로잡았다. 영융(永隆) 원년(680년) 5월에 장양도(定襄道) 총관 조회순(曹懷舜)이 자립하여 가한이 된 힐리가한 형의 아들 아사나복념(阿史那伏念)과 아사덕온부이 함께 침략하여 횡수(橫水)에서

45 『資治通鑑』 卷199, 「貞觀 23年」, 1983쪽.

싸웠으나 당나라 군대가 패했다. 이에 배행검은 대주(代州)에서 반간계(反間計)로 복념과 온부가 서로 싸우게 하였는데 결국은 배행검에게 투항했고 곧이어 돌궐의 잔당을 소탕했다.[46]

영순(永淳) 원년(682년)에 아사나골돌록(阿史那骨咄祿)은 돌궐족의 반당(反唐) 정서를 이용하여 후돌궐(後突厥)을 세웠다. 아사나골돌록은 동돌궐 힐리가한 사람이었는데 운중도독부 사리원영부(舍利元英部)의 수령이 되었다. 682년에 운중부를 도망쳐서 흑사성(黑沙城)을 점령하고 자립하여 힐질리시가한(頡跌利施可汗)이 되었다.[47] 동쪽으로 오덕건산(烏德鞬山), 즉 욱독군산(郁督軍山), 지금의 항애산(杭愛山)을 점령했다. 돌궐과 당왕조는 다시 대립하는 관계가 성립되었다.

무측천 천수(天授) 2년(691년)에 골돌록이 죽자 그의 동생 묵철(默啜)이 계승하여 동쪽으로 거란과 해를 공격하여 세력이 점점 강대해졌다. 묵철은 가한의 직접적인 관할 지역 이외에 통치 지역을 좌상(左廂)과 우상(右廂)으로 나누고 각각 한 명씩의 찰(察)을 파견하여 병마 2만 명을 통솔하고 통치하게 했다. 묵철은 자신의 아들을 소가한(小可汗)으로 세웠는데 지위가 찰보다 위였고 처목곤(處木昆) 등 10성(姓)을 관할하였으며 군사 4만여 명을 거느리게 했는데 척서가한(拓西可汗)이라고 불렀다.[48]

무측천 연재(延載) 원년(694년)에 묵철이 영주(靈州)를 습격하자, 무측천은 스님 설회의(薛懷義)를 파견하여 묵철을 정벌하게 했다. "스님 설회의를 삭방도행군대총관(朔方道行軍大總管), 이소덕(李昭德)을 장사(長史), 소미도(蘇味道)를 사마(司馬)에 임명하여 계필명(契苾明), 조인사(曹仁師), 사

46 『舊唐書』 卷5, 「高宗紀」(下), 106~108쪽, 卷84 「裴行儉傳」, 2803~2804쪽과 『新唐書』 卷215 「突厥傳」(上), 6042~6043쪽.

47 『新唐書』 卷215, 「突厥傳」(上), 6044쪽.

48 『新唐書』 卷215, 「突厥傳」(上), 6045~6046쪽.

탁충의(沙吒忠義) 등 18명의 장군을 이끌고 묵철을 토벌하게 했다."[49] 이러한 문헌 중에 처음으로 삭방도행군대총관의 칭호가 출현한 예이다. 이후로 영무도행군대총관(靈武道行軍大總管)이란 관직이 있었는데 삭방군은 정벌을 위한 임시직으로 특별한 의미는 없었다. 그러나 돌궐이 자주 침범하자 당 조정이 삭방군 설치를 중시했다. 그래서 장인원(張仁願)이 황하 북부와 음산(陰山) 이남에 삼수항성(三受降城)을 축조하고 삭방군을 상주시켜 정규군이 되었다.[50] 장인원은 삼수항성을 쌓아 돌궐이 남쪽으로의 침범을 막았고 우두조산(牛頭朝山) 북쪽에 봉화대 1,800개를 쌓아 방어체계를 갖추어 돌궐이 산을 넘어 방목하지 못하고 삭방도 다시는 침략을 받지 않아 주둔병을 수만 명으로 감축할 수 있었다. 또한 당나라에 귀화한 토번의 장군이자 당 조정에 의해 주천군공(酒泉郡公)에 봉해진 논궁인(論弓仁)을 삭방군전봉유혁사(朔方軍前鋒游奕使)에 임명하고 음산 이남의 낙진수(諾眞水)와 초심산(草心山) 지역을 순찰하는 업무를 맡겼다.[51]

함형(咸亨) 연간(670~673년)에 돌궐에서 투항한 사람은 대부분 풍(豐),

49 『資治通鑑』 卷205, 「延載 元年」 3月, 2055쪽.

50 이에 관해 李鴻賓, 「唐朝三受降城與北部防條問題」, 『長城國際學術研討會論文集』에서 東受降城은 지금의 내몽고 托克托縣 남쪽, 中受降城은 지금의 包頭市 서북, 西受降城은 지금의 杭錦後旗 烏加河 북쪽 강가에 있었다고 하였음.

51 『舊唐書』 卷93, 「張仁願傳」, 2982쪽과 『新唐書』 卷110, 「論弓仁傳」, 4126쪽. 『通典』 卷198, 「突厥」(中), 5434쪽에 百濟 出身의 黑齒常之 將軍에 관한 기록이 있다. "垂拱 3年, 骨咄祿이 또 昌平을 침략하자, 左鷹揚衛大將軍 黑齒常之가 격퇴하여 물리쳤다. 그 해 8월에 朔州를 침범하자 다시 黑齒常之를 燕然道大總督에 임명하여 黃花堆에서 격퇴하고 크게 물리쳤으며 40여 리를 추격하자 무리들이 사막의 북쪽으로 달아났다. 右監門衛中郎將 寶璧이 또 정예병사 3천 명을 이끌고 변새를 나와 추격하다 오히려 骨咄祿에게 패하여 全軍이 몰살당하고 寶璧은 도주하였다. 처음에 寶璧은 黑齒常之가 적을 격퇴하는 것을 보고 表를 올려 骨咄祿의 잔당을 없애달라고 요청하자, 武太后가 黑齒常之에게 명을 내려 寶璧과 상의하고 멀리서 聲援하도록 하였다. 寶璧은 功을 탐내어 먼저 행동을 취하다가 적에게 피살당하였다"라고 하였음.

승(勝), 영(靈), 하(夏), 삭(朔), 대(代) 등 6주에 배치했는데 이를 '항호'(降戶)라고 했다.[52] 묵철가한은 신공 (神功) 원년(697년)에 당왕조에게 6주의 '항호'를 돌려주고 비단, 철기와 곡물 십만 곡(斛)과 농기구를 요청했다. 무측천은 6주, 지금의 내몽고 하투(河套), 섬서 북부, 영하 영무(靈武)와 산서 북부 일대의 돌궐의 항호 수천 호와 곡물 10만 곡, 비단 5만 단(段), 농기구 3천 개, 철(鐵) 수만 근(斤)을 돌궐에게 주었다. 이것은 돌궐의 농업 발전에 큰 영향을 끼쳤던 반면에 조정의 신하 이교(李嶠)의 말처럼 적에게 병기와 식량을 주는 꼴이 되고 말았다. 일부 조정대신이 이러한 경제 이익을 주고 묵철과 화친 관계를 맺는 수단으로 활용하려고 했지만 결과는 돌궐에 사절로 갔다가 구류를 당한 대신 전귀도(田歸道)만 되돌려 받았을 뿐 묵철의 계속적인 당왕조 관할 지역에 대한 침범을 막아내지는 못했다.[53]

장인원의 삭방군 설치로 돌궐은 남쪽으로 음산을 넘지 않고 서역과 서돌궐에 침입하여 약탈을 일삼았다. 현종 개원 2년(714년)에 묵철은 그의 아들 동아특근(同俄特勤)을 파견하여 북정도호부를 포위하였으나 도호 곽건관(郭虔瓘)에게 패하고 동아특근은 전사했다. 이듬해에 묵철은 또 서돌궐 좌상 오돌육(五咄陸) 부락에 속한 갈라록(葛羅祿), 호록옥(胡祿屋), 서니시(鼠尼施)를 공격하자, 현종은 북정도호 탕가혜(湯嘉惠)에게 명을 내려 구원하도록 했다. 개원 4년(716년)에 묵철이 발야고(撥野古)를 정벌하고 귀가 도중에 피살되었다. 그의 아들 소가한 포구(匍俱)가 즉위하였다. 골돌록(骨咄祿)의 아들 궐특근(闕特勤)이 소가한을 죽이고 자신의 형 묵구(默矩), 즉 묵극연(默棘連)을 옹립하여 필가가한(苾伽可汗)을 삼았고 자신은 좌현

52 『通典』 卷198, 「突厥」, 5435쪽.

53 『新唐書』 卷215, 「突厥傳」(上), 6045쪽과 『舊唐書』 卷185, 「田歸道傳」, 4794~4795쪽.

왕(左賢王) 돌리몰(突利沒)에 임명하고 군사를 장악했다.[54]

필가가한이 즉위하였지만 역량이 부족하였고 반면에 당왕조는 국력이 막강하였고 개원 2년 안북도호부를 운중성(雲中城)에서 중수항성으로 옮겨 둔전병을 설치하고 북방 방어의 역량을 더욱 강화하자 돌궐은 당왕조 영토를 침범하지 못했다. 필가가한의 통치 시기(716~734년)에는 돌궐과 당왕조 간의 무력 충돌은 거의 없었고 대신 쌍방의 평화적 왕래가 빈번하였다.

후돌궐 내부에 잦은 충돌이 발생하여 일부 돌궐족이 당왕조에 귀순하였다. 개원 2년(714년)에 가을에 갈라록 등은 양주(凉州), 호록옥은 북정(北庭)에 와서 당왕조에 귀순하였다. 개원 3년(715년)에 호록옥 추장 지포기(支匐忌)가 직접 당 조정에 와서 황제를 알현하였고, 이듬해에는 발야고, 회흘, 동라, 복고, 습(霫) 5부가 모두 당나라에 귀순하였다. 그 후에 회흘과 발야고의 반항 투쟁이 격화되자 필가가한은 돈욕곡(暾欲谷)을 기용하여 후돌궐 내부의 이탈을 막고 필가가한의 입지를 강화하기 위한 계책을 내어 당왕조와 화친을 맺고 위기 국면을 벗어나려고 하였지만 현종이 속셈을 알아차리고 화친과 당 조정의 공주에 대한 구혼 요청도 불허하였다. 개원 13년(725년)에 필가가한은 홍려경의 대리직을 맡은 당 조정의 사신 원진(袁振)에게 말하길, "토번은 개 종류이고 해(奚)와 거란은 본래 우리 돌궐의 노예였는데, 모두 [당 조정의] 공주를 모실 수 있었다. 우리 돌궐은 앞뒤로 구혼하였지만 우리에게만 허락하지 않았는데 무슨 까닭이오? 또 우리는 토번으로 들어간 공주가 천자의 딸이 아니라는 것도 알고 있지만 이제 와서 어찌 진짜인지 가짜인지를 묻겠소? 다만 누차 요청하였으나

54 『新唐書』 卷215, 「突厥傳」(上), 6047~6048쪽. 『舊唐書』 卷103, 「郭虔瓘傳」, 3187쪽과 『資治通鑑』 卷211, 「開元 3年」 4, 5月, 2124쪽과 4年 夏六月, 2126쪽.

얻지 못하였으니 여러 번국(蕃國)을 보기가 부끄러울 뿐이오"라고 했다. 원진이 필가가한을 위하여 현종에게 주문을 올려 요청하겠다고 약속하였다.[55]

현종 개원 15년(727년), 돌궐의 비가가한(毗伽可汗)이 그 대신 매록철(梅祿啜)을 파견하여 공물을 가지고 당나라에 들어왔다. 토번이 과주(瓜州)를 노략질하면서, 토번은 비가가한에게 편지를 보내 그들과 함께 들어가서 과주를 노략질하려고 하였는데 비가가한이 아울러 토번 왕의 편지를 매록철에게 시켜 당 조정에 바치게 했다. 현종은 그를 가상하게 여겨서 자진전(紫宸殿) 연회에 초대하고 후한 상을 내렸으며, 서수항성에서 돌궐에게 호시(互市)를 여는 것을 허락했다. 그 후에 돌궐은 수천 필의 말을 팔았고 당 조정은 돌궐에게 말 값으로 비단을 주었는데, 매년 수천 수만 필 혹은 수십만 필에 달했다.[56] 이러한 돌궐의 말을 감목(監牧)의 종마로 삼았는데, 돌궐의 우수한 품종의 전쟁용 말은 당정부의 전투력을 증강시켰다.[57]

후돌궐 통치자들 사이에 내분이 자주 일어나 무장 충돌이 발생하였다. 이러한 형세 변화에 따른 돌궐의 남진은 관내도 내의 기미부주 지역이 불안정하여 당왕조에 큰 위협이 되었으므로 변방 지역의 군사체제에 변화가 필요하였다. 현종이 즉위한 후에 삭방군을 대신하여 개원 9년(721년)에 정식으로 삭방절도사(朔方節度使)를 설치하였다.

삭방절도사는 6호주(胡州)와 깊은 관계가 있다. "유주(宥州) 영삭군(寧朔郡)에 조로(調露) 원년(679년)에 영주(靈州)와 하주(夏州) 남쪽 변경에 투항한 돌궐족을 노주(魯州), 여주(麗州), 함주(含州), 새주(塞州), 의주(依州), 계주

55 권중달 옮김, 『資治通鑑』(22), 535~536쪽.
56 『舊唐書』 卷194, 「突厥傳」(上), 5177쪽. 권중달 옮김, 『資治通鑑』(22), 564쪽.
57 권중달 옮김, 『資治通鑑』(22), 564쪽.

(契州)를 설치하여 당나라 사람이 자사를 맡았는데 이를 6호주라고 불렀다. 장안(長安) 4년(704년)에 또한 광주(匡州), 장주(長州)를 설치했다. 신룡(新龍) 3년(770년)에 난지도독부(蘭池都督府)를 설치하고 6주(州)로 나누어 현(縣)으로 삼았다. 개원 10년(722년)에 다시 노주, 여주, 계주, 새주를 설치했다"라고 했다.[58] 그런데 6호주의 형성이 개원 9년보다 이른 정관 초에 돌궐을 평정한 시기라고 주장하는 학설이 있다. 조로 원년에 6호주를 설치하고 당나라 관리가 자사를 맡았다는 것은 6호주를 설치했다는 뜻이 아니라 당나라 관리가 소무구성(昭武九姓)의 수령을 대신하여 자사에 임명된 것이라고 했다.[59] 6호주가 소무구성을 안치하기 위해 설치했다는 사실은 안보(安菩) 묘지명에 나타나 있다.[60] 이 두 가지 사실에서 소무구성 사람들이 동돌궐이 멸망할 때 동쪽의 이 지역으로 이주했음을 알 수 있다. 이 지역의 남쪽, 지금의 영하(寧夏) 고원(固原)에서 사씨(史氏) 가족묘지가 발굴되었다.[61] 이 가운데 사도덕(史道德) 묘지에서 그가 난지(蘭池)의 정감(正監)을 맡았음을 언급했는데, 여기에서 난지는 난지도독부를 가리키고, 사도덕의 직무는 말을 관리하는 것이었다. 이 지역은 "염주(鹽州) 백지현(白池縣) 북쪽 80리"에 있고,[62] 6호주의 범위는 당왕조의 말 방목지 중의 하나였다. 난지에는 소무구성 사람이 모여 살았다. 이들은 동돌궐의 지배와 영향을 받아 돌궐화되었으므로 자연히 돌궐과 혼동한 것이다.

개원 9년(721년)에 8호주가 강대빈(康待賓)을 수령으로 하는 대규모 반

58 『新唐書』, 「地理志」(1), 974~975쪽. 唐 李吉甫 撰, 賀次君 點校, 『元和郡縣圖志』 卷4, 「關內道」, 「新宥州」, 106쪽.
59 張廣達, 「唐代六胡州等地的昭武九姓」, 『北京大學學報』, 1986年, 第2期.
60 趙振華, 朱亮, 「安菩墓志初探」, 『中原文物』, 1982年, 第3期.
61 羅豐, 『固原南郊隋唐墓地』, 文物出版社, 1996.
62 『元和郡縣圖志』 卷4, 「關內道」, 「新宥州」, 106쪽.

당 반란을 일으켰다. 가담자가 7만 명에 달하였는데, 이들이 함주(陷州城)을 공격하고 하주(夏州)를 위협했다. 당 조정은 삭방대총관 왕준(王晙)과 농우절도사 곽지운(郭知運)을 파견하고 응전하여 강대빈을 사로잡고 장안으로 이송했다. 이때 삭방군을 정식으로 설치했다. 『당회요』(唐會要) 권78에 현종 개원 원년 10월 6일에 삭방절도사를 건립하는 비문(碑文)이 기록되어 있는데 개원 원년은 9년의 오기(誤記)라고 한다.[63] 이해 4월에 강대빈이 반란을 일으켰고 7월에 당군이 반란을 진압하였으며 10월에 절도사 체계가 확립되었다는 결론이 나온다. 강대빈의 반란은 오히려 당 조정의 삭방군 규모를 증강하는 계기가 되었고, 강대빈 세력은 본래 돌궐과 관계가 있으므로 6호주의 반란과 돌궐의 반란은 직접적인 관계가 있는 것이다. 당 조정의 입장에서 돌궐의 반란은 삭방군을 증강할 필요성이 있었고, 6호주는 삭방군의 직접적인 통제 하에 편입되었다.[64]

개원 22년(734년)에 필가가한은 대신 매록철에게 독살당하고 그의 아들이 즉위하여 이연가한(伊然可汗)이 되었다. 현종은 관리를 파견하여 조문하게 하고 필가가한을 위한 비석을 세웠다. 얼마 후에 이연가한도 죽었고 그의 동생 등리가한(登利可汗)이 즉위하였다. 등리가한은 나이가 어려서 그의 두 숙부에게 군사를 나누어 맡겼는데 이를 좌몰(左沒), 우몰(右沒)이라고 불렀다. 등리가한이 우몰을 살해하자, 좌몰이 등리가한을 공격하여 죽였다. 이후에 가한이 연이어 등극하였지만 계속 피살당하였다. 원래 후돌궐에 속했던 발실밀(撥悉密), 회흘, 갈라록은 후돌궐 내분을 틈타 독립하였다. 천보 4년(745년)에 회흘의 수령 골력배라(骨力裴羅)가 후돌궐의 최후의 가한, 백미가한(白眉可汗)을 공격하여 죽였고, 비가가한의 처가 무리

63 岑仲勉, 『唐史餘瀋』 卷2, 「朔方節度使之初置」, 93쪽.

64 『新唐書』 卷64, 「方鎮表」(1), 1761쪽에 "開元 9年에 朔方軍節度使를 설치하여 單于大都護府와 6州, 2軍, 三受降城을 통솔하였다"라고 했음.

를 이끌고 당 조정에 귀순하였다.[65]

삭방군의 설치는 상대적인 군사력의 우위를 점유하는 데 큰 효과를 거두었고, 또한 돌궐족 내분으로 돌궐족의 당왕조에의 귀순과 당 조정의 호시 무역 개설은 남쪽으로 이주한 후 한족과 잡거하며 한족의 농업 생산기술의 영향을 받아 발전을 꾀하는 데 큰 도움을 주었다.

6. 삭방군과 기미부주와의 관계

삭방군과 기미부주는 당 조정의 변방 지역을 경영하는 두 가지 다른 방법이었다. 기미부주는 주로 행정 수단이었고, 삭방군은 군사 방어였다. 이론적으로는 절도사 체제의 확립은 기미부주의 공백을 메우는 역할을 하였다. 그러나 이후에 군사 방어는 느슨해진 행정 수단의 보충 역할을 하였다. 이러한 변화는 당 조정의 북부 변방 정책의 단순화와 축소를 의미했다. 이러한 정책은 당나라 초기의 변방의 이민족에 대한 중화의 한족과 이민족은 한 가족이라는 '화이일가'(華夷一家)의 사상과는 큰 차이가 있었다.

삭방절도사의 설치는 개원 원년(721년)부터 천보 말경까지 하(夏), 염(鹽), 수(綏), 은(銀), 풍(豐), 승(勝), 노(魯), 여(麗), 계(契), 경(涇), 원(原), 녕(寧), 경(慶), 농(隴), 부(鄜), 방(坊), 단(丹), 연(延), 회(會), 유(宥), 인(麟) 등의 주(州), 선우대도호부, 정원(定遠)과 풍안(豐安) 2군(軍), 삼수항성, 관내도지도영전사(關內道支度營田使), 관내염지사(關內鹽池使), 검교혼부락사(檢校渾部落使), 압제번부락사(押諸蕃部落使), 한구궁원감목사(閑廄宮苑監牧使),

65 『新唐書』 卷215, 「突厥傳」(下), 6054~6055쪽.

관내도채방처치사(關內道采訪處置使)를 관할했다.[66] 삭방군의 관할 범위는 삼수항성을 중심으로 선우도호부를 포함하였고, 남쪽으로는 경기도에 맞닿았고, 동쪽으로는 승주와 단주의 경계에 위치했으며, 서쪽으로는 영주(靈州)까지 도달했다.

이러한 영역과 관내도의 주부(州府)를 대조해보면, 삭방군의 관할 범위는 태종이 설치한 관내도의 기미주 일부, 즉 관중(關中)과 그 북부이다. 삭방군은 관내도 전부를 포함하지 않았고, 동돌궐 세력의 부흥으로 당 조정이 이 문제를 해결할 수 없어 일부 기미의 통제 방법을 버리고 전쟁 혹은 방어라는 단순하면서도 효과적인 방법을 채택한 것이다. 태종 이후의 당 조정은 무측천의 정권 탈취 과정에서 조정 내부에 신경을 쏟게 되어 돌궐에게 세력을 넓히는 데 좋은 기회가 되었다. 그래서 돌궐의 대규모 반란은 당 조정에게는 속수무책이었다.

삭방군의 체제가 확립되는 과정은 기미부주의 감소 혹은 전통적인 행정구역인 주(州)로의 전향 과정이었다. 이러한 추세는 분명했는데, 예를 들면 경주(慶州)에 속한 회안(懷安)의 경우 이 지역은 방지주(芳池州)도독부가 다스렸는데 당항(黨項)의 야리씨(野利氏)부락이 분포되어 있었다.[67] 경주의 회안은 당항부락과 인접했다.[68] 한족과 호인이 뒤섞여 살았으므로 회안이란 지명에는 "호인(胡人)을 안정시키고 위무하다"라는 의미를 담고 있다. 개원 9년에 6호주가 반란을 일으켰는데 돌궐은 당항과 결탁하려고 시도했지만 당나라 장군 장설(張說)에게 막혀 그가 당항을 위무하고 당 조정에 특별히 인주(麟州)를 설치하여 그들을 안치하도록 상주하였다. 회안의 설치는 이 일과 무관했다. 기미주의 설치는 당 조정은 6호주의 반란을

66 『新唐書』 卷64, 「方鎭表」(1), 1761~1765쪽.

67 『新唐書』 卷43, 「地理志」(7下), 1124쪽.

68 『元和郡縣圖志』 卷3, 「慶州」, 「懷安」, 69쪽.

해결하고 그들의 결탁을 와해시키고 세력을 약화시키기 위한 정책이었다. 앞에서 말한 강대빈의 반란을 평정한 후에 당정부는 그들을 하남(河南)과 강회(江淮) 등지로 이주시켰고, 개원 26년(738년)에 다시 6호주로 돌려보냈고, 당정부가 설치한 유주(宥州)에 안치시켰다.

삭방군이 설립된 후에 그 관할 영역에 기미부주의 주(州)로의 전환을 이루었거나 삭방군이 직접 통제하는 추세였다. 다시 말하면, 기미부주가 직접 주부를 통제하는 방식으로 전환하였고, 동시에 이러한 전환 과정에서 6호주의 여러 차례의 변동이 발생했다. 삭방군을 설립한 이유는 기미부주를 통제하기 위해서였다. 삭방군의 출현으로 기미주부의 일부 세력이 당 조정에서 이탈하여 당정부를 공격하는 추세로 전환되었다. 삭방군과 동돌궐과의 전쟁은 당 조정이 군사 통제의 수단이 행정 중심의 기미정책을 대신하는 전환을 암시한다.

제2장

외교 및 무역 사무기구

당대의 대외 개방 정책을 실행하기 위해 당 조정은 외교와 무역 사무를 관장하는 정부기관을 설치했다. 사방관(四方館), 홍려시(鴻臚寺), 예빈관(禮賓院), 호시감(互市監), 시박사(市舶使), 번장사(蕃長使)는 당대 외교와 무역 사무를 관장하는 주요 기관이었다.

1. 외교 사무 주요 기구

당대 외교 사무 기구는 그 업무의 성격에 따라 접대, 무역관리, 교민관리 세 종류로 나뉘었다. 이러한 기구들은 대외 사무의 구체적인 사무를 관장하고 관리하였다. 외교 사무의 활동 가운데 예의, 정책, 법령 등 중대한 문제는 일반적으로 3성(省) 6부(部)의 관련 기관과 관리들이 책임을 맡고 처리했다. 3성 6부는 당대 외교 사무의 정책을 결정하는 기구였다.

중서성과 문하성은 당대 중앙의 핵심 기구로 전자는 군사와 국가 정치를 관장하고, 후자는 황제의 명령을 출납하는 기관이었다. 외교 사무에 대해서 이 두 기관은 외교에 관한 칙령을 기초하고 심사하는 책임을 맡았다. 황제가 외국의 군주와 사신을 접견하는 각종 의식과 연회에 참여하고, 외국의 군주와 사신이 전달하는 국서를 접수하는 일도 맡으며, 이들의 출입 예절을 관장하였다. 중서성은 이러한 일을 나누어 중서시랑(中書侍郎)과 통사사인(通事舍人)에게 맡겼다. 『구당서』, 「직관지」(職官志)에 기록하길,

> 중서시랑 두 명은 나라의 여러 가지 사무와 조정의 정무에 참여한다. 외국인이 내조하여 바친 국서를 수령하고 서쪽 계단으로 올라와 황제께 바친다. 만약 공물을 바치면 이것을 수령하여 소속 기관에 전달하였다.[1]

라고 했다. 외국의 사절이 가지고 온 국서와 공물을 수령하는 일은 중서시랑의 중요 업무 가운데 하나였다. 황제가 외국의 사절이 전달하는 국서와 공물을 접수하는 의식에 중서시랑은 반드시 참석하였다. 황제가 어좌에 앉기 전에 중서시랑은 두 명의 영사(令史)와 함께 미리 서쪽 계단 밑에서 황제를 기다렸고, 통사사인은 외국 사절을 안내하여 자리에 앉힌 다음, 중서시랑이 국서를 받칠 책상을 들고 나아가 사신 앞에 도달하여 사신의 국서를 받아 책상 위에 놓고 서쪽 계단 밑으로 간다. 중서시랑이 국서를 들고 황제께 바치고 책상을 가지고 뒤로 물러났다.[2]

중대한 외교 활동 가운데 외국 사신이 황제를 알현하는 의식, 공물의 수납과 외국에 국서를 전달하는 일은 통사사인이 맡았다. 외국의 군주가 황제를 알현하면 황제가 외국 사신의 국서와 공물을 접수하고 외국의 군

---

1 『舊唐書』 卷43, 「職官志」(2), 1849~1850쪽.
2 『通典』 卷131, 「受蕃國使表及幣」, 3371쪽.

주나 사신을 초대하는 의식과 연회를 베푸는 일이 통사사인의 주된 임무였다. 이밖에 사신으로 가서 군사들을 위로하고 개선하는 군대를 교외 밖으로 나가 영접하는 일도 맡았다.

문하성에서 외교 사무를 주관한 관리는 시중이었다. 제후 왕과 외국의 군주가 당나라 황제를 알현할 때, 시중은 조서를 받들어 그들을 위문하였다.[3] 또한 시중은 당나라 황제가 외국의 사신의 국서와 공물을 접수하고 외국의 군주와 사절을 초대하는 의식과 연회에 참석하는 등의 업무를 맡았다.

상서성은 당 조정의 정무 기구로 6부 24사(司)를 관할하였다. 외교 업무의 활동 가운데 법령의 문제는 상서성의 6부 24사인 관련 기관에서 책임지고 처리했다. 6부 가운데 예부(禮部)는 국가의 예의, 제사와 과거 업무를 주관하는 기관으로 당대의 교육, 외교, 예의 등에 관한 정무 기관이었다. 예부에는 예부(禮部), 사부(祠部), 주객(主客), 선부(膳部)의 4사(司)를 설치했다. 일반적으로 외교 예의는 예부사, 외교 법령은 주객사가 주관했다. 예부의 주객낭중(主客郎中)과 원외랑(員外郎)은 외국 사신의 황제에 대한 알현을 주관했다.[4] 호부(戶部)는 전국의 호구, 전답의 조세, 창고, 혼인 등의 민간 업무와 재정에 관한 법령을 관장했는데 호부(戶部), 금부(金部), 탁지(度支), 창부(倉部)의 4사(司)를 두었다. 이 가운데 금부낭중(金部郎中), 원외랑(員外郎)은 천하의 창고 출납과 도량형을 관장하는 것 이외에 장안의 서시(西市)와 동시(東市), 호시(互市), 화시(和市), 궁시(宮市)의 교역의 일과 백관, 군진(軍鎭), 외국인에게 하사품을 증정하는 일을 맡았다.[5] 병부

---

3 『舊唐書』 卷43, 「職官志」(2), 1843쪽.

4 『新唐書』 卷46, 「百官志」(1), 1195쪽.

5 『新唐書』 卷46, 「百官志」(1), 1193. 和市는 두 가지가 있었는데 하나는 宮에서 시세에 맞게 민간에 물품을 판매하는 기관을 말한다. 그런데 민간인들에게 강제로 분담하여 민간의 재산을

(兵部) 아래에 병부(兵部), 직방(職方), 가부(駕部), 고부(庫部)의 4사(司)를 두고 전국의 군사 업무를 관장했다. 이 가운데 직방사는 일부 외교 사무를 관장했는데, 직방낭중과 원외랑은 지도, 성곽, 군사 요충지, 봉화, 도로와 외국인의 귀화 사무를 주관했고, 외국인이 오면 홍려는 그 나라의 산천, 풍토를 묻고 그 나라의 지도를 그려서 황제께 바치며 한 부는 직방사에 보관했다.[6] 직방낭중과 원외랑은 외국의 산천, 기후, 풍토와 인정 등의 사정을 파악하는 일을 맡았다. 이밖에 외국인이 당나라에 올 때 관문을 통과하는 것을 조사하고 외국인 당나라에 있는 동안에 숙식을 제공하는 일은 형부(刑部)의 사문낭중(司門郎中)과 원외랑, 공부(工部)의 우부낭중(虞部郎中)과 원외랑이 관장했다.

약탈하는 결과를 낳았다. 韓琬이 景雲 연간(710~711년) 초에 상소문을 올려 말하길, "지금의 和市는 제멋대로 가혹하게 착취하니 명의상으로는 민간과 조화를 이루기 위해서라고 하지만 실제로는 민간의 재산을 빼앗고 있습니다"라고 했다. 『新唐書』, 「韓琬傳」. 두 번째로는 외국과의 교역을 하는 시장을 뜻했다. "乾元 연간(758~560년) 이후 回紇은 여러 차례 사신을 파견하여 말을 비단과 교역하였는데 해마다 시장에 와서 말 한 필로 비단 40필을 구매하고 당조정은 수만 필의 말을 얻었다." 『舊唐書』, 「回紇傳」, 5207쪽. 宮市는 궁중에서 환관을 파견하여 필요한 물자를 강제로 싼값에 수매하는 기관이었다. 德宗 貞元 연간(785~805년) 말경에 결국은 일반 백성의 재산을 수탈하는 기관으로 타락하였다. 이런 현상은 白居易의 「賣炭翁」에 잘 나타나 있다. 이 작품은 신악부로 숯을 파는 노인이 포악한 관원에 유린당하고 수탈당하는 참상을 고발한 시이다. 시의 부제는 「궁시 때문에 고난을 겪는다」(苦宮市也)라고 썼다. "고생하며 숯을 구워 내다 팔아봤자 무슨 소용 있나?/ 고작 홑껍데기나 걸치고 입에 풀칠하는 숯장수 노인이다"(賣炭得錢何所營/身上衣裳口中食). "겨울인데도 불쌍하게 홑옷을 걸치고 덜덜 떨면서도/ 그래도 날이 추워야 숯 값이 떨어지지 않는다고 안타까워하네"(可憐身上衣正單/心憂炭賤願天寒). "한 수레 가득 실은 숯은 천여 근이나 무겁지만/ 대궐 칙사에게 빼앗기니 원통하기 그지없네"(一車炭重千餘斤/宮使驅將惜不得). "반 필의 붉은 명주와 한 길의 능라를/ 숯 값이라 소머리 앞에 동댕이치고 가버리네"(半匹紅紗一丈綾/繫向牛頭充炭直). 朱金城 箋校, 『白居易集箋校』(1), 227쪽.

6 『新唐書』 卷46, 「百官志」(1), 1198쪽.

2. 외교 사절 접대 기구

당대에 외국의 빈객을 접대하는 기구는 사방관, 홍려시, 예빈관이었다. 사방관은 당초에 수대의 제도를 계승하여 주변 국가와 지역에서 온 사신을 접대하는 기구이다.[7] 남북조 시대 때는 사이관(四夷館), 수대에는 사방관이라고 하였지만 그 직책은 단지 사방의 사신을 접대할 뿐만 아니라 호시(互市), 무역 등을 포함한 외교 사무를 총괄하는 것이었다. 당대의 사방관은 승천문가(承天門街) 서쪽, 궁성의 남쪽, 두 번째 횡가(橫街)의 북쪽에 있었다. 중서성에 가까운 곳에 위치한 사방관은 그 기능이 홍려시의 지위가 높아짐에 따라 점차 단일화되어 외국인의 휴식, 숙소의 장소로 제공되었다.

태상시(太常寺), 홍려시(鴻臚寺), 광록시(光祿寺)의 3시는 예의, 제사의 구체적인 집행을 주관했다. 태상시에는 10서(署)를 설치했다. 이 가운데 태악서(太樂署)에서는 연회를 거행할 때 전국 각지와 외국의 십부악(十部樂)을 연주했다. 십부악이란 연악기(燕樂伎), 청악기(淸樂伎), 서양기(西涼伎), 천축기(天竺伎), 고려기(高麗伎), 구자기(龜玆伎), 소륵기(疏勒伎), 안국기(安國伎), 고창기(高昌伎)와 강국기(康國伎)를 말한다.[8] 연악기와 청악기는 중국 전통음악이고 나머지 8부는 모두 외국의 음악이다. 외국의 음악이 당대에 유행하였고 당대 음악에 끼친 영향이 지대하였음을 알 수 있다.

---

7 『隋書』 卷28, 「職官志」(下), 798쪽의 기록에 수대 사방관은 동서남북 사방에 모두 4곳에 설치했는데 동쪽은 東夷使者, 남쪽은 南蠻使者, 서쪽은 西戎使者, 북쪽은 北狄使者라고 불렀고, 외국과의 互市 업무를 관장했다고 하였음.

8 大業 연간에 隋煬帝는 淸樂, 西涼, 龜玆, 天竺, 康國, 疏勒, 安國, 高麗, 禮畢의 음악을 9部樂으로 삼았음. 『隋書』 卷15, 「音樂志」(下), 377쪽. 당고조가 즉위하여 隋代에 제정된 9部樂을 설치하였고, 太宗이 高昌을 평정한 후에 高昌의 음악을 받아들여 처음으로 10部樂이 제정되었음. 『新唐書』, 「禮樂志」(11), 469~471쪽.

홍려시는 당대에 외국의 빈객을 접대하거나 흉사의 예의를 관장하는 기관이다. 용삭(龍朔) 2년(662년)에 동문시(同文寺)로 개명했다가 함형(咸亨) 원년(670년)에 다시 홍려시라고 했고, 무측천 광택 원년(684년)에 사빈시(司賓寺)로 개명했다가 신룡 원년(705년)에 다시 홍려시라고 했다. 홍려시 밑에 외국인 접대를 관장하는 전객서(典客署)와 흉상(凶喪)의 예의를 관장하는 사의서(司儀署)를 두었다. 관공서는 황성 내의 승천문가 서쪽, 일곱 번째 횡가의 북쪽의 함광문(含光門) 가까이에 위치했다. 홍려시의 장관은 경(卿), 차관은 소경(少卿)이라고 했는데, 홍려경은 외교 접대를 책임지고 전객서와 사의서의 직책 이행을 감독하였다. 홍려시는 외교 사무 가운데 조공의 예의, 연회의 수, 고하의 등급과 황제의 지시 등의 구체적인 사무를 처리했다.[9] 외국의 왕이나 이민족 부락의 수령 등을 직책에 따라 5등급으로 나누었고, 외국인이 귀화한 경우는 9등급으로 나누었다.[10] 외국이 관직을 제수 받을 때는 명을 받들어 사신을 파견하였다. 각국의 사신이 바친 공물은 우선 홍려시에 접수하고 황제에게 진상할 때는 입국 날짜와 사유를 적어 상서성 예부 주객사(主客司)에 보고하고 한 부는 홍려시에 남겼다. 이상의 업무는 대부분 전객서의 관원들이 구체적으로 처리했고 홍려경과 홍려소경은 책임, 감독만을 담당했다.

홍려시는 흉사의 예의, 상례 이외에 주로 오늘날의 외무 사무와 같은 업무도 관장했다. "건원(乾元) 이후에 회흘의 사신이 와서 홍려시에 머물렀다."[11] "건중(建中) 4년(783년)에 무의성공가한(武義成功可汗)이 승상과 도독 등 무리 천여 명을 파견하였고, 그의 누이동생 골돌록(骨咄祿) 비가공

9 『舊唐書』 卷43, 「職官志」(2), 1832쪽.

10 『舊唐書』 卷43, 「職官志」(2), 1826쪽.

11 『新唐書』, 「回紇傳」, 6120쪽.

주(毗伽公主)를 파견하여 대추장의 처 50여 명을 이끌고 함안(咸安)공주를 맞이하고 또한 공물을 바치게 했다. 그의 부하 7백 명을 불러 모아 조회에 참석하고 홍려시에 머물렀다."[12] "개성(開成) 5년(840년)에 홍려시 명부에 인질과 학생 105명을 올리고 기한이 찬 사람은 모두 귀국하도록 했다."[13] 이러한 기록들을 통해 홍려시가 각국과 이민족의 사신을 접대하고 이들의 숙식을 배정하며 관리하는 책임을 맡았음을 알 수 있다. 이밖에 각국의 사신으로 가거나 동맹을 맺으러 가고 왕으로 책봉하거나 관작을 수여하고 조문하러 갈 때도 대부분 홍려시의 관리가 사신으로 갔다. 예를 들면 홍려시의 소경(少卿) 유선인(劉善因)은 사절로 파견되어 서돌궐의 탄아루발리필돌육가한(呑阿婁拔利邲咄陸可汗)을 책봉하였다.[14] 대중(大中) 원년(847년)에 홍려시의 경 이업(李業)은 사절로 파견되어 할알(黠戛)를 영무성명가한(英武誠明可汗)에 책봉했다. 회흘의 회신가한(懷信可汗)이 죽자 홍려시의 소경 손고(孫杲)를 사신으로 파견하여 조문을 하게 했다. 당 조정은 때때로 다른 기관의 관리를 사신으로 충당하여 홍려시의 직함을 겸하도록 했다. 예를 들면 개원 25년(737년)에 신라 국왕 김흥광(金興光)이 죽자 찬선대부(贊善大夫) 형숙(邢璹)에게 명하여 홍려시 소경으로 신라에 가서 조문하도록 했고, 또한 사신으로 파견되어 그의 아들 김승경(金承慶)을 신라 국왕으로 세웠다. 현종이 조서를 내려 말하길, "신라는 군자의 나라라고 칭송되어 『시경』, 『서경』을 알고 있고 경이 유학에 정통하였으니 사신으로 파견되어 가도록 하라. 경전의 뜻을 펼치어 대국의 강성함을 알리도록 하라."[15] 심지어 이민족의 반란을 평정할 때도 홍려경이 장사(長史)를

12 『新唐書』, 「回紇傳」, 6123~6124쪽.

13 『新唐書』, 「新羅傳」, 6206쪽.

14 『新唐書』, 「西突厥傳」, 6058쪽.

15 『新唐書』 卷220, 「新羅傳」, 6205쪽.

겸직하기도 했다. 조로(調露) 연간 초에 선우 부락의 대추장 온부(溫傅)와 봉직(奉職) 두 부락이 반란을 일으키자, 홍려경이자 선우대도호부의 장사인 소사업(蕭嗣業) 등이 이들을 토벌했다.[16]

예빈원은 천보 이후에 외교 접대 사무를 책임진 기구였다. 예빈원은 홍려시를 대신하여 외국의 군주와 사신을 접대하였다. 예빈원은 원래 숭인방(崇仁坊)에 설치했는데 원화 연간에 장흥방(長興坊)으로 옮겼고 정식으로 외교 사절을 접대하는 전문 기관이 되었다.[17] 중당 이후 예빈원은 이미 홍려시를 대신하여 외국의 군주, 사신을 관리하였다. 예빈원이 설치된 후에는 홍려시의 일부 직무를 폐기하기도 했다. 또한 예빈원에 예빈사(禮賓使)를 두었는데 일반적으로 환관으로 충당하였다.

3. 외국 무역 관리 기구

당대 외국 무역을 관리한 관리는 호시감(互市監)과 시박사(市舶使)였다. 호시감은 주로 서북 변방 지역의 이민족과 외국 상인의 호시무역을 관장했고, 시박사는 주로 동남 해안 항구의 대외무역 사무를 관장했다. 그런데 이 두 관리는 정식의 고정적인 관직이 아니고 임시로 설치된 사직(使職)에 속했다.

사직의 '사'(使)는 영(伶),[18] 즉 소관(小官), 악관(樂官) 혹은 예인(藝人)을

16 『新唐書』 卷215, 「突厥傳」(上), 6042쪽.

17 『唐兩京城坊考』 卷2에 예빈원은 장흥방 북쪽 거리에 있고 원화 9년 6월에 설치하였다고 했고, 卷3에도 朱雀門 동쪽 세 번째 거리와 街東 북쪽에서 첫 번째에 翊善坊이 있고 그 다음 남쪽에 숭인방이 있다고 했는데, 徐松의 주의 숭인방 내에는 예빈원과 岐陽公主의 집이 있고, 예빈원은 옛날 숭인방에 있었다고 하였음.

18 許愼, 『說文解字』, 380쪽.

말한다. 고대 문헌 중에 사는 대부분 명을 받들고 사신으로 가던 사람, 즉 사자(使者), 사절(使節)을 가리켰는데 오늘날의 개념으로는 외교관이다. 사직은 사를 맡은 관직으로 안무사(按撫使), 절도사(節度使), 관찰사(觀察使), 초토사(招討使) 등과 같이 관직 이름 끝에 사(使)자가 붙거나 주력사자(主歷使者), 수의사자(綉衣使者), 도수사자(都水使者), 수항사자(受降使者) 등처럼 사자(使者) 등이다.

사직은 당나라 후기에 조정에서 지방의 정무를 책임진 관리를 말한다. 예를 들면 군사를 통솔하는 절도사, 재정과 세금 징수를 맡은 관찰사, 전운사(轉運使) 등이 사직에 해당된다. 당왕조 때 사직 설치가 특별히 많았다. 그러나 실제로 사(使) 관리는 한나라 초기였다. 한조정 후궁에 장사(長使), 소사(少使)와 양사(良使)를 설치했다.[19] 이 가운데 장사와 소사는 한무제 이전에 설치했고, 양사는 한무제 이후에 설치했다. 한문제 후원(後元) 7년(기원전 157년)에 부인(夫人) 밑에 미인(美人), 양인(良人), 팔자(八子), 칠자(七子), 장사(長使), 소사(少使)가 있었다고 했다.[20] 문제 때는 양사가 없었음을 알 수 있다. 한무제 때부터 사자(使者)를 계속적으로 설치했는데 최초의 사직 수의(繡衣)를 입은 직지사자(直指使者)가 이때 설치되었다.[21] 이

19 『漢書』 卷97, 「外戚傳」(上), 1179쪽(절강고적출판사). 『後漢書』 卷40, 「班彪傳」에 班固의 「上都賦」를 인용하면서 "后宮之號, 十有四位"라는 구절에 대한 注에 "長使, 少使, 良使가 포함되어 있다"고 했음. 『後漢書』, 1341쪽과 1344쪽.

20 황제의 조서 가운데 "歸夫人以下至少使"에 대한 응소(應劭)의 注. 『漢書』 卷4, 「文帝紀」, 132쪽과 134쪽.

21 『漢書』 卷6 「武帝紀」, 204쪽에 "泰山과 琅邪의 도적떼 徐敎 등이 산을 막고 城을 공격하여 길이 통하지 않자, 직지사자 포승지를 파견하여 수의를 입고 도끼를 쥔 채 부대를 나누어 체포하였다"라고 했음. 같은 책 卷71 「雋不疑傳」에는 "무제 말년에 각 군과 제후국에 도적들이 떼를 지어 일어나자 暴勝之가 直指使者가 되어 繡衣를 입고 도끼를 잡은 채 도적들을 추적하여 체포했다. 포승지는 각 군과 제후국을 감독, 시찰하고 조사하며 동쪽으로 발해까지 이르렀는데 명령을 따르지 않는 자를 軍興法으로 죽이니 그 위세가 州郡을 떨게 했다"라고 했다. 군흥법이란 직지사자가 수의를 입고 전국을 순찰하며 조사하고 처리할 때 근거가 된 법률이

후로 한조정에서는 북군(北軍), 안사(案事), 미속(美俗), 도전(稻田), 시사(侍祠), 하제(河堤), 호원(護苑), 장작(將作), 치옥(治獄), 왕력(王歷)사자 등을 설치했다.

사(使), 사자(使者)라는 관직이 고구려와 부여(夫餘)에도 보인다.[22] 고구려의 사자는 국왕과 대가(大加)가 설치했다. 국왕이 임명한 사자는 국가의 정식 관원으로 정치, 경제적 대우를 받았고, 대가가 설치한 사자는 지위가 비교적 낮아 황실의 사자와는 달랐다. 동옥저(東沃沮)에도 사자를 설치했는데 국정을 맡았다.[23] 부여국에는 대사(大使), 대사자(大使者)와 사자(使者)가 있었다. 그들은 국가에서 정식으로 설치하였다. 한대의 사자는 동북아시아 국가들의 사자가 고정적인 관리로 정무에 직접 참여하였던 것과는 달리 임시직이었다.

한나라 조정은 변방에 호시를 설치하여 이민족과 교역하였다. 한대부터 위에 이르기까지 주변 국가들이나 지역과의 호시무역에 관한 사서의 기록은 많다. 『한서』, 「흉노전」에 문제(文帝), 경제(景帝)와 무제 때 흉노와 화친을 맺고 관시를 개통했고, 선제(宣帝) 때 북흉노는 남선우(南單于)가 한나라에 복속하고 모의를 할 것을 두려워하여 여러 차례 한조정과 화친을 애걸하며 소와 말을 끌고 와서 한나라와 시장 교역을 하였다고 하였다.[24] 동한 때도 흉노와 교역을 계속 하였는데 광무제 건무(建武) 연간에

었음. 안대회 편역, 『漢書列傳』, 225쪽.

22 『後漢書』 卷85, 「東夷列傳」, 2812쪽에 "建武 연간에 東夷의 여러 나라가 와서 조공을 바쳤다. 夫餘의 왕이 使를 파견하여 조공을 바쳤다"라고 하였고, "桓帝 延熹 4年에 使를 파견하여 조회에 참석하여 조공을 바쳤다"라고 했음. 같은 책 2814쪽에도 "建武 8年 高句麗가 使를 파견하여 조공을 바쳤고, 光武帝가 그에게 王號를 주었다"라고 했음.

23 『後漢書』 卷85, 「東夷附東沃沮傳」, 2816쪽.

24 『漢書』 卷94, 「匈奴傳」, 3765쪽에 "흉노는 탐욕하여 오히려 關市를 애호하여 한나라의 재물을 좋아했다. 한나라 또한 關市를 개통하고 끊임없이 중개무역을 실시했다"라고 했음.

오환(烏桓)의 교위(校尉)를 상곡영성(上谷寧城)에 설치하고 선비(鮮卑)를 통솔하였는데 해마다 호시를 열었다고 했다.[25] 장제(章帝) 원화(元和) 원년(84년)에 북선우는 소와 말 만여 마리를 몰고 와서 한나라와 교역을 하였다.[26]

삼국과 위나라 때도 서역과의 호시(互市)는 끊임없이 이루어졌다. 위명제(魏明帝) 대화(大和) 연간에 창자(倉慈)를 돈황태수에 임명했는데, 서역의 이민족이 공물을 바치려고 했지만 호족들이 대부분 서역과의 무역을 단절하였으므로 장자가 교역을 위해 서역 사람들을 도로까지 호송하였다.[27] 북조 때 한포(韓褒)는 서양주(西凉州)의 자사를 제수 받았는데 매번 서역의 상품이 도착하면 먼저 가난한 사람에게 팔아 부자와의 간격이 좁아져 호구가 충실해졌다.[28]

수나라 대업(大業) 3년(607년)에 변방의 주(州)에 처음으로 소부감(少府監)을 설치했다. 또 변방의 교시감(交市監)과 모든 둔감(屯監)은 감(監) 모두에 감(監)과 부감(副監) 각각 한 명씩을 설치했다. 수양제는 사방관(四方館)을 건국문(建國門) 밖에 설치하고, 동쪽에는 동이사자(東夷使者), 남쪽에는 남만사자(南蠻使者), 서쪽에는 서융사자(西戎使者), 북쪽에는 북적사자(北狄使者) 각각 한 명의 관원이 외국과 호시의 업무를 관장했다. 네 곳의 사자서(使者署)는 전호(典護), 녹사(錄事), 서직(敍職), 서의(敍儀), 감부(監府), 감치(監置), 호시감(互市監)과 부호시감(副互市監) 그리고 참군(參軍) 각각 한 명이 있었다. 녹사는 기강을 주관했고, 서직은 귀천과 입공을 관장했으며, 서의는 대소와 순서를 관장했고, 감부는 공물 헌납과 재화를 관장했으며, 감치는 낙타, 말, 배, 수레 안치와 불법행위 규찰을 관

25 『後漢書』 卷90, 「烏桓鮮卑列傳」, 2982쪽.
26 『後漢書』 卷89, 「南匈奴列傳」, 2950쪽.
27 『三國志』 卷11, 『魏書』, 「倉慈傳」, 512쪽.
28 『周書』 卷37, 「韓褒傳」, 661쪽.

장했고 호시감과 부호시감은 호시를 관장했으며, 참군은 교역의 출입을 맡았다.[29]

당대는 변방 무역과 대외 무역을 관장하던 기구는 수대의 제도를 계승하고 변방의 주부(州府)에 설치한, 소부감(少府監)에 속한 호시감(互市監)이었다. 수대의 호시감이 당대 무덕 초에 폐지되었다가 정원 원년(627년)에 소부감이 다시 설치되었고 중상(中尙), 좌상(左尙), 우상(右尙), 직염(織染), 장야(掌冶) 5서(署)와 제야(諸冶), 주전(鑄錢), 호시(互市) 등의 감(監)을 통솔하였으며 수공업과 관련된 장인(匠人)의 사무를 담당했는데 상서성 호부(戶部)의 4사(司) 가운데 금부(金部)로부터 정령(政令)을 받들었다.

호시감의 직능은 이민족과의 교역을 관장하는 것이었다. 『당육전』(唐六典) 권22의 기록을 보면,

> 한위 이래로 주변 국가 모두에 호시가 개설되어 이민족과 교역을 하여 외국의 물품이 중국에 들어왔다. 군현의 장이 주관하고 별도로 관리를 설치하지는 않았다. 수대에 이르러 변방의 주에 교시감(交市監)을 설치하였다. 교시감은 종8품이고 부감은 정9품이었다. 당대에는 관할 주부(州府)에 예속되었고 교시감은 종6품 하(下), 부감은 승(丞)으로 고쳤고 8품 하(下)이었다. 광택(光宅) 연간에 통시감(通市監)으로 개칭하였다가 후에 호시감이라고 했다.

라고 하여 호시감은 변방 무역을 관리하는 기관으로 수대 이전에는 전문 관리를 설치하지 않았고, 수대에 비록 전문 관리가 있지만 품급이 낮았음을 알 수 있다. 당대는 비록 지방의 주부에서 관할하였지만 행정관계는 종3품인 소부감에 속하였고 관리의 품계도 비교적 높아서 종6품이었다.

29 『隋書』 卷28, 「百官志」(下), 798쪽.

호시감의 장관 감(監)과 차관 승(丞) 이외에 호시감에는 녹사(錄事) 1인, 부(府) 2인, 사(史) 4인, 개인(价人) 4인, 장고(掌固) 8인의 전문 관리를 두어 감과 승의 외국과의 무역 사무를 협조하게 했다.[30]

『당육전』(唐六典) 권22 「소부군기감」(少府軍器監)에 "호시(互市)에서 얻은 말, 낙타, 당나귀, 소 등은 털 색깔로 구분하고 치아 상태로 연령을 매겨 등급을 나누어 예속된 주부(州府)에 보고하였다"[31]라고 하여 호시를 감독하기 위해 호시감을 설치하였고, 호시감은 주와 부에 예속되어 있었음을 알 수 있다. 또한 『당육전』 권3 「상서호부」(尙書戶部)의 호시에 대한 기록을 보면, "호시가 있으면 관할 통제한다. 백련(帛練), 번채(蕃綵)만을 사용할 수 있으며, 그밖에는 모두 교역할 수 없다. 관시(官市)인 경우에는 백련과 번채의 비율을 2대 1로 한다. 만약 번인(蕃人)이 양식의 매입을 필요로 하는 경우에는 감사(監司)가 필요한 액수를 따져 헤아려 주의 관리와 서로 알리고, 백성이 물건을 가지고 호시에 가서 교역하는 것을 들어준다"라고 했다.[32] 백련은 표백은 비단을 말하고, 번채는 색깔과 무늬를 변방 이민족의 기호와 관습에 맞는 비단을 말한다. 이러한 비단은 화려하고 고급이어서 당 조정에서 외국과의 교역을 할 때는 금지하였다는 것을 의미하였다. 또한 『당회요』(唐會要) 권86의 기록에 "개원 2년(714년) 윤3월에 칙령을 내려 솜, 능라, 명주, 자수, 견사, 야크의 꼬리, 진주, 금, 철은 호시에서 이민족과 거래하여 변방 국가가 얻게 할 수 없고 금과 철 또한 서북 요새를 넘어오게 할 수 없다"라고 했다. 고급 비단뿐만 아니라 금이나 철도 거래 금지 품목이었음을 알 수 있다. 이러한 법을 어긴 자에 대한 처벌이 있었는데, 『당률소의』(唐律疏議)에 호시에서 관시령을 어긴 자에 대한 처

30 『新唐書』 卷48, 「百官志」(3), 1272쪽.

31 『唐六典』 卷22, 「少府監」 "諸互市監", 415쪽.

32 김택민 주편, 『역주 당육전』(상), 354쪽.

벌 규정이 명기되어 있다. 예를 들면, 「위금률」(衛禁律)에 "모든 금지 물품을 숨기고 사사로이 변방 요새를 넘는 자는 처벌을 받는다." 또 "만약 개인의 물품이 요새를 넘어서는 아니 되는 금지 품목인데 요새를 넘으면 3등을 강등한다"라고 했는데, 『당률소의』에 "관시령에 의하면 솜, 능라, 명주, 비단, 견사, 면포, 야크의 꼬리, 진주, 금, 은, 철은 서쪽과 북쪽 요새를 넘거나 변방의 주(州)에서 무역을 해서는 아니 된다. 솜과 능라 이하의 품목을 개인이 가지고 있는데 서쪽과 북쪽 요새를 넘으면 처벌을 받거나 3등 강등된다"라고 했다.[33]

호시는 당왕조의 말의 주요 공급원이었다. 호시의 장소, 가격과 교역품의 출입 허가에 엄격한 통제를 받았다. 호시소(互市所)를 설치하여 호시의 장소로 사용하였는데 개원 15년(727년)에 당 조정은 서수항성(西受降城), 지금의 내몽고 항금후기(杭錦後旗) 북쪽에 돌궐과의 호시를 설치했고, 또한 토번과는 적잠(赤岑), 지금의 청해(青海) 일월산(日月山)에 호시를 개설했다. 『백씨육첩사류집』(白氏六帖事類集) 권24 「호시」(互市)에서 인용한 개원 25년(737년)에 「관시령」(關市令)에 "외국과 변방의 호시는 호시의 관원이 관리했는데 시장 사방에 도랑을 파서 울타리를 세웠고 사람을 파견하여 문을 지키게 했다. 시장이 열리는 날 묘시(오전 5시에서 7시 사이) 이후에 각자 화물과 가축을 끌고 호시소에 왔는데 관리가 먼저 이민족과 가격을 정한 후에 교역을 할 수 있었다"라고 했다. 여기에서 호시의 관원은 호관사(互官司), 관리는 관사(官司)인데, 각각 호시감과 소속 관리를 가리킨다. 이들은 호시에서 대외 교역의 물품을 조사하고 또 반드시 교역이 이루어지기 전에 외국 상인과 쌍방 간에 교역 상품의 가격을 결정하는 일을 담당했음을 알 수 있다.

33 錢大群 撰, 『唐律疏義新注』, 284쪽.

호시소 이외에 당 조정은 시박사(市舶使)와 감박사(監舶使), 압번박사(押蕃舶使), 시마사(市馬使), 인납사(印納使) 등을 설치하고 변방 무역과 대외 무역의 사무를 관리했다.

변방의 이민족과 외국 상인과의 무역을 통칭하여 호시(互市)라고 했다. 서한 때 흉노와 관시(關市)를 설치했다. 수나라 때는 교시감(交市監)을 설치하고 사적인 무역을 금지하였다. 당대에 이르러 정관 6년(632년)에 호시감(互市監)으로 개칭했다. 변방에 호시를 개설하였는데 말 무역이 중심이었다. 후에 시박사(市舶使)를 개설하여 남해(南海) 무역을 관장하게 했다. 개원 5년(717년)에 영주(營州)도독이 호상(胡商)을 불러 점포 개설을 허락했는데 안록산(安祿山)은 여러 이민족 언어에 능하여 호시아랑(互市牙郎)에 임명되었다. 중당 이후로 동남 해운이 발달하여 해상 무역이 육로 무역을 초과하여 광주, 교주, 양주, 천주(泉州)가 중요한 항구가 되었다. 오대(五代)에 이르러 박역무(博易務)를 개설하였는데 호시는 정부의 엄격한 통제를 받았고 무역 품목도 제한을 받았다.

1) 시박사

시박사(市舶使)는 당대에 설치한 해외 무역 사무를 주관한 관원이다. 당대에는 해외 무역을 관리하는 기구가 없었고, 호시감만이 서북과 외국과의 무역을 관장했기 때문에 시박사의 설치는 중요했다.

시박사를 설치한 시기에 관해서 문헌의 기록은 분명하지 않다. 『신당서』(新唐書) 권112 「유택전」(柳澤傳)의 기록에 유택은

> 개원 연간에 전중시어사(殿中侍御史)로 자리를 옮겼는데, 당시에 시박사 겸 우위위중낭장(右威衛中郎將) 주경립(周慶立)이 기이한 물건을 만들어 바쳤다. 유택이 상서를 올려 말하길, 물건을 보면 욕심이 생겨 마음이 혼란해진다고 하

였다.[34]

라고 했고, 또 『구당서』 권8 「현종」에 개원 2년(714년) 11월, "우위위중낭장 주경립이 안남시박사(安南市舶使)가 되어 페르시아 승려와 기이한 것을 만들어 바쳤다"라고 했다.[35] 이 두 기록에 의하면 시박사는 개원 연간에 설치되었음을 알 수 있다. 『당회요』 권66 「소부감」(少府監)에 고종(高宗) 현경(顯慶) 6년(661년)에 남해에 여러 외국의 배가 있어 소부감 소속의 사(司)를 설립하였다는 기록으로 보아 이미 시박사(市舶司)의 기능을 갖추었으므로 이 기관은 현종 연간에 설치된 시박사(市舶司)의 전신이 된다.[36] 그러므로 당대의 시박사(市舶司)는 늦어도 고종 현경 연간에 설립되었음을 알 수 있다. 당대의 시박사는 그 규모가 크고 설치한 관리의 수도 많았지만 사서의 기록이 없어 자세히 알 수는 없다. 다만 『전당문』(全唐文) 권515의 왕건휴(王虔休)의 「진영남왕관시박사원도표」(進嶺南王館市舶使院圖表)에 근거하여 당시에 페르시아와 태국의 배 두 척이 중국에 왔다고 하는 등 이미 시박사원(市舶使院)이 설치되었음을 알 수는 있다.[37]

시박사의 직능에 대해 이조(李肇)가 편찬한 『당국사보』(唐國史補), 「사자국해박」(獅子國海舶)에서

---

34 『新唐書』, 4176쪽.

35 『新唐書』, 174쪽. 이러한 시박사에 관한 기록은 『册府元龜』 卷546, 「諫諍部」, 「直諫」 卷101, 「帝王部」, 「納諫」에 개원 연간에 설치했다고 했음. 韓國磐, 『隋唐五代史綱』, 207쪽에 714년(개원 2년)에 이미 시박사가 설치되었다고 했고, 이외에 貞觀 17年, 顯慶 6年 등의 학설이 있는데, 黎虎가 「唐代的市舶使與市舶管理」에서 이러한 학설들은 모두 근거가 없다고 주장했음. 『歷史研究』, 1998年, 第3期.

36 王溥 撰, 『唐會要』(下), 1366쪽.

37 『全唐文』(3), 2318쪽.

남쪽바다의 큰 선박은 외국 배였는데, 매년 안남(安南)과 광주(廣州)로 항해하였다고 한다. 사자국의 배가 가장 커서 선상의 계단만 해도 위아래로 길이가 수장(丈)이나 되었고 배 안에는 귀중한 화물로 가득했다고 한다. 배가 도착하면 그 도(道)의 장관은 바로 황제에게 보고하였고 군(郡)과 현(縣)에서도 이 때문에 떠들썩했다고 한다. 번장(蕃長)을 주관 책임자로 하여 시박사(市舶使)의 관원들이 배에 실린 화물의 품목을 기록하고, 선주에게 정박세를 납부하게 하고, 진기한 화물을 조사하여 금지시키기도 하며, 외국 상인 중에 사기 행위를 한 자는 감옥으로 보내기도 하였다. 배가 출발한 후 바닷길에서는 반드시 흰 비둘기를 길러 편지를 보냈는데, 배가 침몰할 경우 비둘기는 비록 수천 리라 할지라도 날아서 돌아올 수 있었다고 한다.[38]

라고 했고, 『전당문』(全唐文) 권75 문종(文宗) 「대화팔년질유덕음」(大和八面年疾愈德音)에

영남(嶺南), 복건(福建)과 양주(揚州)의 외국 상인은 마땅히 절도사, 관찰사가 항상 조사를 하였는데 외국 배의 선주가 정박세를 내게 했고, 조정이 필요로 하는 물품을 구매했으며, 진귀한 보석과 향료는 궁정에 바치게 했다. 이외에 왕래하고 교류하는 것을 허가하여 교역할 수 있었으며 과세를 무겁게 하지는 않았다.[39]

라고 했는데, 이상의 두 가지 문헌의 기록을 통해 시박사의 주요 직무는 다음과 같았다. 첫째, 외국 배의 선주가 정박세를 납부하도록 했다. 이를

---

38 이상천 역주, 『당국사보』, 239쪽.
39 『全唐文』(1), 342쪽.

납박각(納舶脚)이라고 했다. 둘째, 조정이 필요로 하는 외국 상품을 구매하였다. 이를 수시(收市)라고 했다. 셋째, 진귀한 보석이나 향료 등은 당 조정의 궁정에 바쳤다. 진봉(進奉)이라고 했다. 넷째, 외국 배에 당 조정에서 금지한 물품이 있는지 조사하였다. 조사의 업무는 물품에 대한 기록과 금지 품목을 판별하는 일이었다. 다섯째, 외국 상인이 사기 행위를 하면 감옥에 가두었다. 당시의 외국 배 검사가 엄격하였음을 알 수 있다.

시박사가 처음 설치되었을 때 실제로는 명을 받들어 감독하는 지방관은 궁정에 해외의 진기한 물품을 바치는 감독관에 불과했다. 『전당문』 권75에 왕건휴(王虔休)의 「진영남왕관시박사원도표」(進嶺南王館市舶使院圖表)에 당시의 시박사는 단지 지방관이 외국의 진기한 물품을 궁정에 바치는 업무를 감독했고 장부에 기록을 하거나 고정적인 관공서도 없었다고 하여 근본적으로 해외 무역을 관리하였다는 언급은 없다.[40] 덕종(德宗) 초에 이르러 왕건휴는 광주시박사에 임명되어 "이전의 병폐를 개혁하고, 공물을 궁정에 바치는 중요한 업무는 시박사가 직접 관장하며 또한 장부에 기록하는 일을 세우며 해양구관(海陽舊館)을 선정하여 시박사원(市舶使院)으로 삼고 시박사는 고정적인 관청의 아문을 마련하여 독립적인 지방 사직의 권한을 행사할 수 있게 하였으며 페르시아 등에서 온 선박에 대해 공물 이외에 외국 상인의 점포를 열고 장사를 할 수 있게 했다"라고 하여 시박사는 진정한 의미의 해외 무역을 관리하는 관리가 되었다. 왕건휴의 개혁 이후에 당대의 시박 제도는 완비되었고 시박사의 직능, 즉 공물 납부, 세금 징수, 진기한 물품 반입 금지 등이 확정되었다.

당왕조가 건립된 후에 관세나 상세(商稅)를 징수하지 않았다. 천보 9년(750년) 2월, 현종은 명을 내려 물품을 사고판 제맥전(除陌錢)은 매 관(貫)마

---

40 『全唐文』(3), 2318쪽.

다 20문(文), 즉 2%의 세금을 징수하도록 했다. 이것이 정식으로 시역세(市易稅)의 징수 방식을 규정한 것이다. 개원 2년(714년)에 시박사가 개설되었으므로 당시에는 세금 징수의 직능이 없었다. 건중(建中) 원년(780년)에 재상 양염(楊炎)이 양세법(兩稅法)의 실행을 상주하여 상세가 정식으로 국가 재정에 편입되었다. 상세의 징수 범위가 점차 확대되어 정원 9년(793년) 정월에 차(茶)에도 세금을 징수하였다. 이러한 배경 하에서 외국 상인에게 세금을 징수하게 되었고 또한 국가 재정의 공급원이 되었던 것이다.

시박사의 개설 지역은 안남, 광주, 양주, 천주(泉州)와 명주(明州) 등이었다.[41] 이 지역 가운데 문헌의 기록이 확실한 지역은 안남과 광주이다. 안

41 시박사 개설 지역에 대해서는 王冠倬의 「唐代市舶司建地初探」, 『海交史硏究』, 1982年, 第4期와 施存龍의 「唐五代宋兩浙和明州市舶機構建地建時探討」, 『海交史硏究』, 1992年, 第1,2期에 상세한 고증을 하였음. 明代 顧炎武는 『天下郡國利病書』 卷120에 "당대에 처음으로 시박사를 설치했는데 영남의 절도사가 감독하였다. 시에 설치하여 외국인이 공물을 바치면 시장을 개설하여 이익을 관에 귀속시켰다"라고 하면서 "정관 17년에 三路舶司에 조칙을 내려 외국 상인이 龍腦, 沈香, 丁香, 白荳蔲를 팔게 하였다"라고 하고, 『冊府元龜』 卷170, 「來遠」에 당조정은 "嶺南, 福建과 揚州의 외국 상인은 반드시 절도사와 관찰사를 찾아가 항상 안부를 알리도록 했다"라고 하여 廣州, 福州와 揚州에 三路市舶司가 있었다고 볼 수 있지만, 唐代의 행정 단위는 路가 아닌 道였고, 路는 北宋 후기 이후에 설치되었으므로 정관 연간에 시박사를 설치한 것은 사실과 다름. 최근 학자들은 당대에 揚州와 泉州에 시박사를 설치하였다는 학설에 대해 부정적인 견해를 밝혔는데, 鄧端本은 『廣州港史』에서 唐代에 시박사는 오로지 廣州에만 설치했다고 했음. 그러나 광주뿐만 아니라 揚州와 泉州에도 시박사를 설치하였을 가능성이 높음. 揚州는 『全唐文』 卷75 文宗 「大和八年疾愈德音」에 나타나 있듯이 中唐 이후에 이 두 지역에 시박사가 설치되었고, 宋代 寶慶 연간에 편찬된 『四明志』, 「敍賦」(下), 「市舶」에 당대의 양주 시박사가 세금을 징수하였다고 했음. 朱江은 唐文宗 太和 8년의 조칙과 일본인 圓仁의 『入唐求法巡禮行記』를 비교, 분석과 고증을 통해 唐代의 揚州에는 조정의 조칙에 근거하여 이미 외국 사무와 상업 활동을 관장하는 시박 관청을 설치했고, 이러한 관청에는 일본과 신라의 國使를 취급하는 관리를 설치했고 또 신라를 담당하는 押衙, 通事와 飜譯 등의 일을 담당한 職事官을 설치했다고 하였는데 이 정부기구는 양주에서는 所由라고 불렀음. 所由가 시박사였는지 잘 알 수 없지만 업무의 성격은 시박사와 같다고 할 수 있음. 泉州는 唐詩에 표현된 것처럼 "배가 성에 도착하여 외국인이 많았다"(薛能, 「送福建李大夫」, 『全唐詩』, 6487쪽)라고 했고, "저자거리에는 외국에서 온 사람들 많네. 옥을 쥐고 멀리서 조회를 오고, 또 진주를 빈번하게 공물로 바쳤네"(包何, 「送泉州李使君之任」, 『全唐詩』, 2170

남에 시박사를 개설하였다는 사료로는 앞서 기술한 이조의 『당국사보』에 보인다. 또 『구당서』 권8 「현종기」에 개원 2년 12월, 우위위중낭장 주경립을 안남시박사에 임명했다고 했다.[42] 광주의 시박사 개설에 대해서는 『신당서』 권6 「대종기」(代宗紀)에 광덕(廣德) 원년 12월에 "광주시박사 여태일(呂太一)이 반란을 일으켜 광주절도사 장휴(張休)를 쫓아냈다"라고 했고, 『자치통감』 권223 광덕 원년 11월의 기록에

> 환관으로 광주시박사 여태일이 군사를 발동하여 반란을 일으키니 절도사 장휴가 성을 버리고 단주(端州)로 달아났다. 여태일이 군사를 풀어서 불을 놓고 약탈하였는데 관군이 이를 토벌하여 평정하였다.[43]

라고 했고, 호삼성(胡三省)의 주(注)에 "당 조정은 광주에 시박사를 설치하고 상선에 세금을 징수하였는데 이 업무를 환관에게 맡겼다"라고 했다. 광덕 원년(763년)에 광주에 이미 시박사가 설치되었음을 알 수 있다.

시박사는 비록 당 조정이 설치한 해외 무역을 관리하는 중요 관리였지만 당대 문헌에 이에 관한 기록은 아주 적다. 앞서 언급한 주경립, 여태일, 왕건휴와 위씨(韋氏),[44] 이경실(李敬實)[45]이 광주시박사를 역임했다. 광

쪽)라고 했음. 외국과의 무역이 활발하였음을 알 수 있고, 陳樊仁의 『泉南雜志』에 泉州에 參軍事 4명을 설치하고 使臣의 출행을 인도하고 귀국할 때 환영하는 일을 관장했다고 하여 정부에서 전문적으로 해외를 왕래하는 사신과 상인을 관리하였고, 參軍事의 업무가 시박사와 같았음을 알 수 있음. 이상의 근거로 당대에 광주, 양주와 천주에 시박사를 설치했고 설치 시기와 명칭은 서로 같지 않았음.

42 安南은 嶺南의 誤記라는 주장이 있으나 논증이 부족함. 寧志新, 「唐代市舶使設置地區考辨」, 『海交史硏究』, 1996年, 第2期.

43 『資治通鑑』(23), 523쪽.

44 『全唐文』 卷371, 于肅의 「內給事諫議大夫韋公神道碑」에 開元 10年(722年)부터 天寶 初까지 환관 韋氏가 廣州市舶使를 맡았다고 했음.

부시박사를 맡은 개원 10년(722년) 후의 위씨, 광덕(廣德) 원년(763년)의 여태일, 대중(大中) 4년(863년)의 이경실은 모두 환관인데, 광주시박사는 환관이 맡은 경우가 많았다. 『구당서』 권98 「노회신부자환전」(盧懷愼附子奐傳)에 개원부터 40년 동안 광주절도사가 가운데 청렴결백한 송경(宋璟), 배주선(裴胄先), 이조은(李朝隱)과 노환(盧奐) 네 명의 중사시박(中使市舶)을 언급하였다. 중사시박이란 중관(中官), 즉 환관이 시박의 사무를 관장하도록 한다는 뜻으로 시박중사(市舶中使)라고 불렀다. 광주시박사는 오랫동안 환관으로 충당하였음을 알 수 있다. 당대 후기에 환관이 시박사를 맡는 경우가 여전히 계속되었다. 개성(開成) 원년(836년)에 노균(盧鈞)이 영남절도사를 역임했는데, 그는 "성품이 인자하고, 정치에도 청렴결백하였으며, 감군(監軍)이 시박사를 이끌도록 하고 자신은 일체 간섭하지 않았다"[46]라고 하여 광주시박사는 상설 관직으로 안남시박사와는 달랐음을 알 수 있다. 환관이 오랫동안 광주시박사를 맡았지만 조정의 관리가 없었던 것은 아니었다. 앞에 언급한 왕건휴가 바로 그런 사람인데, 다만 덕종 이후의 일이었다.

안남시박사는 환관이 아닌 일반 조정의 관리가 맡았는데, 정원 8년(792년) 이후에는 두 가지 가능성이 출현했다. 첫째, 덕종(德宗)은 영남절도경략사(嶺南節度經略使)의 주청을 받아들여 조정은 안남에 두 명의 시박사를 설치했다. 한 명은 영남절조경략사가 파견한 조정의 관리가 맡았고, 다른 한 명은 조정에서 파견한 환관으로 충당했다. 둘째, 덕종이 육지(陸贄)의 건의를 받아들여 안남시박사는 조정의 관리가 맡게 하였다. 우위위중낭

45 『唐代墓志匯編續集』, 大中078, 「唐故軍器使贈內侍李公墓志」에 그가 大中4년(863년)에 廣州市舶使를 제수 받았다고 했음. 闞雙喜, 「西安東郊出土唐李敬實墓志」, 『考古與文物』, 1985年, 第6期.

46 『舊唐書』 卷177, 「盧鈞傳」, 4591~4592쪽.

장 주경립이 안남시박사에 임명된 것이 그 대표적인 예가 된다. 안남시박사는 상설 관직이 아니고 단지 해외 선박이 안남에 도착할 때 임시로 설치한 관직이었다.

시박사라는 사직 설치 지역과 특징은 다음 세 가지였다. 첫째, 당대는 안남, 광주 두 지역에 시박사를 설치했고, 주부(州府)에 예속되었다. 나머지 양주, 천주 등지에 비록 외국에서 온 선박이 있었지만 시박사를 설치하지는 않았다. 둘째, 시박사는 임시로 설치했다. 안남시박사는 어떤 때는 상설 직책으로 설치하기도 했고, 광주시박사는 오랫동안 고정적으로 설치했었다. 셋째, 시박사는 조정의 관리로 충당하거나 환관을 임명하기도 했다. 환관으로 충당한 시박사는 시박중사라고 일컬었다. 광주시박사는 대부분 환관으로 충당했지만, 덕종 초기 이후에 조정의 관리로 충당하였는데 예를 들면 왕건휴가 그러한 예였다. 안남시박사는 대부분 조정의 관리로 충당했지만, 정원 8년(792년) 이후에는 환관을 임명하였는데 안남에 시박중사를 파견하였을 가능성이 높다.

당대에 시박사를 설치한 목적은 장안 궁정에서 보석과 향료를 필요로 하여 해외의 진기한 물품을 얻어내기 위해서였다. 덕종 초에 왕건휴가 시박사 제도를 개혁한 후에 시박사가 비로소 공물을 바치고 세금을 거두며 진기한 물품 반입 금지라는 직무를 수행하였다. 그러나 이러한 직능 중에 가장 중요한 업무는 공물 헌납이었다. 육지(陸贄)의 「논영남청우안남치시박사중사장」(論嶺南請于安南置市舶使中使狀)에 "영남절도경략사가 주청하길 조정에 공물을 헌납하는 일이 크므로 공급이 원활하지 못할까봐 두렵다"라는 기록[47]과, 왕건휴의 「진영남왕관시박사원도표」에 "신은 황제의 교화를 널리 행하는 명을 받들어 공물을 바치는 일 이외에 외국 상인이

---

47 『陸宣公奏議』 卷3, 55쪽.

점포를 열고 장사하게 하였다"[48]라고 한 기록이 이를 증명한다.

당시 외국 상선의 왕래는 『당국사보』의 기록처럼 안남과 광주 두 지역에 집중되었기 때문에 시박사를 이 두 지역에 설치하였던 것이다. 광주에 머문 외국 상선이 가장 많았고, 당시의 아랍 상인이 광주는 아랍 상인이 모여들었던 지역이라고 했다.[49] 안남보다는 광주가 외국과의 무역활동이 빈번하였던 곳이었기 때문에 광주에 시박사를 항상 설치했고, 안남에는 임시로 설치한 근본적인 이유였다. 광주의 외국 선박과 외국 상인이 특별히 많았기 때문에 궁정에서 필요한 해외의 진기한 보석과 향료는 광주에서 바치는 공물에 의존하였다. 그래서 광주의 시박사는 전문적으로 궁정을 대표해서 궁정 밖에서 물품을 구매하는 환관을 선발하여 업무를 담당하게 했다. 덕종 초기에 재정 위기에 봉착하자 다방면으로 세금 공급원을 확대할 필요가 생겨 조정의 환관 왕건휴를 선발하여 광주시박사를 맡게 했고 대대적으로 시박사 제도를 개혁하여 조정의 관리가 광부시박사를 담당하는 사례가 되었던 것이다. 안남은 먼 지역이어서 외국과의 무역활동이 광주보다 발달하지 않았고, 궁정의 의존도가 적었기 때문에 이곳의 시박사는 일반적으로 조정의 관리가 담당했다. 영남절도경략사가 황제에게 외국의 공물을 바치는 일이 크므로 공급이 원활하지 못할까봐 두렵다고 주청하였기 때문에 안남에 시박중사를 파견하였던 것이다.

2) 압번박사

압번박사(押蕃舶使)는 당대에 전문적으로 해외 교통과 무역 등의 사무를 주관하는 관리를 말한다. 유종원의 「당고영남경략사부사마군묘지」(唐

48 『全唐文』(3), 2318쪽.

49 『中國印度見聞錄』 卷2, 115쪽.

故嶺南經略副使馬君墓志)에

원화(元和) 9년 부풍 마씨가 죽었다. [……] 그는 순관(巡官), 판관(判官)에서 압번박사, 경략부사(經略副使)를 역임했는데 모두 보좌 직책이었다.[50]

라고 하였는데, 압번박사의 지위는 순관과 판관보다는 높고 경략사보다는 낮은 벼슬이었음을 알 수 있다.[51] 묘의 주인인 마씨의 최고 직책은 영남경략부사였고, 영남경략사를 역임하지는 않았음을 알 수 있다. 또한 압번박사는 원화 9년(814년) 이전에 이미 존재했음을 알 수 있다.

또한 「영남절도향군당기」(嶺南節度饗軍堂記)에

당나라 제도에 영남을 5부(府)를 설치하였는데, 부(府), 부(部), 주(州)가 수십은 되었다. 크고 작은 이민족을 통치하는 데 사용되었고 절도사가 다스렸다. 그밖에 큰 바다에 많은 이민족들이 있는데 유구(流求), 가릉국(訶陵國), 서쪽으로 대하(大夏), 강거(康居) 등 수백 개나 되었고, 모두 압번박사의 통제를 받았다. 이 두 사(使)를 합쳐서 광주에서 다스렸다. 지금의 어사대부, 부풍공(扶風公)은 광주를 겸직하고 이 두 사직을 맡았다.[52]

라고 하였다. 영남절도사의 직능은 영남 5부 내의 크고 작은 이민족들을 호령하는 군사 업무였고, 압번박사의 직능은 해외 교통과 무역의 사무였

50 『全唐文』(3), 2639쪽.

51 凍國棟, 『唐代的商品經濟與經營管理』, 186쪽에서 압번박사는 시박사 혹은 감박사보다 지위가 높았다고 하였고, 일본 학자 藤田豐八은 압번박사는 해외 통상을 맡은 시박사를 총괄하였다고 하였음. 何健民 譯, 『中國南海古代交通叢考』, 247~248쪽.

52 『全唐文』(3), 2595쪽.

음을 알 수 있다. 또 영남절도사와 압번박사라는 두 사직은 광주에 설치되었음을 알 수 있다. 문장 가운데 어사대부, 부풍공은 마총(馬總)을 가리킨다. 『구당서』 권15 「헌종기」(憲宗紀)에 원화 8년 12월에 계관(桂管)관찰사 마총에게 광주자사 겸 영남절도사를 맡겼다고 한 기록[53]과 위의 문장 기록으로 볼 때, 마총이 광주자사로 있을 때 동시에 영남절도사와 압번박사를 겸직했음을 알 수 있다. 이 기록과 앞의 유종원의 두 문장의 기록을 대조하면, 영남절도사와 압번박사를 겸직한 관리는 마총부터 시작되었고 그 시기는 원화 8년(813년)이었다는 결론이 나온다.

영남절도사와 압번박사의 겸직은 당대 관례에 부합된다. 『신당서』 권64부터 권69까지의 「방진표」(方鎭表)의 기록을 보면, 개원 4년(716년)부터 시작하여 변방 지역 혹은 이민족 거주 지역에 절도사는 모두 압번박사를 겸직했고 또 정규 제도가 되었음을 알 수 있다.[54]

3) 감박사

감박사(監舶使)란 명칭은 『전당문』 권764 소업(蕭鄴)의 「영남절도사위공신도비」(嶺南節度使韋公神道碑)에 보인다.

> 해외의 상인들이 상아, 코뿔소의 뿔, 조개, 진주를 가지고 오면, 장군과 감박사가 반드시 기이한 물품을 모아서 비교하여 폐해가 있는지 또한 그것들을 구매하는데 이들이 사기를 당하면 다시는 오지 않았다. 공은 세태가 변한 것을 알고 아무것도 취하지 않고 안전을 묻고 물품을 교역하게 하니 해외의 상인들이 몰려들었다.

53 『舊唐書』, 448쪽.

54 吳廷燮, 『唐方鎭年表』 卷7, 「嶺南東道」, 『二十五史補編』, 第6冊, 186쪽. 영남동도의 절도사는 압번박사를 설치하고 광주자사를 겸직했다고 하였음.

비문의 주인은 위정관(韋正貫)인데, 대중 3년에 영남절도사에 임명되었고, 대중 5년에 죽었다.[55] 감박사의 출현 시기는 대중 3년(849년) 이전이었음을 알 수 있다. 감박사의 직권이 궁정에 바칠 기이한 물품을 수비하는 업무가 주된 것이어서 압번박사와는 다른 집무를 수행했음을 알 수 있다. 그런데 당대 시박의 사무를 주관한 관리는 압번박사와 시박사였으므로 감박사의 감독 대상은 이 두 사직 가운데 하나였다. 압번박사는 절도사가 겸직했고, 모든 도에 감군을 설치하여 감독을 실시했다. 그래서 감박사의 감독 대상은 압번박사가 아니라 시박사였다. 감박사는 시박사를 감독하기 위해 별도로 설치하여 시박사와 평등한 지위를 차지했다. 결론적으로 조정에서는 절도사와 감군사를 별도로 설치하고, 절도사는 압번박사와 시박사를 겸직하였는데 시박사는 감군사와 감박사가 감독하였다.

4) 시마사

말은 전쟁 수행 때 가장 중요한 도구였다. 그래서 역대 왕조는 모두 말을 아주 중요시했다. 말을 기르고 구매하는 사무는 정부의 중요한 사무였고 문헌에 빈번하게 기록되었다. 당나라가 건국된 후에 양마(養馬)와 매마(買馬) 두 가지 방면에 커다란 성과를 거두었다. 당대 북방과 서북의 유목민족은 양마에 능했고 말의 종류도 다양했으며 수량도 많았기 때문에 당 정부가 말을 구하는데 이 지역이 최적의 공급원이었다. 태종 때부터 당 조정은 끊임없이 관리를 변방에 파견하여 좋은 말을 구매하였다. 정관 15년(641년)에 태종은 서역으로 사신을 보내어 섭호가한(葉護可汗)을 세우게 했고, 그 사신이 돌아오지 않았는데 다른 사람을 시켜 많은 금과 비단을 가지고 가서 여러 나라들에서 말을 사오도록 했다.[56] 후에 당 조정은 또

55 『全唐文』(4), 3521쪽. 『唐刺史考全編』(5), 3176쪽.

사신을 파견하여 전겸(典傔) 등지로 보내 다량의 비단을 하사하고 석국(石國)에서 견마(犬馬)를 사오게 했다.[57] 현종 개원 초에 유주(幽州)도독 장설(張說)이 마부(馬夫)에게 명하여 이민족 지역에서 준마를 사오게 했다.[58] 당 조정과 지방 정부에서 말을 구입하였지만, 당시에 말 시장에서 말을 구매하는 관리를 시마사(市馬使)라고 부르지는 않았다.

당대의 시마사는 세 가지 문헌에 보인다. 첫 번째는 오오타니(大谷) 5839호 문서의 하서(河西)시마사 미진타(米眞陀)가 쓴 것으로 개원 16년(728년) 5월에 작성한 것인데, 당시에 이미 시마사를 설치했음을 알 수 있다. 두 번째는 신강 투루판 아스타나 506호 묘에서 발굴된 「당개원십구년강복등령용충료전물등초」(唐開元十九年康福等領用充料錢物等抄)(73TAM 506:4/11)에 서주(西州) 시마관(市馬官), 이오군(伊吾軍) 시마사라는 명칭이 보인다.[59] 또 개원 19년(731년) 9월 9일이라고 적혀 있어 당시에 이미 시마사가 설치되었음을 알 수 있다. 세 번째는 유원상(劉元尙)인데 그는 액정감(掖庭監)과 대식(大食)의 시마사를 그만두었다가 다시 골리간(骨利干)시마사가 되어 말 구매를 했다.[60] 그는 천보 12년(753년), 시마사에 임명되었을 때가 개원 연간이었다. 골리간은 회흘 북방, 한해(瀚海)의 북쪽에 거주하였고, 명마(名馬)가 나는데 머리가 곱사등이이고 근육과 골격이 거칠고 건장하며 좋은 말은 하루에 수백 리를 달렸다.[61] 유원상은 두 차례 시마사를 역임했고 멀리 대식국, 골리간에 가서 말을 구매하였음을 알 수 있다.

---

56 『貞觀政要』 卷2, 「納諫」, 崔虎 譯解, 『貞觀政要』, 89쪽.

57 『全唐文』 卷269, 張廷珪, 「請停市犬馬表」, 1626쪽.

58 『全唐文』 卷312, 孫逖, 「唐故幽州都督河北節度使燕國文貞公張公遺愛頌并序」, 1889쪽.

59 『吐魯番出土文書』(10), 23~24쪽.

60 『全唐文』 卷403 竇忻의 「大唐故雲麾將軍左監門衛將軍上主國彭城縣開國公劉府君墓志銘并序」, 2439쪽.

61 『通典』 卷200, 「邊防」(16), 「骨利干」, 1084쪽.

세 종류의 문헌 기록을 종합해보면 다음 네 가지가 결론이 나온다. 첫째, 시마사의 설치 시기는 개원 16년(728년)이었다. 둘째, 시마사의 종류는 다음의 세 가지 종류가 있었다. 농우(隴右)시마사와 하서(河西)시마사와 같이 도(道)에서 설치한 시마사, 이오군(伊吾軍)시마사와 같이 군(軍)에서 설치한 시마사와 대식(大食)시마사와 골리간시마사처럼 국가에서 설치한 시마사가 있었다. 셋째, 조정의 관리로 시마사를 충당하였다. 이오군시마사 권감(權勘), 하서시마사 미진타와 시마사 곡중낭(曲中郞)은 환관이 아니었고, 유원상은 환관이었다. 넷째, 시마사는 사직으로 고정된 관직은 아니었다.

5) 인납사

인납사(印納使)는 『전당문』 권717 최원략(崔元略)의 「흥원원종정의대부내시성내시지성사상주국사자금어대증특진좌무위대장군이공묘지명병서」(興元元從正議大夫內侍省內侍知省事上柱國賜紫金魚袋贈特進左武衛大將軍李公墓志銘并序)에

> 흥원(興元) 연간 초에 공은 내시백(內侍伯)이 되었다. 당시에 북방 이민족이 입궁하여 황제에게 알현을 하고 이민족의 말을 공물로 바쳤는데 만여 필이나 되었다. 당왕조는 옛날에 말 한 필은 수십 비단을 주었는데 이를 거절하면 변방에 우환이 생겼고 말을 사들이면 황실의 창고가 고갈되었다고 한다. 공이 명을 받들어 인납사가 되어 북쪽 변방으로 가서 성실하게 교역 사무를 처리하니 이민족들이 감히 속이지 않았다.[62]

62 『全唐文』(4), 3268쪽.

라고 했다. 북방 이민족은 회흘을 말한다. 이 비문을 통해 인납사는 덕종 흥원 원년(784년) 이후에 설치되었음을 알 수 있다. 인납사는 조정을 대표하여 변방에서 견마(絹馬)무역 사무를 주관하였다. 당 조정의 규정에 기르는 말은 모두 도장을 찍었다.[63] 도장을 찍어서 표시를 했다는 말이다. 외국에서 온 이민족 말도 서로 다른 도장을 찍어 표시를 하고 구분하였다.[64] 견마 무역을 주관하는 관리는 동시에 말에 도장을 찍는 일도 겸했기 때문에 인납사라는 관직의 명칭이 유래하였다. '인'(印)은 말에 도장을 찍는다는 뜻이고, '납'(納)은 접수하다는 뜻으로 인납사는 말에 도장을 찍고 말을 구매하는 두 가지 업무를 모두 포함하였다.

인납사의 특징은 두 가지가 있었다. 첫째, 인납사는 임시로 설치하여 상설 직책이 아니었다. 견마 무역의 성격이 필요한 경우에만 임시로 설치하였기 때문이다. 둘째, 인납사는 환관으로 충당하였는데 위의 묘지명에서처럼 이보광(李輔光)은 환관이었다.

6) 시주옥사

시주옥사(市珠玉使)는 『전당문』 권267 엄식원(嚴識元)의 「담주도독양지본비」(潭州都督楊志本碑)[65]에 "계주도독(桂州都督) 주도무(周道務)가 상주하여 영남시엄ㅁ주옥사(嶺南市闍ㅁ珠玉使)에 임명했다"라고 하였는데, 빠진 글자는 '아'(兒)자라고 한다.[66] 양지본(楊志本)이 맡은 사직은 시엄아주옥사(市闍兒珠玉使) 혹은 줄여서 시주옥사(市珠玉使)였다. 주도무는 태종의 열 번째 딸 임천공주(臨川公主)의 남편이다. 임천공주는 영순(永淳) 연간

---

63 『唐會要』 卷17, 「太僕寺」, 「諸牧監」, 352쪽.

64 『唐會要』 卷72, 「諸蕃馬印」, 1546~1549쪽.

65 『全唐文』(2), 1196쪽.

66 黎虎, 「唐代的市舶使與市舶管理」, 『歷史研究』, 1998年, 第3期.

(682~683년)에 죽었고, 주도무는 조로(調露) 원년(679년)에 이미 영주(營州) 도독에 임명되었다.[67] 주도무는 계주도독에 임명되었을 때는 고종(高宗)의 재위 시기였다. 시주옥사는 고종 때 설치하기 시작하였다. 이후에는 시주옥사를 설치하였다는 기록은 없다.

시주옥사의 직능은 궁정에서 필요로 하는 엄인(閹人), 즉 환관과 주옥(珠玉), 다시 말해 보석을 구매하는 일이었다. 또 비문에 "수형(水衡)의 돈을 사용하여, 황실의 재산으로 귀속시켰다"라고 했고 "국가의 재산을 사용하여, 이민족의 보석을 구매하였다"라는 기록을 보면, 시주옥사는 국가의 돈으로 이민족의 보석을 구매하여 궁정에 바치는 일을 맡았다.

4. 교민 관리기구

당대의 외국 교민의 집결지 혹은 거류지를 번방(蕃坊), 교민을 관리하는 기구를 번장사(蕃長司)라고 불렀다. 당대의 번방은 주로 동남 해안 지역의 주요 항구인 광주, 천주, 양주 등지에 분포되어 있었다. 광주는 외국 교민이 가장 많아 처음으로 번방이 형성되었다. 『송고승전』(宋高僧傳) 권1에 개원 연간에 불공(不空) 스님이 배에 오르자 채방사(采訪使)가 번우(番禺), 즉 광주의 외국인 우두머리 이습빈(伊習賓)을 불러 훈계하길, 지금 삼장(三藏)이 남인도의 사자국(獅子國)으로 가는데 배 주인과 약속하고 삼장이 국서를 사자국에게 전달할 것이니 잃어버리는 일이 없도록 하라고 했다고 전한다. 외국 교민의 우두머리에서 알 수 있듯이 광주에 거주하는 외국인이 많았음을 알 수 있다. 또 『신당서』, 「왕악전」(王鄂傳)에 당시에는 광주

67 『舊唐書』 卷5, 「高宗紀」, 105쪽.

사람과 이민족이 함께 살았다고 하였는데, 여기에서 이민족은 페르시아와 아랍 사람을 말한다. 왕악은 덕종 정원 연간(785~805년) 때 영남절도사에 임명되어 당시에 광주에 외국인이 많이 거주하였음을 알 수 있지만 집단으로 고정 지역에는 살지 않았음을 알 수 있다. 외국인 광주에서 집단을 이루며 거주하기 시작한 때는 문종 태화 연간(827~835년)이다. 고염무(顧炎武)의 『천하군국이병서』(天下郡國利病書) 권104에 인용된 『투황록』(投荒錄)에 "광주 외국인 거주지 번방에 음식을 바쳤는데 꿀, 사향과 생선 도마도 있어 달고 향기롭지만 비린내가 진동했다"라고 했는데, 이것이 최초의 광주 번방에 관한 기록이다.[68]

양주는 국제무역의 중심지로 당시 양주에 온 외국인은 동남아시아, 중앙아시아와 동아프리카 사람들이었다. 국적으로는 페르시아, 아랍, 신라, 일본, 곤륜(昆侖), 사자국 사람이었다. 당나라에 왔던 에닌(圓仁)의 『입당구법순례행기』(入唐求法巡禮行記)에 해당 지역 사람들은 외국인이 집중적으로 거주하는 지역을 번장(蕃場)이라고 했는데, 특히 신라인 거주지는 신라방(新羅坊)이라고 불렀다. 번장과 번방의 설립과 규정은 반드시 당 조정의 허락을 받아야 했다. 번방에 대해 당 조정은 그 국가 혹은 민족의 생활 풍습을 존중했고 교민에게 자치권을 부여했으며, 또 당 조정이 정한 법률, 제도를 엄격하게 준수하도록 요구하여 위반한 자는 처벌하였다. 당 조정의 이러한 원칙은 주로 번장사를 통해 실행되었다. 번장사의 최고 장관은 도번장(都蕃長), 차관은 번장(蕃長)인데 모두 교민들의 천거를 통해

68 『投荒錄』의 저자 房千里는 『新唐書』, 「藝文志」의 기록에 太和 初에 진사에 급제하여 高州刺史가 되었다고 하였고, 宋代 計敏夫의 『唐詩紀事』 卷51의 기록에 房千里는 高州의 刺史에 임명되기 전에 端州에서 관리로 있었는데 高州와 端州는 廣州에서 멀지 않은 곳으로 廣州의 상황에 대해 잘 알고 있었으리라 추정되어 번방에 대한 기록은 신빙성이 높음. 王仲鏞, 『唐詩紀事校箋』, 1391쪽.

임명되었고 조정의 비준을 받아 황제가 임명하였다.[69] 번장사의 주요 직책은 전문적으로 외국 상인이 입조하여 공물을 바치거나 무역활동을 관할하고, 번방의 공적인 사무를 관장하는 것이었다. 송대 주욱(朱彧)의 『평주가담』(萍州可談) 권2에 "광주의 번방은 해외의 외국인이 거주하는 지역으로 번장 1인을 설치하고 관방의 공적 사무를 관할하였고 전문적으로 외국의 상인의 무역활동을 관장했다"라고 했다.[70] 비록 송대의 업무였지만 송대는 당대의 제도를 계승하였으므로 당대에도 같았다. 번장사는 번방 내의 외국 상인의 상업 활동뿐만 아니라 종교 활동과 위법 사항 등 각종 공적 사무를 관장했다.[71]

5. 외국인 접대

외국 사신, 유학생, 승려, 상인에 대한 접대와 안배는 당 조정의 전문적인 처리 기구를 설치하여 담당하도록 배려했다. 당 조정은 연회를 베풀고 이들을 환영하였다. 예를 들면, 『당회요』 권65 「광록시」(光祿寺)에 "경운(景雲) 2년(711년) 3월 17일, 매번 황제가 승천문(承天門)에서 조정의 백관들과 함께 식사를 하는데, 외국 사신이 황제 접견을 마친 후에는 광록시가 이들에게 조정의 회랑에서 음식을 하사하도록 허가했다"라고 했다.[72] 일반적으로는 가무(歌舞)와 백희(百戲) 등의 오락이 곁들여졌다. 당 조정은

69 『唐會要』 卷100, 「歸降官位」, 2138쪽에 "天祐 元年(904년) 6월, 福建道三佛齊國이 입조하여 공물을 바쳐 都蕃長 蒲訶粟에게 寧遠將軍을 제수하였다"라고 하여 황제가 都蕃長을 임명한 예가 됨.

70 『宋元筆記小說大觀』(2), 「蕃坊蕃商」, 2310쪽.

71 方亞光, 「唐代外事機構論考」, 『中國史硏究』, 1996年, 第2期.

72 『唐會要』 卷65, 「光祿寺」, 1344~1345쪽.

당나라에 온 외국 사신에게 물질적 대우를 제공했는데, 예를 들면 외국 유학생의 경우 유학 기간 중에 생활비를 제공하고 세금과 부역의 부담을 면제해주었다. 외국 사신의 생활상의 보장을 위해 무측천은 나라에 따라 다른 기준을 정했다. 예를 들면, 증성(證聖) 원년(695년) 5월 5일에 조칙을 내려 "외국의 사신이 당나라에 오면 양식을 각기 나누어 지급하였다. 남인도, 북인도, 페르시아, 아랍의 사신에게 6개월, 시리불서(尸利佛誓), 캄보디아, 가릉(訶陵) 사신에게 5개월, 임읍(林邑)의 사신에게 3개월의 식량을 제공했다"라고 했다.[73] 대력(大曆) 4년에 당 조정은 매년 국고에서 1만 3천 곡(斛)의 식량을 각출하여 외국의 빈객에게 생활비용으로 지불하였다.[74] 외국 유학생의 생활비는 홍려시에서 지불했다. 『전당문』 권1000 「분별환번급응유숙위주」(分別還蕃及應留宿衛奏)를 보면, 경종(敬宗) 보력(寶歷) 원년(825년) 5월, 신라 국왕 김언승(金彦升)이 상주하길, "먼저 태학생 최이정(崔利貞), 김숙정(金淑貞), 박계업(朴季業) 네 사람은 귀국하게 해주고 새로 조공을 바친 김윤부(金允夫), 김입지(金立之), 박량지(朴亮之) 등 12명은 숙위(宿衛)에 머물며 국자감에서 학습하고 홍려시에서 식량을 제공해주길 청합니다라고 하니, 이를 따랐다"라고 했다.[75] 당 조정은 외국 유학생의 생활뿐만 아니라 이들에게 과거시험을 보게 하고 급제하여 공명을 얻도록 격려했다. 당 조정은 과거시험에 별도의 외국인이 보는 시험과목, 즉 빈공과(賓貢科)를 설치하여 외국 유학생의 학습 열의를 고취했다.

외국인이 당나라에 귀화하면 『당호령』(唐戶令)의 규정에 "몰락한 외국인이 귀화하면 주(州)와 진(鎭)에서 의식을 제공하고 기록하여 조정의 관련 성(省)에 보내어 알게 하였으며 귀화인은 면적이 넓은 향(鄕)에 부속시

73 『唐會要』 卷100, 「雜錄」, 2136쪽.

74 『唐會要』 卷66, 「鴻臚寺」, 1361쪽.

75 『全唐文』(5), 4593쪽.

켜 안치하였다"라고 했고, 또한 "외국인이 귀화하면 10년 동안 세금과 부역을 면제하였다"라고 했다. 이러한 조치는 당 조정의 대외정책이 체계적이고 적극적이었음을 말한다. 왕유의 「송비서조감환일본국병서」(送秘書晁監還日本國并序)에 나타나 있듯이 이러한 우호정책으로 대외정책은 개방적이었다. "우리나라 귀국을 기만하지 않을 것이니 귀국도 우리나라에게 걱정을 끼치지 않아야 할 것이오. 귀국이 우호를 위해 내방하니 당 조정은 관문을 폐지하고 금지사항을 없앴으며 황제께서 문교(文教)를 펼치시어 외국인 모두가 빈손으로 와도 돌아갈 때는 결실을 가지고 가며 외국인들이 한족 사람들과 뒤섞여 살고 왕래함이 마치 저자거리처럼 북적거린다"[76]라고 했다.

76 喻岳衡 點校, 『王右丞集』, 102쪽. 박삼수 역주, 『왕유詩全集』, 223쪽.

제3장

당제국의 대외 교류 국가

당왕조는 경제가 번영하였고 문화가 발달하였다. 외교적으로 대외 개방을 통해 주변 국가들과 우호관계를 맺어 당나라에 수많은 외국인들이 왕래하거나 거주하였다. 이들 외국인은 정치적 목적의 사신, 이익을 얻기 위한 상인, 당나라의 교육, 종교와 문화를 배우기 위한 유학생과 승려였고 관광객도 있었다. 외국인들이 휴대한 자국의 물품이 중국에 전래되어 중국 사회에 적지 않은 영향을 끼쳤다. 당 조정의 궁에서는 기이한 복장, 유희, 오락 문화를 수용하였고 민간에서는 외국의 음식과 보석 등 외국 물품에 매료되기도 하였다.

1. 당제국과 교류한 외국

당왕조의 대외 개방은 당나라와 교류한 국가들의 숫자에서 알 수 있다. 역사 기록과 당나라 시인들의 시에서 쉽게 알 수 있다.

『신당서』, 『구당서』와 『책부원구』 등과 같은 역사의 기록 중에 당시 당나라와 교류한 국가와 지역에 대해 기록하고 있다. "만국이 당 조정에 왔고,"[1] "중국과 이민족이 같다"[2]는 '화이대동'(華夷大同)의 사상의 바탕 아래 중국과 외국과의 교류가 성황을 이루었다. 또한 사서에는 중국과 교류한 외국의 숫자도 기록하였다. 『당회요』 권49에 당시에 당 조정에 조공을 바친 국가는 70여 국가에 이르렀다고 하였고, 『신당서』에는 천보 연간에 당나라에 귀속된 국가와 지역이 72개국에 달했다고 하였다.[3] 또 『구당서』 권3에 정관 13년(639년)에 "고구려, 신라, 서돌궐, 토하라, 강국, 안국, 페르시아, 소륵, 우전, 언기, 고창, 임읍 등이 사신을 파견하고 조공을 바쳤다"라고 했고, 정관 21년(647년)에는 "타파등(墮婆登), 을리(乙利), 비림송(鼻林送), 도파(都播), 양동(羊同), 석국, 페르시아, 강국, 토하라, 아실길(阿悉吉) 등 먼 곳의 19개 외국이 사신을 파견하여 조공을 바쳤다"[4]라고 했다. 을리는 스리비지야(Srivijiya)로 인도네시아 수마트라섬에 있던 왕국, 비림송은 지금의 인도네시아 수마트라섬의 팔렘방(Palembang)이다.

당현종 개원 연간에 외국과의 교류가 가장 많았다. 『구당서』, 『신당서』, 『책부원구』, 「외산부」(外臣部), 『당회요』, 『통전』과 『자치통감』 등의 현존하는 사서의 기록을 종합해볼 때 다음과 같은 결과를 얻을 수 있다.[5] 현종 개원 연간에 외국과의 교류는 중단된 적이 없었고, 매년 적게는 1~2개국, 많게는 10여 개국이 당나라에 왔다.

1 『唐大詔令集』 卷3, 「改元貞觀詔」, 14쪽.
2 『唐大詔令集』 卷10, 「會昌二年册尊號赦」, 62쪽.
3 『新唐書』 卷221, 「小勃律」, 6252쪽.
4 『舊唐書』 卷3, 「太宗紀」(下), 60쪽.
5 萬亞光, 『唐代對外開放初探』, 14~15쪽.

2. 사서에 기록된 외국

『구당서』와 『신당서』 등 역사 문헌에 기록된 수많은 국명과 지명 가운데 어떤 명칭은 지금의 국가와 지역이 일치하지만 일부 현재의 국명과 다른 경우도 있다. 대외 개방과 교류 국가에 대한 고찰은 『구당서』, 『신당서』, 『당회요』와 『책부원구』와 같은 당대 문헌을 통해 알 수 있다.

『구당서』에는 권194부터 권199까지 영토와 세력이 다른 나라에 비해 크고 강하며 당대와의 정치, 외교 관계에 영향력이 있는 나라, 즉 돌궐(突厥), 회흘(迴紇), 토번(吐蕃)부터 기록한 다음 방위별, 즉 남만(南蠻), 서융(西戎), 동이(東夷), 북적(北狄) 순서로 나누어 기록했다. 남만으로는 임읍(林邑), 파리(婆利), 반반(盤盤), 진랍(眞臘), 타원(陀洹), 가릉(訶陵), 타화라(墮和羅), 타파등(墮婆登), 동사만(東謝蠻), 서조만(西趙蠻), 장가만(牂牁蠻), 남평료(南平獠), 동녀국(東女國), 남조만(南詔蠻), 표국(驃國)을, 서융으로는 니파라(泥婆羅), 당항강(党項羌), 고창(高昌), 토욕혼(吐谷渾), 언기(焉耆), 쿠차(龜玆), 소륵(疏勒), 우전(于闐), 천축(天竺), 계빈(罽賓), 강국(康國), 파사(波斯), 불름(拂菻), 대식(大食)을, 동이로는 고려(高麗), 백제(百濟), 신라(新羅), 왜국(倭國), 일본(日本)을, 북적으로는 철륵(鐵勒), 거란(契丹), 해(奚), 실위(室韋), 말갈(靺鞨), 발해말갈(渤海靺鞨), 습(霫), 오라혼(烏羅渾)의 45개국을 기록했다.

『신당서』에는 권215부터 권222까지 기록되어 있는데 『구당서』처럼 먼저 돌궐, 토번, 회골(回鶻), 사타(沙陀)를 기록한 다음 북적, 동이, 서융 대신 서역(西域), 남만으로 나누어 기술하였다. 북적으로는 거란, 해, 실위, 흑수말갈, 발해를, 동이로는 고려, 신라, 백제, 일본, 유귀(流鬼)를, 서역으로는 니파라, 당항, 동녀, 고창, 토욕혼, 언기, 쿠차, 발록가(跋祿迦), 소륵, 우전, 천축, 마게타(摩揭陀), 계빈을, 서역으로는 강(康), 영원(寧遠), 대발율(大勃律), 토화라, 사율(謝風日), 사닉(謝匿), 개실밀(箇失密), 골돌(骨咄), 소비(蘇毗), 사자(師子), 파사, 불림, 대식을, 남만으로는 남조, 몽휴조(蒙巂詔), 월석조(越析詔), 낭궁조(浪穹詔), 등섬조(邆睒詔), 시랑조(施浪詔), 환왕(環王), 반반, 부남(扶南), 진랍, 가릉, 투화(投和), 첨박(瞻博), 실리불서(室利佛逝), 명멸(名蔑), 단단(單單), 표, 양찬만(兩爨蠻), 남평만, 서원만(西原蠻)의 50개국을 기록하였다.

『당회요』에 기록된 외국은 권92부터 권100까지 수록되었다. 권94에는 북돌궐, 서돌궐, 사타돌궐(沙陀突闕), 토욕혼, 권95에는 고창, 고구려, 백제, 신라, 권96에는 거란, 해, 실위, 말갈, 발해, 철륵, 설연타, 권97에는 토번, 권98에는 회흘(回紇), 서찬(西爨), 곤미국(昆彌國),임읍국(林邑國), 진랍국(眞臘國), 백구강(白狗羌), 조국(曹國), 수내국(殊柰國), 발야고국(拔野古國), 습알선국(霫歹先國), 당항강(党項羌), 권99에는 동사만(東謝蠻), 서조만(西趙蠻), 장가만(牂牁蠻), 남평만(南平蠻), 남조만(南詔蠻), 동녀국(東女國), 파리국(婆利國), 왜국(倭國), 대양동국(大羊同國), 오라혼국(烏羅渾國), 여국(女國), 석국(石國), 토화라국(吐火羅國), 담릉국(曇陵國), 강국(康國), 반반국(盤盤國), 주구파국(朱俱波國), 감당국(甘棠國), 계빈국(罽賓國), 유귀국(流鬼國), 사국(史國), 불름국(拂菻國), 오장국(烏萇國), 누타원국(耨陀洹國), 권100에는 슬닉국(瑟匿國), 실립국(悉立國), 구발국(求拔國), 구란국(俱蘭國), 골리간국(骨利幹國), 가릉국(訶陵國), 파등국(婆登國), 파사국(波斯國), 도파국(都播國), 결골국(結骨國), 천축국(天竺國), 갈라록국(葛邏祿國), 니파라국(泥婆羅國), 대식국(大食國), 화사미국(火辭彌國), 마교마국(馬交馬國), 금리비가국(金利毗迦國), 다마장국(多摩萇國), 하이국(蝦夷國), 가라사분국(哥羅舍分國), 일본국(日本國), 사자국(師子國), 다멸국(多蔑國), 다복국(多福國), 탐라국(耽羅國), 구루밀국(拘蔞蜜國), 표국(驃國), 점비국(占卑國), 모두 80개국이다.

당왕조와 사신을 파견하고 통상 관계를 맺은 국가와 지역, 이민족은 1백여 개나 된다. 대부분 중앙아시아, 서아시아, 이란고원, 소아시아, 시리아, 남아시아와 동북아시아 등이다. 동로마제국 불름(拂菻), 아프리카 동해안의 감당(甘棠), 아프리카의 곤륜(昆侖), 대식(大食), 페르시아 파사(波斯), 페르시아 동쪽 변방의 타발사단(陀拔斯單), 마라유(摩羅游) 혹은 목록(木鹿), 건달(健達)인 사태라국(使馱邏國), 남아시아의 다복(多福), 미타제(末陀提), 습아살반(習阿薩般), 가비시(訶毗施), 굴랑나(屈浪那) 혹은 구란나(俱爛那), 소아시아 서해의 섬으로 살마(薩摩) 혹은 사마(舍摩), 위원(威遠), 소길리발옥난(蘇吉利發屋蘭), 건성(建城), 소리실단(蘇利悉單), 신성(新城), 구위(俱位), 기란(岐蘭), 열포(涅蒲), 발달(拔達), 도반(都盤), 아몰(阿沒), 사란(沙蘭), 나리지(羅利支), 중앙시아 사마르칸트 주변의 강국(康國), 안국(安國), 조국(曹國), 석국(石國), 미국(米國), 향국(向國), 사국(史國), 화심국(火尋國), 캐시미르의 계빈(罽賓), 오나갈국(烏那曷國), 토화라(吐火羅), 인도 천축(天竺), 마가타(摩伽佗), 가몰로(伽沒路), 나게라(那揭羅), 구살라국(拘薩羅國), 건타위국(健陀衛國), 네팔 니파라국(泥婆羅國), 스리랑카 석란(錫蘭) 등이다.

당대 문헌 중의 외국에 관한 기록을 통해 당대와 외국과의 교류 상황을 정리해보면 다음과 같다. 사서에 기록된 지역 명칭에 따라 분류하였다.

1) 동이

고구려, 신라, 백제는 현재의 한반도에 위치했던 국가들이다. 고구려는 건봉(乾封) 3년(668년), 백제는 건봉 원년(660년)에 나당 연합군에게 멸망당했고, 신라는 상원(上元) 2년(675년)에 한반도를 통일하였다.

일본은 현재 일본이다.

유귀(流鬼)는 『신당서』와 『당회요』의 기록에 근거하면 흑수말갈(黑水靺鞨) 동북부, 소해(少海)의 북쪽에 위치하고 삼면이 바다로 둘러싸였다고 하였다. 고증에 의하면 지금의 사할린섬, 또는 쿠릴열도 혹은 캄차카반도

에 위치했었다고 한다.[6]

2) 남만

임읍(林邑)은 지금의 베트남 남부에 위치하였다. 상림(象林)이라는 읍(邑)의 약칭이다. 진, 한 시기에 교주(交州)의 남쪽 일남(日南) 상군(象郡)의 상림현(象林縣) 지역이었다. 동한 말경에 상림현 공조(功曹)의 아들 연(連) 혹은 규(逵) 또는 석리마라(釋利摩羅)가 자립하여 왕이라고 일컬었는데, 8세기부터 당나라 말경까지의 당왕조 때 환왕(環王)이라고 했다. 석리마라와 후대의 군주들이 북부로 확장하면서 중국과 빈번한 출동을 하였으나 중국에 조공을 여러 차례 바쳤다. 9세기 후반에 또 점성(占城, Champa) 또는 점파(占婆), 점파(占波), 점불로(占不勞)라고 했다. 당나라로부터 축성 방법, 무기 제조와 생산기술이 전래되었다. 점성에는 상아, 코뿔소 뿔, 새와 나무 등 진기한 물품이 많이 생산되었고, 동남아시아와 서아시아로 통하는 교통의 요충지로 중국에서 남아시아, 인도, 서아시아와의 해상무역으로 큰 이득을 얻었다. 또한 점성은 무덕(武德) 6년(623년)에 임읍왕 범범지(范梵志)가 사신을 파견하여 조공과 특산품을 바쳤다. 당고조 이연은 구부악(九部樂)으로 연회를 베풀고 비단을 선사했다. 정관 연간 초에 사신이 와서 코뿔소를 바쳤고, 정관 4년에는 임읍왕 범두여(范頭黎)가 사신을 파견하고 화주(火珠)를 바쳤는데 크기가 계란만큼 컸고 둥글고 색이 맑고 희었으며 광채가 났고 모양이 수정과 같았으며 정오에 태양을 향하고 쑥으로 끓였더니 불이 탔다고 한다. 5년에 오색 앵무새를 바쳤는데 태종이 이 새를 이상하게 여겨 태자우서자(太子右庶子) 이백약(李百藥)을 불러 시를 짓게 했다. 또 흰 앵무새를 바쳤는데 말을 하면 응답을 잘했다고 한다. 태

6 周維衍, 「唐代的流鬼和窟說」, 『復旦學報』, 1984年, 第2期.

종이 앵무새를 불쌍히 여겨 숲에 놓아주라고 했다. 이때부터 임읍이 매년 조공을 바쳤다. 범두여가 죽자 그의 형상을 태종의 묘에 석각으로 새기도록 했다고 한다.[7] 『신당서』에는 무덕 연간에 임읍이 조공으로 바친 물품에 대해 『구당서』보다 좀 더 상세하게 기록되어 있는데, 정관 연간에 임읍의 왕 두여가 바친 조공 물품은 코끼리, 금 자물쇠,[8] 오색의 허리띠, 조하포(朝霞布), 화주(火珠), 오색과 흰색 앵무새, 코뿔소, 갖가지 보석을 바쳤다고 하였다.[9] 또한 『신당서』에는 영휘(永徽) 연간(650~655년)에서부터 천보 연간(742~756년)까지 세 차례 입조하여 조공을 바쳤으나, 원화(元和) 연간(806~820년) 초에는 조공을 바치지 않자, 안남도호(安南都護) 장주(張舟)가 3만 명을 죽이고 왕자 59명을 포로로 사로잡았다.[10]

파리(婆利)는 자바 동쪽의 발리섬이다. 수내(殊柰)는 환왕(環王)의 남부로 지금의 베트남 남부에 위치하였다. 감당(甘棠)은 아프리카 동해안에 위치한 나라이다. 승고(僧高), 무령(武令), 가작(迦乍), 구밀(鳩密)은 알 수 없다.

반반국(盤盤國)은 3세기부터 7세기에 걸친 말레이반도의 고대국가로 이 국가의 소재에 대해 여러 학설이 있다. 메난(Menan)강 하류, 말레이반도 동부해안의 타이만(Thai Bay)의 푼핀(Punpin), 프란푸리(Pranpuri)에서 벳푸리(Phetpuri) 일대라고 하는데, 말레이시아 사라와크(Sarawak)의 쿠칭(Kuching), 사마라한(Samarahan) 일대라는 주장도 있다.[11] 일반적으로는 태국의 남부, 말레이반도의 동북부의 반돈만(Ban Don Bay) 연안일대라고 한

---

7 『舊唐書』 卷197, 「南蠻列傳」, 5270쪽.

8 鏐鎖인데, 鏐는 질이 좋은 金을 말함.

9 『新唐書』 卷222, 「南蠻列傳」(下), 6298쪽.

10 林邑에 관해서는 역대 중국의 문헌 『晉書』, 「四夷列傳」, 「南蠻」, 『宋書』, 「夷蠻列傳」, 『南齊書』, 「東南夷列傳」, 『梁書』, 「諸夷列傳」, 『隋書』, 「南蠻列傳」, 『舊唐書』, 「南蠻列傳」과 『新唐書』, 「南蠻列傳」에 기록되어 있음.

11 王仲犖, 「從梁書佚文考盤盤國的方法」, 『中華文史論叢』, 1980年, 第1期.

다. 국왕의 이름은 곤륜(昆侖, kurung)으로 대왕(大王)이란 뜻이다. 불교와 인도교 사원이 많았다. 양무제(梁武帝) 중대통(中大通) 원년(529년), 4년(533년), 5년(534년)과 6년(535년), 남조(南朝) 진(晉)나라 태건(太建) 3년(571년), 수대 대업 12년(616년)과 당대 정관 9년(637년)에 중국에 조공을 바치고 우호관계를 맺었다.[12]

구위밀(拘萎密)은 정확히 어느 지역인 알 수 없다.

부남(扶南)은 지금의 크메르, 라오스 남부, 베트남 남부와 태국 동남부 일부 지역이다. 1세기에 건국하여 중국과 관계가 밀접했다. 3세기 초에 부남왕 범만(范蔓)이 영토를 확장하여 그 세력이 말레이반도에까지 이르렀다. 무제(武帝) 태시(泰始) 연간(265~274년) 초에 중국에 사신을 파견하여 조공을 바쳤고, 태강(太康) 연간(280~289년) 중에는 빈번하게 중국을 왕래하였다. 목제(穆帝) 승평(升平) 연간(357~361년) 초에 사신을 파견하고 코끼리를 조공으로 바쳤는데, 목제가 이상한 나라의 괴이한 동물이라고 여기고 사람들에게 재앙을 불러일으킬까 두려워하여 되돌려 보냈다. 삼국시대 때 국왕 범전(范旃)이 사신을 오나라에 파견하였고, 오나라도 중랑(中郎) 강태(康泰), 주응(朱應)을 사신으로 파견하였다. 천감(天監) 2년(503년), 사신을 파견하고 산호로 만든 불상을 바쳤고, 10년, 13년, 16년에 사신을 파견하였으며, 18년에는 화제주(火齊珠), 울금향(鬱金香)과 소합향(蘇合香)을 공물로 바쳤다. 보통(普通) 원년(520년)과 중대통(中大通) 3년(530년)과 대동(大同) 원년(535년)에는 사신을 파견하여 특산물을 공물로 바쳤고, 5년에는 코뿔소를 바쳤다. 7세기 중엽, 당왕조 정관 연간 초에 진랍에 병합되었다.[13]

---

12 『梁書』, 「武帝」와 「海南諸國列傳」, 『晉書』, 「宣帝」, 『隋書』, 「婆利」, 『舊唐書』와 『新唐書』, 『通典』 卷188 盤盤國에 관한 기록이 보임.

13 扶南에 관해서는 역대 중국 문헌 『晉書』 「四夷列傳」, 『南齊書』 「東南夷列傳」, 『梁書』 「諸夷列傳」에 기록이 보임.

진랍(眞臘, Chenla)은 1세기 후반 메콩강 중류의 크메르족이 건립했다. 『후한서』에 구불사(究不事)라고 일컬었고, 『수서』(隋書) 권82에 처음으로 진랍이라는 명칭이 등장했다. 『당서』(唐書)에는 크메르의 음역인 길멸(吉蔑), 각멸(閣蔑)이라고 했다. 송대에 섬입(暹粒, Siem Reap)의 음역인 진랍 혹 진리부(眞里富), 원대에는 감발지(甘孛智), 『명사』(明史)에는 감부자(甘武者)라고 했는데 명대 만력(萬曆) 이후에 간포채(柬埔寨)라고 했다. 처음에는 부남의 속국이었으나 6세기 중엽 진랍의 공주가 부남의 왕자 바바바르만(Bhavabarman)에게 시집을 가고 부남의 왕이 죽자 그가 진랍의 왕을 계승하였으며, 부남의 태자가 반란을 일으키자 군사를 일으켜 부남을 정복했다. 수대 대업(大業) 연간에 진랍의 왕이 사신을 파견하여 조공을 바쳤고, 당대 신용(神龍) 연간(705~707년) 이후에 진랍의 남부는 수진랍(水眞臘, 710~781년), 북부는 육진랍(陸眞臘, 615~802년) 혹은 문단(文單)이라고 했다. 육진랍은 8세기에 여러 차례 당나라에 사신을 파견하였다. 9세기 초에 수진랍과 육진랍은 통일되었다. 남송 건염(建炎) 연간(1127~1130년)에 점성(占城)이 진랍을 침범하여 진랍은 패했으나, 경원(慶元) 연간(1195~1200년)에 점성을 점령하여 강국이 되었다. 9세기부터 15세기까지 오가(吳哥)왕조가 등장하였는데 고면(高棉)왕국이라고 칭했다. 이때 국세가 전성기를 맞이하였고 찬란한 문화를 이룩하였으며 지금의 크메르 전 지역과 태국, 라오스, 베트남 일부 지역을 차지하였다.[14]

가릉(訶陵)은 사파(社婆), 사파(闍婆)라고도 불렸는데, 지금의 인도네시아 자바 경내에 있었다. 동쪽은 파리(婆利), 서쪽은 타파등(墮婆登)이 있었다.

---

14 1296년 원나라 성종의 명을 받고 진랍에 사신으로 갔다가 1년 동안 머물고 귀국한 저장성 온주 출신의 周達觀은 溫州에서 진랍까지의 여정과 진랍의 풍습, 사회, 문화와 산물에 관한 42개 항목에 걸친 견문록 『眞臘風土記』를 남겼음. 校注本으로는 夏鼐 校注, 『眞臘風土記校注』가 있음.

정관 14년(640년)과 대력(大歷) 3년(768년)과 4년(769년)에 각각 사신을 파견하여 조공을 바쳤다. 원화(元和) 10년(815년)에 승지동(僧祇僮) 5명과 앵무새, 가릉빈가새와 여러 가지 보석을 바쳤고, 13년에는 승지녀(僧祇女) 두 명, 앵무새, 대모(玳瑁)와 코뿔소를 바쳤다.

타화라(墮和羅)는 독화라(獨和羅), 투화라(投和羅)라고도 불렸는데, 담릉(曇陵)과 타원(陀洹) 두 속국이 있었다. 남쪽은 반반국, 북쪽은 가라사불(迦羅舍佛), 동쪽은 진랍과 접하였고, 서쪽은 바다였다. 태국의 메난강 하류에 위치했다.[15]

타파등(墮婆登)은 임읍의 남쪽, 동쪽으로는 가릉, 서쪽으로는 미여차(米黎車)와 접하였고 북쪽은 바다였다. 풍속은 가릉과 같았고, 정관 21년(647년)에 서신을 파견하여 고패(古貝), 상아(象牙), 백단(白檀)을 바쳤다.

다마장(多摩萇)은 지금의 수마트라섬에 있었다.

첨박(瞻博) 또는 첨파(瞻婆)는 갠지스강의 바갈푸르(Bhagalpur) 일대이다.[16] 불교 경전에는 석가모니가 이곳에서 여러 차례 불교를 전파했다고 한다.

천지(千支), 파안(婆岸), 수라분(修羅分), 감필(甘畢)은 어느 지역인지 알 수 없다.

실리불서(室利佛逝, Srivijaya)는 불서(佛逝), 시리불서(尸利佛誓), 금리비실(金利毗室)이라고도 불렸는데 지금의 수마트라섬 팔렘방(Palembang)이다.[17] 실리불서는 7세기 중엽 당대 영휘(永徽) 원년(650년)에 거항(巨港), 즉 팔렘방에서 흥기하였다. 이 불교 왕국은 7세기부터 9세기까지 국제무역

---

15 Gabriel Ferrand, 馮承鈞 譯, 『蘇門答剌古國考』, 「附錄」. 『舊唐書』와 『新唐書』, 「南蠻傳」.

16 『大唐西域記』 卷10에는 이 나라의 도성은 갠지스강 남쪽에 있었다고 함. 馮承鈞, 『西域地名』, "Campa."

17 Gabriel Ferrand, 馮承鈞 譯, 『蘇門答剌古國考』, 「室利佛逝考」, 117~123쪽.

과 정복으로 수마트라섬, 말레이반도와 보르네오 서부 지역을 차지했다. 당대에 실리불서는 해상 교통의 요충지로 무역이 흥성하여 인도와 아랍을 왕래하는 선박의 집결지였다. 황금이 많이 생산되고 불교가 흥성하여 인도를 제외한 불교의 중심지였다. 함형(咸亨)에서 개원 연간까지 수차례 당나라에 서신을 파견하였다.[18] 증성(證聖) 원년(695년)에 당 조정에서 인도, 페르시아, 아랍 사신에게 6개월, 시리불서, 진납, 가릉국 사신에게는 5개월, 임읍국 사신에게는 3개월의 양식을 하사했다는 기록으로 보아 이때에 사신을 파견하였음을 알 수 있다.[19] 장안 원년(701년)과 개원 4년(716년)에 사신을 파견하여 조공을 바쳤고, 개원 12년(724년)에는 사신 구마라(俱摩羅, Kumara)를 파견하여 난장이 2명과 승기녀(僧妓女) 한 명과 가무관(歌舞官), 오색 앵무새를 바쳤다.[20] 7세기 말엽 당나라 함형(咸亨) 2년(671년)에 당나라 스님 의정(義淨)이 이곳을 세 차례 방문하였다. 그가 저술한 『대당서역구법고승전』(大唐西域高僧傳)[21] 「정고전」(貞固傳)에는 이곳을 금주(金洲)라고 했는데, 이곳에 황금이 많이 생산되었기 때문이라고 한다. 중국과 오랫동안 우호적인 관계를 맺었다. 10세기 초 천우(天祐) 원년(904년)에 삼불제(三佛齊)로 개칭하고 팔렘방을 수도로 정했다. 11세기 말엽에 팔렘방은 동자바국에게 점령당했다. 13세기 초, 남송 때 천주(泉州) 시박

18 『新唐書』 卷222, 「室利佛逝傳」, 6305쪽.

19 『唐會要』 卷100, 2136쪽.

20 『冊府元龜』 卷970과 권971, 중화서국, 12책, 11403쪽과 11405쪽. 개원 12년의 기록은 권971, 11407쪽.

21 天祐 2년(691년)에 義淨이 저술한 『大唐西域求法高僧傳』은 641년부터 691년까지 인도와 남해를 방문한 57명의 唐, 新羅, 康國, 吐蕃 등의 禪師와 法師의 사적을 기록하였고, 이들이 방문한 나라들의 경제, 풍속과 여정을 기록하여 7세기 남양의 여러 국가들과 국제 교통에 중요한 사료임. 新羅法師로는 慧業, 慧輪, 玄太, 玄恪 등 6명을 기록하였음. 王邦維 校注, 『大唐西域求法高僧傳校注』(中華西國, 1988년)와 英譯本으로는 *Yi Jing: Buddhist Pilgrim Monks of Tang Dynasty*. tr. Dutt S.(London, 1952)가 있음.

사제거(市舶司提擧) 조여적(趙汝適)이 『제번지』(諸蕃志)를 저술하고 삼불제국을 상세하게 기술하였다. 14세기 말엽, 명대 홍무(洪武) 30년(1397년)에 자바에게 멸망당했다.[22]

표국(驃國)은 지금의 미얀마 중북부 이라와디(Irrawaddy)강 유역에 기원전 1세기부터 840년까지 존속했었다. 기원전 1세기의 표국은 중국과 인도의 무역 중개 지역이었다. 위진 시기의 『서남이방지』(西南異邦志)와 『남중팔군지』(南中八郡志)에 표국의 국명이 실려 있고, "영창(永昌) 서남쪽 3천 리 밖에 위치하고 군신, 부자, 장유에 서열이 있었다"라고 기록했다. 당대의 『대당서역기』에 수도는 실리차단라(室利差呾羅)라고 했다. 『신당서』 중에는 주파(朱波), 돌라주(突羅朱), 도리굴(徒里掘)이라고 했다. 8세기 때 표국은 북쪽으로 남조(南詔), 동쪽으로는 육진랍, 서쪽으로는 동천축까지 이르러 이라와디강 유역 전체를 차지하여 모두 18개 속국, 298부락과 9개 도시를 소유했다. 대화(大和) 6년(832년) 표국은 남조에게 패하여 쇠퇴하였고 포감(蒲甘)왕조에게 흡수되었고 버마인에게 동화되었다. 당대 가탐(賈耽)의 『황화사달기』(皇華四達記)와 번작(樊綽)의 『만서』(蠻書) 중에 중국과 표국 사이의 교통로에 대해 상세하게 기록하여 두 나라 사이의 왕래가 빈번했음을 알 수 있다. 표국은 불교음악이 저명하였는데 정원(貞元) 10년(794년)에 남조가 당 조정에 복속되었고, 표국도 당나라에 사신을 파견하고 불교음악을 바쳤으며 표국의 악기를 공물로 바쳤다. 정원 17년(801년)에 표국의 국왕이 자신의 아들 스웨나다우(Shwenadaw)를 파견하여 악단과 무용가를 데리고 장안에 가서 공연을 하였다. 덕종(德宗)은 그의

---

22 蘇門答臘國은 元代에는 須文達那國(Sumandra)라고 개칭하였고 파르세이(Parsei) 河口에 위치하였음. 1298년에 마르코 폴로가 사마라(Samara)라고 했고, 명대에 蘇門答臘國이라고 개칭하였으나 섬 전체는 아니었으며, 아랍 여행가 이븐 바투타가 수마트라(Sumatra)라고 하였는데 아랍어 사마라(Samara)를 음역한 것임.

부친 표국 국왕에게 태상경(太常卿), 그에게는 태복경(太僕卿)의 칭호를 하사했다. 당대 시인 백거이는 이 공연을 보고 「표국악」(驃國樂)이라는 시를 지었고, 『신당서』, 「표국전」에 이 가무에 대해 상세하게 기록하였다.

니파라(泥婆羅)는 지금의 네팔이다. 니파라에 관해서는 당대 봉연(封演)의 『봉씨견문기』(封氏見聞記), 「촉무토합」(蜀無兎鴿), 『구당서』, 「서융전」(西戎傳)과 단공로(段公路)의 『북호록』(北戶錄), 「옹채」(蕹菜)에 기록되어 있다.

천축(天竺)은 지금의 인도 경내에 있었다. 중(中), 동(東), 남(南), 서(西), 북(北)의 5개 천축이 있었다. 중국 역사상 인도에 대한 최초의 기록은 『사기』, 「대원열전」(大宛列傳)이다. 당시에는 범어 신두(Sindhu)의 음역인 신독(身毒)이라고 했다. 『한서』, 「서남이전」에는 "동남의 신독국은 거리가 수천 리나 되고 촉 땅의 상인과 상거래를 하였다"라고 했고, 『후한서』, 「서역전」에 "천축국은 신독이라고도 한다"라고 했다. 당대 초기에 천축이라고 했는데 천축은 페르시아어 힌두(Hindu)의 음역이다. 그리스 사람은 힌두를 인두(Indu)라고 부르는데 당나라 고승 현장이 인두라는 명칭에 근거하여 처음으로 인도(印度)라고 음독하였다. 당대와는 활발한 교류를 맺었다.

나게(那揭)은 지금의 아프가니스탄 동북부에 있었다.

마가타(摩伽它, Magadha)는 중인도의 고대국가로 지금의 갠지스강 유역 비하르(Bihar)에 위치하였다. 마갈타(摩羯陀), 마게타(摩揭陀), 마가타(摩伽陀) 등으로 불렸다. 기원전 6세기부터 5세기까지 빔비사라(Bimbisara)왕이 왕사성(王舍城, Rajagriha)을 건설하였다. 석가모니가 열반한 후에 아자타사트루(Ajatasatru)왕이 왕사성에서의 불교 집회를 후원하였다. 322년에 찬드라굽타(Chandragupta)가 카우틸야 찬나크야(Kautilya Chanakya)의 도움을 받아 마가타국왕이 되었고 화씨성(華氏城, Patna)에 수도를 정하였다. 기원전 320년에 알렉산더대왕이 펀잡(Punjab)에 세운 군사요새를 공격하여 점령하고 북인도를 통일하고 마우리아(Maurya)왕조를 건립했다. 기원전 273년에 아쇼카(Ashoka)왕이 즉위하여 마가타국은 경제, 군사대국이 되었다. 정치 영향력과 무역 교류를 서아시아와 중앙아시아 그리고 유럽에까지 확장하였고, 또 그는 불교의 후원자가 되어 스리랑카, 동남아시아, 서아시아와 지중해 연안까지 불교를 전파하였다. 기원전 185년에 숭가(Sunga)왕조에게 멸망당했다. 안드라(Andhra)왕조가 날로 강성해져서 기원전 70년대에 북인도를 통치했고 이때 마가타국은 안드라왕조의 속국이었다. 안드라왕조는 3세기 초까지 이어졌고, 320년에 마우리아왕조를 건립한 왕과 이름이 같은 찬드라굽타 1세가 굽타(Gupta)왕조를 세웠으며, 그의 아들 사무드라굽타(Samudragupta) 때 마가타국의 국세가 강성하여 굽타왕조는 마우리아왕조의 전성기를 회복했다. 이때가 인도 고대문화의 부흥기였다. 문학, 예술, 철학과 경제 모두가 번영하였고 바라문교도 부흥하였다. 4세기 말과 5세기 초에 그의 아들 찬드라굽타 2세 때 굽타왕조는 황금기를 맞이하였다. 법현(法顯)은 바로 이 시기에 인도를 순례하였다.[23]

---

23 法顯은 東晋 말경 後秦 弘始 원년(399년)에 長安을 출발하여 河西走廊을 거쳐 新疆 사막을 지나 파미르고원을 넘어 파키스탄, 아프가니스탄, 인도에 들어가 네팔 남부를 통과하여 갠지스강 유역의 불교 중심지에 도달한 후에 마가다국의 수도에 3년을 머물면서 梵語를 배우고 불경을 공부한 다음 귀국길에 바다로 스리랑카에 2년을 머물렀고 수마트라섬과 자바에 잠시 머물렀으며 북향하여 산동반도 남단의 青島 부근의 嶗山에 도착하고 陸路로 建康, 지금의 南京에 도착하였는데, 이때가 長安을 떠난 후 15년이 지난 義熙 8년(412년)이었음. 法顯은 인도에서 귀국한 후에 義熙 12년(416년) 겨울에 建康道場寺에서 覺賢과 함께 摩訶僧祇律을 共譯하였고, 어떤 사람의 요청을 받고 천축을 방문한 상세한 과정을 기록하였는데 이것이 『법현전』이다. 章巽 校注, 『法顯傳校注』. 영역본으로는 Samuel Beal, *Travels of Fah-hsian and Sung-yun, Buddhist Pilgrims, from China to India(400 A. D. and 518 A. D.)*, 1869, London. James Legge, *A Pecord of Buddhistic Kingdom, being an Account by the Chinese Monk Fa-hsien of his Travels in India and Ceylon(A. D. 399~414)*, 1886, Oxford. H. A. Giles, *The Travels of Fa-hsian(399~414 A. D.) Or Record of the Buddhistic Kingdoms*, 1923, Cambridge.

법현은 마가타국을 마갈제국(摩竭提國), 수도 화씨성은 파연불읍(巴連弗邑)이라고 했는데, 중천축(中天竺)의 마가타국 수도 파연불읍이 컸고, 사람들은 부유했으며 경쟁적으로 인의(仁義)를 행했다고 하였다.[24] 5세기 중엽 이후로 쇠퇴하기 시작하여 영토도 마가타 지방으로 국한되었으며 6세기 말엽에 굽타왕조는 멸망하였다. 당대에 마가타국은 중국과 우호관계를 맺었다. 7세기 초에 현장이 이곳을 방문하였는데, 『대당서역기』 권8에 땅이 비옥하고 풍속이 순박하며 불교를 숭상하고 불교사원이 50여 곳이나 되었고 신도가 1만여 명에 달했으며 대승불교를 신봉했다고 하였다. 현장이 방문한 후에 정관 15년(641년)에 계일왕(戒日王, Harsha)[25]이 당 조정에 사신을 파견하자, 태종도 운기위(雲騎尉) 양회경(梁懷王敬)을 마가타국에 파견하였고, 계일왕은 사신을 양회경과 함께 중국으로 파견하였다. 태종은 이의표(李義表)와 왕현책(王玄策)을 마가타국에 파견하였고, 정관 22년(648년)에 태종은 또 왕현책을 정사(正使)로, 장사인(蔣師仁)을 부사(副使)로 임명하고 마가다국에 파견하였다. 왕현책은 마가타국 외에 불교 성지를 순례하였다.[26] 태종이 사신을 마가타국에 파견하여 제당(製糖) 방법을

24 章巽 校注, 『法顯傳校注』, 88쪽.

25 戒日王(Harsha)에 관해서는 D. Devahuti, *Harsha-A Political Study*, Oxford Univ. Press, London, 1970.

26 王玄策은 貞觀 17년(643년)부터 龍朔 元年(661년)까지 모두 세 차례 인도에 사신으로 파견되었다. 첫 번째는 貞觀 17년(643년)에 行衛尉寺丞 李義表와 함께 사신으로 갔고, 두 번째는 貞觀 21년(647년)에 蔣師仁과 함께 사신으로 파견되었으나 戒日王이 이미 죽고 아루나스바(Arunasva)가 즉위하여 중국 사신의 입경을 불허하고 왕현책 일행을 체포하였으며 왕현책은 탈출하여 토번의 贊普干布의 도움으로 귀국하였으며, 세 번째는 高宗 顯慶 3년(658년)에 사신으로 파견되어 북인도를 방문하였다. 왕현책은 인도에 사신으로 파견되어 불교 문물을 가져와 인도와의 교류에 공헌을 하였다. 그는 『中天竺國行記』十卷, 圖三卷을 남겼으나 지금은 단편만이 『法苑珠林』, 『諸經要集』, 『釋迦方志』에 전해지고 있다. 최근 洛陽의 龍門石窟에서 王玄策의 造佛像 題記를 발견하였다고 한다. 그의 사적에 관해서는 『舊唐書』 卷198, 「西域傳」, 『新唐書』 卷221, 「西域傳」과 馮承鈞, 『王玄策事輯』, 中華書局, 1957, S. Levi 著, 馮承鈞 譯, 『王玄策使印度記』, 中華書局, 1957 참조.

얻어 양주(揚州)에서 설탕을 만들도록 했다.[27]

오장(烏萇)은 오다(烏荼)라고도 불렸는데 지금의 인더스강 상류 지역으로 북쪽은 파미르고원, 남쪽은 천축과 접하고 있었다.

사자국(獅子國)은 지금의 스리랑카이다.

파사(波斯)는 지금의 이란이다.

타발사단(陀拔斯單)은 지금의 이해(里海), 즉 아랄해에 있었다.

불름(拂菻)은 당대에 동로마제국과 서아시아 지중해 연안 지역을 가리켰다.

대식(大食)은 아라비아제국으로 영토는 터키, 시리아, 사우디아라비아, 이집트, 이란, 이라크 등이었다.

3) 서융

계빈(罽賓)은 지금의 아프가니스탄의 캐시미르 서부에 있었다. 고대 그리스인은 카불강을 코펜(Kophen)이라고 하였는데 계빈은 이것의 음역이다. 기원전 4세기 때 계빈은 알렉산더대왕에게 정복을 당했고, 기원전 2세기에는 스키티아(Scythia)의 일파가 힌두쿠시산맥을 넘어 카불강을 점령하고 그리스인을 몰아냈다. 수도를 지금의 스리나가르 부근의 카피사(Kapisa)에 정했다. 한대에 계빈이라고 불렀고, 한무제 때부터 중국과 관계를 맺었다. 장건이 오손에 사신으로 파견되어 계빈을 방문하였다. 당시에 계빈은 실크로드 남도(南道)의 중요한 지역이어서 계빈 상인이 중국을 왕래하였다. 1세기부터 3세기에 걸쳐 계빈은 쿠샨왕국에 멸망당하고 불교의 중심지가 되었다. 이 지역의 수많은 불교 승려가 중국에 가서 포교하였고, 중국 승려도 이곳에 와서 불교를 배우고 불경을 가지고 돌아갔

27 『新唐書』 卷221, 「西域傳」(上), 6239쪽.

다.

강국(康國)은 강거(康居)라고도 하는데 한나라와 교류하였고, 대원의 서북쪽에 위치하였다. 대월지와 풍속이 같았고 포도와 좋은 말과 양이 생산되었다. 한대 선제(宣帝) 때 질지선우(郅支單于)가 한나라의 사신을 죽였다. 후에 감연수(甘延壽)와 진탕주(陳湯誅)가 질지선우를 멸하고 성제(成帝) 때 강거의 왕이 자신의 아들을 파견하였다. 진무제 태시(泰始) 연간에 강국의 왕 나비(那鼻)가 사신을 파견하고 좋은 말을 공물로 바쳤다. 위무제 태연(太延) 중에도 사신을 파견하고 공물을 바쳤다. 수대 대업 연간에 성씨가 온(溫)이고 월지 사람인 강국의 왕이 사신을 파견하고 공물을 바쳤다. 옛날 기련산(祁連山) 소무성(昭武城)에 살다가 흉노의 침입을 받고 파미르고원을 넘어 강국을 건립한 후에 미(米), 사(史), 조(曹), 하(何), 안(安), 소안(小安), 나색파(那色波), 오나갈(烏那曷), 목(穆)의 9개국으로 나뉘어졌는데 모두 소무(昭武)를 성씨로 삼았다. 그래서 이를 소무구성(昭武九姓)이라고 한다. 강국 사람은 장사에 뛰어났고, 음악이 발달하여 고(鼓), 비파, 오현(五弦), 공후(箜篌), 적(笛) 등과 같은 악기가 있었다. 혼인제도는 돌궐과 같고, 불교를 신봉했다. 무덕 10년에 사신을 파견하고 조공을 바쳤고, 정관 5년에 사자, 황금복숭아, 은 복숭아를 바쳤다. 강국의 왕 가릉가(訶陵迦)가 좋은 말을 바쳤다. 고종 영휘 연간에 강거도독부가 설치되었고 왕은 도독의 관직을 하사받았다. 개원 초에 자물쇠, 수정 술잔, 마노 병, 타조의 알을 조공으로 바쳤다.[28]

---

28 杜環의 『經行記』에 康國은 米國의 서남쪽 3백여 리에 있었고, 땅이 비옥하고 사람들이 부유했다고 하였다. 『通典』의 저자 杜佑의 족형제의 아들인 杜環은 唐玄宗 天寶 10년(751년) 7월, 右羽林大將軍 高仙芝가 大食國을 공격하였으니 탈라스전쟁에서 唐軍이 패하고 겨우 1천여 명만이 살아남았다. 杜環은 포로 중의 하나였다. 그는 중앙아시아, 서아시아와 西海, 지금의 지중해 연안 등지의 大食國 점령 지역에서 10여 년을 거주했다가 寶應 初에 商船을 타고

조국(曹國)은 나밀수(那密水) 남쪽에 위치하였고 옛 강거의 땅이었다. 동남쪽에 강거가 있고 서쪽에 하국(何國)이 있으며 동쪽에는 과주가 있었다. 수대 대업 중에 공물을 바쳤다. 당대 무덕 연간에 강국과 함께 사신을 파견하여 입조하였다. 천보 원년에 왕 가라복라(哥邏僕羅)가 사신을 파견하고 공물을 바쳤고 조서를 내려 회덕왕(懷德王)에 봉했다. 11년에 동조(東曹)의 왕 설홀아(設忽阿)와 안국의 왕이 흑의대식(黑衣大食)을 공격해주길 청했다.

미국(米國)은 나밀수 서쪽에 위치하였고, 범어 마이무르그(Maymurgh)의 음역이다. 소무구성 가운데 하나이다. 옛 강거의 지역에 있었다. 왕은 없고 성주(城主)의 성은 소무이다. 서북쪽에 강거, 서남쪽에 사국(史國), 동쪽에는 과주(瓜州)가 있었다. 수대 대업 중에 자주 공물을 바쳤다. 『수서』와 『신당서』, 「서역전」에 미국(米國), 미이(弭爾), 미말하국(弭秣賀國)이라고 했는데 현장의 『대당서역기』에 미말하국이라고 했고 사마르칸트 서남쪽에 위치했다고 한다.[29]

하국(何國)은 나밀수 남쪽에 위치하였고 옛 강거의 땅이었다. 강거와 같은 족속으로 풍속도 같았다. 동쪽에는 조국, 서쪽에는 소안국(小安國), 동쪽에는 과주가 있었다. 수대 대업 연간에 사신을 파견하여 조공을 바쳤다. 당대 정관 연간에 사신을 파견하여 입조하였다. 영휘 연간 때 당군의 서역 정벌을 도와 군량을 지원하였다. 후에 귀상주(貴霜州)로 삼아 왕에게 자사를 제수하였다.

廣州로 돌아와서 『經行記』를 저술했다. 『經行記』 원본은 이미 유실되었고, 『通典』 卷191, 「邊防」(7), 「西戎總序」와 卷193, 「大息傳」, 「邊防典」, 『新唐書』 卷5, 「玄宗紀」 중에 관련 내용이 부분적으로 기술되어 있음. 『經行記』에는 拔汗那, 康, 獅子, 拂菻, 摩鄰, 勃薩羅, 大息, 大秦, 波斯, 石, 碎葉, 末祿, 苫國의 13개국을 기록하였음. 清代 王國維는 일찍이 明代 嘉靖本 『通典』에 근거하여 『古行記校錄』을 편집하였고, 張一純 箋註, 『經行記箋註』가 있음.

29 季羨林 校注, 『大唐西域記校注』, 91쪽과 余太山, 『兩漢魏晉南北朝正史西域傳要注』, 558쪽.

사국(史國)은 갈석국(竭石國), 갈상나국(羯霜那國)이라고도 했다. 소무구성 가운데 하나였다. 갈석(竭石)이 중국 문헌에 최초로 등장한 것은 『위략』(魏略), 「서융전」(西戎傳)인데 "사거국(莎車國), 갈석국은 모두 소륵(疏勒)에 복속되었다"라고 했다. 사국이 처음 등장한 것은 『수서』, 「서역지」인데, 사국은 독막수(獨莫愁) 남쪽에 위치하였고 왕의 성은 소무이고 자는 적차(狄遮)이며 또한 강국 왕의 서자이다. 북쪽은 강국, 남쪽은 토화라, 서쪽은 나색파(那色波), 동북쪽은 미국(米國), 동쪽은 과주가 있었고 대업 연간에 사신을 파견하고 특산물을 바쳤다고 했다. 『수서』, 「서역전」에는 "수양제가 시어사(侍御史) 위절(韋節)과 사예종사(司隸從事) 두행만(杜行滿)을 사신으로 서역의 여러 나라에 파견하였는데 사국에서 미녀, 사자 가죽과 화서(火鼠) 털을 얻어 돌아왔다"라고 했다.[30] 현장은 『대당서역기』에 사국에 대해 언급했다.[31] 『통전』에는 "사국은 수대 대업 연간에 중국과 교류했는데 후에 점차 강대해져서 걸사성(乞史城)을 세웠는데 수십 리나 되었고 성읍은 2만 명이 거주했다. 당대 정관 연간에 사신을 파견하여 조공을 바쳤다"라고 했다.[32] 걸사성은 케시(Kesh)인데 『신당서』에 사국은 구사(佉沙)라고 했다.[33] 정관 16년에 사슬필(沙瑟畢)이 조공을 바쳤고, 현경 연간에 사주(沙州)로 삼아 군주를 자사에 임명했다. 개원 15년에 무녀(舞女)를 바쳤다. 천보 연간에 내위국(來威國)으로 개명하였다.

안국(安國)은 소무구성 가운데 하나이다. 한대에는 안식국(安息國)이었다. 왕의 성은 소무이고 왕후는 강국의 공주이다. 수양제가 사예종사 두행만을 서역에 파견하였을 때 일찍이 안국에 도착하여 오색의 소금을 얻

---

30 『隋書』 卷83, 「西域傳」, 1841쪽.

31 季羨林 校注, 『大唐西域記校注』, 97~98쪽.

32 『通典』 卷193, 「西戎」, 「史國」, 5257쪽.

33 『新唐書』 卷221, 6247쪽.

었다.[34] 『신당서』, 「서역전」에 "무덕 연간에 사신을 파견하여 입조하였고, 정관 연간 초에 조공을 바쳤다. 태종이 사신을 위로하며 말하길, '서돌궐은 이미 항복하였으니 상인들이 왕래할 수 있다'라고 하여 서역 사람들이 크게 기뻐하였다. 그 왕 가릉가(訶陵迦)가 또 명마(名馬)를 바쳤다"라고 했다. 현장이 인도에 갈 때 이곳을 지났는데 『대당서역기』에 포갈국(捕喝國)이라고 했다. 포갈(捕喝)은 실크로드의 중요한 도시였던 지금의 우즈베키스탄의 부하라(Bukhara)이다.

무지(戊之)는 소무구성 가운데 하나로 서안국(西安國)이라고도 하며 지금이 우즈베키스탄 부하라 서쪽에 위치하였다. 속특(粟特, Sugda)은 중세기 중앙아시아의 이란어를 쓰는 소그디아인이 거주하던 지역으로 술리크(Sulik)라고도 했고 고대 페르시아에서는 수구다(Suguda)라고 불렀다. 아무다리야강과 시르다리야강 사이의 택랍부선(澤拉夫善)강, 당대 문헌에서는 나밀수(那密水) 유역에 위치하였다. 이 지역은 땅이 비옥하여 과일과 포도가 많이 생산되었다. 기원전 5세기부터 마라칸다(Marakanda), 아프라시압(Afrasiab), 바라크샤(Varakhsha), 라미타나(Rami-thana) 등의 도시가 생겨났다. 전자의 두 도시는 강국, 후자의 두 도시는 안국을 형성했다. 6세기부터 8세기까지 속특 지역의 경제와 문화가 가장 번성하였다. 강국, 안국 이외에 석국(石國), 미국(米國), 사국(史國), 하국(何國), 조국(曹國)이 있었다. 이 7개국은 모두 중국 문헌에 보이는데, 이 도시들의 주민들은 원래 기련산(祁連山) 북쪽 소무성(昭武城)에 거주하였는데 흉노의 침입을 받고 서쪽의 파미르고원을 넘어 속특 지역으로 이주했으므로 소무를 성씨로 삼았기 때문에 사서에서는 이들을 소무구성이라고 불렀다. 『신당서』에는 7개국 이외에 화심(火尋), 무지(戊地)를 포함하여 소무구성국이라고 불렀

34 『隋書』 卷83, 「西域傳」, 1849쪽.

다. 『북사』(北史)와 『수서』에는 왕의 성씨가 소무인 나라는 소안국(小安國), 나색파(那色波), 오나갈(烏那曷), 목국(穆國)이 있었다.

석국(石國)은 지금의 우즈베키스탄 타시켄트이다. 소무구성 가운데 하나로 페르시아어로 Chaj, 돌궐어로 Tash, 소드디아어로 Cac라고 하는데 돌 석(石)의 뜻이다. 중국 문헌에는 최초로 『위서』, 「서역전」에 자석(者石)이라고 일컬었다. 『수서』, 「서역전」에 석국에 대해 석국은 약살수(藥殺水), 즉 시르다리야강에 위치했는데 왕의 성이 석(石)이고 이름은 열(涅)이었는데 조와 밀이 나며 좋은 말이 생산되고 전쟁을 잘했다고 했다. 『통전』 권193 「석국」에 "석국은 수대에 교류했는데 약살수에 있었고 도성은 자절성(柘折城)이며 본래 한나라 때 대원(大宛)의 북쪽 변경 지역이었고 동쪽과 북쪽은 서돌궐, 서쪽은 파랍(波臘), 서남쪽은 강거와 맞닿았는데 조, 밀과 좋은 말이 많았다. 수나라 대업 5년과 당나라 정관 8년에 사신을 파견하여 조공을 바쳤다"라고 했다.[35] 석국인은 춤을 잘 추었는데 자지무(柘枝舞)는 당대 장안에 유행했고 송대에도 여전히 유행했다.[36] 석국은 당대 고승이 불경을 구하고 불교를 배우러 인도로 갈 때의 필수 경유지였다. 현장이 인도에 갈 때 일찍이 자시국(赭時國)을 지났는데 이곳이 석국이다. 『대당서역기』 권1에 "자시국 주위는 천여 리나 되고 서쪽은 엽하(葉河), 즉 시르다리야강에 접하였는데 돌궐에 복속되어 있었다"라고 했다.[37] 천보 9년(750년)에 안서절도사 고선지(高仙芝)가 석국의 왕과 처를 사로잡아 장안

35 『通典』(5), 5275쪽.

36 向達은 「柘枝舞小考」에서 段安節의 『樂府雜錄』의 기록에 唐代의 敎坊樂舞에는 健舞, 軟舞, 柘舞, 花舞, 馬舞의 구별이 있었는데, 이 가운데 健舞 중의 柘枝舞만이 당나라 사람의 책 속에 자주 언급되어 胡舞로 여겼고 石國에서 유래했으며, 탈라스城도 石國에 속했고 昭武九姓 가운데 柘羯은 石國을 가리키며 樂舞로 유명했는데 柘枝舞는 宋代에도 여전히 존재했다고 하였음. 『唐代長安與西域文明』, 98~100쪽.

37 季羨林 校注, 『大唐西域記校注』, 82쪽.

으로 호송했다. 천보 10년(751년)에 석국의 왕자가 대식국에게 구원병을 요청하여 당군은 대식국과 탈라스에서 싸웠는데 고선지 장군이 패했고 석국은 대식국에 복속되었다.[38]

발한나(拔汗那)는 파미르고원 서쪽에 위치하였고, 지금의 중앙아시아 페르가나(Fergana)이다. 기원전 329년에 알렉산더대왕이 페르가나를 정복한 후에 시르다리아강 남쪽 강가에 있는 페르가나 계곡 남서쪽에 도시를 건설했다. 중국과는 한대 때 기원전 128년에 장건이 방문했던 대원(大宛)이 바로 페르가나였다. 대원의 '원'(宛)은 이 지역을 식민지로 삼았던 그리스인의 언어와 관계가 있다. 원은 팔리어로 야바나(Yavana)의 음역이고, 야바나는 당시 중앙아시아에서 그리스인을 가리키는 명칭으로 이오니아인(Ionians)의 음역에서 유래한 것으로 추정되므로 결국 대원은 위대한 이오니아인이란 뜻이 된다. 대원과 중국 사이의 교류는 실크로드를 통한 서양과 동양의 교류를 대표한다. 기원전 155년에 대월지(大月氏)는 오손(烏孫)의 공격을 받은 후에 서남쪽으로 대원을 지나 박트리아 북쪽에 정착하였고 남쪽으로 영토를 확장하였는데 기원전 125년에 대하(大夏)왕국을 멸망시켰다가 인도 북부에 쿠샨왕국을 건립했다. 이때 한나라는 대월지와 동맹을 맺고 흉노를 공격하기 위해 장건은 서역의 대월지에 사신으로 파견되었다. 기원전 119년, 장건은 서역의 오손에 사신으로 갔는데 오손 주변의 대원, 강거, 대월지, 안식(安息) 등과 외교활동을 펼쳤고 이후로 동서양의 무역 교류가 활발하게 진행되어 실크로드가 형성되었다. 대원은 한혈마(汗血馬)로 유명한데 한무제가 흉노와의 전쟁에 필요한 한혈마를 대원으로부터 요구하였으나 대원이 이를 거절하고 사신을 죽이자 대원과 한나라 간에 전쟁이 일어났다. 한무제는 이광리(李廣利)를 파견하여 대원

38 『新唐書』 卷221, 「西域傳」(下), 6246쪽.

을 공격하도록 했다. 기원전 103년에 이광리는 패퇴하여 돈황으로 퇴각하였다. 기원전 102년, 이광리는 다시 대원을 공격하여 승리를 거두고 3천여 필의 말을 골라 귀국했다. 1년 후에 대원왕의 아들을 한나라 조정에 인질로 보내고 한나라도 사신을 대원에 파견하고 대원이 매년 두 필의 한혈마를 한조정에 바치도록 하였다. 이후에 대원은 서역도호부에 복속되었다. 당시 대원 부근에는 포도가 생산되어 포도주를 주조하였고, 말은 목숙(苜蓿)을 좋아하여 한나라 사신은 대원에서 포도와 목숙의 종자를 가지고 귀국하여 한나라에서 재배하였다. 이후로 서역에서 오는 외국 사신이 많아지면서 대원의 말도 갈수록 많이 수입되었다. 신(新)나라를 건립한 왕망은 서역 각국의 왕을 후(侯)로 격하시켜 반발을 샀다. 16년에 서역도호 이숭(李崇)의 군대를 격퇴한 후에 이숭이 죽자 서역 각국은 중국과의 관계를 끊었고, 흉노는 서역에 세력을 확장하였다. 29년에 동한의 광무제는 사차(莎車)국왕 강(康)을 서역대도호(西域大都護)에 봉하고 한나라를 대신하여 서역을 관할하였다. 흉노는 서역에 계속 세력을 확장하여 강대해져서 91년에 동한은 반초(班超)에게 명을 내려 서역을 정벌하도록 하여 서역의 각국은 107년까지 서역도호의 관할을 받았다. 태시(泰始) 6년에 대원이 한혈마를 바쳤는데,[39] 285년에 대원의 국왕 남유(藍庾)는 서진(西晉)의 황제 사마염(司馬炎)에게 한혈마를 바치자, 사마염은 양호(楊顥)를 대원에 사신으로 파견하였다. 남유가 죽자 그의 아들 마지(摩之)도 한혈마를 바쳤다. 남북조 시대 때 대원은 파낙나(破洛那)로 개명하였다. 수대 대업 연간에 사신을 파견하여 조공을 바쳤고, 당대 현경 연간 초에 갈파지(渴波之)가 사신을 파견하여 조공을 바쳤으며, 3년에 갈파지가 통치하는 갈새성(渴塞城)을 휴순주(休循州)의 도독으로 삼아 그에게 자사를 하사하자 해

39 『晉書』 卷3, 「武帝紀」, 60쪽.

마다 조공을 바쳤다. 개원 27년에는 발한나의 왕이 공을 세워 그를 봉화왕(奉化王)에 봉했다. 천보 3년에는 발한나를 영원(寧遠)으로 개칭하고, 두씨(竇氏) 성을 하사했다. 13년에는 왕충절(王忠節)이 아들 설유조(薛裕朝)를 파견하여 숙위로 남기를 청하여 중국의 예법을 배웠고 좌무위장군(左武衛將軍)에 임명하였다.

발율(勃律)은 당대에 대발율(大勃律)과 소발율(小勃律) 두 부분으로 나뉘어져 있었다. 대발율은 포로(布露)라고도 불렸는데, 지금의 캐시미르 서북부, 소발율은 천보 연간 이후에 귀인(歸仁)이라고 일컬었는데 파키스탄 동부의 야신(Yasin)강 유역에 있었다.

목국(穆國)은 안식국(安息國)의 옛 지역으로 동북쪽은 안국(安國), 동쪽은 오나갈(烏那曷), 서쪽은 페르시아, 동쪽은 과주(瓜州)와 접해 있었다. 왕의 성씨가 소무이고, 수대 대업 연간에 조공을 바쳤다.

구란(俱蘭), 읍달(挹怛)은 지금의 아프가니스탄에 있었다.

석한나(石汗那)는 작한나(斫汗那), 지한나(支汗那)로 불렸고, 지역은 중앙아시아 오호(烏滸)강 북쪽 지류 소이한(蘇爾汗)강 상류였다.

식닉(識匿)은 시기니(尸棄尼), 시기지(尸棄地), 슬닉(瑟匿), 적닉(赤匿)이라고도 불렸는데 파미르고원의 시크 남쪽에 있었다.

구밀(俱蜜)은 어느 곳에 위치하였는지 알 수 없다.

호밀(護蜜)은 지금의 아프가니스탄 동북쪽 와하(瓦河)에 있었다.

개실밀(箇失蜜)은 지금의 캐시미르에 있었다.

골돌(骨咄)은 가돌라(珂咄羅), 골돌시(骨咄施), 골토(骨吐)라고도 불렸는데 중앙아시아 소이함포(蘇爾哈布) 혹은 와극십(瓦克什)과 분적(噴赤) 두 강 사이에 위치하였다.

제4장

당제국의 실크로드

중국의 고대 서방 및 동북아 문명과의 교통과 교류는 실크로드를 통해 이루어졌다. 1877년에 독일의 지리학자 리히트호펜(F. von Richthofen, 1833~1905)은 중국 각지를 탐사하고 저서 『중국』(*China*)이란 제목의 책 5권을 저술하였는데, 1권 후반부에서 동서 교류사를 개괄하면서 기원전 114년부터 127년까지 중앙아시아의 하중(河中) 지역, 즉 아무다리야 강과 시르다리야 강 사이와 중국과 인도 사이는 실크로드 무역을 매개로 하는 서역 교통로를 '실크로드'(Seidenstrassen, the Silk Road)라고 하였다.[1] 그 후로 스웨덴의 허튼(S. Hutton, 1863~1943) 등 탐험가들의 탐험 결과 중앙아시아 각지뿐만 아니라 지중해 연안의 시리아의 팔미라(Palmyra)에서도 중국의 견직물이 다량 발굴되었다.

1910년, 독일의 역사학자 헤르만(A. Herrmann)은 그의 명저 『중국과 시리아의 고대 실크로드』에서 이 실크로드라는 명칭을 시리아까지 연결시켰는데 이는 시리아가 중국에서 생산된 비단의 최대 시장이었고 시리아

1 F. Richthofen, *China I*, Berlin, 1877, p. 454.

는 주로 서아시아 내륙과 이란의 실크로드를 통해 비단을 얻을 수 있었기 때문이라고 하였다. 그는 이 실크로드를 지중해 서부해안과 소아시아, 지금의 터키까지 연장하였다.

19세기 말경부터 20세기 초에 중앙아시아의 탐험가들 가운데 러시아 사람 프레제발스키(Prejevalski)는 몽골에서부터 황하 상류를 건너 롭노르(Lopnor, 樓蘭)를 나와 화전(和闐)을 거쳐 천산(天山)을 넘어 서시베리아로 돌아왔다. 스웨덴 사람 스벤 헤딘(Sven Hedin)은 파미르, 신강(新疆, Uygur) 서장(西藏, Tibet), 감숙(甘肅) 서부를 일곱 차례 탐험하였고, 헝가리 태생의 영국인 스타인(A. Stein)은 상술한 지역을 세 차례 탐험하였다. 프랑스인 펠리오(P. Pelliot)는 감숙, 고차(庫車, Kuqa), 투루판(吐魯番, Turpan)을 여행하였다. 이들 탐험가들은 중국의 서북지방에서 다량의 고대 중국과 중앙아시아, 서아시아, 유럽과의 무역과 문화 교류의 유적지, 유물, 실물 증거와 실크를 발견하였다.

지금의 실크로드는 동서 문명교류의 3대 통로, 즉 북방 초원로, 중간의 오아시스로, 남방의 해로를 총괄하는데, 근래에는 실크로드의 개념이 더욱 확장되어 협의와 광의의 개념으로 나뉜다. 협의의 실크로드는 '오아시스의 길' 또는 '사막의 길'을 가리키는데, 한, 당대의 장안에서부터 하서주랑(河西走廊)을 지나 천산산맥 남북을 경유하여 중앙아시아를 거쳐 지중해 해안도시에 이르는 육로를 말한다. 광의의 실크로드는 중앙아시아와 유럽 대륙을 가로지르는 '초원의 길'과 중국 남방 해상을 통해 서아시아와 유럽, 아프리카 동해안 지역에까지 연결되는 '해상 실크로드' 혹은 '남해로'(南海路)를 포함한다. 여기에서 최근에 육로의 실크로드와 해상을 통한 동북아시아 각국, 즉 한반도와 일본까지 연결되는 실크로드가 발견되면서 실크로드의 연장선은 한반도의 경주와 일본의 나라 지역까지 이르렀음을 알 수 있게 되었다.

실크로드는 무역을 통한 경제 교류, 사신 왕래를 통한 정치 교류, 유학생과 승려를 통한 문화 교류 등 중국 문명은 메소포타미아, 이집트, 그리스와 로마, 인도 문명 사이의 접촉과 교류가 활발하여 조로아스터교, 마니교, 불교, 경교(景教), 이슬람교 등이 출현하여 고대 중국 사회에 커다란 영향을 끼쳤다. 실크로드 주변지역은 정치, 군사 활동의 무대가 되기도 하였다. 알렉산더대왕, 한무제, 당태종, 이슬람교 교주, 몽골의 칸과 같은 정치가들의 활동무대였다. 또한 장건, 반초, 감영, 법현, 현장, 혜초, 감진, 엔닌, 마르코 폴로 등도 이 실크로드를 통해 활발한 정치, 군사, 외교, 문화 활동을 전개하였다. 이밖에 수많은 상인, 유학생, 기술자, 승려, 사신 등이 왕래하는 길이었다.

중국의 비단, 직조 기술, 도자기, 화약, 인쇄술, 나침반, 종이 제조기술, 우물 굴착 기술, 차 잎 등이 외국에 전래되어 세계 문명의 생산력에 커다란 영향을 끼쳤다. 서방과 동북아시아로부터 중국으로 수입된 것은 황금, 모피, 향료, 유리, 각종 동식물 등 그리고 조로아스터교, 마니교, 불교, 이슬람교 등 각종 종교와 악무(樂舞)와 타구(打毬), 마술(魔術)과 같은 백희(百戲) 등이 있었다.

1. 육상 실크로드

고대 동서양 육로 교통로는 실크로드의 전신으로 '초원의 길', '모피의 길'이라고 불렸다. 이 길은 동쪽의 황하 유역에서 시작하여 몽골고원, 알타이를 경유하여 서쪽으로 곧장 중앙아시아, 남러시아로 들어가는 길이다. 이 지역에는 중국 서역의 스키타이인(塞人)이 살았는데 이 길의 개척자이다. 이들은 이리하(伊犁河), 초하(楚河) 유역에 살았는데, 후에 시르다리아강, 대하, 파미르고원, 타림분지, 캐시미르의 광대한 지역으로 이주하였다.[2] 훗날 문명의 발달로 이 길을 이용하여 중국 내륙의 비단 등의 물품이 갈수록 많아지면서 이 길은 상업 교통로가 되었다. 이를 뒷받침하는 고고학 발굴이 있었는데 예를 들면 신강에서 출토된 스키타이인의 묘 매장 물품 가운데 중원의 비단 직물과 칠기 등이다.[3]

한대에 실크로드가 개척되면서 이 길은 중국과 대외 정치, 경제와 문화 방면에 중요한 통로였다. 사신, 상인, 승려와 유학생이 이 길을 통해 끊임없이 왕래하면서 국제적인 교류의 중심이 되었다. 수대 배구(裴矩)의 『서역도기』(西域圖記)의 서문 중에 돈황을 기점으로 하는 실크로드의 구체적인 통로를 개괄하였다. 페르시아만, 아라비아만 혹은 지중해로 알려진 서해(西海)로 통하는 북로(北路), 중로(中路)와 남로(南路)의 세 갈래 길을 소개하였다.

북로는 이오(伊吾), 포류해(浦類海), 길목살이(吉木薩爾), 석하자(石河子), 이녕(伊寧)을 지나 이리하(伊犁河)를 건너 중앙아시아 초원을 가로지르고 코카사스를 지나 비잔틴에 도달하는 길이다.

중로는 고창에서 쿠차를 지나 파미르고원을 넘어 페르가나, 강국(康國), 안국(安國), 페르시아를 경유하여 지중해 연안에 도달하는 길이다.

남로는 선선(鄯善)에서 우전(于闐), 걸반타(朅盤陀)를 지나 파미르고원을 넘어 지금의 아프가니스탄의 호밀(護密)을 지나 아무다리아강 이남의 읍달(悒怛), 범연(帆延)을 경유하여 북인도의 파라문(婆羅門)으로 들어가 인더스강 하구를 지나 해로로 멀리 아프리카까지 도달하는 길이다.[4]

이러한 세 길은 한대의 노선을 계승, 발전시킨 것이다. 동진의 고승 법

---

2 余太山, 『塞種史研究』, 36쪽.

3 王炳華, 「古代塞人歷史鉤沉」, 『新疆社會科學』, 1983年, 第1期.

4 沈福偉, 『中國與亞非州文化交流志』, 26쪽.

현(法顯)과 당대의 고승 현장(玄奘)이 불경을 구하러 인도에 갈 때의 길도 이 세 노선 가운데 남로를 이용하였다. 예를 들면 법현은 장안을 출발하여 난주(蘭州), 장액(張液), 돈황(敦煌)을 지나 사하(沙河)를 건너 선선을 경유하여 다시 언기(焉耆), 우전, 자합국(子合國)을 지나 파미르고원을 넘어 인도에 들어갔다. 법현은 먼저 캐시미르 서북부의 달여이(達麗爾)에 도착한 후에 파키스탄의 오장국(烏萇國)에 도착한 후에 남쪽으로 내려가 숙가다국(宿呵多國)에 도착하고 다시 동쪽으로 남사와국(南沙瓦國)을 지나 백사와(白沙瓦)에서 북인도와 중인도 각지를 유람하였다.[5]

이밖에 서장로(西藏路)가 있었다. 토번이 강성할 때 문성공주와 금성공주가 토번의 왕에게 시집을 갈 때 이용한 길이고 당제국과 토번의 문화교류에 이바지한 길인데 당대 고승 의정(義淨)이 이 길을 이용하여 인도를 왕래하였다. 그리고 중국에서 토번을 경유하여 인도의 파트나(Patna)로 통하는 길이 있었다고 하는데, 이 길은 감숙에서 청해를 지나 남하하여 히말라야산맥을 넘어 석금(錫金)을 지나 파트나에 도달하였다.[6]

8세기 중엽 이후로 특히 적송덕찬(赤松德贊) 시기에 안사의 난으로 당제국의 세력이 쇠약해지자 토번은 하서주랑(河西走廊)과 타림분지 남부지역을 점령하였고 파미르고원으로 세력을 확장하여 아랍과 중앙아시아에서 충돌하였다.[7]

육상 실크로드가 쇠퇴한 이유는 첫째는 751년의 탈라스전쟁과 755년의 안사의 난 때문이었다. 특히 안사의 난은 당제국의 세력이 크게 쇠퇴하여 육상 실크로드도 큰 타격을 받았다. 당대 시인도 이러한 변화에 민감하게 반응하였다. 예를 들면 두보는 "소관과 농수에 관군이 들어와, 청

---

5 『季羨林文集』(4), 402쪽.

6 G. F. Hudson, *Europe and China*, London, 1931, p. 88과 季羨林의 학설.

7 榮新江, 『中古中國與外來文明』, 343쪽.

해와 황하 변 변방에 전쟁이 났네"라고 하면서 당나라 정부군이 하서주랑에서 토번과 전쟁을 하였고, 또 "반역의 기운이 수년 동안 불어와 길이 끊겼으나, 변방의 이민족이 별처럼 사방으로 흩어졌다네"라고 하여 토번의 세력을 물리쳤음을 읊었다.[8] 이 시는 두보가 기주(夔州)에 있을 때 대력(大曆) 2년(767년)에 삭방군절도사 노사공(路嗣恭)이 소관(蕭關)과 농수(隴水) 일대의 영주(靈州), 지금의 영하(寧夏) 영무(靈武)에서 토번을 격파한 사실을 듣고 지은 시이다.

둘째는 도자기무역의 흥기 때문이었다. 당대부터 도자기는 대외 무역 가운데 큰 비중을 차지했고 중국의 대표적인 무역품이 되었다. 당대의 청자, 백자와 채색 도자기는 아시아와 아프리카 지역의 외국인들에게 호평을 받았다. 청자의 주요 산지는 월주(越州), 지금의 절강 여요(余姚)이고 황갈색 유약 도자기는 홍주(洪州), 지금의 강서 남창(南昌)으로 질이 가장 뛰어났고, 장사(長沙)의 도자기도 독특하였다. 이러한 도자기의 육상 운반은 시간도 오래 걸렸고 깨지기 쉬웠기 때문에 육상보다 안전하고 수량도 많이 운반할 수 있어 해상을 통해 외국에 판매되었다. 851년에 당제국에 왔던 아랍 상인 술레이만(Sulayman)이 중국의 도자기는 유리처럼 투명하였고 도자기에 부은 물을 밖에서 볼 수 있었다고 기록하였는데 펠리오(Pelliot)는 이것이 서양인의 도자기에 대한 최초의 기록이라고 했다.[9] 이라크의 이븐 파키(Ibn al-Faqih)가 902년에 기록하길, 중국에서 온 화물 가운데 최상품은 청자와 백자였다고 했다.[10] 압바스왕조(Abbasid)의 칼리프 하룬 알라시드(Harun al-Rashid) 통치 시기에 호라즘(Khwarazm)의 총독 알리

---

8 "蕭關隴水入官軍, 青海黃河卷塞雲." "逆氣數年吹路斷, 蕃人聞道漸星奔." 「喜聞盜賊總退口號」 5首 중의 첫 번째와 세 번째 시. 『全唐詩』(7), 2520쪽.

9 T'oung Pao(通報), Vol. 25, 1927~1928, 106쪽.

10 沈福偉, 『中國與亞非州文化交流志』, 279쪽.

이븐 이사가 바그다드궁전에서 볼 수 없었던 중국의 어용 도자기 20개와 일상용 도자기 2천여 개를 바쳤다.[11]

2. 해상 실크로드

당대의 조선 기술이 발달하여 길이가 50~60미터에 달하는 배를 건조할 수 있었고 500~600명을 실을 수 있었다. 당대의 배는 수밀격창(水密隔艙)을 사용하기 시작했다. 이 기술로 선체가 파손되어도 한두 선창에만 물이 들어와 가라앉지 않았다. 9세기 중엽 아랍 상인 술레이만(Sulayman)의 기록에 의하면 "중국의 배는 항상 페르시아만의 시라프(Shiraf)항에 정박해 있었다"라고 했다.[12] 10세기 중엽 아랍의 여행가 마수디(Masudi)는 중국의 배는 항상 오만(Oman), 바레인(Bahrain), 시라프, 오볼라(Obollah, 奧波拉)과 바스라(Basrah)를 항해했다고 했다.[13]

당대의 가탐(賈耽)은 당시의 항해 지식을 모아 중국의 항해노선을 상세하게 기술하였다. 그의 저서 『황화사달기』(皇華四達記)에서 광주통해이도(廣州通海夷道)에 대해 광주에서 출발하여 인도차이나반도, 말레이반도, 수마트라섬, 스리랑카를 경유하여 직선으로 페르시아만까지 항해하는 3개월 동안의 항해 일정을 상세하게 기록하였다. 그는 또한 동아프리카 해안에서부터 아라비아반도와 페르시아만을 잇는 항해노선에 대해 기술하여 중국 선박이나 아랍 선박을 이용하여 동아프리카와 교류하였을 가능성을 나타냈다.

11 沈福偉,『中國與亞非州文化交流志』, 204쪽.
12 劉半農, 劉小蕙 譯,『蘇萊曼東游記』, 18~19쪽.
13 張星火良,『中西交通史料匯編』(2), 778~779쪽.

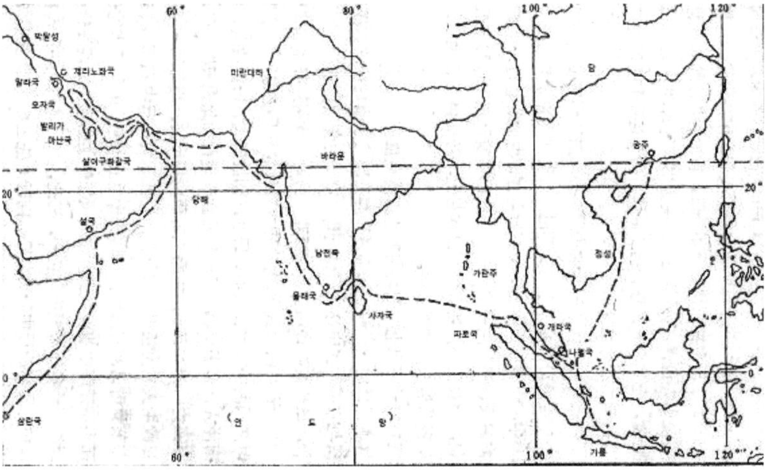

가탐이 기록한 광주통해이도 항로도.

당대의 해상 실크로드가 크게 흥성하여 조선술과 항해업에 큰 공헌을 하였고 당시의 동남아시아, 남아시아, 페르시아, 아랍 등지의 국가와 문화 교류가 빈번하였다. 삼국시대 때 동남아시아의 부남대박(扶南大舶)이 출현한 이후에 남아시아와 동남아시아 지역에는 곤륜박(昆侖舶)이 사람들의 주목을 끌었다. 동시에 스리랑카의 석란박(錫蘭舶), 사자국박(獅子國舶) 등도 유명하였다. 이러한 동남아시아와 인도양을 왕래하는 교역의 흥성에 대해 당대 시인들이 무역의 성황을 노래하였다. 예를 들면 유우석은 "여러 날 동안 파도가 조용하고 큰 고래도 나타나지 않아, 햇빛 비치는 돛을 달고 보물을 가득 실은 배가 오네"라고 읊었다.[14]

당대에는 남해(南海) 실크로드 이외에 동해(東海) 실크로드도 활발하였다. 한반도와 일본에 통하는 해로가 일찍부터 발달하여 활발한 사절과 교

---

14 "連天浪靜長鯨息, 映日帆多寶舶來." 「南海馬大人遠示著述兼酬拙詩 [輒著微誠再有長句時蔡戎未弭故見於篇末]」, 『全唐詩』(11), 4075쪽.

역이 이루어졌다. 당제국과 신라와의 교류는 모두 161차례나 되었다. 대부분 해로를 통해 이루어졌다. 당대의 신라와 당제국과의 해상교통 노선은 한반도 서해안을 북상하여 지금의 황해도에서 황해를 건너 북쪽으로는 산동반도, 남쪽으로는 장강 이북에 도달하는 길이었다. 일본의 견당사(遣唐使)는 모두 다섯 차례나 되었고 평균 11년에 한 번 파견하였다. 견당사의 규모는 해마다 확대되어 처음에는 약 250명 정도였으나 후에는 약 500명으로 늘어났다. 선박도 2척에서 4척으로 늘었다. 항해술도 날로 발달하여 초기에는 한반도 남해와 서해 해안선을 따라 가는 연안 항해였으나 큐슈에서 직선으로 항해하여 장강 입구에 닿았다.

해외에서 중국의 도자기가 가장 많이 발견된 곳은 이집트 카이로 남쪽의 고성 부스타트이다. 대량의 중국 도자기가 해운으로 홍해 북단의 항구에 닿은 후에 이곳에 운반되었던 것이다. 고선의 유적지에서 도자기 파편 60~70만 조각이 발견되었는데 대부분 신청(新青)과 용천(龍泉)에 속하는 송대의 청자이지만 그 가운데 당대의 월요의 청자도 포함되어 있다.[15] 이것은 해상 실크로드를 통한 교역의 결과이다.

3. 수당시대의 실크로드

위진남북조 시대의 전란과 분열은 실크로드에 큰 영향을 끼치지는 않아 수백 년 동안 중국과 서역의 중앙아시아와 남아시아, 유럽과의 왕래는 중단되지 않았다.

6세기부터 9세기까지의 수당시대는 서방과의 정치, 경제, 문화 교류가

15 夏鼐, 「作爲古代中非交通關係證據的瓷器」, 『文物』, 1963年, 1期.

최전성기를 구가했고, 실크로드는 최고의 번영을 누렸다.

서로마제국이 멸망한 후에 비잔틴제국은 1천여 년을 지속하였다. 판도는 유럽의 발칸반도, 아시아의 소아시아, 아르메니아, 시리아, 메소포타미아와 아프리카의 이집트와 리비아를 포함하여 유럽, 아시아, 아프리카를 연결시켜 실크로드 발전에 중요한 작용을 하였다. 7세기 전반기에 아랍제국이 흥기한 후에 비잔틴제국은 붕괴되기 시작했고, 7세기 중엽 이후로 소아시아와 발칸반도로 축소되었다. 사산조페르시아는 비잔틴제국과의 끊임없는 전쟁으로 쇠퇴하기 시작했다. 5세기부터 북방은 또한 백흉노(白匈奴)인 엽달의 침입을 받았고, 730년대 페르시아는 신흥 아랍제국의 공격을 받고 652년에 페르시아제국은 멸망했다.

7세기 중엽 이후로 이슬람 성전의 기치 아래 아랍인은 신속하게 확장하여 636년에는 동로마제국을 멸망시키고 시리아를 탈취했으며 얼마 후에는 사산조페르시아까지 점령하였다. 8세기 초부터 동방을 침략하기 시작하여 파미르고원 서쪽 지역은 모두 아랍제국에게 점령당했다. 8세기 중엽 우마이야왕조 후기 아랍제국의 판도는 서쪽으로는 대서양, 동쪽으로는 중앙아시아까지 포함하여 유럽, 아시아, 아프리카에 걸친 대제국을 형성했다. 아랍제국의 흥기와 발전은 실크로드의 발전과 번영을 촉진시켰다.

5세기 중엽 중아아시아의 엽달이 굽타왕국를 멸망시켰고, 6세기 초에 엽달은 사갈라(Sagala)[16]를 도성으로 하는 중앙아시아의 대국이 되었다.

16 사갈라는 지금의 파키스탄 펀잡(Punjab) 북부 도시 샬코트(Sialkot)인데 그리스 계승 왕국 메난더(Menander) I세의 기원전 165년부터 135년까지의 수도였음. 알렉산더 대왕이 코끼리 5,000마리 부대를 가진 포루스(Porus)와 연합하고 정복하여 도시가 파괴되었음. 6세기 때 미히라쿨라(Mihirakula)가 엽달의 왕이 되어 인도를 통치하고 불교를 탄압하였으며 533년에 추방당하였음. 현장의 『대당서역기』에 사갈라는 奢羯羅, 摩醯邏矩羅, 大族王이라고 하였음. 權德周 譯, 『大唐西域記』 卷4, 111쪽.

그러나 엽달도 얼마 후에는 돌궐과 페르시아에게 멸망당했다. 6세기 말경에는 델리 북부의 탄니사(Thanesar)가 강국으로 성장하여 계일왕(戒日王, Harsha) 통치 시기(606~647년)에는 인도 북부를 통일하고 캬나쿠브자국(羯若鞠闍國)이라고 했다.[17]

581년에 수문제 양견이 북주를 무너뜨리고 수나라를 건립했고, 589년에 진(陳)을 멸망시키고 중국을 통일하였다. 수나라는 37년 동안만 지속하였고, 618년에 당나라에 멸망당했고 당제국은 경제가 번영하고 국세가 강성하여 실크로드 또한 중국 역사상 가장 번영하였다.

1) 수대의 실크로드

수왕조는 정치, 군사 방침을 세우고 실크로드를 위협하는 돌궐과 토욕혼에 대항하면서 실크로드를 개통하였다. 돌궐은 6세기 중엽부터 8세기 중엽까지 북방 초원에서 활약했는데 그 세력이 강대하여 금산(金山), 지금의 알타이산 남쪽 기슭, 고비사막 북쪽 고원에 건립된 유목민족 국가였다. 토욕혼은 원래 요동의 선비족 모용부(慕容部)로 진나라 태강 4년(283년)에 모용의 섭귀선우(涉歸單于)가 죽고 난 후에 그의 아들 토욕혼이 부족을 이끌고 음산(陰山) 초원으로 이주하였다. 후에 또 음산을 남하하여 하투를 경유하고 농산을 넘어 농서(隴西)에 도달하고 부한(枹罕), 지금의 감숙 임하(臨夏) 부한산(枹罕山)에 거주하였다. 5세기 말부터 6세기 초까지 토욕혼은 청해를 점거하고 서쪽으로 영토를 확장하였다.

당시의 돌궐과 토욕혼은 하서주랑의 남북에 웅거하여 실크로드 소통에 큰 위협이 되었다. 수왕조는 이 두 이민족에 대해 다른 방식으로 대항하였다. 첫째는 책략을 사용하여 동서돌궐을 이간하였다. 둘째는 무력으로

---

17 權德周 譯,『大唐西域記』卷5, 137~142쪽.

토욕혼을 평정하였다. 개황(開皇) 2년(582년)에 수왕조의 군대가 하서의 홍화(弘化), 상군(上郡), 연안(延安)을 약탈하는 돌궐 군대를 격퇴시켰다. 이듬해에 돌궐은 내부 분란이 일어나 동서 두 돌궐로 분열되었다. 개황 5년에 동돌궐의 사발약가한(沙鉢略可汗)이 수왕조에 귀순하였다. 개황 19년(599년)에 수왕조는 계민가한(啓民可汗)을 돌궐의 수령에 앉혔고, 대업(大業) 3년(607년)에 수왕조에 항복한 철륵부(鐵勒部)를 동원하여 토욕혼을 공격하여 대파하였다. 이듬해에 또 우익위대장군(右翊衛大將軍) 우문술(宇文述)을 파견하여 토욕혼을 공격하였다. 실크로드 이남을 위협하는 돌궐을 완전히 해결하기 위해 대업 5년(609년)에 수양제가 직접 대군을 이끌고 토욕혼을 정벌하였다. 수나라 군대는 장안을 출발하여 임진관(臨津關)에 도착하여 황하를 건너 서녕(西寧)에 도달하여 원복천(袁覆川)에서 토욕혼의 군대를 대파하였고, 토욕혼의 가한 복윤(伏允)은 당항(党項)으로 달아났다. 후에 수양제는 대두발곡을 경유하여 기련산을 넘어 하서주랑의 요새 장액(張液)에 도달하여 지금의 언지산(焉支山)인 연지산(燕支山)에서 서역 27개국의 국왕, 사신, 상인과 회견을 갖고 무역회의를 개최하였다.

수왕조는 이민족의 위협을 제거하고 실크로드의 소통을 원활하게 하기 위해 실크로드에 행정기구를 설치하였다. 첫째, 군현을 설치하여 서역 관리를 강화하였다. 토욕혼을 평정한 후에 수왕조는 지금의 청해와 신강 지역의 서해(西海), 하원(河源), 차말(且末), 선선(鄯善)에 4군을 설치하였다. 서쪽은 서평(西平)의 임강성(臨羌城), 동쪽은 차말, 남쪽은 기련산, 북쪽은 설산까지의 동서 4천 리, 남북 2천 리의 지역은 모두 수나라의 영토였고 군현과 수비대를 설치하였으며 천하의 경범죄를 지은 사람을 이곳에 이주시켰다.[18] 원래 돌궐이 장악하고 있던 실크로드 북도의 요충지 이오(伊

18 『隋書』, 「西域傳」, 『周書隋書外國傳譯註』, 219쪽.

吾)에 이오군을 설치했고, 고창의 국왕 국백아(麴伯雅)도 장액에 와서 수양제를 알현했다. 이러한 수왕조의 조치로 중국과 서역의 무역 교통로는 모두 소통되었다. 둘째, 군대를 주둔시키고 백성들을 이주시켜 둔전을 실시했다. 수왕조는 실크로드에 군대를 주둔시키고 수비 임무의 부담을 덜기 위해 둔전을 개간하였다. 셋째, 서역을 관리하기 위해 서역교위를 설치하고 장액에서 통치하였다.

수왕조의 실크로드 경영은 배구(裴矩)의 공적이 가장 컸다. 배구(?~627년)는 지금의 산서인 하동(河東) 문희(聞喜) 사람이다. 수왕조 초에 일찍이 돌궐과의 전쟁에 참가했고 여러 차례 변방에 사신으로 파견되어 공을 세운 바 있다. 수양제 때 장액에 파견되어 호상(胡商)을 초대하고 서역 상인의 장안과 낙양에서의 교역을 장려했다. 그는 장액에 주둔하면서 무위, 돈황, 이오를 오가며 중국과 무역을 하는 이민족 상인들에게 상업적 이익을 주는 방식을 통해 서역의 사신과 상인들의 중국과의 무역활동을 촉진시켰다. 배구의 하서에서의 서역상인 유인책이 성공을 거두어 중국과 무역관계를 맺은 서역 국가가 44개국에 달하게 되었으니 실크로드 무역 발전에 커다란 공헌을 했다.[19]

수왕조는 실크로드 경영을 중시하고 서역과의 무역 관계를 맺어 실크로드는 번영하였다. 수양제 때 운기위(雲騎尉) 이욱(李昱)을 페르시아에 파견하고 무역관계를 맺었고 귀국할 때는 페르시아의 사신과 상인도 그를 따라 장안에 와서 교역을 하였다. 수양제는 또 어사(御使) 위절(韋節)과 사예종사(司隸從事) 두행만(杜行滿)을 인도의 왕사성(王舍城),[20] 남아시아의 계빈과 중앙아시아의 안국과 사국에 사신으로 파견하여 무역관계를 회복

19 『隋書』 권67, 「裴矩傳」, 1577~1584쪽.

20 王舍城은 지금의 인도 비하르(Bihar)州의 날란다(Nalana)의 라지기르(Rajgir)인데 마가다(Magadha)왕국의 첫 수도였음.

하였다. 중앙아시아의 소무구성 국가들은 수양제 대업 연간에 사신을 파견하여 수나라에 왔다. 수왕조 또한 낙양에 동시(東市)를 개설하고 무역의 중심지로 삼아 외국 상인들의 호시(互市)가 되었다. 수왕조는 오래 존속되지는 못했지만 실크로드 경영으로 동서 무역과 문화 교류를 촉진시켰다.

2) 당대의 실크로드

당제국의 실크로드는 서역, 중앙아시아, 서아시아, 남아시아, 동남아시아, 동북아시아와 동부아프리카, 동로마제국과의 활발한 교류를 통해 사신과 상인들의 왕래가 빈번하여 최고의 번영기를 맞이하였다.

수말 당초에 서돌궐이 서역을 장악하여 서역 상인의 중원 왕래는 중단되었고 장안에 오래 체류한 서역 상인도 귀국할 때는 고창(高昌)의 제지를 받았다. 당제국의 실크로드는 다시 개통되었다. 정관(貞觀) 14년(640년)에 당태종은 대장군 후군집(侯君集)을 출병시켜 서돌궐에 복속된 고창의 국씨(麴氏) 정권을 격파하고 고창에 서주(西州)를 설치하였으며 서주자사(西州刺史)를 두었다. 얼마 후에 이곳에 안서도호부(安西都護府)를 설치하였다. 같은 해에 부도성(浮圖城), 지금의 짐사르(Jimsar)에 주둔하고 있던 서돌궐의 아사나하로(阿史那賀魯)가 당왕조에 귀순하였고, 당 조정은 이곳에 정주(庭州)를 설치하고 정주자사(庭州刺史)를 두었다. 고창을 격파한 후에 정관 18년(644년)에 언기도 격파하고 이곳에 언기도호부(焉耆都護府)를 설치했다. 정관 22년(648년), 쿠차를 격파하고, 쇄엽천(碎葉川), 지금의 중앙아시아 추이(Chuy)강, 즉 당시의 초하(楚河) 동쪽에 활동하던 서돌궐의 오돌육부(五咄陸部), 즉 동상(東廂)이 쇄엽천 서쪽의 오노실필부(五弩失畢部), 즉 서상(西廂)에게 패했기 때문에 당왕조에 항복하였다. 서돌궐에 반격하는 당왕조 초기의 승리로 당제국의 정치세력이 중앙아시아에까지 확대되었다. 안서도호부를 쿠차로 옮기고 그 아래에 쿠차, 우전, 쇄엽, 소륵의 4군진(軍鎭)을 두었다. 이것이 바로 '안서사진'(安西四鎭)이다.

당고종 현경(顯慶) 3년(657년), 당나라 장군 소정방(蘇定方)이 이려하(伊麗河)와 쇄엽천 사이에서 아사나하로를 대파하였고, 최후에는 서돌궐을 격파하고 서돌궐 지역 대부분을 점령하였으며, 그 지역에 도호부(都護府)와 도독부(都督府)와 같은 기미주(羈縻州)를 설치하였다. 곤릉(昆陵)과 몽지(蒙池)에 각각 1개의 도호부를 설치하고 그 아래에 8개의 도독부를 설치했다. 8개 도독부는 복연(匐延), 올록주(嗢鹿州), 길산(洁山), 쌍하(雙河), 응사(鷹娑), 염박주(鹽泊州), 음산주(陰山州), 대막주(大漠州)도독부이다.[21] 당왕조는 가장 먼 함해(咸海), 즉 아랄해(Aral Sea)에까지 이르는 서역을 통치권 내에 포함시켜 원래 서돌궐이 점령한 서역의 천산북로, 하중(河中)의 소무 구성 국가들과 아무다리야강 이남 모두를 당제국의 행정 감독과 보호 아래 두었다.

현경 5년(660년)에 파미르고원 서쪽의 서돌궐 도만부(都曼部)가 귀순하였고, 용삭(龍朔) 원년(661년)에는 또 농주(隴州) 남쪽에 왕명원(王名遠)에게 명을 내려 토화라(吐火羅)에 주현(州縣)을 설치하고 우전 서쪽과 페르시아 동쪽에 도독부, 주, 현과 군부를 설치하도록 하고 각각 그 지역의 왕을 도독으로 임명하도록 했다. 무주(武周) 장안(長安) 2년(702년)에 당 조정은 또 정주에 북정도호부(北庭都護府)를 설치하고 천산 이남과 발하시호 동쪽과 남쪽 지역을 관할하도록 했다. 쇄엽은 안서도호부에서 떼어내어 북정도호부에 속하게 했다. 안서도호부는 전문적으로 천산 이남 지역만을 관리하였으나 여전히 쿠차, 소륵, 우전을 통솔하였다. 개원 7년(719년)에 당 조정은 언기에 군진을 설치하고 쇄엽을 대신하여 안서사진을 채우게 했다. 특히 신강 동부와 감숙 하서와 접하고 있는 이오(伊吾)의 이주(伊州), 고창

---

21 『新唐書』, 「地理志」, 1129~1130쪽.

의 서주, 길목살이의 정주는 농우도(隴右道)와 연결되어 당 조정이 파견한 관리가 관리하고 서역을 경략하는 전초기지로 삼았다. 안서도호부와 북정도호부, 이주, 서주, 정주와 기미주와 기미부라는 행정기구를 실크로드에 설치하여 당왕조는 페르시아, 대식국, 동로마제국 등과 실크로드를 통해 직접적인 접촉과 왕래를 할 수 있었다.

실크로드 교통의 안전과 관리를 확보하기 위해 당 조정은 실크로드에 역참을 설치하고 역마, 역졸을 배분하여 지나가는 관리와 상안들에게 교통과 숙식의 편리를 제공하였다. 현존하는 돈황과 투루판의 문서에 관역(館驛)제도에 관한 많은 기록이 남아 있다. 예를 들면, 투루판 아스타나 506호 묘에서 한 장의 지관(紙館)이 발굴되었다. 지관의 내용은 천보 12년(753년)에서 천보 14년(755년) 사이의 윤대(輪臺), 유중(柳中) 두 현 아래 군방(郡坊), 역관(驛館)의 말 사료 장부, 왕래하는 관원의 숙박, 말먹이 하루 소비량 등기와 결산이었다. 이것은 정부기관의 장부였기 때문에 윤대와 유중 두 현의 관인이 찍혀 있었고, 적혀 있는 역참의 지명은 교하(交河), 천산(天山), 산조(酸棗), 뇌석(礌石), 신천(神泉), 달비(達匪), 초퇴(草堆), 은산(銀山), 유곡(柳谷), 여광(呂光), 동적(東磧), 석사(石舍), 유중(柳中), 나호(羅護), 적정(赤亭) 등인데, 당대의 유명한 장군이자 북정도호인 봉상청(封常淸)과 당대 시인 잠삼(岑參)이 왕래하며 묵은 숙소, 말의 사용, 말먹이 소비량 등이 상세하게 적혀 있었다. 또한 돈황 벽화 중의 '복전경변'(福田經變)은 실크로드 역참에서 왕래하는 상인의 휴식, 숙식, 낙타 제공, 말이 물을 마시고 먹이를 먹는 장면이 생동적으로 묘사되어 있다. 역참이 실크로드 무역 혹은 각국이나 각 이민족들의 교통로로 사용되었는데, 예를 들면 '참천가한도'(參天可汗道)가 그런 경우였다. 『자치통감』 권189에 "서역의 모든 추장이 주청하길, '신 등은 이미 당나라 백성이 되었거늘 천자의 땅을 왕래하길 부모 모시듯 했습니다. 회흘 이남과 돌궐 이북에 길을 하나

개통해주길 청했는데 이 길을 '참천가한도'라고 일컫고 68개 역참을 설치하였으며 각 역참은 말과 술과 고기를 지나가는 관리에게 제공해주시면 담비 가죽으로 세금을 납부하겠다'라고 하니 황제가 이를 허락하였다"라고 했다. 신강의 길목살이(吉木薩爾) 북쪽의 정주성(庭州城) 유적지 부근에 세 갈래의 병렬된 역참길이 있는데 직통으로 목루(木壘)까지 이어졌고 전장이 130킬로미터이다. 이 역참의 중도(中道)는 관도(官道)였고, 양쪽 길은 상도(商道)였으며, 세 갈래 길 모두 양편에 배수구가 있고 너비는 약 40미터이고 지역주민은 이 길을 '삼도조'(三道曹)라고 불렀다. 이 길이 삼천가한도이고 정관 21년에 수리한 역참 길이라고 주장하는 사람도 있다.

역참에는 역참을 관리하는 역승(驛丞)이 있고, 매 역참마다 적게는 10마리에서부터 많게는 수백 마리에 이르는 말과 노새 그리고 숫자가 일정치 않은 가마와 수레가 있었다. 이 초차(軺車)라는 수레는 감숙 지방에서 항상 볼 수 있는 가로막이 나무가 두 개인 수레로 장액에 가장 많으며 지역주민은 '고대차'(高臺車)라고 불렀으며 바퀴가 커서 진흙에 빠지거나 사막에 묻히지 않았다. 보통 두 필에서 많게는 네 필까지 이 수레를 끌었는데 위에는 마로 만든 포나 비단으로 장막을 덮었는데 낮에는 그늘 때문에 시원했고 야간에는 수레 안에서 잠을 잘 수 있어서 편리했다. 지금 돈황 벽화에 이런 수레를 흔히 볼 수 있다.

당 조정은 실크로드 통행의 안전을 꾀하기 위해 도호부 밑에 군사행정 조직인 군진(軍鎭)을 설치하고 다수의 변방군(邊防軍)을 파견하였다. 수(戍), 봉(烽), 포(鋪)에서부터 수착(守捉), 군(軍), 진(鎭)에 이르기까지 그 조직이 엄격하였다. 예를 들면, 안서도호부는 안서4진을 관장했는데, 쿠차(龜玆), 비사(毗沙), 소륵(疏勒), 언기(焉耆)도독부를 관할하였다.[22] 북정도호

22 『舊唐書』, 「地理志」, 1648쪽.

부는 구육진(俱六鎭), 빙낙진(凭落鎭), 신선진(神仙鎭), 포류진(蒲類鎭)을 관장했다. 이런 행정기구는 당 조정의 실크로드 건설, 관리, 보호와 방어의 대본영이었다. 당제국의 서북 변방지역 주둔군은 예를 들면, 한해군(瀚海軍)은 북정도호부 내에 설치하였는데 주둔 병사가 1만 2천 명, 말이 4천 2백 필을 소유했고, 천산군(天山軍)은 서주(西州) 성내에 주둔하였는데 주둔 병사 5천 명, 말 5백 필이었으며, 이오군(伊吾軍)은 이주(伊州)에 설치했는데 주둔 병사 3천 명, 말 3백 필이었다.[23]

투루판 출토 문서로 봉포(烽鋪)의 명칭을 볼 때 그 가운데 감주(甘州)에서부터 서주(西州) 도중에 현천(懸泉), 고수(苦水), 상락(常樂), 염지(鹽池) 수착이 있었고, 서주에서부터 정주(庭州)까지는 적정봉(赤亭烽), 산조수(酸棗戍), 안두부유혁소(岸頭府游奕所)가 있었으며, 서주에서부터 안서도호부까지 도중에 철문관진수수착(鐵門關鎭戍守捉)이 있었고, 이주(伊州)에는 아사륵봉(阿査勒烽), 니숙봉(泥熟烽), 고정봉(故亭烽), 청산봉(靑山烽), 고경봉(高頸烽), 속도봉(速度烽), 화천봉(花泉烽), 이지구봉(伊地具烽), 유망봉(柳望烽), 명대봉(明大烽), 파색다봉(波色多烽), 을이봉(乙耳烽) 등이 있었으며, 서주에는 작정봉(赤亭烽), 소령봉(小岭烽), 유마봉(維摩烽), 신산벙(神山烽), 유중상봉(柳中上烽), 무성상봉(武城上烽), 교하상봉(交河上烽) 등이 있었고, 정주에는 야륵봉(耶勒烽), 간갱봉(干坑烽) 등이 있었다.

실크로드를 왕래하는 사신이나 상인들에게 숙식을 제공하기 위해 서한 이래로 중국 왕조가 실시한 정책은 둔전(屯田)이었다. 당대에도 이러한 둔전제도를 실시하여 실크로드의 주요 교통 중심지, 예를 들면 안서, 소륵, 언기, 북정, 이주, 고창 등지에 둔전을 설치했다. 각지의 주둔군은 유사시에 전쟁을 수행하고 평상시에는 둔전을 하였는데 교역의 안전을 확보하

23 『舊唐書』, 「地理志」, 1646쪽.

였을 뿐만 아니라 땅을 개간하여 식량 문제를 해결하였다. 주둔군 이외에 관리, 후방 근무자, 가족과 지역주민이 실크로드의 수많은 화려한 도시와 부유한 지역을 형성하였고 이러한 상업도시의 번영은 실크로드의 무역을 촉진시켰다.

당 조정은 실크로드 무역의 관리를 강화하기 위해 관련 율령(律令)제도를 확립하고 '과소'(過所)를 실시했다. 행인이 관(關), 수(戍), 수착(守捉)을 통과할 때는 반드시 과소를 검사받아야 했다. 놉노르와 니야의 한과 진나라의 유적지에서 과소 목간을 발견하여 당시의 과소에 대해 알 수 있지만, 당대에는 과소제도가 더욱 완비되어 돈황과 투루판 출토 문서에서 과소와 관련된 문건 11개를 발견하였다. 또한 일본의 마이데라(三井寺)에 두 건의 과소가 소장되어 있어 모두 13건의 과소, 공험(公驗)과 청과소첩(請過所牒)이 세상에 드러났다. 예를 들면 『당개원이십년과주여도독부급서주백성장군석염전과소』(唐開元二十年瓜州如都督府給西州百姓將軍石染典過所)는 전형적인 과소이다. 석염전이 서주에서 과주로 와서 무역을 했는데 무역을 한 후에 서쪽을 향해 사주(沙州), 과주, 철관문을 통과하여 안서에 도착하여 장사를 하였고 노비 3명을 데리고 다녔으며 또 사주의 시장에서 당나귀 10마리를 샀다는 내용이다. 과소는 원래 과주에서 발급한 것으로 도중에 지나온 현천, 상락, 고수, 염지수착에서 수착관(守捉官) 혹은 수제압관(守提押官) 모두 검사를 했고 서명을 하여 통행을 허가하였다. 석염전이 이주에 도착한 후에 관청에 과주에서 발급한 과소를 증명서로 제시했고 이주의 자사가 서명했기 때문에 계속해서 서쪽으로 안서에 갈 수 있었다. 이 과소 상단에 '과주도독지인'(瓜州都督之印), 중간에 '사주지인'(沙州之印), 하단에 '이주지인'(伊州之印)이 찍혀 있다. 이 문서로 볼 때 과소에는 과소자의 성명, 연령, 휴대 물품을 상세하게 등기해야 하고 주요 관문에서는 과소에 서명, 검사를 해야 하며, 검사한 과소만이 유효했다. 만약에 과소가 없으면 관문이나 요새를 지날 때 붙잡혀서 구속되었고 신분을 분명히 밝힌 다음 군(郡)의 공조(功曹)에 이송시켜 처리하였다. 『당개원이십일년서주도독부안권위심급과소사』(唐開元二十一年西州都督府案卷爲勘給過所事)에는 경조부(京兆府) 운양현(雲陽縣) 차아항(嵯峨鄕) 사람 장화명(蔣化明)은 서주에서 북정으로 되돌아오는 도중에 과소를 잃어버렸기 때문에 산조수(酸棗戍)에서 조사를 받고 구류되었다는 내용이 실려 있다. 당시 과소를 신청할 때는 엄격한 수속절차를 밟아야 했는데 일반적으로 원래 발급한 과소를 지녀야 하며, 휴대 물품을 구매할 때는 시권(市券)과 보증인의 증명이 있어야 했다. 지금까지 남아 있는 과서 문서들을 통해 당 조정이 일반 백성에 대해 엄격한 통제를 하였고 또 실크로드를 왕래하는 행인은 반드시 과소를 몸에 지녀야 했음을 알 수 있다. 실크로드를 왕래하는 상인은 또한 일정한 세금을 납부해야 했다. 당 조정의 규정에 "언기, 소륵, 쿠차, 우전은 서역 상인에게 세금을 징수했고 각국은 그 세금을 녹봉으로 받았다. 북도를 지나는 상인은 윤대에 세금을 징수했다."[24] 실크로드의 원활한 물자 운송을 위해 당 조정은 서주 등지의 실크로드 요충지에 운수를 전문적으로 담당하는 기구인 장행방(長行坊)을 설치하였다. 운송 도구는 우차(牛車), 장운마(長運馬), 장운려(長運驢) 등이 있었다. 이러한 운송 사무를 관리하는 관리를 장행전운사(長行轉運使)라고 했다.

당대의 효율적인 정책과 조치로 당대의 실크로드 교통이 원활하였고 무역도 활발하게 진행하였다. 당왕조는 중앙아시아, 서아시아와 유럽 각국과의 우호적인 관계가 한층 더 밀접하였다. 『책부원구』 권985에 "이오(伊吾)의 서쪽과 페르시아의 동쪽 사이에서 오는 공물이 끊이지 않았고 상

24 『新唐書』, 「西域傳」, 6230쪽. 唐代의 輪臺는 漢代의 輪臺와는 다른 곳으로 지금의 新疆 米泉縣이었음.

인들이 계속 줄을 이었다"라고 하였다. 당대 시인들도 당시의 실크로드의 번영을 시로 나타냈는데, 장적(張籍)의 「양주사」(凉州詞)에 "변방의 성엔 저녁비가 내려 기러기 낮게 날고, 박과 죽순이 올라와 가지런히 자랐네. 끊임없이 울리는 낙타의 방울소리 사막 멀리 퍼지고, 응당 흰 비단 실어서 안서로 가는 거겠지"[25]라고 읊어 중국의 비단이 서역으로 실려 가고 사막을 오가는 행인이 매우 많았음을 알 수 있다. 또 원진(元稹)의 「서량기」(西凉伎)에서는 "사자가 광채 나는 털을 흔들며 서 있고, 서역 여인이 술 취해 춤추니 속살이 드러나네. 대원이 한혈마를 선사하고, 찬보 또한 취용구를 바쳤네"[26]라고 하여 서역으로부터 중원에 바친 진귀한 동물과 물품을 묘사하였다.

실크로드의 정주(庭州)는 천산산맥 북단의 교통 요충지로 동쪽으로는 이주(伊州), 남쪽으로는 서주(西州), 서쪽으로는 쇄엽과 연결되었다. 장안 2년(702년)에 당 조정은 정주에 정주도호부를 설치하고 천산북로를 관리하였는데, 이곳은 서역 북쪽의 정치, 경제, 군사의 중심이었다. 실크로드 서역북도의 통행을 확보하고 천산북로의 통치를 강화하기 위해 북정절도사는 정예군사 2만 명과 말 5천 필로 돌기시(突騎施), 견곤(堅昆), 참철(斬啜)을 관할하고 한해(瀚海), 천산, 이오의 군대를 관리했다. 천보 연간에 정주는 이미 호구 수가 2,226호이고 인구는 9,664명이었으며 밑에 금만(金滿), 윤대, 포류, 서해 4개의 현을 관할하였다. 쿠차는 천산산맥 남단에 위치한 실크로드의 중요한 교통 중심지로 정관 14년(640년)에 당 조정은 서역에 안서도호부를 설치하고 쿠차를 안서4진에 포함시켰다. 고종 현경 3년(658년)에 안서도호부를 교하성에서 쿠차로 옮기고 이때부터 쿠차는 서

25 "邊城暮雨雁飛低, 蘆笋初生漸欲齊. 無數鈴聲遙過磧, 應馱白練到安西." 『全唐詩』(12), 4357쪽.
26 "獅子搖光毛彩豎, 胡姬醉舞筋骨柔. 大宛來獻赤汗馬, 贊普亦奉翠茸裘." 『全唐詩』(12), 4616쪽.

역 남부지역의 정치, 경제, 문화의 중심지가 되었다. 현존하는 키질 석굴 벽화 가운데 실크로드 무역을 반영한 능격화(菱格畵)가 다량으로 있는데 낙타나 소가 보물과 비단을 등에 짊어진 대상이 줄지어 가고 있는 모습이다. 쇄엽성은 초당 때의 안서4진 가운데 하나였다. 당왕조 영토 가운데 가장 서쪽에 위치한 군사 요새였다.

쇄엽은 중앙아시아와 천산 남북로 사이의 교통의 중심지로 파미르고원 동쪽의 소륵, 우전과 함께 중원에서 서역으로 통하는 실크로드를 지키는 중요한 길목이었다. 당대의 고승 현장이 천축으로 갈 때 이 쇄엽을 통과했다. 쇄엽성은 주위가 6~7리 정도의 작은 성이었는데 각국의 상인이 잡거하였다. 쇄엽에 진(鎭)을 설치한 후에 당 조정은 지리적인 중요성 때문에 계속해서 축성과 수리를 거듭하여 쇄엽은 당제국 서북지역의 정치와 군사의 요충지가 되었다. 당 조정은 쇄엽의 진수사(鎭守使)로 한사충(韓思忠), 주이제(周以悌), 두휴경(杜休璟) 등을 파견하였다. 고종 때의 안서도호 두회보(杜懷寶)도 일찍이 쇄엽을 지킨 적이 있었다. 쇄엽에 주둔했던 당나라 군대는 금아군(金牙軍), 천산군(天山軍), 보대군(保大軍) 등이었다. 고종 조로(調露) 원년(679년)에 왕방익(王方翼)이 군대를 이끌고 쇄엽성을 확장하려 장안성을 모방하여 사면에 12개의 문을 설치했고, 축성은 지세에 따라 굴곡과 기복이 심해 서역의 이민족이나 국가가 그의 책략을 예측할 수 없어 모두 진귀한 재물을 바쳤다고 한다.[27] 쇄엽성은 1950년대 이후 계속적으로 발굴되어 불상 청동패, 유리병 파편, 도자기, 촛대, 각종 동전 등이 발견되었다. 특히 동전은 당제국의 개원통보(開元通寶), 건원중보(乾元重寶), 대력통보(大曆通寶)와 돌시기의 천신돌기시가한(天神突騎施可汗)의 동전이 출토되었다. 성중에는 불교, 경교와 요교(祆教) 사원 유적지가 있

---

27 『新唐書』, 「王方翼傳」, 4135쪽.

었다. 이로써 쇄엽이 군사 요충지일 뿐만 아니라 무역도시였음을 알 수 있다. 쇄엽성 서남쪽의 탈라스성도 국제적인 상업도시였는데 각 이민족들이 운집하여 교역을 하였다. 현장의 『대당서역기』 권1에 이 탈라스성의 주위는 8~9리였고 상업의 중심지로 중앙아시아와 서아시아의 상인들이 잡거하였는데 그 가운데 3백여 호의 한족이 거주하였다고 기록한 것으로 보아 탈라스성은 실크로드 무역에 종사한 상인이었을 가능성이 높다.[28]

실크로드의 무역으로 경제적 번영을 이룩하자, 당 조정은 외국 문화를 흡수하고 포용하기 위해 대외 개방정책을 실시했다. 이러한 개방정책으로 당제국은 외국과의 정치, 경제, 문화 교류가 빈번하였다. 비잔틴제국, 아프리카, 아랍, 페르시아와 동남아시아 각국들은 사신을 파견하거나 조공을 바쳤다. 이굉(李肱)의 시 「성시예상우의곡」(省試霓裳羽衣曲)에서 "개원 연간의 태평성세 때, 만국이 축하하는 풍년이라"[29]라고 찬가를 불렀고, 왕정백(王貞白)은 「장안도」(長安道)에서 "천하의 모든 국가가 배를 타고 와서, 다투어 황금과 명주를 조공으로 바치네"[30]라고 읊었으며, 심지어 당태종 자신도 "소슬한 바람 변방에 불어오고, 봉래 동해엔 배들이 흔들거리네. 불름의 갖은 색깔의 깃발 화려하고, 계곡을 울리는 새들의 소리 들리네"라고 하여 불름((拂菻)의 중국 방문 모습과 조공에 대해서 노래하였다.[31] 이 모든 시는 개원과 천보 연간의 중국과 외국과의 교류 성황을 묘사한 것이다.

동로마제국은 527년에 콘스탄티누스가 황제에 등극한 후부터 11세기 초까지 최고의 번영기를 맞이하였는데 콘스탄티노플은 이미 실크로드의

28 權德周 譯, 『大唐西域記』 卷1, 28쪽.

29 "開元太平時, 萬國賀豐世." 『全唐詩』(16), 6260쪽.

30 "梯船萬國來, 爭先貢金帛." 『全唐詩』(20), 8058쪽.

31 吳雲, 冀宇 校注, 『唐太宗全集校注』, 61쪽.

종착지가 되었다. 동로마제국은 중국과 실크로드에서 밀접한 관계를 맺고 모두 일곱 차례에 걸쳐 사신을 중국에 파견하였다. 동로마제국은 중국 사서에 불름으로 불렸다. "서역의 진기한 것은 모두 이 나라에서 나온다" 고 하면서, 정관 17년(643년)에 불름의 왕 파다력(波多力)은 사신을 파견하여 붉은 유리와 녹금정(綠金精)을 바쳤고, 당태종은 답례로 진귀한 능기(綾綺) 비단을 증정했다.[32] 당시 동로마제국은 아랍의 침입을 받아 시리아, 팔레스타인, 메소포타미아를 잃었기 때문에 로마교황의 명의로 중국과 우호관계를 맺고 중국 황제의 도움을 청하고자 하였다. 건봉(乾封) 2년(667년)에 불름왕이 또 사신 아브라함(Abraham)을 파견하여 장안에 도달했는데 저야가(底也伽)라는 진귀한 약물을 가지고 왔다. 저야가는 기원전 3세기에 이미 동물에 물렸을 때의 치료약으로 사용되었는데 약효가 뛰어난 그리스의 명약이다. 대족(大足) 원년(701년)과 경운(景雲) 2년(711년)에 동로마제국의 사신이 연속해서 두 차례 장안에 왔다. 개원 7년(719년)에 불름왕이 또 토화라의 수령을 당 조정에 파견하여 사자와 영양을 바치게 했다. 같은 해에 또 경교(景教) 승려가 동로마제국의 사신으로 장안에 왔다. 천보 원년(742년)에 동로마제국이 경교 승려를 또 당나라에 파견했다. 이러한 사신과 경교 승려 가운데 대부분은 상인이어서 동로마제국은 페르시아 중간상인을 통하지 않고 직접 장안에 와서 교역을 하였다. 『대진경교유행중국비』(大秦景教流行中國碑)의 기록으로 볼 때 수당시대의 동로마제국의 경교도, 상인이 중국을 왕래하는 것은 보편적이었다.

신강 투루판 부근 고창성, 목두구(木頭溝), 베제클리크 등지에서 발견된 서역의 벽화는 로마풍의 영향을 받았는데 그 가운데 그리스 양식의 복장을 한 부녀자의 형상이 있다. 신강에서 출토된 화폐 가운데 동로마제국의

32 『舊唐書』, 5314쪽.

금 동전이 적지 않다. 『통전』, 『대당서역기』, 『왕오천축국전』, 『구당서』, 『신당서』, 『책부원구』, 『태평광기』 등에 무역을 통해 중국에 수입된 동로마제국의 특산품을 기록하였는데 진귀한 보물과 진기한 물품이 가장 많았다. 당시 당제국과 동로마제국 사이의 무역 왕래는 일부가 리해(裏海), 즉 카스피해와 흑해(黑海) 사이의 카자크 사람을 통해 행해졌는데 그들은 중국 북방에서 서쪽으로 이주한 돌궐족의 일파이다.

당제국은 실크로드를 통해 페르시아와 밀접한 왕래를 하였다. 문헌의 기록에 의하면 당대에 페르시아는 사신을 장안에 대략 40차례나 파견하였다. 태종 정관 12년(638년)에 페르시아는 특산물을 공물로 바쳤고, 정관 13년(639년)과 22년(648년), 고종 건봉 2년(667년)에 페르시아는 사신을 파견하고 조공을 바쳤다. 이밖에 함형(咸亨) 2년(671년)과 5년(674년), 영순(永淳) 원년(682년), 중종 신룡(神龍) 2년(706년), 경룡(景龍) 2년(708년), 현종 개원 7년, 10년, 13년, 15년, 18년, 20년, 25년과 천보 4년, 5년, 6년, 9년, 숙종 건원(建元) 2년(759년), 대종 보응(寶應) 원년(762년), 대력(大曆) 6년(771년), 목종 장경(長慶) 4년(824년)에 페르시아의 사신이 장안에 왔다. 7세기 중엽 사산조페르시아는 아랍인에게 멸망당했기 때문에 고종 건봉 연간(666~668년) 이후의 페르시아 사신은 실제로 페르시아 상인이거나 혹은 사산조 왕실의 귀족이었고 그들이 페르시아 사신의 명의를 사용한 것은 페르시아와 중국이 오랫동안 우호적인 관계가 밀접하여 중간에서 많은 혜택을 얻으려고 하였기 때문이다. 아랍인이 페르시아를 점령한 후에 페르시아 상인의 중국과의 무역을 계속 격려하였다. 페르시아의 사신, 상인이 장안에 가져온 것은 각양각색의 진귀한 보물과 말, 사자, 코끼리 등이었다. 페르시아 상인은 장안과 광주 두 대도시를 중심으로 중국 각지에서 무역에 종사하였다. 장안의 시장에 점포를 개설하고 명주 삼륵장(三勒漿)을 팔기도 했다.

페르시아의 왕 페로즈(Peroz)의 중국 이름은 비로사(俾路斯)인데, 페로즈 부자가 장안에 살았던 사실은 당제국과 페르시아의 관계가 밀접했고 우호적이었음을 잘 나타낸다. 651년에 사산조페르시아 최후의 국왕 야즈데게르드가 아랍제국에게 패하여 죽자 페르시아는 멸망했다. 그의 아들 페로즈가 당나라에 구원을 요청하고 국가 회복에 힘썼다. 고종은 서역에 파견된 사신 왕명원(王名遠)을 통해 페로즈를 돕도록 명했다. 후에 페로즈는 아랍에게 패하여 함형 3년(672년)에 그의 아들 나르시에(Narsieh)[33]와 함께 장안에 와서 살았다. 당 조정은 페로즈를 파사도독부(波斯都督府)의 도독에 임명하고 우무위장군(右武威將軍)을 제수하였다. 그는 장안에서 죽었다. 조로 원년(679년)에 나르시에가 페르시아로 돌아가려고 하자, 고종은 배행검(裴行儉)을 파견하고 군대를 인솔하여 그를 안전하게 쇄엽까지 전송하게 했다. 아랍 세력이 이미 지금의 아프가니스탄까지 침입하여 나르시에는 후에 토화라에서 저지를 당해 고국으로 돌아가지 못했다. 경룡 2년(708년)에 나르시에는 다시 장안으로 돌아와 얼마 후에 병으로 죽었다.

당대에는 수많은 페르시아 사람이 조정의 관리가 되었다. 예를 들면, 페르시아의 대추장 아라함(阿羅喊)은 고종 현경 3년(658년)에 장안에 왔는데 당 조정은 그를 불름국제번초위대사(拂菻國諸蕃招慰大使)에 임명하고 당제국을 대표하여 동로마제국 등의 외국에 사신으로 가서 공을 세웠으므로 죽은 후에 우둔위장군(右屯衛將軍), 상주국(上柱國), 금성군개국공(金城郡開國公)에 봉해졌다. 그의 묘비는 이미 낙양에서 발견되었다. 페르시아인 이원량(李元諒)은 숙종에서부터 덕종까지(756~804년)의 명장으로 일찍이 화주(華州)에 주둔한 진국군(鎭國軍) 절도사에 임명되어 주차(朱泚)의

33 나르시에의 중국 이름은 니열사(泥涅斯)인데 당나라 군대의 페르시아계 중국인 장군이었다. 그는 페로즈 2세의 아들이자 사산조페르시아의 마지막 왕이었던 야즈데게르드(Yazdegerd) 3세의 손자였음.

반란을 진압하는데 큰 공을 세웠다. 이원량이 죽었을 때 덕종은 애통해하여 조회를 3일 동안 폐하고 사공(司空)의 익호를 증여했다.

문학가도 있었는데 당말 사(詞)의 작가 이순(李珣, 855~930?)은 페르시아 상인 이소사(李蘇莎)의 후예였다. 그의 저서로는 『경요집』(瓊瑤集)이 있었지만 지금은 전하지 않고 『화간집』(花間集)에 37수가 수록되어 있으며 『전당시』에는 시가 54수 있다.[34] 이순의 집안은 대대로 한약을 판매하였는데 그도 한약에 대한 지식이 풍부했고 『해약본초』(海藥本草) 4권을 편찬하여 대식, 페르시아의 약용식물을 기록하였다. 이 의약서는 지금 전하지 않지만 그 가운데 상당수의 약재가 명대 이시진의 『본초강목』에 기재되어 있다. 이순의 넷째 동생 이현(李弦), 여동생 이순현(李舜弦)도 시재(詩才)로 이름을 날렸다.

중국은 사산조페르시아를 통해 아랍제국을 알게 되어 페르시아인의 관습에 따라 그들을 대식(大食) 혹은 대석(大石)이라고 불렀다. 중국 문헌의 기록에 의하면, 고종 영휘(永徽) 2년(651년)에 당왕조와 대식국은 외교관계를 수립하였고 그 후로 덕종 정원 14년(798년)까지 마지막으로 사신이 왔다. 148년 동안 장안에 온 대식의 정부사절 혹은 무역대표는 36차례에 달했다. 당 조정은 우마이야왕조를 백의대식(白衣大食), 압바스왕조를 흑의대식(黑衣大食)이라고 불렀다. 당제국은 아랍제국과 빈번한 교류를 하였다. 천보 11년(752년)에 흑의대식 사다가밀(謝多訶密)은 사신을 파견하여 장안에 왔는데, 751년에 우마이야왕조를 대신한 압바스왕조가 처음으로 중국과 외교관계를 맺고 파견한 사신이었다. 당 조정은 그에게 특별히 좌금오위원외대장군(左金吾衛員外大將軍)을 훈장으로 수여하였다. 그 이듬해 1

34 王國維가 『瓊瑤集』을 편찬하였는데 여기에 그의 詞가 54首 수록되었음. 黃進德 選注, 『唐五代史選集』, 322쪽.

년 동안 사신을 네 차례나 장안에 파견하였다. 그 이후 5년 동안 해마다 대식의 사신이 장안에 왔다. 이러한 사신이 바친 조공 가운데 아랍 말, 향료, 모직, 페르시아 면제품, 진주, 기이한 동물 등이었다. 숙종이 안사의 난을 평정할 때 수만 명의 아랍 병사가 장안과 낙양 수복에 가담하였다.

당나라에 거주한 아랍 사람이 상당히 많았다. 7세기 초부터 아랍 상인과 이슬람교도는 실크로드를 따라 중국에 왔다. 지금의 신강과 장안은 아랍 상인이 처음에 살던 지역이었다. 정관 6년(632년)에 장안의 아랍 상인은 이슬람사원을 세웠다. 이후로 아랍인들이 점차 많아져서 장안, 광주, 양주, 홍주(洪州), 장액(張液) 등지는 이슬람 상인의 주요 거주지였다. 이들은 5대가 계속 살며 고국으로 돌아가지 않아 날로 인구가 늘어났고, 어떤 사람은 당 조정에서 관리가 되었다. 예를 들면, 대식국 사람 이언승(李彦昇)은 선종(宣宗) 대중(大中) 2년(848년)에 진사에 급제하여 세상을 놀라게 했다. 만당 때 아랍인이 과거시험에 합격한 사람은 상당히 많았다. "대중 연간 이후에 예부(禮部)에서 과거시험 합격자를 발표했는데 해마다 32명의 성씨가 희귀하여 색목인(色目人) 또는 방화(牓花)라고 하였다."[35] 이렇게 중국에 와서 살았던 아랍인은 2, 3세기 이후 형성된 회족(回族)의 일파가 되었다. 『신당서』, 「대식국전」, 『구당서』, 「대식전」, 『통전』, 「대식국전」, 『경행기』(經行記), 『왕오천축국전』, 『책부원구』 등은 대식국의 사정, 민속, 물산, 상업무역과 교통에 대해 기록하였다.

대식국 역시 중국에 대한 이해가 날로 구체적이 되었다. 아랍 지리학자의 개념에는 중국을 아술지(雅術只)와 마술지(馬術只) 두 민족의 장장(長墻) 끝에 위치하였는데 장장은 만리장성을 가리킨다. 초기에는 중국에 대해 부정확한 인식을 하였지만 당제국과의 교류가 확대되면서 아랍 문헌에도

35 錢易, 『南部新書』(丙), 34쪽.

중국에 대해 자주 언급하고 기록도 많아졌다. 851년에 아랍 상인 술레이만(Sulayman)이 최초의 중국 견문기를 썼다.[36] 이 책에서는 중국의 정치제도, 공예품을 생동적으로 묘사하였고, 또 광주의 상업조직에 대해서도 소개하였다. 이밖에 수많은 아랍 지리학자, 예를 들면 이븐 바투타의 『여행기』(*Ribla*),[37] 마수디의 『황금초원』(*The Meadows of Gold and Mines of Gems*),[38] 이븐 후르다드베(Ibn Khordadbeth)의 『도리방국지』(道里邦國志, *The Book of Roads and Kingdoms*),[39] 아부 두라프 미사르 빈 알 무할릴(Abu Dulaf Misar bin al-Muhalhil)의 『여행기』[40] 등도 아랍인의 중국에 대한 진귀한 기록들이다.

---

36 1718년(康熙 57년), 프랑스인 Abbe Eusebius Renaudot가 프랑스어로 번역되어 『9세기 회교여행가 인도 중국 견문록』(*Anciennes Relation de I,Inde et de la Chine de deux Voyageurs Mahometans qui y allerent dans le IX ieme siecle*)으로 유럽에 소개되었다. 1845년 프랑스인 M. Rein명가 重譯하여 『9세기 아랍인과 페르시아인의 인도 중국기행』라고 했는데, 이 책은 두 부분으로 구성되어 전반부는 『술레이만여행기』, 후반부는 시라프 사람 아부 자이드 하산(Abu Zaid Hassan)이 저술하였음. 張星烺 編注, 『中西交通史料匯編』(2), 765~766쪽.

37 이븐 바투타(Ibn Battuta, 1304~1368)는 1304년에 모로코 탕헤르에서 출생한 중세 아랍의 여행가이자 탐험가인데 그의 여행기는 이슬람 국가, 중국, 수마트라섬에 이르기까지 광범위한 여정을 묘사하였고 인류학적 가치가 높음. 정수일 번역, 『이븐 바투타 여행기』가 있음.

38 알 마수디(Al-Masudi)는 아랍의 역사가이자 문학가이다. 바그다드에서 출생하여 젊어서부터 세계 각지를 여행했다. 인도, 실론을 거쳐 중국을 여행했고 동아프리카에도 갔으며 이집트의 카이로에서 죽었다. 역사와 지리에 관한 저술은 독특하고 문학적 가치가 높음.

39 이븐 후르다드베(Ibn Khordadbeth, 820~912)는 압바스왕조 때의 페르시아의 지리학자로 『道里邦國志』 혹은 『省道記』라고 하는 그의 저서에는 新羅에 황금이 생산된다고 기록했음. 張星烺 編注, 『中西交通史料匯編』(2), 776쪽.

40 아부 두라프 미사르는 10세기 때 부하라(Bokhara)의 페르시아 사만왕조(Samanidae) 궁정에서 생활하였고 후에 부하라국왕의 공주에게 청혼한 중국 사신을 따라 중국에 가는 도중에 돌궐 유목민족 부락을 경유하기도 했음. 940년경에 『諸國珍異記』 혹은 『游記』를 저술하였음. G. Ferrand 編, 耿昇, 穆根來 譯, 『阿拉伯波斯突厥人東方文獻輯注』(上册), 107쪽과 張星烺 編注, 『中西交通史料匯編』(2), 780쪽.

당대는 남아시아 각국과의 교류도 밀접했다. 당왕조는 인도를 천축(天竺)이라고 했는데 당시 인도에는 5개의 천축국이 있었다. 지리적 위치에 따라 동천축, 서천축, 남천축, 북천축과 중천축이었다. 정관 15년(641년)에 중천축 마가타국 왕의 사신이 장안에 왔고 당태종의 환영을 받았다. 사신이 돌아갈 때 태종은 위위(衛尉) 이의표(李義表)를 동행시켰는데 마가타국 왕이 대신을 파견하여 그를 영접하고 도성에서는 그의 방문을 환영하였다. 이후로 양국은 외교관계를 맺었다. 정관 17년(643년)에 당태종은 또 이의표와 왕현책을 인도에 사신으로 파견하였고, 정관 22년(648년)부터 고종 때까지 왕현책은 또 명을 받고 두 차례나 더 인도에 사신으로 파견되었으며, 세 번째는 용삭 원년(661년)에야 귀국하였다. 총장(總章) 원년(668년)에는 5개 천축국 모두 당 조정에 사신을 파견하여 우호관계를 수립했다. 무측천 천수 2년(691년)에 5개 천축국이 재차 동시에 사신을 파견하였다. 현종 개원과 천보 연간에 당제국과 천축국의 왕래가 더욱 빈번하였다. 중천축의 왕자 이승은(李承恩)[41]은 유격장군(遊擊將軍)에 봉해졌다. 당대에 인도에 구법을 위해 간 승려는 52명이었고, 인도의 승려도 16명이 중국에 와서 포교 활동을 하였다. 그 가운데 유명한 현장과 의정(義淨)이 대표적인 당나라 승려이다. 수많은 인도의 불교 고승이 장안에 머물면서 불교를 전파하고 불경을 번역하였으며 의학과 천문 지식을 소개하였다. 저명한 인도 승려로는 광지(光智)라는 파라파가라밀다라(波羅頗迦羅密多羅), 지파가라(地婆訶羅), 보제유지(菩提流志) 등이다.

당제국은 중앙아시아 각국의 소무구성 국가를 포함하여 발한나(拔汗那)와 아무다리야강 이남의 토화라, 범연(帆延)과 모두 사신 왕래로 교류하였고, 상업 왕래도 빈번하였다. 대종 대력 7년(772년)에 강국, 석국, 조국, 안

---

41 玄宗이 하사한 중국 이름임.

국, 화심국, 미국은 당제국과 조공 관계를 유지했다. 중앙아시아 회흘족(回紇軍)은 일찍이 안사의 난을 평정하는 전쟁에 참가하였는데, 안사의 난이 발발한 다음 757년에 강촌(羌村)에서 두보는 「희문관군이임적경이십운」(喜聞官軍已臨賊境二十韻)에서 이 사실을 시로 표현하여 "화문산 회흘족 지원군이 사막을 뛰어넘어 와서, 전쟁터는 이미 임조를 건넜네"라고 했다.[42] 이밖에 안서와 삭방절도사의 군대 중에는 중앙아시아 각국의 기병들이 포함되어 있었다.

당대에 국제 교류가 빈번하여 많은 외국의 사신, 상인, 승려가 실크로드를 왕래하였다. 빈번한 외교와 문화 교류로 외국과의 관계가 깊어졌고 적지 않은 사람이 중국에 와서 살았다. 6세기부터 8세기까지 당제국의 수도 장안은 세계적인 대도시였다. 장안의 홍려시에서는 70여 국가의 외교사절을 접대했고 대규모 외국사절단의 방문은 장관이었다. 대식과 페르시아 등 서역 각지의 상인을 '호상'(胡商) 혹은 '고호'(賈胡)라고 불렀다. 그들은 중국에 술집, 보석가게, 비단가게, 말안장과 고삐 수선 가게를 개설하는데 특히 술집에는 서역 여자들이 노래를 부르고 춤을 추었다. 서역 사람의 술집은 장안 서시(西市)와 춘명문(春明門), 곡강(曲江) 일대에 많았다. 이백(李白)과 왕적(王績) 등 당나라 시인들은 호상의 술집을 드나들었는데 그들의 시 속에는 적지 않은 서역 여자들이 가무(歌舞)를 하는 술집을 묘사했다.

장안의 서역 상인은 대부분 자본력이 있고 경영 능력도 뛰어나 돈을 잘 벌었는데, 재산을 증식하여 저택을 짓고 시장에서 많은 이익을 얻었다. 어떤 서역 상인은 장안에 오래 살면서 중국인과 결혼하여 자녀를 낳고 전

42 "花門騰絕漠, 拓羯渡臨洮." 『全唐詩』(7), 2408쪽. 拓羯은 唐代 西北지방의 전쟁터를 말하는데 이란어에서 유래하였음. 이후에 安史의 亂이 평정된 사실을 듣고 杜甫는 「聞官軍收河南河北」라는 시를 지었음.

답을 사고 집을 샀으며 재능을 발휘하여 이윤을 많이 남겨 재산이 갑자기 불어나 부유해지기도 했다. 또 어떤 서역 상인은 경제적 실력을 빌려 영향력 있는 인물이 되기도 했다. 돈황 문서 P3813 『당판집』(唐判集)에 사파루(史波陋)라는 서역 상인이 장안에서 장사를 했는데 재산이 많아져 관직을 사서 횡포하게 굴고 안하무인격으로 행동하였으며 심지어 남을 함부로 업긴 여겨 결국에는 처벌을 받았다고 기록하였다.

장안은 실크로드의 국제도시로 서역 상인이 운집했고 호풍(胡風)이 점차 유행했다. 수당시대 장안에 서역 사람이 아주 많았는데, 『구당서』, 「서융전」(西戎傳)에 서역 사람이 "정관과 개원 연간 때 고가(藁街)에 많았다"라고 하였는데, 고가(藁街)는 한대 장안성 남문(南門) 내에 위치하였고 외국 대사관 관저가 있던 곳으로 외국인의 집이 많았다고 한다.[43] 장안에 서역인이 많이 살았음을 알 수 있다. 많은 서역 사람이 장안성에 살면서 중국과 외국의 생활방식, 풍속습관이 서로 교류, 흡수되어 각자의 문화에 영향을 끼쳤다. 유숙(劉肅)의 『대당신어』(大唐新語)에 기록하길, 정관 연간에 장안성 금성방(金城坊)에 사는 어떤 사람이 서역 사람에게 도둑질을 당하여 옹주장사(雍州長史) 양찬(楊纂)이 성안의 서역 사람을 조사했지만 범인을 찾지 못하자, 사마참군(司馬參軍) 윤이(尹伊)가 장안성에는 호복(胡服)을 입고 중국 모자를 쓰거나 서역 모자를 쓰고 중국인 옷을 입는 것이 유행이어서 서역 사람을 찾기가 어려우니 반드시 중국인도 조사해야 한다고 말하니, 얼마 후에 과연 도둑을 잡을 수 있었다고 했다.[44] 장안에 서역 문화가 얼마나 유행하였는지 알 수 있다.

43 『漢書』에 "陳湯이 郅支王의 머리를 베고 藁街에 걸어놓았다"라고 한 구절에 대한 顔師古의 注에 "藁街는 거리의 이름으로 蠻夷의 집이 이곳에 있었다"라고 하였음. 駱天驤 著, 黃永年 點校, 『類編長安志』, 121쪽.

44 『唐五代筆記小說大觀』(上), 「從善」, 296쪽.

제5장

한반도와의 교류

한반도는 중국 문화의 영향을 가장 일찍 그리고 많이 받았고 중국 문화가 일본에 전래되는 교량 역할을 하여 동북아시아에서 지리적 중요성이 컸다. 뿐만 아니라 한반도의 한국인은 중국과 일본, 인도와의 문화 교류에도 커다란 역할을 하였다. 예를 들면, 인도 불교의 한중일 삼국 간의 관계를 살펴보면, 인도의 불교가 한대에 중국에 전래된 후에 점차 중국 불교를 형성하여 대략 4세기 후반기에 중국 불교가 부견(苻堅)이 세운 전진(前秦)을 통해 한반도의 고구려에 전해졌다.[1] 백제에는 침류왕(枕流王) 384년 9월, 진나라에서 온 호승(胡僧) 마라난타(摩羅難陀, Marananta)를 맞이하여 불법이 처음으로 시작되었다.[2] 백제 성왕(聖王)은 540년에 석가불(釋迦

---

1 小獸林王 2년(372년) 여름 6월, 苻堅이 사신과 중 順道를 보내어 佛像과 經文을 전해주었고, 5년(375년)에 처음으로 초문사를 창건하고 승려 順道를 그 절에 묵게 하였으며, 다시 이불란사를 세워 승려 순도를 머물게 하여 海東에 佛道가 전해진 시초라고 하였음. 강무학 역해, 『삼국사기』(고구려본기), 113쪽.

2 枕流王 2년(385년) 2월, 佛寺를 한산에 창건하고 度僧 10명을 두었음. 강무학 역해, 『삼국사기』(백제본기), 274쪽. 마라난타는 간다라의 승려로 길기트, 훈자, 쿠차, 돈황을 거쳐 東晋 孝武帝(373~396년) 때 中國에 도착하여 불도를 전한 후에 절강성에서 海路를 통해 전남 영광

佛)의 금동상(金銅像)과 불경을 일본에 보내주었다.[3] 또한 위덕왕(威德王) 때도 불교 승려를 일본에 파견하기도 했다.[4] 또한 한반도의 승려가 중국인과 함께 불경을 구하러 인도에 갔고, 후에 중국의 불교 문화를 일본에 전달하는 데 큰 공헌을 하였다. 또 중국의 유학이 기원 전후에 한반도에 전해져서 한자와 한문이 함께 전래되었고, 삼국시대 때 백제의 왕인(王仁)이 『논어』, 『천자문』 등의 유학을 일본에 전했다.[5]

역사적으로 한반도와 중국은 밀접한 관계를 맺었다. 예를 들면, 신라의 사절이 당나라를 방문한 경우에서 당고조 무덕(武德) 4년(621년)에서부터 소종(昭宗) 건녕(乾寧) 4년(897년)까지 270년 동안 신라의 당나라 사절은 모두 126차례, 평균 2년에 1회 파견되었다. 821년부터 897년까지 약 70여년 동안 신라에서 당나라에 파견된 중국 유학생은 40명이었고, 당나라에 파견된 승려도 40여 명으로 평균 매년 1, 2명이 파견된 셈이다. 이러한 신라의 유학생과 승려는 당나라에서 중국 문화를 배워 한반도로 돌아가 중국과 한반도와의 문화 교류를 촉진시켰다.

법성포에 도달하여 백제에 불교를 전하였다. 그는 戒, 즉 불교 도덕의 실천과 서방 극락정토 왕생을 통한 解脫成佛을 추구하는 아미타불의 정토신앙을 전파하는 데 노력하였는데 신통력을 지녀 불교전법의 神僧이었음. 또한 그는 중앙아시아의 간다라, 중국, 한반도로 연결되는 불교 실크로드 北道의 존재를 알려주는 전형적인 증인이었다고 볼 수 있음.

3 欽明天皇 13年 겨울 10月. 田溶新 譯, 『日本書紀』, 336쪽. 현재 이 金銅釋伽佛은 아스카(飛鳥) 고겐지(向原寺)에 모셔져 있음.

4 崇峻天皇 때로 백제는 승려 惠總, 令斤, 惠是 등을 보내어 불사리를 바쳤고, 또한 승려, 寺工, 鑪盤博士, 瓦博士, 畵工 등을 바쳤다고 하였음. 田溶新 譯, 『日本書紀』, 375쪽.

5 應神天皇 15년 가을 8월, 백제 近仇首王이 阿直岐를 보냈고, 阿直岐는 또한 능히 經書를 읽었는데 阿直岐가 天皇에게 王仁博士를 추천하였다. 16년 봄 2월, 王仁이 日本에 왔고 天皇의 太子의 스승이 되었다. 여러 전적을 王仁에게서 배웠고 통달하지 못한 것이 없었다고 함. 田溶新 譯, 『日本書紀』, 176~177쪽.

건릉 신라 사신상.

1. 한반도와의 교류

당제국 시기 한반도에는 큰 변화가 있었다. 삼국시대가 끝나고 668년에 한반도를 통일한 신라왕조는 8세기 때 이르러 전성기를 맞이했다. 당대에 신라는 당 조정에 사신을 126차례나 파견하였고, 당 조정은 책봉의 명의로 신라에 사신을 34차례 파견하여 양국이 모두 160여 차례나 사신 왕래가 있었다. 이런 통계는 일본이 당 조정에 파견한 견당사(遣唐使)가 13차례 있었던 것과 비교하면 중국과 한반도의 상호 왕래는 일본보다 10배 이상 많았다.

당대에 중국과 한반도의 경제 무역은 번영을 이루어 신라는 당나라에 조하금(朝霞錦), 화어아금(花魚牙錦), 금은 비녀, 금화은침통(金花銀針筒),

인삼, 복령, 말, 개, 바다표범 가죽 등 각종 농업, 목축업, 수공업품을 수출하고, 당나라는 비단, 명주도포, 치마, 금은 기물, 불경, 공자와 그의 제자 화상, 유가 서적 등을 수출하였다. 또한 중국의 차가 한반도에 전래되었다. 전래 시기에 대해 두 가지 학설이 있는데, 하나는 828년에 당나라에 들어갔다가 귀국한 사신 대렴(大廉)이 지리산에 심어 번성했다는 것이고, 다른 하나는 신라 선덕왕 때 차가 있었는데 9세기 때부터 번성했다는 것이다.

신라가 삼국을 통일한 후 682년에 국학을 건립하고 유가경전을 교과서로 채택하였다. 8세기 중엽 국학을 태학감으로 개칭했으며 각 과에 박사와 조교를 설치하고 유가경전을 필수와 선수 과목 두 종류로 나누었는데 필수 과목은 『논어』와 『효경』이고, 선수 과목은 『예기』, 『주역』, 『좌전』, 『시경』, 『상서』, 『문선』(文選)이었다. 788년인 원성왕(元聖王) 때 독서삼품과(讀書三品科) 제도를 실행했다. 삼품은 국가에서 시험을 실시하여 성적에 따라 관리에 임명했다. "삼품은 『논어』와 『효경』에 밝은 합격자를 상품(上品), 『곡례』(曲禮), 『논어』, 『효경』은 중품(中品), 『곡례』와 『효경』은 하품(下品)으로 삼았고, 만약 오경(五經)과 삼사(三史), 제자백가를 널리 아는 자는 등급을 초월하여 뽑아 썼다."[6] 당대 과거시험과 유사하였다.

1) 신라 유학생과 한반도 문화 교류

신라는 당나라에 유학생과 승려를 파견하였고, 민간에서도 자발적으로 유학생과 승려들이 당나라에 갔었다. 당 조정은 주변 국가에서 온 유학생과 승려를 특별 우대하였다. 신라 유학생은 당 정부에서 무료로 학비와 식량을 제공했다. 신라에서 당나라에 유학생을 처음 파견한 때는 당태종

6 『三國史記』, 「新羅本紀」, 243~244쪽.

정관 초였다. 신라에서 유학 온 학생의 수가 갈수록 늘어나 정관 14년(640년)부터 후량(後梁) 태조 개평(開平) 원년(907년)까지 신라 유학생은 약 2백 명 이상이나 되었다.[7] 개성(開成) 2년(837년)에는 장안 국학의 신라 유학생이 216명이나 되었고, 개성 5년(840년)에 문종(文宗)은 신라의 인질과 기한이 찬 유학생 105명을 귀국하도록 했으며,[8] 당대의 신라 유학생 숫자가 약 2천 명이었다고 주장하는 학자도 있다.[9] 또한 신라 유학생이 당나라 과거에 급제한 숫자는 고려 때 최해(崔瀣)의 「송봉사이중부환조서」(送奉使李中父還朝序)에 의하면, 당나라 목종(穆宗) 장경(長慶) 초에서부터 소종(昭宗) 천우(天祐)까지 58명이었고, 오대(五代) 양당(梁唐)에는 32명이었는데 발해인 십여 명을 제외하고는 모두 신라인이었다고 하였다.[10]

신라가 당나라에 유학생을 파견할 때는 일정한 외교 순서를 밟았다. 일반적으로 신라 정부는 유학생을 엄선한 후 조공사(朝貢使), 경하사(慶賀使), 사은사(謝恩使), 하정사(賀正使) 혹은 진봉사(進奉使)를 따라서 당나라에 가서 공부했고 숙위(宿衛)의 임무도 겸했다.[11] 당대 289년 동안 당나라와 신라 양국 정부의 왕래는 빈번했고 신라는 조공(朝貢), 헌방물(獻方物)과 하정(賀正) 등의 명의로 당나라에 사신을 약 126차례나 파견했는데 이 사절단에는 유학생이 포함되어 있었다. 예를 들면, 『삼국사기』, 「신라본기」의 기록에 의하면, 신라 헌덕왕(憲德王) 1년(825년) 5월에 신라는 왕자

---

7 劉希爲, 「唐代新羅僑民在華社會活動的考述」, 『中國史研究』, 1993年, 3期.

8 『唐會要』 卷95, 「新羅」, 2031쪽.

9 嚴耕望, 「新羅留唐學生與僧徒」, 『唐史研究叢稿』, 441쪽.

10 徐居正, 『東文選』 卷84, 346쪽.

11 崔致遠은 「奏請宿衛學生還蕃狀」에서 "臣의 亡父 先臣 贈太傅 晸[헌강왕]이 배신을 보냄에 있어 試殿中監 金僅을 慶賀副使로 充任시켜 [당나라에] 入朝하는 날에, 前件의 학생 金茂先을 뽑아 보내 대궐에 나아가 학업을 익히게 하고, 겸하여 宿衛에 보충하게 하였다"라고 했음. 崔英成 譯註, 『崔致遠全集』(2), 166쪽.

김흔(金昕)을 당나라에 파견하여 조공을 바치게 하면서 또한 명을 내려 김윤부(金允夫), 김입지(金立之), 박량지(朴亮之) 등 12명의 유학생을 수행하도록 하고 당나라에 입국하게 했다.[12] 최치원의 「견숙위학생수령등입조장」(遣宿衛學生首領等入朝狀)에도 헌강왕 11년(886년)에 신라 정부가 유학생을 보낼 때 "하정사(賀正使)로 수창부시랑(守倉部侍郎)이며 급찬(級飡)인 김영(金穎)의 배편을 따라 [당나라] 대궐에 들어가서 학업을 익히게 하고, 겸하여 숙위에 충당토록 하였다"라고 했다.[13]

신라 정부는 먼저 당 조정에 상주하여 파견 학생의 명단과 인원수를 신고하고 당 조정의 허가가 난 후에 유학생이 당나라에 입국할 수 있었다. 『삼국사기』에 신라 성덕왕(聖德王) 27년(728년) 7월, "왕의 동생 김사종(金嗣宗)을 당나라에 파견하여 특산품을 바치고 겸하여 저제가 국학에 입학을 신청하니 조서를 내려 이를 허가하였다"라고 했다.[14] 또한 헌강왕이 8명의 유학생을 하정사 김영을 따라서 당나라에 갈 때 최치원이 대신 「견숙위학생수령등입조장」을 지어 당 조정에 상주하길, "신라국 당국(當國)은 숙위학생 수령을 보내 입조하게 함과 동시에 국자감에 붙여 유학을 익히게 하도록 청하옵나이다. 학생은 최신지(崔愼之) 등 8명, 기작(祈婥) 등 대수령(大首領) 8명, 소은(蘇恩) 등 소수령(小首領) 2명입니다"라고 했다.[15] 또 상주문에는 "최신지는 재주가 있다고 칭찬하기엔 부끄럽지만 훌륭한 집안의 가학(家學)을 이어 받았습니다. 김곡은 해주자사(海州刺史) 김장(金裝)의 친아들로 중국에서 출생하여 두 대를 거쳤사옵니다. 부친의 가업을 이어받아 집안의 명성을 실추시키지는 않을 것입니다"라

12 『三國史記』 卷10, 「新羅本紀」(10), 明文堂, 282쪽.

13 崔英成 譯註, 『崔致遠全集』(2), 159쪽.

14 『三國史記』 卷8, 明文堂, 233쪽.

15 崔英成 譯註, 『崔致遠全集』(2), 155쪽.

고 했다.[16] 상주문에는 파견 학생의 출신과 개인의 재능을 소개하였다. 정부 파견 유학생 외에도 자비로 당나라에 유학을 가는 학생도 적지 않았다. 최치원이 대표적인 경우인데, 상선을 타고 당나라에 입국하였는데 이와 유사한 학생이 적지 않았다.

당대의 외교 관리 기구로는 외교법령을 관장하는 상서(尙書)의 주객사(主客司), 외교 사무와 외국의 인질, 유학생을 관리하는 홍려시(鴻臚寺) 등이 주요 기관이었다.[17] 신라와 기타 외국 유학생이 당나라에 온 후에 홍려시에 등록을 하면 유주학생(留住學生) 또는 숙위학생(宿衛學生)이라고 불렀다. 뒤에 당나라 학생들과 함께 국자감(國子監)에 설치된 육학관(六學館), 즉 국자학(國子學), 태학(太學), 사문학(四門學), 율학(律學), 산학(算學), 서학(書學)에서 유학, 문학, 산학, 법학, 서학 등의 전문적인 학문을 배웠다. 국자감은 당대 관학 교육기관으로 원래 장안에 설립했는데 학생의 수가 급증하자 고종(高宗) 용삭(龍朔) 2년(662년)에 동도 낙양에 국자감을 설치하고 동감(東監)이라고 했고 장안의 국자감은 서감(西監)이라고 했다. 현종 개원 이후에 동도 국자감은 외국 유학생을 받아들였다. 최치원의 「견숙위학생수령등입조장」에 "국자감은 장안과 낙양에 나누어 설치했고 국자감 내에 신라마도가 있는데 사문관 북향 복도 중간에 있었다"라고 했다. 무덕 연간 초에 학생의 정원은 160명이었고 후에 1,300명으로 늘어났는데 그 가운데 500명은 문무관원의 자제, 800명은 서인의 자제였다. 과목은 국자학, 태학과 동일했고 졸업에 합격한 뒤에는 태학에 입학할 수 있었다. 신라마도(新羅馬道)가 국자감에 있었다는 것은 국자감에 신라 유학생이 많았고 신라 유학생만이 출입하는 장소였음을 알 수 있다. 국자감 내의 육

16 崔英成 譯註, 『崔致遠全集』(2), 159쪽.

17 鴻臚寺의 업무에 대해서는 黎虎의 『漢唐外交制度史』, 제8장, 제1절에 비교적 상세하게 소개하였음. 315~347쪽.

학관 입학 자격은 엄격하게 제한하였다. 그 가운데 국자학은 3품 이상 대신의 자손이나 외국 국적의 학생 가운데 왕족, 사문학은 7품 이상의 관리 자제, 신라 유학생의 대부분 5품 이상의 자제가 입학 가능한 태학에서 공부하였다. 『당어림』(唐語林)』 권5에 "태학에는 3천 명이 있었는데 신라, 일본에서 파견된 유학생이 공부하였다"[18]라고 했고, 『동사강목』(東史綱目)에 "신라는 당나라 때부터 왕자 숙위를 항상 파견하였고 또 학생도 파견하여 태학에 입학하였다"[19]라고 했다. 『삼국사기』 권10 「신라본기」에 신라 태학생 최이정(崔利貞), 김숙정(金叔貞), 박계업(朴季業) 등은 당나라 국자감 태학에 입학하여 공부했다고 했다. 일본인의 경우도 마찬가지였는데 왕유(王維)의 시 「송비서조감환일본국병서」(送秘書晁監還日本國并序)에 조형(晁衡)은 "태학에서 그 명성을 떨쳤고, 벼슬은 또 객경에 이르렀다"라고 했다.[20] 또한 토번(吐藩)의 대신 중종(仲琮)은 함형 3년(672년)어려서 "인질로 당나라에 들어와 태학생으로 공부를 하여 한문을 잘 알았다"[21]라고 하여 외국 학생이나 인질은 국자감의 태학에서 공부했음을 알 수 있다.

신라 유학생의 학비는 일반적으로 양국 정부에서 공동으로 부담하였는데 그 가운데 도서 구입비는 신라 관방에서 지급하였고, 매월 양식과 사계절 의복은 신라에서 당 조정에 상주하고 정식으로 신청하여 당 조정이 심사하고 비준한 후에 홍려시 혹은 경조부(京兆府)에서 발급하였다. 신라 정부에서 당나라의 신라 유학생에게 지급한 도서 구입비의 액수에 대해 『삼국사기』에 "이동(李同) 등 세 명의 학생은 진봉사(進奉使) 김윤(金胤)을 따라 당나라에 들어가 공부를 했는데 도서 구입비로 은 3백 냥을 주었

18 周勛初 校証, 『唐語林』 卷5, 「補遺」, 459쪽.

19 『東史綱目』 卷5(上), 第1冊, 499쪽.

20 『왕유詩全集』, 223쪽.

21 『冊府元龜』 卷962, 「外臣部」 〈才智〉, 중화서국, 12책, 11322쪽.

다"[22]라고 하여 이 액수가 기본 액수였을 것으로 추정된다.[23] 또한 외국 국적의 승려도 계절에 따른 의복을 제공받았다. 일본 승려 진인원개(眞人元開)의 『당대화상동정전』(唐大和上東征傳)에 천보 2년(743년) 에이 에이(榮叡), 후쇼(普照), 겐로우(玄朗), 겐호우(玄法) 등 4명이 양주에 구금되었는데 모함을 받은 것이라고 양주의 지방관에게 아뢰자 그가 이를 조정에 상주하여 홍려시가 조사를 한 뒤 황제에게 상주하였고, 당현종이 "승려 영예 등은 외국 승려이니 당나라에 들어와 공부하고 매년 비단 25필과 사계절 의복을 하사한다"라는 조칙을 내렸다.[24] 또한 당나라에 온 일본 승려들은 본국 정부와 사원의 보조를 받았던 사실을 다음 기록을 통해 확인할 수 있다. 엔닌의 『입당구법순례행기』 권4에 당 무종 회창 4년 2월,

22 『三國史記』 卷11, 「新羅本紀」(11), 明文堂, 303쪽.

23 安史의 亂 이후에 당나라 경제가 피폐해져 재정의 부담으로 국자감 학생을 위한 비용이 정상적으로 지급되기 어려워졌다. 中唐 때 劉禹錫의 「奏記丞相府論學事」에 의하면, 貞觀 연간 때 국자감의 학교 건물을 1,200개나 증축하고 학생의 수는 3,000명에 달했으며 외국이 조정에 상소를 올려 학생을 파견하고 장안에서 공부를 하게 하였다고 하면서 지금의 학교에는 경전 읽는 소리가 들리지 않고 교실도 폐허가 되었으며 학생들은 점점 줄어들어 학교를 진흥시키지 않으면 아니 되는데 정부가 학비를 지급할 수 있는지 걱정이라고 하였다. 『全唐文』 卷603, 第3册, 2697쪽. 貞元 연간 말경에 당나라에 온 일본 승려 空海가 일본 유학생 桔逸勢를 대신하여 지은 「爲桔學生與本國使啓」에서 "시간이 흐를수록 재정이 고갈되어가고 이 나라에서 지급하는 의복과 양식으로 목숨을 이어갈 수는 있으나 몸을 보전하고 수양하며 공부하는 데 부족하다" 하였는데, 2년 후에 桔逸勢는 양식과 의복이 부족하여 귀국하기를 간청했다. 劉健明 編, 『黃約瑟隋唐史論集』, 중화서국, 1997, 122쪽. 지방 교육도 타격을 받았는데, 『資治通鑑』에 韋皐가 劍南에 주둔하고 있을 때, "이민족 자제들을 선발하여 成都에 모이게 하고 詩書와 術數를 가르쳐 그들을 위로하고 기쁘게 하여 달래었고 학업을 끝낸 뒤에 돌아갔고 또 뒤를 이어 다른 자제들이 왔는데 50년이 지난 지금 成都에서 공부하는 이민족 자제들이 천여 명이나 되어 軍府에서 양식을 주기를 싫어했다"라고 했고, 후에 사천절도사 杜悰이 "그 이민족 숫자를 줄여줄 것을 주청을 하니 조서를 내려 그렇게 하였다." 그 결과 南詔의 원망과 분노를 샀다고 함. 『資治通鑑』(17), 8078쪽.

24 汪向榮 校注, 『唐大和上東征傳』, 45~46쪽.

월주(越州)의 군사압아(軍事押衙)의 성은 반씨(潘氏)였다. 그는 대궐에 약을 진상하는 사람이었는데, [장안에 오는 길에] 앤사이 도리의 편지를 가져왔다. 편지의 내용을 보니 '옷과 양식이 모두 떨어져 제자승인 닌코(仁好) 등 두 사람을 일본으로 보내어 옷과 양식을 청했다'는 것이다.[25]

라고 하였다.

당나라 외국 유학생의 체류 기간은 당 조정에서 일정한 기한을 정했다. 최치원의 「주청숙위학생환번장」(奏請宿衛學生還蕃狀)에 "숙위학생으로 공부하고 있는 네 사람에 대하여 이제 그 연한이 이미 찼음을 기록하고 돌려보내길 청합니다"라고 하였다.[26] 당 조정과 신라는 유학생의 당나라 체류 기간을 10년으로 약정하였다. 최치원의 「견숙위학생수령등입조장」에

책을 살 돈은 이미 박하나마 고루 나누어주었으며, 글 읽는 양식은 가만히 [폐하의] 큰 은혜를 바랍니다. 대저 천리의 길에 있어서 비용을 마련하기란 오히려 3개월분도 수고롭거늘, 십년을 생활하자면 궁한 사정을 구제하는 것은 오직 구천(九天)을 우러를 따름입니다.[27]

라고 했다. 한국사 문헌에도 10년의 기록이 보인다. 『동사강목』 권5 「진성여주삼년」(眞聖女主三年)에 "신라는 당을 섬긴 이후부터 항상 왕자를 보내 숙위하고, 또 학생을 보내 태학에 입학하여 학업을 닦게 하며, 10년의 연한이 차면 본국에 돌아오게 하고 다시 다른 학생을 보냈는데, 입학하는 자가 많을 때에는 1백여 명이나 되었다. 서적을 구입하는 은화는 본국에

25 申福龍 번역 · 주해, 『入唐求法巡禮行記』, 259쪽.
26 崔英成 譯註, 『崔致遠全集』(2), 165쪽. 네 사람은 金茂先, 楊潁, 崔渙, 崔匡裕를 말함.
27 崔英成 譯註, 『崔致遠全集』(2), 159~160쪽.

서 지급하고, 학습하는 서적과 양식은 당나라의 홍려시에서 공급하였다. 그래서 당나라에 유학을 갔다가 귀국하는 학생이 끊이지 않았다”라고 했다.[28]

국자감의 학제는 『신당서』, 「선거지」(選擧志)에 기록되어 있다. 국자감의 6년제 율학을 제외하고 국자학과 태학은 9년제였다. 이 9년 동안 『효경』, 『논어』는 각각 1년, 『상서』, 『춘추공양전』, 『춘추곡량전』은 각각 1년 반, 『주역』, 『시경』, 『주례』, 『의례』는 각각 2년, 『예기』, 『춘추좌씨전』는 각각 3년을 이수해야 했다. 정기적으로 학생들에게 시험을 보아 상중하 3등으로 나누었는데 만약 연속해서 세 번 하등이거나 국자학과 태학은 입학한 후 9년, 율학은 6년이 지나도록 아무런 성과도 없으면 퇴학을 당했다.[29] 신라의 국학(國學) 또한 당나라 교육기관의 학제를 모방하여 신문왕(神文王) 2년(682년) 6월에 국학을 설치하고 수학 연한은 9년제이고 학생의 연령은 15세에서 30세로 정했으며 대사(大舍) 혹은 6두품 이상 신분의 자제는 모두 국학에 입학할 수 있었다. 자질이 떨어지거나 학업 성적에 진보가 없으면 퇴학을 당했다. 만약 자질이 뛰어나고 총명하면 9년을 초과해도 계속 남아서 공부할 수 있었다. 관리의 등급이 10위인 대나마(大奈

---

28 『東史綱目』 卷5(上). 安鼎福 著, 朝鮮古書刊行會 編, 『東史綱目』, 499쪽. 이밖에 10년 滿期에 대해서는 「桂苑筆耕序」에 최치원이 바다를 건너 당나라에 갈 때 부친 崔肩逸이 10년 내에 진사 급제하지 못하면 나의 아들이 아니라고 말하였고, 그가 진사 급제한 후 座主 裴瓚에게 보낸 편지 중에 “만 리 타국에서 의지할 곳 없이 오래도록 고생하며 떠돌다가, 10년 만에 지우(知遇)를 얻어 요행히 날개를 떨치고 날아오를 수 있었습니다”라고 했음. 『桂苑筆耕集』 卷19, 「賀除吏部侍郎別紙」, 이상현 옮김, 『계원필경집』(2), 474쪽. 또한 최치원이 淮南幕府에 있을 때 幕主 高駢에게 말하길, “東海의 일개 布衣 출신으로, 그동안 만 리 밖으로 집을 떠나 10년 동안 중국에 遊學하였습니다. 본래의 소망은 과거 급제자 명단의 말미에 끼어 江淮의 縣令이 되는 것일 뿐입니다”라고 했음. 『桂苑筆耕集』 卷18, 「謝職狀」 ‘長啓’, 이상현 옮김, 『계원필경집』(2), 404~405쪽.

29 『新唐書』 卷44, 「選擧志」(上), 1159~1162쪽.

麻) 혹은 11위인 나마(奈麻)가 되면 국학을 떠날 수 있었다.

학문승(學問僧)의 경우는 『신당서』, 「백관지」(百官志)와 『당회요』, 「승적」(僧籍)의 기록에 의하면, 외국 국적의 승려가 공부를 하는데 9년이 지났는데도 돌아가지 않으면 당나라 불교사원의 승적(僧籍)에 편입시켰다.[30] 또 『당대화상동정전』에도 일본의 나라 고후쿠지(興福寺) 학문승 에이 에이와 다이안지(大安寺)의 학문승 후쇼가 개원 20년(733년)에 당나라에 와서 구법을 하였는데 천보 원년(742년) 10월, "이미 10년이 지났고 비록 사신을 기다리지는 않지만 일찍 돌아가려고 했다"라고 했는데 결국은 양주로 가서 바다를 건너 귀국하였다.[31] 9년이 지나 10년까지가 외국 국적의 학문승의 학업 기한이었다.

이밖에 신라 본국에서 유학생 집안에 상을 당하거나 전란과 같은 특수상황이 생기면 당 조정은 사정을 고려하여 귀국을 허가했다. 그러나 신라 유학생이 만약 과거시험에 합격하면 계속 당나라에 머물거나 출사할 수 있어 10년의 기한에 구속을 받지 않았고, 중앙이나 지방의 관리가 되거나 막료 또는 입산하여 수도에 정진하기도 했다. 예를 들면, 김운경(金雲卿)은 장경(長慶) 원년(821년)에 과거 급제한 후 일찍이 연주도고부사마(兗州都督府司馬), 치주장사(淄州長史)를 지냈고 당나라에 근 20여 년을 살았다.[32] 김가기(金可紀)는 진사 급제한 후에 두 차례 종남산의 자오곡(子午谷)에서 은거하며 수도에 정진하였다.[33] 최치원은 과거에 급제하고 관리를 지냈는데 귀국할 때까지 16년 동안 당나라에 살았다. 최언위(崔彦撝)는 18세 때 당나라에 와서 진사 급제한 후 42세 때 귀국했다. 박충(朴充)은 어려서

30 『新唐書』 卷48, 「百官志」(3) '崇玄署', 1252쪽.

31 汪向榮 校注, 『唐大和上東征傳』, 39쪽.

32 『東史綱目』 卷5(上), 「文聖王三年」. 安鼎福 著, 朝鮮古書刊行會 編, 『東史綱目』, 486쪽.

33 『太平廣記』(3), 「金可記」, 76쪽.

당나라에 와서 말년 때 귀국했는데 당대 시인 고비웅(顧非熊)의 「송박처사귀신라」(送朴處士歸新羅)에 "어려서 본국을 떠나왔는데, 지금은 늙어버렸네. 중국어를 배웠고, 돌아가선 누구와 함께 지내랴?"[34]라고 이별을 아쉬워했고, 장교(張喬)는 「송박충시어사귀해동」(送朴充侍御使歸海東)에서 "하늘 끝 멀리서 떠나온 지 이십사 년, 장안에는 세 황제가 바뀌었네"[35]라고 하여 박충이 당나라에 24년 동안 살았음을 알 수 있다.

당대 과거 과목 가운데 과연 빈공과(賓貢科)를 설치했는지의 여부에 대한 논의가 연구 과제로 남아 있다. 당대 문헌 가운데 빈공과 설립에 대한 기록이 없기 때문이다.[36] 빈공(賓貢)은 수대에 출현했다. 각 주현(州縣)에서 영재를 선발하고 지방에서 빈예(賓禮)를 거행하여 전송하는 것을 빈공이라고 했다. 『수서』, 「양언광전」(梁彦光傳)에 양언광이 자천하여 상주자사(相州刺史)가 되었을 때 산동의 큰 유학자를 불러 모으기 위해 향(鄕)마다 학교를 세웠고 이 가운데 성적이 우수한 자가 있어 빈공의 예를 거행했으며, 교외에서 행로신(行路神)에게 제사를 지내고 또한 재물을 주었다고 했다.[37]

당대에 이르러 과거시험을 보는 사람은 장안과 낙양의 관학 출신의 생도와 지방 주현의 향공(鄕貢)이었다. 이 가운데 관학 생도를 주(主), 지방 향공을 빈(賓)으로 삼았기 때문에 지방의 공사(貢士)가 장안에 와서 과거

34 "少年離本國, 金去已成翁. [……] 學得中華語, 將歸誰與同." 『全唐詩』(15), 5782쪽.

35 "天涯離二紀, 闕下歷三朝." 『全唐詩』(19), 7320쪽.

36 『新唐書』 卷44, 「選擧志」(上)에 科擧 科目은 秀才, 明經, 俊士, 進士, 明法, 明字, 明算, 一史, 三史, 開元禮, 道擧, 童子가 있다고 했지만, 傅璇琮이 『唐代科擧與文學』 제2장에서 25~26쪽에서 판명한 것처럼 과목 내용이 서로 뒤섞여 있음. 『唐六典』 卷4, 「禮部尙書」에는 과거 과목이 6개 개설되어 있다고 했는데 秀才, 明經, 進士, 明法, 書, 算을 六科라고 했음. 李林甫 撰, 陳仲夫 點校, 『唐六典』, 109쪽.

37 『隋書』 卷73, 1675~1676쪽.

에 응시하는 것을 빈공이라고 했다. 빈공은 지방에서 천거를 받았기 때문에 빈천(賓薦)이라고도 했다. 당대 전반기의 빈공에는 두 가지 의미가 있었다. 하나는 당나라 인재를 천거하여 격려하는 예의였고, 다른 하나는 외국의 공물을 받는 방식이었다. 전자의 예로 안진경(顔眞卿)이 「선우씨이퇴기」(鮮于氏離堆記)에서 선우중통(鮮于仲通)의 "저작이 기이하여 빈천해서 격려하니 머지않아 진사 급제하여 갑자기 내각의 대신이 되었다"라고 했다.[38] 또 당대 시인 노륜(盧綸)은 「륜여길시랑중부사공낭중서[……]」(綸與吉侍郎中孚司空郎中署[……])에서 스스로 말하길, "시 창작과 예의에 대해 깨달음을 얻으니, 빈천으로 이름이 올라가 격려를 받았네"[39]라고 했다. 덕과 재주를 갖추면 지방 빈공의 예우를 받았음을 알 수 있다. 후자의 예로 『구당서』, 「회흘전」(回紇傳)의 기록에 정관 20년(646년), 회흘족이 당 조정에 귀속되어 당 조정은 "옛 선우대(單于臺)에 연연도호부(燕然都護府)를 설치하여 회흘족들을 통치하였는데 빈공으로 인도하였다"라고 했다.[40]

외국 국적의 유학생이 당대 국자감의 태학에서 시부(詩賦)와 경서를 공부하고 중국인 국학생도와 지방의 향공과 함께 예부에서 거행하는 과거 진사시험을 보았다. 최초로 진사과에 급제한 신라 유학생은 목종(穆宗) 장경(長慶) 원년(821년)에 급제한 김운경이었다. 만당에 이르러 향공 출신으로 진사에 급제한 사람을 향공진사(鄕貢進士), 국학생도가 급제하면 국자진사(國子進士), 신라와 기타 외국 학생이 급제하면 빈공진사(賓貢進士)라고 불렀다. 빈공이란 용어가 정식으로 외국 진사의 명칭이 되었다. 만당 시인 장교의 「송빈공김이오봉사귀본국」(送賓貢金夷吾奉使歸本國), 두순학(杜荀鶴)의 「송빈공등제후귀해동」(送賓貢登第後歸海東) 등에 빈공진사를 언

38 『全唐文』 卷337, 1512쪽.

39 "諭以詩禮義, 勖隨賓薦名." 『全唐詩』(9), 3145쪽.

40 『舊唐書』 卷195, 「回紇傳」, 5196쪽.

급하고 있다. 당대와 그 이후의 문헌 중에 빈공진사는 외국인 진사에 대한 칭호가 되었다. 『태평광기』에 "김가기는 신라인으로 빈공 급제하였다"[41]라고 하였고, 『신당서』, 「예문지」에 "최치원은 고려인인데 빈공 급제하였다"[42]라고 했다. 김가기는 선종(宣宗) 대중(大中) 연간, 최치원은 희종(僖宗) 건부(乾符) 원년(874년)에 진사 급제하였으므로 모두 최초의 신라 유학생 김운경이 진사 급제한 목종 장경 연간 이후의 일이다.

처음으로 당대 과거에 빈공과를 설치하였다고 기록한 사람은 고려의 최해(崔瀣, 1287~1340년)이다. 그는 1333년에 지은 「송봉사이중부환조서」(送奉使李中父還朝序)에서 말하길, "진사로 인재를 선발한 것은 본래 당나라에서 성행했고, 장경 연간 초에 김운경이 있는데 처음으로 신라 빈공(賓貢)으로 예부(禮部)의 방목(榜目)에 이름을 올렸으며, 이때부터 천우(天祐) 연간까지 모두 빈공과에 오른 사람은 58명이었다"[43]라고 했다. 최해는 또 「동인문서」(東人文序)에서도 당대에는 특별히 숙위원(宿衛院)을 설치하였고 여기에 신라 유학생을 안치하였으며 동시에 진사과 과거시험에 특별히 빈공과(賓貢科)를 설치하였다고 하였다.[44] 이러한 최해의 주장을 이후 많은 학자들이 인용하면서 당대 9세기 초에 특별히 과거시험에 빈공과를 설치하였다고 한 것이다. 그러나 『통전』, 「선거전」(選擧典), 『신당서』, 「선거지」, 『당회요』와 같은 당대의 중요 문헌과 『삼국사기』나 『삼국유사』에도 과거시험에 빈공과를 특별히 설치했다는 기록이 없다.

빈공이라는 단어는 중당과 만당 문헌에 빈번하게 등장한다. 그러나 이

41 "賓貢進士." 『太平廣記』(3), 「金可記」, 76쪽.

42 『新唐書』 卷60, 「藝文志」(4)에 최치원의 저서 『四六』 1卷과 또 『桂苑筆耕』 20卷에 대한 설명 가운데 최치원을 "高麗人, 賓貢及第"라고 기록하였음. 『新唐書』, 1617쪽.

43 『東文選』 卷84, 4冊, 346쪽.

44 『東文選』 卷84, 4冊, 348~349쪽.

빈공은 빈공과가 아니라 외국 유학생을 가리킨다. 예를 들면, 최치원의 「전호남관찰순관배료계」(前湖南觀察巡官裴瞭啓) 중에 스스로 말하길, "인연이 닿아 과거시험을 보게 된 것이 분에 넘치는데 어찌 빈공을 논하겠으며, 원앙새, 난새와 땅강아지, 개미 모두 은덕을 입은 것은 같은데, 다사(多士)와 원인(遠人)이 은덕에 보답하는 것에 다를 바가 있겠는가?"[45]라고 했는데 여기에서 다사는 재능이 뛰어난 사람, 원인은 먼 곳에서 당나라에 유학을 온 외국인을 말한다. 청대 서송(徐松) 「등과기고서」(登科記考敍)에 당대 진사의 종류에 대해 "빈공에 적당한 인재를 얻었었는데 신라의 김가기, 고려의 최치원, 대식국(大食國)의 김언승(金彦升)이었다. 9품의 구별이 없고 한족과 이민족의 제한이 없으며 고금을 헤아려보면 이 과거시험이 최고이다"[46]라고 했다. 빈공을 진사과의 또 다른 적당한 인재를 구하는 방법이라고 말한 것이다.[47] 과거 진사에 급제한 최치원조차 명확하게 빈공과에 합격했다는 기록은 한중 양국의 정사나 관련 문헌에 모두 없다. 단지 등과(登科), 급제(及第), 빈공(賓貢) 탁제(擢第), 갑과(甲科) 급제, 진사(進士) 급제 등으로만 기록되어 있다.[48] 최치원 자신도 「여예부배상서찬

---

45 『桂苑筆耕集』 卷18, 『崔文昌侯全集』, 390쪽.

46 『登科記考』 卷23, 上册, 1~2쪽.

47 조선시대 때 丁若鏞은 『與猶堂全書』, 『雜纂集』(2)에서 「賓貢」에서 말하길, "빈공이라는 말은 남을 업신여기는 말이다. 고려의 과거를 도성에서는 上貢, 지방에서는 鄕貢, 외국에서 賓貢이라고 불렀다. 원나라 사람이 지어낸 말이다. 그 후에 지방의 鄕試를 다른 도 사람이 시기하여 욕을 하며 빈공이라고 하였다. 고려에서 외국인과 같은 것이다. 오늘날 사람은 이 명칭을 몰라 빈공으로 오인하고 당연한 것으로 여겼다"라고 했다. 『與猶堂全書』 권24, 『影印標點韓國文集叢刊』 제281책, 511쪽.

48 『三國史記』 卷11, 「新羅本紀」(11), 景文王 14년(874년)에 "최치원이 당나라에서 登科했다"라고 했다. 『三國史記』, 명문당, 304쪽. 『三國史記』 卷46, 「최치원전」에 "건부 원년 예부시랑 배찬 밑에서 일거에 及第하였다"라고 했다. 『三國史記』, 533쪽. 高麗 때 李仁老의 『破閑集』 卷中에 "文昌公 최치원은 자가 고운으로 賓貢으로 당나라에 들어가서 擢第되었다." 『高麗名賢集』 제2책, 95쪽. 李奎報의 『白雲小說』에 최치원은 唐末에 "일거에 甲科 及第하였다"라고 했

장」(與禮部裴尙書瓚狀)에서 건부 원년에 계과(桂科)에 급제하였다고 하였고,[49] 또 「출사후고사장」(出師後告辭狀)에서도 계과에 급제하였다고 하였는데,[50] 이 계과라는 것은 월궁(月宮)의 계수나무 꺾는 것을 진사급제에 비유하는 말로, 당대에 진사과의 별칭이 되었다.[51] 최치원은 과거시험에서 진사과에 급제하였고, 당대에는 빈공과를 별도로 설치하지 않음을 알 수 있다.

신라의 우수한 유학생이 당나라에서 유학, 문학과 예술 각 방면에서 우수한 성적을 거두고 귀국하여 유학자, 문인과 서예가 등에서 뛰어난 업적을 이룩하였다. 이 가운데 김운경(金運卿), 김문울(金文蔚)와 최치원(崔致遠) 등이 대표적인 인물이다. 김운경은 당나라에 유학하여 목종 장경(長慶) 원년(821년)에 과거시험에 급제하여 진사가 된 최초의 신라인이었다. 그가 과거에 급제한 후로 신라인이 중국의 과거시험에 합격하여 진사가 된 사람은 또 58명이나 되었다. 그 가운데 유명한 인물은 김운경, 김윤부, 김간중(金簡中), 김이어(金夷魚), 김가기(金可紀), 최치원, 이동, 박인범(朴仁范), 김악(金渥), 김장(金裝), 최승우(崔承佑), 김문울, 최언위(崔彦撝), 박충(朴充) 등 14명이다.

최초로 신라 유학생이 진사에 급제한 유학생에 대한 기록은 고려의 문인 최해의 「송봉사이중부환조서」인데, 목종 장경 원년에 김운경이 급제

다. 『高麗名賢集』 제1책, 573쪽. 朝鮮 徐有矩의 「校印桂苑筆耕集序」에 "12세 나이에 상선을 타고 중원에 들어가 18세에 進士 及第하였다"라고 했음. 『崔文昌侯全集』, 286쪽.

49 『孤雲先生文集』 卷1, 『崔文昌侯全集』, 67쪽.

50 『桂苑筆耕集』 卷18, 『崔文昌侯全集』, 384쪽.

51 晉代 隙詵은 賢良對策으로 급제하였는데 자신을 桂林의 한 가지에 비유하였다. 『晉書』 卷52, 「隙詵傳」, 1443쪽. 杜荀鶴의 「辭鄭員外入關」에서 "사내대장부 나이 삼십에 방황하며, 아직 청운의 계과에 나아가지 못했네"(男兒三十尙蹉跎, 未遂靑雲一桂科)라고 했음. 『全唐詩』, 7972쪽.

한 후에 당말 906년까지 모두 58명의 진사가 배출되었다고 하였다. 또한 청대 서송의 『등과기고』 권23과 권27 「부고」(附考)에 김가기, 김이오, 최언위, 최치원 등 4명을 기록하였고, 『동사강목』 권5에 22명의 신라 진사를 열거하였다.[52] 한중 학자들이 각종 문헌을 바탕으로 진사 36명을 밝혔는데, 김운경(金雲卿), 최이정(崔利貞), 김숙정(金叔貞), 박계업(朴季業), 김윤부(金允夫), 김입지(金立之), 박량지(朴亮之), 김난중(金蘭中), 김가기(金可紀), 김이어(金夷魚), 박충(朴充), 배광(裴光), 박거물(朴居勿), 최하(崔賀), 김준(金峻), 최치원(崔致遠), 이동(李同), 박인범(朴仁范), 김악(金渥), 김장(金裝), 박옹(朴邕), 박인규(朴仁圭), 김영(金穎), 김원(金蒝), 김근(金僅), 김소유(金紹游), 최원(崔元), 최승우(崔承祐), 최영(崔霙), 김무선(金茂先), 양영(楊穎), 최환(崔渙), 최광유(崔光裕), 최언휘(崔彦撝), 김문울(金文蔚), 김곡(金鵠) 등이다.[53]

신라 유학생은 한중 문화 교류에 큰 역할을 담당했다. 우선, 한반도 문화 발전에 공헌을 하였다. 그 가운데 7세기 말경 한반도에 신라의 문자 '이두'(吏讀)가 출현하였다. 중국의 한자를 이용하여 언어 표현 수단으로 삼았는데 692년에 신라의 저명한 학자 설총(薛聰), 강수(强首)가 한자의 음을 이용하여 한국어를 표기하는 방법을 고안하였다. 이것을 이두라고 한

52 『東史綱目』 卷5(上), 1冊, 499쪽.

53 吳曾尹, 『唐新羅教育文化交流之研究』 附錄 表17 「新羅賓貢科及第者名單」, 復旦大學 博士論文, 1996년, 145~148쪽. 嚴耕望은 신라 진사 급제자가 26명이라고 하였음. 김운경, 최이정, 김숙정, 박계업, 김윤부, 김입지, 박량지, 김이어, 김가기, 최치원, 박인범, 김악, 이동, 김무선, 양영, 최환, 최광유, 최승우, 김문울, 최영, 최신지, 金紹渤, 元杰, 崔仁滾, 王巨仁, 金垂訓이다. 『唐史研究叢考』, 433~438쪽. 金台俊의 『朝鮮漢文學史』에서는 15명이라고 했다. 김운경, 金可記, 최치원, 최광유, 김이오, 김문울, 이동, 최승우, 박인범, 김악, 최언위, 崔光允, 원걸, 巨仁, 김수훈이다. 張璉瑰 譯, 30쪽. 進士의 명단은 서로 약간 다르다. 金可紀는 金可記, 金紹游는 金紹渤, 金夷魚는 金夷吾, 金叔貞은 金淑貞 혹은 金淑眞, 金蘭中은 金簡中, 崔光允은 崔光胤, 崔愼之는 崔彦撝와 같은 사람임.

다. 이두에는 한국어의 음이 있고 한자의 자의와 독음을 결합시켰다. 이두의 창제는 한국어로 중국 서적을 해석할 수 있었고 유가경전과 한문 습득에 커다란 발전을 이룩하는 계기가 되었다.

신라에 무수한 한문 시인과 서예가가 탄생하였다. 7세부터 9세기까지 한반도의 시인과 문학가가 출현하였고 산문으로는 강수와 김대문(金大問)이 가장 뛰어났다. 신라 조정에서 당나라에 파견할 때의 국서는 대부분 강수의 손에 이루어졌다. 예를 들면, 외교 문서 가운데 신라와 김법민(金法敏) 명의의 「답당행군총관설인귀서」(答唐行軍總管薛仁貴書)는 강수가 직접 창작한 것이다. 이 문서는 귀중한 역사 문헌으로 고대 신라의 문장 가운데 모범으로 손꼽힌다. 김대문은 당나라에 다년간 유학하고 귀국한 후에 『화랑세기』(花郎世紀), 『한산기』(漢山記), 『악본』(樂本), 『고승전』(高僧傳) 등의 저술을 남겼는데 이 저서 모두 한국 문학사의 유명한 산문이다. 이 두 사람 이외에 신라 때 한반도에는 수많은 산문가와 시인이 있었는데 제문(帝文), 수진(守眞), 양도(良圖), 봉훈(鳳訓) 등이 유명하였다.

9세기 때의 저명한 문인으로는 김운경과 최치원이 있다. 김운경은 당나라에서 과거급제한 후에 연주도독부(兗州都督府)의 사마(司馬)를 지냈고 당나라에서 신라에 파견하는 선위부사(宣慰副使)도 역임했다. 신라의 서예가 가운데 가장 유명한 사람은 김생(金生)이다. 그는 미천한 출신이었지만 그의 예서(隷書), 행서(行書)와 초서(草書)는 신라뿐만 아니라 당나라에서도 유명했다. 북송 휘종 때 고려의 사신 홍관(洪灌)이 개봉에 와서 한림 양구(楊球)와 이혁(李革)에게 김생의 서예 작품을 보여주자, 이 두 당나라 관리는 왕희지의 진본으로 여기고 천하에 왕희지 외에는 이런 필체가 있을 수 없다고 극찬하였다고 한다. 신라의 또 다른 서예가 김인문이 쓴 「태종무열왕비」(太宗武烈王碑)에 대해 당대 서예가들은 필체가 우아하여 중국의 전서(篆書)와 비교가 되며 일류에 속한다고 평했다. 지금까지 남아 있는 「함경남도황초령진흥왕순수비」(咸鏡南道黃草嶺眞興王巡狩碑)에 대해 강유위(康有爲)는 『광예주쌍집』(廣藝舟雙輯), 「비품」(碑品)에서 아주 뛰어난 작품이라고 평했다.

중국에 파견된 신라 사신 가운데 한문과 한시에 능통한 사람이 많았는데 그들은 중국 문인들과 접촉하고 서로 시문으로 화창하며 친밀한 교류를 맺었다. 청대에 편찬된 『전당시』(全唐詩), 고려 때의 『명현십초시』(名賢十抄詩)와 조선시대의 시문집 『동문선』 등에 적지 않은 당대 시인과 신라 유학생이 서로 화창한 시와 송별시(送別詩)가 수록되어있다. 예를 들면 당대 시인이 신라 유학생을 전송하며 지은 송별시는 조선의 이덕무(李德懋)의 『청장관전서』(青莊館全書) 권58 「당인송인지신라」(唐人送人之新羅)에 "신라인을 시를 지어 전송한 당나라 시인은 『도서집성』(圖書集成), 「신라부」(新羅部) 〈예문〉(藝文)에 14명이 기록되어 있다. 도한(陶翰), 고황(顧況), 길중부(吉中孚), 요곡(姚鵠), 권덕여(權德輿), 전기(錢起), 이익(李益), 경위(耿湋), 황보염(黃甫冉), 유우석(劉禹錫), 장적(張籍), 석무가(釋無可), 허림(許琳), 이창부(李昌符) 등이 있는데 각기 1수인데 장적만이 두 수이다"라고 했다.[54] 각종 문헌을 통해 고찰이 가능한 신라 유학생과 당대 시인과의 교류는 김가기와 장효표(章孝標),[55] 김이오와 장교(張喬),[56] 박충과 장교,[57] 박구와 장교,[58] 박인범과 장준(張峻),[59] 최승우와 조송(曹松),[60] 최승우와 진책(陳策),[61] 최승우와 이석(李錫),[62] 김문학(金文學)과 심송(沈頌),[63] 설문학(薛

---

54 『影印標點韓國文集叢刊』, 259책, 30쪽.
55 章孝標, 「送金可紀歸新羅」, 『全唐詩』(15), 5753쪽.
56 張喬, 「送賓貢金夷吾奉使歸本國」, 『全唐詩』(19), 7305쪽.
57 張喬, 「送朴充侍御歸海東」, 『全唐詩』(19), 7320쪽.
58 張喬, 「送祺待詔朴球歸新羅」, 『全唐詩』(19), 7308쪽.
59 朴仁范, 「江行呈張峻秀才」, 『名賢十抄詩』 卷中, 釋子山, 『夾注名賢十抄詩』 卷中, 112쪽.
60 崔承祐, 「送進士曹松入羅浮」, 『名賢十抄詩』 卷下, 釋子山, 『夾注名賢十抄詩』 卷下, 161쪽.

文學)과 유신허(劉愼虛),[64] 박처사(朴處士)와 고비웅(顧非熊),[65] 박산인(朴山人)과 마대(馬戴),[66] 박산인과 무가(無可),[67] 박인범과 은원외(殷員外),[68] 박인범과 풍원외(馮員外),[69] 박인범과 전교서(田校書),[70] 최승우와 이사인(李舍人),[71] 최승우와 위태위(韋太尉),[72] 최승우와 설잡단(薛雜端),[73] 최광유와 이처사(李處士)[74]에서 알 수 있다. 또한 당대 시인이 신라인을 위해 송별시를 지었지만 신라인이 정확히 누구인지 알 수 없는 시도 있다. 허혼(許渾)의 「송우인파거귀동해」(送友人罷擧歸東海), 유득인(劉得仁)의 「송신라인귀본국」(送新羅人歸本國), 항사(項斯)의 「송객귀신라」(送客歸新羅), 임관(林寬)의 「송인귀일동」(送人歸日東), 장교의 「송인급제귀해동」(送人及第歸海東), 두순학의 「송빈공등제후귀해동」(送賓貢登第後歸海東), 관휴(貫休)의 「송인귀신라」(送人歸新羅)와 「송신라인급제귀」(送新羅人及第歸), 장적의 「송우인급제귀신라」(送友人及第歸新羅), 배열(裴說)의 「증빈공」(贈賓貢)이 있다.

---

61 崔承祐, 「關中宋陳策先輩赴邠州幕」, 『名賢十抄詩』 卷下, 釋子山, 『夾注名賢十抄詩』 卷下, 162~163쪽.

62 崔承祐, 「鄴下和李錫秀才與鏡」, 『名賢十抄詩』 卷下, 釋子山, 『夾注名賢十抄詩』 卷下, 166~167쪽.

63 沈頌, 「送金文學還日東」, 『全唐詩』(6), 2113쪽.

64 劉愼虛, 「海上詩送薛文學歸海東」, 『全唐詩』(8), 2869~2870쪽.

65 高非熊, 「送朴處士歸新羅」, 『全唐詩』(15), 5782쪽.

66 馬戴, 「送朴山人歸新羅」, 『全唐詩』(17), 6447쪽.

67 無可, 「送朴山人歸日本」, 『全唐詩』(23), 9150쪽.

68 朴仁范, 「上殷員外」, 『名賢十抄詩』 卷中, 釋子山, 『夾注名賢十抄詩』 卷中, 115~116쪽.

69 朴仁范, 「上馮員外」, 『名賢十抄詩』 卷中, 釋子山, 『夾注名賢十抄詩』 卷中, 116~117쪽.

70 朴仁范, 「贈田校書」, 『名賢十抄詩』 卷中, 釋子山, 『夾注名賢十抄詩』 卷中, 117~118쪽.

71 崔承祐, 「獻新除中書李舍人」, 『名賢十抄詩』 卷下, 釋子山, 『夾注名賢十抄詩』 卷下, 160쪽.

72 崔承祐, 「春日送韋太尉自西川除淮南」, 『名賢十抄詩』 卷下, 釋子山, 『夾注名賢十抄詩』 卷下, 161~162쪽.

73 崔承祐, 「贈薛雜端」, 陳尙君, 『全唐詩續拾』, 「新見逸詩附存」, 11961쪽.

74 崔匡裕, 「憶江南李處士居」, 『名賢十抄詩』 卷下, 釋子山, 『夾注名賢十抄詩』 卷下, 172~173쪽.

당대 시인 장교(張喬)와 신라 승려 아각(雅覺), 당대 시인 장적(張籍), 관휴(貫休)와 신라 승려 박산인도 시를 주고받았다. 장교와 신라 시인 겸 바둑의 고수인 박구(朴球)와 친분이 돈독하였는데 박구가 귀국할 때 장교가 시를 지어 그를 전송하였다. "해동에 누가 그와 적수가 될까? 돌아가면 응당 외로울 것이네. [……] 고국에 가면 여러 해 이별을 하게 되니, 쌍전이 다시는 없을 것일세."[75]

2) 최치원

최치원은 857년에 신라 호남의 옥구(沃溝)에서 출생하였다. 자가 해부(海夫)이고 호는 고운(孤雲)이다. 의종(懿宗) 함통(咸通) 9년(868년)인 12세 때 상선을 타고 바다를 건너 중국에 유학을 가서 희종(僖宗) 중화(中和) 4년(884년)인 28세 때 귀국하여 당나라에 16년 동안 장안에서 공부를 하고 낙양에 거주하였으며 그의 나이 18세 때 희종(僖宗) 건부(乾符) 원년(874년)에 중국 친구 고운(顧雲) 등 30명과 함께 진사에 합격했다. 후에 강회(江淮)에 출사하여 담주(潭州), 변주(汴州), 선주(宣州), 초주(楚州), 윤주(潤州), 요주(饒州) 등지를 유람하였는데 이때 당말 문인, 시인, 막부 관료들과 교류하였다.

배찬(裴瓚)은 최치원에 큰 영향을 끼친 당나라 말경의 문관인데, 그가 예부시랑 주공(主貢)일 때 최치원이 진사 급제하였으므로 배찬은 좌주(座主), 최치원은 문생(門生), 즉 과거 수험생의 관계로 우의를 맺었다. 양주에서 시를 서로 주고받기도 하였다.[76]

---

75 "海東誰敵手, 歸去應道孤. [……] 故國多年別, 雙田復在無." 『全唐詩』(19), 7308쪽. 최근 이충양의 『고대한 · 중교유시』가 출판되었음.

76 『桂苑筆耕集』 卷19, 『崔文昌侯全集』, 403쪽.

소금장수의 아들이자 시문에 능한 당나라 말경의 저명한 문인인 고운(顧雲)은 진사 동년(同年), 과거급제 동기생으로 강회 문인 가운데 최치원과 가장 절친하였다. 최치원과 함께 진사 급제한 후 건부 5년(878년)까지 장안의 시비서성교서랑(試秘書省校書郎)을 맡은 후 진해절도사(鎭海節度使) 고병(高駢)의 막부에 들어갔고, 건부 6년(879년)에 고병이 회남절도사((淮南節度使)가 되었을 때 고운의 추천과 도움을 받고 최치원은 고병의 막부에 들어가게 되었다. 중화 2년(882년)에 고운은 관찰지사(觀察支使)가 되었는데, 최치원과 고운은 회남 막부에 있을 때 시로 화창하였고,[77] 최치원이 귀국할 때 고운의 송별시가 있다.[78]

내 들은 바 바다에 금 거북이 셋 있어,
머리에 쓴 모자는 높고 높은 산.
산 위는 주궁패궐 황금 궁전이고,
산 밑은 출렁이는 만경창파.
그 옆엔 작고 푸르른 계림,
거북 산은 그야말로 예쁘고도 기이하다.
열두 살에 배 타고 바다를 건너와,
전 중국을 문장으로 놀라게 했네.
열여덟에 전장의 격문으로 이름 날리더니,

---

77 『孤雲先生文集』 卷1에는 「暮春卽事和顧雲支使」인데, 『孤雲先生續集』에는 「和顧雲支使暮春卽事」임. 『崔文昌侯全集』, 30~31쪽. 釋子山, 『夾注名賢十抄詩』 卷中, 108쪽에 최치원의 시 「和顧雲侍御重陽?菊」이 있음.

78 『三國史記』 卷46, 「崔致遠傳」, 明文堂, 534쪽. 李奎報의 『白雲小說』에 顧雲의 시 「儒仙歌」와 최치원의 自敍가 있다. 「儒仙歌」는 「送崔致遠西游將還」으로 『全唐詩續拾』 卷34에 수록되었다. 朝鮮 徐居正, 『筆苑雜記』 卷1에 顧雲의 시를 「送崔致遠還鄕詩」라고 하였음.

활을 쏘아 단번에 과거 문을 깨뜨렸네.[79]

장교(張喬)는 율시(律詩)에 뛰어난 시인으로 김이오, 박충, 박구 등의 신라의 유학생과 아각과 같은 신라 승려들과 교류하며 시를 주고받았다.[80]

바다 건너와 과거에 급제하고,
중국 의법 갖춰 본국으로 돌아가네.
외로운 배는 정박할 곳 없고,
너른 바다 만 리에 별만 홀로 벗이라지.
꿈은 바닷물 위에 떠다니고,
흐르는 세월 속에 희미해지네.
동풍이 불지 않으면,
소식조차 듣기 어렵네.[81]

해동 신라를 떠나온 지 이십사 년,
당나라 궁궐에서 세 황제를 모셨다네.
바다는 비록 넓고 넓으나,
돌아가는 뱃길 멀다 하지 않구나.
놀란 파도에 때때로 짝을 잃으면,
밤 되어 횃불 들고 서로를 부르네.

79 "十二乘船渡海來, 文章感動中華國. 十八橫行戰詞苑, 一箭射破金門策." 이충양, 『고대한 · 중교유시』, 137쪽.

80 『全唐詩』(19), 7305, 7308, 7320쪽.

81 「사신되어 신라 가는 김이오를 배웅하며」(送賓貢金夷吾奉使歸本局), 이충양, 『고대한 · 중교유시』, 140쪽.

오가며 옛 사람의 자취를 더듬어보니,
옛적에 진시황도 건너려던 다리 끊어진 적이 있었네.[82]

신라에선 적수가 있으려나?
귀국 후에도 천하무쌍이려니.
중국 경성에 기예를 전수하였고,
배 안에서도 복기를 계속하겠지.
변방에도 세월이 흘러,
바다는 육지를 실었구나.
고국을 떠난 지 몇 년이던가,
상전벽해 되어 천지개벽했으리.[83]

최치원이 율수(溧水) 현위(縣尉)를 맡았을 때, 광명(廣明) 원년(880년)에 황소(黃巢)가 군대를 이끌고 낙양과 장안을 점령하자, 장교는 구화산(九華山)에 들어가 은거하였는데 이곳에 은거하고 있던 이소상(李昭象), 고운과 친구였던 장교는 고운의 소개로 최치원과 알게 되었다. 광명 원년 겨울, 최치원은 율수를 떠나 회남 막부로 들어갔을 때 장교가 최치원에게 시 「화장진사교촌거병중견기」(和張進士喬村居病中見寄)를 보냈다.[84]

최치원은 사적을 알 수 없는 양섬(楊贍)에게 중화 4년에 회남 막부를 떠나 귀국할 때 보낸 시가 두 수가 있는데 최치원이 회남 막부에 있을 때 알

82 「해동으로 떠나는 시어사 박충을 배웅하며」(送朴充侍御歸海東), 이충양, 『고대한 · 중교유시』, 148쪽.

83 「신라로 돌아가는 바둑 고수 박구를 배웅하며」(送碁待詔朴球歸新羅), 이충양, 『고대한 · 중교유시』, 142쪽.

84 『孤雲先生文集』 卷1, 『崔文昌侯全集』, 31쪽.

게 된 절친한 친구였다.[85] 오만(吳巒)은 최치원과 빈번하게 교류하였다. 「송오진사만귀강남」(送吳進士巒歸江南)[86]과 「신축년기진사오첨」(辛丑年寄進士吳瞻)」[87]이 있는데 특히 후자는 중화 원년(881년)에 최치원이 회남 막부의 선악을 구분 못하는 풍조에 대해 불만을 표시하며 자신은 지조를 지켜 정도를 걷겠다는 의지를 표명하여 오만과 막역한 사이였음을 알 수 있다.

주번(周繁)은 고병의 막부에서 알게 된 동료이자 시를 주고받는 친구였다. 「사주번수재이소산집견시서」(謝周繁秀才以小山集見示書)[88]는 중화 연간에 주번이 자신의 시선집인 『소산집』(小山集)을 휴대하고 최치원의 집을 방문하였으나 마침 그가 외출하고 없어 시선집을 최치원 집에 놓아두고 귀가하였고 최치원이 집으로 돌아온 후에 그의 시선집을 보고 감사의 뜻을 전하는 내용이다.

이전(李殿)에게 보낸 최치원의 시 「화이전장관종일유산사」(和李殿長官終日游山寺)[89]는 두 사람이 불교의 선, 시와 술로 속세의 이욕(利慾)을 버린 초월적 삶에 대한 희구를 노래하였다. 또 「추일재경우이현기이장관」(秋日再經盱眙縣寄李長官)[90] 시에서는 친구와의 상봉의 감정과 나그네의 슬픔을 읊었다.

나은(羅隱)은 당나라 말경의 저명한 시인으로 최치원과의 교류를 알 수 있는 자료는 『삼국사기』 권46 「최치원전」인데 최치원이 12세 때 당나라

---

85 「酬楊贍秀才送別」과 「酬進士楊贍送別」, 『桂苑筆耕集』 卷20, 이상현 옮김, 『桂苑筆耕集』(2), 562쪽과 567쪽.

86 『孤雲先生文集』 卷1, 『崔文昌侯全集』, 30쪽.

87 『孤雲先生續集』, 「補輯」, 『崔文昌侯全集』, 208쪽. 吳瞻은 吳巒의 잘못임.

88 『桂苑筆耕集』 卷19, 『崔文昌侯全集』, 398~399쪽.

89 『孤雲先生續集』, 『崔文昌侯全集』, 207쪽.

90 『孤雲先生文集』 卷1, 『崔文昌侯全集』, 29쪽.

에 도착하였을 무렵으로 36세의 나은은 건부 원년에서 3년 사이에 대량(大梁)을 유람할 때 최치원을 처음 알게 되었다. 나은은 시재가 뛰어나 자부심이 아주 강한 사람으로 보통 사람이 만나기 어려웠지만 최치원을 존중하고 시를 지어 그에게 보내기도 하였다. 기록에 "처음에 중국에 유학할 당시에 강동(江東)의 시인 나은과 알고 지내었다. 나은은 자부심이 대단하여 남을 쉽게 인정하지 않았는데, 공이 지은 가시(歌詩) 5축(軸)을 누가 그에게 보여주자 그만 감탄하여 마지 않았다고 한다."라고 하였다. 두 사람이 주고받은 시는 남아 있지 않지만 나은이 칠언율시(七言律詩)를 잘 지었고 영물시(詠物詩)에 뛰어났고, 최치원도 칠률영물시(七律詠物詩)를 즐겨 지었던 점으로 보아 서로 영향을 주고받았을 것으로 추정된다.[91]

두순학(杜荀鶴)은 당나라 말경에 유명한 시인이다. 최치원의 친구 고운과 장교와도 절친했다. 그는 또한 신라 문인들과 교류하였는데 「송빈공등제후귀해동」(送賓貢登第後歸海東) 시가 전한다.[92]

배졸(裴拙)은 최치원과 함께 진사 급제한 후에 건부 2년(875년)에 국자사업(國子司業)으로 양주자사(洋州刺史)가 되었다. 최치원의 「답배졸서자서」(答裴拙庶子書)[93]는 중화 연간 말경에 지은 시로 배졸이 황소의 난을 피해 회남으로 갔을 때 양주에서 최치원을 방문한 후에 지어 답례를 표시하였다.

---

91 나은에 대한 기록은 이상현 옮김, 『고운집』, 68쪽. 羅隱의 詠物詩 「鷹」, 「紅葉」, 「鷺鷥」, 「牡丹」, 「蟬」은 『全唐詩』(19), 7565, 7569, 7609, 7611, 7618쪽과 최치원의 영물시 「石峰」, 「潮浪」, 「沙汀」, 「杜鵑」, 「海鷗」, 「山頂危石」, 「石上矮松」, 「紅葉樹」, 「石上流泉」은 『桂苑筆耕集』 卷20, 羅隱의 「題磻溪垂釣圖」, 『甲乙集』 卷11과 최치원의 「磻溪」, 『桂苑筆耕集』 卷17, 羅隱의 「經張舍人舊居」, 『甲乙集』 卷1과 최치원의 「再獻啓」, 『桂苑筆耕集』 卷17, 羅隱의 「姑蘇臺」, 『全唐詩』(19), 7561쪽과 최치원의 「姑蘇臺」, 『孤雲先生文集』 卷1.

92 『全唐詩』 卷691, 이충양, 『고대한 · 중교유시』, 152쪽.

93 『桂苑筆耕集』 卷19. 이상현 옮김, 『桂苑筆耕集』, 504~508쪽.

고언휴(高彦休)는 건부 연간에 진사 급제하고 중화 연간에 고병의 막부에 들어갔다. 그는 최치원과 함께 회남 막부에 같이 있어 동료 사이였다. 고언휴가 회남도 염철순관(鹽鐵巡官)을 대행하러 갈 때 최치원은 고병을 대신하여 「청고언휴소부충염철순관」(請古彦休少府充鹽鐵巡官)을 지었다.

장의부(張義府)는 최치원의 「하초주장의부상서」(賀楚州張義府尙書)[94]에 의하면 전공(戰功)으로 초주의 지방관이 되었음을 알 수 있다. 최치원과는 사적인 관계가 돈독했던 친구였다. 중화 4년 가을, 초주를 지날 때 지은 시 「초주장상서수곽상영인이시사」(楚州張尙書水郭相迎因以示謝)를 보면 장의부가 직접 나와 최치원을 영접하였음을 알 수 있다.

장영(蔣泳)은 함통 7년(866년)에 진사 급제하였고, 그의 부친은 태상경(太常卿)을 지냈다. 황소의 난을 피해 회남으로 갔다가 최치원을 알게 되어 교류하였다.[95]

이관(李琯)은 고병이 서천절도사(西川節度使) 시절 그의 막부에 있었고 후에 고병을 따라 회남으로 왔고 회남사부절도판관(淮南使府節度判官)을 지냈다.[96] 또한 이관의 도움으로 고병의 회남 막부에 들어가고 고병의 신임과 중용을 받을 수 있었다.[97]

최치원은 회남 막부 시절 상관인 이관을 알게 되어 교류하였다. 최치원은 회남 막부에 있을 때 생활 면에서 송현(宋絢)의 도움을 받았다.[98]

최치원이 진사 급제한 이듬해(875년)에 산동에서 왕선지(王仙芝), 황소(黃巢)가 이끄는 농민반란이 일어났다. 당시 사회가 불안하여 그의 출사도

---

94 『桂苑筆耕集』 卷19, 『崔文昌侯全集』, 355~356쪽.

95 「考功蔣泳郎中」, 『桂苑筆耕集』 卷10. 이상현 옮김, 『桂苑筆耕集』, 405~406쪽.

96 「請節度判官李琯大夫充府使」, 『桂苑筆耕集』 卷13. 이상현 옮김, 『桂苑筆耕集』, 135~137쪽.

97 「謝李琯書」, 『桂苑筆耕集』 卷19, 『崔文昌侯全集』. 이상현 옮김, 『桂苑筆耕集』, 513~514쪽.

98 「謝宋絢侍御使」, 『桂苑筆耕集』 卷19, 『崔文昌侯全集』. 이상현 옮김, 『桂苑筆耕集』, 502~503쪽.

순탄치 못해 낙양에 2년을 머물렀다. 그가 20세가 되었을 때 그는 선주(宣州) 율수(溧水), 지금의 강소 진강(鎭江)의 현위에 임명되었다. 24세 때 현위 직책을 그만두었고, 그의 친구 고운의 추천으로 회남절도사(淮南節度使) 고병(高騈)의 막부에서 관리로 있었다. 고병은 만당 때의 실력자로 당 조정은 그에게 황소의 난을 진압하는 일을 맡겼고, 고병은 그의 막부에 각 방면의 인재가 필요하였는데 시문에 뛰어난 최치원은 고병의 눈에 들어 전문적으로 문서 작성 일을 맡았고 5년 동안 머물면서 전중시어사(殿中侍御史)까지 역임하였다. 신라 사신 김인규(金仁圭)가 회남에 와 있었는데 884년 겨울, 최치원은 당왕조 신사(信使)의 신분으로 김인규와 함께 신라로 귀국하였다. 최치원은 이듬해 봄, 경주에 도착하였다.

최치원이 귀국한 후에 역대 국왕들의 중용을 받았는데 헌강왕(憲康王), 정강왕(定康王)과 진덕여왕(眞德女王) 3대에 걸쳐 시독(侍讀) 겸 한림학사, 병부시랑, 지서서감(知瑞書監), 최후에는 높은 관직인 아찬(阿餐)까지 올랐다. 그는 임기 중에 정직하여 직언을 하였고 원대한 의견을 제출하여 신라 정치에 큰 도움이 되었지만 간신들의 모함을 받아 외지의 군수로 폄적되기도 하였다. 당시 신라는 정치가 부패하여 사회부조리가 만연하던 때라 결국 889년에 상주(尙州)에서 농민반란이 일어났고 북방은 고려와 대치하여 국가 위기였다. 그는 가야산의 해인사로 들어가 정계를 멀리하고 은거하였다.

최치원이 귀국 후에 중국 문화를 제창하였는데, 특히 경학과 한문학을 전파하여 신라 학술과 문학 발전에 큰 영향을 끼쳤다. 그를 한국 한문학의 시조로 받드는데, 한국 학자는 "우리나라의 문장은 최치원에게서 처음으로 떨쳐 드러나게 되었다. 최치원이 당나라에 들어가 과거에 급제하고 문명(文名)이 크게 떨쳤다. 지금은 문묘(文廟)에 배향하였다"라고 하였다.[99] 그의 시는 쉽고 꾸밈이 없으며 감정의 표현이 깊으면서도 진지하

다. 예를 들면, 「태위에게 드리는 글」(陳情上太尉詩)에

그 누가 타국 사람을 가엾게 여길까?
나루터 통하는 길은 찾을 수가 없네.
봉록은 바랐어도 재물을 구하진 않았고.
가문을 빛내려 할 뿐 이내 몸 위함이 아니어라.
나그네 길 이별의 슬픔 강가에는 비가 내리고,
고국으로 돌아가는 꿈 하늘 끝에서 봄에 꾸었네.
바다 건너와 큰 은택 받았으니 감개무량할 뿐,
갓끈에 십 년 묵은 때 씻고자 하네.[100]

라고 했고, 「산양에서 고향 벗과 이별하며」(山陽與鄕友話別)에서는

잠깐 만나 초 땅 산의 봄을 함께 즐겼건만,
곧 이별하려니 눈물이 수건을 적신다.
바람 맞받으며 한참 바라본다고 개의치 말게,
타향에서 고향 사람 만나는 일 쉽지 않거늘.[101]

라고 했다. 이별의 슬픔을 담담하게 표현했다. 또 정경합일의 평담한 가운데 진지한 감정을 표출한 시도 있다. 예를 들면, 「가을밤 빗속에서」(秋

99 成俔, 『慵齋叢話』 卷1. 南晩星 譯, 『慵齋叢話』, 32쪽.

100 "海內誰憐海外人, 問津何處是通津. 本求食祿非求利, 只爲榮親不爲身. 客路離愁江上雨, 故園歸夢一邊春. 濟川幸遇恩波廣, 原頁濯凡纓十載塵." 『고운최치원선생문집』, 497쪽.

101 "相適暫樂楚山春, 又欲分離淚滿巾. 莫怪臨風偏愴望, 異鄕難遇故鄕人." 『고운최치원선생문집』, 518쪽.

夜雨中)에서

가을바람 불어 쓸쓸히 읊조리고,

세상엔 날 알아 줄 사람 없네.

창밖에 한밤중 비는 내리고,

등불 앞에서 먼 고향 생각하네.[102]

라고 가을에 느끼는 고향에 대한 그리움을 낮은 목소리로 읊조렸다. 최치원은 『계원필경집』(桂苑筆耕集) 20권을 남겼는데, 그의 시문은 당시 문단의 으뜸이었다.

최치원은 시문 외에도 서예와 음악에도 정통하여 후세 커다란 영향을 끼쳤다. 지금까지 남아 있는 「쌍계사대공탑비」(雙谿寺大空塔碑)는 최치원이 문장을 짓고 직접 쓴 글씨로 당나라 4대 대가들과 견줄 만한 작품이라는 평을 받는다. 그는 또 다른 서예가들을 위해 비문을 쓴 적도 있다. 예를 들면, 「성주사백월보광탑비」(聖住寺白月葆光塔碑), 「봉암사적조탑비」(鳳岩寺寂照塔碑) 등을 통해 그가 서예가들과 밀접한 교류가 있었음을 알 수 있다. 최치원은 또한 음악에도 정통하였는데 김부식의 『삼국사기』, 「악지」(樂志)에 그의 「향악잡영」(鄕樂雜詠) 5수를 수록하였다. 이 시들은 고대 신라의 음악을 연구하는 데 귀중한 자료가 된다.

최치원과 그의 시는 일찍이 당나라에 알려졌다. 『동인시화』(東人詩話)에 최치원은 윤주(潤州), 지금의 강소 진강의 자화사(慈和寺)를 유람하였을 때 시를 지었고 후에 신라 사람이 당나라에 들어가 그의 시를 구매하려고 하자 어떤 사람이 이 시를 초록하여 그에게 팔았다고 하였다. 최치원이 지

102 "秋風惟苦吟, 世路少知音. 窓外三更雨, 燈前萬里心." 『고운최치원선생문집』, 511쪽.

었다는 이 시는 "아름다운 호각 소리 아침저녁으로 울리니, 푸른 산 그림자 속에 옛날과 지금 사람 보이네"[103]이다. 청각과 시각을 통해 현재와 과거를 넘나든다.

최치원은 일찍이 젊었을 때 자신의 시들을 모아 『중산복궤집』(中山覆簣集) 5권을 편찬하였다. 후에 중국에 각종 시문 20여 권을 남겼는데, 구양수가 『신당서』를 편찬할 때 「예문지」 가운데 『사륙』(四六) 1권과 『계원필경집』 20권만을 기록하였다. 후에 『사부총서』(四部叢書), 『총서집성』(叢書集成) 모두 『계원필경집』만을 수록하였고 『사륙』은 보이지도 않는다.

최치원의 『계원필경집』에는 시 60수와 문장 265편이 포함되어 있다. 이 시문집에는 그의 학문, 창작, 관직과 사회 교제 상황이 포함되어 있다. 이 시문집의 가치는 첫째, 황소의 난의 과정을 직접 서술한 부분은 귀중한 역사적 사료 가치가 높다. 황소의 난은 당나라 말경인 875년에 산동에서 일어나 884년에 당 조정 정부군에 의해 진압되었는데 영수 황소는 태산 낭호곡(狼虎谷)에서 전사했고 이후 나머지 황소의 농민 군대는 9년 동안 전국을 휩쓸었는데 고병과도 밀접한 관계가 있다. 고병은 농민군과 직접 전투를 벌였고 979년, 고병은 회남절도사가 되었고 그 이듬해에 제도행궁도통(諸道行宮都統)이 되어 농민군 진압하는 정부군을 총지휘하였다. 조정 내부의 권력다툼으로 갈등이 빚어져 의견의 불일치로 결국 고병은 실권을 잃고 말았다. 이러한 내용이 『계원필경집』에 자세히 묘사되어 있는데, 「주유항황소하적잔성령괴장」(奏誘降黃巢下賊將成令瑰狀), 「주초항복건도초적장」(奏招降福建道草賊狀), 「격황소서」(檄黃巢書)와 후에 황소의 난을 진압한 후에 지은 「하수복경궐표」(賀收復京闕表), 「하살황소표」(賀殺黃

---

103 "畵角聲中朝暮浪, 青山影裏古今人." 「登潤州慈和寺上房」, 서거정 편찬, 박성규 역주, 『동인시화』, 30쪽.

巢表) 등은 당 조정 정부군과 황소의 군대와의 교전, 항복을 유도하는 과정이 사실적으로 묘사되어 있기에 당나라 정사에는 없는 기록이어서 더욱 사료적 가치가 있는 것이다.

둘째, 이 시문집 속의 시와 문장은 대부분 관청의 공문으로 당시의 정국과 관리제도에 대한 언급이 많은데 그 가운데 관직의 명칭은 당나라 관리제도사와 번진 체제의 내막을 알 수 있는 중요한 자료가 된다. 번진의 역사, 당시의 정치사와 경제사, 관리의 직권 범위와 변화 상황을 이해하는 데 큰 도움을 준다. 최치원의 『계원필경집』 중에 당대의 번진은 방대한 관료기구이고 하나의 번진 속에의 절도관찰사 아래 문관은 절도부사(節度副使), 관찰유후(觀察留后), 절도부관(節度副官), 절도장서기(節度掌書記), 관찰지사(觀察支使), 관역순관(館驛巡官) 등이 설치되어 있고, 무관으로는 도독부의 녹사참군(綠事參軍), 좌우사마(左右司馬), 아전도병마사(衙前都兵馬使), 토격사(討擊使) 등의 각급 중하급 군관이 있다고 하였고, 이러한 상세한 분석을 통해 번진이 당 조정의 명령을 듣지 않는 것은 당연하다고 하였다.

셋째, 『계원필경집』 중에 또한 당대의 사천 지방사 연구에 도움이 되는 자료가 포함되어 있다. 고병이 회남절도사에 임명되기 전에 그는 일찍이 오랫동안 군대를 이끌고 중국 서남부 지역에 주둔했었고, 사천에 나성(羅城)을 축조하였으며, 서남과 안남(安南)의 이민족 지역 사무를 맡기도 했다. 최치원은 고병의 막부에 있으면서 이 지역에 관해 기록을 남겼다. 「사천나성도기」(四川羅城圖記), 「하입만사회장」(賀入蠻使回狀), 「하통화남만표」(賀通和南蠻表) 등은 사료적 가치가 높아 당대의 지방사와 이민족 역사 이해에 큰 도움이 된다.

2. 불교문화의 교류

유학생 이외에 신라 때 한반도에서 당나라에 불교를 배우러 온 승려도 대폭 증가했다. 『조선불교사』에 의하면 당대에만 신라 승려가 64명에 이르고, 그 가운데 당나라에서 인도에 간 고승이 10명이다. 이들 승려 가운데 저명한 승려로는 원측(圓測), 자장(慈藏), 의상(義湘), 김대비(金大悲), 박산인(朴山人), 혜초(慧超), 지장(地藏) 등이 있다. 원측은 일찍이 현장법사의 제자였고 의상은 『화엄경』을 연구하고 저작이 풍부하며, 혜초는 중국에서 인도로 가서 불경을 구하였고, 저서로는 『왕오천축국전』을 남겼는데 중국, 인도와 신라 불교를 연구하는 데 귀중한 자료이다. 지장은 원명이 김교각(金喬覺)이고 원래 신라의 왕족으로 고종 영휘 4년(653년)에 당나라에 왔고 안휘의 구화산(九華山)의 주지를 지냈으며 현종 개원 16년(728년)에 원적하였으며 향년 99세였다. 항주 영은사(靈隱寺)와 구화산에 그의 동상이 세워져 있고 중국 민간에서는 지장보살로 추앙을 받고 있다.

1) 불교 종파의 전래

당대에는 한중 종교문화의 교류가 활발하였다. 이 가운데 불교문화의 상호 교류는 가장 두드러졌다. 당대에 중국 불교의 각 종파가 한반도에 전래되었다. 중국 불교는 남북조시대 때 각 종파를 형성하였는데 그 가운데 가장 저명한 종파로는 법상종(法相宗), 천태종(天台宗), 율종(律宗), 화엄종(華嚴宗), 밀종(密宗), 선종(禪宗) 등이다.

법상종은 초당 때 현장법사가 인도의 나란타 사원에서 중국에 전래하고 유식연기(唯識緣起)를 선양한 종파이다. 그래서 유식종(唯識宗) 또는 자은종(慈恩宗)이라고도 한다. 신라인이 중국에서 법상종을 배운 승려는 순경(順璟)이다. 고종 때 사신을 따라 당나라에 들어가 현장에게서 유식(唯

識), 유가(瑜珈)의 불법을 배웠고 현장과 현장의 제자 규기(窺基)에게 인정을 받아 명성을 떨쳤다. 귀국 후에 해동 유식종을 전파하였다. 현장의 고매한 학문이 당왕조와 특별한 관계가 있기 때문에 유식종을 배우는 승려가 많았다. 그의 제자 가운데 신라의 승려가 있었는데 원측과 신방(神昉)이었다. 원측은 본래 신라왕손으로 15세 때 태종 정관 연간 초에 당나라에 왔다. 원측은 현장에게서 유가, 유식 등의 경전을 배웠다. 고종 때 황실에서 50명의 고승 대덕을 선발하여 서명사(西明寺)에 들어가 거주하고 현장이 불법을 발양하게 했는데 원측은 현장과 함께 서명사에 있었다. 현장이 원적한 후에도 서명사에 계속 남아 유식의 교의를 널리 알렸다. 총장(總章) 원년(668년)에 종남산 운제사(雲際寺)에 갔고 8년을 수도하고 다시 서명사로 돌아와 『성유식론』(成唯識論)을 강론하였다. 원측은 당나라에서 명성을 날려 해동법장(海東法將)으로 불려 현장을 우두머리로 하는 유식종의 양대 계파 가운데 하나인 서명파(西明派)의 중심인물이 되었다. 무측천 때 신라국왕이 여러 차례 당 조정에 원측을 귀국시켜달라고 간청했지만 허락받지 못했다. 무측천은 원측을 불교의 '수좌증의대덕'(首座証義大德)으로 여기고 그에게 두 곳의 불경 번역 일을 맡겼다. 의봉(儀鳳) 연간 초에서부터 수공(垂拱) 연간 말경까지(676~687년) 천축의 승려 지파가라(地婆訶羅)가 장안과 낙양의 태원사(太原寺)와 장안의 홍복사(弘福寺)에서 『대승현식경』(大乘顯識經) 등 18부의 경론을 번역할 때 원측은 박진(薄塵) 등의 당나라 승려들과 함께 교정과 검증을 하는 증의(證義) 승직을 맡았다. 증성(證聖) 원년(695년)에 실차난타(實叉難陀)가 낙양 대편공사(大遍空寺)에서 『화엄경』을 중역할 때 원측이 협조하였는데 역경이 완성되기도 전에 결국 696년에 원측이 원적하자 당 조정은 불교 최고의 예우로 낙양 용문의 향산사(香山寺)와 종남산 풍덕사(豐德寺)에 유골을 나누어 안장하고 백탑을 세웠고, 북송 정화(政和) 5년(1115년)에 흥교사(興教寺) 현장탑 좌측에

이장하였다. 원측의 일생은 유식종 불경 번역에 종사하였고 현재 전하지는 않지만 『성유식논소』(成唯識論疏), 『묘법연화경소』(妙法蓮花經疏), 『인명논소』(因明論疏) 등 11종의 논소(論疏)에서 지명도가 높았다. 지금까지 전하는 그의 저작은 『해심밀경소』(解深密經疏) 40권, 『인왕경소』(仁王經疏) 3권, 『반야심경찬』(般若心經贊) 1권 3종이 있는데, 이 가운데 『해심밀경소』 40권 가운데 35권 이후는 전하지 않아 장문(藏文) 『단주이』(丹朱爾) 가운데 역본이 남아 있어서 최근 관공법사(觀空法師)가 번역하여 보충하였다.[104] 신방은 신라 승려 가운데 현장을 수행한 기간이 가장 긴 제자이다. 정관 연간에 홍복사(弘福寺)에서 현장을 수행하며 불경을 번역하여 『유식종경』(唯識宗經) 40여 권을 번역하였다. 현장의 신라 제자를 통해 중국의 유식종이 신라에 전해졌고 신라를 통해 일본에 전파되었다.

천태종은 창시자가 지의(智顗)인데 그가 거주한 절강 천태산(天台山)과 『묘법연화경』(妙法蓮華經)에서 유래하여 법화종(法華宗)이라고도 하고, 인도의 용수(龍樹)를 시조로 받들며 '지관쌍수'(止觀雙修)의 수련 원칙을 중시한다. 천태종의 창시자 지의는 수문제 개황 17년(597년)에 천태산사(天台山寺)에 원적하였다. 천태종의 기초는 남북조 후기의 고승 혜문(慧文)과 혜사(慧思)로 올라간다. 특히 혜문은 『대지탁론』(大智度論)의 삼지(三智)로 '일심중득'(一心中得)의 법리(法理)를 깨닫고, 또 『중론』(中論) 관사체품(觀四諦品)의 '삼시게'(三是偈)[105]를 결합시켜 일심(一心) 가운데 관공(觀空), 관가(觀假), 관중(觀中)과 '일심삼관'(一心三觀)의 이론을 확립하는 것이다. 혜사는 이 이론을 계승하여 『묘법연화경』의 요지를 결합시키고, 또 '제법실상'(諸

104 中國佛教協會 編, 『中國佛教』 第2輯, 142쪽.

105 『中論』은 『中觀論』 4권으로 저자는 龍樹이고 青目이 解釋하였고, 鳩摩羅什이 漢譯했다. 大乘佛教 中觀派의 경전이다. 27品으로 원래 500頌인데 漢譯本은 446頌이다. 중심 학설은 八不緣起와 中道正觀임.

法實相)의 학설을 제창하였다. 후에 지의가 '일념삼천'(一念三千)과 '삼체원융'(三諦圓融) 사상을 중심으로 독립된 학파를 확립했다. 그의 저작으로는 『법화현의』(法華玄義), 『법화문구』(法華文句), 『마가지관』(摩訶止觀)이 있는데 속칭 천태삼대부(天台三大部)라고 한다. 지의의 제자 관정(灌頂)이 스승의 교의를 득도하였고 담연(湛然)에 이르러 지의의 저작에 주석을 달았고, 또 『금강비론』(金剛錍論), 『법화오백문』(法華五百問), 『지관의례』(止觀義例)를 저술하고 '무정유상'(無情有性)의 관점을 제안하였는데 후세 천태종의 발전에 커다란 영향을 끼쳤다. 천태종의 불경경전은 『묘법연화경』을 교과서, 『대지탁론』을 지침서, 『대반열반경』(大般涅槃經)을 참고서, 『대반야경』(大般若經)[106]을 견해서로 삼는다. 천태종의 주요 사상은 실상(實相)과 지관(止觀)이다. 실상으로 이론을 천명하고 지관으로 실제적 수양을 이끈다는 뜻이다.

백제의 고승 발정(發正)은 천태종을 한반도에 전파한 최초의 승려이다. 『법화경』파 승려들이 신봉하는 관세음보살 신앙도 한반도에 전래되었다. 발정 이후로 백제 위법왕(威法王) 시대는 중국의 진(陳)과 수나라 때인데 유명한 승려 현광(玄光)이 중국에 왔었고 천태종을 한반도에 전파하였다. 수나라 때 고구려 승려 파약(波若)과 신라 승려 연광(緣光)은 지의의 수제자였다. 파약은 지의의 의견에 따라 입산하여 고행 수도하였는데 누더기 옷을 걸치고 거친 음식을 먹으며 누추한 집에서 살았다. 고행하며 수도를

106 일반적으로는 『般若經』이라고 하는데 원래는 『大般若波羅蜜經』이다. 600권으로 唐代 玄奘이 번역하였다. 최초는 남인도에서 출현하였고 후에 서인도와 서북인도에 전해졌다. 2세기에 이미 중국에 전파되었고, 支類迦讖이 『道行般若經』 10권을 번역하여 『小品般若』라고 했다. 후에 竺法護가 『光贊般若經』 10권을 번역하고 無羅叉가 『放光般若經』 30권을 번역하여 『大品般若』라고 했다. 鳩摩羅什이 소품과 대품반야를 重譯하여 『金剛般若經』을 출간하였고, 간단히 『金剛經』이라고 했다. 후에 반야경은 끊임없이 번역되었고, 현장이 『般若心經』을 번역하였는데 간단히 『心經』이라고 함.

닦는 생활로 불교계의 존경을 받았고 후에는 천태산 최고봉인 화정봉(華頂峰) 심산 속에서 서거했다. 연광은 지의에게 배운 후 귀국하여 중국의 불교문화를 전파하였는데 그의 두 여동생도 불문에 귀의했다. 당대 후기에 이르러 신라의 승려들이 당나라에 가서 구법하여 산동에 거점을 두고 적산(赤山)에 법화원(法華院)을 건립하였다. 엔닌의 『입당구법순례행기』 권2의 기록에 의하면 등주(登州) 문등(文登) 청녕향(淸寧鄕) 적산촌에는 신라법화원(新羅法花院)이 있고 신라의 장보고가 처음 건립했고 장전(莊田)이 있으며 승려가 30여 명 있고 겨울에는 『법화경』을 암송하고, 여름에는 『금광명경』(金光明經)을 강의하였다고 하였다.[107] 신라 유학승 가운데 당나라에 들어와 법화경을 배운 승려는 일찍이 법융(法融)이 있었는데 법화종 8대조 좌계존자(左溪尊者)에게 법화경을 사사하고 개원 18년(730년)에 귀국하여 법화종을 전파하였다.

율종은 계율(戒律)을 중시한다는 의미에서 유래하였다. 당대 고승 도선(道宣, 596~667년)이 창시하였다. 도선이 종남산에 오랫동안 거주하였기 때문에 남산종(南山宗), 또한 오부율문(五部律文)[108] 가운데 『사분율』(四分律)[109]에 의거하여 창립하였기 때문에 사분율종(四分律宗)이라고도 한다.

---

107 申福龍 번역 · 주해, 『入唐求法巡禮行記』, 104쪽.

108 曇無德部의 「四分律」, 薩婆多部의 「十誦律」, 彌沙塞部의 「五分律」, 迦葉遺部의 「解脫界經」, 婆粗富羅部의 「摩訶僧祇律」을 말한다. 한국 최초로 인도에 가서 구법한 승려 겸익은 백제 성왕 4년에 律을 구하겠다는 결심으로 바다를 건너 中天竺 常伽那大律寺로 갔고 5년 동안 梵文을 배워 天竺國 언어에 정통하였고 律部를 공부하였으며 인도의 승려 倍達多三藏과 함께 梵文으로 된 『五部律文』을 가지고 귀국하였다. 성왕은 명을 내려 겸익과 倍達多三藏을 도와 律部經典 27권을 번역하게 하였다고 한다. 李能和, 『朝鮮佛教通史』 上篇, 33쪽.

109 『曇無德律』이라고도 하는데, 불교의 戒律書로 60卷이며 後秦 때(416년) 佛陀耶舍와 竺佛念이 共譯하였음. 원래는 法藏部의 戒律인데 4부분으로 나뉘어져 있다. 주로 比丘 250條, 比丘尼 348條와 20犍度, 2結集으로 규정되어 있다. 唐代에 法礪, 懷素가 이것을 37法, 比丘戒 8법, 比丘尼戒 6法, 犍度 20法, 結集1法, 調部 1法과 增一 1법으로 나누었다. 唐代 道宣이 律宗을 건립하고 注疏를 달았다. 唐中宗 때, 鳩摩羅什이 번역한 승려가 지켜야 할 기본 戒

중국에서 계율과 수행에서 지켜야 할 수칙에 관한 번역은 삼국 위나라 가평(嘉平) 연간(249~256년)에 중천축의 담가가라(曇柯迦羅)가 낙양에 왔을 때부터 시작되었다. 그는 『마가승기부계본』(摩訶僧祇部戒本)을 번역하여 계율로 삼았고 갈마법(羯磨法)을 세워 계율을 창립하였다. 정원(正元) 연간(254~256년) 중에 안식국(安息國) 승려 담체(曇諦)가 법장부(法藏部) 갈마를 번역하였다. 불타야사(佛陀耶舍)와 축불념(竺佛念)이 후진(後秦)의 홍시(弘始) 12년(410년)에 공동으로 번역하였고, 동진 때 불타발타라(佛陀跋陀羅)와 법현(法顯)이 의희(義熙) 12년(416년)에서 14년(418년)에 공동으로 『마가승기율』(摩訶僧祇律)을 번역하였다. 『십송율』(十誦律)은 불야다라(弗若多羅)와 구마라습(鳩摩羅什)이 홍시 6년(404년)에 번역하였다. 북위 효문제 때 법총(法聰)이 평성(平城)에서 『사분율』을 강의하였다. 후에 도선이 『사분율비구함주계본』(四分律比丘含注戒本), 『사분율산보수기게마』(四分律刪補隨機羯摩), 『사분율번보궐행사초』(四分律繁補闕行事鈔), 『사분율습비니의초』(四分律拾毗尼義鈔), 『사분비구니초』(四分比丘尼鈔)를 저술하여 계율을 정립하고 불교의 수계(受戒) 의식을 제정했다.

신라 승려 지명(智明)이 수나라 때 율종을 배운 후에 귀국하여 신라 율종의 대덕(大德)이 되었다. 신라에 율종을 전파하는 데 노력한 승려는 원광(圓光)과 자장(慈藏)이다. 『속고승전』(續高僧傳)의 기록에 의하면 원광은 본래 성이 박씨(朴氏)이고 원래 신라의 유명한 인사였다. 25세 때 그는 해로로 중국의 남방에 가서 처음에는 진(陳)나라의 금릉에서 유학을 배웠으나 후에 불교에 심취하여 중국에 10여 년을 살았다. 589년에 수나라가 진나라를 멸망시킨 후에 원광은 소주의 호구산(虎丘山)에서 강학을 하였고 전란 중에 수나라 군대의 구원을 받아 수나라 수도 장안에 초대를 받는

律書였던 『十誦律』을 금지하면서 크게 전파되어 역대로 이 계율을 따랐음.

등 그의 불법 활동은 중국 불교계에서 중국에 널리 명예를 드높였다는 칭찬을 들었다. 원광은 수나라에서 지명도가 높은 고승이 되었고 수문제 때 귀국하였다. 그가 귀국한 후에 신라 국왕의 융숭한 예우를 받았고 민간의 일반 백성들의 환영을 받았으며 신라 왕실과 대신들 모두 그를 성인으로 대접하고 존경하였다. 원광은 불교 교리와 세속의 도덕을 하나로 결합하여 신라 사회의 '세속오계'(世俗五戒)를 정립하였는데 오계는 지금까지도 한국인의 정신 문화에 영향을 끼치고 있는데 첫째는 사군이충(事君以忠)이고, 둘째는 봉친이효(奉親以孝)이며, 셋째는 교우이신(交友以信)이고, 넷째는 임전불퇴(臨戰不退)이며, 다섯째는 살생유택(殺生有擇)이다. 이 다섯 가지 가운데 앞의 네 가지는 유가 학설의 불교화이다. 중국 전통 사상의 '정심지신'(正心持身)과 '수신제가치국평천하'(修身齊家治國平天下)의 도덕 윤리관의 한반도 전래이다. 원광이 신라 민중들이 숭상하는 불학대사가 되었다. 613년에 수양제가 사신 왕세의(王世儀)를 신라에 파견하였을 때 신라의 황룡사(皇龍寺)에서 여러 고승들을 초대하여 설법하게 했는데 수석에 원광이 있었다.

원광을 뒤이어서 율종을 연구한 고승은 자장이다. 『삼국유사』에 의하면 자장은 이름이 김선종(金善宗)이고 귀족 출신이었지만 불법 전도에 뜻을 두어 전 재산을 사원 건립에 증여하였고 국왕도 여러 차례 관직을 하사하였으나 거절하였다. 사형으로 위협하여도 그의 신앙을 바꾸지 않았다. 후에 신라의 선덕여왕은 결국 그가 출가하여 승려가 되는 것에 동의하였다. 636년에 자장은 10여 명의 불교 제자를 데리고 당나라에 구법을 떠났다. 우선 산서 오대산에서 문수보살을 배알하고 후에 장안에 가서 수행하였으며 당태종의 극진한 예우를 받았다. 후에 청량산(淸凉山), 종남산(終南山) 운제사(雲際寺)와 장안에서 강학하였고 여러 차례 당 조정으로부터 상을 하사받았으며 대장경(大藏經) 한 부와 불교 의장법물(儀仗法物) 일체를 하사받고 귀국할 때 가져갔다. 선덕여왕 때(643년) 귀국하여 경주 분황사(芬皇寺), 황룡사(皇龍寺)에서 거주하였다.[110] 자장은 『법화경』과 율종의 여러 경전에 정통하여 일찍이 당나라 궁정의 황실에게 강학하였다. 자장이 신라에 귀국한 후에 전국 불교 사무를 총괄하는 대국통(大國統)에 임명된 후에 불교에 관한 일체의 법규를 제정했고 신라의 율종의 비조가 되었으며 율종 발전에 힘썼다. 그는 부풍(扶風) 법문사(法門寺)의 아육왕탑(阿育王塔)에 불골사리(佛骨舍利)를 안장하는 규정을 모방하여 황룡사탑, 대화탑(大和塔)과 통도사 계단(戒壇)에 각각 사리를 봉안하였다. 자장과 같은 시기에 당나라 장안에서 율종을 배운 후에 신라로 귀국한 원승(圓勝)도 신라에서 율종을 발양한 고승이다. 지인(智仁)은 남산대사(南山大師) 도선(道宣)의 제자이다. 도선은 율종 3파 중의 하나인 남산종(南山宗)의 창시자이고 정관 16년(642년)에 종남산 풍덕사(豐德寺)에서 율종을 전파하였다. 율학에 뛰어났고 박학다식하였으며 저술도 많았다.[111]

화엄종은 최고의 경전으로 받드는 『화엄경』[112]에서 유래했다. 중국의 화엄종은 무측천 때 현수대사(賢首大師) 법장(法藏)이 창립했기 때문에 현수종(賢首宗)이라고도 한다. '법계연기'(法界緣起)를 핵심 이론으로 삼았기 때문에 법계종(法界宗)이라고도 한다. 법장의 스승은 지엄(智儼)이고, 지엄의 스승은 법순(法順)으로 화엄종의 시조가 된다. 이 두 고승이 거주했던 종남산의 지상사(至相寺)가 화엄종의 총본산이 되는 셈이다.

110 『續高僧傳』 卷24와 『三國遺事』 卷4. 李載浩 譯, 『三國遺事』(下), 54쪽.

111 『宋高僧傳』 卷14, 「明律編」(4), 327~330쪽.

112 원래는 『大方廣佛華嚴經』이고, 두 가지 번역본이 있다. 東晉 때 佛馱跋陀羅 譯本 60권은 『六十華嚴』 혹은 『舊譯華嚴經』이라고 하고, 唐代 實叉難陀 譯本 80권은 『八十華嚴』 혹은 『新譯華嚴經』이라고 한다. 이밖에 唐代 貞元 연간에 般若 譯 『四十華嚴』 40권이 있다. 관련 역본은 비교적 많은데 『十住品』, 『不思義佛境界品』, 『入佛境界品』의 譯本이 유행했다. 일반적으로 個別 品目이 일찍이 2~3세기 때 이미 출현했지만 최후의 편찬은 于闐에서 이루어졌음.

화엄종을 중국에서 신라에 들여온 승려는 자장(慈藏)이다. 자장이 신라의 화엄종과 인연이 있고 그가 당나라에 와서 오대산의 문수보살을 배알했는데 오대산과 관련된 문수신앙은 『화엄경』과도 관계가 깊어 오대산의 문수신앙은 『화엄경』을 칭송하고 강조하였다. 중당 때 오대산의 대부영취사(大孚靈鷲寺)를 대화엄사(大華嚴寺)로 개명하였고 이때부터 『화엄경』이 오대산 불교 가운데 특수한 지위를 차지하게 되었다. 자장은 화엄종과 율종에 정통하여 당나라와 신라에서 『화엄경』을 강학하였고 신라에서의 화엄종 전파에 영향이 컸다. 자장은 신라에 당나라 오대산에서 온 후로 제일 먼저 접촉한 것이 바로 화엄설교였다. 그가 귀국한 후에 오대산 성지를 모방하여 신라에 오대산을 만들고 불교의 성지가 되었다. 또한 자장이 신라와 당나라에서 『화엄경』을 강학했고 당나라에서는 국빈이 되어 당태종이 궁중으로 그를 초빙하여 화엄경 강의를 들었다. 신라에서는 자신의 집을 원녕사(元寧寺)로 개명하고 여기에서 『화엄경』을 강학하였다.

자장 이후 화엄종이 신라에서 크게 발양시킨 고승이 의상(義湘)이었다. 그를 해동 화엄의 시조로 여긴다. 의상은 본래 성이 김씨로 경주 사람으로 진평왕(眞平王) 42년(625년)에 출생하여 29세 때 황복사(皇福寺)에 들어가 출가하였다.[113] 용삭(龍朔) 2년(662년) 38세 때 바다를 건너 양주에 갔고 상선을 타고 등주(登州)에 도착하여 종남산 지상사(至相寺)에서 구법하였다.[114] 종남산 천자곡(天子谷)에 위치한 지상사에서 그는 지엄에게 사사하고 지엄으로부터 화엄종의 원융무애(圓融無碍)사상에 대한 가르침을 받았고 법장과 함께 배웠다. 지엄이 입적하기 전날 저녁에 의상은 그에

---

113 『三國遺事』 卷4, 「義湘傳敎」. 李載浩 譯, 『三國遺事』(下), 71쪽.

114 『宋高僧傳』 卷4, 「唐新羅國義湘傳」. 贊寧 撰, 『宋高僧傳』(上), 75쪽. 崔致遠의 「海東華嚴初祖忌晨願文」에 "龍朔 2년 終南山 至相寺에 이르러 智儼을 스승으로 모시고 法藏과 친구로 지냈다"라고 했다. 『孤雲先生續集』, 『崔昌侯全集』, 238쪽.

게서 배운 것을 『화엄일승법계도』(華嚴一乘法界圖)를 완성했다.[115] 귀국한 후에[116] 신라 문무왕 때 의상은 태백산에 은거하며 부석사(浮石寺)를 건립하였다. 신라 조정의 지지로 부석사는 신라 화엄종의 중심지가 되었으며, 사원 내에는 고승 10명이 있었는데 이들을 십대덕(十大德)이라고 한다.[117] 효소왕(孝昭王) 원년(692년) 법장은 『화엄경탐현기』(華嚴經探玄記) 20권, 『일승교분기』(一乘敎分記) 3권, 『기신소』(起信疏) 2권, 『십이문논소』(十二門論疏) 1권, 『현의장등잡의』(玄義章等雜義) 1권을 편찬하고 신라 승려 승전법사(勝詮法師)에게 부탁하여 초록하여 신라로 가져가서 의상에게 증정하였고 의상이 10개 사찰에 전교하였다.[118] 이후로 의상의 제자는 신라 각지에서 화엄불교를 발양하고 확장하는 데 힘썼다. 7~8세기 교체기에 화엄종은 대종을 이루었다. 의상을 해동 화엄종의 시조이자 신라 불교사의 십성(十聖) 가운데 하나로 추앙을 받았다. 의상의 저서로는 『화엄일승법계도』(華嚴一乘法界圖) 1권, 『입법계품사기』(入法界品沙記) 1권, 『화엄십문간법관』(華嚴十門看法觀) 1권, 『화엄경약소』(華嚴經略疏) 1권, 『백화도장발원문』(白花道場發願文) 1권 등 화엄종과 관련된 저작이 있고, 그의 제자는

---

115 義湘의 당나라에서의 구법에 대해서는 최치원의 「海東華嚴初祖忌晨願文」, 『孤雲先生續集』, 『崔文昌侯全集』, 238~239쪽. 의상의 저작 가운데 화엄종과 관계가 있는 저서는 『華嚴一乘法界圖』 1권, 『入法界品鈔記』 1권, 『華嚴十門看法觀』 1권, 『華嚴經略疏』 1권, 『白花道場發願文』 1권이 있음.

116 義湘의 귀국 시기에 대한 세 가지 학설이 있다. 첫 번째는 咸亨 원년(670년). 『三國遺事』 卷4 〈義湘傳敎〉, 을유문화사, 1983, 327쪽과 日本 忽滑快天, 『韓國禪敎史』, 朱謙之 譯, 54쪽. 두 번째는 咸亨 2년(671년). 『三國遺事』 卷3 〈前後所將舍利〉, 을유문화사, 246쪽과 金得榥, 『韓國宗敎史』, 94쪽과 陳尙勝, 『中韓關系史論』, 부록(4) 「新羅來唐求法僧侶表」, 64쪽. 세 번째는 儀鳳 원년(676년). 任繼愈 編, 『佛敎大辭典』, 1159쪽.

117 제자가 3천여 명이라고 하는데 이 가운데 悟眞, 智通, 表訓, 眞定, 眞藏, 道融, 良圓, 相源, 能仁, 義寂 10명을 湘門十德과 新羅의 亞聖이라고 불렀음.

118 十刹은 江原道 襄陽 洛山寺, 中岳公山 善理寺, 原州 毗摩羅寺, 金井山 梵魚寺, 伽倻山 海印寺, 康州 寶光寺, 毗瑟山 玉泉寺, 公州 迦耶峽普願寺, 南岳 지리산 華嚴寺, 鷄龍山 岬寺임.

3천 명이나 되었다. 그 가운데 오진(悟眞), 지통(智通), 표훈(表訓), 진정(眞定), 진장(眞藏), 도융(道融), 양원(良圓), 상원(相源), 능인(能仁), 의적(義寂) 10명을 '상문십덕'(湘門十德)과 신라의 '아성'(亞聖)이라고 일컬었다.

밀종은 밀교(密教), 비밀교(秘密教), 유가밀교(瑜伽密教), 금강승(金剛乘), 진언종(眞言宗)이라고도 한다. 대승불교의 공(空)사상을 밀교에서도 교의의 근본을 이루는데 초기의 대승교단의 종교생활은 예불, 예탑(禮塔)과 경전의 독송과 좌선, 설법, 교화에 힘쓰는 것이다. 후기 대승불교의 사상적 경향이 중관(中觀), 유식, 여래장(如來藏)사상을 이론적 토대로 삼았는데, 밀교는 종교적 체험을 중시하여 법신대일여래(法身大日如來)을 종교적 의례와 작법이 엄격하게 규정된 의궤에 의하여 신비적 체험을 통해 부처와 합일을 이루는 즉신성불(卽身成佛)을 이상으로 삼기 때문이다. 즉 고도로 조직화된 주술을 어밀(語密), 수결계인(手結契印)의 신밀(身密)과 마음으로 관상(觀想)하는 의밀(意密), 이 세 가지가 서로 상응하면 부처가 될 수 있다는 것이다.

중국 밀종의 창시자는 선무외(善無畏), 금강지(金剛智)와 일행(一行)이다. 선무외는 중천축 사람으로 개원 4년(716년)에 장안에 와서 현종으로부터 국사(國師)에 봉해졌다. 그는 『대일경』(大日經)을 번역하여 태장밀교(胎藏密教)를 건립했다. 금강지도 중천축 사람으로 개원 7년(719년)에 당나라에 와서 금강계밀법(金剛界密法)을 창립했다. 불공은 북인도 사람으로 10세 때 당나라에 와서 천보 원년(742년)에 사자국(獅子國), 지금의 스리랑카에 가서 구법을 하였고 천보 5년(746년)에 범문(梵文) 불경 500여 부를 가지고 장안으로 돌아왔고, 현종, 숙종과 대종의 예우를 받았으며 최대 영향이 컸던 밀종의 창시자이다. 역경 111부가 있는데 대표적인 역저로는 『금강정경』(金剛頂經) 140권으로 제자도 많았다. 그 후에 밀종이 신라와 일본에 전해졌고 당나라 말경과 오대 때 밀종은 점차 쇠퇴하였다.

밀종을 신라에 전한 고승은 명랑법사(明朗法師)와 혜초이다. 명랑은 초당 때 당나라에 들어와 밀법을 구하고 귀국한 후에는 신라에 최초의 밀종 사원인 금광사(金光寺)를 건립했다. 명랑은 의술에도 정통하여 밀종의 불법으로 귀신을 쫓아내는 방법을 사용하여 사경을 헤매는 선덕여왕을 위기에서 구하였고 승상 김양도(金良圖)의 중풍에 의한 실어증을 고쳤는데 이때부터 밀종이 현세를 초월하여 입신의 경지에 이르게 하는 힘이 있다고 여기게 되었다. 밀종의 진체를 신라에 전달한 고승은 『왕오천축국전』의 저자 혜초이다. 밀종이 중국에서 현종 때 정상 궤도에 올라 잡밀(雜密) 단계에서 순밀(純密) 단계에 도달하였다. 혜초는 현종 개원 연간에 서역에서 불법을 구한 후에 중국에 와서 밀종의 대사 금강삼장(金剛三藏)에게서 밀종 불법을 배웠다. 금강삼장이 법문으로 대승유가경문(大乘瑜珈經文)을 강독할 때 혜초는 손으로 직접 받아 적었다고 한다. 혜초가 당나라에서 존경을 받아 칙명을 받고 황제 대신 장안 근교 주지(周至)의 옥녀담(玉女潭)에 가서 기우제를 올렸다. 그는 늙어서 중국에서 죽었지만 그의 밀종 연구는 그의 제자에 의해서 고국 신라에 전해졌다. 혜초는 신라의 밀종 발전에 큰 영향을 끼쳤다.

선종은 창시자가 보제달마(菩提達磨)인 관계로 달마종(達磨宗) 혹은 불심종(佛心宗), 심종(心宗)이라고도 한다. 시조 달마에서부터 시작하여 혜가(慧可), 승찬(僧瓚), 도신(道信)으로 이어지다가 5조 홍인(弘忍) 때 남종(南宗) 혜능(慧能)과 북종(北宗) 신수(神秀)로 나뉘어졌다. 불교가 중국에 전해진 후 동한에서부터 남북조까지 여러 선종의 경전이 번역되었고 달마가 육조시대 제(齊)와 양(梁) 사이에 인도에서 중국으로 양나라 보통(普通) 연간(520~526년)을 전후해서 낙양에 와서 선종을 전파하였다. 후에 소림사에 들어가 좌선하며 '이입사행'(二入四行)의 선법(禪法)으로 제자 혜가, 도신 등을 가르쳤다. 혜가는 달마로부터 6년 동안 사사하였고 달마는 『능가경』

(楞伽經)을 혜가에게 전수하였다. 후에 서주(舒州) 환공산(皖公山), 지금의 안휘 잠산(潛山)에서 승찬에게 선종을 전수하였다. 승찬은 선종을 도신에게 전수하였고 도신은 홍인에게 전수하였다. 홍인은 선종을 득도한 후에 쌍봉산(雙峰山) 동쪽 풍무산(馮茂山)에 동산사(東山寺)를 건립하였고 저명한 제자로는 혜능, 신수, 혜안(惠安) 등이 있다. 혜능은 선종을 터득한 후에 15년을 은거하였고 조계(曹溪)의 보림사(寶林寺), 후에 소주(韶州) 대범사(大梵寺)에 거주하였다. 그의 제자로는 행사(行思), 회양(懷讓), 신회(神會), 현각(玄覺), 혜충(慧忠), 법해(法海) 등 40명이 있었는데 이들이 남종에 속했다. 신수는 홍인이 원적한 후에 형주(荊州) 당양산(當陽山) 옥천사(玉泉寺)에서 선종을 전파하였는데 이것이 북종이다. 신회는 남양(南陽), 낙양(洛陽)에서 선종을 크게 유행시켰다. 그러나 결국 남종이 선종의 정통이 되었다. 선종의 경전은 『능가경』(楞伽經), 『금강경』(金剛經), 『육조단경』(六祖壇經)이다. 선종의 핵심은 인간의 심성은 본래 깨끗하고 불성을 가지고 있으므로 깨달음을 얻으면 바로 부처가 될 수 있다는 것이다. 혜능의 저명한 제자 남악(南岳)의 회양, 청원(青原)의 행사, 하택(河澤)의 혜충, 영가(永嘉)의 현각이 선종의 주류를 형상하였는데 그 가운데 남악 회양은 위앙종(潙仰宗)과 임제종(臨濟宗)을 형성하였고, 청원의 행사가 조동종(曹洞宗), 운문종(雲門宗)과 법안종(法眼宗)으로 나뉘었다. 임제종과 조동종 두 선종파가 가장 오래 지속되었다. 임제종은 송대에 황룡파(黃龍派)와 양기파(楊岐派) 둘로 나뉘었고, 선종 모두 5가(家) 7종(宗)이 되었다.

선종은 중당 이후 중국에서 크게 성행하였는데 신라 유학승이 당나라에 들어와 선종을 가장 많이 배웠다. 법랑(法朗)은 4대조 도신(道信)을 스승으로 삼아 신라 유학승 가운데 가장 먼저 선종을 배웠다.[119] 무상(無相)

---

119 崔致遠, 「智證和尚碑銘并序」, 『孤雲先生文集』, 『崔文昌侯全集』, 177쪽.

은 원래 김씨이고 신라왕족으로 김화상(金和上)이라고도 불렀다.[120] 개원 16년(728년)에 당나라에 들어가 검남(劍南) 자주(資州), 지금의 사천 자중(資中) 덕순사(德純寺)에 갔다가 성도(成都)의 정중사(淨衆寺)에 20여 년을 있으면서 정중선(淨衆禪)을 창립하고 무억(無憶), 무념(無念), 막망(莫忘)을 종지로 삼았다.[121]

신행(神行)은 김씨이고 대조선사(大照禪師)의 제자 지공(志空) 스님에게 배우고 귀국하여 선종을 전파하였다.[122]

진감(眞鑒)은 정원 연간에 창주(滄州)에 도착하여 신감대사(神鑒大師)를 알현하고 원화 5년(810년)에 숭산(嵩山)의 소림사(少林寺)에 갔다가 귀국한 후 다시 당나라로 와서 종남산에서 3년을 수행하였다. 대화 4년(830년)에 귀국하여 선종을 전파하였고, 신라 민애왕(閔哀王)으로부터 혜조(惠照)라는 아호를 하사받았다.[123]

홍척(洪陟)은 신라의 저명한 승려로 당나라에서 건주(虔州) 서당(西堂) 지장(智藏)에게 사사하였고 무위(無爲)와 부정(不淨)을 종지로 삼았으며,[124] 경종(敬宗) 보력(寶歷) 2년(826년)에 귀국 후에는 전남 실상사(實相寺)에 선종을 전파하였다. 신라에서는 그를 실상대사(實相大師), 원적 후에는 익호가 증각대사(證覺大師)였다. 신라승 도의(道義)도 마조(馬祖) 도일(道一, 709~788년)의 제자이며 원화 연간에 원적한 대각대사(大覺大師) 서당 지장

120 贊寧 撰, 『宋高僧傳』 卷19, 「淨衆寺無相傳」, 486쪽.

121 현재 사천 成都에 있는 大慈寺는 원래는 大聖慈寺였음. 唐玄宗이 安史의 亂을 피해 成都에 왔을 때(756년 8월~757년 9월) 칙령으로 無相禪師가 건립하였고 당시 사원의 규모가 컸지만 宋明 때 戰亂으로 거의 소실되었음.

122 金憲貞, 「海東故神行禪師之碑」, 『全唐文』 卷718, 3270~3271쪽.

123 崔致遠, 「唐新羅國故智異山雙溪寺教謚眞鑒禪師碑銘并序」, 『孤雲先生文集』 卷2, 『崔文昌侯全集』, 125~132쪽.

124 崔致遠, 「智證和尙碑銘并序」, 『孤雲先生文集』 卷3, 『崔文昌侯全集』, 173~174쪽.

(735~814년)의 제자였다.

무염(無染)은 해동의 신동이라고 불렸는데 13세 때 출가하여 태백산 오석사(五石寺) 법성선사(法性禪師)에게 사사하였고 후에 도량(道亮)과 함께 당나라에 가서 장경 연간 초에 종남산 불광사(佛光寺)에 들어가 여만선사(如滿禪師)에게 배웠는데 그가 말하길, "내가 많은 사람을 만나보았는데 너와 같은 신라인은 드물었다. 만약에 중국에 선종이 없어지면 동이에 가서 너에게 물을 것이다"라고 했다. 포주(蒲州)에 가서 마곡(麻谷) 보철(寶徹) 스님을 알현하고 그가 원적을 하자, 유명 승려들을 방문하는 등 30여 년 동안 당나라에 머물며 구법 활동을 하였는데 회창 연간 불교 탄압 때 귀국하였다. 국사(國師) 대접을 받고 성주사(聖住寺)에서 불법을 전도하였는데 성주대사(聖住大師)라고도 불렸다.[125]

범일(梵日)은 문종(文宗) 대화(大和) 연간(827~840년)에 당나라에 가서 명주(明州) 개국사(開國寺)에 도착하였고, 염관(鹽官)에게서 불법을 배운 후에 회창 7년에 귀국하였다. 굴산사(崛山寺)를 창건하고 전도하였다.[126] 889년에 원적하였고 익호는 통효대사(通曉大師)이다.

행적(行寂)은 최씨이고 어려서 가야산 해인사에 갔다가 855년에 복천서(福泉寺)에서 삭발하고 스님이 되었고, 굴산사에 가서 통효대사를 알현하였다. 함통 11년(855년)에 당나라로 가서 장안 보당사(寶堂寺)에 거주하였다. 후에 오대산으로 가서 건부 2년(875년)에 사천 성도에 가서 무상대사(無相大師)의 영당(影堂)에 예배하고 담주(潭州), 형악(衡岳) 등을 유람하였다. 광계(光啓) 원년(886년)에 귀국하였다.[127]

체징(體澄)은 김씨이고 827년에 보원사(寶願寺)에서 스님이 되었다. 도

---

125 崔致遠, 「無染和尙碑銘并序」, 『孤雲先生文集』 卷2, 『崔文昌侯全集』, 91~100쪽.

126 『三國遺事』 卷3, 「洛山二大聖」. 이병도 역주, 『三國遺事』, 354쪽.

127 崔仁渷, 「新羅國故兩朝國師教謚朗空大師白月棲雲之塔碑銘」, 『全唐文』(5), 4594쪽.

의대사가 귀국한 후에 은거하고 염거선사(廉居禪師)에게 전도하였는데 체징은 태백산 억성사(億聖寺)에 가서 도의대사를 알현하였다. 개성 2년(837년), 진육(眞育), 허회(虛會)와 함께 당나라에 갔다가 3년 후에 귀국하였다.[128] 체징과 진육, 허회는 서당 지장의 제자인 도의의 제자가 된다.

충담(忠湛)은 889년에 무주(武州) 영신사(靈神寺)에서 스님이 되었고, 후에 당나라에 들어가 운개사(雲蓋寺)의 정원대사(淨圓大師)를 만났다. 천우(天佑) 말년에 귀국하여 고려(高麗)의 국사가 되었다.[129]

원휘(元暉)는 이씨이고 영각사(靈覺寺) 심광대사(深光大師)를 알현하고 898년에 가야산에서 스님이 되었다. 906년에 당나라에 들어가 팽택(彭澤) 구봉산(九峰山)의 도건대사(道乾大師)를 알현하고 참선에 들어갔다. 천태산, 영만, 호남, 지금의 북경 일대와 사천 등지를 유람하고 동광(同光) 원년(941년)에 귀국하였다.[130]

경유(慶猷)는 장씨로 888년에 근도사(近度寺)에서 스님이 되었고 후에 당나라에 들어가 홍주(洪州)에 도착하여 도응대사(道膺大師)에게 배웠고 천우 연간에 귀국하였다. 경유는 형미(迥微), 여엄(麗嚴), 이엄(利嚴)과 더불어 해동의 4무외대사(無畏大師)라고 불렀다.[131]

형미는 최씨이고 보림사(寶林寺)에서 체징선사를 알현하고 882년에 화엄사(華嚴寺)에서 스님이 되었다. 981년에 당나라에 들어가서 도응대사에

---

128 『唐文拾遺』 卷68, 金穎의 「新羅國武州迦智山寶林寺謚普照禪寺靈塔碑銘」, 『全唐文』(5) 附, 339쪽.

129 『全唐文』 卷1000, 高麗 太祖 王建의 「高麗國原州靈鳳山興法寺忠湛大師塔銘」, 『全唐文』(5), 4596쪽.

130 『唐文拾遺』 卷69, 崔彦撝의 「有晉高麗中原府故開天山淨土寺教諡法鏡大師慈燈之塔碑銘」, 『全唐文』(5) 附, 343쪽.

131 『唐文拾遺』 卷70, 崔彦撝의 「晉高麗國踊岩山五龍寺故王師敎諡法鏡大師普照慧光之塔碑銘并序」, 『全唐文』(5) 附, 348~349쪽.

게 사사하였다.[132]

여엄은 김씨이고 무량수사(無量壽寺)에 거주하였고 880년에 스님이 되었고 광종대사(廣宗大師), 영각사의 심광 스님에게 배웠다. 후에 당나라에 가서 운거대사(雲居大師)를 알현하였다.[133]

이엄은 김씨이고 12세 때 가야갑사(伽倻岬寺)에 들어가 덕량법사(德良法師)에게 의탁하였고 886년에 스님이 되었다. 896년에 당나라에 들어가 운거사(雲居寺)의 도응대사(道膺大師) 문하에서 6년 동안 도를 닦았다. 영남, 하북, 강서, 항산(恒山), 대산(岱山), 형산(衡山), 여산(廬山) 등지를 유람하였다. 후량(後梁) 개평(開平) 4년(910년)에 귀국하여 나주(羅州) 회진(會津)으로 갔다.[134]

김지장(金地藏)은 이름이 교각(喬覺)으로 신라 왕실 자손이다. 당나라에 들어가 구화산(九華山)에서 수도하고 정원 10년(794년)인 99세에 입적하였다.[135]

이정(利貞)과 순응(順應)은 신라의 선사로 신라 애장왕 때 당나라에 들어가 귀국 후에 애장왕 왕후의 중병을 치료하였다.[136] 『신증동국여지승람』(新增東國輿地勝覽) 권29 「고령현」(高靈縣) 〈건치연혁〉(建置沿革)과 『동문선』 권64 해인사에 소장된 신라 효공왕(孝恭王) 4년(900년) 12월에 지은 「신라가야산해인사선안주원벽기」(新羅伽倻山海印寺善安住院壁記)에 의하

132 『唐文拾遺』 卷70, 崔彦撝의 「晉高麗先覺大師遍光靈塔碑銘」, 『全唐文』(5) 附, 346쪽.

133 『唐文拾遺』 卷69, 崔彦撝의 「高麗國彌智山菩提寺故教諡大鏡大師元機之塔碑銘」, 『全唐文』(5) 附, 344쪽.

134 『唐文拾遺』 卷69, 崔彦撝의 「唐高麗國海州須彌山廣照寺故教諡眞澈禪師寶月乘空之塔碑銘」, 『全唐文』(5) 附, 341쪽.

135 『全唐文』 卷694, 費冠卿의 「九華山化成寺記」, 『全唐文』(3), 3159쪽. 『宋高僧傳』 卷20, 「唐池州九華山化成寺地藏傳」, 516쪽. 후자의 문헌에는 지장이 정원 19년(803년)에 원적하였다고 하였음.

136 李能和, 동국대학교불교문화원 편찬, 『역주 조선불교통사』 (1), 314~315쪽.

면 이 두 선승은 대력 초(766년)에 당나라에 들어가 선학을 배우고 정원 연간에 귀국하여 애장왕 3년(802년)에 가야산에 해인사를 창건하였다.[137] 이 두 선승은 신라 선학(禪學)에 큰 영향을 끼쳤다.

선종은 신라에 전해졌고 신라에는 선문구산(禪門九山)이 형성되었다. 선문구산은 다음과 같다. 하나, 실상산(實相山). 조당(祖堂)은 전북 남원군 지리산 실상사(實相寺)이고 홍척(洪陟)이 개종선사이며, 흥덕왕(興德王) 때이다. 사승계보는 도일(道一), 지장(智藏), 홍척이다. 둘, 동리산(桐里山). 조당은 전남 곡성군 태안사(泰安寺)이고 혜철(惠哲)이 개산조사이며, 신무왕(神武王) 때이다. 사승계보는 도일, 지장, 혜철이다. 셋, 가지산(迦智山). 조당은 전남 장흥군 보림사(寶林寺)이고, 개산조사는 도의(道義)이며, 문상왕(文聖王) 때이다. 법계는 도일, 보철(寶澈), 무염이다. 넷, 성주산(聖住山). 조당은 충남 보령시 성주사(聖住寺)이고, 개산조사는 무염(無染)이며, 문성왕 때이다. 다섯, 사굴산(闍崛山). 조당은 강원도 강릉시 오대산 굴산사(崛山寺)이고, 개산조사는 범일(梵日)이며, 문성왕 때이다. 법계는 도일, 염관(鹽官) 제안(齊安), 범일이다. 여섯, 사자산(師子山). 조당은 강원도 영월군 흥녕사(興寧寺)이고, 개산조사는 도윤(道允)이며, 문성왕 때이다. 법계는 도일, 보원(普願), 도윤, 철감(哲鑒)이다. 일곱, 희양산(曦陽山). 조당은 경북 문경군 희양산 봉암사(鳳岩寺)이고, 개산조사는 지선(智詵)이며, 경문왕(景文王) 때이다. 법계는 도신(道信), 법랑(法朗), 신행(愼行), 도범(道范), 혜은(慧隱), 도헌(道憲)이다. 여덟, 봉림산(鳳林山). 조당은 경남 창원시 봉림사(鳳林寺)이고, 개산조사는 현욱(玄昱)이며, 진성여왕 때이다. 법계는 도일, 회운(懷惲), 현욱, 심희(審希)이다. 아홉, 수미산(須彌山). 조당은 황해도 해주군 수양산(首陽山) 광조사(廣照寺)이고, 개산조사는 이엄(李嚴)이며, 법계

137 『新增東國輿地勝覽』, 明文堂, 497쪽. 『東文選』(3), 416~417쪽.

는 희천(希遷), 도윤(道胤), 이엄이다.

중국의 선종은 불교 각 종파 가운데 정통의 지위를 차지했고 중국 고유의 불교 종교가 되었다. 만당과 오대부터 북송까지 선종과 선풍(禪風)은 전체 사회에 풍미하여 사람들 모두가 선(禪)에 대해 얘기하고 수많은 문학가들은 동시에 선학(禪學)의 대가였다. 이러한 선종이 한반도에 영향을 끼쳤고 고려왕조 이후에 선종도 대종을 이루었다.

2) 당대 신라 구법승

당나라 초기에 구법을 위해서 중국에 온 한국 승려 가운데 서역으로 가서 구법한 승려가 많았다. 당나라 고승 의정(義淨)이 무덕(武德) 연간 초에 서역에서 구법을 하고 돌아와 남해(南海) 실리불서국(室利佛逝國)에 오랫동안 머물면서 태종 정관 15년(641년) 이후부터 무측천 천수(天授) 2년(691년)까지 40여 년 기간 중에 남해와 인도에서 구법한 57명의 승려에 관해 기술한 『대당서역구법고승전』(大唐西域求法高僧傳)의 기록에 의하면 서역 구법승 가운데 한반도 국적은 9명이었다. 이 가운데 구본은 이름만 있을 뿐 사적이 없다. 나머지 8명의 구법승의 사적은 다음과 같다.

아리야발마(阿離耶跋摩)는 범어 이름이고 국적은 신라이다. 정관 연간(627~649년)에 장안을 출발하여 정교(正教)를 추구하고 부처의 종적을 찾아 친히 예배를 올리기 위해서 중천축(中天竺)의 마가타국(摩竭陀國)의 나란타사(那爛陀寺)에 머물렀다. 그는 그곳에서 경론(經論)을 연구하고 습득하였으며 여러 경전을 초록하였는데 귀국하려고 하였으나 애석하게도 기일이 채 되지 않아 70여 세로 생을 마감했다.

혜업법사(慧業法師)는 정관 연간에 서역으로 떠나 보리사(菩提寺)에서 부처의 종적을 관람하고 예배를 올렸으며 나란타사에서 오랫동안 경전을 들었는데 그곳에서 60세에 입적하였다. 의정이 이 절에 이르러 당본(唐本)

을 검열할 때 갑자기 『양론』(梁論)[138] 아래에 "불치목(佛齒木)[139] 아래에서 신라 승려 혜업이 적었다"라는 글이 적혀 있는 것을 발견하였다. 그가 쓴 범본(梵本)은 나란타사에 남아 있다.

현태법사(玄太法師)의 범어 이름은 살파신야제파(薩婆愼若提婆)이다. 그는 고종(高宗) 영휘(永徽) 연간(650~655년)에 토번도(吐藩道)[140]를 이용하여 니파라(泥波羅), 즉 네팔을 지나 중인도에 이르렀다. 석가모니가 정각(正覺)하였다는 보리수에 예배하고, 경론(經論)을 상세히 검열한 다음 동쪽으로 되돌아오던 중에 토욕혼(土峪渾)에 이르러 도희법사(道希法師)를 만나 다시 함께 대각사(大覺寺)로 갔다. 후에 당나라로 돌아왔다.

현각법사(玄恪法師)는 현조(玄照)법사와 함께 정관 연간에 대각사에 이르러 예를 베풀었는데 우연히 병을 얻어 세상을 떠났다. 불혹의 나이를 넘기지 못했다.[141]

혜륜사(慧輪師)의 범어 이름은 반야발마(般若跋摩)로 신라에서 출가하여 불타의 성적(聖蹟)을 그리워하여 당나라 초기에 배를 타고 민월(閩越), 지

---

138 唐代에 梁나라에 온 서천축의 眞諦가 無著의 『攝大乘論』 3卷과 世親의 『攝大乘論釋』 15卷을 엮은 『梁攝論』을 말함.

139 고대 인도에서는 나뭇가지를 씹어 입 안을 청결하게 하는 위생 습관이 있었는데 석가모니가 이 나무를 齒木이라고 하였다. 석가모니가 씹다 뱉은 치목의 가지가 땅에 떨어져 큰 나무로 성장하였는데 후대에 불교도들의 존경을 받았다고 함.

140 吐藩에서 인도로 가는 길은 두 가지가 있었는데, 하나는 吐藩에서 히말라야산맥을 넘어 네팔을 지나 中印度에 도착하는 길과 다른 하나는 吐藩에서 서북쪽으로 향하여 北印度에 도달하는 길이 있었다. 『新唐書』 卷221, 「西域傳」에 의하면, 土谷渾은 지금의 甘肅과 靑海 일대에 거주하였는데 唐太宗이 그 왕 諾曷鉢을 河源郡王에 봉하였고, 高宗 때 駙馬都尉에 봉하고 다시 靑海國王에 봉했다. 咸亨 원년(670년)에 薛仁貴가 大非川에서 패하여 이 지역이 전부 吐藩에게 병합되면서 이 唐蕃 교통로는 단절되었다. 玄太가 土谷渾에 이르렀을 때는 이 시기 이전이었음.

141 이상 4명의 신라 승려에 관해서 王邦維 校注, 『大唐西域求法高僧傳校注』, 卷上, 40~44쪽에 기록되어 있다.

금의 복건(福建)에 이르렀고, 후에 육로로 장안에 도달하였다.[142] 인덕(麟德) 2년(665년) 혹은 건봉(乾封) 원년(666년)에 그는 칙서를 받고 현조(玄照) 법사의 시자(侍者)로 함께 서쪽으로 향했다. 「현조전」(玄照傳)[143]에 의하면, 현조법사는 정관 연간에 대흥선사(大興善寺)에서 현증사(玄證師)에게서 범어(梵語)를 익혔다. 혜륜과 시자는 금부(金府), 즉 지금의 난주(蘭州)를 출발하여 신강(新疆)의 사막을 나서서 철문(鐵門)을 거쳐 설령(雪嶺)에 올랐고, 다시 속리(速利), 도화라(覩貨羅)를 경유하여 멀리 호강(胡壃)을 지나 토번국에 이르렀으며 문성공주(文成公主)의 도움을 받아 북천축으로 갔다.[144] 후에 도란타국(闍蘭陀國)을 경유하다가 이곳에서 4년을 머물면서 경율(經律)과 범어를 배웠다.[145] 또 막가보리(莫訶菩提)[146]에 가서 4년을 머물렀고,

142 당나라와 신라와의 해상교통로는 두 갈래가 있었다. 하나는 압록강 어구 혹은 한강 어구에서 출발하여 황해를 건너 산동반도에 도달하는 賈耽의 「登州海行入高麗渤海道」이다. 『新唐書』 卷43(下). 다른 하나는 중국 동해안을 남하하여 浙江의 定海 혹은 明州, 지금의 寧波에 도착한 다음 다시 陸路로 長安에 들어가는 길임. 慧輪은 後者의 길을 이용하였음.

143 王邦維 校注, 『大唐西域求法高僧傳校注』, 卷上, 9~10쪽.

144 鐵門은 『新唐書』 卷221(下), 「西域傳」에 史國에 "鐵門山이 있는데 左右가 절벽이고 색깔이 검으며 關門으로 두 나라, 즉 羯霜那(史國)과 覩貨羅의 경계를 이루어 쇠문으로 닫혀 있다"라고 했다. 당나라 초기에 이 지역에 安西都護府를 설치하였는데 鐵門은 그 관할구역에 속했다. 지금의 우즈베키스탄 사리 사브즈(Shahr-i Sabz) 남쪽으로 약 90킬로미터에 위치하였다. 雪嶺은 雪山, 大雪山인데 지금의 아프가니스탄 힌두쿠시산맥을 가리킨다. 速利는 中古 페르시아어로 술리카(Sulika)의 音譯이다. 漢代에는 粟弋, 東晉 때는 修利, 北朝 때는 粟特이라고 했다. 동쪽으로는 키르기스스탄의 托克馬克城, 서쪽으로는 우즈베키스탄의 사리 사브즈 일대로 昭武九姓의 국가들이 경내에 위치하였다. 唐代 顯慶 2년(657년)에 濛池都護府를 설치한 후에 이 지역은 모두 安西都護府의 관할구역이었다. 『舊唐書』 卷40, 「地理志」. 문성공주는 정관 15년(641년)에 토번국에 들어가 송찬간포와 결혼하였다. 玄照는 貞觀 연간에 長安을 떠나 文成公主의 도움으로 北天竺으로 갈 수 있었는데 현조가 吐蕃國에 들어간 시기가 貞觀 15년 이후였음을 알 수 있다. 胡壃은 胡疆으로 『寄歸傳』 卷3 原注에 "五天의 땅은 婆羅門國이고 북방은 速利인데 통칭하여 胡疆이라고 불렀다"라고 했다. 義淨이 말하는 胡疆은 印度 서북 변경 밖의 중앙아시아의 작은 국가들을 말함.

145 현조가 문성공주의 도움으로 北天에 갔다는 것은 네팔을 거쳐서 인도에 간 것이 아니라 직접 闍蘭陀國에 간 것인데, 현조는 분명 토번 남부의 岡底斯山(Gangdisê)과 히말라야산 사

다시 석가의 종적을 찾아 참배를 하였으며, 『구사』(俱舍)[147]에 깊은 뜻을 두고 대법(對法)[148]을 해득하였으며 율종의 뜻을 터득했다. 그런 다음 나란타사(那爛陀寺)[149]에 이르러 3년 동안 머물면서 승광법사(勝光法師)를 모시고 「중론」(中論), 「백론」(百論)[150] 등을 익혔고 보사자대덕(寶師子大德)을

이, 雅魯藏布江(Yarlung Zangbo)의 馬泉河 河谷 서북쪽으로 향하여 薩特累季河谷을 따라 北印度로 들어갔다는 것을 가리킨다. 이 길은 통행이 어려운데, 근대 때 스빈 헤딘(Sven Hedin)이 일찍이 서장 서부와 인도 서북부 지역을 탐험한 바 있다. *Transhimalaja*, Leipzig, 1909. 闍闌陀國(Jālandhara)는 慧超의 『往五天竺國傳』에 "西天에서 북쪽으로 3개월을 향하면 北天國에 이르는데 闍蘭達羅國이라고 한다. 왕은 3백 마리의 코끼리를 소유하였고 산을 의지하여 성을 쌓고 거주하였다. 여기서부터는 북쪽으로 산이 많다"라고 하면서 "서부는 평평한 하천 지방이고, 동부는 설산, 즉 히말라야산맥에 가깝다. 그 나라 안에는 절이 많고 승려도 많으며 대승과 소승불교가 함께 행해지고 있다. 또 한 달 정도 걸려 雪山을 넘으면 동쪽에 蘇跋那具怛羅(Suvarnagotra)라는 작은 나라가 있다. 토번의 통치를 받았다"라고 했다. 지금의 인도 펀잡 줄룬두르(Jullundur)임.

146 大覺寺를 말하는데 석가모니가 得道한 金剛座 보리수 근처로 지금의 인도 비하르(Bihar)주의 보디가야(Bodh Gaya)임.

147 『阿毗達磨俱舍論』(*Abhidharmakośaśāstra*)인데 4~5세기 때 世親의 저작이다. 漢譯은 남북조 때 眞諦의 譯本 22卷과 唐代 玄奘의 譯本 30卷이 있는데 眞諦의 譯本은 『阿毗達磨俱舍釋論』이라고 했다. 玄奘의 譯本이 크게 유행하여 玄奘을 俱舍師라고 일컬었음.

148 對法은 abhi-dharma의 音譯이다. 또는 阿毗達磨, 阿毗曇으로 音譯된다. 無著의 저서 『阿毗達磨集論』를 가리키는데 玄奘의 漢譯本 7卷이 있음.

149 那爛陀는 梵語로 Nālandā의 音譯이다. 뜻은 "남에게 베푸는 것에 싫증이 나지 않는다"라는 뜻이다. 고대 인도의 저명한 불교사원으로 摩揭陀國의 王舍城 북쪽에 있는데 지금의 인도 파트나(Patna) 동남쪽의 바르가온(Bargaon) 부근이다. 那爛陀寺는 고대 인도 불교의 가장 중요한 학술 중심지였고 규모도 컸으며 학자들도 많이 배출하였다. 玄奘은 이곳에서 戒賢法師에게 수년 간 배웠고, 義淨은 寶師子에게 10년을 배웠다. 기타 중국 승려들도 이곳에 머물면서 유학한 자가 많았다. 那爛陀寺는 12세기 무슬림의 침입으로 파괴되었고 최근에 그 유적지가 발굴되었음.

150 梵文으로는 Śataśāstra인데, 고대 인도 提婆의 저서로 世親이 해석하였고 漢譯으로는 鳩摩羅什의 2卷本이 있다. 提婆의 原本은 24品으로 每品마다 5개 頌이 있어 百頌(偈)이므로 『百論』이라고 했음.

151 寶師子大德은 寶師子로 7세기 후반부 那爛陀寺의 불교 大師이다. 『瑜伽師地論』으로 梵語로는 Yogācāryabhūmiśāstra이다. 彌勒의 말을 無著가 기록하였다고 한다. 玄奘의 漢譯本 10卷이 있다. 大乘 瑜伽行派의 중요한 저작으로 전반부에 十七地에 대해 상세하게 설명하

모시고 '유가십칠지'(瑜伽十七地)[151]를 전수받았으며 마지막에는 강가하(弶伽河) 북쪽으로 가서 신자사(信者寺)에 머물렀다.[152] 3년이 되자 현조법사는 칙서를 받들고 당나라 사신 왕현책(王玄策)을 따라 인덕(麟德) 연간에 귀국하여 장안에 왔다.[153] 혜륜법사는 신자사에 10년을 머물렀고, 후에 동부 변방의 북쪽의 도화라사(閣貨羅寺)로 갔다. 의정이 서행하여 그곳에 이르렀을 때 혜륜을 만났는데 그는 40세였고 범어에 능숙하였으며 『구사』(俱舍)에 익숙하였다.[154]

이외에 두 명의 신라 승려는 이름을 알 수 없지만 장안을 출발하여 멀리 남해(南海)로 갔고 실리불서국 서쪽의 파로사국(婆魯師國)[155]에 정박하

였는데 이를 『十七地論』이라고 함.

152 弶伽河는 梵文 Gaṅgā의 音譯인데 갠지스강을 가리킨다. 信者寺는 갠지스강 북쪽 菴摩羅跋國에 있는 유명한 사원인데 義淨의 책에 玄照, 末底僧訶, 信胄, 智行, 慧輪, 智弘 등도 모두 이 사원에 머물렀다고 하였다. 그런데 이 사원의 이름이 다른 문헌에는 보이지 않는다. 다만 義淨의 책 卷下 「智弘傳」에 "那爛陀寺에서 大乘을 공부했고, 信者道場에서 오로지 小乘을 전공했다"라는 기록으로 보아 信者寺는 小乘佛敎 사원이었음을 알 수 있다. 불교사원을 道場이라고도 하였음. 王邦維 校注, 『大唐西域求法高僧傳校注』, 175쪽.

153 王玄策은 貞觀 17년(643년) 2월, 李義表를 따라 摩揭陀國 사신으로 네팔을 경유하여 인도에 2년을 머물렀고, 貞觀 21년(647년)에 右衛率府長史의 직책으로 中天竺에 사신으로 파견되어 중도에 摩揭陀國 戒日王이 죽자 대란이 일어나 帝那伏帝國 阿羅那順에게 약탈을 당하여 王玄策은 吐藩과 네팔의 군대를 빌려 이를 격파하고 阿羅那順을 사로잡아 장안으로 데리고 왔다. 이듬해에 포로를 헌납하고 朝散大夫에 임명되었다. 顯慶 2년(657년)에 세 번째로 네팔을 경유하여 인도에 출사하였고, 顯慶 4년(659년)에 婆栗?國, 迦畢試國을 방문하였고, 顯慶 5년(660년)에 인도를 떠나 龍朔 원년(661년)에 장안으로 돌아왔다. 후에 驍衛長史를 지냈다. 正史에는 王玄策에 대한 기록이 없고, 그의 事迹과 著書 『中天竺國行記』 일문이 『法苑珠林』, 『諸經要集』 등에 보인다. 그의 事迹인 관해서는 馮承鈞의 『西域南海史地考證匯輯』, 「王玄策事輯」이 비교적 자세함.

154 王邦維 校注, 『大唐西域求法高僧傳校注』, 101쪽.

155 『新唐書』 卷43(下), 「地理志」에 賈耽의 「廣州通海夷道」를 기록하였는데 "佛逝國에서 서쪽으로 해협을 나와 수십 일을 서쪽으로 향하면 婆露國에 도달한다"라고 했는데 佛逝國은 室利佛逝國, 즉 수마트라섬이고, 婆露國은 郎婆露斯의 略稱으로 『新唐書』 卷222(下), 「南蠻傳」에 室利佛逝의 서쪽을 郎婆露斯라고 했다는 기록에 근거하여 파로사국은 수마트라섬 서부 해안의 바루스(Barus) 혹은 수마트라 섬의 서북부 일대를 가리킴.

였는데 우연히 병에 걸려 모두 세상을 떠났다.[156]

인도로 가서 구법을 한 중국 승려는 동진 때의 법현과 당나라 초기의 현장이 있었는데 의정[157]이 함형(咸亨) 2년(671년)에 인도로 떠났으므로 현장보다 40여 년 늦었다. 의정 이후에 인도에 간 중국인은 오공(悟空)이 있다. 그는 천보 10년(751년)에 출발하여 육로로 인도에 갔다가 육로로 정원 6년(790년)에 귀국했다. 원조(圓照)의 「십력경서」(十力經序)에 그의 기행기가 남아 있다. 그리고 신라의 승려 혜초(慧超)가 인도로 갈 때는 해로를 이용하였는데 인도로 구법을 떠난 시기는 알려져 있지 않지만 중국으로 육로로 돌아온 시기는 개원 15년(727년)이다.

혜초는 성덕왕 3년(704년)에 신라에서 태어났고, 성덕왕 18년, 그의 나이 16세 때 중국 광주(廣州)에서 인도의 승려 금강지(金剛智, 671~741년)와 불공(不空, 705~774년)을 만나 금강지에게 사사하였고 금강지의 권유로 723년경에 인도로 구법 여행을 떠났다. 광주에서 해로로 동천축에 들어갔다가 중천축, 남천축, 서천축, 북천축을 지나 지금의 캐시미르, 파키스탄, 아프가니스탄의 북부를 경유하여 중앙아시아 각지를 방문하고 파미르고원을 넘어 727년에 중국의 신강의 쿠차에 도착하였으며 후에 장안에 머물었고 733년부터는 천복사(薦福寺)에서 스승 금강지를 모시고 밀교 경

156 王邦維 校注, 『大唐西域求法高僧傳校注』, 45쪽.

157 그의 나이 37세 때 廣州에서 배를 타고 海路로 이듬해 2월 東天竺의 耽摩立底國(Tamraliti), 즉 갠지스강의 지류인 후글리(Hugli)강이 인도양으로 흘러들어가는 지역으로 지금의 인도 콜카타(Kolkata), 옛 칼카타(Calcutta) 서쪽의 탐룩(Tamluk) 부근에 도착하였다. 그 후에 인도의 불교성지를 탐방하였고 那爛陀(Nalanda) 불교사원에서 寶師子에게 10년을 수학하였고, 무측천 垂拱 원년(685년)에 那爛陀를 떠나 배를 타고 동쪽으로 南海, 즉 지금의 동남아시아로 향했고, 唐代에는 室利佛逝國(Srivijaya), 宋元 때는 三佛齊라고 불리는 7세기부터 13세기까지 지금의 인도네시아 옛 국가의 중국 문헌에는 舊港으로 기재된 都城 팔렘방(Palembang)에서 약 10년 동안 머무르면서 『大唐西域求法高僧傳』을 집필하고, 證聖 원년(695년) 5월에 낙양에 도착하였고, 낙양과 장안에서 譯經 사업에 종사하였음.

전 『대승유가금강성해만수실리천비천발대교왕경』(大乘瑜伽金剛性海曼殊室利千臂千鉢大敎王經)을 8년 동안 연구했다. 740년부터 금강지가 이 경전을 한역하기 시작하였고 혜초는 이를 받아 적었다. 그 이듬해에 금강지가 죽자, 혜초는 773년부터 대흥선사(大興善寺)에서 금강지의 제자인 불공에게 이 경전을 배웠고, 그 이듬해에 불공의 6대 제자 가운데 제2인자로 유촉하는 유서에 혜초는 신라인이라고 기록되어 있다. 그 후 혜초는 수년 동안 장안에 있었고, 780년에 오대산 건원보리사(乾元菩提寺)로 들어가 이 경전을 다시 베꼈다. 여기에서 787년에 원적했다.

1908년 3월, 프랑스의 동양학자이며 탐험가인 펠리오는 중국 감숙 돈황 천불동(千佛洞)에서 필사본 경전을 비롯한 고문서 불화 등 문화재 29상자를 프랑스로 가져가서 연구에 착수하였고 조사, 정리하던 중에 앞뒤가 잘려진 두루마리 필사본을 발견하였다. 제목도 저자명도 없는 겨우 230행, 한 행은 30자 내외로 총 6천여 자에 불과하였지만 인도에 간 구법승의 기행문임을 알았다. 그는 당대 혜림(慧琳)의 『일체경음의』(一切經音義) 제100권 속에 들어 있는 혜초의 『왕오천축국전』의 원문임에 틀림없다는 논문을 발표하였다. 그 이듬해에 청대 학자 나진옥(羅振玉)이 「돈황석실유서」(敦煌石室遺書) 제1책 속에 이것을 영인하여 넣고 교록찰기(校綠札記)를 붙여 펠리오의 오류를 바로잡고 이 두루마리 필사본은 『일체경음의』본의 간략본이라고 하였다. 1911년에 일본 학자 후지다(藤田豐八)는 나진옥의 영인본을 기초로 법현의 『불국기』(佛國記), 송운(宋雲)의 『행천축기』(行天竺記), 현장의 『대당서역기』, 의정 『남해기귀전』(南海寄歸傳) 등 인도 구법 기행문을 비롯하여 당대 역사서를 참조하여 「혜초왕오천축국전전석」(慧超往五天竺國箋釋)을 발표했다. 1915년에 일본 학자 다카스키(高楠順次郎)는 「혜초전고」(慧超傳考)를 발표하고 혜초는 중국인이 아니라 신라 승려라는 것을 밝혀냈다. 1938년에 독일의 동양학자 푹스(W. Fuchs)가 『왕오천축국

전』을 독일어로 번역하였는데 이는 최초의 번역본이다.[158]

『왕오천축국전』의 가치와 의의는 다음과 같다. 첫째, 인도, 서아시아와 중앙아시아의 51개 국가와 지역들의 위치, 면적, 물산, 형벌과 같은 법률, 국왕과 대신, 백성에 대해 기록하여 이 지역의 8세기 초기 사회를 연구하는 데 귀중한 가치가 있다. 예를 들면 서천축(西天竺)에 대해

> 남천축국(南天竺國)으로부터 북쪽으로 두 달을 가면 서천축국의 왕이 사는 성에 도착한다. 이 서천축국의 왕도 5, 6백 마리의 코끼리를 소유하고 있다. 그 땅에서 생산되는 것은 전포와 은, 코끼리, 말, 양, 소이다. 그리고 보리, 밀, 콩 종류 등도 많이 생산되며 벼는 아주 적다. 음식은 대개 떡, 보릿가루, 우유, 버터 등이다. 시장에서 물건을 살 때에는 은전(銀錢)과 전포 등속을 사용한다. 왕을 비롯하여 수령이나 백성들도 삼보를 숭상한다. 절도 많고 중도 많은데 대승불교와 소승불교가 함께 행해지고 있다. 땅은 매우 넓으며 서쪽으로는 서해에 이른다. 그 나라 사람은 대체로 노래를 잘 부르는데 이것이 다른 데 천축국이 이 나라와 같지 않은 점이다. 또 목에 칼을 씌우는 형벌이나 곤장을 때리는 형벌이나 감옥에 가두는 일과 사형에 처하는 형벌은 없다. 지금은 대식국, 즉 아랍의 침략을 받아 나라의 태반이 파괴되었다.[159]

라고 하였다. 5개 천축에 대한 서술이 다른 국가의 지역에 관한 서술보다 상세하고 현장이 『대당서역기』에 기록하지 못한 지역을 언급하고 있으며

158 W. Fuchs, *Huei-Ch'ao's Pilgerreise durch Nordwest-Indien und Zentral-Asien um 726*, 1938. *The Hyecho's Diary: Memoir of the Pilgrimage to the Five Regions of India*, Translation, text and edited by Yang Han-sung et al. Berkeley, California University Press, 1984. 張毅 箋釋, 『往五天竺國傳箋釋』, 中華書局, 2006.

159 李錫浩 譯, 『往五天竺國傳』, 45쪽.

동일 지역이라도 시간적으로 차이가 있으므로 자료의 가치는 물론이고 고대 인도의 8세기 역사와 사회를 연구하는 데 큰 의의가 있다. 예를 들면 고대 이란의 페르시아를 현장은 파자사(波剌斯), 혜초는 파사(波斯)라고 하였는데 이 두 사람의 기록을 비교해보면, 우선 현장은

> 파자사국[160]은 주위가 수만 리이다. 나라의 대도성은 수라스타나(蘇剌薩儻那), 즉 페르세폴리스(Persepolis)[161]라고 하여 주위가 40여 리이다. 강도 많고 기후도 다

160 波剌斯(Pārsa)는 옛날의 波斯(Persia)로 지금의 이란(Iran)임. 페르시아인은 인도 아리안족과 근친으로 이동 중에 오랫동안 함께 살았고, 그 후에 인도 아리안족은 힌두쿠시산맥을 넘어 캐시미르를 지나 남아시아에 진입하였다. 페르시아인은 남하하여 이란고원을 지나 페르시아만에 도달하였고 처음에는 미디아(Media)에 종속되었으나 기원전 546년에 키로스(Kyros)가 미디아의 지배에서 벗어나 옛 페르시아제국의 아케메네스(Achaemenes)왕조를 건립하기 시작하며 영토를 확장하고 국가의 기틀을 마련했다. 이후에 캄비세스(Kambyses), 다리우스(Darius), 크세르크세스(Xerxes) 등과 같은 강력한 군주의 통치 아래에서 페르시아제국의 영역은 동쪽으로는 인더스강, 서쪽으로는 지중해 연안, 북쪽은 아랄해와 아무다리야강, 남쪽은 인도양까지 확장되어 서아시아의 강대한 제국을 형성했다. 알렉산드리아 대제가 페르시아제국을 병합한 적이 있었고 그가 죽은 후에 휘하 장군들이 분열되어 독립하였는데 서아시아는 셀레우쿠스(Seleucus)가 통치하였다. 기원전 250년 무렵 파르티아(Parthia) 사람은 아르삭크(Arsak)과 그의 동생 티리다테스(Tiridates)의 영도 아래 셀레우쿠스로부터 독립하였다. 중국은 漢代 문헌에 安息으로 표기되었는데 이는 셀레우쿠스의 音譯이다. 미트리다테스 1세(Mithridates I, 171~138 B. C.) 때 安息國은 강대해지기 시작했다. 프라테스(Fraates II, 138~128 B. C.) 재위 때 서아시아 전부를 통치하였고, 張騫이 西域에 도달하였을 때도 바로 이 시기였다. 미트리다테스 2세(124~87 B. C.) 재위 기간에 漢武帝의 使者가 처음으로 安息國에 파견되었다. 한나라 사신과 함께 안식국의 사신도 장안에 들어갔다. 안식제국은 465년 동안 계속되다가 226년에 건립된 사산(Sāsān)왕조(226~641년)가 뒤를 이었고 455년부터 북위와 우호관계를 맺었다. 『魏書』에 神龜 연간(518~520년)에 사산조 페르시아의 사신이 중국에 왔을 때 波斯라는 명칭을 사용하였고 隋唐代 때는 波斯는 중국에 사신을 자주 파견하였다. 玄奘이 인도에 도착하였을 때는 사산조 페르시아는 말기였고 玄奘이 중앙아시아를 경유하여 귀국한 다음 얼마 후에 波斯는 大食에게 점령당했음. 季羨林 校注, 『大唐西域記校注』, 940쪽.

161 蘇剌薩儻那는 梵文으로 수라스타나(Surasthāna)인데 神이 사는 곳이라는 뜻이다. 사산조 페르시아 때의 수도 페르세폴리스(Persepolis)인데 이슬람교인들이 침입한 후에는 이스타크라(Iṣṭkhr)로 불렸음.

르지만 대체로 따뜻하며 밭에 물을 끌어들이고 사람들은 부유하다. 금, 은, 유석(鍮石), 옥, 수정 등 세상에 진귀한 것들이 나며 큰 비단옷, 가는 털옷, 양탄자 따위를 짠다. 좋은 말과 낙타가 많으며 화폐로는 큰 은화를 사용한다. 사람들의 성질은 난폭하며 풍속에 예절이 없다. 문자와 언어는 다른 나라와 다르다. 학예는 없으나 공예가 뛰어나서 그들이 만드는 물건은 이웃나라에서 귀중하게 여기고 있다. 혼인이 난잡하고, 사람이 죽으면 시체를 버리는 경우가 많다. 체구는 크고 두발을 갖추어 머리에 관을 쓰지 않아 신분이 낮은 자는 가죽옷을 입고 높은 자는 비단과 면을 입는다. 집집마다 세금을 매기는데 한 사람 앞에 4은전을 거둔다. 천사(天祠)는 아주 많은데, 디나바디(dinapti)[162]를 외도(外道)의 무리가 받들고 있다. 가람은 2, 3군데, 승도는 수백 명인데 모두 소승교의 일체유부를 학습하고 있다. 석가모니의 불발(佛鉢)은 이 왕궁에 있다. 나라 동쪽 경계에 학말성(鶴秣城), 즉 호르무즈(Hormuz)가 있다. 성안은 넓지 않으나 외곽 주위는 60여 리이다. 주민은 많고 가산이 풍요롭다. 서북쪽은 불름국(拂懍國)[163]과 접해 있다. 땅과 풍속이 페르시아제국과 비슷하지만 모습이나 언어는 조금 다르다. 진귀한 보물이 많고 이 나라 역시 부유하다.[164]

---

162 提那跋의 梵語로 태양이라는 뜻이다. 外道란 고대 이란과 중앙아시아에 유행하는 조로아스터교를 말한다. 고대 페르시아인 조로아스터(Zoroaster)가 창립하였다. 그 교의가 페르시아의 문헌 『아베스타』(Avesta)에 보존되어 있다. 세상에는 善과 惡의 대립이 있는데 善은 光明의 神, 惡은 暗黑의 神, 태양은 神의 눈이고, 火는 善과 光明을 대표하므로 聖火에 예배하는 것을 주요 의식으로 삼았다. 『北史』, 『南史』의 「西域傳」 모두에 남북조 때 조로아스터교가 중국에 전래되었는데 拜火敎, 祆敎, 火祆敎, 波斯敎라고 불렸고, 다리우스 2세 통치 시기에 일찍이 페르시아제국의 國敎가 되었고 이슬람교에 의해 점차적으로 소멸되었음.

163 拂懍國은 동로마를 가리킨다. 중고 페르시아어와 소그디아어의 From, Hrum, Hrom, Porum 모두 로마(Rum)가 와전된 것이다. 『隋書』, 「裴矩傳」과 「鐵勒傳」에 拂菻이라고 했다. 『舊唐書』 卷198에 "拂菻國은 大秦라고도 하는데 西海에 있고 동남쪽은 페르시아와 접하고 있다"라고 했음. 『新唐書』, 5313쪽. 또한 『新唐書』 卷221에서는 "拂菻은 옛 大秦이다"라고 했음. 『新唐書』, 6260쪽.

164 季羨林 校注, 『大唐西域記校注』 卷第11, 938~942쪽.

라고 했고, 혜초는 페르시아에 대해

> 이 토카라국으로부터 서쪽으로 한 달을 가면 파사(波斯), 즉 페르시아에 도착한다. 이 나라 왕은 전에 대식국을 지배했었다. 그래서 대식국은 페르시아왕을 위하여 낙타를 치게 되었다. 그러다가 후에 반란을 일으켜 페르시아왕을 죽이고 자립하여 왕이 되었다. 그리하여 지금 이 나라는 대식국에게 병합되었다. 옷은 옛날에는 넓은 전포로 된 저고리를 입고 수염과 머리를 깎고, 음식은 오직 떡과 고기뿐이다. 비록 쌀은 있으나 갈아서 떡을 만들어 먹는다. 그 땅에서는 낙타, 노새, 양, 말이 생산된다. 또 높고 큰 당나귀와 전포와 보물도 생산된다. 언어는 각각 달라 다른 나라와 같지 않다. 그 나라 사람의 성질은 무역을 좋아하여 항상 서해로 항해하여 남해로 들어가 사자국(獅子國), 즉 스리랑카까지 가서 여러 보물을 가져온다. 그래서 그 나라에서 보물이 나온다고 하는 것이다. 그리고 곤륜국(崑崙國)까지도 가서 금을 무역해 오고, 또 그들은 중국까지도 항해하는데, 곧장 광주(廣州)까지 가서 능(綾), 견사, 솜 등을 무역해 오기도 한다. 그 나라에서는 좋고 가는 전포를 생산한다. 그 나라 사람은 살생을 좋아하고 하느님을 섬기고 불교는 모른다. 이 페르시아국으로부터 십 일 정도 가서 산으로 들어가면 대식국에 도착한다. 그 나라 왕은 본국에 살지 않고 소불림국(小拂臨國)에 가서 살고 있다. 소불림국 서북쪽 바닷가에 대불림국(大拂臨國)이 있다.[165]

라고 했다. 현장은 페르시아의 조로아스터 종교, 혜초는 페르시아인의 국제무역에 중점을 두었고, 현장은 동로마를 불름(拂懍), 혜초는 불림(拂臨)을 소불림(小拂臨)과 대불림(大拂臨)으로 나누었는데 소불림은 시리아의 다마스커스, 대불림은 동로마제국, 즉 비잔틴제국을 가리킨다. 두 사람의

---

165 李錫浩 譯, 『往五天竺國傳』, 60~62쪽.

기록의 관점이 서로 다름을 알 수 있다.

둘째, 국가와 지역의 서로 다른 풍속, 습관과 혼인 등에 대해서도 자세하게 기록하였다. 예를 들면, 대식국(大食國) 동쪽에는 호국(胡國)으로 안국(安國), 조국(曹國), 사국(史國), 석라국(石騾國), 미국(米國), 강국(康國) 등이 있다. 각 나라에는 비록 왕이 있으나 모구 대식국의 지배를 받았다고 하면서 이 6개 나라의 종교와 풍속에 대해

> 이 여섯 나라는 모두 조로아스터교를 섬기며 불교를 알지 못한다. 다만 강국에만 하나의 절과 한 사람의 중이 있으나 또한 불법을 해득하여 공경할 줄을 모른다. 이들 나라에서는 모두 수염과 머리를 깎고 흰 털모자 쓰기를 좋아한다. 풍속은 매우 고약하여 혼인을 서로 뒤섞어 하여 어머니나 자매를 아내로 맞아들인다. 페르시아국에서도 어머니를 아내로 삼는다. 또 투카라국(吐火羅國)을 비롯하여 카피스국(罽賓國), 바미얀국(犯引國), 자부리스탄국(謝風日國) 등에서는 형제가 열 명이거나 다섯 명이거나 세 명이거나 두 명이거나 함께 하나의 아내를 맞이한다. 그리고 각기 하나의 아내를 맞이하는 것을 허락하지 않는다. 가계가 파괴될 것을 두려워하기 때문이다.[166]

라고 했고, 대식국(大寔國)[167]에 대해

> 음식을 먹는데 귀천을 가리지 않고 공동으로 한 그릇에서 먹는데 손에 숟가락과 젓가락을 들었지만 그것이 매우 보기가 싫다. 그러나 그들은 손으로 살생(殺生)을 해서 먹어야 무한한 복을 받는다고 한다. 그 나라 사람은 살생을 좋아하고 하

166 李錫浩 譯, 『往五天竺國傳』, 63쪽.

167 大寔은 唐代의 아랍제국을 가리키는데 大食, 大石, 多氏, 多食이라고도 했다. 永徽 2년(651년)에 사산조 페르시아를 멸망시키고 사신을 당나라에 파견하기 시작했음.

느님을 믿으나 불법(佛法)을 알지 못한다. 그 나라 법에는 무릎을 꿇고 절하는 법이 없다.[168]

라고 했다. 비록 직접 방문한 견문에 의한 것이라기보다는 전해들은 것이긴 하지만, 현장의 『대당서역기』나 법현의 『불국기』 혹은 의정의 『대당서역구법고승전』에 언급되지 않은 대식국, 즉 아랍의 음식, 민속과 종교생활을 엿볼 수 있는 귀중한 자료라고 할 수 있다. 셋째, 오언시(五言詩) 몇 수를 지어 다른 구법승의 기행문에 결핍된 문학적 가치가 있다. 두 번째 시는 남천축국에서 당시에는 3천여 명의 스님이 있었지만 혜초가 방문했을 때는 황폐해진 용수(龍樹)가 지은 큰 절에서 지은 것이다.

달 밝은 밤에 고향 길을 바라보니
뜬구름은 너울너울 고향으로 돌아가네.
나는 편지를 봉하여 구름 편에 보내려 하나
바람은 빨라 내 말을 들으려고 돌아보지도 않네.
내 나라는 하늘 끝 북쪽에 있고
다른 나라는 땅 끝 서쪽에 있네.
해가 뜨거운 남쪽에는 기러기가 없으니
누가 내 고향 계림으로 나를 위해 소식 전할까?[169]

라고 읊었는데 계림(鷄林)은 신라를 가리킨다. 타향에서의 고향에 대한 그리움을 나타내었다.

---

168 李錫浩 譯, 『往五天竺國傳』, 62쪽.
169 李錫浩 譯, 『往五天竺國傳』, 44~45쪽.

한반도와 중국의 불교문화는 밀접했다. 한국 불교 발전에 중국은 불교가 신라 승려가 당나라에 와서 불법을 구하고 불교 활동에 종사하였는데 이러한 중국에 온 신라 승려는 중국 불교 발전에 중요한 영향을 끼쳤다. 신라의 고승은 당나라 불교 발전에 공헌한 바가 크다. 첫째, 신라의 승려가 인도 불교의 중국화 과정에 중요한 역경사업에 종사하였다. 인도의 불경을 한문으로 번역하고 이러한 한문 불경이 신라와 일본에 전파되어 한중일 삼국의 불교문화 교류가 이루어졌다. 신라의 불경 번역가 가운데 신방, 지인(智仁), 원측이 가장 뛰어났다. 당태종 이후 장안은 불경 번역의 중심지로 초당에서부터 중당까지 장안에서 번역된 불경은 435부(部) 2,476권으로 이 가운데 으뜸은 현장, 불공(不空), 금강지(金剛智), 선무외(善無畏)였다. 이러한 불경 번역가 가운데 신라에서 온 고승들도 중요한 역할을 했다. 신방은 그 가운데 가장 뛰어난 번역가였다. 고종 즉위 650년부터 신방은 장안의 대자은사(大慈恩寺) 역경장(譯經場)에서 수백 권의 불경을 번역하였고 그 가운데 『본사경』(本事經) 7권, 『대비파사론』(大毗婆沙論) 2백 권, 『대반야경』(大般若經) 6백 권 등이 있다. 그는 역경장에서 불경 번역에 20여 년을 종사하였다. 신라 승려 지인도 현장의 제자였고 스승 현장을 수행하며 역경장에서 수년간 불경을 번역했다. 수많은 불경은 현장의 구술을 지인이 받아 작성되었는데 지인과 현장과의 관계가 밀접하였음을 알 수 있다. 원측 또한 현장의 제자였다. 그는 한문 역경 방면에도 능통하여 현장이 원적한 후에도 그의 역경사업을 이어받았다. 무측천이 그를 중용하여 그에게 역경의 최후 검열자로 임명하였다. 이외에 신라 승려 현범(玄范), 혜초도 역경 사업에 종사하였다. 초당에서부터 성당까지 76부, 1273권에는 중요 불경 『대반야경』, 『화엄경』 등의 번역이 포함되어 있는데 원측 등의 8명의 신라 학승의 지혜와 심혈로 완성되어 중국 불교 발전에 신라 승려의 공헌이 지대하였다.

둘째, 중국 불교 발전에 공헌한 신라 불교 승려에 무상(無相), 지장(地藏)과 장보고(張寶皐)가 있다. 무상은 원래 성이 김씨이고 신라 국왕의 셋째 아들이었으며 승려가 되었다가 당나라 개원 연간에 중국에 들어가 사천 지방에서 중국 고승에게서 불법을 구하였다. 안사의 난 때 현종이 사천 성도로 피난하였을 때 무상을 내전으로 초빙하여 공양을 올리도록 하였고 후에 그를 위해 성도에 규모가 큰 대성자사(大聖慈寺)를 세웠으며 건축물만 96동이나 되었다. 김화상(金和尙)으로 불리며 사람들의 존경을 받았다. 대성자사는 불교의 유명 사찰이 되어 만당, 오대, 송, 명대로 이어지면서 옛 모습을 그대로 간직하고 있다. 이 사원 내에는 진귀한 벽화가 무수히 많은데 귀중한 문물유산이 되었다. 지장은 일반 중국 백성들의 존경을 받는 고승이다. 그는 신라 왕자 김교각인데 숙종 때 중국 불교 4대 명산 가운데 하나인 구화산에 들어가 석실에서 수도에 전념하였고 덕종 때 군수가 그를 위해 화성사(化成寺)를 세워줬는데 중국 승려들뿐만 아니라 바다 건너 신라의 승려들도 몰려들어 유명 사찰이 되었다. 덕종 정원 연간에 지장은 입적하였다. 지장보살 신앙은 중국 민중들 사이에 전파되었고, 구화산도 불교의 명산이 되어 문수보살 신앙 중심의 오대산, 관세음보살 신앙의 보타산(普陀山), 보현보살 신앙의 아미산과 더불어 중국 불교 4대 명산이 되었다. 장보고는 신라의 협객, 무장인 동시에 불교 화주(化主)로 일찍이 자신의 세력과 재력으로 중국 산동에 신라법화원(新羅法華院)을 세우고 신라 각지에서 온 불교도를 받아들이는 동시에 구법을 위해 중국에 오는 일본 승려를 전송하고 접대하는 책임을 맡았다. 그는 불교를 지지하고 받들어 중국에 사원을 세우는 등 한중일 삼국의 불교문화 발전에 큰 공헌을 하였다.

3) 신라방

엔닌(圓仁)은 당나라에 들어가 구법 활동을 한 일본 승려이다. 그가 귀국한 후에 지은 『입당구법순례행기』(入唐求法巡禮行記)에는 일본에서 바다를 건너 중국에 가서 구법한 활동을 기록하였지만 더 중요한 점은 당시 중국의 산동반도, 강소, 절강 등지의 신라인의 삶과 활동 그리고 신라방(新羅坊), 신라원(新羅院), 신라관(新羅館)에 관해 상세하게 기술하고 있어 사료적 가치가 높을 뿐만 아니라 중국, 한반도와 일본 삼국의 경제, 문화 교류의 역사를 엿볼 수 있는 귀중한 자료가 된다.

엔닌은 일본 불교사에 손꼽히는 고승이었다. 15세 때 불교를 신봉하기 시작했고, 837년에 당나라에 가서 구법 활동을 할 승려에 선발되었다. 해상에서 태풍을 만나 되돌아갔다가 그 이듬해에 당나라 양주(揚州)에 도달하였다. 양주에서 산동의 등주(登州)로 올라갔다가 우여곡절 끝에 오대산(五臺山)에 도착하여 문수보살(文殊菩薩)에게 참배를 했고, 문수각(文殊閣) 건립의 소원을 빌었다. 후에 장안에 도착하여 자성사(資聖寺)에 거주하면서 밀종을 배웠다. 당나라에서 10년을 지낸 뒤에 귀국할 준비를 하고 있을 때, 무종(武宗)의 불교 탄압이 시작되어 장안의 불교사원은 파괴를 당하고 더욱이 외국 국적의 승려는 장안에서 쫓겨나야 했다. 2년 뒤인 847년에 절강의 월주(越州), 지금의 소흥(紹興)에서 출발하여 바다를 건너 귀국하였다. 귀국 후에 일본의 몬토쿠천황(文德天皇)이 그를 신임하여 천황이 기도하는 도장(道場) 건설을 관장하고 동시에 불교를 관리하는 총지원(總持院)을 개설하도록 하였으며 또한 문수와 법화 등에 선원(禪院)을 건립하도록 하였다. 그의 제자들은 모두 불교사원의 고승이 되어 명실상부한 일본 불교계의 최고의 승려가 되었다. 854년에 연역사(延歷寺)의 좌주(座主)가 되었는데 이는 일본 최초의 좌주이다. 10년 후, 71세에 입적했다. 그는 횡천(橫川)의 화방봉(花芳峰)에 묻혔기 때문에 그를 화방대사(花芳大

師)라고도 불렀다.

엔닌이 귀국한 후에 그는 당나라에서의 10년 동안의 행적을 기록한 『입당구법순례행기』를 편찬했다. 이 귀중한 책은 불교사의 범위를 뛰어 넘어 당왕조 후기의 복잡한 정치와 무종의 불교 탄압정책의 과정이 상세하게 기록되어 있다. 또한 곤경에 처했을 때 신라인의 도움을 받았는데, 최후에는 신라인의 도움으로 등주에서 신라를 거쳐 귀국할 수 있었다. 이 책의 중요한 가치는 다른 역사서의 기록에는 없는 당시의 역사적 사실을 기록하였다는 점이다. 더욱이 당시 산동반도를 중심으로 해안지역과 내륙에 많은 신라인이 거주하고 있었다는 사실의 기록은 다른 문헌에는 찾기 어렵기 때문에 문헌적 가치가 높다.

엔닌이 838년에 당나라에 도착한 후 무종 회창(會昌) 연간 때의 불교 탄압이 시작된 후 3년째인 847년에 중국을 떠나 10년 동안 항상 신라인과 접촉하며 그들의 도움을 받았다. 그의 『입당구법순례행기』의 기록에 의하면 그가 중국에서 만난 신라인은 이름을 알 수 있는 사람만 47명이고 그 가운데에는 관리, 통역관, 승려와 상인, 선원 등이었다. 엔닌 본인이 승려이기도 해서 기록된 이름이 있는 사람은 대부분 승려들이었다. 그가 처음에 양주에 도착했고 그 이듬해(839년)에 양주에서 초주(楚州), 지금의 강소 회안(淮安)에 도달하여 이곳에서 처음으로 신라인들을 만났다. 『입당구법순례행기』에 의하면 이해 2월에 일본의 견당사(遣唐使)가 일본으로 귀국할 때 바닷길을 잘 알고 있는 신라인 60여 명을 고용했다고 기록했다. 이후에 원인 일행이 또 초주에서 북쪽으로 산동의 밀주(密州), 지금의 제성(諸城)으로 가는데 도중에 강소와 산동 경계의 동해(東海), 지금의 강소 연운항(連雲港)에서 선상의 신라인 수십 명을 만났다. 엔닌이 일본인의 신분을 숨기고 신라인으로 사칭하고서 이 신라인들을 따라 숙성촌(宿城村)이란 곳에 도착했다. 이 마을에는 신라인만이 거주하는 주택이 있고 한족들과 뒤섞여 살고 있었다. 그 후에 원인은 북상하여 산동의 등주, 지금의 봉래(蓬萊) 모평(牟平)에 도착했다. 다시 신라인들을 만나 그들에게 일본의 조공사(朝貢使)와 신라 국내의 소식을 전하고, 이곳의 신라인은 본국 신라와 항상 왕래를 하였다고 설명했다. 이곳에서 또 전문적으로 설치된 압아(押衙)라는 신라인 관리가 이들을 방문하고 동승한 신라 배에는 적지 않은 부인네들이 있는 것으로 미루어 보아 많은 신라인이 당나라에서 이미 가족을 형성하고 정착하였다고 하였다. 엔닌은 모평에서 약 한 달을 머물렀고 전문 통역관인 역어(譯語)가 있어서 그를 위해 항상 통역을 맡아 보았고, 또 어떤 사람은 전문적으로 이들 신라인의 양식 공급의 문제를 책임지고 있었다고 하였다. 왕훈(王訓)이란 신라인은 이미 어느 마을의 촌장을 맡았다고 하였다. 강소와 산동 일대에 거주하고 있는 신라인은 상당히 조직적인 사회를 형성하고 있었음을 알 수 있다.

839년 6월에 엔닌은 산동 문등(文登)의 신라인의 특수 사회에 살게 되었다. 이곳은 문등의 청녕향(淸寧鄕) 적산촌(赤山村)의 신라원(新羅院)이었다. 적산촌 신라원은 중국에 온 신라인이 건립한 법화원(法華院)이라는 불교사원에 속했기 때문에 적산촌신라법화원(赤山村新羅法華院)이라고도 불렀다. 이 불교사원 내에는 통상 신라 승려 30여 명이 있었다. 엔닌은 신라 법화원에서 여러 날을 보내면서 하루는 『법화경』 독경회에 참가하였는데 이 불법회에 모인 신라인이 무수히 많았고 남녀노소 승려와 일반인이 모두 포함되어 있었다고 하였다. 840년에 원인은 청주(靑州), 지금의 산동 익도(益都)와 장산(長山), 지금의 산동 추평(鄒平)에 도착하였는데 당나라 사원 내에도 신라원이 설치되어 있었고 이곳에서 수많은 신라인을 보았다고 하였다. 843년에 엔닌은 당나라 장안에 도착하였고 이곳의 크고 작은 불교사원 내에 외국 국적의 승려들이 있었는데 인도, 스리랑카, 일본 등의 승려들이 포함되어 있었지만 그 가운데 가장 많은 수의 승려는 신라인이었다고 하였다.

회창 5년(845년)에 무종이 불교를 금지한 후에 엔닌은 장안을 떠나지 않을 수 없었다. 그는 정주(鄭州), 지금의 개봉(開封)인 변주(卞州)에서 초주로 돌아온 뒤 귀국할 배를 기다렸다. 초주의 신라인이 다시 그를 도와 신라방에 머물도록 했고, 신라소(新羅所)에서 출국 수속을 처리해주었다. 845년 8월, 문등현의 구당신라소(勾當新羅所)에 이르러 문등현의 신라인을 관할하는 평로군절도동십장(平盧軍節度同十將) 겸 등주제군사압아(登州諸軍事押衙) 장영(張詠)을 만나 도움을 받는다.[170] 마침내 847년에 등주에서 장영이 완성한 배를 타고 가다가 숯을 싣고 초주로 가는 신라인 진충(陳忠)을 만났다.[171] 드디어 초주 신라방에 이른 다음 6월 18일, 초주 신라방의 왕가창(王可昌)의 배를 타고 7월에 다시 등주에 도달한 다음 9월, 적산포를 떠나 서해를 건너 한반도 서해안을 따라 가다가 일본으로 귀국하였다.[172]

840년대와 850년대에는 당나라 산동반도, 강소 북부 연해지역에 적지 않은 신라인이 살고 있었고, 적어도 엔닌의 『입당구법순례행기』에서 초주, 해주, 밀주, 등주, 청주, 치주(淄州), 사주(泗州)와 장안 등 8, 9주를 언급하였다. 사실 당나라에 거주한 신라인은 원인이 열거한 지역보다 더 많은 지역에 살았을 것이다. 헌종 때의 강소 염성(鹽城)은 일찍이 신라의 왕자 김사신(金士信)의 신라배가 표류하였고, 또 헌종 원화(元和) 연간에 신라에 기근이 발생하여 170여 명의 신라인이 절동(浙東)에 와서 먹을 것을 구하였다.[173] 산동, 강소, 절강은 한반도와 지리적으로 가까운 해안지역으로 한중 두 나라의 경제, 문화 교류가 밀접하였고 왕래도 빈번하였기

170 申福龍 번역 · 주해, 『入唐求法巡禮行記』, 292쪽.

171 申福龍 번역 · 주해, 『入唐求法巡禮行記』, 302쪽.

172 申福龍 번역 · 주해, 『入唐求法巡禮行記』, 306~307쪽.

173 『舊唐書』, 「新羅傳」, 5339쪽.

때문에 이들 지역에 신라인이 많이 거주하였을 것으로 추정된다.

신라방과 신라원은 당대에 중국의 신라인의 특수 거주지역이다. 신라방은 보통 신라의 일반인이 거주하던 지역이다. 방(坊)은 당대의 도시의 골목이나 거리를 말한다. 농촌이라면 촌(村)에 해당된다. 신라원은 중국의 신라 승려들이 거주한 곳이다. 신라방과 신라원은 신라인이 스스로 관리하였는데 방에는 총관(總管), 역어(譯語)를 설치하고 일상적인 일을 처리하거나 임시로 신라와 일본에서 온 사람을 접대하였다. 또한 본국과의 연락을 책임지고 귀국하는 배를 구하는 일을 전문적으로 담당한 사람이 있었는데 통상적인 사무는 상업 활동이었고 한반도에 중국에 와서 장사를 하는 상인의 판매 업무, 심지어는 상업 물류기지와 당나라 각지와 무역거래도 처리했다. 신라방에서 통역을 맡은 역어는 해당 지역의 사교계 인사로 중국, 신라, 일본 등 여러 국가의 언어에 능통하였고 중간에서 중재를 할 때도 있었다. 『입당구법순례행기』에 유신언(劉愼言)이라는 신라방의 역어는 신라 사회의 활동가로 장안, 등주, 신라 국내의 각 방면의 정보를 장악하여 초주에서 엔닌 등의 신라와 일본의 방문객에게 편리를 제공하였고 이들에게 외지의 숙소를 소개해주었다고 하였다.[174] 당나라 일부 지역에 있는 신라방은 상호 교통과 정보를 주고받아 네트워크를 형성하고 있었음을 알 수 있다.

신라방과 신라원은 신라 상인이 당나라에서 대규모의 국제 상업무역 활동을 하던 거점이었다. 중국 동부 해안지역의 신라방과 신라원은 모두 장보고와 관련이 있었다. 그는 국제 무역상이었고 불교를 믿고 지지하는 대시주(大施主)였다. 장보고는 신라의 무사인데 당나라에 들어와 무녕군

174 申福龍 번역 · 주해, 『入唐求法巡禮行記』, 77~78, 243, 246, 250, 258, 285~287, 294, 297~299, 303~305, 316~319쪽.

(武寧軍)의 소장을 맡았다. 문종 때 귀국하여 흥덕왕을 알현하고 군대를 이끌고 청해진에 주둔했다. 완도의 청해진은 수로 교통을 통제할 수 있는 해로의 요충지였다. 후에 그는 정식으로 청해진대사(淸海鎭大使)에 임명되었고 민간에서는 장대사(張大使)라고 불렀다. 장보고가 해로를 장악한 후에는 이전의 신라인을 약탈하는 해상에서의 노예 활동을 근절시켰다. 장보고는 청해진에 군대를 주둔시키는 동시에 국제무역 상업 선단을 조직하여 신라, 당나라와 일본을 왕래하였는데 그의 선단에는 통역요원을 배치하여 화물 운송의 편의와 승객의 안전을 도모하여 한중일 삼국 항로를 이용하는 상인의 대환영을 받았다. 중국과의 무역을 위해 장보고는 당나라의 동남해안 각주에 상업망을 구축하고 화물을 적재하고 판매하며 상인이 임시로 거주할 수 있는 장소를 마련하였다. 동시에 그 자신이 불교도였기 때문에 이곳은 신라인의 거점인 동시에 신라와 일본의 입당 구법하는 승려들을 책임졌다. 적산촌 신라법화원은 바로 이러한 업무를 맡은 신라인의 거주지였다. 장보고는 문등현 청녕향의 적산촌 신라법화원을 남북과 서쪽 삼면이 봉우리로 절벽을 이루고 동쪽은 바다를 임하고 있는 천혜의 항구였다. 중국의 신라원은 대부분 고정적인 경제 수입이 있었는데 예를 들면 적산촌 신라법화원에는 경작자가 있어 매년 쌀 5백 석을 생산하여 30여 명의 신라인이 수급하기에 부족함이 없었다.

신라방과 신라원 이외에 당나라에는 신라관이 있었다. 신라관의 정체에 대한 학계의 견해가 다른데 당나라를 방문하는 신라 관리를 접대하거나 경제 무역과 관련이 있었다고 보고 있다. 신라관은 장안과 산동반도에 설치하였다. 예를 들면 등주성 남쪽에 신라관이 있었다. 신라소라는 것이 있었는데 당 조정의 신라 관리와 상인의 출입을 관리하는 정부기관이었다. 다만 신라소 사무를 책임진 사람은 신라인이었다. 엔닌의 『입당구법순례행기』에 문등현의 신라소의 통사(通事), 압아(押衙)인 장영(張詠)과 왕훈(王訓)을 언급하였는데 이 두 사람은 모두 신라인이다. 당나라에 있던 신라인은 심지어 당나라 정부에서 높은 관직을 맡기도 했는데 엔닌의 『입당구법순례행기』에 그가 회창 불교 탄압 이후 귀국할 일을 처리할 때 전에 당나라 정부에서 좌신책군(左神策軍) 압아를 지낸 신라인 이원좌(李元左)를 찾았다. 이원자에 대해 "그는 좌군중위(左軍中尉)의 비서격인 친사(親事) 압아로서 불교를 믿는데 믿음이 깊다. 그는 본래 신라인이었다"고 하면서 "그의 집에 도착하여 그를 만났더니 우리의 상담(相談)을 허락해주었다"고 했다.[175] 또 "이원좌는 우리의 귀국을 요청하는 문제를 담당하여 거의 2년 동안이나 서로 알고 지내던 터였기 때문에 정이 두텁게 들었다. 그는 우리 나그네의 살림 중에서 부족한 것을 모두 채워주었다"고 하면서 "경조부에 머무는 동안 이원좌는 또한 음식과 담요를 주는 등 도움이 간곡했다"고 했다.[176] 심지어 엔닌 일행의 귀국 길에 이원좌가 전송도 하였는데, 이원좌는 돌아갈 생각을 하지 않고 한 여관에서 하룻밤을 함께 묵으며 얘기를 나누었고, 다시 작별의 선물까지 주었다. 선물 목록은 비단 열 필, 단향목 한 개, 단감상(檀龕像) 두 개, 화향(和香) 한 병, 은(銀) 다섯 고(股), 발절라(拔折羅) 한 개, 털모자 두 개, 은으로 새긴 『금강경』 한 권, 부드러운 신발 한 켤레, 돈 2관문(貫文) 등이었는데 원인은 "그가 보여준 석별의 정은 참으로 정중했다"라고 기록하였다. 또한 이원좌가 엔닌에게 자신을 잊지 말기를 당부하면서 "스님께서 입고 계신 가사를 이 제자에게 벗어주소서. 집으로 가져가 평생토록 향을 피우며 공양하겠습니다"라고 말하자, 원인은 가사를 벗어 그에게 주었다.[177] 이원좌의 원인에 대한 정중한 태도, 큰 도움을 주었던 사실과 두 사람의 정이 아주 돈독하였음을

175 申福龍 번역 · 주해, 『入唐求法巡禮行記』, 256쪽.
176 申福龍 번역 · 주해, 『入唐求法巡禮行記』, 278~279쪽.
177 申福龍 번역 · 주해, 『入唐求法巡禮行記』, 281쪽.

알 수 있다.

3. 신라와의 문화 교류

당나라와 신라 시기는 중국과 한반도의 정치, 사회와 문화 교류 역사에서 가장 활발했던 시기였다. 우선 신라는 당왕조의 정치제도를 수용하였다. 8세기 경덕왕 때 당왕조의 중앙정부의 관리제도, 지방 행정제도와 율령, 관리 선발제도 등을 받아들여 국가를 효율적으로 관리하였다. 당왕조의 3성 6부를 모방하여 상서성(尙書省)에 해당되는 집사성(執事省)을 설치하여 전국의 정무를 주관하게 하였고 그 아래에 병부(兵部), 예부(禮部), 창부(倉部) 등 6부를 설치하여 군사, 외교와 예의, 재정과 조세 등을 관장하게 하였다. 또한 당왕조의 어사대를 모방하여 사정부(司正府)를 두어 감찰과 탄핵을 관장하게 하였다. 지방은 당왕조의 주군제(州郡制)를 모방하여 전국을 9주(州), 117군(郡), 293현(縣)을 두었다. 주군의 관리도 당나라와 같아서 도독, 태수, 현령 등이라고 하였다.

경제면에서도 당왕조의 균전제, 조용조와 호적제(戶籍制)를 모방하여 정전제(丁田制)를 실시하여 정남(丁男)과 정녀(丁女)에게 일정한 토지를 주고 전조(田租), 조포(調布)를 징수하고 부역을 실시했다. 788년부터 신라는 관리 선발제도에 변화가 생겨 화랑도의 궁전(弓箭)으로 선발하는 제도에서 벗어나 독서삼품과(讀書三品科)라는 고시제도를 설립하여 중국의 삼사(三史), 즉 『사기』, 『한서』, 『후한서』를 고시의 과목으로 정하고 상, 중, 하 3품으로 나누었다.[178] 중국의 사서가 신라의 관리 선발에서 중시되었음을

178 三品 출신으로서 『春秋左氏傳』을 읽고 『禮記』나 『文選』의 뜻을 통달하고 동시에 『論語』,

알 수 있다.

교육 방면에서 신라는 유가경전의 교육을 국학의 중심으로 삼았다. 640년, 당나라가 세워진 후에 신라는 곧 유학생을 파견하였고, 647년에 김춘추를 당나라에 파견하여 국학을 시찰하게 하고 682년에 당나라의 국학을 모방하여 국학을 설치하였다. 747년에 국학의 규모를 확대하여 태학감(太學監)이라고 개칭하였으며, 788년에 독서삼품과를 설치하여 유가 교육제도를 확립하였다.

중국과 신라와의 도서 교류의 특징을 살펴보면 첫째, 중국의 도서는 유학경전이 가장 많았고 그 다음으로는 불교경전이었다. 둘째는 중국과 신라의 도서 교류는 사신 이외에 신라 유학생과 승려들의 역할도 컸다. 셋째, 당대에는 조판인쇄술이 발명되었지만 초보 단계이었으므로 여전히 필사본이 대부분이었고 조판인쇄물도 있었다. 넷째, 신라의 도서도 중국에 전래되었다.

682년, 신라 신문왕(神文王) 2년에 국학(國學)을 설치했다. 국학의 교학은 대부분 유학경전이었다. "교수하는 방법은 『주역』(周易), 『상서』(尙書), 『모시』(毛詩), 『예기』(禮記), 『춘추좌씨전』(春秋左氏傳), 『문선』(文選)으로 구분하여 과정을 삼았으며, 박사(博士)와 조교(助教) 1명이 『예기』, 『주역』, 『논어』, 『효경』을 가르치거나, 혹은 『춘추좌전』, 『모시』, 『논어』, 『효경』을

『孝經』에 밝은 자는 上級이 되었고, 『曲禮』, 『論語』, 『孝經』을 읽은 자는 中級이 되었으며, 『曲禮』, 『孝經』만을 읽은 자는 下級이 되었다. 五經, 三史와 諸子百家書를 전부 통달한 자는 등급에 관계없이 발탁하였다. 경우에 따라 算學博士와 助教 1명으로 하여금 「철경」, 「삼개」, 「九章」, 「六章」을 가르치기도 하였다. 대사 이하의 관등으로부터 작위가 없는 자에 이르기까지 나이가 15세에서 30세 된 자들이 모두 학생이 되었다. 학업은 9년을 한도로 하되 만일 재질이 노둔하여 인재가 될 가능성이 없는 자는 퇴학시켰다. 재주와 도량은 가능성이 있지만 아직 성숙되지 못한 자는 비록 9년을 초과하더라도 國學에 있게 하였고, 작위가 대나마와 나마에 이른 뒤에는 國學에서 들어갔음.

가르치거나, 혹은 『상서』, 『논어』, 『효경』, 『문선』을 가르쳤다."[179] 이상의 유교경전은 중국에서 신라에 전래되었음을 알 수 있다. 743년에 현종은 위요(魏曜)를 사신으로 신라에 보내 효성왕(孝成王)을 조문하고 경덕왕을 책봉하게 했으며, 어주(御注) 『효경』을 하사했다.[180]

신라 선덕왕 때 당나라에 유학을 가서 오대산에서 문수보살에게 불법을 배운 자장(慈藏)이 643년에 삼장(三臧) 400여 상자를 싣고 귀국한 후에 통도사에 수장하였다.[181] 당왕조 정관 연간에 신라의 요청으로 진평왕 49년과 진덕여왕 3년(627~649년) 사이에 『유가경』(瑜珈經) 100권을 보냈다. 851년, 신라 문성왕(文聖王) 13년에 당나라에 갔던 사신인 아찬(阿湌) 원홍(元弘)이 불경과 부처의 치아를 가지고 왔다. 왕이 교외로 나가 그를 맞았었다.[182]

신라의 국학에는 유가경전 이외에 의학(醫學), 산학(算學), 율학(律學), 천문역법(天文曆法) 등의 전공이 있었다. 이러한 학과 가운데 『구장』(九章), 『육장』(六章)과 같은 중국과 관련된 서적을 배웠다. 신라는 당나라의 의학 관리제도와 의학 교육제도를 모방하여 국학 내에 의학을 설치하고 의학을 가르쳤으며 의학 서적을 교재로 사용했다. 의학은 "효소왕 원년에 처음으로 설치하여 학생들을 가르쳤다. 교과 과정은 『본초경』(本草經), 『갑을경』(甲乙經), 『소문경』(素問經), 『침경』(針經), 『맥경』(脈經), 『명당경』(明堂經), 『난경』(難經)이었다."[183] 중국의 의학 서적이 이미 신라에 전해졌음을 알 수 있다. 『본초경』은 『신농본초경』(神農本草經)을 말하는데 한대에 편

179 『三國史記』 卷38, 「雜志」 第7, 「職官」(上), 강무학 역해, 『三國史記』, 150~151쪽.
180 『三國史記』 卷9, 「新羅本紀」 第9, 「景德王」 2년. 강무학 역해, 『三國史記』, 233쪽.
181 김원중 역, 『삼국유사』, 313쪽과 344쪽. 三臧은 석가모니 설법을 모은 經臧.
182 『三國史記』 卷11, 「新羅本紀」 第11, 「文聖王」 11년. 강무학 역해, 『三國史記』, 263쪽.
183 『三國史記』 卷39, 「雜志」 第8, 「職官」(中), 강무학 역해, 『三國史記』, 159쪽.

찬되었고 중국 최초의 약물학(藥物學) 저작이다. 『갑을경』은 『황제삼부침자갑을경』(皇帝三部針灸甲乙經)으로 『황제내경』 중의 『소문』(素問), 『침경』(針經)과 『명당공혈침구치요』(明堂孔穴針灸治要)를 참고하여 동한 때의 황보밀(皇甫謐)이 편찬한 의학서로 중국 최초의 침구 저작이다. 『맥경』은 진대(晉代) 왕숙화(王叔和)의 저작으로 중국 최초의 맥학(脈學) 저서이다. 『난경』은 『황제팔십일난경』(黃帝八十一難經)으로 전국시대 때 명의 편작의 저서이다. 이 책은 후세 사람이 위작이라고 하는데 질문과 답변 형식으로 편찬되었고 맥학, 경락(經絡), 장부(臟腑), 질병, 침법(針法)에 관해 모두 81장으로 구성되어 있다.

당대의 의학서 손사막(孫思邈)의 『천금방』(千金方), 왕수(王壽)의 『외대비요』(外臺秘要)와 『광리방』(廣利方)이 신라에 전래되었다. 『광리방』은 유행병을 예방하고 치료하는 당대에 저명한 의서였지만 후세에 전하지 않는다. 803년, 신라의 애장왕(哀莊王)이 신라에 역병이 창궐하자 하정사(賀正使) 박여언(朴如言)을 당나라에 파견하여 『광리방』을 구하게 했다. 박여언은 특별히 회남절도사 두상공(杜相公)에게 부탁하였고, 두상공은 덕종에게 허락을 구하는 상주문을 썼는데, 이 상주문은 유우석(劉禹錫)이 대신 썼다. 후에 덕종이 허가를 하여 박여언은 『광리방』을 가지고 귀국했다.[184]

신라의 의서가 당나라에 전래되기도 했다. 중국의 의서 『경사증류대관본초』(經史証類大觀本草)에 신라의 '위영선'(威靈仙)으로 질병을 치료하는 것을 기록하였다. 정원 연간(785~805년) 중에 고양자(高陽子) 주소(周巢)가 지은 『위영선전』(威靈仙傳)』에 옛날 상주(商州)에 어떤 사람이 중병에 걸려 자리에서 일어나지 못한 지 수십 년이 되었고 훌륭한 의사도 고칠 수가

---

184 劉禹錫, 「爲淮南杜相公論新羅請廣利方狀」. 瞿蛻園 校點, 『劉禹錫全集』, 114쪽. 『廣利方』은 지금 전하지 않고 일부분이 조선시대 의학서 『鄕藥集成方』에 수록되어 있음.

없어 병을 치료할 사람을 구하였다. 어느 날 신라 승려가 우연히 이것을 보고 말하길 이 병은 약으로 고칠 수가 있다고 해서 산에 들어가 위영선을 구하여 복용하니 병이 나아서 걸어 다닐 수가 있게 되었다. 그 후에 산사람 등사제(鄧思齊)가 그것을 알고 이 일을 세상에 전하였다고 하였다. 이에 대해 『당회요』에도

> 정원 2년 9월에 산사람 등사제가 위영선을 바치려고 상주를 나와 많은 병자를 치료할 수 있었고, 조정에서 시험 삼아 사용하였는데 효과가 있어 『본초』에 기록하게 하고 등사제를 태의승(太醫丞)에 임명했다.[185]

라고 하였다. 신라에서 당나라에 온 구법승이 또한 『신라법사방』(新羅法師方)을 당나라에 전했다.

신라의 약물이 중국에 전래되었다. 신라의 조공 물품 가운데 수많은 약물이 들어 있었다. 신라 문무왕 2년(662년), 당나라 고종 용삭 2년에 신라 대장군 김유신(金庾信)이 당나라 장군 소정방(蘇定方)에게 선물을 증정했는데 약재 우황(牛黃)이 있었다.[186] 문무왕 12년(672년)에는 조공 물품 가운데 침 4백 매, 우황 120분(分)이 포함되었다.[187] 성덕왕 22년(723년)과 33년(734년)에 우황과 인삼을 조공으로 바쳤다.[188] 효성왕 3년(739년)에 당나라 사신에게 인삼 1백 근을 하사했다.[189]당현종 천보 7년(748년), 신라 경덕왕이 사신을 파견하고 우황과 인삼을 바쳤다. 당대종 대력 8년(773년)에 신

185 『唐會要』 卷82, 『醫術』, 1806쪽.

186 『三國史記』 卷6, 「新羅本紀」 第6, 「文武王」 2년. 강무학 역해, 『三國史記』, 178쪽.

187 『三國史記』 卷6, 「新羅本紀」 第6, 「文武王」 12년. 강무학 역해, 『三國史記』, 203쪽.

188 『三國史記』 卷8, 「新羅本紀」 第8, 「聖德王」 22년. 강무학 역해, 『三國史記』, 224쪽.

189 『三國史記』 卷9, 「新羅本紀」 第9, 「孝成王」 3년. 강무학 역해, 『三國史記』, 231쪽.

라 혜공왕이 사신을 파견하고 우황을 바쳤다. 경문왕 9년(869년)에 우황 15냥과 인삼 1백 근을 조공으로 바쳤다.[190] 신라에서 중국에 수입된 대표적인 약재인 인삼과 우황을 제외하고, 당나라 의서 『본초습유』(本草拾遺)에 신라에서 당나라에 전래된 약재로 남등근(藍藤根), 대엽조(大葉藻), 곤포(昆布)가 있고, 『해약본초』(海藥本草)에는 신라 약재 백부자(白附子)가 기록되어 있다. 이밖에 신라에서 중국에 수입된 약재로는 지초(芝草), 어아유(魚牙油), 해송자(海松子), 연호색(延胡索), 해조(海藻), 올눌제(膃肭臍),[191] 담라(擔羅) 등이 있다.

차는 당대에 재배되었을 뿐만 아니라 가공도 발달하였다. 차의 종류도 20여 종이나 되었고 차를 마시는 것이 유행이었다. 덕종 건중(建中) 4년(783년)부터 다세(茶稅)제도를 건립하였는데 차에 대한 세금은 당 조정의 재정 수입원이었다. 중국의 차가 한반도에 전래된 시기는 7세기였다. 태종 정관 연간에 신라의 승려가 당나라에 유학한 후 귀국할 때 차의 종자를 가져가서 선덕왕 시기(632~646년)에 지리산 쌍계사에 심었다고 한다. 신라 흥덕왕 3년(828년)에 신라의 사신 김대렴(金大廉)이 당나라에서 신라로 귀국할 때 차의 종자를 가져다가 지리산에 심어 이때부터 신라의 차 재배가 더욱 발달했다.[192]

도가경전도 신라에 전래되었는데, 당현종이 사신을 신라에 파견하여 노자의 『도덕경』 등의 문서를 신라왕에게 하사했다.[193] 중국의 역사서도 전래되었는데, 정관 5년(631년), 당 조정은 신라에게 『진서』(晉書)를 하사했다.[194]

---

190 『三國史記』 卷11, 「新羅本紀」 第11, 「景文王」 9년. 강무학 역해, 『三國史記』, 268쪽.

191 膃肭은 海狗, 즉 물개, 臍는 배꼽을 말하는데, 膃肭臍는 海狗腎을 뜻함.

192 『三國史記』 卷10, 「新羅本紀」, 강무학 역해, 『三國史記』, 256쪽.

193 『三國史記』 卷9, 「新羅本紀」 第9, 「孝成王」 2년, 강무학 역해, 『三國史記』, 231쪽.

194 『新唐書』 卷220, 「新羅傳」, 6203.

불교, 도교 이외에 기독교도 중국을 통해 신라에 전파되었다. 당대에 경교(景教)가 신라 경덕왕 10년(751년) 때 경주에 창건한 불국사 경내에서 돌로 만든 경교 십자가가 출토되었다.[195] 이때는 현종 천보 10년인데, 중국에 경교가 활발하게 전파되었을 때였다. 중국에 경교가 전래된 때는 태종 정관 9년(635년)으로 대진(大秦)의 경교도이며 시리아인인 아라본(阿羅本)이 중국에 와서 전도하였고, 정관 12년(638년)에 현종은 조서를 내려 의녕방(義寧坊)에 사원을 설립하고 전도를 승인하였다.[196] 그러나 누가 이 십자가를 중국에서 가지고 왔는지 아니면 신라에서 만들어진 것인지 또 신라에 누가 언제 경교를 전파하였는지에 대한 상세한 문헌 기록이 없어서 알 수 없는 실정이다. 이후 원대 혹은 명대와 청대에 기독교가 한반도에 전해졌다.

중국의 고대 인쇄술에는 조판 인쇄술과 활자 인쇄술 두 종류가 있었다. 조판 인쇄술은 한대(漢代), 진대(晉代), 육조(六朝), 수대(隋代) 혹은 당대(唐代)에 발명되었다는 여러 학설이 있다. 당대 중, 후기에 조판 인쇄술이 성행하였다. 경종(敬宗) 장경(長慶) 4년(824년)에 원진(元稹)은 백거이의 『장경집』(長慶集) 서문에서

> 인쇄한 것을 필사하여 시장에서 자랑하며 팔거나 그것으로 술이나 차와 바꿔 마시는 사람이 많았다.

라고 했다. 원문의 '모륵'(模勒)은 조판 인쇄를 말한다. 또한 범터(范攄)의 『운계우의』(雲溪友議) 권11에

195 金得榥, 『韓國宗教史』, 228쪽.
196 『唐會要』 卷49, 「大秦寺」, 1011~1012쪽.

> 상서(尙書) 흘간천(紇干泉)은 용호(龍虎)의 단약(丹藥)을 15년 동안 찾았는데 진강(鎭江)의 서쪽에서 방술에 뛰어난 자를 크게 초빙하여 『유굉전』(劉宏傳)을 짓고 수천 권의 조판 인쇄를 하여 조정과 천하의 연단술사들에게 보내주었다.

라고 하였다. 흘간천은 선종(宣宗) 대중(大中) 원년(847년)에서부터 대중 3년(849년)까지 강남서도(江南西道)의 관찰사를 지냈고, 도가의 연단술 책을 조판 인쇄하여 사람들에게 보낸 것이 바로 이때였다.

당대의 조판 인쇄는 주로 첫째, 불교, 도교의 경문이었다. 효율적이고 편리한 포교의 수단 때문이었다. 둘째, 역서이다. 역서는 농업과 관계가 깊어 종류도 많고 인쇄의 수도 많았다. 셋째는 시문이다. 과거시험의 과목이었기 때문에 당대에는 시가 특히 발달하여 인쇄의 주류를 이루었다.

1966년 10월, 신라의 경주 불국사 석가탑에서 한문 경전 『무구정광대타라니경』(無垢淨光大陀羅尼經)이 발견되었다. 고증에 의하면 704년에서 751년 사이에 인쇄되었다고 한다. 신라 성덕왕에서 경덕왕 사이의 시기로 중국은 무측천에서 현종 사이의 시기이다. 일반적으로 세계에서 가장 이른 인쇄품으로 평가받고 있다.[197] 중국에서 868년에 최초로 인쇄된 돈황의 『금강경』보다 1세기 앞선다. 그런데 중국의 학자들은 이것이 중국에서 인쇄되었고 신라의 유학생이나 승려를 통해 신라에 전해진 것이므로 인쇄술의 기원은 신라가 아니고 중국이라고 주장한다.[198]

---

197 黃善必과 金夢述은 新羅 景德王(742~764년)에 출판된 세계 최초의 인쇄품이라고 했고, 金庠基는 불국사 석가탑 건립 연대인 景德王 10년(751년)으로 추정했으며, 李弘植은 經本의 異體字에 근거하여 新羅에서 인쇄된 것으로 판단하였고 인쇄 시기는 聖德王 5년(706년)에서 景德王 10년(751년) 사이라고 추정했다. 『白山學報』 4號, 1968년. 많은 한국의 학자들은 이 시기를 지지했는데, 金聖洙는 간행 시기를 706년에서 722년이라고 주장했다. 「한국목판 인쇄기원의 연대 연구」, 『書志學硏究』, 제10집, 1990.

198 張秀民, 「南朝鮮發現的佛經爲唐朝印本說」, 浙江 『圖書館硏究與工作』, 1981年 4期. 潘吉星,

당왕조와 신라의 문학 교류는 당시 한중 문화 교류 가운데 중요한 부분이었다. 최치원과 그의 중국 친구와의 시문 교류, 신라 승려와 중국 시인과 승려와의 문학 교류가 빈번했다. 당대의 문학작품이 한반도에 유행하였다. 신라는 당 조정에 책을 요청하였고 당왕조의 역대 왕들은 신라 사신에게 책을 하사하였다. 예를 들면 686년에 신라가 사신을 파견하여 책을 요청하여 무측천이 신라왕의 요구를 수용하고 각종 서적 50권을 하사했다.[199] 중국 역사서의 기록에 무측천 시대 때 문인 장작(張鷟)의 필기소설(筆記小說)이 한반도와 일본에 크게 유행하였는데 그의 「유선굴」(游仙窟)이 일본에 전해진 뒤로 지금은 중국에 유실된 판본이 되었다. 신라에도 장작의 시문이 유행하여 신라 사신이 당나라에 오면 그의 글을 구매하였다고 한다.[200] 백거이의 시문도 신라 문인들이 애독하는 작품이었다. 신라 상인이 당나라에 가면 그의 시집을 앞 다투어 샀다고 한다. 서서에 "백거의 문장은 자세하고 적절하지만 시를 가장 잘 지었다. 당시의 문인들이 전하길 계림, 즉 신라 상인이 금과 맞바꾸어 신라에서는 백거이의 한 편의 시문의 값어치가 한 냥의 금과 같다고 전한다"라고 기록하였다.[201]

신라가 한반도를 통일한 후에 672년에 당왕조의 『인덕력』(麟德曆)을 채

「論一九六六年韓國發現的印本陀羅尼經的刊行年代和地點」, 『傳統文化與現代化』, 1996年 6期와 「印刷術的起源地: 中國還是韓國?」, 『中國文物報』, 1996年 11月 17日. 錢存訓은 慶州의 『無垢淨光大陀羅尼經』의 經卷用紙, 經文, 측천무후가 만든 글자와 異體字 등을 검토한 후 이 佛經은 중국에서 인쇄된 것이라고 하였음. 「現存最早的雕版印刷品」, 『中國書籍紙善及印刷史論文集』(1990년).

199 강무학 역해, 『三國史記』, 216쪽.

200 『新唐書』 卷159 「白居易傳」에 "장작의 문장이 크게 유행할 때 [……] 신라와 일본의 사신이 당나라에 도착하면 반드시 금이나 보물을 주고 그의 문장을 구입하였다"(鷟下筆輒成, [……] 大行于時, 晩進莫不傳記. 新羅日本使至, 必出金寶購其文)라고 했음.

201 "居易于文章精切, 然最工詩 [……] 當時士人爭傳, 鷄林行賈, 傳其國相率篇易一金." 『新唐書』 卷159, 「白居易傳」, 4304쪽.

용하였고, 9세기 초에 당왕조가 새로 반포한 『선명력』(宣明曆)으로 바꾸었는데 이 역서는 고려시대까지 사용하였다.

진(秦)나라가 6국을 통일하는 과정에서 수많은 중국인이 전란과 진나라의 과중한 부역을 피해 한반도로 들어갔다. 진나라 때 한반도에는 진한, 변한과 마한이 있었다. 이때 중국의 음악도 한반도에 전해졌다. 『후한서』의 기록에 진한의 풍속에 가무(歌舞)와 음주(飮酒)를 좋아하여 슬(瑟)을 연주했다고 하였다.[202] 가무와 슬은 중국에서 전래된 것이다. 슬이란 악기는 춘추시대 때 유행한 현악기로 보통 25줄이고 금(琴)과 함께 연주되었다. 호남 장사(長沙)에서 유역교(瀏域橋) 1호 초묘(楚墓)에서 춘추시대 말기 혹은 전국시대 초기의 슬 악기가 출토되었다. 한대에는 공후(箜篌)라는 악기가 한반도에 전해졌고 한반도의 「공후인」(箜篌引)이라는 악곡이 중국에 전해졌다. 또 한대에는 음악을 연주하는 사람을 고구려에 하사했다고 한다.[203] 백제에는 고각(鼓角), 공후(箜篌), 쟁우(箏竽), 호적(篪笛)의 음악이 있었다.[204] 위진남북조 시기에 백제에는 일부 중국의 악기가 전래되었다. '호'(篪)는 관악기로 고대 중국에서 상용되던 악기이다. '우'(竽)는 황관(簧管) 악기로 전국시대부터 한대까지 광범위하게 유행했었다. 반면에 백제의 음악이 남조의 송나라에 전해졌고, 430년, 북조의 북위(北魏)에 백제의 음악이 전해졌다. 『구당서』에

북위가 풍발(馮跋)을 평정하여 고구려와 백제의 음악을 얻었는데 일부였다.[205]

---

202 『後漢書』 卷85, 「辰韓」, 2819쪽.

203 『三國志』 卷30, 「高句麗傳」, 843쪽.

204 『北史』 卷94, 「百濟傳」, 3119쪽.

205 『舊唐書』 卷29, 「音樂志」(2), 1069쪽.

라고 하였는데 북연(北燕)의 왕 고운(高雲)이 409년에 신하에게 피살되자 풍발이 난을 평정하고 왕위에 올랐는데, 430년에 풍발은 북위의 군대에게 살해당했다. 북연은 지리적으로 한반도와 가까워 한반도와 문화 접촉이 빈번했고, 일부 백제의 음악이 북연을 통해 중국 북부의 북위에 전해진 것이다. 또 577년에 북주(北周)가 북제(北齊)를 멸망시켰는데, 그 해에 백제는 사신을 북주에 보내 음악을 바쳤다.[206]

수당시대에 이르러 중국의 악기가 한반도에 전해졌다. 동시에 중국에서 전래된 악기를 개조하여 신라는 새로운 악기를 만들었다. 『삼국사기』의 기록에 의하면,

> 신라의 악은 세 가지 관악기, 세 가지 현악기, 박판, 대고, 가무로 구성되었다. 춤은 두 사람이 추는데, 뿔이 돋친 두건을 쓰고, 자색의 큰 소매가 달린 공란을 입으며 도금한 가죽 호리띠를 띠고, 검은 가죽신을 신는다. 세 가지 현악기는 첫째는 현금, 둘째는 가야금, 셋째는 비파이다. 세 가지 관악기는 첫째는 대함, 둘째는 중함, 셋째는 소함이다.[207]

라고 하였다. 또한 "현금(玄琴)은 중국 악부의 거문고 금(琴)을 모방하여 만든 것이고, 가야금(伽耶琴)도 중국 악부의 쟁(箏)을 모방하여 만들었다"[208]고 하여 현금과 가야금 모두 중국에서 전래된 것을 다시 신라가 재창조하여 만든 악기였음을 알 수 있다. 가야금은 가야국의 악사 우륵(于

206 『舊唐書』 卷29, 「音樂志」(2), 1069쪽.

207 "新羅樂, 三竹, 三絃, 拍板, 大鼓. 歌舞. 舞: 二人, 放角幞頭, 紫大袖公襴, 紅鞓鍍金銙腰帶, 烏皮靴. 三絃: 一玄琴, 二加耶琴, 三琵琶. 三竹: 一大笒, 二中笒, 三小笒." 『三國史記』 卷32, 「雜志」 第1, 「樂」, 82쪽.

208 『三國史記』 卷32, 「雜志」 第1, 「樂」, 82쪽과 84쪽.

勒)이 만든 악기로 후에 신라에 전해졌다.

신라 고기(古記)에는 "가야국 가실왕이 당나라 악기를 보고 만든 것인데, 가실왕이 스스로 이에 대하여 '모든 나라의 방언은 각각 그 성음이 다른 것인데 어찌 당나라의 노래만 부를 수 있으랴?'라고 말하고, 악사인 성열현(省熱縣) 사람 우륵에게 명령하여 12곡을 창작하게 하였다. 그 후 나라가 혼란스러워지자 우륵이 악기를 가지고 신라 진흥왕에게 귀순하였다. 왕이 그를 받아들여 국원에 정착시키고, 곧 대나마 주지, 계고와 대사 만덕 등을 보내 그에게서 수업하게 하였다. 세 사람이 11곡을 배우고 나서 서로 말하기를 '이 음악이 번잡하고 음탕하여 우아한 음악이 될 수 없다'라고 하고, 마침내 그것을 줄여 다섯 곡으로 만들었다. 우륵이 처음 이 말을 듣고 성을 내었으나 그 다섯 가지 음률을 듣고는 눈물을 흘리며 감탄하여 '즐겁고도 방탕하지 않으며, 애절하면서도 슬프지 않으니 바르다고 할 만하다. 너희들이 왕의 앞에서 이를 연주하라'고 말하였다. 진흥왕이 그 곡을 듣고 크게 기뻐하였다. 간관들이 건의하기를 '가야에서 나라를 망친 음악을 취할 것이 없다'고 하니, 왕이 말하기를 '가야국 왕이 음탕하고 난잡하여 자멸한 것이지 음악에 무슨 죄가 있으랴? 대체로 성인이 음악을 제정함에 있어서는 사람의 정서에 따라 이를 조절하도록 한 것이므로, 나라의 태평과 혼란이 음률 곡조와 관련되는 것은 아니다'라고 하고, 마침내 이를 펼쳐 주된 음악을 삼았다"고 기록되어 있다. 가야금에는 두 조(調)가 있었는데 첫째는 하림조(河臨調)요, 둘째는 눈죽조(嫩竹調)이니 모두 185곡이었다.[209]

비파(琵琶)는 서역의 현악기로 중국에 전해진 뒤에 수당시대 때 비파가 한반도에 전해졌다.[210] 서역을 통하여 들어온 비파는 중국을 통해 한반도

209 『三國史記』 卷32, 「雜志」 第1, 「樂」, 84~85쪽.

에 전해지고 다시 일본으로 전해졌는데, 대략 한대부터였다. 중국의 비파는 목이 곧은 직경비파(直徑琵琶)와 목이 굽은 곡경비파(曲徑琵琶)가 있다. 우리나라에서는 직경비파를 향비파(鄕琵琶), 곡경비파를 당비파(唐琵琶)라고 한다. 신라는 중국의 비파를 모방하여 새로운 비파를 만들었는데, 『삼국사기』에

> 향비파는 당나라의 제도와 대동소이하고 역시 신라에서 시작되었으나 다만 누가 만들었는지 알 수 없다.[211]

라고 했다.

우리나라의 비파와 관계가 있는 고고학 자료 가운데 가장 오래된 것으로는 673년의 충남 조치원 비암사(碑巖寺)의 계유명아미타불삼존석상(癸酉銘阿彌陀佛三尊石像), 682년의 감은사지(感恩寺址)에서 출토된 청동제 사리기(舍利器), 725년의 오대산 상원사(上院寺)의 범종 부조가 있다. 또한 868년의 쌍봉사(雙峰寺)의 철감선사탑(澈鑑禪寺塔), 924년의 봉암사(鳳巖寺)의 지증대사(智證大師) 적조탑(寂照塔)에서 당비파의 모습을 볼 수 있다.[212] 연대가 가장 빠른 비암사의 계유명아미타불삼존석상에는 생, 횡적, 배소, 요고, 금, 동소(洞簫)와 함께 비파가 있는데 이 당비파는 곡경비파로 발목으로 연주하는 모습이 조각되어 있다. 상원사의 범종에도 당비파가 새겨져 있고, 감은사지에서 출토된 청동제사리기에는 봉수비파가 조각되어 있

---

210 전인평은 "비파는 페르시아의 바르바트(barbat)가 원형이다. 이 악기는 동쪽으로 전파되어 중구그이 비파, 한국의 비파, 일본의 비와가 되고, 서쪽으로 전파하여 터키와 이집트의 우두(ud), 스페인과 프랑스의 루트(lute)가 되었다"라고 하였다. 『아시아음악의 이해』, 539쪽.

211 『三國史記』 卷32, 「雜志」 第1, 「樂」, 85쪽.

212 송방송, 『한국고대음악사연구』, 132쪽.

다.[213] 신라시대의 전돌 중 녹유주악비천문전돌과 불상문전돌에서도 비파가 보이는데 발목으로 연주하고 있는 목이 굽은 비파이다.[214]

신라의 대금, 중금과 소금의 삼죽(三竹)은 중국 악기 적(笛)을 모방하여 만들어졌다. 『삼국사기』에

> 삼죽은 당나라의 적을 모방하여 만들어졌다. 『풍속통의』에 적은 한무제 때 구중(丘仲)이 만들었다고 하였다. 향삼죽(鄕三竹)은 신라에서 시작되었으나 누가 만들었는지는 알 수 없다.[215]

라고 했다. 『삼국사기』에는 또 두우(杜祐)의 『통전』 등의 백제 가무와 관련된 기록을 인용하여 중국의 악기가 백제에 전래된 상황을 알 수 있다.

> 백제의 음악은 『통전』에 "백제 음악에 있는 쟁, 적, 도화필률(桃花篳篥), 공후 등의 악기는 중국의 악기와 같다"라고 했고, 『북사』에 고(鼓), 각(角), 공후, 쟁, 호, 적의 음악이 있다.[216]

라고 했다. 이상, 수당시대에 중국의 악기가 신라, 백제에 전래되었음을 알 수 있는 동시에 한반도에서는 중국의 악기를 모방하여 새로운 악기로 재창조하였음을 알 수 있다.

신라 문무왕 4년(664년)에 신라는 악공(樂工)을 파견하여 중국의 음악을

213 김재원, 『감은사지발굴조사보고서』, 78~79쪽.

214 김성혜, 「통일신라 전돌에 나타난 비파」, 『소암 권오성 박사 회갑기념음악학논고』, 157~173쪽.

215 『三國史記』 卷32, 「雜志」 第1, 「樂」, 86쪽.

216 『三國史記』 卷32, 「雜志」 第1, 「樂」, 88쪽.

배우도록 했다.

> 성천(星川), 구일(丘日) 등 28명을 웅진부성으로 보내서 당나라 음악을 배우도록 했다.[217]

660년에 당나라와 신라가 연합하여 백제를 멸망시켰는데, 당나라는 백제의 옛 영토인 웅진 등에 5개의 도독부를 설치했다. 당나라 장군 유인궤(劉仁軌)가 이끄는 당나라 군대가 웅진에 주둔하고 있을 때, 신라가 파견한 성천 등 악공들이 웅진에서 당나라 음악을 배운 것이다. 또한 신라 진평왕 53년(631년), 신라는 당태종에게 여자 악공 두 명을 보냈지만 태종이 이를 거절한 적이 있다.[218]

삼국시대 때부터 중국의 음악이 한반도에 전래되었고 신라가 삼국을 통일한 후에 궁정에는 본국의 음악, 즉 향악(鄕樂)이 있었고 또한 중국의 음악, 즉 당악(唐樂)도 있었다.

수대에 음악 관련 기구로 아악(雅樂)의 태악서(太樂署), 속악(俗樂)의 청상서(淸商署)와 예의(禮義) 음악을 관장하는 고취서(鼓吹署)가 있었다. 수나라 초에는 궁정의 연악(燕樂)에 칠부악(七部樂)을 설치했다. 이밖에 소륵(疏勒), 부남(扶南), 강국(康國), 백제, 신라, 왜 등의 외국 음악이 중국 음악과 뒤섞였다. 수양제 때 구부악(九部樂)으로 확대되었는데, 이 구부악은

217 『三國史記』 卷6, 「文武王」 4년. 강무학 역해, 『三國史記』, 180쪽.

218 "정관 5년, 신라가 사신을 파견하여 여자 악공 두 명을 바쳤는데 모두가 절세미인이었다. 태종이 신하들에게 말하길, '성인이 여색을 탐하듯 덕을 좋아하라고 했다. 산과 바다로 가로막혔고 아주 먼 고향을 그리워한다는 것을 알고 있다. 근래 임읍(林邑)이 흰 앵무새를 바쳤지만 고향을 생각하고 있어서 본국으로 돌려보냈다. 새도 이러하거늘 인간이야 더하리라 짐작된다. 짐은 멀리서 와 가족을 그리워한다는 것을 알고 마땅히 사신에게 당부하여 집으로 돌려보내리라'라고 했다." 『舊唐書』 卷199, 「新羅傳」, 5335쪽.

조정에서 연회 때 연주되던 가무였다. 이 구부악에 백제악과 신라악이 포함되었다.

당대에 이르러 당대의 음악은 태상사(太常寺) 관할의 태악서, 고취서, 교방(敎坊) 이외에 궁정에 내교장(內敎坊), 이원(梨園)을 설치했는데 장안과 낙양에는 외교방(外敎坊)도 설치했다. 이밖에 귀족이나 권문세가의 저택, 각 주와 군 소속 관청에도 악공이 있었다. 또한 서역, 천축, 신라, 백제와 왜 등의 외국 음악도 전래되어 십부악(十部樂)을 형성하여 중국 음악에 영향을 끼쳤다.

중국과 한반도의 회화의 교류는 한대 때부터였다. 위만조선을 멸망시키고 한사군을 설치하였는데 이 가운데 낙랑군 지역의 한나라 묘에서는 칠기, 청동기, 도기, 비단, 목기, 옥기, 석기, 관인봉니(官印封泥)와 와당 등이 발굴되었고, 또한 회화와 관련된 화상전과 벽화가 있다. 불교가 중국에서 한반도로 전해지면서 불교 회화도 전파되었다. 석굴에는 석조, 불교조상 이외에 벽화도 있다. 6세기 말경에 산동반도에 마애석불이 출현했고 이 마애석불은 요동반도를 거쳐 한반도에도 전해졌다. 한반도의 백제와 신라의 마애석불은 중국 북위 석굴과 마애석불의 영향을 받았다. 백제의 마애석불은 충청남도 운산면(雲山面) 용현리(龍賢里) 서산(瑞山) 마애삼존불, 태안면(泰安面) 태을암(太乙庵) 마애삼존불, 연기군 비암리 계축명암미타삼존상(癸丑銘阿彌陀三尊像) 등이다. 서산 마애삼존불은 현존하는 우리나라의 최고의 마애석불로 좌측에는 미륵보살반가사유상, 가운데 석가모니상, 우측에는 관음보살입상이 있다. 미륵보살반가사유상은 돈황 막고굴과 운강 석굴, 서산의 마애삼존상과 태안의 삼존불은 산동반도의 마애석불과 유사하다.

덕종 때 신라의 화가 김충의(金忠義)가 당나라에 들어가 중국 회화예술과 교류하였다. 당대의 저명한 회화 비평가 장언원(張彦遠)은 김충의의 회화작품에 대해 그의 『역대명화기』(歷代名畵記)에서 "측천무후시대에 덕종시대의 장군 김충의는 그 솜씨가 절묘하고 다른 사람보다 뛰어났다. 또 그림을 배웠는데 작품이 정밀하고 오묘했다"[219]라고 극찬했다. 신라의 헌덕왕(憲德王)이 원화(元和) 5년(810년)에 왕자 김헌장(金憲章)을 당나라에 파견하여 헌종(憲宗)에게 금은 불상 및 불경 등을 바치게 했다.[220] 신라 사탑의 불상은 중국 불교의 영향을 받았는데 예를 들면 신라 백율사(柏栗寺)와 중생사(衆生寺)의 불상은 중국의 신장(神匠)이 중생사(衆生寺)의 소상(塑像)을 만들 때에 함께 만든 것이라고 한다.[221] 또한 당대의 저명한 회화작품도 신라에 전해졌다. 전라남도 순천군 조계산 화엄사 관음보살상은 당대의 저명한 화가 오도자(吳道子)의 그림을 판각한 것이다. 길이가 188센티미터, 폭이 50센티미터이고 우측 아래에 "당오도자필"(唐吳道子筆)이라는 유공권(柳公權) 해서체의 다섯 글자가 적혀 있고 그 아래에 '산곡화인'(山谷化人)이라는 낙관이 찍혀 있다.[222] 주방(周昉)은 당대의 저명한 화가인데 사녀화(仕女畵)로 유명하다. 덕종 정원 연간에 신라 사람이 당나라의 강회(江淮) 지역에서 주방의 그림을 고가에 매입하고 귀국하였다고 한다.

서예 또한 중국의 서법(書法)이 한반도에 전해졌다. 신라의 서예 예술은 비명(碑銘)에 잘 나타나 있다. 신라 진흥왕 때 영토를 확장하였는데 네 곳에 순수비(巡狩碑)를 세웠다. 이 비문은 한자 서법으로 필력이 힘이 있으면서도 우아하다는 평가를 받는데, 중국의 북조 서법 예술의 영향을 받았다고 한다. 백제의 금석문자는 수량은 적지만 매지권(買地券)과 벽돌, 와당에 새겨져 있다. 서법 예술작품으로는 유명한 『무녕왕릉매지』(武寧王陵

219 장언원 지음, 조송식 옮김, 『歷代名畵記』(下), 307~308쪽.
220 『三國史記』 卷10, 「憲德王」 2년. 강무학 역해, 『三國史記』, 250쪽.
221 『三國遺事』 卷3, 「興法」 第3, 柏栗寺. 이병도 역주, 『삼국유사』, 333쪽.
222 金榮華, 「韓國全羅南道順天郡曹溪山仙巖寺板印觀音像跋」, 『中韓交通史論叢』, 154쪽.

買地)가 있는데, 시기적으로 중국 육조시대 서법 예술의 영향을 받았다고 할 수 있다.

초당(初唐)의 4대 서예가는 구양순(歐陽詢), 우세남(虞世南), 저수량(褚遂良)과 설직(薛稷)이다. 성당(盛唐) 때는 안진경(顔眞卿)이 가장 유명하며 진서(眞書)의 대표적인 서예가였고, 초서(草書)의 장욱(張旭)과 회소(懷素), 행서(行書)의 이옹(李邕), 전서(篆書)의 이양빙(李陽氷), 예서(隷書)의 한택목(韓擇木)과 채유린(蔡有隣), 이조(李潮), 사유(史惟)가 가장 뛰어났다. 중당(中唐)과 만당(晩唐)에는 안진경을 근본으로 삼고 구양순과 우세남의 서예를 응용하여 독특한 서체를 이룬 유공권이 대표적이다. 당나라 유학을 다녀온 신라의 최치원, 김인문, 김생 등은 유명한 서예가였다. 이들의 서예작품은 당나라 서법 예술과 밀접한 관계가 있다. 신라의 사절들이 당나라에 오면 유공권의 서예작품을 구매하고 귀국하였고, 유학생 또한 중국의 서예작품들을 가지고 귀국하여 동진 때의 왕희지의 행서와 초서 그리고 당나라의 구양순, 우세남, 안진경과 유공권의 서법이 신라에서 서예의 모범이 되었다.

최치원의 서예 예술작품이 전하는 것은 모두 석각(石刻)으로 먹으로 쓴 서예작품은 전하는 것이 없다. 쌍계사의 「진감선사대공탑비」(眞鑒禪師大空塔碑), 「숭복사비」(崇福寺碑)와 여러 곳의 마애석각 등이다.

김인문은 신라 무열왕의 차남으로 문무를 겸비한 장군이자 학자였다. 또한 각종 서체에 정통한 뛰어난 서예가였다. 현재 전하는 작품은 극히 적어 「태종무열왕비」(太宗武烈王碑)가 남아 있는데 이 가운데 '중예'(中禮)라는 글자체는 구양순의 「황보비」(皇甫碑)의 서체와 유사하여 구양순체라고 할 수 있다. 이밖에 「문무왕릉비」(文武王陵碑), 「김인문묘비」(金仁問墓碑), 「흥덕왕릉비」(興德王陵碑)와 광조사(廣照寺)의 「진철선사보월승공탑비」(眞澈禪師寶月乘空塔碑) 등도 구양순체이다.

김생도 신라의 저명한 서예가이다. 그의 서예작품으로는 「창림사비」(昌林寺碑), 「전유암산가서」(田游岩山家序), 「낭공대사백월서운탑비」(朗空大師白月棲雲塔碑) 등이 있다. 그의 서예작품은 왕희지와 유사하다. 『삼국사기』에 그에 대해

> 김생은 그 부모가 미천하여 그의 가문을 알 수 없으나 그는 경운 2년에 출생하였다. 그는 어려서부터 글씨쓰기에 능하였고 평생을 통하여 다른 예술을 익히려 하지 않았으며 80세가 넘도록 오직 붓글씨 쓰기를 쉬지 않았다. 그리하여 예서, 행서, 초서는 모두 신필(神筆)로서 지금에 이르기까지 왕왕 그의 진(眞) 필적이 남아 있어서 학자들은 보배로 전하고 있다. 송(宋) 숭녕(崇寧) 연간에 학사 홍관(洪灌)이 진봉사(進奉使)를 따라 송나라에 들어가서 변경(卞京)의 객관에 묵었는데, 이때 한림대조 양구와 이혁이 황제의 명을 받들고 우리 객관에 이르러 그림과 족자에 대한 말을 하였다. 이에 홍관은 김생의 행서와 초서 한 권을 펴보이자 두 사람은 크게 놀라며 말하기를 "뜻하지 않았던 왕희지의 친서를 오늘 얻어 보았소"라고 하였다. 이에 홍관이 말하기를 "이것은 왕희지의 것이 아니고, 신라 김생의 글이요"라고 하였으나 두 사람은 웃으면서 말하기를, "천하에서 왕희지를 빼놓고 어찌 이와 같은 묘필이 있겠는가?" 하며 홍관이 여러 번 말하였지만 믿으려 하지 아니하였다.[223]

라고 했다. 고려시대 때 저명한 문인 이인로(李仁老)는 『파한집』(破閑集)에서 김생의 서예를 높이 평가하며 "신라 사람 김생은 붓이 신과 같아 초서든 행서든 두루 정통하였고, 57종류의 서체를 자유자재로 쓸 수 있었다"라고 했다. 중국 원나라의 저명한 서예가 조맹부(趙孟頫)는 「창림사비발」

---

223 『三國史記』 卷48, 金生. 강무학 역해, 『三國史記』(열전), 281~282쪽.

(昌林寺碑跋)에서 김생의 서예를 극찬하며 "옛날 신라의 김생의 서예작품 「창림사비」는 필획이 깊이가 있어 서예의 모범이 되며 비록 당나라 사람일지라도 그를 뛰어넘지는 못했다. 옛날 말씀에 어느 곳이든 재주를 갖춘 사람이 있다고 했는데 과연 그렇다"라고 하였다. 또한 요극일(姚克一)도 신라의 유명한 서예가였는데 구양순체와 유사했다. 『삼국사기』의 기록에 "벼슬이 시중 겸 시서 학사에 이르렀는데 필력이 좋아 구양순과 솔경의 필법을 터득하였다. 비록 김생에게는 못 미쳤지만 역시 특이한 기품을 가지고 있었다"[224]라고 하였다.

당대의 월주요(越州窯), 형요(邢窯)와 장사(長沙) 동관요(銅官窯)가 경주와 왕성을 비롯한 통일신라의 여러 사찰과 성곽 등에서 발견되었다. 출토된 도자는 주로 완(碗)이고 해무리굽과 윤형굽이 섞여 있다. 경주 일대에서 발견되는 당대 자기는 주로 월주요 청자와 형요 백자가 주를 이룬다. 익산 미륵사지에서는 월주요 청자완, 보령 성주사지에서는 월주요 청자와 정요(定窯) 백자가 출토되었다. 해주(海州) 용매도(龍媒島)에서 두 건의 당대 장사요(長沙窯)의 청자 항아리가 출토되었고 표면에 "정가소구, 천하유명"(鄭家小口, 天下有名), "변가소구, 천하유명"(卞家小口, 天下有名)이라는 글자가 있다.[225]

청자 유악 도자기 이외에 당대에 가장 유명한 도자기는 당삼채(唐三彩)였다. 당삼채는 종류도 다양하였다. 이러한 당대 도자기를 대표하는 당삼채 역시 신라에 영향을 끼쳤는데, 그 증거로 1972년에 경주 조양동(朝陽洞)에서 삼채복(三彩鍑)이 발굴되었다. 신라 역시 당나라의 당삼채를 모방하여 황색, 녹색, 청색의 유약으로 표현된 무늬의 유약 도자기를 제조했

224 『三國史記』 卷48, 金生, 『三國史記』(열전), 281~282쪽.

225 葉文程, 『中國古外銷瓷研究論文集』, 18쪽.

다. 신라에서 당나라의 청자를 모방하여 신라의 청자를 제조했다. 절강의 청자 도공이 전라남도 강진군에 가서 청자 제조를 전파하였다.

제6장

일본과의 교류

589년, 수나라가 건립되어 중국이 다시 통일되었을 때, 일본은 여왕인 스이꼬(推古)천황이 즉위하였고 쇼토쿠(聖德)태자가 섭정을 하고 있었다. 수나라 38년 동안 일본은 600년, 607년, 608년과 614년 모두 네 차례 수나라에 사신을 파견하였다. 수문제 개황(開皇) 20년(600년), 일본의 견수사(遣隋史)가 처음으로 파견되었고, 제2차 견수사가 파견되었을 때는 수양제 대업 3년(607년)으로 쇼토쿠태자가 한족으로 본명이 소인고(蘇因高)인 오노 이모꼬(小野妹子)와 구라추쿠리 후쿠리(鞍作福利)를 사신으로 보내고 수양제에게 국서(國書)를 전달하면서 자칭 "해가 뜨는 곳에 천자가 해가 지는 곳의 천자에게 바친다"[1]라고 하면서 중국과 대등한 외교를 펼치는데 진력하였다. 수양제는 이듬해에 문림랑(文林郎) 배세청(裴世淸)을 사신에 임명하고 일본 사신을 귀국하는데 전송하도록 했다. 배세청 일행이 지금의 오사카에 도착하여 환영을 받았다. 제3차는 수양제 대업 4년(608년)으로 쇼토쿠태자는 이번에는 국서에 "동쪽 천황이 서쪽 황제에게 존경을

---

1 "日出處天子致書日沒處天子." 『隋書』, 「倭國傳」, 1827쪽.

표합니다"[2]라고 하면서 또 중국과 대등한 입장을 나타냈고, 유학생과 학문승 각각 4명씩 모두 8명을 파견하였다. 학문승은 이마키 아야비토 니지붕(新漢人日文), 즉 소빈(僧旻), 미나부지 아야비토 쇼안(南淵漢人請安), 시가 아야비토 에온(志賀漢人慧隱), 이마기 아야비토 코사이(新漢人廣濟)이었다. 이들 모두 '아야비토'(漢人)로 조상이 고대 일본에 이주해온 중국인을 말한다. 이들 중국인은 기원전 140년에서부터 88년까지 집권했던 한무제가 한반도에 한사군을 설치하였을 때 이주하였고 다시 한반도를 경유하여 일본에 정착한 귀화인(歸化人)이다.[3] 이 가운데 다가무구 겐리(高向玄理)와 미나부지 쇼안(南淵請安)은 둘 다 중국에 32년을 거주했고 후에 일본으로 귀국하여 중국의 정치개혁에 큰 도움을 주었다. 대업 10년(614년)의 4차 때도 사신과 함께 유학생과 승려가 수행하였다. 일본의 견수사는 이후의 대규모 중일 교류에 기초를 세웠다. 수나라에 파견된 유학생과 승려는 수당 교체기를 체험하며 다방면에서 중국 문화를 접하고 당제국의 궁정, 정부기구와 법제도 등을 직접 체험하게 된다. 일본 역사에 커다란 영향을 미친 645년의 '다이카개신'(大化改新)은 중국 문화의 기초 위에 실행되었고 일본은 역사상 처음으로 중국의 제도를 모방한 중앙집권 통치제도를 건립하였다. 이것은 수, 당 유학생이 주도한 개혁이었다.

중국 유학생 출신 미나부지 쇼안은 귀국하여 학당(學堂)을 설립하고 중국의 문물제도를 전파하였다. 그의 문하생이 많은데 그 가운데 유명한 인물로는 미나부지 쇼안의 학생이었던 나가토미 가마타리(中臣鎌足), 후지

2 『日本書紀』, 汪向榮, 夏應元 編, 『中日關系史資料滙編』, 51쪽.

3 세기 아키라(關晃), 『歸化人』(至文堂, 1956). 漢人과 新漢人의 고대 일본에 끼친 영향에 대해서는 木宮泰彦, 『日華文化交流史』(1955, 47~55쪽)를 참조. 일본에 처음 이주해온 漢人과 새로 이주한 漢人을 구별하기 위해 후자에 해당되는 新漢人이라는 용어가 생겨났는데 2세기 후반부터 5세기까지 사용하였음. 僧旻은 중국에서 한반도에 이주한 가계 혈통을 가진 집안 출신으로 일본에서 태어났음.

와라 가마타리(藤原鎌足)와 나가 오에(中大兄)가 있다. 이들은 당나라의 율령(律令)제도를 배워 천황의 권력을 강화하여 중앙집권의 토대를 마련하였다. 645년에 궁정 정변이 발생했다. 핵심 인물은 개혁을 지지하는 고토쿠(孝德)천황을 옹립한 중국의 제도와 문화를 배운 유학생 출신들이었다. 중국 유학생 출신의 다가무구 겐리와 중국 학문승 출신의 나가토미 가마토타를 '국박사'(國博士)에 앉히고 나가 오에를 황태자로 세웠으며 608년에 견수사를 따라 중국에 가서 24년 동안 중국에 머물렀던 학문승 출신의 소빈(僧旻)을 국박사인 동시에 십사(十師)의 하나로 삼아 새로운 조정을 구성했다. 646년, 고토쿠천황이 개혁의 조서를 반포하였는데, 개혁의 주요 내용은 당나라의 제도를 모범으로 삼아 중앙집권의 통치를 건립하는 것이었다. 649년, 국박사인 소빈과 다가무구 겐리에게 8성(省)을 설치하고 백관(百官)을 두게 하는 등 정치제도는 중앙집권을 강화하여 천황의 지위를 확고하게 만들었고, 토지제도에서 제정된 반전수수법(班田收授法)은 기본적으로는 당나라의 균전제(均田制)를 모태로 삼았으며, 세제도 당나라의 조용조제도를 수용하였다.

1. 견당사

견당사(遣唐使)는 정관(貞觀) 4년(630년)부터 시작하여 건녕(乾寧) 원년(894년)까지 계속되었다. 264년 동안 19차례였으므로 16년마다 한 차례 파견되었다고 할 수 있다.[4] 견당사를 전기와 후기로 나눌 수 있는데 이 두

4 이 19차례 遣唐使 가운데 세 차례의 送唐客使가 포함되어 있다. 送唐客使란 일본조정이 당나라 사신의 귀국을 전송하기 위해 파견한 사절을 말한다. 제1차는 乾封 2년(667년), 天智 6년

시기의 견당사의 목적, 조직, 항로에서 현저한 차이가 있었다. 전기 견당사는 제1차에서 제7차(669년)까지였고 이 시기의 한반도는 전란 중으로 당나라가 지지하는 신라와 일본이 지지하는 백제 사이에 전쟁이 벌어졌다. 663년 백촌강(白村江) 전투 중에 당나라와 신라의 연합군 승리로 일본은 잠시 사신을 당나라에 파견하지 않았다. 전기 견당사의 규모는 그리 크지 않았는데 매번 1척 혹은 2척에 불과하였고 인원도 약 120명 정도였다.

대부분의 견당사 배는 아끼(安藝), 지금의 히로시마 부근에서 건조되었다. 오미(近江), 지금의 시가(志賀)와 탐바(丹波)와 하리마(播磨), 지금의 교토와 오사카 부근에서는 목재와 조선소까지 옮길 노동자들을 제공하였다. 그리고 견당사는 7세기 때는 두 척이었지만 8세기부터는 4척으로 늘

으로 당나라 사신 司馬法聰이 귀국할 때였고 일본 사신은 伊吉博德이었다. 제2차는 寶應 원년(762년), 天平寶字 6년으로 당나라 사신 沈惟岳이 귀국할 때였고 中臣應主가 일본 사신이었음. 제3차는 大歷 13년(778년), 寶龜 9년으로 당나라 사신 孫興進이 귀국할 때였고 일본 사신은 布勢清直이었음. 石井正敏은 견당사가 모두 20차례라고 하였음. 石井正敏, 『唐與日本』(吉川弘文館, 1992), 74~76쪽, 「遣唐使一覽表」. 그러나 실제로 遣唐使 가운데 653년 때 견당사 두 척의 배가 조난을 당했고, 665년 때는 당나라 사신 劉德高를 백제에 있던 당나라 군대까지 전송하였고, 667년 때 견당사의 파견은 당나라 장군 司馬法聰을 百濟까지 전송하기 위한 것이었으며, 746년과 894년 두 번은 命을 받았지만 실행에 옮기지 않았고, 761년 때는 배가 파손되어 중지되었으며, 762년에는 바람이 불지 않아 취소되었다. 그러므로 일본이 정식으로 당나라에 파견된 외교사절단은 13차례였다. 그런데 또 이 가운데에서도 759년 때는 藤原淸河가 이끄는 일본 견당사가 귀국하는 것을 영접하기 위한 迎入唐使使였고, 702년, 759년과 779년 세 번은 일본에 갔던 당나라 사신이 귀국하는 것을 전송하기 위해 파견된 送唐客使였다. 결국 759년 때의 견당사는 앞서 파견된 견당사 대사 후지와라 기요가라를 영접하고 동시에 渤海使의 귀국을 전송하였기 때문에 渤海를 통해 당나라에 들어갔다가 후에 당나라 사신 沈惟岳 등과 함께 일본으로 귀국하였음. 遣唐使에 관해서는 모리 가추미(森克己), 『遣唐使』(至文堂, 1955年)와 최근작으로는 모자이 토라오(茂在寅南), 『遣唐使研究と史料』(東海大學, 1987年)가 있음. 8, 9세기 일본과 중국의 정식 외교관계에 대해서는 Charlotte von Verschuer, *Les Relations Officialles au Japon avec la Chine VIII+IX Siecles*, Paris, 1985에 상세하게 나와 있음.

서안 대당서시(大唐西市) 입구에 전시된 일본의 견수사(遣隋使) 모형도.

어났고 견당사 배는 남바(難波)에서 출항하였다.[5] 항행 노선은 나니와(難波) 항구의 미추라(三津浦), 지금의 오사카 미나미구(南區) 미츠즈테라마치(三津寺町)에서 출발하여 세도나이카이(瀨戶內海)를 경유하여 큐슈(九州)의 츠쿠시(筑紫) 오추(大津), 즉 지금의 하카타(博多)에 도달하였다. 이 항구의 일본 다자이후(太宰府)의 문호이다. 견당사를 포함하여 외국을 왕래하는 선박은 이곳에 정박하였다. 당시 다자이후의 외교기구인 홍려관(鴻臚館)도 여기에 설치되었다. 홍려관은 외국 사절을 접대하는 영빈관이었다. 견당사가 당나라에 입국하기 전과 귀국한 후에는 이곳에서 휴식을 취하거나 출항할 때와 기회를 기다렸던 곳이었다. 다자이후가 있는 하카타만을 출발한 견당사는 북로(北路), 남도로(南島路)와 남로(南路) 세 갈래 노선이 있었다.

5 菅野眞道 外, 『續日本紀』 卷11, 「天璽國押開?櫻彦天皇」, 汪向榮, 夏應元 編, 『中日關系史資料滙編』, 93~94쪽.

당나라와 일본의 해상 항로.

첫째, 북로이다. '신라도'(新羅道)라고도 하는데 초기 견당사의 항해노선이었다. 다가무구 겐리(高向玄理)와 이누가미 미타수키(犬上御田秋)가 이끄는 제1차 견당사는 하카다, 이기(壹岐), 쓰시마(對馬), 제주도, 전라남도 해안에서 황해를 횡단하여 산동반도 등주(登州)에서 상륙한 다음 육로로 청주(青州), 조주(曹州), 변주(汴州), 낙양, 장안에 도착하였다. 시간이 많이 걸리는 단점이 있지만 연안 뱃길로 안전하고 백제나 신라의 도움을 받을 수 있었다. 북도는 북로북선과 북로남선 가운데 북로남선에 해당된다.

둘째, 남도로이다. 몬무(文武)천황 시기(697~707년) 때부터 사용한 항해노선이다. 당나라 문화가 최전성기 때였다. 다수의 유학생과 학문승이 견당사에 수행하여 당나라의 선진 학문과 문화를 전수받았다. 하카다에서 출발하여 서쪽으로 항해하다가 도중에 히잔(肥前) 마츠우라군(松浦郡) 히라도(平戶)시에서 잠시 정박한 후에 아마쿠사섬(天草島), 사쓰마(薩摩) 연안을 따라 남하하다가 큐슈 서쪽 고토(五島)열도의 타네가시마(種子島), 야쿠시마(屋久島), 보시치토(寶七島), 아마미(奄美), 오키나와(沖繩)를 지나 동지나해를 횡단하여 장강의 입구에 도달하는 노선이다. 남로남선에 해당된다.

셋째, 남로인데 대양로(大洋路)라고도 한다. 하카타에서 출발하여 히라지마(平戶島), 오지카섬도(小値賀島), 후쿠에섬(福江島) 등의 도서에 일시적으로 정박한 다음 순풍을 기다렸다가 동해를 횡단하여 장강 하류의 양주(揚州), 초주(楚州), 명주(明州) 등지에 상륙하는 항로이다. 항해 시간이 세 노선 가운데 가장 짧으나 해상에서 폭풍을 만날 확률이 상대적으로 높아 난파사고가 종종 발생했다. 후기 견당사가 가장 많이 이용한 노선이 바로 남로였다. 남로북선에 해당된다.

후기 견당사는 제8차(701년)에서부터 19차까지였다. 일본 국내에 덴무(天武)천황 원년(672년)에 진신(壬申)의 난[6]이 일어나 덴무천황이 율령국가를 세우기 위해 전력을 내정에 집중시켰으므로 견당사를 파견할 수 없었다. 후기 견당사는 배는 4척이었기 때문에 '사소선'(四艘船), '사박'(四舶)은 견당사와 동의어였다. 인원은 5~6백여 명에 달했다. 예를 들어 717년 제9차 견당사의 경우 인원수는 557명, 733년 제10차 견당사 때는 594명,

6 飛鳥時代인 672년에 일어난 內亂으로, 天智가 죽은 뒤에 그의 동생인 大海人皇子가 지방의 豪族들과 함께 壬申亂을 일으켜 조카인 弘文에게서 왕위를 빼앗았음. 壬申亂은 古代 일본에서 일어난 가장 큰 규모의 內亂으로 사회와 정치에 커다란 영향을 끼쳤음. 반란으로 皇位에 오른 天武는 도읍을 近江에서 飛鳥로 다시 옮기고 중앙집권화를 강력하게 추진하였음. 官制와 行政機構가 대대적으로 정비되었고, 官位에 따른 服色도 새롭게 제정되었음. 天武 13년(684년)에는 신분에 따라 眞人, 朝臣 등 8개의 姓으로 구분하는 八色姓 제도를 제정하여 皇族의 지위와 권한이 강화되었고, 강화된 중앙집권체제와 신분제를 배경으로 律令國家의 기틀이 마련되었음.

838년 제19차 견당사는 651명으로 인원수가 가장 많았고 배도 4척이었다. 전기 견당사에 비해 파견 인원이 증가하여 유학생, 승려, 기술공들이 포함되었다. 항로는 남로(南路)를 택했다. 남로는 큐슈의 하카타에서 출발하여 고토(五島)열도를 지나 동지나해를 가로질러 장강 입구 연안의 양주(揚州) 혹은 명주(明州), 지금의 영파(寧波)에 상륙하는 남로(南路)로 여기에서 다시 양주를 지나 한구(邗溝), 통제거(通濟渠)를 통과하여 변주(卞州)를 지나면 장안(長安)에 도착할 수 있었다. 이 노선은 일정은 단축할 수 있었으나 상대적으로 위험성이 높았다. 일본의 견당사가 이 노선을 택한 이유는 일본과 밀접한 관계가 있었던 백제가 당나라와 신라 연합군에게 멸망당하고 한반도는 신라가 통일하였기 때문이었다.

당나라에 파견된 사절단을 일본 당시에는 견당사라고 부르지 않았다. 『일본서기』에서는 '서해사'(西海使), 『만엽집』(萬葉集)에서는 '입당사'(入唐使)라고 하였다. 견당사의 구성원은 파견될 때마다 달랐다. 일본 조정의 4위(位)에 속하는 대사(大使) 1명, 5위에 속하는 부사(副使) 1명 혹은 2명, 판관(判官) 4명, 녹사(綠事) 4명으로 이루어졌다. 『속일본기』(續日本紀)의 기록에 의하면 대사와 부사의 성명은 기록되어 있는데 대사와 부사는 문인이 많았고, 이들과 더불어 판관, 녹사는 학문적으로 중국에 조예가 깊거나 중국 유학 경험이 있는 사람이 맡았다. 대사나 부사는 당나라에 파견되어 귀국한 후에는 대부분 조정의 공경 대열에 들어 일본 정부의 고위층 인사가 되었다.

대사나 부사와 같은 관리직 관원보다 낮은 관직의 인원은 다섯 부류가 있었다. 첫 번째 부류는 서기(書記)를 맡은 사생(史生), 잡리(雜吏), 시종인 겸종(傔從) 등의 하급 관원이 있다. 두 번째 부류는 견당사를 협조하는 배속인원으로 통역 역어(譯語), 신라 통역을 맡은 신라역어(新羅譯語), 제사를 주관하는 주신(主神), 의사(醫師), 주역으로 점을 치고 천문을 관측하는 음양사(陰陽師), 점을 치는 복부(卜部), 사수(射手), 악사(樂師) 음성장(音聲長) 등이 있다. 세 번째 부류는 배 관리 인원인데 선단지휘관 지승선사(知乘船事), 선장 선사(船師), 목공수 선장(船匠), 조타장 타사(舵師), 조타수 협초(挾抄), 노 젓는 선원의 장 수수장(水手長), 노 젓는 선원 수수(水手) 등이 있다. 네 번째 부류는 학문과 문화 전승의 임무를 책임 맡은 장기 유학하는 유학생(留學生), 단기 유학하는 청익생(請益生), 장기로 불교를 배우는 학문승(學問僧), 단기로 불교를 배우는 환학생(還學生)이 있다. 다섯 번째 부류는 악단의 단장 음성생(音聲生), 유리를 만드는 장인 옥생(玉生), 철을 제련하는 장인 단생(鍛生), 철을 주조하는 주생(鑄生), 장인 세공생(細工生) 등의 기술자가 있다. 유학생 혹은 유학승은 중국에 길게는 20년 혹은 30여 년을 체류하였다. 청익생과 환학생은 약 1년 정도 머물다가 견당사와 함께 귀국하였다. 견당사의 주요 임무는 사신과 함께 유학생과 승려의 송출과 귀국이었다.

제1차 견당사는 일본 조메이(舒明)천황 2년(630년) 8월에 이누가미 미타수키(犬上御田鍬), 야쿠시 에니지(藥師惠日)가 사신으로 당나라에 파견하였다. 당태종은 해마다 조공을 바치지 말도록 조서를 내렸고, 신주(新州)자사 고표인(高表仁)을 보내 견당사 일본 사신에게 이를 알리게 하였다. 이듬해에 고표인을 보내어 이누가미 미타수키가 귀국하는 것을 전송하도록 하였으며, 수나라 때 중국에 유학을 왔던 학문승 료운(靈雲), 소빈(僧旻), 수구리 도리가히(勝烏養) 등도 수행하여 귀국하였다. 고표인이 일본에 도착하여 조메이천황과 예의 문제로 다투어 불평을 하고는 천자의 명을 선포하지도 않고 중국으로 귀국하였다.[7] 당태종 정관 14년(640년)에 수나라 때 학문승 미나부지 쇼안(南淵請安)과 유학생 다가무구 겐리(高向玄理) 등

7 『新唐書』, 「日本傳」, 汪向榮, 夏應元 編, 『中日關系史資料滙編』, 66쪽.

이 일본 천황의 소환 명령을 받고 귀국하였다.

제2차 견당사는 고토쿠천황 백치(白雉) 4년(653년) 5월, 고종(高宗) 영휘(永徽) 4년으로 일본은 대사 기시 나가니(吉士長丹), 부사 기시 고마(吉士駒)를 파견하였는데 유학생 오기나 히노 무라지(氷連老人), 학문승 도쇼(道昭)[8] 총 21명을 포함하여 모두 121명이 수행하였다. 도쇼는 장안의 자은사에서 현장으로부터 인명학(因明學)을 전수받았다. 귀국 후에는 아스카(飛鳥)에 선원(禪院)을 건립하고 법상종(法相宗)을 창립하였으며 헌신적으로 자선사업도 펼쳤다. 일본에서의 화장(火葬)의 풍습도 도쇼가 창설하였다고 한다. 견당사는 이듬해 7월에 귀국하였다.

제2차 견당사를 보낸 같은 해에 일본은 또 대사 다카다 네마로(高田根麻呂), 부사 가니모리 오마로(掃守小麻呂)를 견당사로 파견하고 학문승 도후구(道福) 등 모두 120명이 수행하였는데 한반도 진도 남쪽의 작은 섬 다께시마(竹島)에서 폭풍우를 만나 두 척의 배가 침몰하여 겨우 다섯 명만이 생환하였다.

제3차 견당사는 고토쿠천황 백치(白雉) 5년(654년) 2월, 고종(高宗) 영휘(永徽) 5년으로 집절사(執節使) 다가무구 겐리(高向玄理), 대사 가와베 마로(河邊麻呂), 부사 야쿠시 에니지(藥師惠日) 등이 인솔하는 두 척의 배를 파견하여 신라도를 이용하여 산동 내주(萊州)에 상륙한 다음 장안으로 가서 당나라 황제에게 공물을 바쳤는데 "호박이 두(斗)만큼이나 크고 마노는 다섯 되 그릇만큼이나 컸다."[9] 이듬해 견당사는 8월에 귀국하였고, 압사

8 7세기 일본 승려를 대표하는 인물로 유명한데 그에 관해서는 Hannelore Eisenhofer-Halim, *Dōshō-Leben und Wirken eines japanischen Budhisten*, Frankfurt, peter Lang, 1995. 『續日本紀』에 그의 전기에 관한 기록이 보인다. 수행한 학문승은 도쇼 이외에 도곤((道嚴), 도쓰(道通), 도고(道光), 에세(慧施), 가꾸쇼(覺勝), 벤쇼(弁正), 에쇼(慧照), 소닌(僧忍), 지소(知聰), 조에(定慧), 안다찌(安達), 도간(道觀)이 있었다. 벤쇼는 벤조(弁淨)와 같은 사람이고, 702년 제8차 견당사를 수행한 벤쇼(弁正)가 아님.

다가무구 겐리는 장안에서 죽었다.[10]

제4차 견당사는 사이메이(齊明)천황 복벽(復辟) 5년(659년) 7월, 고종 현경(顯慶) 4년으로 일본 정부는 대사 사까이베 이시누노(阪合部石布), 부사 쓰모리 기자(津守吉祥) 등을 두 척의 배로 파견하였는데, 서시베리아를 거쳐 일본에 정착한 후 홋가이도(北海島)에 흩어져 살고 있는 토착민 에조(蝦夷) 두 명도 수행하였다. 대사의 배는 남해에 표류하여 남해도에 상륙하였을 때 섬사람들이 납치되어 살해되었고 겨우 5명만이 배를 탈취하여 괄주(括州), 지금의 절강 여수(麗水)에 도착하였다. 부사가 탄 두 번째 배는 안전하게 절강 회계(會稽)에 도달하여 장안에 가서 고종을 알현했다. 당나라가 백제를 공격하려고 할 때였으므로 백제와 일본과의 우호관계를 참작하여 당 조정은 부사 일행을 억류하였다. 견당사는 661년 5월에 귀국하였다.

당고종은 현경 5년(660년) 좌위대장군 소정방에게 명하여 군사를 이끌고 가서 백제를 공격하게 하고 의자(義慈) 및 태자 융(隆), 소왕(小王) 효연(孝演)과 위장(僞將) 58명 등을 사로잡아 장안에 보내왔다. 당 조정은 변방이민족 정책에 의거하여 백제 땅에 웅진(熊津), 마한(馬韓), 동명(東明) 등 5개 도독부를 두어 각 주와 현을 설치하여 통솔하게 하고 백제 출신 추장으로 도독, 자사 및 현령을 삼았다. 용삭 원년(661년)에 백제의 도침(道琛)

---

9 『新唐書』, 「日本傳」, 6208쪽. 虎魄은 琥珀을 말하고, 斗는 술을 푸는 국자 모양의 도구로 보석 호박이 아주 컸음을 강조한 것임. 汪向榮, 夏應元 編, 『中日關系史資料滙編』, 66쪽.

10 이기 하가도꼬(伊吉博得)가 말하길, "學問僧 에묘(惠妙)가 당나라에서 죽었고, 지소(知聰)는 바다에서 죽었으며, 지고꾸(智國)는 바다에서 죽었고, 지소(智宗)는 신라 배를 타고 庚寅年(690년)에 귀국하였다. 가꾸쇼(覺勝)는 당나라에서 죽었고, 기쓰(義通)는 바다에서 죽었다. 조에(定惠)는 劉德高의 배를 타고 乙丑年(665년)에 귀국하였다. 묘이(妙位), 호쇼(法勝)와 學生 오기나 히노 무라지(氷連老人), 高黃金과 韓智興, 趙元寶는 今年에 사신과 함께 귀국하게 하였다"라고 하였음. 『日本書紀』, 汪向榮, 夏應元 編, 『中日關系史資料滙編』, 83쪽.

과 복신(福信)의 반란을 대방주자사(帶方州刺史) 유인궤(劉仁軌)가 격퇴하였다. 고종은 유인궤에게 군사를 거느리고 백제 땅을 지키게 하였고, 부여융(夫餘隆)에게 웅진도독(熊津都督)을 제수하여 본국으로 돌려보내어 신라와 화친을 맺게 하였다. 인덕(麟德) 2년(665년) 8월에 부여 융이 웅진성에 이르러서 신라왕과 백마(白馬)를 잡아놓고 맹약하였다.[11] 같은 해에 유인궤는 산조대부(散朝大夫) 유덕고(劉德高)를 일본에 파견하였고, 덴지(天智)천황은 오토모(大友) 황자를 보내어 접견하게 하였으며, 12월에 모리오이시(守大石)과 사까이베 이와쓰미(阪合布石積) 등에게 명하여 유덕고를 웅진까지 전송하게 하였다. 이것이 제5차 견당사이다.

덴지천황 섭정 6년, 당고종 건봉(乾封) 2년(667년)에 일본 사신 사까이베 이와추미가 백제에서 귀국할 때 유인궤가 사마법총(司馬法聰)을 츠쿠시(筑紫)까지 전송하게 하였고, 사마법총이 웅진으로 되돌아올 때 일본 조정은 11월에 다시 이끼 하카도꼬(伊吉博德), 카사 모로이시(竺諸石) 등으로 사마법총을 호송하게 하였다. 이듬해 정월에 귀국하였는데 이것이 제6차 견당사이다. 실제로 5, 6차 견당사는 당나라 본국의 장안에 파견된 것이 아니라 백제 땅에 파견된 것이었다.

제7차 견당사는 함형(咸亨) 원년(670년), 일본은 덴지천황 즉위 3년으로 일본은 가와지 쿠지라(河內鯨)를 당나라에 사신으로 파견하여 고종의 고구려 정복을 축하하였다. 왜(倭)라는 국명을 일본으로 바꾸었다.[12]

제8차 견당사는 덴무(天武)천황 대보(大寶) 원년, 측천무후 장안(長安) 원년(701년)에 임명되었고, 그 이듬해 6월에 일본 조정은 집절사(執節使)에 당나라의 상서(尙書)에 해당되는 아와다 마히또(粟田眞人), 대사에 다카하

11 國史編纂委員會, 『국역 中國正史 朝鮮傳』, 1986, 178~181쪽.

12 『舊唐書』, 「日本傳」, 汪向榮, 夏應元 編, 『中日關系史資料滙編』, 63쪽.

시 카사마(高橋笠間), 부사에 사까이베 오키다(阪合布大分)를 임명하고 당나라에 파견하였다. 대사 다카하시 카사마는 후에 사가이베 오기다(坂合部大分)로 대체되었다. 집절사 아와다 마히또는 학문을 좋아하고 문장을 잘 지었으며 행동거지에 예의를 갖추었는데, 측천무후가 그를 인덕전(麟德殿)으로 초대하여 연회를 베풀고 사선경(司膳卿)을 제수하였다.[13] 견당사는 704년에 귀국하였다.

제9차 견당사는 겐쇼(元正)천황 양로(養老) 원년(717년) 3월에 파견되었는데 아와다 마히또(粟田眞人)를 사신으로 압사 다지히 아가타모리(多治比縣守), 대사 아베 야수마로(阿倍安麻呂), 부사 후지와라(藤原馬養) 등 총 인원 557명이 수행하였는데, 유학생으로는 아베 나카마로(阿倍仲摩呂), 기비 마키비(吉備眞備)와 학문승은 겐보(玄昉) 등이 수행하였다. 후에 대사 아베 야수마로는 오토모 야마모리(大伴山守)로 대체되었다. 일본 사신 아와다 마히꼬는 장안에 도착하여 여러 유학자에게 경전을 배울 것을 청하자 당 현종이 국자감 소속의 사문학(四門學) 조교 조현묵(趙玄默)을 불러 홍려시에서 그의 스승으로 삼게 하였다. 견당사는 718년에 귀국하였다.

일본은 겐메이(元明)천황 화동(和銅) 2년(709년), 당나라는 중종(中宗) 경룡(景龍) 3년으로 나라(奈良)로 천도하여 일본 역사상 가장 번영기에 속하는 나라시대를 열었다. 이 75년 동안에 일본은 견당사의 황금시대로 제7차 견당사는 대규모 선단을 구성하였다.

당현종은 측천무후 장안 원년 때 당나라에 와서 삼론종과 법상종을 배웠던 일본 승려 도지(道慈)의 재주가 뛰어나다고 칭찬하였다. 도지는 후에 일본으로 귀국한 뒤에 장안의 서명사(西明寺)를 모방하여 나라에 다이안

---

13 『新唐書』, 「日本傳」, 汪向榮, 夏應元 編, 『中日關系史資料滙編』, 67쪽.

14 도지에 관해서는 『續日本記』와 9세기 헤이안 시대 초에 수기모또 유끼오(杉本行夫)가 편집

지(大安寺)를 세웠다.[14]

제10차 견당사는 쇼무(聖武)천황 천평(天平) 4년(732년) 때로 일본은 대사 다찌히 히로나리(多治比廣成), 부사 나가토미 나시로(中臣名代) 등 총 594명, 4척의 배를 당나라에 파견하였다. 3년 뒤에 대사는 부사와 유학생 기비 마키비, 학문승 겐보와 함께 귀국하였다. 기비 마키비는 22세 때 아와다 마히또를 따라 당나라에 와서 18년 동안 중국의 경전, 역사, 천문 등을 공부한 뒤 귀국할 때 『당례』(唐禮) 130권, 『태연역경』(太衍曆經) 1권, 『태연역입성』(太衍曆立成) 12권, 『악서요록』(樂書要錄) 10권과 여러 각궁(角弓), 관악기 등을 가지고 갔다.[15] 겐보는 중국에 18년 동안(717~735년) 머물렀는데, 현종으로부터 자의(紫衣)를 하사받을 정도로 총애를 얻었고 당

하고 주석을 단 『카이후소』(懷風藻)(東京: 弘文堂, 1943년)에 기록되어 있다. 그는 당나라에 16년 동안(702~718년) 머물렀고, 養老 2년(718년)에 귀국하였음.

15 『唐禮』는 太宗 때 房玄齡 등이 황제의 명을 받아 『貞觀禮』를 편찬하였고, 高宗 初에는 130권으로 편찬하여 『顯慶禮』라고 하였는데 高宗 때는 이 둘을 겸용하였다. 玄宗 때에는 王仲丘 등이 開元 20년(732년)에 『大唐開元禮』150권을 편찬하였다. 『大唐開元禮』는 원래 명칭은 『開元禮』인데 吉禮 75권, 賓禮 2권, 軍禮 10권, 嘉禮 40권, 凶禮 20권으로 구성되었고 唐代의 禮法과 法律, 風俗에 관한 책으로 『新唐書』, 「禮樂志」와 『通典』, 「禮典」모두 이 책을 기본으로 편찬되었다, 『貞觀禮』, 『顯慶禮』와 『大唐開元禮』를 통칭 『唐禮』라고 한다. 開元 17년(729년)에 전국에 大衍曆을 반포하였는데, 大衍曆은 태양의 黃道 위의 위치로 節氣를 나누는 방법에 근거한 당시로는 가장 선진적인 역법이었다. 『夢溪筆談』에서도 開元의 大衍曆이 가장 정밀하다고 하였다. 『樂書要錄』은 則天武后 久視 年間에 편찬되었는데 현재는 중국에는 전하지 않고 기비 마키비가 일본으로 가져간 이후 현재 正倉院에 10권 가운데 5, 6, 7, 3권만이 남아 있다. 『月令章句』, 『五經通義』, 『三禮義宗』 등과 같은 세상 보기 드문 귀한 古籍을 인용하였기 때문에 唐代文獻뿐만 아니라 旋宮之法, 十二律相生之圖와 같은 唐代音樂에 관한 자료 가치도 높음. 『續日本紀』, 汪向榮, 夏應元 編, 『中日關系史資料滙編』, 94쪽.

16 처음 紫衣를 받은 승려는 法朗이었다. 그는 정치적으로 적절한 주석을 단 『大雲經』(*Mahāmegha sūtra*)을 무측천에게 바쳐 무측천이 그에게 자의를 하사했다. 이에 대한 분석은 Antonino Forte, *Political Propaganda and Ideology in China at the End of the Seventh Century*, Naples: Instituto Universititario Orientale, Seminario di Studi Asiatici, 1976. 8세기 唐나라 때의 이 法朗은 吉藏의 스승이자 隋末 唐初 때 三論宗의 창시자인 法朗(507~581년)이 아님.

나라 궁정에서 유명한 인물이었다.[16] 또한 불상과 불교 경전 5천여 권을 가지고 귀국하였다.[17]

첫 번째 배는 이듬해 733년 11월, 두 번째 배는 736년 7월에 귀국하였다. 일본의 부사 나가토미 나시로가 승선한 세 번째 배는 귀국 도중에 폭풍우를 만나 남해까지 표류하다가 다시 장안으로 되돌아오자 당현종이 이듬해에 일본에 국서를 보냈고 견당사는 739년에 11월에 귀국하였다. 네 번째 배는 행방불명되었는데 침몰하였다고 한다.

제11차 견당사는 고켄(孝謙)천황 덴표쇼호(天平勝寶) 2년(752년), 당현종 천보 11년 때로 대사 후지와라 기요가라(藤原淸河), 부사 오도모 후루마로(大伴古麻呂), 기비 마키비를 파견하였다. 당현종은 아베 나카마로에게 명하여 대사 일행을 접대하도록 하였고, 현종은 대사를 접견하고 그가 예의가 바른 것을 보고 말하길, 일본국에는 어진 군주가 있고 일본을 예의지국이라고 하였다. 대사 후지와라 기요가라가 귀국할 때 36년 동안 중국에 머물렀던 아베 나카마로와 함께 귀국하도록 하였다.

두 번째 견당사 배는 753년에 귀국하였지만, 180여 명이 승선한 첫 번째 배의 아베 나카마로와 후지와라 기요가라는 귀국 도중에 폭풍우를 만나 안남(安南)까지 표류하였다가 대부분 토착민들에게 살해되었고 두 사람은 다행히 장안으로 되돌아왔고 끝내 일본으로 귀국하지 못하였다. 당현종은 후지와라 기요가라를 비서감(秘書監)으로 특진시켰고 이름을 하청(河淸)으로 바꾸었다. 중국 승려 감진(鑒眞)과 그의 제자가 승선한 두 번째 배는 754년 정월에 일본에 도착하였다. 세 번째 배는 753년 12월, 네 번

17 730년에 智昇이 편찬한 『開元釋敎錄』 20권 가운데 開元 시기 불경 목록에 기록되어 있음. 『宋高僧傳』에 불경에 시기를 정하고 편집하는데 智昇을 능가하는 자가 없었다고 함. 『宋高僧傳』, 95쪽.

째 배는 754년 4월에 귀국하였다.

제12차 견당사는 준닌(淳仁)천황 덴표호지(天平寶字) 3년(759년) 2월에 제11차 견당대사 후지와라 기요가라의 귀국을 영접하기 위해 특명대사 고 겐타구(高元度)를 당나라에 파견하였다. 총인원이 99명이었는데 고 겐타구 일행이 장안에 도착하였으나 후지와라 기요가라를 영접하는 임무는 완성하지 못했다. 당시는 안록산의 난이 발생하여 현종은 사천 성도로 피난하였고 이형(李亨)이 숙종(肅宗)에 등극하였고, 사사명의 난을 숙종이 평정하지 못해 일본 사신을 만날 수 없었기 때문이다. 숙종은 심유악(沈惟岳)에게 명하여 당나라 배로 귀국을 전송하도록 했다. 당나라 사신 심유악 일행은 상원(上元) 2년(761년)에 견당사를 호송하여 일본에 도착하였다.

제13차 견당사는 덴표호지 5년(761년) 때로 4척의 배로 구성되었는데 선박이 파손되어 중지되었고, 그 이듬해 7월에 파견하기로 한 제14차 견당사는 바람이 불지 않아 취소되었다.

제15차 견당사는 코닌(光仁)천황 보구(寶龜) 8년(777년) 6월에 오노 이와네(小野石根) 대행대사가 파견되었는데 그 이듬해 대종(代宗)이 조보영(趙寶英)과 손흥진(孫興進)을 사신에 임명하여 일본 견당사를 호송하게 하였는데 4척의 배가 모두 조난을 당하여 오노 이와네와 조보영은 익사하였고, 손흥진은 일본에 도착하였다.

제16차 견당사는 779년 5월에 코닌천황이 후세 기요나오(布勢清直)를 송당객사(送唐客使)에 임명하여 2척의 배로 손흥진의 귀국을 호송하였고, 명주(明州), 지금의 절강 영파(寧波)에 도착하였다. 견당사는 781년 6월에 귀국하였다.

제17차 견당사는 간무(桓武)천황 연역(延曆) 20년(801년)에 대사 후지와라 가도노마로(藤原葛野麻呂), 부사 이시가와 미지마스(石川道益)를 당나라에 파견하기로 하였다.[18] 일본 사신 일행은 유학생 다지바나 하야나리(橘

逸勢)와 학문승 구카이(空海)와 사이초(最澄)를 수행하고 804년에 4척의 배로 출발하였는데 세 번째 배는 히잔(肥前) 앞바다에서 조난을 당했고, 네 번째 배는 행방불명이 되었다. 순종(順宗)은 내사(內使) 왕국문(王國文)에게 명하여 일본 사신 일행을 명주까지 전송하도록 하였다. 사이초(766~822)는 당나라에서 천태산(天台山) 밀교(密敎)를 공부하고 경전 230부 460권을 가지고 돌아가 일본 천태종(天台宗)을 창립하였다. 이때 일본인이 당나라의 벼 품종도 가지고 갔다. 구카이(774~835)는 장안 청룡사(青龍寺)에서 진언밀교(眞言密敎)를 공부하고 경전 142부 240권, 『범자진언찬』(梵字眞言讚) 등 42부 44권, 논소(論疏) 32부 170권을 가지고 돌아갔다. 진언밀교는 구카이의 전파로 일본에 크게 유행하였다.[19]

제18차 견당사는 닌묘(仁明)천황 승화(承和) 5년(838년)에 대사 후지와라 쓰네쓰구(藤原常嗣), 부사 오노 다가무라(小野篁)이 4척의 배로 총인원 651명을 수행하고 장안에 들어가 문종(文宗)을 알현하고 진주와 비단을 공물로 바쳤다. 세 번째 배는 츠쿠시(筑紫)에서 조난을 당하여 140명이 당나라에 가지 못했다. 첫 번째와 네 번째 배는 신라 선원을 고용하여 839년에 귀국하였고, 두 번째 배는 840년에 귀국하였다.

견당사는 승려 엔닌(圓仁)과 엔사이(圓載)가 수행하였는데 엔닌은 양주에서 범어를 배운 뒤에 장안에 들어가 의진(義眞)에게서 밀교를 9년 동안 배웠다. 귀국할 때 시서(詩書) 경전 584부 802권을 가지고 돌아갔고 중국에서의 구법 활동을 기록한 『입당구법순례행기』(入唐求法巡禮行記)를 저술하였으며 일본에서 조정과 재야의 신임을 얻었다.

선종(宣宗) 대중(大中) 7년(853년)에 일본은 몬토쿠(文德)천황이 왕자를

---

18 『日本紀略』, 汪向榮, 夏應元 編, 『中日關系史資料滙編』, 113~114쪽.

19 현재 西安에 密敎의 총본산인 大興善寺에 空海의 동상이 세워져 있음.

파견하고 보기(寶器)와 약(藥)을 바쳤다. 같은 해 일본의 승려 엔친(圓珍)이 당나라에 들어가 천태산을 순례하고 장안에서 밀교를 배웠으며, 선종 대중 12년(858년)에 귀국할 때 경전 441부 1천여 권 등의 불경과 불교와 관련된 도구, 비문의 탁본 등을 가지고 갔다. 당대 시인들은 엔친과 교분이 두터워 그를 전송하는 시를 남겼는데 현재 일본 국성사(國城寺)에 보존되어 있다.

제19차 견당사는 관평(寬平) 6년(894년) 8월에 대사에 수가와라 미지자네(菅原道眞)를 임명하였으나 당시에 당나라에서는 방진(方鎭)의 발호로 정국이 불안하였으므로 일본 조정은 9월에 견당사 파견을 중지하였다.

2. 견당 유학생과 학문승

당나라에 유학을 가서 불교를 공부한 일반 학생은 '유학생'(留學生), 일본의 승려는 '학문승'(學問僧)이라고 했다.[20] 유학생과 학문승은 견당사를 수행하여 중국에 유학을 갔는데 제1차 견당사 파견 때인 630년부터 견당사 차견이 폐지된 8세기 말경까지 270여 년 동안 파견된 유학생과 학문승의 정확한 숫자는 알 수 없다. 다만 기미야 야스히꼬(木宮泰彦)는 견당

20 留學僧을 일본어로는 유가구소라고 했는데, 9세기 때 중국에 유학을 간 일본 승려를 쇼야구소(請益僧), 일반 학생은 쇼야구세이(請益生)이라고 했음. 중국에 한 달 정도 머무른 學問僧을 겐가구쇼(還學生)라고 했고, 몇 년 동안 머물렀던 學問僧을 류가구소(留學生)라고 부르기도 했으며 게다가 당나라에 중국에 간 일본 승려를 니토소(入唐僧), 송나라에 들어간 일본 승려는 뉴소소(入宋僧)라고 했음. Marcus Bingenheimer, *A Bibliographical Dictionary of the Japanese Student–Monks of the Seventh and Early Eighth Centuries*, München, Ludicium–Verlag, 2001, p. 32.

21 木宮泰彦, 胡錫年譯, 『日中文化交流史』, 154쪽.

사가 매번 데리고 간 유학생의 숫자는 "20~30명을 초과하지 않았다"[21]고 하였고, 모리 가츠미(森克己)는 매번 십여 명이었고, 엔닌의 『입당구법순례행기』 중에 언급한 유학생과 학문승의 숫자가 11명이었던 경우가 이를 증명한다고 했다.[22] 매번 10명에서 20명 정도의 유학생과 학문승이 견당사에 수행하였을 것으로 추정된다. 모두 13차례 견당사가 파견되었으므로 유학생의 수는 모두 1,230명이라는 결과가 나온다. 기미야 야스히꼬는 유학생의 성명을 열거한 표를 제시하면서 그 숫자가 모두 149명이라고 했다.[23] 그런데 이 숫자에는 신라에 유학하거나 파견이 결정된 유학생 가운데 실제로 여러 가지 사정 때문에 출발하지 못한 경우를 제외하면 120여 명만이 실제로 당나라에 유학한 숫자이다. 모리 가츠미의 통계에 의하면, 유학생은 26명, 학문승은 92명으로 학문승의 숫자가 유학생의 수자보다 3배 이상이었다고 하였다.[24]

당나라 유학생과 학문승은 일본 정부에서 일정한 상을 하사했다. 견당사가 임명된 후에 대사, 부사 이하 각 인원들에게 포와 비단을 지급했다. 유학생과 학문승에게 비단 40필, 솜 100돈(屯), 포 80단(端)을 하사했다. 이것은 부사에게 지급된 하사품과 동일했고 판관보다는 많았다. 유학생은 이 하사품으로 당나라에서 학비에 충당하였다. 유학생 가운데 당나라에 체류하는 기간이 길어지면 특별히 사자를 본국에 파견하여 옷과 양식을 청구하였고, 때로는 일본 조정이 사람을 시켜 황금을 보내주기도 했다. 예를 들면, 『속일본후기』(續日本後紀), 승화(承和) 11년 7월 기록에 닌묘(仁明)천황 때 학문승 엔사이(圓載)는 본국에 옷과 양식을 청구하기 위해

22 森克己, 『遣唐使』, 121쪽.

23 木宮泰彦은 유학생의 성명을 열거한 표를 제시하면서 그 숫자가 모두 149명이라고 했음. 『日中文化交流史』, 126~149쪽.

24 森克己, 『遣唐使』, 121쪽.

승화(承和) 10년(843년)에 그의 제자 닌코우(仁好)를 귀국시켰고 일본 조정은 청익생 엔닌, 학문승 엔사이 등이 유학 기간이 너무 오래되어 학비가 부족하다고 판단하여 닌코우에게 부탁하여 황금 2백 냥을 하사했다. 몬무(文武)천황 때 학문승 에이에이(榮睿), 후쇼(普照)에게는 당 조정에서 매년 사계절 비단 의복을 지급했고, 엔사이에게 특별히 5년 동안 먹을 양식을 지급했다.

견당 유학생은 의식주는 당나라 사람과 같은 생활을 하였는데 심지어 성명도 당나라 식으로 바꾸기도 하였다. 유학생 아베 나카마로는 조형(晁衡)으로 개명하였고, 어떤 사람은 당나라 여자와 결혼하여 아이까지 낳고 살았다. 예를 들면 대보(大寶) 연간에 당나라에 들어와 바둑을 잘 두어 현종의 총애를 받은 일본 승려 벤세이(弁正)은 당나라 여자와 결혼하여 조경(朝慶), 조원(朝元) 두 아들을 낳았는데 조원은 일본에 온 후에 그의 부친의 성씨대로 진씨(秦氏)를 사용하였고 일찍이 쇼무 천황 때 당나라에 판관으로 파견되었다가 귀국한 후에 도서두(圖書頭), 주계두(主計頭) 등의 관직을 역임하였다.

견당사를 수행한 유학생은 학문승보다 적었다. 일본 유학생은 당나라 장안에 도착한 후에 당 조정에 의해 국자감에 속한 육학관(六學館) 중의 하나에 입학했다. 이러한 일본 유학생 가운데 가장 저명한 인물은 기비 마키비였다. 그는 당나라에 18년간 유학하였고 경전과 역사를 공부했고 각종 기예를 섭렵했다. 일본 유학생 가운데 당나라에 이름을 날린 인물은 그와 조형 두 사람이었다. 이밖에 가시와데 오오가(膳大丘)는 국자감에서 경전과 역사를 공부했고 귀국한 후에 대학조교와 박사를 지냈으며 나라 시대 유학 흥기에 커다란 역할을 했다. 문학으로 유명한 간무(桓武)천황 때의 다지바나 하야나리(橘逸勢)는 당나라 문인들이 '귤수재'(橘秀才)라고 불렀다. 수가와라 가지나리(菅原梶成)는 견당 의사로 당나라에서 의학 공부를 마친 후에 귀국하여 침박사(針博士), 시의(侍醫) 등의 관직을 맡았는데 그는 일본 의학 발전에 커다란 공헌을 하였다.

당대는 불교가 흥성하여 장안에는 흥륭사(興隆寺), 홍복사(弘福寺), 자은사(慈恩寺), 서명사(西明寺), 천복사(薦福寺)와 같은 유명한 사원이 계속 건립되었는데 일본의 학문승들은 이러한 장안의 사원에서 불교를 공부하고 귀국한 후에는 불교의 교의, 경전을 전파하였을 뿐만 아니라 불교사원의 건축, 불상, 조소와 각종 불교예술에 관한 신지식을 가지고 가서 일본 불교를 발전시켰다. 헤이조쿄(平城京)는 당시에 장안의 사원들을 모방하여 고후쿠지(興福寺), 간고지(元興寺), 야쿠시지(藥師寺), 다이안지(大安寺) 등과 같은 대사원을 건립하였다.

3. 아베 나카마로

20세의 아베 나카마로는 견당 유학생으로 제8차 견당사를 따라 중국에 가서 유학하였다. 이때가 현종 개원 5년(717년)이었다. 당시 당나라는 성당(盛唐) 시기로 경제가 발달하고 문화가 최전성기를 맞이하였을 때였다. 그는 태학에 입학한 다음 국자학의 학업을 끝낸 후에 진사에 급제하였다. 개원 19년(731년)에 좌습유(左拾遺)에 임명되었고 후에 좌보궐(左補闕)로 승진하였다. 좌보궐은 황제를 모시는 관직으로 그는 항상 현종을 대면하였는데 현종으로부터 조형(晁衡)이라는 중국 이름을 하사받았다.[25] 중국식으로 조형(朝衡), 당시(唐詩)에서는 조형(晁衡)이라고 하였다.

아베 나카마로는 현종의 열두 번째 아들 의왕(儀王)의 친구이기도 했다.

25 『新唐書』, 「日本傳」, 6209쪽.

그는 일본에 있을 때 와카(和歌)에 뛰어났는데 장안에 온 후로는 당시(唐詩) 창작에도 뛰어나고 감상 능력도 비범하였다. 성당 시기의 왕유, 조화(趙驊), 포길(包佶), 저광희, 이백 등과 같은 당대의 저명한 시인들과 교류하였다. 그가 당나라에 온 지 16년이 되던 해인 개원 21년(733년) 8월, 제9차 견당사가 중국에 도착하였을 때 귀국하려고 했다. 그러나 현종이 이를 허락하지 않아 계속 당나라에 머물러야 했다. 752년, 제10차 견당사가 중국에 입국하였을 때 그는 다시 황제에게 허락을 청하였는데 동의를 얻고 일본으로 귀국할 수 있게 되었다.

조형을 전송하기 위해 그의 당나라 친구 시인들이 송별회를 열어주었다. 왕유는 그를 위해 송별시를 지었고 아베 나카마로도 회답시를 지었다. 왕유는 「송비서조감환일본국」(送秘書晁監還日本國)에서

> 아득한 바다 그 끝을 다할 수도 없나니
> 어찌 저 망망대해의 동쪽을 알 수 있으랴!
> 구주 강산(江山)이 그 어느 곳에 있단 말인가?
> 만 리 먼 길을 어찌 공중으로 날아가랴?
> 고국을 향해 가며 오직 동녘의 해만을 바라보고
> 귀국선 돛단배는 그저 바람에 내맡길 터인데
> 바다 큰 거북 떼의 몸빛은 하늘을 검게 비추고
> 물고기 떼의 눈동자 빛은 파도를 붉게 쏘리라
> 그리운 고향은 부상 신목 우거진 그곳이요
> 그대 그 외로운 섬 안에서 살아갈진대
> 오늘 이제 이별하면 장차 이역만리이니
> 서로 간 어떻게 소식을 전할 수 있으리?[26]

라고 조형(晁衡)과의 이별을 아쉬워했다. 이백은 「곡조경형」(哭晁卿衡)에서

> 일본 친구 조형이 장안을 떠나
> 돛단배 타고 봉래 방호에 표류했네
> 밝은 달이 푸른 바다에 빠져
> 흰 구름 애수를 띠고 창오를 덮었네[27]

라고 하여 조형의 죽음에 대해 깊은 애도의 심정을 읊어 돈독했던 우정을 엿볼 수 있다.

천보 12년(753년) 11월 15일, 아베 나카마로는 드디어 일본으로 귀국하기 위해 출항하였다. 그러나 일행이 폭풍우에 조난을 당하였는데 다행히 대사와 아베 나카마로 등 십여 명만이 겨우 살아남아 755년 6월에 장안으로 되돌아왔다. 첫 번째 배는 풍랑을 만나 월남까지 표류하다가 결국 일본으로 귀국하지 못했다. 당나라 대시인 이백이 이 조난 소식을 듣고 아베 나카마로가 사망한 줄 알고 그를 애도하는 시까지 지었다. 실제로 월남에 표류한 후 두 사람은 다시 장안으로 되돌아왔다.

같은 해 11월에 안사의 난이 일어났고, 이듬해에 현종은 사천 성도로 몽진하였는데 아베 나카마로도 동행하였다. 이해 7월에 숙종이 감숙 영무(靈武)에서 황제에 등극하여 연호를 지덕(至德)으로 바꾸었다. 아베 나카마로는 안사의 난이 평정된 후에 좌산기상시(左散騎常侍), 진남도호(鎭南都護) 등을 역임하였고, 후에 안남절도사(安南節度使)에 임명되어 하내(河內)

26 박삼수 역주, 『왕유詩全集』, 224쪽.
27 이해원, 『이백의 삶과 문학』, 241쪽.

등지를 관할하였는데 이 관직을 맡은 지 3년 뒤인 대력(大曆) 5년(770년)에 73세로 장안에서 사망했다. 대종은 그에게 노주대도독(潞州大都督)의 칭호를 하사했다. 그의 일생은 중일 문화 교류의 축소판이라고 말할 수 있다.

4. 감진

감진(鑒眞)[28]은 무측천 수공(垂拱) 4년(688년)에 양주(揚州)에서 출생하여 대종(代宗) 광덕(廣德) 원년(763년)에 죽었다. 감진은 속성(俗姓)이 순우(淳于)로 14세 때 출가[29]하여 대운사(大雲寺)[30]의 지만선사(智滿禪師)의 사미

---

28 鑒眞을 연구한 일본 학자는 安藤更生으로 그의 대표 저서는 『鑒眞』(美術出版社, 1958년, 吉川弘文館, 2001년 再版), 『鑒眞大和上傳之硏究』(平凡社, 1960년), 龜井勝一과 공동 편찬한 『鑒眞和尙: 圓寂1200年紀念』(春秋社, 1963년)이 있다. 神田喜一郎과 藏中進은 鑒眞 연구 전문가로 『唐大和上東征傳』을 집중 연구하였다. 石田瑞麻呂의 『鑒眞思想和生涯』(大藏出版株式會社, 1974년), 王勇의 『鑒眞和上新傳』(農山漁村文化協會, 2002년), 遠藤證圓의 『鑒眞和上』(文藝社, 2004년) 등이 있다. 중국에서는 汪向榮이 『唐大和上東征傳』(中華書局, 2000년)을 校注하였고, 저서에 『鑒眞』(吉林人民出版社, 1979년)이 있다. 許鳳儀, 朱福烓, 姚國定의 『鑒眞』(江蘇人民出版社, 1979년), 王金林의 『鑒眞』(上海人民出版社, 1979년), 孫蔚民의 『鑒眞和尙東渡記』(上海古籍出版社, 1979년), 張慰豐, 耿鑒庭의 『鑒眞東渡』(中華書局, 1980년), 郝潤華의 『鑒眞評傳』(南京大學出版社, 2004년)이 있고, 감진 연구논문 13편을 모은 『鑒眞研究論文集』(揚州市政協文史資料研究組, 揚州師院歷史科編, 1980년)이 있다. 許鳳儀의 『鑒眞』은 감진의 일본 기행을 근거로 지은 소설임.

29 眞人元開 著, 汪向榮 校注, 『唐大和上東征傳』, 34쪽. 그런데 思託의 「大唐傳戒師僧名記大和上鑒眞傳」, 일명 「大和尙傳」, 일반적으로는 「廣傳」이라고 하는데, 眞人元開의 『唐大和上東征傳』은 이 逸文을 근거로 편찬되었다. 이 逸文에서 鑒眞은 16세 때 出家하여, 18세 때 菩薩戒를 받았다고 하였음. 眞人元開 著, 汪向榮 校注, 『唐大和上東征傳』, 103쪽.

30 揚州의 大雲寺는 원래 長樂寺였는데 隋文帝 開皇 13년(593년)에 住力 스님이 탑을 세우고 사원을 확장하여 그 규모가 전보다 더욱 커졌다. 道宣의 『續高僧傳』 卷29, 「唐揚州長樂寺釋住力傳」에 住力 스님의 증축 사정과 長樂寺의 규모에 대해 기록하였음.

(沙彌)가 되었다. 양주의 대운사는 무측천 때 대운사라고 하였다. 중종(中宗) 복위(復位) 후에 흥안사(龍興寺)라고 했고, 현종(玄宗) 개원 연간에 개원사(開元寺)라고 했는데 당시에 양주의 유명한 사원이었다. 양주의 대운사는 후에 용흥사(龍興寺)로 개칭되었다.

감진은 중종 신룡 원년(705년)에 남산종의 시조 도선의 제자인 도안율사(道岸律師)에게서 보살계를 받았다. 경룡(景龍) 원년(707년)에 양주에서 낙양으로 갔다가 이듬해에 장안으로 가서 실제사(實際寺)에 머물렀고, 형주(荊州) 옥천사(玉泉寺)의 홍경율사(弘景律師)[31]에게서 구족계를 받았다. 홍경이 있었던 형주 옥천사는 원래 지의가 말년에 친히 창건하고 설법한 천태종 성지 중의 하나였다.[32] 이후에 감진은 도선의 제자 융제율사(融濟律師)에게서 도선의 『사분율행사초』(四分律行事鈔), 『갈마소』(羯磨疏), 『양처경중의』(量處輕重儀)와 장안 선정사(禪定寺)의 의위율사(義威律師)에게서 법려(法勵)의 『사분율소』(四分律疏)를 공부했다.[33]

도안과 홍경은 율종대사 문강(文綱)의 제자였다. 문강은 남산종(南山宗)을 창립한 도선(道宣)의 제자이다. 『사분율』(四分律)을 전하는 율종은 혜광(慧光)에서부터 시작되어 수당 시기에 도선의 남산종, 회소(懷素)의 동탑종(東塔宗)과 법려(法勵)의 상부종(相部宗) 세 종파로 발전하였다. 이 가운데 도선의 남산종이 가장 영향력이 컸다. 감진은 도안과 홍경을 스승으로 모

31 贊寧의 『宋高僧傳』 卷5와 志磐의 『佛祖統紀』 卷9의 「弘景傳」. 弘景은 文綱律師로부터 『律論毗尼母經』을 배워 南山律學을 전수하였다. 또한 그는 天台宗의 第四祖 智顗에게서 坐禪과 內省으로 修煉하는 '止觀門'을 배웠다. 그러므로 弘景은 律宗의 名僧인 동시에 天台宗의 大師였고, 鑒眞은 弘景에게서 天台宗의 經義를 배웠으며 일본에 가져간 불경 가운데 『天台止觀』, 『法門玄義』, 『文句』 등은 모두 天台宗의 경전들임.

32 『宋高僧傳』 卷5, 「唐荊州玉泉寺恒景傳」, 90~91쪽. 恒은 弘의 諱字임.

33 思託의 「大唐傳戒師僧名記大和上鑒眞傳」, 眞人元開 著, 汪向榮 校注, 『唐大和上東征傳』, 104쪽.

시고 율종을 배워 그의 중심 사상인 율계학(律戒學)을 형성하기 시작했다. 감진이 일본에 가지고 간 48부의 문헌 가운데 계율과 관련된 문헌은 상당히 많다.[34]

현종 개원 원년(713년)에 감진이 양주로 귀향하였다. 이때부터 불법을 전도하기 시작했다. 개원 5년(717년)에 도안이 원적한 후에 그의 제자 항주(杭州)의 의위가 수계사(授戒師)가 되었고 그가 죽은 후 개원 21년(733년)에 46세의 감진이 수계대사(授戒大師)가 되었다. 그는 주로 강회(江淮) 일대에서 수계율(授戒律)을 가르치고 주로 『사분율행사초』, 『갈마소』, 『양처경중의』를 강의하였으며 불상을 만드는 등 불교사원을 흥건하였다.

감진이 일본에 가게 된 원인과 동기는 당나라 개원 21년(733년)에 학문승 에이에이와 후쇼가 중국에 왔다가, 천보 원년(742년)에 양주 대명사(大明寺)에 있던 감진을 방문하고 일본 나라의 간고지(元興寺) 승려 융존(隆尊)이 계사(戒師)를 초빙하는 건의를 알리고 일본으로의 초빙을 종용하였기 때문에 감진이 이에 승낙을 하고 일본으로 건너가기로 결심하였다.[35] 감진 이전에 일본의 초빙으로 일본에 건너간 중국 당나라 승려로

34 『四分律』 1部 60卷, 法勵의 『四分疏』 5本 各 10卷, 光統의 『四分疏』百卄紙, 智周의 『菩薩戒疏』 5卷, 靈溪의 『菩薩戒疏』 2卷, 『明了論』, 定賓의 『飾宗義記』 9卷, 『補釋飾宗義記』 1卷, 『戒疏』 2本 各 1卷, 大亮의 『義記』 2本 10卷, 道宣의 『含注戒本』 1卷, 『戒本疏』 4卷, 『行事鈔』 5本, 『羯磨疏』 2本, 懷素의 『戒本疏』 4卷, 大覺의 『批記』 14卷, 道宣의 『關中創開戒壇圖經』 1卷 등이다. 眞人元開 著, 汪向榮 校注, 『唐大和上東征傳』, 中華書局, 2000, 87~88쪽. 鑒眞의 律宗 사상을 중심으로 그의 佛學을 연구한 논문으로는 巨贊의 「東渡弘法的鑒眞大師」와 「鑒眞大師的律學傳承」 두 편이 있음. 『巨贊集』, 黃夏年 主編, 『近現代著名學者佛學全集』.

35 卞孝萱는 鑒眞의 일본행 결심은 당시 불교와 도교와의 논쟁과 관련이 있다고 주장하였음. 唐初의 황제들은 道敎를 신봉하였으나 무측천 때 이르러 불교가 흥성하였다. 中宗과 睿宗도 무측천을 계승하여 불교를 숭상하였고, 律宗의 승려는 총애를 받았음. 예를 들면 文綱은 景龍 2년(708년)에 中宗과 韋后를 위해 『四分律』을 강의하였고, 睿宗은 그에게서 菩薩戒를 받았다. 弘景은 무측천과 中宗 때 각각 入宮하여 授戒師가 되었다. 道岸도 中宗의 부름을 받아 入宮하여 菩薩戒師가 되었다. 감진은 文綱, 弘景, 道岸 세 대사의 가르침을 받아 律宗의 대가가

는 도선(道璿)이 있었다. 제9차 견당사 부사 나카토미 나시로(中臣名代)가 귀국할 때 낙양의 대복선사(大福先寺) 승려 도선도 동행하였다. 그는 중일문화교류사의 중요한 인물 중의 하나였다. 736년에 도선이 남인도 승려 보디세나(菩提仙那, Bodhisena), 임읍(林邑) 승려 불철(佛徹)과 함께 일본에 도착하였다. 도선은 나라 다이안지(大安寺)에 거주하면서 가지고 간 『율장행사초』(律藏行事鈔)를 강의하였다. 도선은 760년에 원적했다. 그는 천태종과 화엄종의 학자로 일본 천태종, 특히 화엄종의 흥기는 도선과 깊은 관계가 있으므로 일본 불교계에서는 그를 일본 화엄종의 조사로 추앙하고 있다.

감진의 일본행을 학자들 사이에서는 다섯 차례 혹은 여섯 차례로 달리 주장한다. 차이점은 2차 실패 후 유하구(瀏河口)에서 다시 출항하였지만 풍랑을 만나 명주, 지금의 영파에 도착하여 아육왕사(阿育王寺)에 머물게 된 때를 여섯 차례 항해설을 주장하는 학자들이 이 출항을 별도로 계산하여 감진은 모두 여섯 차례 일본을 향해 항해했다고 주장한 것이다. 『당대화상동정전』에 '육도'(六度), 즉 '육차동도'(六次東渡)라고 기록한 것[36]을 받아들여서 감진의 여섯 차례 항해를 살펴보기로 하자.

제1차는 천보 2년(743년), 출항 전날 고구려 승려 여해(如海)가 양주채방사 관청에 도항(道航)과 에이에이 등이 해적과 결탁하여 양주를 약탈하려고 한다고 모함을 하여 관가에서 도항, 에이에이, 후쇼를 체포하고 각종 물자를 조사하여 나중에 모두 석방되었지만 일본 항해 계획은 수포로 돌

되었다. 그러나 玄宗이 등극한 후로는 道敎를 숭상하였고 반면에 불교를 탄압하였다. 玄宗은 714년에 1만 2천여 명의 승려를 환속시켰고, 불교사원 건립을 금지시켰다. 또 불상을 주조하거나 불교경전을 편찬하지 못하도록 하였다. 727년에 크고 작은 전국의 사찰을 폐지하라는 명을 내리기도 했다. 開元과 天寶 연간에는 道敎가 황실의 지지를 받아 크게 흥성하였고, 반면에 불교는 쇠퇴하였다. 이러한 배경에서 鑒眞이 일본행을 결심하였던 것임.

36 眞人元開 著, 汪向榮 校注, 『唐大和上東征傳』, 93쪽.

아갔다.[37] 제2차는 6개월 후 같은 해 12월, 영남도채방사 유거린(劉巨鱗)의 군선(軍船) 한 척을 구매하여 양주에서 장강 유하구 부근 낭구포(狼溝浦), 지금의 강소 창낭항(倉狼港)에서 출항하였으나 풍랑에 휩싸여 난파하고 실패하였다. 제4차는 3차 때 머물렀던 아육왕사에서 1년을 지낸 후에 감진은 복건 복주(福州)에서 출항하려고 절강의 영가(永嘉), 지금의 온주(溫州)로 갔는데 양주 관청에서 감진의 동도를 만류하고 일본행을 허락하지 않아 감진을 온주까지 추적하여 감진을 양주로 후송시켜 일본행은 실패하였다. 제5차는 천보 7년(748년) 6월로 양주에서 출발하여 해상에서 5개월을 표류하였는데 최후에는 해남도 최남단 진주(振州), 지금의 삼아(三亞)에 닿았고 모든 물자와 불상, 불경 등을 해당 지역의 개원사에 기증하였고 뇌주(雷州)에 상륙하여 계주(桂州) 지금의 계림(桂林)에 도착하여 1년을 머문 뒤에 남해군대도독(南海郡大都督) 노환(盧奐)의 초대를 받아 수로를 이용하여 광주(廣州)로 갔는데, 도중에 일본승 에이에이가 단주(端州), 지금의 광주 부근의 조경(肇慶)에서 병사하였다. 감진 일행은 광주 대운사(大雲寺)에 정착하였다. 후쇼는 감진 일행과 작별하고 명주에 가서 일본행을 준비하였다. 감진은 이때 실명하였고, 북상하여 여산(廬山) 동림사(東林寺)를 경유하여 강녕(江寧), 지금의 남경 와관사(瓦官寺)에서 휴식을 취한 뒤 양주로 돌아왔다.[38]

제6차는 천보 12년(753년)으로 당시에 일본 견당사 후지와라 기요가와가 양주에 도착하여 감진을 수행하고 일본으로 출항하기로 하였다. 11월

37 眞人元開 著, 汪向榮 校注, 『唐大和上東征傳』, 44~46쪽.

38 鑒眞이 海南에서 桂林으로 갔다가 桂林에서 1년을 머문 뒤에 廣州에 가서 독실한 불교신자인 廣州太守 盧奐에게 菩薩戒를 전수하였다고 하고, 또 어떤 학자는 桂林에서 揚州로 돌아갔지만 다시 廣州로 가서 廣州에서 일본으로 가려고 했는데 廣州에 일본 배가 없어서 일본에 가지 못했다고 주장하였다. 許鳳儀, 『鑒眞東渡』, 第七章.

16일에 지금의 상숙(常熟) 황사포(黃泗浦)에서 출발하여 이듬해 봄 일본 나라에 도착하였다. 이때 수행한 감진의 제자는 양주 백탑사(白塔寺)의 법진(法進), 천주(泉州) 초공사(超功寺)의 담정(曇靜), 태주(台州) 개원사(開元寺)의 사탁(思託), 양주 흥운사(興雲寺)의 의정(義靜), 구주(衢州) 영요사(靈耀寺)의 법재(法載), 두주(竇州) 개원사의 법성(法成) 등 14명과 등주(藤州) 통선사(通善寺) 지수(智首) 등 3인, 그리고 양주 우파새(優婆塞) 반선동(潘仙童), 호국(胡國) 사람 안여보(安如寶), 곤륜국(崑崙國) 사람 군법력(軍法力), 첨파국(瞻婆國) 사람 선청(善聽) 등 모두 24명이었다.[39] 외국인이 세 명 포함되어 있음을 알 수 있다. 호국은 서역, 곤륜국은 태국, 첨파국은 크메르를 가리킨다. 반선동과 세 명의 외국인은 불교사원을 짓고 불상을 주조하거나 새기는 전문 기술자일 가능성이 높다.

감진이 가지고 간 물품은 불상, 불구(佛具), 불경, 자첩(字帖)이었다. 첫째, 불상으로 공덕수보집변(功德繡普集變), 아미타여래상(阿彌陀如來像), 조백전단천수상(彫白旃檀千手像), 수천수상(繡千手像), 구고관세음상(救苦觀世音像), 약사서상(藥師瑞像), 미타서상(彌陀瑞像), 미륵보살서상(彌勒菩薩瑞像)의 동장자(同障子)이었다.

둘째는 불구는 아육왕탑양금동탑(阿育王塔金銅塔) 1구(軀), 여래육사리(如來肉舍利) 3천 개, 옥환수정수번(玉環水精手幡) 4구(口), ㅁㅁ금주(金珠) 혹은 서국유리병성(西國琉璃瓶盛), 보제자(菩提子) 3두(斗), 청련화(青蓮花)

39 眞人元開 著, 汪向榮 校注, 『唐大和上東征傳』, 85쪽. 優婆塞는 불교에는 입문하였으나 아직 머리를 깎고 불교에 귀의하지 않은 俗人으로서 불교를 믿는 남자를 말한다. 胡國 사람 安如寶는 일본에 가서도 우바새였다가 후에 菩薩戒를 받았고, 奈良 唐招提寺의 金堂을 지었다고 한다. 唐招提寺 講堂의 丈六彌勒像과 脇侍菩薩像은 軍法力이 조각한 것이라고 하지만 확실한 증거는 없다. 瞻波國은 中國史書에 占波이고 『新唐書』와 『舊唐書』에 瞻博이라고 하였는데 지금의 베트남 중부 일대를 가리킴.

30경(莖), 대모첩자(玳瑁疊子) 8면(面), 천축혁이(天竺革履)[40] 2량(量)이 있었다.

셋째는 불경은 금으로 글씨를 쓴 『대방광불화엄경』(大方廣佛華嚴經) 80권, 『대불명경』(大佛明經) 16권, 금으로 글씨를 쓴 『대품경』(大品經)과 『대집경』(大集經), 남본(南本) 『열반경』(涅槃經) 40권, 『사분율』(四分律) 60권, 법려(法勵)의 『사분소』(四分疏) 5본(本) 각각 10권, 광통율사(光統律師)의 『사분소』, 『경중기』(鏡中記) 2본, 지주(智周)의 『보살계소』(菩薩戒疏) 5권, 영계석자(靈溪釋子)의 『보살계소』 2권, 『천태지관법문』(天台止觀法門) 40권, 『법문현의』(法門玄義), 『문구(文句)』 각각 10권, 『사교의』(四教義) 20권, 『차제선문』(次第禪門) 11권, 『행법화참법』(行法華懺法) 1권, 『소지관』(小止觀) 1권, 『육묘문』(六妙門) 1권, 『명료론』(明了論) 1권, 정빈유사(定賓律師)의 『식종의기』(飾宗義記) 9권, 『보석식종의기』(補釋飾宗義記) 1권, 『계소』(戒疏) 2본 각 1권, 관음사(觀音寺) 대량율사(大亮律師)의 『의기』(義記) 2본 10권, 종남산 도선율사(道宣律師)의 『함주계본』(含注戒本) 1권과 『함주계본소』(含注戒本疏) 2본, 회도율사(懷道律師)의 『계본소』(戒本疏) 4권, 『행사초』(行事鈔) 5본, 『갈마소』(羯磨疏) 2본, 회소율사(懷素律師) 『계본소』 4권, 대각율사(大覺律師) 『비기』(批記) 14권, 『음훈』(音訓) 2본, 『비구니전』(比丘尼傳) 2본 4권, 현장법사(玄奘法師) 『서역기』(西域記) 1본 12권, 종남산 도선율사(道宣律師) 『관중창개계단도경』(關中創開戒壇圖經) 1권, 법선율사(法銑律師) 『니계본』(尼戒本) 1권과 『니계본소』(尼戒本疏) 2권 모두 48부이다.[41] 이러한 불교경전들은 율종, 천태종, 밀종과 관련된 것들인데, 이러한 물품들은 일

---

40 天竺麻靴와 같은 승려들이 신는 신발을 말함. 『舊唐書』, 「音樂志」(2)에 天竺樂은 두 사람이 춤을 추는데 변발을 했고 朝霞 비단으로 만든 袈裟, 즉 僧侶 복장을 하였으며 푸른색의 麻로 만든 신발을 신었다고 하였음. 『舊唐書』, 1070쪽.

41 眞人元開 著, 汪向榮 校注, 『唐大和上東征傳』, 87~88쪽.

본의 화엄종, 율종, 천태종, 진언종 등 불교 종파의 흥성과 밀접한 관계가 있었다.[42]

넷째는 자첩으로 왕희지(王羲之)의 진적행서(眞迹行書) 1첩, 왕헌지(王獻之)의 진적행서 3첩, 천축과 주화(朱和)의 잡체서(雜體書) 50첩이었다.

제2차 일본행 때 불경 이외에 감진 일행이 휴대한 물품은 양식, 불구(佛具), 불상, 향료, 약품 등이었다. 음식은 홍미(紅米)와 녹미(綠米), 첨시(甛豉), 호마병(胡麻餅), 번념두(番捻頭) 등과 향료는 사향(麝香), 침향(沈香), 용뇌(龍腦), 당향(唐香), 안식향(安食香), 후추, 아위(阿魏) 등이 있었고 또 마화(麻靴)라는 신발도 포함되어 있었다.[43] 그러나 6차 일본행에서는 불경과 불교와 관련된 물품 이외에 대해서는 『당대화상동정전』에 기록이 없어 알 수가 없다.

감진은 천보 12년(753년) 11월 21일, 감진 일행이 승선한 두 번째 배는 오키나와, 지금의 아아나미시마(阿兒奈波島)에 도달하였고, 12월 26일 다자이후(大宰府), 지금의 후쿠오카(福岡)에 상륙하였다. 이듬해 2월 1일에 나니와(難波), 지금의 오사카에 도착한 후에 며칠 후에 나라에 도달하였다. 일본 조정은 아스카베오우(安宿王)을 천황의 대표로 파견하여 칙사의 명의로 감진 일행을 맞이하고 도다이지(東大寺)로 안내하였다. 감진은 도

42 木宮泰彦, 胡錫年 譯, 『日中文化交流史』, 190쪽.

43 紅米와 綠米는 食用하기 위해서 가져간 것이 아니라 일본에 傳播하기 위해 가져갔고, 甛豉는 보통 메주 豆豉와는 다른 것으로 이것도 食用이 아니라 傳播用이었다. 卞孝萱, 「鑒眞東渡所帶物品考」, 『冬青書屋筆記』, 418쪽. 番捻頭는 찹쌀가루에 설탕과 밀가루를 섞은 반죽을 참기름에 부쳐서 만든 전병을 말함. 唐香은 페르시아에서 전래된 香料이고, 安息香은 아라비아에서 전래된 향료이다. 阿魏는 香料의 일종으로 『新唐書』, 「地理志」에 의하면 北庭大都護府에서 貢物로 바쳤다고 하였고, 段成式의 『酉陽雜俎』, 「前集」 卷18, 「木篇」에 伽闍那國, 즉 북인도에서 생산되고 形虞라고 부르며, 또 페르시아에서도 생산되는데 阿虞截이라고 부른다고 하면서 가지를 자르면 즙이 나오는데 시간이 오래되면 응고된다고 하였음.

다이지의 비로자나불에 예배를 올렸고, 도선율사(道璿律師), 인도 승려 보디세나(菩提仙那)와 도다이지 백제 승려 로벵(良辨)의 배알 방문을 받았으며, 또 내도장(內道場) 승려 50여 명의 참배를 받았다. 또한 정부 고위인사 우다이진(右大臣) 후지와라 토요시게(藤原豐成), 다이나곤(大納言) 후지와라 나카마로(藤原仲麻呂), 시키부쿄우(式部卿) 후지와라 나가테(藤原永手) 등도 예배를 올려 환영의 뜻을 전하였다. 고켄(孝謙)천황은 견당사 부사 기비 마키비를 칙사의 신분으로 감진에게 파견하여 천황의 조서를 내려 전등대법사(傳燈大法師)의 자리를 칙명으로 수여하고 불교 계율의 전수를 감진에게 일임하였다.

감진의 일본에서의 홍법 활동에 대해서는 다음 일곱 가지 항목으로 요약할 수 있다.[44]

첫째, 덴표쇼호(天平勝寶) 6년(754년) 2월, 감진은 고켄천황의 요구로 도다이지 비로자나불전 앞에 계단(戒壇)을 설치하였다. 둘째, 같은 해 4월 5일, 도다이지 비로자나불 앞에서 감진이 태상황, 황태후, 황태자에게 보살계를 수여하였고, 사미징수(沙彌澄修) 등 440여 명에게 계율을 전수하였다. 셋째, 이듬해 도다이지 계단을 대전 서쪽으로 옮기고 별도로 계단원(戒壇院)을 만들었다. 이것을 도다이지 계단원이라고 한다. 감진은 여기에서 고승 지충(志忠), 영복(靈福), 현경(賢璟) 등 80여 명에게 구족계를 다시 수여하였다. 또 도다이지 안에 당선원(唐禪院)을 세워 승려의 훈련과 교육 장소로 사용하였고 감진이 직접 관리하였다. 넷째, 덴표호지(天平寶字) 원년(757년)에 도쇼다이지(唐招提寺)를 세우기 시작하여 3년 뒤인 759

44 『大唐傳戒師僧名記大和上鑒眞傳』, 『鑒眞和上三異事』, 『賢位傳』, 『宋高僧傳』, 『戒律傳來記』, 『律宗瓊鑒章』, 『雲雨鈔』, 『唐招提寺解』, 『傳律圖源解集』, 『招提千歲傳記』, 『南都東大寺戒壇院略緣起』, 『東大寺戒壇院受戒式』 등의 문헌에 근거하였음.

년에 완공하였다. 고켄천황은 자신이 친히 쓴 '당초제사' 네 글자를 강당에 걸고 감진을 불러 계단을 설치하게 하고 감진으로부터 보살대계를 받았다. 도쇼다이지가 건립된 후에 감진은 이곳에서 계율을 강의하여 일본 조야의 존경을 받았다. 다섯째, 천평보자 5년(761년)에 히가시노쿠니(東國) 시모쓰케(下野)의 야쿠시지(藥師寺), 사이고쿠(西國)의 츠쿠시(筑紫) 칸제온지(觀世音寺)에 각각 계단을 설치하고 각지에서 온 승려들에게 계율을 전수하는 장소로 사용하게 하였다. 이곳의 두 계단과 도다이지의 계단을 '천하삼계단'(天下三戒壇) 혹은 '일본삼계단'(日本三戒壇)이라고 불렀다. 이후로 일본 승려 대부분은 이 세 곳의 계단에서 구족계를 받았다. 여섯째, 감진은 도쇼다이지에서 율종의 상부(相部) 경전과 『건소기』(件疏記)를 강해하고, 또 남산초소(南山鈔疏), 범망회(梵網會)를 개최하고 『범망경』(梵網經) 등도 강론하였으며 지주(智周)의 『보살계본소』(菩薩戒本疏)와 법려(法勵)의 『사분율소』(四分律疏)를 참고하였다. 일곱째, 감진의 제자들이 각지에서 계율을 전수하였다. 사탁은 도선의 요구를 받아들여 일본 제자 인기(忍基), 상감(常巍)에게 법려의 『사분율소』, 『진국기』(鎭國記)와 『건소기』를 4~5년 동안 강의하였다. 사탁이 가르친 제자가 각지에서 『건소기』를 강술하고 계율을 전파하였다. 예를 들면, 인기는 도다이도(東大唐院), 선준(善俊)은 당사(唐寺), 충혜(忠惠)는 오미(近江), 혜신(惠新)은 대안탑원(大安塔院), 상감(常巍)은 대안사(大安寺), 진법(眞法)은 고후쿠지(興福寺)에서 각각 『건소기』를 강술하였다. 여보(如寶)는 도다이지 계단원에서 구족계를 받은 후에 시모쓰케(下野)의 야쿠시지에 계단이 건립되었을 때 계사(戒師)로 파견되었다. 법진(法進)도 『범망경소』(梵網經疏)와 『계본소』, 『갈마소』, 『행사초』, 『비구니초』, 『습비니의초』(拾批尼義鈔), 『혜관약소』(慧光略疏), 『지수광소』(智首廣疏), 『법확중소』(法確中疏), 즉 사분율가(四分律家)의 '오대부삼요소'(五大部三要疏)를 강술하였고, 저서로는 『범망경주』(梵網經注) 6권,

『사미경초』(沙彌經鈔) 5권과 『계단식』(戒壇式) 등이 있다. 감진이 죽은 후에 그의 제자들은 각지에서 계율을 전파하고 홍법 활동을 활발하게 전개했다.

감진은 덴표호지 7년, 당나라 대종 광덕 원년(763년) 5월 6일, 법진에게 도다이지의 계단원을 관리하고 법재(法載), 의정(義靜)과 여보(如寶)에게 도쇼다이지에서 계율을 전파하게 하고 76세로 원적하였다. 감진이 원적하기 전에 제자가 그의 간칠협저좌상(干漆夾紵坐像)을 만들었다고 하는데 지금까지도 전해온다.[45]

감진의 불교사상은 율종, 천태종과 밀종을 겸하고 있다. 감진은 또한 의술에도 정통하여 본초학에 뛰어나 향내만으로도 약재를 감정할 수 있었다고 한다. 칸뵤우(寬平) 연간(889~897년)에 편찬된 후지와라 수게요(藤原佐世)의 『일본국견재서목록』(日本國見在書目錄) 중에 『감상인비방』(鑒上人秘方) 1권이 기재되어 있다. 감진은 일본 의학 발전에 공헌을 하였다.

일본 나라 도다이지 쇼소인(正倉院)에는 쇼무천황의 어물(御物)이 있는데 중국과 일본과의 문화 교류와 덴표(天平) 시대(729~749년)의 문화예술 수준을 나타낸다. 쇼소인은 도다이지 내 부설 창고로 덴표쇼호 8년(756년) 6월 21일은 쇼무천황이 죽은 후에 49일째 되던 날로 코묘(光明)황후가 자신의 애용품을 비로자나불 앞에 공양하였는데 대대로 쇼소인에 남아 전

45 鑒眞의 坐像을 제조한 제자가 汪向榮과 木宮泰彦은 思託이라고 하고, 安藤更生은 『鑒眞』이라는 저서에서 「唐大和上東征傳」에 "天平寶字 7년 癸卯 봄에 제자 忍基가 講堂의 대들보가 무너져 내리는 꿈에서 깨어 두려워 떨었는데 스승 감진이 세상을 하직할 것을 알고 있었다. 그는 감진의 제자들을 거느리고 감진의 모습을 본떠서 그대로 그리게 했다"라는 기록에 근거하여 忍基라고 주장했다. 唐招提寺에서 편찬한 『唐招提寺』라는 책에도 安藤更生의 주장을 그대로 받아들여 일본승 忍基라고 했다. 그런데 「唐大和上東征傳」에는 또한 감진이 "평소에 항상 思託에게 말하길, '내가 만약 臨終하면 이미 앉아서 죽기를 원했는데 네가 나를 위해 戒壇院에 별도로 影堂을 세워 내가 옛날처럼 살던 방에서 스님들과 함께 있게 하라"라고 하여 중국 승려 思託일 가능성이 높음. 眞人元開 著, 汪向榮 校注, 『唐大和上東征傳』, 96쪽.

해 내려온다. 악기, 무기, 복식, 일용품, 문방용품, 바둑, 향목(香木), 약재, 서적 및 기타 불교와 의식 용구 등 4천여 건이 있다. 그 가운데 감진이 바친 불교 물품과 회화, 서예 예술품이 포함되어 있는 유품은 대부분 당나라에 건너간 것으로 당나라의 서역과의 예술문화 교류도 엿볼 수 있는 귀중한 역사 유물이다.[46] 또한 감진이 일본에 건너갈 때 불교와 관련된 건축사, 조각가와 화가들을 함께 데려갔고 승려 자신들이 장인이고 예술가였다. 이러한 승려들이 일본 문화예술 발전에 커다란 공헌을 한 것이다.

일본의 덴표 문화는 중국과 한반도의 불상 조소와 회화예술의 영향을 받았다. 6세기 말경부터 불교사원 건축사, 불상 조소 조각가와 화가들이 한반도를 경유하여 일본에 와서 일본 조정은 이들을 위한 전문 기구를 별도로 설치하였다. 7세기 초에는 일본은 견당사에 건축가, 조각가, 화가 등 장인들을 동승시켜 당나라의 문화예술을 배우도록 하였는데 이들 일본의 장인들은 또한 이미 당나라에 흡수된 서역, 페르시아, 동로마 등 외국의 예술을 습득하였다. 감진이 일본에 올 때 수행한 장인 가운데 불교와 관련된 전문 기술을 가지고 있는 외국인이 포함되어 있었던 것이다.

일본 덴표 시대 때의 불교 조소는 당나라를 모방한 것인데 도다이지의 비로자나불은 당대 무측천이 낙양 용문석굴에 세운 비로나자불을 모방한 것으로 청동으로 주조하였다.[47] 감진과 그의 제자들이 도쇼다이지를 건립할 때 함께 조소 불상도 주조하였는데 간칠협저법(干漆夾紵法)을 사용하여 돈후하고 장엄하며 풍만한 특색을 지녔다.

46 米田雄介, 杉本一樹, 『正倉院美術館』, 講談社, 2009. 韓昇, 『正倉院』, 上海人民出版社, 2007.

47 『舊唐書』, 「禮義志」에 "무측천이 明堂 뒤에 天堂을 짓고 불상을 안치하려고 하였는데 불상의 높이가 백여 척이나 되었고 건물을 짓기 시작할 때 바람이 크게 불어 흔들리다 넘어져 다시 지었는데 끝내지를 못하였다. 證聖 元年 正月 丙申 밤에 佛堂에 불이 났는데 明堂에까지 번졌고 새벽이 되어서야 불이 멈추었다"라고 했음. 『舊唐書』, 865쪽. 이러한 唐代 佛像을 모방한 東大寺 비로자나 佛像도 규모가 컸음을 알 수 있음.

좌협시장육약사상(左脇侍丈六藥師像)은 높이가 3미터 70센티미터에 달하는 입상으로 여보(如寶), 혹은 군법력이나 사탁이 주조하였다고 전한다. 조소 수법과 형태로 볼 때 본존의 비로자나불과 유사하며 목심간칠조상(木心干漆造像)의 대표적인 불상이다. 또 다른 목심간칠조상이고 여보 혹은 군법력이 주조하였거나 일본 조소가가 주조하였다는 우협시천수관음상(右脇侍千手觀音像)은 수법으로 볼 때 비로자나불과는 다르고 기교가 뛰어나 후세 조각가들이 중시하였다. 금당(金堂)의 목조상 범천(梵天), 제석천(帝釋天)과 사천왕상(四天王像)은 군법력이 만들었다고 하는데 후세 일본의 조소 불상에 큰 영향을 끼쳤다.

도쇼다이지 벽화는 여보가 그렸다고 전하고 감진을 수행한 사람 가운데 화가가 포함되어 있어서 당시 일본 회화 발전에 영향을 미쳤을 것으로 추정하고 있다. 당시 덴표 시대에는 왕희지 서예가 크게 유행하였는데 그의 서법(書法)을 배우는 것이 '서도'(書道)의 주류였다. 견당 유학생들도 대부분 왕희지의 서법을 배웠는데 왕희지의 진적(眞迹)이 일본에 전해져 일본 서도의 본보기가 되었다. 도쇼다이지의 문액(門額)은 효겸천황이 직접 썼다고 전하는데 왕희지체이다. 감진이 일본에 갈 때 『왕희지진적행서』(王羲之眞迹行書) 1첩, 『소왕진적』(小王眞迹) 3첩 등 서예작품을 가지고 갔고, 불경을 베낀 사경(寫經)도 상당히 많이 가지고 갔으므로 이러한 서예 및 사경의 영향을 받았다.

5. 엔닌

당나라에 유학한 학문승 가운데 엔닌(圓仁)은 가장 걸출한 인물이었다. 승화 5년(838년)에 청익생 신분으로 당나라에 들어가 유학하고 중국에 10여 년을 머물다가 승화 14년(847년)에 일본으로 귀국하였다. 저서 『입당구법순례행기』를 남겼다. 이 저서는 9세기의 중국 사정을 기록한 중요한 사료이며 고대 일본과 당나라의 관계를 연구하는 데 중요한 문헌이다.

엔닌은 속성이 임생씨(壬生氏)이고, 일본 간무 천황 연역(延曆) 13년(794년)에 시모츠케노쿠니(下野國) 쓰가(都賀)에서 출생하였는데 얼마 후에 부친이 죽었다. 엔닌은 9세 때 다이지지(大慈寺) 승려 광지(廣智)에게 불교를 배웠는데 광지는 감진의 제자였다. 엔닌은 15세 때 교토 히에이 산(比睿山)의 엔랴쿠지(延曆寺)에 들어가 사이초(最澄)의 제자가 되었는데 훗날 사이초의 후계자가 되었다. 홍인(弘仁) 13년(822년)에 사이초가 원적한 후에 엔닌은 히에이산에 남았는데 30세가 채 되기도 전에 일본 불교계에서 두각을 나타냈다.

닌묘(仁明)천황 승화(承和) 원년(834년)에 중지되었던 견당사 파견이 재개되었을 때 이듬해 그의 나이 45세 때 명을 받고 청익생이 되어 후지와라 츠네츠구(藤原常嗣)를 따라 당나라에 갔다. 10년 뒤에 귀국하여 원적하기까지 16년 동안 몬토쿠(文德)과 세이와(淸和) 천황의 총애를 받았다. 그는 정관 6년(864년) 정월 14일, 엔닌은 72세로 교토 엔라쿠지에서 원적하였다. 일본의 천태종은 비록 사이초가 창립하였지만 흥성시킨 승려는 엔닌이었다.

838년 6월 22일에 출발하여 도중에 폭풍우를 만나 세 번째 배가 침몰하였으나 대사가 탄 배는 7월 2일에 회남도 양주의 해릉현(海陵縣)에 닿았다. 회남절도사 이덕유(李德裕)가 보고를 받은 후에 소수 인원만 장안 입성을 허락하였다. 나머지 사람들은 도착 지역에서 당 조정의 명을 기다렸다. 엔닌은 천태산을 순례하길 청하였으나 허락을 얻지 못해 부득이하게 귀국할 수밖에 없었다. 엔닌이 탄 배가 해주(海州)에 닿았을 때 그의 제자

이쇼(惟正)와 이교(惟曉)가 상륙을 잠행하다가 해주부에 발각되어 조사를 받았다. 견당사의 두 번째 배가 해주 연안에 도착하여 엔닌은 이 배에 호송되었다. 839년 4월 17일, 등주(登州)의 모평현(牟平縣) 당양도촌(唐陽陶村) 남쪽 해안에 도착하였고, 6월 7일에 문등현(文登縣) 청녕향(淸寧鄕) 적산촌(赤山村) 앞바다에 닿았다. 적산법화원(赤山法華院)이라는 산속의 절이 있는데 그것은 장보고가 처음 세운 절이다. 당시에 승려 30여 명이 있었는데 일본 승려도 7명이나 있었다. 엔닌은 천태산으로 가기 위해 이쇼, 이교와 함께 일본으로 돌아가지 않고 법화원에 머물러 앉았다. 이곳에서 엔닌은 오대산(五臺山)의 성적(聖跡)이 훌륭하다는 말을 듣고 천태산으로 가려던 뜻을 버리고 오대산으로 들어가기로 결심했다.

등주의 군사압아(軍事押衙) 장영(張詠)의 도움을 받아 840년 2월 25일에 엔닌 일행은 법화원을 나와 불법을 구하기 위해 천하를 순례하기 시작했다. 등주, 청주(靑州), 치주(淄州), 제주(齊州), 덕주(德州), 기주(冀州), 조주(趙州), 진주(鎭州) 행당현(行唐縣) 등지를 거쳐 4월 28일에 청량산(淸凉山)에 도달하여 문수보살이 머물던 오대산 중대(中臺)를 바라보며 눈물을 흘렸다. 5월 16일, 대화엄사(大華嚴寺)에 이르러 열반원(涅槃院)에 들어가 좌주인 법현(法賢) 스님을 만났다. 법현이 『마하지관』(摩訶止觀)[48]을 강의하였고 40여 명의 승려가 강의를 듣고 있었는데 천태종의 좌주인 지원화상(志遠和尙)도 강연에 앉아 강의를 듣고 있었다. 엔닌은 지원화상도 만났는데 지원화상이 정원 20년(804년)에 천태산에 들어와 구법한 적이 있는 일

48 594년, 隋代 天台宗 大師 智顗가 荊州 玉泉寺에서 講述한 것을 그의 제자 灌頂이 기록한 敎義로서 모두 20卷, 一說에 10卷이라고 하는데 『法華玄義』, 『法華文句』와 더불어 天台宗 三大部라고 한다. 止觀으로 天台宗의 一切 佛法은 마음에서부터 발생하므로 因緣은 헛된 假相이며 實際가 아니므로 空이라는 교의를 밝혔다. 唐釋 湛然의 『止關補行傳弘訣』은 이 『摩訶止觀』을 상세하게 해석한 것임.

본 승려 사이초에게 태주자사 육돈(陸惇)이 불경을 베낀 수백 권을 주었던 것을 말하고, 엔닌이 남악대사(南岳大師) 혜사(慧思)가 일본의 불교를 크게 일으켰다는 사실을 전하여 지원화상이 기뻐했다. 지원화상의 문하생들이 『법화경』, 『천태소』(天台疏)를 듣고, 지원화상의 제자가 『사분율』을 강의하고 있는 것을 참관하였다. 지원 화상과 문감(文鑒) 좌주에게 천태교의 문서가 가득한 것을 알고 엔닌은 일본에 없는 천태교의 문서를 필사하기 시작했다. 엔닌은 50여 일을 오대산에 머물고, 7월 1일에 장안으로 향했고, 8월 23일에 장안에 들어가 자성사(資聖寺)에 머물렀다.[49] 훗날 엔닌은 대흥선사(大興善寺) 번경원(翻經院), 즉 역경원(譯經院)에 들어가 원정(元政) 스님에게서 금강계(金剛界)의 대법(大法)을 배우고 만다라를 그렸으며, 태장계(胎藏界)의 『비로자나경』(毘盧遮那經)과 『소실지』(蘇悉地) 대법을 배우고 청룡사(青龍寺)의 인도 삼장인 보월(寶月)의 처소에서 범어(梵語)를 공부하였는데 5년 동안 장안에서 4명의 중국 승려를 스승으로 모시고 불교를 배웠다. 842년과 843년 6월 11일은 천자 무종의 생일인데 장안성에서 불교의 대덕과 도교의 도사들이 천자 앞에서 논쟁을 벌였다.[50] 무종(武宗)이 불교를 탄압하여 회창(會昌) 3년(843년) 5월 25일에 전국의 모든 사찰의 외국 승려를 조사하라는 칙령이 내려졌는데 6월 27일, 동시(東市)에 불이 나 동시의 조문(曹門) 서쪽 12행(行)에 있는 4천여 호가 불탔고 다음날 신농사(神農寺)도 불탔다.[51] 7월 24일, 엔닌의 제자 이쇼(惟正)가 병사했다. 844년

49 長安城 左街, 즉 朱雀門街 東部의 功德巡院에 이르러 知巡押衙 趙鍊을 만났고, 엔닌은 자신의 스승을 만나기를 청하는 글을 여러 절에 올렸더니 知巡侍御가 巡官을 보내어 엔닌 일행이 資聖寺에 머물도록 하였음. 申福龍 번역 · 주해, 『入唐求法巡禮行記』, 216~217쪽.

50 申福龍 번역 · 주해, 『入唐求法巡禮行記』, 245쪽과 252쪽. 특히 843년 6월 11일에는 太子의 詹事 韋宗卿이 『涅槃經疏』 20권을 지어 天子에게 바쳤는데 天子는 이를 모두 불태우고 中書門下에 칙령을 내려 그 집을 수색하여 草稿마저 불태워버리도록 했음.

51 申福龍 번역 · 주해, 『入唐求法巡禮行記』, 254쪽. 6월 29일 일기에 엔닌은 장안성의 화재에

에는 정부의 불교 탄압이 거세지고 반면에 도교는 흥성하였는데 예를 들면, 관가에서 승려에게 발행한 신분증인 공험(公驗)이 없는 승려는 모두 그 자리에서 때려죽이고 그 이름을 천자에게 보고하도록 했고, 조정에서는 도사들을 대궐로 초청하고 승려들은 초청하지 않았다.[52] 845년에 무종의 불교 탄압이 더욱 거세지면서 엔닌에게 환속의 명이 내려져 귀국할 기회를 얻게 되었다. 5월 15일, 대리경(大理卿)이자, 중산대부(中散大夫)이며, 천자로부터 자금어대(紫金魚袋)를 하사받은 양경지(楊敬之)는 일찍이 오늘날 차관급에 속하는 어사중승(御史中丞)에 임명된 사람으로 엔닌의 귀국길에 큰 도움이 되었다. 엔닌은 정주(鄭州), 변주(汴州), 사주(泗州)를 지나 회양(淮陽)을 경유하여 초주(楚州), 연수(漣水), 해주(海州), 밀주(密州), 내주(萊州)를 지나 등주(登州)에 도착하였고, 문등(文登)의 구당신라소(勾當新羅所)에 들어가 목숨을 부지하고 배를 얻어 본국으로 돌아갈 수 있도록 해달라고 애걸하였다.[53] 2년 뒤인 847년 7월 21일, 등주에 이르러 바다를 건널 준비를 했다. 9월 17일, 엔닌은 신라의 배를 타고 하카타(博多)항에 닿았다. 다자이후(太宰府)는 엔닌 일행이 도착한 것을 알고 조정에 이를 알렸고, 848년 3월, 엔닌은 입경하였고, 엔라쿠지 동료들이 환영의식을 거행했으며, 조정에서도 칙사를 파견하여 예물을 수여하였다. 854년, 천황이 엔닌을 엔라쿠지 좌주(座主)에 봉했고, 엔닌은 제자들에게 중국에서 배운 불교의식, 수행 방법과 교의를 전수했으며, 많은 불교경전과 의식에 관한 저작에 주석을 달았다. 864년에 원적하였고, 조정에서는 처음으로

대해 지난날 대궐 안에서 佛經을 불태우고 부처와 보살과 天王像을 땅에 묻어버리도록 한 적이 있었는데, 그런 일이 있은 뒤 두 곳에서 불이 났고, 그 뒤 다시 東市에서 이틀 동안에 몇몇 곳에서 불이 났다고 기록하였음.

52 申福龍 번역 · 주해, 『入唐求法巡禮行記』, 260~261쪽.

53 申福龍 번역 · 주해, 『入唐求法巡禮行記』, 292쪽.

대사(大師)라는 칭호를 하사하여 그에게 자각대사(慈覺大師)를 증여하였고, 동시에 엔닌의 스승 사이초에게도 전교대사(傳教大師)라는 호칭을 하사했다. 엔닌은 저술도 풍부하여 유명한 『입당구법순례행기』(入唐求法巡禮行記) 이외에 『입당신구성교목록』(入唐新求聖敎目錄),[54] 『금강정경소』(金剛頂經疏), 『소실지경략소』(蘇悉地經略疏), 『현양대계론』(顯揚大戒論), 『재당송진록』(在唐送進錄), 『입당구법목록』(入唐求法目錄) 등이 있다. 그는 통상 일본 천태종의 제3대 시조로 숭상을 받고 있다.

『입당구법순례행기』(入唐求法巡禮行記)는 『입당구법순례예기』(入唐求法巡禮禮記), 『입당순례기』(入唐巡禮記), 『오대산순례기』(五臺山巡禮記) 또는 간략히 『입당기』(入唐記)라고도 한다. 원본은 이미 유실되었지만 여러 초본이 전해 내려온다.[55]

---

54 唐나라에 들어가 求法 활동 중에 수집한 목록인데 長安, 五臺山, 揚州 등지에서 구한 經論, 念誦法門과 章疏, 傳記 등의 584部, 802卷과 胎藏界와 金剛界의 大曼茶羅와 壇像, 舍利와 高僧의 畵像 등 모두 50種이다. 潘平 釋譯, 『入唐求法巡禮記』, 「附錄」, 287~338쪽.

55 상세한 판본에 대해서는 潘平 釋譯, 『入唐求法巡禮記』, 3~6쪽과 李寅生, 『論唐代文化對日本文化的影響』, 107~109쪽. 일본에서는 明治 연간 1883년에 東寺의 觀智院에서 필사 원고 『入唐記』가 발견된 후로 학자들이 중시하였는데, 岡田正之(1864~1927년)가 처음으로 연구하기 시작하였고, 堀一郎이 일본어로 번역하였음. 足立喜六 原注, 鹽入良道 補注한 『入唐記』(平凡社, 1985), 小野勝年의 『入唐求法巡禮行記硏究』(法藏館, 1990)가 출판되었다. 서구 학계에 엔닌을 소개한 학자는 라이샤워(Edwin O. Reischauer, 1910~1990)이다. 그는 일본 도쿄에서 출생하였는데 그의 부친은 『日本佛教硏究』라는 전문 도서도 출판한 학자이자 일본에 파견된 미국의 기독교 선교사였다. 라이샤워는 하버드에서 대학 공부를 한 후, 일본 주재 미국대사(1961~1966년) 출신으로 하버드대학교 교수로 재직하면서 *The United States and Japan*(1950), 페어뱅크(Fairbank), 크레이그(Craig)와 함께 *East Asia: Tradition and Transformation*(London, George Allen & Unwin, 1965)라는 저서를 출간하는 등 일본 및 동아시아 전문가로 활약하였다. 엔닌에 관한 저서로는 『入唐記』를 영문으로 번역한 *Ennin's Diary*(New York: Ronald Press Co., 1955)와 *Ennin's Travels in T'ang China*(New York: Ronald Press Co., 1957)라는 연구서도 출판하였다. 후자는 한국어로 조성을 옮김, 『중국중세사회로의 여행』(한울, 1991)으로 번역되었다. 중국에서는 교주본과 여러 권의 엔닌 연구서가 출판되었는데, 그 가운데 교주본으로는 顧承甫, 何泉達 點校, 『入唐求法巡禮行

현존하는 당대 중일 양국 관계를 기록한 사서가 많지 않아 『입당구법순례행기』의 사료적 가치는 높다. 특히 엔닌의 중국 구법 활동 시기는 무종의 불교 탄압 시기였으므로 중일 양국 간의 관계 상황, 당대 중국의 풍속, 제도, 지방 정치조직과 종교, 외교 방면의 상황을 엿볼 수 있다. 이러한 상황은 엔닌이 직접 목도하고 수필체 형식으로 기록하였는데 당시의 왕래 서신, 공문서 등 실제 중당 이후의 공문과 사적인 편지 형식, 수속의 가장 좋은 예가 된다. 또한 중국 사서에는 보이지 않는 귀중한 역사적 사실을 기록하였다. 예를 들면, '회창 5년 4월'의 기록을 보면,

> 좌우신책군은 천자의 호위군으로 매년 10만 명의 군사를 보유하고 있다. 예로부터 군주는 신하로부터 반란을 겪는 일이 허다했는데, 이 군대를 창설한 이래로는 누구도 감히 왕위를 빼앗으려고 넘보지 못했다. 천자는 그들에게 어인(御印)을 준다. 중위가 처음 임명될 때마다 칙령에 따라 병마가 나가 어인을 받는다. 그들은 그 밖의 공문도 수행하는데 남사(南司)의 관할을 받지는 않는다. 4월 초에 양쪽 군대에게 어인을 반납하라는 칙령이 있었으나, 중위가 반납하려고 하지 않자 이를 독촉하는 칙령이 두세 번 있었다. 양쪽 군대에게서 어인을 받아 이를 중서성과 문하성에 주어 이들이 손을 잡아 양쪽 군대를 관할하게 함으로써 이들로 하여금 모든 것을 처리하도록 하려는 것이 천자의 뜻이었다. 좌군 중위는 어인을 반납한다고 했지만, 우군 중위는 어인의 반납을 수긍하지 않더니 끝내는 "어인을 받던 날도 병마가 마중을 나가 받았으니 그것을 반납하는 날도 모름지기 병마를 보내어 반납하겠다"고 상주했다. 중위의 속마음은 만약 천자가 이를 허락한다면, 이를 빌미로 병마를 동원하여 이상한 짓을 저지르려는 것이었다. 그

記』(上海古籍出版社, 1985)가 있고 이것을 臺本으로 삼아 申福龍이 번역한 『入唐求法巡禮行記』(정신세계사, 1991)가 있음.

리고 그는 병마를 장악하고 있는 사람에게 이 일을 은밀히 준비하라고 명령했다. [이 사실을 안] 천자는 두려운 나머지 어인의 반납을 취소했다.[56]

중위(中尉)는 신책군(神策軍) 우군(右軍)의 중위 어홍지(魚弘志)를 가리킨다. 당시 무종은 환관의 군권(軍權)을 빼앗아 재상에게 주려고 하였는데 어홍지가 이를 빌미로 음모를 꾸며 반란을 일으킬까 두려워 무종이 자신의 계획을 중지하였던 것이다.

'회창배불'(會昌排佛) 사건은 당시 조정과 재야 모두 무종 황제의 행위에 대해 말하지 않아 기록이 상세하지 않다. 『구당서』 등의 사서에 비록 이 기록은 있으나 회창 5년의 일을 아주 간략하게 서술하였을 뿐이다. 『입당구법순례행기』에서 엔닌은 불교 배척은 실제로는 무종 초에 발단이 되었다고 인식하고 있다. 이러한 기록은 중국 사서의 부족한 점을 보충하는 귀중한 자료가 된다. 예를 들면, 『입당구법순례행기』 권3 '회창 3년'의 기록에

> 3월 3일, 이덕유 재상이 비구승과 비구니에 관한 규정을 천자에게 상주하니 이에 따라 보외승(保外僧)과 무명승(無名僧)을 쫓아내며, 그들은 동자(童子)를 사미로 둘 수도 없다는 칙령을 내렸다.[57]

---

56 申福龍 번역 · 주해, 『入唐求法巡禮行記』, 275쪽. 南司는 唐代 中書省과 門下省을 의미한다. 尙書省의 三省은 皇城의 남쪽에 있었기 때문에 南衛 또는 南司라고 불렀으며 內侍省은 皇城의 북쪽에 있었으므로 北司라고 불렀다. 南司에는 宰相府가 있었고, 北司에는 宦官들이 있었다. 검교추밀사(撿校樞密使)가 황제 무종에게 비구승과 비구니들을 환속시켜 생업에 종사하게 하여 나라의 이익이 되게 하라고 은밀히 상주하여 칙령으로 전국의 승려를 환속시키자, 엔닌도 환속해서 일본으로 돌아가고 싶다는 공문을 관청에 제출하고 귀국하기로 결심했음.

57 申福龍 번역 · 주해, 『入唐求法巡禮行記』, 239~240쪽.

보외승은 외국인, 무명승은 승적(僧籍)에 오르지 않은 승려를 말한다. 또한 권4의 '회창 5년 4월'의 기록에

공덕사가 비구승과 비구니의 환속 문제를 논의했다고 한다. 처음에는 30세 이하를 모두 환속시키기로 했고, 그 다음에는 50세 이하를 환속시키기로 했고, 다음에는 50세 이상으로서 사부(祠部)의 도첩이 없는 사람을 환속시키기로 했다. 세 번째로는 사부에서 발행한 도첩을 조사하여 하자가 있는 사람을 환속시키고, 마지막 단계에는 사부의 도첩이 있는 사람도 모두 환속시켜 비구승과 비구니를 모두 없앤다는 것인데, 이와 같은 논의는 전국적으로 같다.[58]

또 '5월 11일'의 기록에는

50세 이상으로서 사부의 도첩이 없는 승려들을 환속시켰다. 지난해 이래로 비구승과 비구니를 구제함에 있어서 흠 있는 행위를 했거나 불법을 지키지 않은 자들을 뽑아 환속시켜 고향으로 돌려보냈는데, 금년에는 행실이 고결하든 흠이 있든 가리지 않고, 영험(靈驗)한 승려나 대덕(大德)이나 궁중 승려를 가리지 않고 그들의 차례가 돌아오면 즉시 환속시켰다. 천자는 이미 환속한 사람의 수효가 얼마며, 아직 환속하지 않은 사람의 수효를 자주 물어 그 수효를 늘릴 것을 재촉하였다. 외국인 승려들은 아직 규제에 포함되지 않았었지만, 공덕사가 취재를 별도로 상주하자 천자가 칙령을 내리기를 '외국인 중으로서 사부의 도첩을 갖지 않은 사람도 역시 강제로 환속시켜 본국으로 보내라'고 했다.[59]

58 申福龍 번역 · 주해, 『入唐求法巡禮行記』, 276쪽.
59 申福龍 번역 · 주해, 『入唐求法巡禮行記』, 276쪽.

또한 9월에 전국에 내려진 칙령의 내용은 다음과 같았다.

> 전국의 환속한 승려들이 입던 검은 승복을 각 주현에서 수거하여 불태워버리라. 의관(衣冠)이나 친족[親情]들이 자기의 세도를 믿고 이들을 사가(私家)에 숨겨주거나 은밀히 검은 승복을 입는 일이 있을까 걱정스럽다. 모름지기 이들을 모두 수거하여 모두 태워버리고 그 결과를 천자에게 보고하라. 만약 이들을 불태워버린 뒤에도 비구승이나 비구니로서 검은 승복을 제출하지 않은 자나 순검(巡檢)할 때 이러한 색깔의 옷을 입은 자는 칙령에 따라 사형에 처할 것이다.[60]

승려의 승복도 전국적으로 모두 수거하여 불태웠음을 알 수 있다. 그러면서 또한 다음과 같이 언급했다.

> 전국의 절간에 있는 기이한 보석이나 패물, 주옥이나 금은을 주현에서 거두어 천자에게 바치라는 칙령도 있었다. 그리고 또 다음과 같은 칙령이 내려왔다. 전국의 절에 있는 비구승과 비구니들이 가지고 있던 구리 그릇, 종(鍾), 경(磬), 솥[釜], 당(鐺) 등을 각 도의 염철사(鹽鐵使)에게 공출하여 관고(官庫)에 넣고 사실을 기록하여 천자에게 상주하라.[61]

게다가 엔닌은 이들 환속한 이후의 비구승과 비구니들의 삶에 대해서도 언급하였는데

> 당장 입을 것이 없고 먹을 것이 없어 가난하기 짝이 없어 추위와 배고픔이 끊이

---

60 申福龍 번역 · 주해, 『入唐求法巡禮行記』, 293쪽.

61 申福龍 번역 · 주해, 『入唐求法巡禮行記』, 293~294쪽.

지 않았다.[62]

라고 하였다.

『입당구법순례행기』는 또한 중국에서의 신라인의 활동에 대해서도 상세하게 기록하였다. 이러한 기록은 한중 양국의 사서의 기록에 없는 부분이어서 사료적 가치가 아주 높다. 중국에 거주한 신라인의 기록이, 특히 한중일 삼국 사이의 무역 활동을 전개한 장보고에 대한 기록이 단연 돋보인다. 장보고에 대한 기록은 『입당구법순례행기』뿐만 아니라 『삼국사기』, 『신당서』, 『속일본후기』와 같은 한중일 삼국의 사서의 기록에도 언급되어 있다.

『입당구법순례행기』에 엔닌이 일본에서 바다를 건너 중국으로 가는 항해에서부터 중국에 도착한 후 신라인의 집단 거주지 혹은 행정기구였던 신라방이나 신라소의 신라인의 도움을 받거나 중국 여행을 보장하는 증명서를 발행해준 사실이 곳곳에 기록되어 있다. 838년 6월 17일에 하카타(博多)에서 엔닌이 출항했을 때 그 배에는 신라의 역관 김정남(金正南)과 박정장(朴正長)이 타고 있었다. 6월 28일, 중국 대륙에 상륙하여 1년 뒤인 839년 6월 7일에 산동반도 문등현 적산법화원에 이듬해인 840년 2월 19일까지 머물면서 불법을 배우고 6년 뒤 오대산과 장안에서 구법 활동을 마친 후에 다시 적산법화원에 돌아온다. 당시는 무종의 불교 배척이 심화되던 때여서 이곳의 신라방(新羅坊)의 총관 설전(薛詮)과 역관 유신언(劉愼言)의 도움을 받는다. 초주(楚州)로 가서 귀국하는 배편을 구하지 못해 다시 세 번째로 적산법화원을 찾아온다. 유신언, 김진(金珍) 그리고 구당신라소의 압아 장영(張詠), 이원좌(李元佐)[63]의 도움을 받아 안전하게 일본으

62 申福龍 번역 · 주해, 『入唐求法巡禮行記』, 294쪽.

로 귀국할 수 있었다.

6. 중국 문화의 일본 영향

일본은 원래 국명이 없었다. 당나라 이전에는 중국에서는 일본을 왜(倭), 왜국(倭國), 왜노국(倭奴國) 등으로 불렀다. 수나라 때 성덕태자는 일본을 대왜(大倭)라고 했고, 이것이 다이카(大和)로 변하여 일본 민족을 다이카 민족으로 부르게 된 것이다. 현재의 일본이라는 국명은 당나라 때 생겨났다. 일본의 천황제도가 확립된 후에 천황은 자신의 국제적 지위를 높이기 위해 자칭 '일출처천자'(日出處天子)라고 했다. 당나라는 고종(高宗) 함형(咸亨) 원년(670년)에 일본이라는 국명으로 불렀는데 "사신이 스스로 말하길 나라가 해가 뜨는 것에 가까워서 국명으로 삼았다"[64]라고 했다. 일본에서는 720년에 편찬된 일본 정사인 『일본서기』에 일본이라는 국명이 처음 등장한다.

천황제가 확립된 초기에 연호가 없었는데 645년에 고토쿠천황이 중국

---

63 會昌 五年(845년) 5월 14일, 엔닌의 기록에 보면, 李元佐는 左神策軍의 押衙이며, 銀青光祿大夫이며, 檢校國子의 祭酒이며, 殿中監察視御使이며, 上柱國으로 엔닌의 귀국 요청 문제를 담당하여 2년 동안 서로 알고 지내던 사이였기 때문에 정이 두텁게 들었고, 엔닌의 살림 중에서 부족한 것을 모두 채워주는 등 엔닌에게 많은 도움을 주었다고 하였다. 申福龍 번역·주해, 『入唐求法巡禮行記』, 278~279쪽. 그 다음날 엔닌이 일본으로 귀국할 때 헤어지면서 그에게 작별의 선물을 주었고, 엔닌이 입고 있던 가사를 벗어주면 평생 향을 피우며 공양하겠다고 하여 엔닌이 자신의 가사를 벗어서 이원좌에게 주는 등 엔닌은 이원좌와의 인연을 지극히 소중하게 여겼음.

64 "使者自言, 國近日所出, 以爲名." 『新唐書』, 「日本傳」, 6028쪽. 『舊唐書』, 「日本國傳」에는 "일본국은 외국의 별종인데 나라가 태양 가장자리에 있으므로, 일본이라고 했다"라고 했음, 『舊唐書』, 5340쪽.

을 모방하여 일본 최초의 연호인 다이카(大化)를 건립했다. 8세기 중엽에는 일본 천황이 당현종의 연호 천보(天寶)를 모방하여 덴표쇼호(天平勝寶), 덴표호지(天平寶字)를 만들었다.

다이카개신 이후 중앙집권체제를 갖추었는데 중앙에 2관(官) 8성(省) 1대(臺)를 설치했다. 이 가운데 태정대신(太政大臣), 좌대신(左大臣), 우대신(右大臣)을 삼공(三公)이라고 하는데 당나라의 태사(太師), 태부(太傅), 태보(太保)에 해당된다. 좌우대신 아래에 대납언(大納言), 소납언(少納言), 좌변관(左辨官), 우변관(右辨官)이 있다. 좌변관은 역사 편찬과 천문을 관장하는 중무(中務), 관리의 임면의 식부(式部), 귀족의 혼례와 대외사무의 치부(治部), 호적과 민정의 민부(民部) 등 4성을 책임졌다. 우변관은 국방의 병부(兵部), 사법의 형부(刑部), 재정의 대장(大藏), 관전(官田)과 관영(官營) 수공업의 궁내(宮內)의 4성을 맡았다. 이것은 당나라의 상서성, 문하성, 중서성의 3성(省)과 이, 호, 예, 병, 형, 공부의 6부(部)와 유사하다. 동시에 감찰관인 탄정대(彈正臺)와 지방에 국(國), 군(郡), 리(里) 등의 행정기구를 설치했는데 모두 당나라의 행정제도를 참고하였다.

견수사와 견당사 유학생 다가무구 겐리(高向玄理), 조메이(舒明), 미나부치 쇼안(南淵請安) 등이 당나라의 율령제도를 일본에 들여와 적용하였다. 다이카개신 이후 646년에 당나라 제도를 모방한 형부성(刑部省)을 설치하고 관할 하에 장속사(贓贖司)와 수옥사(囚獄司)를 두었고 형률을 집행했다. 형률의 내용은 기본적으로는 당나라와 같았다. 율령제는 형법을 가리키는데 민법, 행정법, 소송법 등을 포함한다. 당시에 일본이 제정한 율령 『근강율령』(近江律令)과 『천무율령』(天武律令)은 각각 덴지(天智)천황 7년(667년)과 11년(684년)에 반포되었고 또한 둘 다 당나라 무덕, 정관, 영휘 연간의 율령제도를 근거로 중국 유학생 출신에 의해 제정되었는데 편찬자는 전자는 다가무구 겐리와 소빈(僧旻), 후자는 이끼 하카토코(伊吉博德)

이다. 덴무(文武)천황이 대보(大寶) 원년(701년)에 반포한 『대보율령』(大寶律令)은 당나라 장손무기(長孫無忌)가 편찬한 『당률소의』(唐律疏義)에서 유래했다. 예를 들면, 태(苔), 장(杖), 사(徙), 유(流), 사(死)의 오형(五刑)과 육의(六議), 팔학(八虐)은 모두 당나라의 오형(五刑), 팔의(八議), 십악(十惡)에서 파생된 것이다.

이밖에 다른 율령의 편찬자는 중국인 사추 코우카쿠(薩弘恪)를 중심으로 코우베조카(工部甥)과 시라이노호네(白猪骨), 황문비(黃文備) 등 당나라에 10여 년을 거주한 본래 중국인이거나 중국 이민자의 후손이다. 이들은 중국의 문물제도에 조예가 깊었기 때문에 일본 율령을 제정할 때 당나라의 법률을 많이 참조하였고 기본적으로는 당나라 법률을 토대로 삼았다. 당나라 정관 연간의 율령은 조문이 모두 1,500여 항목인데 다른 율령보다 비교적 늦게 제정된 『양로율령』(養老律令)은 932조 항목으로 기본적으로는 당나라 정관 연간의 율령에서 적출한 것이라고 한다. 농호(農戶)를 상상호(上上戶)에서부터 중간의 중중호(中中戶), 마지막의 하하호(下下戶)까지 9개 등급으로 나누어 매 농호마다 부담하는 세금을 규정하였다.

정남(丁男)과 18세 이상 중남(中男)에게 각각 영업전 20무(畝)와 구분전(口分田) 80무를 주는 당대의 균전제(均田制)를 모방하여 일본에서는 반전제(班田制)를 실시했다. 규정에 6세 이상의 공민(公民)은 정부에서 구분전을 수여했고 남자는 2단(段),[65] 여자는 남자의 3분의 2를 받았다.

당대 교육기관으로는 중앙에 국자학, 태학, 사문학, 율학과 산학을 통괄하는 국자감과 지방의 주와 현에 주학(州學)과 현학(縣學)을 설치했는데 일본도 중앙에 대학(大學), 각국에 국학(國學)을 설치했다. 당대의 6품에 해당되는 5위(位) 이상의 자제들만이 대학에 입학할 자격이 있었다. 당나

65 1段은 991.7m2로 10段이 1町임.

라에 유학하여 귀국한 사람은 출신의 고하를 막론하고 대학에서 중국의 경서를 가르쳤다. 당시 일본에 개설된 학교에서 가르치는 과목은 모두 중국의 경서와 사서와 문집이었다. 명경도(明經道)는 『예기』, 『춘추좌전』, 『모시』 등이었고, 기전도(記傳道)는 『사기』, 『한서』, 『후한서』, 『이아』, 『문선』 등을 포함하였다.

당대의 중국 유가 학설과 종교철학이 일본에 전해진 뒤로 점차 일본의 신도(神道), 종교, 철학과 융합되어 새로운 일본의 이론이 형성되었다. 이러한 이론은 일본인의 도덕관, 교육관과 종교관에 커다란 영향을 끼쳤다.

대략 5세기에 중국의 유가사상이 일본에 전해졌다고 한다. 사서의 기록에 중국의 유가를 일본에 전해준 사람은 아직기(阿直岐)와 왕인(王仁)이라고 했다. 일본 오진(應神)천황 15년(284년)에 "백제의 사신 아직기가 와서 좋은 말을 공물로 바쳤는데 임금이 명을 내려 그 말을 잘 기르도록 했고, 아직기는 경전에 밝아 황태자의 스승이 되었다"[66]라고 하였고, 후에 왕인이 일본에 와서 "『논어』 10권과 『천자문』 1권을 바쳤고, 황태자가 그를 따라 배웠다"[67]라고 했다. 5세기 이전 『수서』(隋書), 「왜국전」(倭國傳)에 일본에는 "문자가 없어서 오로지 나무를 깎아 글자를 쓰거나 새끼줄을 이어서 문자를 대신하였다. 불법을 숭상하여 백제에서 불경을 얻은 후에야 문자가 비로소 있게 되었다"[68]라고 하였다.

쇼토쿠태자는 유학생을 중국에 파견하여 중국의 유가사상과 불교를 배워오게 하였다. 쇼토쿠태자가 초안한 『헌법17조』 제4조 중에 "나라에 두 임금이 없고 백성에게 두 임금이 있을 수 없다. 땅을 거느리고 백성을 이롭게 하는 사람은 군주가 중심이 되어야 하고," "여러 대신들은 예(禮)를

66 『大日本史』, 第8冊, 第213卷, 「王仁傳」, 4쪽.
67 『大日本史』, 第8冊, 第213卷, 「王仁傳」, 78쪽.
68 『隋書』, 1827쪽.

근본으로 삼아야 한다"라는 것처럼 중국의 유가사상을 이용하여 구 귀족의 세력을 약화시키고 황권을 강화하는 정치개혁에 있었다.

쇼토쿠태자는 중국에서 전래된 불교를 신봉하였을 뿐만 아니라 동시에 유교도 숭상하였다. 그는 유학생을 중국에 파견하여 유가사상을 습득하도록 했다. 예를 들면 미나부치 쇼안(南淵請安)은 중국에 32년 동안 유학을 하였고 일본으로 귀국한 후에는 세상 사람들의 존경을 받았고 일본 유가사상 형성에 이바지하여 일본 유학의 저명한 인물이 되었다.

쇼토쿠태자, 스이꼬여왕이 세상을 떠난 후에 소아씨(蘇我氏)가 정권을 잡은 후에 황태자 나카노 오오에노(中大兄), 나카도미노 가마타리(中臣鎌足) 등의 신흥귀족 중의 개혁적인 인물들이 당나라 유학생을 정치고문들로부터 지지를 받아 다이카(大化) 원년(645년) 6월에 소아씨 정권을 전복시켰고, 얼마 후에 당나라 제도를 모방한 다이카개신(大化改新)을 추진하였다. 개혁은 당나라 유학생의 도움으로 완성되었는데 중국 유학생 출신의 미나부치 쇼안은 나카노 오오에노와 나카도미노 가마타리의 스승이 되어 이들에게 『주례』(周禮)를 가르쳤다. 다이카개신에 중국의 유가사상이 커다란 영향을 끼쳤음을 알 수 있다.

문무(文武)천황 대보(大寶) 원년(701년)은 일본이 처음으로 공자에게 제사를 지낸 날이다. 공자를 신격화하고 공자를 이용하여 백성들을 다스렸다. 이 해에 반포한 『대보율령』(大寶律令)은 유학을 하나의 교육 과정으로 제정하고 대학 혹은 국학에서 강의하였는데 당나라 유학생과 박사, 조교를 선생, 『주례』, 『모시』, 『좌전』, 『상서』, 『주역』 등과 같은 유가의 경전을 교과서로 삼았다. 또 윤리도덕을 강조하기 위해 덴표호지 원년(750년) 일본의 고켄여황이 조서를 내려 전국의 각 가정마다 『효경』을 비치하게 하고 정부는 효자와 열녀를 장려하여 백성 가운데 만약 효자가 있으면 지방관이 수시로 상주하도록 했다. 각급 관리들이 유학을 추진하기 위해 관리 선발시험 가운데 시험문제를 모두 유학과 관련된 내용으로 선택했다. 나라시대 에 편찬된 『고사기』(古事記), 『일본서기』, 『회풍조』(懷風藻), 『만엽집』(萬葉集) 등은 모두 유가사상과 유가의 시교(詩教)사상을 담고 있다.

유가사상이 일본에 전해진 후로 일본의 정치, 도덕, 윤리 등에 커다란 영향을 끼쳤고 특히 삼강오륜, 충효절개와 예를 중시하는 사회 풍조를 조성하는 데 큰 역할을 했다.

6, 7세기 중국 불교는 경전을 중심으로 이론과 실제 종교 활동에 '종'(宗)을 형성하기 시작했다. 이러한 종파의 형성은 인도로부터 전래된 불교가 중국에 정착된 불교를 창립하는 단계에 접어들었음을 의미한다. 당대 중국 불교의 종파는 삼론종(三論宗), 정토종(淨土宗), 율종(律宗), 법상종(法相宗), 밀종(密宗), 천태종(天台宗), 화엄종(華嚴宗), 선종(禪宗)이 주류이었다.[69] 8세기 일본은 학문승을 당나라에 보내어 중국의 불교를 배우고 많은 경전을 가지고 귀국하여 일본에 소개하고 일본 불교의 '나라 로꾸쇼'(奈良六宗) 혹은 '난도 로꾸쇼'(南都六宗) 종파를 형성하였는데 구사종(俱舍宗), 성실종(成實宗), 법상종(法相宗), 삼론종(三論宗), 화엄종(華嚴宗), 율종(律宗)이다.

스이꼬(推古) 34년(625년), 혜관(慧灌)이 아스카(飛鳥) 간고지(元興寺)에서 삼론(三論)을 강론하여 삼론종을 창설하였다. 이것이 일본 불교 종파의 시

69 唐代 佛教에 관해서는 范文瀾, 『唐代佛教』, 人民出版社, 1979년; 顏尙文, 『隋唐佛教宗派研究』, 臺灣, 新文豐出版社, 1980년과 Stanley Weinstein, *Buddhism under the T'ang*, Cambridge University Press, 1987. 중국과 일본 불교 각각의 종파에 대해서는 黃懺華, 『佛教各宗大意』, 新文豐出版社, 1988; 結城令聞 編, 『日本佛教の宗派』, 大藏出版, 1981; Takakusu Junijiro, *The Essentials of Buddhists Philosophy*, Honolulu: University of Hawaii Press, 1949; Matsunaga Daigan and Alicia, *Foundation of Japanese Buddhism*. 2 Vols. Los Angeles, Tokyo: Buddhist Books International, 1974, 1996.

작이었다. 혜관의 제자 복량(福亮)이 당나라에 들어가 길장(吉藏)에게서 삼론을 배웠고 귀국하여 간고지에서 불법을 전파하였는데 그의 아들은 법명이 지조(智藏)인데 후에 당나라에 들어가 구법 활동을 하고 귀국하여 법륭사에서 삼론을 널리 전하였다. 지조(智藏)의 제자 도지(道慈)는 장안 2년(702년)에 당나라에 들어가 18년을 살면서 삼론종을 연구하였다. 도지의 제자 선의(善議)도 당나라에 유학하고 귀국한 후에 다이안지에 머물면서 불법을 전했다.

법상종은 도쇼(道昭)가 처음으로 일본에 전했다. 그는 견당사를 따라 당나라에 들어갔다가 현장에게서 가르침을 받고 법상종을 배웠다. 7년 동안 당나라에 유학한 후에 귀국하고 간고지에서 법상종을 창립했다. 지쓰(智通), 지다쓰(智達), 지호(智鳳), 지란(智鸞) 등도 당나라에 가서 법상종을 배웠다. 716년, 겐보(玄昉)도 당나라에 들어가 지주(智周)에게서 배우는 등 20년 동안 유학한 후에 귀국하여 고후쿠지(興福寺)에서 법상종을 널리 전했다. 법상종은 중국에서는 점차 쇠퇴하였지만 일본에서는 끊이지 않고 계속 발전하였다.

화엄종을 일본에 처음으로 전한 사람은 후쇼(普照)와 에이에이(榮叡)의 초청으로 736년에 일본에 온 중국 승려 도선(道璿)으로 753년에 일본에 도착한 후에 제자 24명과 함께 나라의 다이안지(大安寺)에서 『범망경』(梵網經)과 불교 역사학자인 동시에 율종 남산종의 창설자인 도선(道宣, 596~667년)의 『사분율산번보궐행사초』(四分律刪繁補闕行事鈔)를 강의하였다. 감진의 일본 방문으로 남산율종의 계율이 일본에 소개되었을 뿐만 아니라 천태종 경전을 가지고 갔으므로 천태종이 일본에 전래되었으며 이 밖에 화엄종과 율종사상이 일본에 전파되었다.

헤이안(平安) 시대 이후에도 당나라에 들어가 구법 활동을 한 일본 승려가 끊이질 않았는데, 특히 '입당팔가'(入唐八家)가 가장 저명하였다. 사이초(最澄), 엔닌(圓仁), 엔친(圓珍), 구카이(空海), 상효(常曉), 마도카교(圓行), 케운(惠運)과 쇼에이(宗睿)이다. 이 가운데 학문승 사이초[70]는 다량의 천태종 경전을, 구카이는 804년에 견당사를 따라 입당하여 장안의 서명사(西明寺)에 머물렀고, 후에 청룡사의 혜과(惠果)에게서 『금강경』과 태장계 밀교를 배웠고, 806년에 226부의 밀종 경전을 가지고 귀국했으며 810년에 그는 지금의 교토 서쪽 근교의 다카오산지(高雄山寺)에 도장을 설립하고 일본 진언종을 창립했다. 밀종은 중국에서보다 일본에서 더욱 발전하였다. 그의 저서로는 『비밀만다라겨부법전』(秘密曼荼羅敎付法傳), 『변현밀이교론』(辨顯密二教論) 등 150여 부가 있다. 원적 후에 천황으로부터 '홍법대사'(弘法大師)라는 칭호를 받았다.

엔닌은 838년에 당나라에 입국하여 양주, 오대산, 장안 등지를 유람하며 근 10년 동안 구법 활동을 하고 밀교를 배웠다가 귀국할 때는 다량의 범어와 한어 불교경전 584부, 802권과 유교경전을 비롯한 다양한 내용의 중국 저서를 가지고 왔다.

도교는 신선사상, 음양오행, 참위설, 무술과 연단 수양 등의 방술(方術)과 노장 철학이 융합되어 불로장생과 득도성선(得道成仙)을 중심 내용으로 하는 중국 토종 종교이다. 이러한 중국의 도교가 당나라 때 일본에 전래되어 일본 문화에 커다란 영향을 끼쳤다. 일본의 당나라 유학생들은 도교의 방술과 신선사상을 배우고 귀국할 때 수많은 도교경전을 가지고 왔다. 우다(宇多)천황 관평(寬平) 연간에 후지와라좌세(藤原左世)가 편찬한 『일본국견재서목록』(日本國見在書目錄) 가운데 상당히 많은 도교경전이 수

70 일본 천태종의 창립자인 사이초(767~822년)의 삶과 사상에 대한 연구서로는 Paul Groner, *Saichō: The Establishment of the Japanese Tendai School*, Honolulu, University of Hawai'i, 2000.

록되어 있는데 예를 들면 도가류에 『노자화호경』(老子化胡經) 10권, 『태상영보경』(太上靈寶經) 1권, 『황팔십일난경』(黃八十一難經) 9권, 『열선전』(列仙傳) 3권 등이 있다.

'천황'(天皇)이라는 단어는 중국 종교사상 가운데 우주 최고의 신을 가리키는데 북극성이 신격화된 것으로 '천황대제'(天皇大帝)라고도 한다. 스이꼬 15년(607년)에 일본 역사에 처음으로 천황이라는 단어를 사용하였다. 천황이라는 칭호뿐만 아니라 천왕(天王), 신도(神道), 신사(神社) 등의 단어도 모두 중국 도교에서 유래하였다고 한다.[71]

『일본서기』, 『양노령』(養老令) 등의 일본 역사서의 기록에 의하면 천황의 지위를 상징하는 동경(銅鏡)과 칼이 옥새 대신 새로운 천황에게 수여되었다고 한다. 이 두 종류의 신기(神器)는 모두 중국의 도교에서 유래하였다고 하는데 이 둘은 천황대제의 신성한 권위를 상징하고, 후에 당나라 때의 도사 사마정(司馬禎)은 『함상검감도』(含像劍鑒圖) 중에도 이 둘의 신기가 지닌 종교철학적 의미를 상세하게 논술하였다.

일본 천황과 황실이 자색((紫色)을 중시하는 것은 중국 도교의 영향 때문이다. 천황 궁전의 문을 자문(紫門)이라고 하고, 조정의 최고위 관리만이 자색 관복을 입었다. 이러한 현상은 고대 중국인이 천황대제가 하늘의 신성세계에 있는 자궁(紫宮)에 살고 있다고 여기고 도가가 자색을 바른 색깔로 여기는 사상과 일치한다.

일본의 신도(神道)와 신도학(神道學)은 중국 도교 신도학과 깊은 관계가 있다. '신도'(神道)라는 단어는 『주역』 중에 있다. '관'(觀) 괘에 대한 설명에

신령한 하늘의 법칙으로 보라. 춘하추동 사계절이 그 순서를 어김이 없다. 성인

71 李寅生, 『論唐代文化對日本文化的影響』, 163~164쪽.

은 이 신령한 하늘의 법칙을 본받아 교화를 세우니 천하의 백성이 심복한다.[72]

라고 했는데 이 문구에 대한 소(疏)를 보면 "신도는 미묘해서 형태도 없고 이치대로 알 수 없으며 보려고 해도 보이지 않고 알 수 없기 때문에 그렇게 신령한 것이어서 신도라고 했다"라고 했다.[73] 훗날 도교가 이 개념을 계승하여 '신명지도'(神明之道) 혹은 '청명지신도'(淸明之神道)를 가리키어 종교세계의 일반적인 진리로 간주하였다. 일본은 신도라는 단어를 『일본서기』 중에 처음으로 사용하였다.[74] 당시에는 불법(佛法)과 대치되는 개념으로 차용하였는데, 이 신도라는 말은 불교가 일본에 전래되기 이전에 일본 본토의 주술(呪術) 성격이 강한 종교 신앙 혹은 사상의 총체를 말한다.

덴표(天平) 5년(733년), 일본의 저명한 시인 야마노우에 오쿠라(山上憶良)는 그의 문장 「애침아문」(哀沈痾文)[75]에서 당시 일본인의 중국 도교의학에 대한 애호를 드러냈다. 그는 일찍이 견당사를 따라 당나라에 갔었고 불교를 믿었지만 도교사상의 영향도 받았다. 그가 중병에 걸렸을 때 장중경(張仲景), 갈홍(葛洪), 도홍경(陶弘景) 등 중국 한의학과 관련이 깊은 도가사상가에 대해 조예가 깊었던 것으로 보아 당시에 일본 고대의학은 중국 도교의학을 흡수하기 시작하여 발전하였음을 알 수 있다.

중국의 농업 생산기술이 일본에 전해졌다. 특히 농력(農曆)의 일본 전래와 더불어 중국의 농업과 관련된 풍속도 일본에 전래되었다. 예를 들면 원단(元旦)의 도소주(屠蘇酒), 3월 상사(上巳)의 곡수연(曲水宴), 4월 8일 관

72 "觀天之神道, 而四時不忒. 聖人以神道說敎, 而天下服矣." 南晩星 譯解, 『周易』, 125쪽.

73 『周易』, 『十三經注疏』, 60쪽.

74 『日本書紀』, 卷第21, 第31世 「用明天皇」에 "天皇은 佛法을 믿고, 神道를 공경하였다"라고 했음. 田溶新 譯, 『日本書紀』, 367쪽.

75 沈痾란 重病이란 뜻으로 시인이 重病에 걸렸을 때 이 작품을 지었다고 함.

불(灌佛), 5월 단오 새용주(賽龍舟), 7월 7일 걸교절(乞巧節), 중원(中元) 우란분회(盂蘭盆會), 8월 15일 중추절(仲秋節), 9월 9일 중양절(重陽節), 세제대나(歲除大儺), 제천지귀신조종(祭天地鬼神祖宗) 등의 명절이 일본에 전해졌다.

당대 건축은 당시 일본에 커다란 영향을 주었다. 당대의 장안과 낙양의 궁전, 관공서, 거주민 구역이 바둑판 모양을 갖춘 계획도시였다. 8세기에 일본은 헤이조쿄(平城京)과 헤이안쿄(平安京) 두 도성을 세웠는데 모두 장안성처럼 남북을 중심축으로 바둑판 형태의 계획도시였다. 궁성의 정문은 주작문(朱雀門)이고 문 앞의 간성도로는 주작대가(朱雀大街)이다. 평성경과 평안경의 궁전은 당대 장안성의 궁전과 같았다. 장안성의 정전(正殿)은 태극전(太極殿)인데 일본 황궁의 정전도 태극전이다. 장안궁성의 정문은 승천문(承天門)이고 평안경의 조당원(朝堂門)은 응천문(應天門)이다. 장안 대명궁(大明宮) 함원전(含元殿) 앞의 서봉각(棲鳳閣)과 상난각(翔鸞閣)은 일본 응천문 앞에도 같은 이름의 누각이 있었다. 또 함원전 앞의 용미도(龍尾道)는 일본 조당원 태극전 앞에도 있었다.

7세기 이후에 일본은 중국 의학을 흡수하여 일본 특유의 의학을 발전시켰다. 대보(大寶) 원년(701년)에 덴무천황은 조서를 내려 내약사(內藥司)와 전약서(典藥司), 전약료(典藥寮)를 설립하여 의료 인재를 배양하고 의박사(醫博士), 침박사(針博士), 안마박사(按摩博士)를 초빙하여 각각 의생(醫生), 침생(針生), 안마생(按摩生)을 가르쳤다. 의서로는 『갑을경』(甲乙經), 『맥경』(脈經), 『본초경』(本草經), 『소문』(素問) 등을 배웠다. 나라시대의 '한방의학'(漢方醫學)은 실제적인 분과(分科)를 실행했는데 예를 들면 내과에 해당되는 체료과(體療科), 외과에 해당되는 창종과(瘡腫科), 소아과에 해당되는 소소과(少小科)와 산부인과에 해당되는 여의과(女醫科)가 있었다.

당대 중국의 약재가 일본에 많이 수출되었다. 의학에 정통한 양주의 승려 감진(鑒眞)이 일본의 초청에 응하여 일본에 갈 때 자신의 제자와 약재를 가지고 갔다. 6차 때 일본에 도착하여 일본 조야의 대대적인 환영을 받았다. 감진은 의학에 관한 지식, 특히 약재의 진위와 우열을 판별하는 능력을 갖추었는데 일본의 의학서적은 그의 약물과 본초에 큰 영향을 받아 저술되었다. 감진이 일본에 가져간 약물은 사향, 침향, 갑향(甲香), 감송향(甘松香), 용뇌향, 담당향(膽唐香), 잔향(棧香), 영릉향(零陵香), 청목향(青木香), 필발(蓽茇), 가려륵, 후추, 아위, 석밀, 자당(蔗糖) 등이었다. 중국산도 있지만 서역이나 동남아시아, 아랍이나 페르시아 등 외국에서 중국에 전래된 것도 포함되어 있는 것을 알 수 있다.

덴표쇼호(天平勝寶) 8년(756년)에 광명(光明) 황태후가 쇼무(聖武)천황 77세 탄신 때 60여 종류의 중국 약물을 옻칠한 상자 21개에 넣어 나라 도다이지 쇼소인 황실의 창고에 보관하였다. 쇼소인 장부에는 '약종이십일거헌물장'(藥種二十一柜獻物帳)이 있다. 기록한 약물은 다음과 같다. 사향(麝香), 서각(犀角), 박초(樸硝), 유핵(蕤核), 소초(小草), 필발(蓽茇), 호초(胡椒), 한수석(寒水石), 아마륵(阿麻勒), 엄마라(奄麻羅), 흑황련(黑黃連), 원청(元靑), 창상초(靑箱草), 백피(白皮), 이석(理石), 우여량(禹餘粮), 태일우여량(太一禹餘粮), 용골(龍骨), 오색용골(五色龍骨), 백용골(白龍骨), 용각(龍角), 오색용뇌(五色龍腦), 의용골석(擬龍骨石), 뇌환(雷丸), 귀구(歸臼), 청석지(靑石脂), 자광(紫礦), 적석지(赤石脂), 종유석(鐘乳石), 빈낭자(檳榔子), 육총용(肉蓯蓉), 파두(巴豆), 무식자(無食子), 후박(厚樸), 원지(遠志), 가려륵(訶黎勒), 계심(桂心), 원화(芫花), 인삼(人參), 대황(大黃), 납밀(蠟蜜), 감초(甘草), 망초(芒硝), 자당(蔗糖), 자설(紫雪), 호동률(胡同律), 석염(石鹽), 외피(猥皮), 신라양지(新羅羊脂), 방규(防葵), 운모분(雲母粉), 밀타승(密陀僧), 융염(戎鹽), 금석릉(金石陵), 석수빙(石水氷), 내약(內藥), 낭독(狼毒), 야갈(冶葛) 등이 있다.

이 장부에 기록되지 않은 약물은 활석(滑石), 웅황(雄黃), 정향(丁香), 목향(木香), 단(丹), 백석영(白石英), 향부(香附), 치자(梔子), 백단(白檀), 호분(胡粉), 호박(琥珀), 소방(蘇方), 죽절인삼(竹節人參), 훈육(薰陸), 침향(沈香) 등이다.[76]

덴표호지 3년(759년)에 편찬된 '일본의 『시경』(詩經)'이라는 『만엽집』(萬葉集)은 창작사상 면에서 중국 남조 때의 양나라 태자 소통(蕭統)이 편찬한 『문선』(文選)에 적지 않은 영향을 받았는데 나라시대 일본의 시인들은 이 책을 필독서로 여길 정도로 중시하였다. 또한 일본의 시인들은 당시의 영향을 받았는데 『만엽집』 중에 당시 일본을 대표하는 시인, 즉 상산억량(山上憶良), 대반여인(大伴旅人), 대반가지(大伴家持) 등의 시 작품들에서 당시의 영향을 받은 흔적을 쉽게 찾을 수 있다. 예를 들면 대반여인의 13수 「찬주가」(贊酒歌)는 이백의 「월하독작」(月下獨酌)의 직접적인 영향을 받았다.

성당(盛唐) 시기 변새시(邊塞詩)의 흥성으로 고적(高適), 잠삼(岑參)과 같은 시인들은 변방의 이국적 풍경과 출정 나간 병사들의 고충과 괴로움 그리고 귀향에 대한 갈망 등을 묘사하였는데 『만엽집』 중에도 이러한 종군의 괴로움과 처자식을 그리워하는 심정을 읊은 변새시들이 많다.

중당(中唐) 시기의 대시인 백거이(白居易)의 시 창작사상은 시의 정치참여인데 시작 행위는 시정(時政)에 대한 고발과 사회비판이라는 것이다. 「여원구서」(與元九書)에서 그는 "문장은 시대적 요구에 맞게 지어져야 하고, 시 창작은 정치를 위해 지어져야 한다"[77]라고 주장하였다. 백거이의 이러한 창작관이 일본에 전해진 후로 일본의 시인들에게 영향을 주었는데 예를 들면 헤이안 초기의 정치가, 사상가 겸 문학가인 스가와라 미치자네(菅原道眞)가 백거의 시를 가장 좋아하였다. 말년에 직간을 하다가 폄

76 唐廷猷, 『中國藥業史』, 189쪽.

77 "文章合爲時而著, 歌詩合爲事而作." 朱金城 箋校, 『白居易集箋校』(5), 2792쪽.

적되었는데 그의 저서 『관가문초』(菅家文草)와 『관가후초』(菅家後草)에는 당시 사회의 강도, 강간하는 상인, 탐관오리의 잔혹함과 궁정의 부패를 드러내면서 당시 사회와 정치를 비판하여 백거이 시의 영향을 크게 받았음을 알 수 있다. 발해의 시인 배정(裴頲)은 그의 시 작품이 백거이를 닮았다고 하였다.

나라시대 때의 저명한 산문 『고사기』(古事記), 『일본서기』, 『풍토기』(風土記), 822년에 편찬된 일본 최초의 설화집으로 당대 전기소설(傳奇小說)과 유사한 『일본국현보선악영이기』(日本國現報善惡靈異記)와 751년에 편찬된 귀족, 유생, 승려 등 64명이 지은 시 117수를 수록하였고 중국 육조(六朝)와 초당시(初唐詩)의 영향을 받은 『회풍조』, 일본 최초의 시가총집인 『만엽집』과 인물전기 『당대화상동정전』 등은 어느 정도는 당대 문학의 영향을 받았다.

구카이(空海)는 중국과 일본의 시가(詩歌) 교류에 중요한 공헌을 하였다. 그는 본명이 편조금강(遍照金剛)이고 훗날 다이고(醍醐)천황으로부터 홍법대사(弘法大師)에 봉해졌다. 804년에 당나라에 유학을 가서 장안 서명사(西明寺)에 머물면서 구법 활동을 하였고 청룡사(靑龍寺)에서 혜과(惠果)에게 사사하였으며 불공(不空)의 제자 담정(曇貞)에게서 범어를 배웠다. 그가 후에 『범자실담자병석문』(梵字悉曇字并釋文)을 편찬하였기 때문에 범어의 일본 전래는 구카이와 밀접한 관계가 있다. 그는 또한 서예와 중국 문학에도 정통하였다. 그가 편찬한 『전예만상명의』(篆隷萬象名義)는 일본 최초의 한자 자전(字典)으로 중국 고대 문자학(文字學)을 연구하는 데 중요한 자료이다. 또한 그가 편찬한 『문경비부론』(文鏡秘府論)과 『문필안심초』(文筆眼心鈔)는 중국 남조 영명(永明) 시기의 심약(沈約), 주옹(周顒) 이후 중당(中唐) 이전의 왕창령(王昌齡), 교연(皎然) 등의 성병설(聲病說)과 관련된 시체(詩體)와 변체(騈體) 문학의 이점과 폐단을 논한 전문서이다. 이 전문서는 중국 고전문학 이론을 연구하는 데 귀중한 참고자료인 동시에 일본 문학의 미학사상 형성에 커다란 역할을 하였다.

일본이 외국 음악을 접하기 이전에 일본 음악은 주로 고요(古謠)였고 그 가사는 『고사기』와 『일본서기』에 보인다. 악기는 주로 화금(和琴)과 화적(和笛)이었다. 외국의 음악, 특히 당나라 음악이 일본에 수입된 후에 일본 음악에 커다란 영향을 끼쳤다. 일본의 악무(樂舞)는 수나라 초 개황(開皇) 연간에 궁정에 전해졌다. 수대에는 칠부기(七部伎) 이외에 왜국기(倭國伎) 등이 있었다. 당대의 중국 음악은 일본에 크게 유행했다. 『일본서기』의 기록에 의하면, 다이호(大寶) 2년(702년)에 일본은 일찍이 당악(唐樂) 「오제태평악」(五帝太平樂)을 연주했다고 한다. 문무(文武)천황 때는 음악 전문기구인 아악료(雅樂寮)를 설치하고, 궁정에서는 항상 당악을 연주했다. 『대보율령』(大寶律令)에는 아악사(雅樂師)를 설치했고, 매번 성대한 불교의식을 거행할 때는 중국의 악곡을 연주했는데 당시에 일본에 전래된 중국 악곡은 150여 곡이나 되었다고 한다. 일본의 아악은 당나라의 궁정음악을 흡수하였다.

덴표 7년(735년), 당나라에 19년을 유학한 기비 마키비가 귀국할 때 각종 책, 역서, 각궁 등을 가져갔는데 동율관(銅律管), 철여방향(鐵如方響), 사율관성(寫律管聲)과 무측천 때 원만경(元萬頃)이 편찬한 음악이론서 『악서요록』(樂書要錄) 10권 등 음악에 관한 문물이 포함되어 있었다. 지금 중국에는 이 책이 전하지 않고 일본 쇼소인에 5, 6, 7 세 권만이 소장되어 있는데 선궁지법(旋宮之法), 십이율상생지도(十二律相生之圖) 등은 귀중한 음악 자료이다.

당대의 악기와 악보가 일본에 전해졌다. 기비 마키비 이후 중국의 악기와 악보가 일본에 전해졌는데 도다이지 쇼소인에 소장되어 있는 적자(笛子), 척팔(尺八), 고금(古琴), 오현(五絃), 비파(琵琶) 등은 당나라에서 일본에

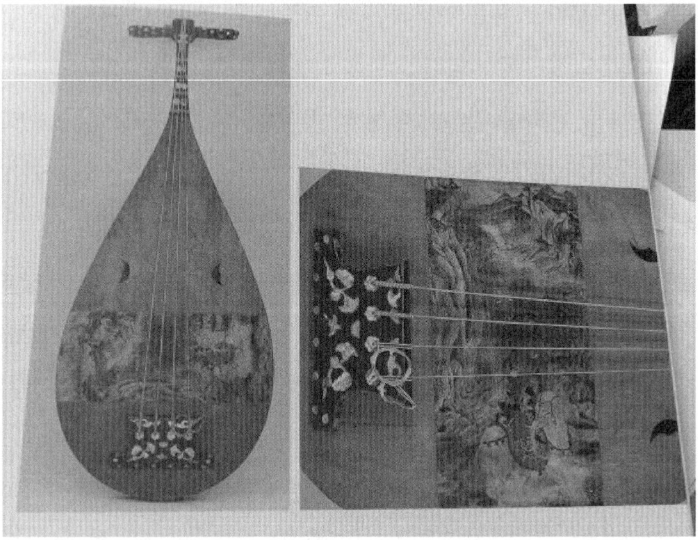

일본 나라 도다이지 쇼소인의 비파.

전해진 악기들이다. 또한 덴표쇼호(天平勝寶) 8년(756년), 쇼무(聖武)태상황이 죽자 그의 유물 전부를 쇼소인에 보존하였고 그 가운데 고대 악기 18종 75건이 있었는데 대부분 당나라에서 일본에 전해진 악기들이었다. 대표적으로 쇼소인에 수장되어 있는 당나라에서 일본에 전해진 악기로는 조석횡적(雕石橫笛), 조석척팔(雕石尺八), 금은평문금(金銀平文琴), 나전자단오현비파(螺鈿紫檀五絃琵琶), 자단목화조비파(紫檀木畵槽琵琶), 나전자단완함(螺鈿紫檀阮咸)이 있다.[78] 또 악곡은 『태평악』(太平樂), 『천추악』(千秋樂), 『만세악』(萬歲樂), 『난릉왕』(蘭陵王), 『삼대』(三臺), 『무덕악』(武德樂), 『경운악』(慶雲樂), 『공자조금』(孔子操琴), 『왕소군』(王昭君), 『파진악』(破陣樂) 등이 당나라에서 일본에 전해졌다.

78 당나라에서 일본에 전래된 악기에 대해서는 韓昇, 『正倉院』, 58~71쪽 참조. 正倉院 소장품에 대해서는 米田雄介, 杉本一樹, 『正倉院美術館』이 있음.

쇼소인에 수장되어 있는 해수포도경(海獸葡萄鏡)과 똑같은 동경이 1972년에 다까마스(高松)고분에서도 출토되었는데 서안 동쪽 근교의 당나라 무측천 시대 조의대부(朝議大夫) 독고사정(獨孤思貞) 묘에서 출토된 동경과 형태와 문양이 완전히 일치하여 일본에서 출토된 동경은 중국에서 수입되었음이 증명되었다. 이 동경은 문무천황 다이호 원년 701년에 제7차 견당사가 일본으로 가지고 온 것으로 판정되었다. 이외에도 북창(北倉)에 수장되어 있는 반용배팔각경(盤龍背八角鏡)은 중국의 예술 형식을 갖추고 있고, 남창(南倉)의 황금유리전배십이릉경(黃金琉璃鈿背十二稜鏡)은 세상 사람들이 칠보경(七寶鏡)이라고도 부르는데 당대의 칠보경과 같다.[79] 또 오십육면고경(五十六面古鏡) 가운데 평나전경(平螺鈿鏡)은 대모(玳瑁)로 장식한 당나라의 동경이고, 금은평탈경(金銀平脫鏡)은 학, 기러기 등 여러 가지 새의 문양이 금은의 얇은 조각으로 장식되었고 평탈법(平脫法)을 사용하여 조각되었는데 뉴욕 메트로폴리탄 박물관에 소장되어 있는 당경(唐鏡)과 동일하다.

『대보율령』에 의하면 중무성(中務省)에 화공사(畵工司)를 설치하여 궁정의 회화를 담당하게 하였는데 당시에 일본에서 유행한 인물화, 산수화, 화조화 등은 모두 당나라의 회화를 모방하였다. 『성무태자상』(聖武太子像)은 백제의 화가 아좌태(阿佐太)가 그렸다고 하는데 당대의 염입본(閻立本)의 제왕도상(帝王圖像)과 닮았고 일본에서는 '대화회'(大和繪)의 시조가 된다. 약사사(藥師寺)에 수장되어 있는 8세기 때의 『길상천녀도』(吉祥天女圖)는 쇼소인의 조모입녀병풍(鳥毛立女屏風)과 더불어 당나라 회화의 풍격을 지녔다. 먼저 윤곽선을 그린 다음 녹색, 남색, 붉은색으로 그렸는데 당대의 장훤(張萱), 주방(周昉)의 사녀도(士女圖)처럼 부드러운 색감에 세밀하고

79 韓昇, 『正倉院』, 94~95, 98쪽.

풍만하다.[80]

구카이와 사이초가 귀국할 때 불경 이외에 많은 종교와 관련된 회화작품을 가지고 왔는데 이러한 그림들은 일본 미술에 커다란 영향을 주었다. 법륭사, 동대사, 당초제사 등의 불교사원의 각종 종교 회화는 대부분 당나라 회화의 풍격을 지니고 있다.

당나라의 역법(曆法)은 일본에 커다란 영향을 끼쳤다. 7세기 때 일본이 처음 반포한 역법은 당대에 사용된 원가력(元嘉曆)이었다. 개원 23년(735년)에 기비 마키비가 당나라에서 『대연역경』(大衍曆經), 『대연역입성』(大衍曆立成)과 측영철척(測影鐵尺)을 가지고 왔고, 일본은 당대의 대연역을 사용하였다. 함통 2년(861년)에 우속익(羽粟翼)은 당나라에서 선명력(宣明曆)을 가지고 와서 사용하였다.

소박한 일본 도자기와 달리 당삼채(唐三彩) 도자기는 색채가 아름다워 당대 도자기를 대표한다. 나라시대 관사(官寺)를 대표하는 다이안지에서 수많은 당삼채 파편이 발견되었다. 완전한 당삼채는 일본 나라 도다이지 쇼소인에 수장되어 있는데 모두 57건이 있다. 삼채자발(三彩瓷鉢), 삼채자탑(三彩瓷塔), 자병(瓷瓶) 등으로 쇼소인의 삼채기(三彩器)는 모두 일본의 모방품인데 '나라삼채'(奈良三彩)라고 부른다. 또한 월요(越窯) 청자 파편 3천 개가 대부분 헤이안 시기(794~1192년) 일본 외국 사신을 접대하는 다자이후(太宰府) 고로칸(鴻臚館) 유적지에서 발견되었다. 나라 호오류지 헌납보물 가운데 당대 월요 청유자호(青釉瓷壺)가 하나 있는데 바닥에 '불고구촌'(佛高九寸)이라는 묵서(墨書)가 있고 항아리 안에는 향료 봉지 6개가 들어 있었다. 그것은 1979년에 복건 청전(菁田)에서 '상원구년'(上元九年)이

80 Sherwood F. Moran, "Kichijōten, A Painting of the Nara Period", *Artibus Asiae*, Vol. XXV, 1962.

라고 기록한 당나라 묘에서 출토된 월요 청유자호와 같다. 1915년에 교토 우쿄구(右京區) 사노와(御室) 니와원(仁和園) 국당(國堂) 유적지에서 월요 청자함이 발견되었는데 그것은 국당이 건립된 초기(904년)에 만들어진 주술적인 것으로서 누군가를 저주하기 위한 인형인 염승(厭勝)이라고도 하는 '압승'(壓勝)이 단지 안에 들어 있었다.[81]

당대 해외에 판매된 백자는 주로 형요(邢窯)와 정요(定窯)의 백자였다. 형요 백자와 월요 청자는 당나라 초기에 일찍이 해외에 판매되었고, 만당과 오대 때는 정요의 백자가 형요 백자를 대신하여 해외 판매의 주류 도자기가 되었다. 일본 후쿠오카 고로칸(鴻臚館)에서 약 3천 점의 월주요 청자가 출토되었고, 일본 서부를 중심으로 대략 20여 군데 유적지에서 백자 파편이 발견되었는데 대부분 완(碗)이고 옥벽저(玉璧底)와 순구(脣口)의 형태를 갖춘 전형적인 당대 북방 도자기 풍격을 지녔다.[82]

당대 호남 장사요(長沙窯)는 일본에 대략 27군데에서 출토되었는데 교토와 후쿠오카 두 곳에 집중적으로 발견되었다. 장사요 도자기가 월요 창자와 형요 백자와 다른 점은 조형과 장식 면에서 대담하게 페르시아 풍격을 모방하여 수입국의 수요에 맞게 제작되었다.[83]

일본 고분에서 출토된 수혜기(須惠器)는 다이카시대 중국 도자기의 모방품인데 표면에 상박(相撲) 인형으로 장식하였다. 상박이란 고대 중국의 전통 체육 가운데 하나로 주나라와 진나라 때 있었는데 상박(相博), 각저(角抵) 또는 솔호(摔胡)라고 했고 진대(晉代) 이후부터 상박(相撲)이라고 하였다. 당대의 체육이 일본에 전해져서 일본 체육 발전에 영향을 끼쳤다.

---

81 葉喆民, 『中國陶瓷史』, 216~217쪽.

82 葉喆民, 『中國陶瓷史』, 218쪽.

83 葉喆民, 『中國陶瓷史』, 221~223쪽.

일본 고대 족구(足球) 전문서 『유정비초』(遊庭秘鈔) 중에 축구(蹴球)가 중국에서 일본에 전해졌다고 하였다. 일본의 또 다른 고대 족구 전문서인 『축국구십구조』(蹴踘九十九條)에도 당나라 때부터 축구가 시작되었다고 하였다. 644년에 다이카개신(大和改新)의 영도자 나카도미노 가마하리(中臣鎌足)와 나카노 오오에노(中大兄)황태자는 법흥사에서 축구를 할 때, 당나라 유학생 출신의 미나부치 쇼안(南淵請安)에게서 축구의 방법과 규칙을 배웠다. 남연청자는 당나라에 32년을 머물렀고 당나라의 축구의 방법과 규칙에 익숙하여 일본에서 축구를 가르칠 수 있었던 것이다. 축구는 당나라 때 이미 발달하였는데 여러 종류의 방법이 있었다. 골문이 하나 혹은 두 개인 경우도 있었다. 일본의 축구는 '일반장호'(一般場戸)였는데 예를 들면, 3인, 4인, 8인 축구였다.

격국(擊鞠)은 마구(馬球), 즉 폴로인데, 페르시아에서 전래된 후 중국 동한 때 대규모 운동으로 발전하였고 당대에 이르러 대표적인 운동이 되었다. 당대에는 타구(打毬), 격구(擊毬)라고 했다. 격구는 8세기 초에 일본에 전해졌다. 『발해국지장편』(渤海國志長編)에 의하면 홍인(弘仁) 2년(821년)에 발해국 사신 왕문구(王文矩)가 일본에 갔다. 그 이듬해 2월에 사가(嵯峨)천황이 베푼 연회에서 발해 사신을 초대하였는데 왕문규가 격구로 흥을 돋우니 천황이 이를 보고 「조춘관타구」(早春觀打毬)라는 시를 지었다. 그 시에는 격렬한 격구의 경기 모습이 생생하게 묘사되어 있다. 시에는 "뒤돌아서 스틱으로 치니 하늘로 높이 날아간 공이 마치 막 떠오른 달과 같고, 잽싸게 말을 달리다가 갑자기 도는 것이 마치 유성과 같네"[84]라고 씌어 있다.

수나라 때 중국의 바둑이 일본에 전해졌다. 『수서』(隋書), 「왜국전」(倭國

---

84 "迴杖飛空凝初月, 奔毬轉地似流星." 『經國集』.

傳)에 “왜인들은 바둑을 좋아했다”라고 했다.[85] 일본의 나라 도다이지 쇼소인에 자개로 장식한 바둑이 수장되어 있다.[86] 이 유물은 중국 안양(安陽)에서 출토된 수대 청색 자기 바둑과 같다. 당대에 이르러 당나라에 유학한 승려 변정(弁正)은 바둑의 고수로서 당현종의 총애를 받았다. 『구당서』 권18 「선종기」(宣宗紀)에 대중(大中) 2년(848년) 3월,

> 일본의 왕자가 입조하여 공물을 바쳤는데 왕자가 바둑을 잘 둔다는 것을 알고 황제가 대조(待詔) 고사언(顧師言)에게 명을 내려 왕자와 대국하도록 했다.[87]

라고 하였는데, 이는 일본과 중국의 최초의 대국이었다.

85 『隋書』, 1827쪽. 棊博이라고 했음.

86 韓昇, 『正倉院』, 55쪽.

87 『舊唐書』, 620쪽. 바둑을 棋라고 했음.

제7장

동남아시아와의 교류

중국 문헌에 남해(南海)라는 명칭은 『시경』, 「강한」(江漢)에서 "나라 땅을 다스리어 남쪽 바다에까지 이르렀네"[1]라고 한 것처럼 남해는 중국 밖의 바다를 말한다. 그리고 『사기』, 「진시황본기」에서 "회계산에 올라서 대우(大禹)에게 제사 지내고 남해를 바라보며 그곳에 비석을 세워서 진나라의 공덕을 노래하였다"[2]라고 하여 여기에서 남해는 지금의 동해를 가리켰다. 서한 때는 동해가 일정한 해역을 지칭하여 남해는 지금의 남해를 가리키게 되었다. 서한 때 유희(劉熙)가 편찬한 『석명』(釋名)에 "남해(南海)는 해남(海南)에 있다"라고 했고, 필원(畢沅)은 "남해군(南海郡)은 교주(交州)에 있고, 중국 대륙과는 바다를 격하고 있기 때문에 해남에 있다고 한 것이다"라고 하였다.[3] 서한 때의 행정구역인 남해군(南海郡)이 교주(交州), 지금의 베트남 북부에 있었고, 중국 대륙과는 바다를 격하고 있어서 남쪽 바다에 있었다는 것이다. 동한 이후에 남해는 지금의 중국의 남해, 또 동

---

1 "于疆于理, 至于南海." 金學主 譯著, 『詩經』, 632쪽.

2 "上會稽, 祭大禹, 望于南海." 丁範鎭 외 옮김, 『史記本紀』, 177쪽.

3 王先謙 撰集, 『釋名疏證補』, 96쪽.

남아시아와 그 해역, 심지어는 멀리 인도양까지도 가리켰다. 그래서 당나라 의정(義淨) 『남해기귀내법전』(南海寄歸內法傳)에서 말한 "남해제국"(南海諸國)은 지금의 동남아시아 여러 나라를 가리켰다.

중국 최초로 구체적으로 남해 교통로에 관해 기록한 사료는 『한서』, 「지리지」인데 1세기 한무제(기원전 156년~기원전 87년) 때 중국인이 최초로 동남아시아를 경유하여 인도양의 스리랑카까지 항해한 사실을 기록하였다.

> 한무제 이래로 일남(日南) 변방, 서문(徐聞), 합포(合浦)에서부터 배로 5개월을 가면 도원국(都元國)에 도달한다. 또 배로 4개월을 가면 읍노몰국(邑盧沒國)이 있다. 또 배로 20여 일을 가면 심리국(諶離國)이 있다. 걸어서 10여 일을 가면 부감도노국(夫甘都盧國)이 있다. 부감도노국에서 배로 2개월여를 가면 황지국(黃支國)이 있는데, 풍속에 주애(珠崖)와 비슷하고 땅은 넓으며 인구도 많고 이상한 산물도 많다. 무제 때부터 모두 공물을 바치고 알현을 하였다. 역장(譯長)이 있는데 황문(黃門)에 속했고 응모자들은 모두 바다로 가서 진주, 유리, 기이한 보석, 이상한 물건을 팔았다. 황금을 팔고 비단을 사서 돌아갔다. [……] 평제(平帝) 원시(元始) 연간에 왕망이 섭정을 하였는데 황제의 위엄과 덕을 과시하게 하려고 황지국의 왕에게 사신을 파견하고 살아 있는 코뿔소를 바치게 하였다. 황지국에서 배가 8개월을 가면 피종(皮宗)이 있고 배로 2개월을 가면 일남의 상림(象林) 경계에 도달하였다. 황지국의 남쪽에 이정불국(已程不國)이 있고, 한나라의 역장(譯長)과 사신은 이곳에서 귀국하였다.[4]

이것은 중국 관방의 상선이 중국의 남부 항구에서 출발하여 동남아시

4 『漢書』, 1671쪽.

아와 서아시아 각국과의 무역 활동과 해상 항해노선에 대한 최초의 기록으로 동서 문화의 교류에 귀중한 사료이다. 여기에는 출항하는 항구, 경과하는 국가, 노정 시간, 상선의 인원 조성, 무역 화물의 종류, 해상의 풍랑과 해적의 강탈 상황 그리고 이국 타향 사람들의 환대 등을 기록하였다. 출항 항구는 일남, 서문과 합포였다고 하였다. 일남은 베트남 중부, 서문은 광동성 뇌주(雷州)반도 최남단이며, 합포는 광서성 북부만(北部灣) 해안에 위치하였다. 출항한 시기에 대해 기록하지 않았지만 한무제가 기원전 111년에 남월국(南越國)을 평정하고 합포에 군(郡)을 설치하였으므로 출항 시기는 대략 기원전 111년 이후였을 것으로 추정된다. 일남, 도원국, 읍노몰국, 심리국, 부감도노국, 벵골만을 횡단하고 황지국을 경유하여 최후에는 이정불국에 닿았고, 돌아올 때는 피종을 경유하여 일남에 도달하였다.[5]

『한서』, 「지리지」에 "황문(黃門)에 속한 역장(譯長)이 있었는데 응모자와 함께 배를 타고 바다로 나가 진주, 유리, 신기한 돌과 물건들을 구매하고 황금과 비단을 팔고 돌아왔다"라고 했다.[6] 관리와 상인은 중국의 금과 비단을 팔고 동남아시아의 진기한 보물이나 향료 등을 구매하였음을 알 수 있다.

---

5 日南은 지금의 베트남 중부였고, 都元國은 『通典』 卷188에는 都昆 혹은 都軍國이라고 했는데 말레이반도에 있었으며, 邑盧沒國은 『新唐書』, 「南蠻傳」에 盤盤國 동남쪽의 拘蔞蜜로 미얀마 남부 해안에 위치했으며, 諶離國은 賈耽入四夷道 중의 驃國의 室利城이다. Gabriel Ferrand에 의하면 黃支國은 인도 남부 동부 해안의 건지보라(建志補羅, Kancipura), 즉 지금의 콘제바람(Conjevaram)이고, 夫甘都盧國은 미얀마의 페간(Pagan)이다. 馮承鈞 譯, 『昆侖及南海古代航行考』, 56~57쪽, 已程不國은 지금의 스리랑카임. 皮宗은 지금의 말라카해협 동부의 피상(Pisang) 섬임.

6 譯長은 漢代에 西域 등 외국과의 왕래나 교류를 위해 설치한 통역자이고, 黃門은 少府에 속하였는데 少府는 漢代 九卿 중의 하나로 皇室에서 사용하는 물품을 공급하는 일을 맡았고, 東漢 때는 궁중의 의복과 진기한 보물과 음식을 관장하였는데 대부분 환관이 맡았음.

영남지구에서의 대규모 조선업의 흥기는 진나라 때부터였다. 진시황이 6국을 통일하고 군사적 수요 때문에 번우(番禺)에 군용선을 제조할 수 있는 조선소를 세웠다. 1975년에 광주시 중산사로(中山四路) 옆에서 발견된 대형 조선공장 유적지는 진나라가 세운 것으로 한대 초기까지 사용하였다. 진한 시기 영남의 조선공장은 번우에만 있었던 것은 아니고 합포군도 조선업의 중심지였다. 1972년에 광서 서림(西林) 보태(普馱) 동고묘(銅鼓墓)에서 발견된 동고와 1976년에 광서 귀현(貴縣) 나박만(羅泊灣) 1호 한나라 묘에서 출토된 동고 표면에 모두 배의 문양을 장식하여 한대 선박의 상황을 살펴볼 수 있다. 서림 보태의 동고 표면에는 12명, 9명, 8명이 각각 한 조를 이룬 배가 장식되어 있다. 이는 항해하는 배의 모습이다. 귀현 나박만 10호 동고의 배 장식은 수신에게 제사를 드리는 모습이라고 하는데 백월족(百越族) 가운데 서구(西甌) 사람이 풍랑을 헤치며 절강과 복건 일대에서 연안 항해를 하여 영남으로 향하는 모습을 기록하였다고도 한다.[7]

한대 중국의 원양선박은 계절풍을 이용하기 시작했다. 동남아시아의 태평양과 서아시아의 인도양 항해는 대략 11월과 12월에는 북풍이 불 때 출발하였고, 5월과 6월 남풍이 불 때 귀항하였다. 천문을 이용한 항해는 해와 달과 별로 방위와 방향을 판단하였는데 한대 초기부터 이 방법을 이용하였다. 별을 관측한 자료와 경험은 『한서』, 「예문지」(藝文志)에 『해중성점험』(海中星占驗), 『해중오성경잡사』(海中五星經雜事), 『해중오성경순역』(海中五星經順逆), 『해중이십팔수국분』(海中二十八宿國分), 『해중이십팔수신분』(海中二十八宿臣分), 『해중일월혜홍잡점』(海中日月彗虹雜占) 등을 수록하고 있는데 오성(五星)은 금성, 수성, 목성, 화성, 토성, 28수는 행성을 가리킨다. 목록 가운데 점성술에 관한 책도 보이지만 천문학을 이용하여

7 梁旭達, 『絲路古港: 從合浦起航』, 91~99쪽.

해양의 기후 변화를 관측하는 항해 전문서의 효시가 되는 동시에 항해술이 발달하였음을 알 수 있다.

동한 때부터 남해를 창해(漲海)라고 했는데 항해 기술이 진보하면서 연안 항행에서 벗어나기 시작했고 삼국 위진남북조 시기에 이르러 중국은 분열 상황에 놓여 서역과 통하는 육로 실크로드가 막히자 해로가 중국과 해외 각국의 주요 통로가 되었다. 남조(南朝) 유송(劉宋) 시대에 국경이 지금의 베트남 중부까지 이르러 동남아시아 각국과의 관계가 밀접하였는데 임읍(林邑), 부남(扶南)은 여러 차례 사신을 파견하여 공물을 바쳤고 지금 인도네시아에 있는 가릉국(訶陵國)은 유송과 호시(互市) 관계를 맺었다. 남조 때 해외 무역이 흥성하여 광주가 날로 중요해져서 양한 시기의 서문과 합포를 대신하였다. 임읍, 부남이 양나라와 무역이 발달한 것 외에 반반(盤盤), 단단(丹丹), 간타리(干陀利), 낭아수(狼牙修), 파리(婆利)는 양나라와 해상 교통을 통한 교류가 빈번했다.[8] 위진 시대부터 대부분 중국에서 출항하는 선박은 말레이반도 동쪽의 섬라만(暹羅灣, Siam Bay)이었다. 말레이반도의 서쪽의 안다만해(Andaman Sea)에는 인도, 서아시아, 동아프리카와 대진, 지금의 동로마제국의 상인들이 섬라만에서 운반해온 중국 물품을 기다렸고, 자신들의 물품들은 말레이 상인의 중개로 중국 상인에게 팔렸다. 일남에서 섬라만에 이르는 항로를 통해 중국과 동남아시아, 인도양 각국의 상품과 문화가 서로 교류할 수 있다.

중국 문헌에 남해에 대한 기록은 서주, 춘추전국 시대의 문헌과 제자백가 중에 보이는데 남해와 관련된 '교지'(交阯)를 기록하였다. 『묵자』, 「절용」(節用), 『한비자』, 「십과」(十過)와 굴원의 『초사』 등의 선진 시기 문헌에

8 盤盤은 지금의 泰國 남부 萬倫灣, 丹丹은 지금의 말레이시아 吉蘭丹, 干陀利는 지금의 말레이시아 吉打, 狼牙修는 지금의 泰國 南部 北大年, 婆利는 인도네시아 보르네오에 있었음.

요임금의 남부지역을 위무(慰撫)하거나 혹은 남쪽으로 교지까지 정벌한 사실을 기록하였다. 『사기』, 「오제본기」에

> 전욱(顓頊) 고양(高陽)은 황제의 손자이자 창의(昌意)의 아들이다. 그는 침착하여 자략에 뛰어났고, 사리에 통달했다. 또한 그는 적지를 골라 곡물을 생산하였고, 우주의 운행에 따라서 계절에 맞는 일을 하였으며, 귀신의 권위에 의지하여 예의를 제정하고, 백성을 교화하였으며, 깨끗하고 정성스럽게 천지신령에 제사를 지냈다. 그는 북쪽으로는 유릉(幽陵), 남쪽으로는 교지(交阯), 서쪽으로는 유사(流沙), 동쪽으로는 반목(蟠木)에까지 다다랐다. 각종 동식물과 크고 작은 산천의 신들, 그리고 해와 달이 비치는 곳이면 어디든 평정하여 귀속시키지 않는 곳이 없었다.[9]

라고 했는데 여기에서 교지는 지금의 광동(廣東) 오령(五嶺) 이남과 지금의 베트남 북부지역을 말한다. 또한 요임금은 희씨(羲氏)의 셋째아들 희숙(羲叔)에게

> 남교(南交)에서 살면서 여름 농사를 때맞추어 계획적으로 안배하도록 신중하게 가르치라고 명했다.[10]

라고 했는데, 남교는 중국 대륙 남쪽에서 가장 먼 변경지역으로 한대에는 교지를 가리켰다. 서한 유안(劉安)의 『회남자』, 「주술훈」(主述訓)에 신농의 천하 교화(敎化)에 대해

---

9 丁範鎭 外 옮김, 『史記本紀』, 10~11쪽. 『大戴禮』, 「五帝德」에도 같은 기록이 보임.
10 丁範鎭 外 옮김, 『史記本紀』, 13쪽.

그의 땅은 남쪽으로 교지에 이르렀고 북쪽으로 유도(幽都)에 이르며, 동으로 양곡(暘谷)에 이르고 서로 삼위산(三危山)에 이르기까지 복종하지 않는 것이 없었다.[11]

라고 했다. 종합하면 선진 시기의 교지는 장강 남쪽 오령 이남의 백월(百越) 부락이 살던 곳을 가리켰다.

동한 말경부터 중국은 3백여 년 동안 분열과 혼란에 빠졌다. 한대에 전래된 불교는 동한 이후에 서역과 인도로 가는 육로가 막혀 해로를 통한 불교문화의 교류가 날로 중요해졌다. 3세기 말, 20여 명의 중국 승려가 광주에서 배를 타고 동인도에 도착하였고, 동인도의 왕이 이들을 위해 불교사원을 세웠다. 진(晉)나라의 법현(法顯)도 해로를 통해 귀국하였고, 남북조 시기의 중국 승려들은 이역 땅에서 귀국할 때는 대부분 해로를 이용하였다. 동한 이후에 해로는 중요한 불교 전파의 통로였다.

항해 기술의 발달과 더불어 해상 실크로드를 통한 동서 문화의 교류도 빈번하였다. 중국 화폐가 국제 통화가 되었다. 동남아시아에서 발견된 최초의 중국 동전은 서한 왕망 시기에 주조된 오십대전(五十大錢), 동한 때의 오수전(五銖錢)이 포함되어 있다. 브루나이, 인도네시아 등지에서 당대의 개원통보(開元通寶)도 출토되었다. 베트남, 크메르, 태국과 말레이시아 등은 당나라 때부터 중국 동전을 수입하였다. 송나라 때는 정부에서 중국 동전의 해외 유출을 금지하였지만 해상 무역상들이 이익을 얻기 위해 장부의 금지령을 무시하고 중국 동전으로 자바의 후추를 구매하기도 하였다.

당대에 해외 무역이 흥성하였다. 개원 연간에 광주를 관통하는 주강(珠

11 李錫浩 譯, 『淮南子』, 184쪽.

江)에는 "인도, 페르시아, 곤륜 등의 선박이 셀 수 없이 많았다"[12]라고 했다. 해상 실크로드에서 동남아시아 각국의 배 곤륜박(昆侖舶)은 중요한 역할을 했다. 당대 의정이 인도에 갈 때 광주에서 미얀마의 발생선(勃生船)을 타고 인도네시아 수마트라섬의 실리불서(室利佛逝)에 도달한 후에는 배로 갈아타고 말레이반도 남단의 말라유(末羅瑜)로 경유하여 동인도로 향했다. 곤륜박이 중국에도 자주 왔고 그 숫자도 많았다. 무측천 때 광주에는 매년 "곤륜박이 진귀한 물품을 가지고 와서 중국과 교역을 하였다."[13]

중국의 남양 각국과의 교류는 그 역사가 오래되었고 남양 각국에 관한 중국 자료 또한 풍부하지만 남양 각국은 자신들의 역사 문헌이 부족하여 중국 문헌에 의존할 수밖에 없다. 중국 문헌 가운데 남양의 역사, 지리, 민족, 언어, 문화, 종교, 산천, 물산, 풍속 등에 관한 자료는 많다. 『후한서』, 『삼국지』, 『신당서』 등과 『속문헌통고』, 지방지 가운데 『운남통지』(雲南通志), 『화양국지』(華陽國志), 『남조야사』(南詔野史), 『영외대답』(嶺外代答) 등의 역사 저작이 있다.

『한서』는 기전체 역사서 가운데 하나로 월상씨(越裳氏)가 몇 차례 한나라 조정에 흰 꿩과 검은 꿩을 바쳤다고 기록하여 동남아시아 국가가 한나라와 교류가 있었음을 알 수 있다. 『후한서』에는 라오스, 베트남, 크메르, 초요(僬僥), 반목(槃木), 백낭(白狼), 누박(樓薄), 탄국(撣國) 등을 언급하였다. 이 가운데 『남만서남이열전』(南蠻西南夷列傳)에 안제(安帝) 영초(永初) 원년(107년) 국경 밖의 초요와 육류(陸類) 등이 귀순하면서 상아, 물소, 단봉낙타를 헌상하였고, 영녕(永寧) 원년(120년)에는 탄국(撣國) 왕 옹유조(雍由調)

12 眞人元開 著, 汪向榮 校注, 『唐大和上東征傳』, 73~74쪽.

13 『舊唐書』 卷89, 「王方慶傳」, 2897쪽.

가 악사와 마술사를 헌상했다고 하였다. 이외에 『후한서』에는 라오스의 민족 전설도 수록하였다.

> 애뢰이(哀牢夷)는 그 조상에 사일(沙壹)이라는 부인이 있어 뇌산(牢山)에 살고 있었다. 일찍이 물속에서 고기잡이를 하였다. 침목(沈木)에 부딪히는 소리에 감응이 느껴졌는데, 이로 인해 임신을 하였고, 10개월이 지나 아들 열 명을 낳았다. 후에 침목이 용으로 변하여 물 위로 올라왔다. 사일 부인은 홀연히 용이 "네가 나를 위해 자식을 낳았을 텐데 지금 모두 어디에 있느냐?"라고 말하는 것을 들었다. 아홉 명의 아들은 용을 보자 놀라 도망쳤는데, 오직 한 명만 도망갈 수가 없어 용을 등지고 앉으니, 용이 그를 핥았다. 그 어미는 조어(鳥語)로 말하였는데, '배'(背)를 '구'(九)라고 하고, '좌'(坐)를 '융'(融)이라고 하였다. 그래서 아들을 구륭(九隆)이라고 이름 지었다. 후에 성장하여 여러 형들은 구륭이 애비가 핥아주었고 영리하다고 하여 마침내 모두 그를 추대하여 왕으로 삼았다. 후에 뇌산 아래 한 부부가 있었는데 10명의 딸을 낳았다. 구륭의 형제는 모두 이들을 맞아들여 처로 삼았는데, 후에 점차 번성하였다.[14]

또한 애뢰인은 모두 코를 뚫고 귀불을 늘어뜨리는데, 그 우두머리 오서 왕을 자칭하는 자는 귀가 모두 어깨 아래로 3촌(寸) 늘어뜨리며, 서인(庶人)은 어깨까지만 이르게 한다. 토지는 비옥하여 오곡을 심고 뽕잎으로 누에치기에 적합하다고 하면서 모시로 짠 고운 포(布)를 직조하고 비단처럼 문양을 넣는 방법도 알고 있으며 마디 사이의 길이가 1장(丈)이나 되는

14 『後漢書 外國傳 譯註』(上), 107~108쪽. 『華陽國志』 卷4, 「南中志」 〈永昌郡〉과 『太平御覽』 卷361, 「産」에 인용된 『益州耆舊傳』과 『水經注』 卷37, 「淹水」에도 九隆神話와 유사한 이야기가 수록되어 있음.

복죽(濮竹), 구리, 철, 주석, 금, 은, 구슬, 호박, 수정, 유리, 조개껍질, 진주, 공작새, 비취, 무소, 코끼리, 붉은빛 원숭이, 맥수(貊獸)가 난다고 하였다.[15]

당대 두우(杜佑)가 편찬한 『통전』은 중국 고대의 경제, 정치, 문화 등의 제도의 연혁을 기록한 최초의 역사서로 그 가운데 당시 당나라에 속한 일남군(日南郡)의 방위를 소개하였고 또한 연악(燕樂), 부남악(扶南樂)을 소개하였는데 "부남악은 두 사람이 춤을 추는데 조하포(朝霞布)로 만든 옷과 행전(行纏)을 입었고 붉은색 가죽으로 만든 신발을 신었다"라고 하였다. 그리고 부남, 진랍(眞臘)과 주변 국가의 기원과 풍속에 대해서도 기록하였다. 부남국의 풍속에 대해서는 사람들은 모두 나체로 몸에 문신을 하였고 머리를 늘어뜨렸다고 하였고, 진랍 사람은 체형이 작고, 살갗의 빛깔은 검으며, 부인들 중에는 살빛이 흰 사람도 있는데, 모두 곱슬머리에 늘어진 귀를 가졌고, 그 성질이 굳세다고 하였다.[16]

송대 마단림(馬端臨)이 편찬한 『문헌통고』는 『통전』 이후 역대 제도를 기록한 전문서로 당송 때 진랍이 북부의 육진랍(陸眞臘)과 남부의 수진랍(水眞臘)으로 나뉘었고 육진랍은 문단(文單) 혹은 파루(婆鏤)라고도 했고, 진랍과 두 속국 삼반(參半)과 주강(朱江)과 화친을 맺었지만 임읍과 타환(陀桓)과는 몇 차례 전쟁을 했다고 하였다.

청대에 편찬된 『고금도서집성』(古今圖書集成)에는 동남아시아 각국에 관한 『부남부회고』(扶南部匯考)와 『진랍부회고』(眞臘部匯考)는 부남, 진랍의 약사와 풍물, 풍속을 기록하였다. 청대에는 남양 각국에 관한 전문 역사서가 편찬되었는데 『월남세계연혁략』(越南世系沿革略), 『월남강역고』(越

15 『後漢書 外國傳 譯註』(上), 111쪽.

16 『隋書』, 「南蠻傳」에도 유사한 기록이 보임. 『周書 · 隋書 外國傳 譯註』, 198쪽.

南疆域考), 『월남지여도설』(越南地輿圖說), 『면전고략』(緬甸考略), 『정면전기』(征緬甸記), 『편면기략』(片緬紀略)과 『섬라고략』(暹羅考略) 등이다.

민국 초에 편찬된 『청사고』(淸史稿) 가운데 베트남 역사에 관한 「월남전」, 미얀마 역사에 관한 「면전전」, 태국 역사에 관한 「섬라전」 등은 동남아시아 각국 역사를 연구하는 데 필수적인 자료이다.

『구당서』, 「예문지」에 수록한 지리서는 106부인데 그 가운데 외국과 관련된 지리서로는 가탐(賈耽)의 『고금군국현도사이술』(古今郡國縣道四夷述), 『황화사달기』(皇華四達記), 대두(戴斗)의 『제번기』(諸蕃記), 달해통(達奚通)의 『해남제번행기』(海南諸蕃行記), 고소일(高少逸)의 『사이조공록』(四夷朝貢錄) 등이 있지만 모두 지금은 전하지 않는다. 『신당서』, 「지리지」 부록에 사이(四夷)로 통하는 일곱 갈래를 수록하여 당대의 남양 해상 교통로를 알 수 있는데 그 가운데 다섯 번째는 안서입서역도(安西入西域道)이고, 여섯 번째가 안남통천축도(安南通天竺道)이며, 일곱 번째가 광주통해이도(廣州通海夷道)이다.

일곱 번째 길 광주통해이도 가운데 주요 나라, 산과 강을 정리하면 다음과 같다. 광주, 둔문산(屯門山), 구주석(九州石), 상석(象石), 환왕국(環王國) 동쪽 바다의 점불로산(占不勞山), 능산(陵山), 문독국(門毒國), 고단국(古旦國), 분타랑주(奔陀浪洲), 군돌농산(軍突弄山), 질해협(質海峽), 질해협 북쪽의 나월국(羅越國), 질해협 남쪽의 불서국(佛逝國), 불서국 동쪽 남중주(南中洲)의 가릉국(訶陵國), 질해협 서쪽 불서국 서북쪽 별도(別島)의 갈갈승지국(葛葛僧祇國), 불서국 북쪽의 개라국(箇羅國), 개라국 서쪽의 가곡나국(哥谷羅國), 갈갈승지국 서쪽의 승등주(勝鄧洲), 파로국(婆露國), 파국(婆國)의 가람주(伽藍洲), 사자국(師子國), 몰래국(沒來國), 남천축(南天竺), 발풍일국(拔風日國), 제풍일국(提風日國), 미란대하(彌蘭大河), 신두하(新頭河), 발곤산(渤昆山), 제라노화국(濟羅盧和國), 나화이국(羅和異國), 오자국(烏剌

國), 불리자하(弗利剌河), 말라국(末羅國), 박달성(縛達城), 대식국(大食國) 순이다.[17]

둔문산은 대서산(大嶼山)과 홍콩 사이 북쪽, 해안과 비파주(琵琶洲) 섬 사이에 있다. 구주석은 타야(Taya), 상석은 틴호사(Tinhosa), 점불로산은 안남(安南)의 출라오 참(Culao Cham)이다. 환왕국은 임읍(林邑), 후에는 점성(占城)이다. 능산은 안남 귀인(歸仁) 북쪽의 사호이(Sa-hoi), 문독국은 지금의 베트남 귀인이다. 고단은 카우타라(Kauthara)의 대음(對音)으로 지금의 베트남 나트랑(Nha-trang)의 범어 지명이다. 분타랑은 빈동룡(賓童龍), 범어 지명 판두랑가(Pāṇḍuraṅga)의 대음으로 지금의 안남 판낭(Phannang)이다. 군돌농산은 곤륜산으로 지금의 풀로 콘도르(Pulo Condore), 질해협은 말라카 혹은 싱가포르 해협을 말한다. 나월국은 말레이반도 최남단, 불서국은 실리불서(室利佛逝, Srivijaya)의 약칭으로 당시 동남아시아 국가 가운데 대국이었는데 인도네시아 수마트라섬의 팔렘방(Palembang), 후에는 구항(舊港)이라고 했다. 가릉국은 칼링가(Kalinga)의 범어 지명으로 지금의 인도네시아 자바이다. 갈갈승지국은 브루워스(Brouwers) 군도이다. 개라국은 9세기 아랍인의 저서에 기록된 칼라(Kalah) 아마도 케다(Kedah)로 지금의 말레이반도 서쪽에 있는 항구이다. 가곡나국은 아랍인 저서에 기록된 카촐라(Qaqola)와 같은데 케다의 서북 혹은 서남쪽의 섬이다. 승등주는 수마트라섬의 델리(Deli) 혹은 랑카트(Langkat) 지역이다. 파로국은 의정(義淨)의 파로사(婆魯師)이다. 가람주는 일명 취람서(翠藍嶼)라고 하는데 지금의 니코바르(Nicobar)군도이다. 사자국은 석란(錫蘭)으로 스리랑카이다. 몰래국은 인도 서부 말라바르(Malabar) 연안의 퀼론(Quilon)으로 6세기 때 코스마스(Cosmas)의 저서에 기록된 말레(Malé), 7세기 현장의 『대당

17 『新唐書』 卷43, 「地理志」, 1153~1155쪽.

서역기』에 기록된 말라쿠타(Malaquta)로 일명 말라야(Malaya)라고도 하며, 9세기 아랍인의 여행기에 쿨람 말레(Kulam-Malé)라고 했다. 송나라 때는 고림(故臨), 원나라 때는 구란(俱蘭), 명나라 때는 갈란(葛蘭)이라고 했다. 발풍일국은 마리가자(Barygaza), 지금의 브로치(Broach)이다. 제풍일국은 다이불(Daibul) 혹은 디울(Diul)이다. 지금의 인더스 강은 아랍인명 나르 미란(Nahr Mihrān), 즉 미란하의 대음이다. 신두하는 범어 지명 신드(Sindhu)의 대음이다. 발곤산은 『대당서역기』의 발로라(鉢露羅, Bolor), 지금의 발피(Balfi)이지만 곤륜산의 오류이다. 『양서』(梁書) 권54 「중천축전」(中天竺傳)에 "국(國)은 큰 강에 접하여 있는데, 강의 이름은 신도(新陶, Sindhu)이다. 그 근원은 곤륜(崐崙)에서 나며, 나뉘어 다섯 갈래의 강이 되는데, 총칭하여 항수(恒水)라고 한다"라고 했다. 제라노화국은 제라라(Djerrarah)이다. 오자국은 알 우불라(Al-Ubullah)이다. 불리자하는 이라크의 유프라테스(Euphrates)강이다. 말라국은 이라크의 바스라(Basra)이다. 박달성은 바그다드(Bagdad)인데 송나라 때는 백달(白達), 원나라 때는 보달(報達)이라고 번역했다. 대식국은 아랍제국을 말한다.[18]

1. 베트남과의 교류

당대 두우(杜佑)의 『통전(通典)』 권184 '봉주'(峰州)에 문낭을 문낭국(文郎國)이라고 했고 봉주, 즉 지금의 베트남 영부(永富) 월지(越池) 동남쪽에 있었는데 『태평광기』 권482 「교지」에 『남월지』(南越志)를 인용하면서

18 馮承鈞 撰, 『中國南洋交通史』, 32~33쪽.

> 교지국의 땅은 아주 비옥한데, 사람들이 그곳에 살면서부터 농사짓기 시작했다. 땅은 온통 검고 그 기세가 웅장하기 때문에 오늘날 그 밭을 '웅전'(雄田)이라고 부르고, 그 나라 백성들을 '웅민'(雄民)이라고 한다. 또 그곳 임금을 '웅왕'(雄王)이라고 하고, 그 보좌 관리를 '웅후'(雄侯)라고 하며, 봉읍을 나누어 받은 사람을 '웅장'(雄將)이라고 한다.[19]

라고 했다.

서한 무제가 원정(元鼎) 6년(기원전 111년)에 남월국을 멸망시킨 후에 이곳에 교지군(交阯郡)을 설치하였는데 한나라 13개 주 가운데 하나였다. 교주에 남해(南海), 창오(蒼梧), 울림(鬱林), 합포(合浦), 주애(珠崖), 담이(儋耳), 교지, 구진(九眞), 일남(日南) 등 모두 9개의 군을 설치했다. 이 가운데 오늘날의 베트남에 속한 군은 교지, 구진, 일남이었다.

수문제 때 임읍국(林邑國)은 수나라에 사신을 파견하여 조공을 바쳤다. 대업 원년 수양제는 군대를 파견하여 임읍을 점령하였고 그 땅을 세 지역으로 나누었지만 얼마 후에 곧 임읍은 수복하였다. 당대에 이르러 임읍은 당왕조에 사신을 파견하여 우호적인 관계를 맺었다.

수당시대 교주(交州)에 지방 군사기구를 설치하였는데 당고종 조로(調露) 원년(679년), 교주에 안남도호부(安南都護府)를 두어 '안남'(安南)이라는 명칭이 이때부터 시작되었다. 개원과 천보 연간에 잦은 전쟁으로 부병제가 갈수록 파괴되어 당 조정은 국경과 변방 이민족 거주지에 절도사, 경략사(經略使)를 두었지만 안남도호부는 겸임하였고 교주에 군대를 주둔시켰다. 안사의 난 이후에 건원 원년(758년)에 절도사로 승격되었고 얼마 후에 경략사로 바꾸었다. 당왕조 대중(大中) 13년(859년)에서부터 함통(咸通)

19 李昉 등 모음, 김장환, 이민숙 外 옮김, 『태평광기』(20), 184~185쪽.

7년(866년)까지 당나라는 남조(南詔)와의 교전 중에 교지 쟁탈전도 벌였다. 처음에 봉주(峰州) 임서(林西)에 당나라 군사가 있었고, 부근 이민족 우두머리 이유독(李由獨)이 당나라 주둔군에 협조하고 세금도 바쳤다. 12년에 안남도호(安南都護) 이탁(李涿)이 당나라 병사를 중국으로 돌려보내고, 이유독에게 변방 방어를 맡겼다. 남조의 척동절도사(拓東節度使)가 이유독을 꾀어 척동압아(拓東押牙)에 임명하자 이유독은 군사를 이끌고 남조에 투항하였다. 13년에 남조의 왕 풍우(豐佑)가 죽고 그의 아들 세융(世隆)이 스스로 황제라고 칭하고 국호를 대례(大禮)라고 하였으며 다시는 당나라를 받들지 않았고 군사를 파견하여 파주(播州), 즉 지금의 귀주 준의(遵義)를 공격하여 당나라와 남조의 관계는 결렬되었다.

함통 원년(860년), 안남이 남조 병사 3만여 명을 끌어들여 교지를 공격하고 안남도호 이호(李鄠)와 감군(監軍)이 무주(武州), 지금의 광서 의실(宜實)로 도주하였다. 이듬해 6월, 이호는 안남을 수복하였다. 함통 3년, 남조의 군대가 다시 안남을 공격하자, 당 조정은 전호남관찰사(前湖南觀察使) 채습(蔡襲)에게 명하여 24만 명의 군사로 안남을 구원하게 하여 남조가 퇴각하였다. 같은 해 11월, 남조는 다시 군사 5만 명으로 안남을 공격하여 교지를 포위하였고 채습은 전사하였다. 결국 교지는 다시 남조에 귀속되었다. 함통 5년에 효위장군(驍衛將軍) 고병(高駢)이 안남도호에 임명되어, 안남에 주둔하였다. 함통 7년에 남조의 왕이 선천절도사(善闡節度使) 양집(楊緝)을 파견하고 안남절도사 단유천(段酉遷)을 도와 교지를 지키게 했다. 이유주가 의종(懿宗)에게 고병이 봉주에 군대를 주둔시키고 남조와 결전을 하지 않는다고 상주하자, 의종이 고병 대신 우무위장군(右武衛將軍) 왕안(王晏)으로 교체하려고 하였는데 이때 고병이 남조를 격파하고 교지성을 포위하였다. 단유천이 여러 차례 출병하여 응전하였지만 고병에게 패하였고, 고병은 교지를 점령하고 단유천을 살해하였다. 당나라 군대가 남조 병사 3만 명을 죽이고 또 남조에 부속된 두 부락을 격파하자 남조의 군대가 퇴각하였다. 이때부터 안남의 국경은 안정을 되찾았고, 866년에 당 조정은 안남에 정해군(靜海軍)을 설치하였고 고병을 절도사에 임명하였다.

교지로 간 중국 이민자와 관리는 한자를 전파하였다. 기원전 2세기 때부터 베트남에 한자가 전래되었는데 두 단계로 나눌 수 있다. 첫 단계는 10세기에 오권(吳權)이 건국하기 이전으로 한자는 관방문자였고, 두 번째 단계는 오권이 건국한 후로 한자를 차용하였다. 한자의 전래는 유교가 베트남에서의 전파와 발전에 큰 역할을 하였다.

유학의 베트남 전래는 조타(趙佗)가 남월국을 건립했을 때(기원전 207년~기원전 111년)였다. 조타가 베트남의 중부와 북부 일대에 교지, 구진 두 군을 건립했고 사신 '전주'(典主)를 파견하였다. 한무제의 남월국의 평정은 중국의 유교가 베트남에 전래되는 계기가 되었다. 중국 중원의 이민자 가운데 사대부들 또한 베트남에 유교가 전파되는 촉매역할을 하였다.

불교의 베트남 전래에 대해서는 중국 남부를 통해서 전래되었다고 주장하는 학설과 인도에서 해로를 통해 베트남에 전래되었다는 학설 두 가지가 있다. 남아시아와 서아시아의 이민자와 승려가 해로를 통해 교주에 왔을 때 불교가 전해졌고 또한 중국 중원에 전란이 일어났을 때 중국인이 대거 교지로 피난을 와서 불교가 전해졌으며 또 미얀마, 운남을 통해 중국의 불교가 베트남에 전해졌다.

강승회(康僧會)와 같은 중앙아시아 승려는 중앙아시아와 인도에서 교주로 이주하고 불교를 전하였다. 강승회는 서역의 강국(康國) 사람으로 인도에서 살았는데 그의 부친은 장사 때문에 교주로 이주했다. 강승회는 어려서부터 인도문화의 영향을 받았고 교지에서 성장했는데 범어와 한문에 정통하였다. 오나라 적오(赤烏) 10년(247년)에 건업(建業), 즉 지금의 남경

에 왔는데 손권의 우대를 받았고, 당시 강동 제일의 불교사원 건초사(建初寺)를 세웠다.[20]

한나라 "영제(靈帝)가 죽자 천하가 혼란에 빠졌는데 교주만이 안전하였다." 모자(牟子)는 교지로 가서 출사하지 않고 불교에 뜻을 두고 노자를 연구하였으며 『이혹론』(理惑論)을 저술하였다.[21] 이것은 불교가 동한 때 베트남에 전래된 중요한 자료가 된다.

동한 때부터 교주는 중국과 동남아, 서아시아와 유럽과의 경제, 문화 교류의 중요한 중추이자 중국과 인도 승려가 왕래하는 길목이었다. 인도 승려가 중국을 거쳐 교주에 도착하였고, 중국의 승려는 해로를 이용하여 불경을 구하거나 유학을 위해 인도로 갈 때 항상 교주를 경유하였다. 『삼국지』, 「사섭전」(士燮傳)에 남아시아와 서아시아 승려의 교주에서의 활동을 묘사하였는데, 환제(桓帝) 때 일남(日南)의 태수를 지낸 사사(士賜)의 아들 교지(交趾) 태수 "사섭은 학문이 뛰어나고 넓으며, 또 정치적인 업무에도 정통하여 아주 혼란스런 가운데 있으면서도 한 군을 보전하였는데," "사섭의 형제는 나란히 군의 태수가 되었고 전체 주에서 가장 영향력이 있었다." "외출하거나 돌아올 때는 종이나 경쇠를 울렸으며 의장을 전부 갖추고 악대가 따랐으며 거마와 기마가 가득하고, 항상 수십 명의 호인(胡人)이 길 양쪽에서 향을 태웠다"라고 했다.[22] 이 수십 명의 향을 피운 호인은 남아시아와 서아시아에서 온 승려들로 호승(胡僧) 혹은 서역승(西域僧)이라고 불렀다. 이들은 상선을 타고 해로를 통해 왔거나 육로를 통해 중국의 남방을 경유하여 교주에 도달하였다. 255년에 중앙아시아 월지(月氏)의 승려 지강양(支疆梁)이 교주에 도착하였다. 3세기 말경에는 인도 승

20 贊寧 撰, 『宋高僧傳』, 「唐會稽永欣寺後僧會傳」, 462~463쪽. 熊琬 編, 『高僧傳』, 27~37쪽.

21 周一良, 「牟子理惑時代考」, 『魏晋南北朝史論集』, 中華書局, 1963, 288~303쪽.

22 『三國志』, 「吳書」 〈士燮傳〉, 1192쪽. 김원중 옮김, 『正史三國志』(제6권), 124~125쪽.

려 기역(耆域)이 부남(扶南), 지금의 크메르를 경유하여 교주로 갔는데 후에 북상하여 중국 낙양에 갔다. 기역과 함께 교주로 간 승려 구타라(丘陀羅)는 교주 북녕(北寧) 순성현(順城縣)에 법운사(法雲寺), 법우사(法雨寺), 법뇌사(法雷寺)와 법전사(法電寺)를 세웠다.[23] 양나라 때는 교주에 이불자(李佛子)라는 승려가 있었는데 전하기를 그의 모친이 불교사원에 와서 아들을 얻어서 이불자라고 했다고 한다. 불교가 교주 사람들 사이에서 이미 보편적인 종교가 되었다. 불교가 베트남에 전래된 후로 3~4세기 때 교주의 불교는 날로 번성하였고 신도의 수도 증가하였다.

수당 때 중원의 불교가 흥성하였고 교주의 불교도 발전하였다. 각지에 불교사원이 세워졌는데 『안남지원』(安南志原)에 "『교주팔현기』(交州八縣記)에 말하길, '교지에 유명 사원이 4, 유명한 관(觀)이 1, 주연(朱鳶)에는 유명 사원이 29, 유명한 관이 9, 송평현(宋平縣)에 유명 사원은 5, 유명한 관은 4, 교지현에 유명 사원은 29, 유명한 관은 6, 평도현(平道縣)에는 유명 사원이 12, 관은 없었으며, 무평현(武平縣)에는 유명 사원이 2, 유명한 관이 1, 남정현(南定縣)에 유명 사원은 7, 관은 없었다'라고 했다"라고 기록했다.[24]

당대 중국과 베트남의 불교 관계가 밀접하여 승려들의 왕래가 빈번했다. 의정(義淨)이 편찬한 『대당서역구법고승전』의 기록에 교지에 도달한 당대 중원의 승려는 명원(明遠), 혜명(慧命), 담윤(曇潤), 지홍(智弘), 무행(無行) 등의 법사가 있었다. 이들은 동남아시아와 인도에 가서 구법 활동을 하는 가운데 교주에 머물렀고 중원의 불교를 전파하기도 했다. 명원 법사는 교주에 도달한 후에 지금의 자바인 가릉국과 스리랑카인 사자국을 경

23 閱聖嚴, 「越南佛教史略」, 『東南亞佛教研究』, 274쪽.
24 高熊徵, 『安南志原』 卷3, 132쪽.

유하여 인도를 방문하였다. 혜명 선사는 인도로 가기 위해 잠파를 경유하다가 폭풍우를 만나 교주로 되돌아갔다. 담윤 법사는 남하하여 교주에 도달하였고 1년여를 머물며 큰 명성을 얻은 후에 인도에 갔다가 지금의 보르네오섬의 발분국(渤盆國)에서 병사하였다. 지홍과 무행이 함께 인도로 향했으나 베트남 중부의 비경(比景)에서 표류하다 교주로 되돌아갔다가 겨울에 인도에 도달하였다. 이러한 고승이 인도에 가서 구법 활동을 하는 도중에 중국의 불교문화가 교주와 잠파에 전파되어 베트남 불교에 커다란 영향을 끼쳤다. 교주는 당시에 불교가 발전하여 적지 않은 고승이 있었다. 『대당서역구법고승전』(大唐西域求法高僧傳)에 운기(運期), 목차제파(木叉提婆), 규충(窺冲), 혜염(慧琰), 지행(智行), 대승등(大乘燈) 6명의 베트남 고승을 수록하였다.[25]

당대에는 교주의 승려가 장안에 초빙되어 불경을 강의하기도 하였는데 그들은 장안에 머무는 동안에 당대 문인들과의 교분도 두터웠다. 예를 들면, 당대의 시인 심전기(沈詮期)는 안남에 유배를 갔고 시문을 남겼는데 그 가운데 구진(九眞)의 산정사(山淨寺)의 무애상인(无碍上人)을 알현하고 지은 시가 있다. "대사는 본래 인도에서 태어났고, 일남으로 왔었네. 사람 가운데 고뇌가 있으면, 산의 절을 찾았네"라고 했다.[26] 또 당대 일부 교주의 승려는 초빙을 받아 장안에 가서 불경을 강의했는데 중원의 중국 문인들과의 교분도 두터웠다. 예를 들면 저명한 시인 가도(賈島)는 교주의 유감(惟鑒) 법사를 위해 송별시 「송유감법사」(送惟鑒法師)를 짓고 불경 강의의 성황과 이별의 아쉬운 정을 나타냈다.

---

25 義淨 原著, 王邦維 校注, 『大唐西域求法高僧傳校注』, 81~89쪽.

26 "大士生天竺, 分身化日南. 人中出煩惱, 山下卽伽藍." 「九眞山淨居寺謁無碍上人」, 『全唐詩』(4), 1047쪽.

봄에 전당에서 불경을 강의하는데,
꽃이 황제 침상에 어지러이 흩날리네.
남해는 몇 번을 오갔는가?
옛 산을 바라보며 늙어서 돌아가네.[27]

2세기 때 불교가 베트남에 전래되어 6세기 이후 불교가 베트남 북부에 크게 흥성하였다. 베트남에 불교를 전파한 대표적인 사람은 해로를 통한 남아시아 인도와 중앙아시아의 이민자들과 승려였고 또 육로를 통한 중국 불교도와 승려들도 중국 불교를 베트남에 전파하였다.

2세기에 불교가 베트남에 전래된 이래로 6세기 이후에는 불교가 이미 베트남 북방에 크게 발전하였다. 베트남의 선종(禪宗) 불학은 중국의 영향을 강하게 받았는데 중국에서 수입한 선종은 베트남 황실의 숭상을 받는 교파로 성장하였다. 베트남 선종의 기원과 발전은 중국과 베트남 문화 교류의 밀접한 관계를 반영한다.

6세기 중엽부터 9세기까지 중국의 선종은 베트남에 전래되었고, 11세기에서부터 13세기까지 베트남의 이조(李朝)와 진조(陳朝) 시기에 선종은 크게 발전하였다. 베트남의 선종은 네 개의 교파가 있었다. 첫 번째는 비니다류지(毗尼多流支)가 창립한 멸희선종파(滅喜禪宗派)로 베트남 불교사에서는 남방파(南方派)라고 한다. 두 번째는 무언통(無言通)이 창립한 선종파로 베트남 불교사에서는 관벽파(觀壁派)라고 한다. 세 번째는 초당(草堂)이 창립한 선종파로 설명당파(雪明黨派)라고도 한다. 네 번째는 진태종(陳太宗), 진인종(陳仁宗)이 창립한 죽림선종파(竹林禪宗派)이다. 이 가운데 첫 번째 교파의 창시자 비니다류지는 6세기 인도의 승려로 574년에 장안에

27 "講經春殿裏, 花遶御牀飛. 南海幾迴渡, 舊山臨老歸."『全唐詩』(17), 6639쪽.

도착하였고 후에 중국 선종의 3대조 중의 하나인 승찬(僧璨)을 사사받아 중국 선종의 정통을 이어받았다. 그는 중국에 7년을 머물렀고 광주의 제지사(制旨寺)에서 불경을 번역하였고, 580년에 교주에 가서 법운사(法雲寺)에 머물면서 멸희선종파를 창립하고 선종을 교주에 퍼뜨렸다. 비니다류지의 선종 불학사상과 승찬의 '심인'(心印) 사상은 일맥상통한다. 그는 원적하기 전에 "문자를 세우지 않고 길상의 말에 의지하지 않으며, 마음을 인으로 삼는다"(不立文字, 不依吉語, 以心爲印)라는 사상을 제자들에게 전수하였다. 비니다류지는 베트남 불교에 커다란 영향을 주었고 희멸선종파는 6백여 년 동안 19대를 전수하였고 18명의 고승을 배출하였다. 그 가운데 황실의 중시를 받거나 국사(國師)에 임명되어 숭상을 받았다. 두 번째 무언통선종파는 당나라의 승려 무언통이 창립하였다. 무언통은 광주 사람으로 820년에 교주 북녕(北寧) 선유현(仙遊縣) 부동향(扶董鄕)에 건초사(建初寺)를 세워 선종을 전파하고 무언통선종파를 창립하였다. 그는 불성(佛性)이 존재하지 않는 곳이 없다고 하면서 또한 인간의 마음, 부처와 중생에는 차별이 없다는 관점에서 출발하여 벽을 마주하고 참선을 실행하길 주장하여 관벽파라고도 하였다. 무언통선종파는 4백여 년 동안 15대를 전수하였고 고승 49명을 배출하였다.

동한 말경에 창립된 도교는 교주에 이민 온 중국인과 관리를 통해 베트남에 소개되었다. 모자(牟子)의 『이혹론』에 교주에 이민 온 중국인 가운데 신선(神仙), 벽곡(僻谷)의 불로장생 방법을 가진 사람이 있었다고 하였는데 이것이 도교가 베트남에 전래된 최초의 기록이다. 『이혹론』 서문에 모자는 교주로 피난하여 신선 불사의 책을 읽고 불교에 귀의하여 『노자』를 연구하였다고 하였다. 당시에 교주에는 불교, 도교와 유교와 노장 사상이 유행하였음을 알 수 있다. 한헌제(漢獻帝) 건안(建安) 6년(201년)에 장진(張津)이 교주자사에 임명되었는데 그는 귀신을 좋아하여 두건을 쓰고 북을 치고 거문고를 켜며 향을 피우고 도술(道術)에 관한 책을 읽었다고 하는데 이는 도교가 교주에 전파되는 계기가 되었다.

베트남에 전래된 중국의 도교는 부록파(符籙派) 도교였다. 부록파는 귀신을 숭배하고 부적을 그리고 주문을 외우며 요괴를 쫓아내고 복을 비는 등을 창달하였다. 이러한 중국의 도교는 교주의 원시신앙과 풍속과 유사하여 쉽게 융화됨으로써 신속하게 전파될 수 있었다. 그런데 이러한 중국의 도교는 교주의 농민 반란과 결합되어 빠르게 전파되었다. 동진 말경에 손은(孫恩)이 오두미도(五斗米道)를 이용하여 농민반란을 일으켰다. 그가 죽은 후에 노순(盧循)이 411년에 군사를 이끌고 교주를 공격하였는데 용편(龍編), 지금의 하노이에 이르렀고 교주자사 두혜탁(杜慧度)에게 공격을 받았지만[28] 이러한 도교의 농민 반란은 교주에 큰 영향을 끼쳐 도교가 교주에 전파되는 데 큰 작용을 하였다.

위진남북조시대 때 교주의 도교는 상층 사회에까지 영향을 끼쳐 정부의 우대를 받았다. 당시 중국의 저명한 도교사상가 갈홍(葛洪)은 "늙어지면 연단(煉丹)으로 수명을 연장하는데 교지에서 단사(丹砂)가 생산된다는 소문을 듣고 그것을 구하려고 구루(勾漏)의 현령이 되고자 했다"라고 했다.[29] 구루는 교지군이 관할하는 현으로 지금의 베트남 영평성(寧平省) 안경현(安慶縣)과 남정성(南定省) 풍영현(豐盈縣)과 의흥현(義興縣)인데 안모현(安謨縣)도 이에 포함된다. 안모현에 동굴이 하나 있는데 갈홍이 비록 구루령에는 임명되지 않았지만 여기에서 연단을 구하려고 했다.[30]

수당 시기에 도교는 조정의 숭상으로 흥성하였다. 당대 황제의 칙령으

28 『晉書』 卷100, 「盧循傳」, 2636쪽.

29 黎崱, 『安南志略』 卷9. 勾漏는 交趾郡이 관할하는 縣으로 지금의 베트남 寧平省 安慶縣과 南定省 豐盈縣과 義興縣인데 安謨縣도 포함됨.

30 陶維英, 『越南歷代疆域』, 61쪽.

로 각 주에 도관(道觀)을 설치하였는데 안남에도 도관이 설치되었다. 당대에 도교는 베트남에서는 이미 보편적인 종교 중의 하나였다. 당대의 수많은 도사들이 베트남에 갔고 안남으로 파견된 관리들도 도교를 신봉했다. 의종(懿宗) 함통 7년(866년)에 정해군절도사에 임명되어 안남에 파견된 고병은 대라성(大羅城)을 건설하고 교주에서부터 광주에 이르는 바닷길을 개척했는데 본인 자신이 도교 신도여서 도교가 안남에서 전파되고 발전하는 데 큰 기여를 했다.

베트남의 문학은 중국 남부에서 전래된 중국 문학의 영향을 받았는데 베트남의 한문학은 당대에 안사의 난이 일어나 중원의 유명 문인들이 교주로 피난하면서 발흥하였다. 왕발(王勃)의 부친 왕복치(王福畤), 두보의 조부 두심언(杜審言), 심전기(沈佺期), 유우석(劉禹錫) 등이 교주로 가서 교주의 문인들과 왕래하며 시부를 짓는 등 적극적인 문학 활동을 통해 중국 문학이 베트남에 전해졌다. 예를 들면, 두심언은 「도상강」(渡湘江)에서 피난의 광경을 묘사하였고, 심전기가 환주(驩州)[31]에 유배되었을 때 고향에 대한 그리움을 「환주남정야망」(驩州南亭夜望)에서 다음과 같이 표현하였다. "어젯밤 남정에서 고향 바라보았더니, 분명 낙양을 꿈꾸었네. 집안에서 누가 이별을 얘기하나, 자식들이 물어보네. 갑자기 헤어진 걸 느끼니, 마음이 외로워지기 시작하네."[32]

당대의 베트남 문인들도 중원에 가서 학문을 구하였는데 가장 탁월한 성과를 이룬 사람이 강공보(姜公輔)였다. 그는 덕종 때 진사 급제하여 한림학사가 되었는데 덕종의 총애를 받았고 장구령(張九齡)과 함께 명재상

31 지금의 越南 北部 지방에 위치하였는데 『隋書』, 「地理志」(下)에 "日南郡에는 梁나라 때 德州를 설치하였고, 開皇 18年에 驩州로 改名하였다"라고 했음. 『隋書』, 886쪽.

32 "昨夜南亭望, 分明夢洛中. 家室誰道別, 兒女案嘗問. 忽覺猶言是, 沈思始悟空." 『全唐詩』(4), 1039쪽.

이었다. 그의 작품 「백운조춘해부」(白雲早春海賦)는 문사가 화려하고, 「대직언극간책」(對直言極諫策)은 문장이 직설적이고 강건하여 베트남의 한문 문학을 대표한다.[33] 요유방(寥有方)은 교주 사람으로 교서랑(校書郎)에 임명되어 당나라 관리가 되었으며 당송팔대가의 하나인 한유(韓愈)의 절친한 친구였는데 당대의 저명한 문인 유종원(柳宗元)은 「답공사요유방논문서」(答貢士寥有方論文書), 「송시인요유방서」(送詩人寥有方序) 등의 명편을 지었다.[34]

중국과 베트남 사이의 예술 교류도 빈번했다. 베트남의 음악, 춤, 희극, 서화 등은 모두 중국의 영향을 크게 받았다. 베트남의 민간 음악 가운데 중국 고대 음악의 유풍이 남아 있고, 희극은 대부분 중국의 고사를 채택하였다. 『구당서』, 「음악지」에 "수양제가 임읍국을 평정하고 부남(扶南)의 악공을 포로로 사로잡았으며 베트남에서 제작된 포금(匏琴)도 얻었고 포금은 간단하고 음질이 좋지 않았는데 악공들이 그것으로 천축악(天竺樂)을 연주하였으나 악부(樂部)에는 편입되지는 못했다"라고 했다.[35]

베트남은 당대 숙종 지덕 원년(757년) 이후 국명을 임읍에서 환왕국(驩王國)으로 바꿨다. 이때부터 양국의 의약 교류 무역이 확대되었다. 당대 개원, 천보 연간에 임읍의 왕이 서신을 파견하여 침향, 호박, 진주를 바쳤다. 정원 9년(793년)에 환왕국이 서신을 파견하여 코뿔소 뿔을 바쳤다. 조공과 일반 무역을 통해 중국에 수입된 약재는 침향, 호박, 코뿔소 뿔, 정향, 첨당향(詹糖香), 백모향(白茅香), 소방목(蘇方木), 가여륵, 여목(櫚木), 엄마륵(奄摩勒), 백화등(白花藤) 등이었다.

33 『全唐文』 卷446, 2017쪽.

34 『全唐文』 卷575, 2576쪽과 卷579, 2591쪽.

35 『舊唐書』, 「音樂志」, 1069쪽.

2. 크메르와의 교류

중국과 크메르 양국의 최초의 교류는 동한 장제(章帝) 원화(元和) 원년(84년)이었다. 중국 역사에 1세기부터 7세기까지의 크메르를 부남(扶南)이라고 했다. 3세기 부남이 강성할 때 해상 무역이 날로 번성하여 대외 왕래가 빈번하였는데 특히 중국과의 교류가 왕성하였다. 225년과 226년부터 231년까지, 243년에 부남은 세 차례에 걸쳐 사신을 동오(東吳)에 파견하고 유리 등의 공물을 바쳤고 악사(樂士)도 있었는데 부남의 음악이 처음으로 중국에 전해졌다. 삼국시대 때는 중국 동남부에 위치한 오나라가 조선업을 크게 부흥시켜 주변 국가와의 관계를 중시하였다. 당시에 남해 교통의 중심지이고 동남아 제일의 대국은 부남이었다. 동오는 부남과의 교류를 중시하여 244년부터 251년까지 손권은 주응(朱應), 강태(康泰)를 부남의 사신으로 파견하였다. 이 두 사람은 동남아시아의 다른 국가들도 방문하였다. 이것이 중국 사신이 처음으로 크메르를 방문하였고 또한 중국이 최초로 동남아시아와 교류를 연 때였다.

주응, 강태가 부남에 출사하여 부남왕 범심(范尋)의 환영을 받았다. 부남은 국가를 건립하기 이전에는 "나라의 풍속에 본래 사람들이 나체이고 몸에 문신을 하고 머리를 풀어헤쳤으며 옷을 입지 않았다." 혼전(混塡)이 부남을 정복하고 나라를 건설한 후에는 여자가 나체인 옛 풍속을 바꾸었다. 그러나 남자들은 여전히 나체였다. 주응과 강태가 이러한 낙후된 국가의 풍속을 이해한 후에 부남의 왕에게 남자들은 허리에 '횡폭'(橫幅), 즉 오늘날의 치마와 같은 것을 입도록 건의했다. 부남왕 범심이 이를 받아들여 부남의 남자들은 오늘날 우리들이 동남아시아에서 볼 수 있듯이 모두 앞치마를 입게 되었다. 주응과 강태가 사신으로 부남에 있을 때 마침 인도에서 부남에 온 두 사신을 만나 양국의 교류도 이루어졌다.

주응이 귀국한 후에 『부남이물지』(扶南異物志)를 편찬하였으나 지금은 전하지 않는다. 강태의 『오시외국전』(吳時外國傳)은 남해 여러 나라에 대한 견문록으로 부남국에 대한 진귀한 기록을 수록하였다. 이 책은 지금은 비록 전하지 않지만 일부가 『수경주』(水經注), 『북당서초』(北堂書鈔), 『예문유취』(藝文類聚), 『초학기』(初學記), 『사기정의』(史記正義), 『사기색은』(史記索隱), 『문선주』(文選注), 『백공육첩』(白孔六帖), 『태평어람』(太平御覽) 등의 문헌에 보인다.

『오시외국전』은 부남국의 정치, 법률, 풍속, 산물, 조선, 무역, 교통과 대외관계 등의 상황을 기록하여 크메르의 역사를 이해하는 데 중요한 자료가 된다. 예를 들면 지체발마(持蒂跋摩)라는 농민이 오이밭에서 몰래 오이를 훔친 국왕을 죽이고 후에 왕이 된 전설이나 혼전이 1세기 때 부남에 나라 '모부국'(摸趺國)을 건설하는 상황을 기록하였다. 모부국의 위치에 대해 학술계에서는 의견이 분분한데 인도에 존재했거나 자바 혹은 말레이시아라는 등 여러 학설이 있다.[36]

수당시대 이전의 크메르에 관한 기록은 중국 문헌에 의존할 수밖에 없지만 중국 사서에는 「부남전」(扶南傳)이 없고 기타 자료들도 모두 『오시외국전』에 의존하였다. 예를 들면, 혼전이 부남의 왕이 되었다거나 혼씨(混氏)왕조와 범씨(范氏)왕조의 왕들, 각종 형사소송법, "머리와 꼬리가 물고기와 같은" 부남의 큰 배, 부남의 위치, 기후와 풍속 등이다.

부남 이외에 『오시외국전』에 기록한 31개 나라와 지역은 일남(日南), 파료국(波遼國), 도곤(都昆), 금진국(金陳國), 임양국(林陽國), 노후국(奴後國), 돈손국(頓遜國), 가나조주(迦那調洲), 파연주(波延洲), 제박국(諸薄國), 박탄

36 混塡의 國籍에 대해서 中國의 正史에는 그는 단지 外國人으로 기록하였음. 『南齊書』와 『通典』에 '激'國人, 『梁書』에는 '徼'國人이라고 했다. 激은 徼의 잘못이고, 徼의 뜻은 변방, 즉 外國으로 어느 나라인지는 알 수 없음.

주(薄嘆洲), 북로주(北擄洲), 마오주(馬五洲), 탐란주(耽蘭洲), 거연주(巨延洲), 사조주(斯調洲), 비건국(毗騫國), 구리구(拘利口), 가영국(加營國), 포라중국(蒲羅中國), 천축국(天竺國), 담질국(擔袟國), 우발국(憂鈸國), 오문국(烏文國), 회질국(横趺國), 구원국(究原國), 사위국(舍衛國), 가시국(伽尸國), 대진국(大秦國), 안식국(安息國)이다. 이들 국가와 지역은 그 위치를 알 수가 없지만 대체로 지금의 베트남, 미얀마, 태국, 말레이시아, 필리핀, 싱가포르, 인도네시아, 스리랑카, 인도, 이란 일대이다. 이밖에 이 책에는 지금의 중국 남해(南海)인 창해(漲海), 지금의 인도의 갠지스강인 항수(恒水)와 인도에 있던 화주(火州)에 대해서도 기록하였다.

『오시외국전』은 최초로 중국과 동남아시아와의 해상 교통로를 기록한 반고의 『한서』, 「지리지」 중에 기록한 국가보다 더 많고 범위도 더 광범위하다. 『한서』, 「지리지」에는 단지 6개국만을 기록하였고 위치도 설명하지 않았으며 거리도 기록하지 않아 고증하기가 어려운 실정이다. 『오시외국전』에 기록한 국가들은 위치와 거리에 대해 기록하였고 이러한 나라와 지역의 교통, 산물, 인구, 풍속, 기후, 목식, 종교, 공예에 대해 기록하였으며 이 자료에 기록한 고금의 지명을 통해 해남 교통로와 동남아시아, 남아시아의 역사를 알 수 있어 사료의 가치가 높다.

주응과 강태가 부남국에 사신으로 가서 중국과의 우호관계를 맺고 중국과 동남아시아 여러 국가들과의 교류와 상호 영향을 확대하였다. 두 사신의 부남국 출사 이후 부남국은 265년부터 287년까지 다섯 차례에 걸쳐 중국에 사신을 파견하여 조공을 바치고 밀접한 외교관계를 맺었다.

1) 부남과의 문화 교류

부남은 부남(夫南) 또는 발남(跋南)이라고 부르기도 하며, 인도차이나반도의 인도화(印度化)된 고국(古國) 중의 하나이다. 기원전 1세기경에 건국

되었다. 유지는 현재 캄보디아 내에 있으며, 그 강역은 대략 지금의 캄보디아를 중심으로 라오스 남부, 베트남 남부와 태국 동남부 일대이다. 힌두교를 받들어 국교로 삼았고, 인도 문화의 영향을 깊이 받았다. 부남왕국의 수도는 5세기에 비야타보라성(毗耶陀補羅城, Vyadhapura: 獵人城)에 있었는데, 현재의 파남(巴南, Banam) 부근으로, 메콩강이 있어 서쪽으로부터 동으로 흘러 바다에 들어간다. 크메르어 중에 부남국왕은 "Kurung bnam"이라고 불리는데, Kurung(帝)과 Bnam(山)의 합성어로서 '산의 왕'이라는 뜻이다. 그리고 여기에서의 '산'은 힌두교에서 가장 신성한 신들이 사는 메루산(Mount Meru, 수미산)을 의미한다고 한다.[37]

유리한 자연조건과 풍부한 산물 그리고 한 시대를 떨친 '부남대박'(扶南大舶)은 부남왕국을 강국으로 만든 원인이었고 부남이 동남아시아 교통로 가운데 요충지인 동시에 해상 패권을 장악하는 기초가 되게 하였다. 이러한 상황에서 부남에는 중요한 항구와 무역항이 형성되었는데 예를 들면, 당시 부남왕국의 정치, 경제, 종교, 문화의 중심인 부남의 도성, 동서 교통의 길목에 자리 잡은 가아액(哥俄厄), 지금의 베트남 차마우(Ca Mau)반도 락자(Rach Gia) 항구, 동서양 사람들이 모여 하루에 만 명이나 달했고 진귀한 보물이 가득한 속국 돈손(頓遜, 지금의 미얀마 떠닝다이(Tanintharyi))와 북쪽으로 지금의 태국과 통하는 육상 교통의 요충지인 실리제파(室利提婆) 등이 있었다. 이러한 항구와 도시는 동남아시아 남해 교통망을 형성하였다. 부남은 진(晉)과 송대(宋代) 때 조공을 바쳤는데, 송 말 때 부남왕 사야발마(闍耶跋摩)는 상인과 상품을 광주까지 보내 교역하였다.[38]

37 양승윤 등, 『동남아 미래의 국가 미얀마』, 129쪽.

38 동북아역사재단 편, 『南齊書 · 梁書 · 南史 外國傳 譯註』, 48쪽. 사야발마는 카운딘야 자야바르만(Kaundinya Jayavarman, 470~514)로 알려져 있음.

부남의 산에는 기이한 나무가 있다고 했는데 이 "기이한 나무"는 질이 특수하고 우수한 목재로 유목(柚木), 즉 티크로 섬유질에 지방이 포함되어 있어 물에 대한 저항력이 강하고 녹이 슬거나 흰개미가 좀먹는 것을 방지하여 선박 건조나 가구 제조에 이상적인 목재이다. 『태평어람』에 『오시외국전』을 인용하면서 "부남에서는 벌목하여 배를 만들었다"라고 했는데 부남의 큰 배에 관해서는 『남제서』, 「동남이」(東南夷) 〈부남전〉에 부남 사람은 "선박을 건조하였는데, [길이가] 8~9장(丈), 폭이 6~7척인데, 선두와 선미(船尾)는 물고기와 유사하였다"라고 했다.[39] 배의 길이로 보아 당시에는 작다고 할 수 없고 부남의 대박(大舶)은 면적이 넓고 적재량이 크며 구조가 견고하고 운행이 자유로운 이점이 있다고 하였다. 좌사(左思)의 「오도부」(吳都賦)에 부남 사람은 "재주를 타고났다"고 칭찬하였다.[40]

중국 남조 송과 제나라 때 불교가 크게 발전하였고 양과 진나라 때는 중국 불교가 새로이 발전을 꾀하였다. 예를 들면 양무제 소연(蕭衍) 때 남조의 불교가 크게 번성하였다. 양무제는 불교 광신도였다. 친히 강단에 올라 설법하였고 불경에 주석을 달기도 하였다. 그가 재위 시절 부남의 고승을 초빙하였고 대성(臺城), 지금의 남경 계명사(鷄鳴寺) 뒤편에 부남관역경도장(扶南館譯經道場)을 건립하였다.

양나라 천감(天監) 2년(503년), 부남이 사신을 파견하여 산호로 만든 불상을 바쳤다. 부남의 고승 만다라(曼陀羅) 또한 같은 해 대재범본(大?梵本)을 멀리서 가져와 바쳤고, 양무제는 양국의 외교관계를 촉진시킨 공을 인정하여 사야발마(闍耶跋摩)를 부남왕에 봉하였다. 사야발마의 후손들도 계

39 동북아역사재단 편, 『南齊書 · 梁書 · 南史 外國傳 譯註』, 57쪽.
40 「夫南西屠, 儋耳黑齒之酋」에 대한 李善의 注에 "夫南, 特有才巧"라고 했음. 蕭統 選, 李善 注, 『文選』(上), 106쪽.

속해서 사신을 중국에 파견하고 교류를 맺었는데 예를 들면 천간 18년(519년)에 부남은 사신을 파견하고 축전단서상(竺旃檀瑞像), 파라수엽화제주(婆羅樹葉火齊珠), 포금향(布金香), 소합향(蘇合香) 등의 예물을 바쳤다. 양나라 대동(大同) 원년(539년)에 부남이 사신을 파견하여 부처의 머리카락을 바쳤는데 양무제는 고승 담보(曇寶)를 파견하여 사신을 영접하도록 했다.

중국과 크메르 양국 사이의 가장 큰 사건은 양나라와 제나라 때 네 명의 부남 고승이 중국에 와서 경전과 불법을 전한 사실이다. 첫 번째는 승가파라(僧伽婆羅, 459~524년)이다. 중국 이름은 승개(僧鎧)라고 하는데 인도의 고승 구나발타라(求那跋陀羅)의 제자로 율장을 익혔고 불학에 정통하였으며 수개국의 언어에도 능통하여 동남아시아에서 그의 명성이 자자했다. 제(齊)나라가 불교를 숭상한다는 소문을 듣고 상선을 차고 건업(建業), 지금의 남경에 와서 정관사(正觀寺)에 머물렀다. 천축 승려 구나발타(求那跋陀)를 스승으로 삼았다.

양무제가 등극한 후 불교를 크게 일으켜 중국 불교가 성행하였는데 그는 건업에 수광전(壽光殿), 화림원(華林園), 정관사(正觀寺), 점운관(點雲館)과 부남관(扶南館) 등 다섯 곳에 불경 번역 활동을 하였다. 특히 부남관은 양무제가 부남의 사신과 승려를 중시하여 설치한 것으로 부남과의 문화 교류를 당시 중국이 중시하였음을 알 수 있다. 양무제는 친히 수광전에 가서 불경 번역 현장을 시찰하고 또한 승려 보창(寶唱), 혜초(惠超), 승지(僧智)와 법운(法雲) 등을 보내 불경 번역을 돕도록 하였다. 그는 17년 동안 『아육왕경』(阿育王經), 『해탈도론』(解脫道論) 등 11부, 48권을 번역하였다.

두 번째는 만타라이다. 만타라선(曼陀羅仙)이라고도 하고 중국 이름은 조약(趙弱)이다. 천감 2년(503년)에 금릉에 와서 승가파라와 함께 『문수사리반야파라밀경』(文殊舍利般若波羅蜜經) 등 주요 불교경전 3부를 번역했다. 세 번째는 수보제(須菩提)로 선길(善吉)이라고도 한다. 그는 남조의 진

(陳)나라의 초빙을 받아 양주 지경사(至敬寺)에서 『대승보운경』(大乘寶雲經) 등을 번역하였다. 당대의 승려 지승(智升)이 편찬한 『개원석교록』(開元釋敎錄) 중에 부남에서 온 고승들의 부남관 등지에서의 역경 활동에 대해 기록하였다.

네 번째는 구나라타(拘那羅陀, Kularātha)로 중국 이름은 진제(眞諦)로 친의(親依)라고도 하는데 천축 사람이다. 그는 양나라와 진나라 교체기에 중국에 와서 불법 활동을 하였는데 중국 불교사에 중요한 승려이다. 중대통(中大通) 원년(546년)에 중국 남해에 왔고 2년 후인 548년에 금릉에 도착하였다. 양무제가 친히 접견을 하였고 그가 60세가 되었을 때 지문법사(智文法師)가 특별히 복건 진안(晉安)에 가서 그에게 도를 묻기도 하였다고 한다. 진제는 패엽범본(貝葉梵本) 20박(縛)을 가져왔고, 원선사(願禪師) 등 20여 명과 함께 『금광명경』(金光明經)을 번역했다. 그는 법상(法相) 유식(唯識) 일파의 불경만을 번역했다. 그는 중국에 23년 동안 머물면서 모두 불경 64부, 278권을 번역했다. 진제는 후진(後秦) 때의 고승 구마라습(鳩摩羅什, Kumārajiva), 당대의 현장과 함께 중국 불교사에 3대 불경 번역가로 손꼽힌다. 그는 중국에 20여 년을 머물면서 역경사업에 몰두하고 다른 한편으로는 불법을 전파하였다. 그가 찬양한 담천(曇遷)의 『섭론』(攝論)은 지개의 도움을 받아 복건, 절강과 광주에 널리 알려졌다. 그는 대건(大建) 원년(569년)에 중국 광주에서 71세로 원적하였다. 그의 학설은 법태(法泰)가 건업, 즉 지금의 남경, 승종(僧宗)과 도니(道尼) 등이 구강(九江), 조비(曹毗)가 강도(江都), 지금의 양주, 지부(智敷)는 순주(循州), 지금의 광동 용천(龍川)과 광주에 전파하였다. 정숭(靖嵩)이 북쪽으로 팽성(彭城), 도니는 장안에 들어가 『섭론』을 북방에 전파하였다. 당대 현장은 혜휴(慧休)에게서 『잡심』(雜心)과 『섭론』을 배웠다. 혜휴, 밥상(法常)은 담천의 제자였다.

진제가 창립한 섭론학파는 현장이 창설한 법상종에 큰 영향을 주었다.

현장과 진제는 사제지간으로 현장이 인도에 가서 불경을 구하기 전에 유명 고승을 찾아다녔는데 『섭론』과 『구사』(俱舍)를 중점적으로 연구하였다. 진제의 제자 도니가 구강에서 장안에 왔고, 혜휴와 도악(道岳)은 그의 학생이었다. 현장은 혜휴에게서 『섭론』을, 도악에게서는 『구사』를 배웠다. 현장의 또 다른 스승 승변(僧辨)은 진제 재4대 제자로 현장이 진제의 영향을 깊이 받았음을 알 수 있다. 중국 삼론종(三論宗)의 창립자 길장(吉藏)의 첫 스승은 진제였다. 길장이란 법명은 진제가 그를 위해 지은 이름이다. 중국 천태종의 창설자 지개(智凱)는 일찍이 진체의 학생 혜광(慧曠)을 스승으로 모셨다. 진제가 부남의 사신이 되어 중국을 방문하였고 불교의 전파를 위해 심혈을 기울여 불교 발전에 커다란 영향을 끼쳤다. 중국 불교의 천태종, 법상종과 삼론종 모두 진제의 섭론과 중국 전통 사상을 결합하여 중국적 불교 종파를 형성하였기 때문에 진제는 중국 불교 발전에 중요한 승려였던 동시에 중국과 부남과의 교류에 큰 역할을 담당하였다.

2) 부남악

부남악(扶南樂)이 중국에 전래된 상황은 『삼국지』, 「오주전」(吳主傳) 적오(赤烏) 6년(243년) 12월에 "부남의 왕 범전(范旃)이 사신을 파견하고 악인(樂人)과 공물을 바쳤다"라고 했다.[41] 당시의 부남악은 동남아시아 음악을 대표하였을 가능성이 있다. 동오가 특별히 '부남악서'(扶南樂署)를 설치하고 궁인들에게 부남의 음악을 가르쳤던 점으로 미루어 당시에 부남의 음악을 중시하였음을 알 수 있다.

수대에는 양제가 대업 원년에 유방(劉方)을 파견하여 부남을 공격하게 하여 악공과 그들의 포금(匏琴)을 획득했지만 앞에서도 언급했지만 부남

41 『三國志』, 1145쪽.

부남악.

의 음악은 당시 중국 음악에는 편입되지 못했다. 그러나 대업 연간 이전에 수나라 장안에는 이미 완전한 부남악이 있었다. 『수서』, 「음악지」 권15에 "개황(開皇) 연간 초에 법령을 제정하고 국기(國伎), 청상기(淸商伎), 고려기(高麗伎), 천축기(天竺伎), 안국기(安國伎), 쿠차기(龜玆伎), 문강기(文康伎) 등의 칠부악(七部樂)을 설치했다. 또 소륵(疏勒), 부남(扶南), 강국(康國), 백제(百濟), 돌궐(突闕), 신라(新羅), 왜국(倭國) 등의 기(伎)가 뒤섞였다"라고 했다.[42] 수나라 문제 때 임읍(林邑)을 통해 부남의 악공이 중국에 와서 인도의 악기로 부남의 음악을 연주했음을 알 수 있다. 부남이 일찍이 인도 문화의 영향을 받아 부남의 악공들이 인도의 악기로 부남의 음악을 연주하였던 것이다.

당대 두우가 편찬한 『통전』 권146 「악육(樂六)」에는 『수서』의 기록과는 달리 "연악(讌樂)은 무덕(武德) 연간 초에는 개작하지 않았고 매번 연악으

42 『隋書』, 376~377쪽.

로 연주하는 연회에는 수나라의 옛 제도에 따라 구부악(九部樂)을 연주했다"라고 했다. 주(注)에 구부악 가운데 부남악이 있다고 하였는데 네 번째에 위치하였다.[43] 『당회요』 권33 「연악」의 기록도 이와 같다. 이어서 또 "지금의 『통전』에 기록한 십부악(十部樂)에는 부남악이 없고 단지 천축악만이 있으며 남만악(南蠻樂)은 없다"라고 했다.[44] 당나라 정관 16년에 수나라 구부악을 개작하여 십부악을 제정했다. 『수서』 권15 「음악지」에도 "대업 연간 중에 양제가 청악(淸樂), 서량(西凉), 쿠차, 천축, 강국, 소륵, 안국, 고려, 예필(禮畢)을 구부(九部)로 삼았다"[45]라고 하여 부남악은 보이지 않는다. 이러한 이유는 『당회요』 권33 「남만제국악」(南蠻諸國樂)에 "부남과 천축 두 나라의 음악은 수대에 전부 천축 음악을 사용했고 악부(樂部)에 편입하였는데 부남 음악은 사용하지 않았다. 양제가 임읍을 평정하고 부남의 악공과 포금을 얻었는데 고루하여 사용하지 않고 천축 음악으로 전사(轉寫)하였다"[46]라고 하여 앞서 인용한 『수서』에 기록한 구부악 가운데 부남악이 없었다고 한 것과 일치하지만 부남악이 전래된 것은 분명하다. 수대 구부악 가운데 부남악이 존재했는데 다만 악기는 천축의 악기를 사용하였을 뿐이다. 수당 때의 부남, 표국, 천축의 음악을 통상 남만악(南蠻樂)이라고 했다.

당대 무덕 초에 연악은 여전히 수대의 구부악을 사용하였다. 정관 16년 태종은 십부악(十部樂)을 제정하였다. 수대의 구부악에 고창악(高昌樂)이 더해졌다. 그 가운데 천축악에 여전히 부남악이 섞여 있을 가능성이 높다. 당대 궁정에는 '사방지악'(四方之樂)이 있었다. 고려악과 백제악은 동

---

43 『通典』(4), 3720쪽.

44 『唐會要』(上), 710쪽.

45 『隋書』, 377쪽.

46 『唐會要』(上), 723쪽.

이, 부남악, 천축악, 표국악은 남만, 고창악, 쿠차악, 소륵악, 안국악, 강국악은 서융, 선비, 토욕혼, 부락계(部落稽) 등의 마상악(馬上樂)은 북적의 음악이었다. 남만악 가운데 부남악은 인도 음악의 영향을 받아 천축악과 유사했는데 표국악은 연악 십부악에 들어가 못했으나 부남악은 그 가운데 편입되었다. 당대 단안절(段安節)의 『악부잡록』(樂府雜錄), 「배우」(俳優)에 "오랑캐 음악으로는 부남, 고려, 고창, 표자(驃玆), 강국, 소륵, 서량 음악이었다"라고 하여 부남악은 기타 십부악에 속하는 음악과 병렬되었다.

당대의 연악은 최초의 십부악이 후에는 입부기(立部伎)와 좌부기(坐部伎) 둘로 나뉘었다. 입부기에는 8부, 좌부기에는 6부가 있었다.[47] 이 가운데 부남악과 관계가 있는 것은 입부기 가운데 태평악(太平樂)이다. 이 태평악은 "오방사자무(五方師子舞)라고도 했는데 사자는 맹금으로 서남이 천축과 사자국에서 산다. 사자의 모피를 연결하고 그 안에 사람이 들어가는데 굽어보고 우러러 보며 온순하고 정다운 모습을 취하였다. 두 사람이 새끼줄과 먼지 털이를 쥐고 사자를 훈련시키는 형태이다. 다섯 마리의 사자는 각기 지방의 색깔로 장식하였고 140명이 태평악을 부르며 발로 춤을 추었으며 새끼줄로 장식하여 곤륜산의 형상을 만들었다."[48] 이 춤은 지금의 남방의 사자무와 유사하다.

부남악의 실체에 관한 문헌의 기록은 많지 않은데 『통전』 권146 「악육」의 기록이 상세한데 기본적으로는 『구당서』 권29 「음악지」와 같다. "부남악은 춤추는 사람이 두 명이고 조하(朝霞)[49] 옷을 입었으며 각반을 매었고 가죽신을 신었다. 수대에는 전부 천축악을 사용하였고 지금 남아 있는 것

47 『舊唐書』 卷29, 「音樂志」, 1061쪽.

48 『舊唐書』 卷29, 「音樂志」, 1059쪽.

49 朝霞는 아침노을이라는 뜻으로 朝霞布는 아침노을과 같은 붉은색, 등자나무 색과 노란색이 섞인 색으로 물들인 천을 말함.

은 갈고(羯鼓), 도담고(都曇鼓), 모원고(毛員鼓), 소(簫), 횡적(橫笛), 필율(篳篥), 동고(銅鼓), 패(貝)였다"라고 하면서 "천축악은 악공은 [……] 두 사람이 춤을 추었고 변발을 하였으며 조하 가사를 입었는데 지금의 승려복과 유사했다. 행전은 푸른 마로 만든 신발을 신었다. 음악에는 갈고, 모원고, 도담고, 필률, 횡적, 봉수공후(鳳首箜篌), 비파, 오현비파, 동발(銅鈸), 패 등을 사용하였는데 이 가운데 도담고는 지금 전하지 않는다"라고 했다. 부남악과 천축악을 비교해보면 춤추는 사람이 두 명으로 같지만 입는 옷이 서로 다르다. 부남의 춤추는 사람은 조하 옷을 입고 행진을 하였는데, 모두 황금색 무명옷으로 만든 옷을 입었는데 이것은 동남아시아 국가의 특산이다.[50] 그러나 천축악의 춤추는 사람은 조하 무명으로 만든 승려복을 입었다. 악기 또한 두 나라는 거의 같다. 수대 천축악이 부남악을 대신했기 때문이다. 부남악과 기타 동남아시아 각국의 악기는 인도 악기와 동일하다. 『신당서』 권222 「남만전」 〈가라국전〉(哥羅國傳)에 "악기로는 비파, 횡적, 동고, 철고(鐵鼓)와 려(?)가 있다"라고 했다.[51]

3) 진랍과의 교류

중국 수나라 때 부남은 이미 진랍(眞臘, Chenla)으로 대체되었다. 진랍국은 진, 한 때 부남의 속국이었다. 『후한서』에는 궁불사(窮不事)라고 했고, 『수서』 권82에 처음으로 진랍이라고 했으며, 『당서』에는 길멸(吉蔑), 각멸(閣蔑)이라고 했다. 송대에는 진랍, 일명 진리부(眞里富), 원대에는 감발지(甘勃智), 명대에는 감무자(甘武者)라고 했고, 명대 만력 연간 이후부터 간포채(柬埔寨)라고 했다. 이 가운데 궁불사, 감발지, 감무자와 간포채는 캄

50 『隋書』 「南蠻傳」에 赤土國은 부남의 별종으로 조하포(朝霞布)로 지은 옷을 입었다고 하였음. 동북아역사재단 편, 『周書 · 隋書外國傳 譯註』, 190쪽.

51 『新唐書』, 6299쪽.

부자(Kambuja), 진랍과 진리부는 시엡 립(Siem Reap)에 대한 대음(對音)이다.

『수서』, 「진랍전」에 진랍은 일남에서 배를 타고 두 달 정도 걸리고 남쪽으로는 차거국(車渠國), 지금의 말레이반도 북부, 서쪽으로는 주강국(朱江國), 지금의 미얀마 중부와 국경을 접하였으며, 진랍국 국왕 질다사나(質多斯那, Citrasena)였는데, 질다사나 때 이르러 부남을 병합하고 나라를 건립하였다고 했다.[52] 진랍은 수도를 이사나푸라(Isanapura)에 정하였다. 6세기 중엽 때 진랍국의 공주가 부남국의 왕자 바바르만(Bhavavarman)에게 시집을 갔고, 후에 진랍국 왕이 죽자 진랍공주의 남편 바바르만이 진랍국의 왕이 되었다. 바바르만은 부남 왕도 겸하였는데 부남의 왕자와 분규가 일어나 바바르만이 군사를 일으켜 무력으로 부남을 통일하였다.

수대 대업 2년(606년), 12년(616년)에 진랍국은 사신을 파견하고 조공을 바쳤다. 당대 신룡(新龍) 연간(705~707년)에 진랍국은 남북으로 나뉘었다. 남부의 메콩강 델타 지역에 수진랍(水眞臘)과 북부의 산악지역 참파삭(Champassak), 지금의 라오스의 육진랍(陸眞臘) 또는 문단국(文單國)이다. 개원, 천보 연간에 육진랍의 왕자가 26명을 이끌고 중국에 와서 그를 과의도위(果毅都尉)에 임명했다. 대력(大曆) 연간에 부왕 파미(婆彌, Pomi)와 그의 처가 중국에 와서 훈련된 코끼리 11마리를 바쳤고, 당나라 조정은 파미를 시전중감(試殿中監)에 임명하고 빈한(賓漢)이라는 이름도 하사했다. 원화 연간에 수진랍도 사신을 파견하고 공물을 바쳤다.

중국 문헌의 기록에 의하면 자금비수(紫金非樹), 침향(沈香), 번향(蕃香), 황숙향(黃熟香), 생속향(生速香), 숙속향(熟速香), 자고반향(鷓鴣斑香), 독누

52 『隋書』, 1835~1836쪽.

향(篤耨香), 표향(瓢香), 도기불수향(?肌拂手香) 등이 진랍국의 특산물이었다.

침향은 동남아시아 각국에서 생산되는데 그 가운데 진랍국의 침향이 최고이고 그 다음이 점성(占城)이었다. 진랍에서 생산되는 침향은 그 종류가 많은데 그 가운데 지금의 태국 남부의 등류미(登流眉)[53]의 침향이 향이 가장 짙다. 칼로 침향목(沉香木)의 껍질을 벗겨내면 백색의 분비물이 나와 굳어지고 광택이 나며 맑은 향이 오래감으로 사대부들은 이것을 봉래향(蓬萊香)이라고 했다. 이 향은 얻기 어려워 가격이 아주 비쌌다. 번향이 향이 짙고 가격이 싸고 냉기(冷氣) 치료에 효과가 있어 침향의 대용품으로 사용되었다.

황숙향은 진랍국에서 생산되는 물품 가운데 최상품이다. 진(晋)나라 때 혜함(嵇含)의 『남방초목상』(南方草木狀), 「밀향」(蜜香)편에 교지(交趾)에 밀향수(蜜香樹)가 있는데 가지는 고리버들과 유사하고 꽃은 희고 많이 피며 잎은 귤나무 잎과 같다. 뿌리로 황숙향을 만든다고 했다.[54] 황숙향 나무의 껍질이 단단하고 속이 썩으면 나무통과 같아 황숙통(黃熟通)이라고 하였는데 복건 천주(泉州)에 들여와 사용하였다.

생속향과 숙속향은 같은 종류의 향나무에서 채취한 것이다. 벌목한 후에 즉시 향을 취하면 생속향이고, 썩힌 뒤에 향을 채취한 것을 숙속향이다. 그윽한 향의 생속향이 향이 짙은 숙속향보다 품질이 우수했다.

자고반향은 나무 무늬가 자고새 무늬와 같아서 붙여진 이름이다. 이 향나무는 쉽게 불에 타고 향기도 맑지만 보존 기간이 짧은 단점이 있다.

독누향은 나무가 소나무와 유사하고 향진이 나무껍질 속에 있어 나무

53 지금의 태국 남부의 중심지인 나콘시탐마랏(Nakhon Si Thammarat)임.

54 嵇含 撰, 『南方草木狀』 卷中, 29~30쪽.

가 늙으면 자연스럽게 밖으로 흘러내리며 색도 투명하다. 속이 빈 호리병박을 나무에 걸고 나무껍질에 구멍을 내어 진이 호리병 속으로 흘러들어가게 하여 채취한다. 중국 상인은 도자기와 이 향진을 맞바꾸었다.

표향은 아라비아와 진랍에서 생산되었는데 삼불제(三佛齊), 즉 지금의 수마트라섬을 통해서 중국에 들어왔다. 색이 누렇고 향이 진하며 용연향(龍涎香)이라고도 했다. 중국 사람들은 이 향이 들어 있는 주머니를 허리에 차고 다녔다. 토착민들은 표향을 다른 향료와 함께 찧어서 몸에 발랐다.

도기불수향은 진랍과 점성에서 생산되었다. 토착민은 뇌향(腦香)과 사향(麝香)을 섞어서 만들었는데 피부나 손에 바르면 향기가 오래 지속되었는데 광주에서 이 향을 사용하였다.

이상 진랍국의 향료는 상인의 무역 왕래를 통해 중국에 전해졌고, 부귀한 중국인들의 환영을 받았다. 고대 중국인들은 향주머니를 허리에 차고 다녔는데 이러한 향료는 대부분 아라비아, 베트남, 크메르 등지에서 전래되었고 중국 역대 남해 무역 활동 가운데 향료가 거래 물품의 주종을 이루었다.

주응과 강태가 부남에 사신으로 파견된 때로부터 천 년 후 원대 때 저장 온주(溫州) 출신의 주달관(周達觀)이 진랍국에 파견되었는데 1296년 2월 20일에 온주를 출발하여 복주, 광주, 천주와 해남도를 경유하여 안남, 베트남의 퀴논(Qui Nhon), 바리아(Baria), 포울로 콘도르(Poulo Condor), 칸티엔(Can Tien)을 지나 메콩강을 거슬러 올라가 캄보디아의 캄퐁 참(Kampong Cham)에 도착한 다음 작은 배로 같은 해 8월에 톤레 삽(Tonle Sap) 호수에 닿았고, 캄보디아의 수도 앙코르 톰(Angkor Thom)에 도착하였다. 그는 근 1년 동안 진랍국에 머물면서 크메르의 성곽, 궁실, 풍속, 인물, 종교, 산물, 음식, 언어 등에 관해 자세한 관찰과 조사를 하였는데 이를 바탕으로 1297년 7월에 귀국한 후에 『진랍풍토기』(眞臘風土記)라는 책을 편찬하였다.[55] 이 책은 총서(總序)와 40칙(則)으로 나누어져 있는데, 오가(吳哥) 시기의 크메르에 관한 귀중한 역사적 자료가 되었다. 원, 명, 청 3대에 걸친 10여 종의 초본, 간본이 전해오는데 외국에서도 여러 종류의 번역본이 출간되었다.[56]

3. 태국과의 교류

태국(泰國)은 고대 중국에서 섬라(暹羅)라고 불렀고, 중국과의 관계도 역대로 밀접하여 왕래도 빈번했고 문화 교류도 활발하였다. 태족(泰族)의 기원에 관해서는 이주설과 토착설 두 가지 학설이 있다. 이주설은 태족의 조상이 다른 지방에서 태국 경내로 이주하였다는 설로 다시 북쪽의 중국에서 남쪽의 태국으로 이주했다는 남천설(南遷說)과 남쪽의 자바에서 북쪽의 태국으로 이주하였다는 북천설(北遷說) 두 가지로 나뉜다. 토착설은 태국 토착민이라는 주장이다. 태국 동북부 지역 반청(班淸) 유적지에서의 고고학 발굴로 태국 토착설이 지지를 받고 있지만 태족의 기원은 남천설이 가장 보편적이다. 중국의 광서, 귀주, 운남 등지가 태족의 발원지라는 것이다. 태족과 태족(傣族), 장족(壯族), 노족(老族), 탄족(撣族) 등의 민족은

55 夏鼐校注, 『眞臘風土記校注』와 한국어 번역본은 동국대학교 전자불전 · 문화재콘텐츠연구소 편, 『진랍풍토기』가 있음.

56 1819년에 프랑스 학자 장 피에르 아벨 르무사트(Jean Pierre Agel-Remusat)가 처음으로 프랑스어로 번역하였고, 폴 펠리오(Paul Pelliot)가 1902년에 프랑스어로 번역하였으며, 1967년에 존 길만(John Gilman)과 2001년에 마이클 스미시스(Michael Smithies)가 각각 영어로 번역하였고, 2006년에는 독일어로도 번역되었다. 2007년에 뉴질랜드의 중국어 학자 피터 해리스(Peter Harris)가 이전의 오역을 교정하면서 영어로 번역하였음.

고대 백월(百越)에서 발원하여 태족은 백월족의 한 갈래였다.

태족과 중국 운남 서쌍판납(西雙版納)의 태족(傣族)과는 그 뿌리가 같다. 12세기 태국 청매(淸邁)의 난나태(蘭那泰)와 서쌍판납 경룡금전국(景龍金殿國)의 태족(傣族)이 통혼하여 공동의 언어와 풍속을 지녀 한집안처럼 되었다. 노족은 라오스, 태국과 베트남 북부 등지에 분포하였고 최초의 발원지는 운남 보산의 애뢰산(哀牢山)이므로 애뢰인(哀牢人)으로 불렸다. 여러 중국 문헌에 애뢰를 기록하였는데 그 가운데 최초의 기록은 동한 때 양종(楊終)의 「애뢰전」(哀牢傳)이다. 『화양국지』와 『후한서』에도 애뢰의 역사를 기록하였다. 애뢰는 오늘날 베트남 서북부와 라오스의 노족과 태족에 사용되는 용어인데 베트남 사람은 그들을 애뢰인이라고 부른다. 애뢰인의 구륭신화는 애뢰인이 태족(傣族) 계통 민족 기원 중의 하나임을 증명한다.[57] 태족과 장족은 그 민족의 뿌리가 동일하다. 최근 태족(泰族), 태족(傣族), 장족의 언어는 동일한 어원에서 기원하였다.[58] 태어(泰語), 노어(老語)와 장어(壯語)의 어휘 가운데 농업, 동물사육, 야수, 음식, 천체, 기상과 기타 일상생활 방면의 어휘는 대부분 같은 어휘에서 나왔다고 한다.[59]

장족과 태족의 선민은 중국의 영남 지역에서 남쪽으로 이주하였는데 그 가운데 일부가 운남에서 남하하여 지금의 서쌍판납, 태국, 라오스, 베트남의 태족 계통의 선민이 되었고 일부는 서쪽으로 이주하여 지금의 덕굉(德宏), 미얀마와 인도의 아샘의 태족 선민이 되었다. 태족의 선민은 남하하여 지금의 운남 서쌍판납과 덕굉 그리고 태국 등 인도차이나 반도로 이주하였다.[60] 태족과 태족(傣族)은 중국 남방에 거주했고 오랫동안 중국

57 段立升, "哀牢是傣系民族的先民", 『泰國史散論』, 178쪽.

58 羅美珍, "從語言上看泰傣壯的族源和遷徙問題", 『民族研究』, 1981年, 第6期.

59 范宏貴, "壯泰老傣族的同源與化論", 『華南與東南亞相關民族』, 223~227쪽.

60 范宏貴, "壯族與傣族的歷史淵源及遷徙", 『思想戰線』, 1989年, 68쪽.

문화의 영향을 받았기 때문에 중국 경내의 태족(傣族)의 언어와 문화 중에 중국 문화의 요소가 보존되어 있고 또한 인도차이나반도로 이주한 태족, 노족과 탄족 등에도 중화 문화의 흔적이 남아 있다.

『한서』, 「지리지」에 "일남, 서문과 합포에서 배를 타고 5개월을 가면 도원국(都元國)에 도달하고 또 4개월을 가면 읍로몰국(邑盧沒國)에 도달하고, 또 20여 일을 가면 심리국(諶離國)에 도달하였다"라고 하였다.[61]

도원국은 『한서』 이후의 관련 문헌[62]을 종합해보면, 굴도곤(屈都昆), 도곤(都昆), 도군(都軍), 굴도건(屈都乾)이라는 지명은 모두 도원의 다른 명칭으로 한나라 때 존재했고 임읍에서 배를 타고 수천 리 떨어져 있으며, 진(晉)나라 때는 임읍에 병합되었고 금이 생산되었다고 했다. 도원은 지금의 태국 파진부(巴眞府, Prachinburi) 마가사고성(摩訶梭古城, Dong Simahapo)이다. 오늘날 파진부의 동쪽에 있는 갑민무리현(甲民武里縣, Kabin Buri)을 화교들은 금호북람(金湖北欖)이라고 부르는데 이 현의 낭산송(廊訕松)이라는 곳은 황금이 생산되는 곳으로 유명하다.[63] 읍로몰국은 지금의 태국 로바(Lova) 혹은 롭부리(Lopburi), 심리국은 사마라타(Samaratta) 혹은 샤마라스트라(Syamarastra)로 수도는 지금의 불통(佛統, Nakhon Pathom)이다.[64] 이 두 나라는 모두 금린대만(金鄰大灣) 서쪽 해안에 있었다. 도원국, 읍로몰국과 심리국 모두 지금의 태국 중부에 있었다고 한다.[65]

삼국시대 때 오나라는 종사(從事) 주응(朱應)과 중낭(中郎) 강태(康泰)를

---

61 『漢書』, 1671쪽.

62 『梁書』 卷54, 「海南諸國」 〈扶南國傳〉, 『通典』 卷188, 「邊防」(4), 〈邊斗〉, 『晉書』 卷97, 「林邑傳」, 『太平御覽』 卷790, 屈都乾 인용 『外國傳』.

63 黎道綱, 『泰國古代史地叢考』, 13쪽.

64 韓振華, "公元前二世紀至公元一世紀間中國與印度東南亞的海上交通: 漢書地理志粵地條末端考釋", 『厦門大學學報』, 社會科學版, 1957年 第2期.

65 黎道綱, 『泰國古代史地叢考』, 17쪽.

사신으로 동남아시아 국가들에 파견하였는데 귀국 후에 편찬한 『이물지』(異物志)에 당시 태국 지역의 금진국(金陳國)을 언급했다. "금린(金隣)은 일면 금진(金陳)이라고 한다. 부남과는 2천여 리 떨어져 있고 은이 생산되며 사람들 대부분은 코끼리 사냥을 좋아하는데 살아 있으면 타고 다니고 죽었으면 상아를 얻었다"라고 했다.[66] 금린은 맹족(孟族)이 세운 나라로 섬라만을 금린만으로 불렀던 것은 바로 금린국에서 따온 지명이다.

동한에서부터 수당까지 지금의 태국 경내 말레이반도 지역에 반반(盤盤), 낭아수(狼牙修), 삼불제(三不齊), 적토(赤土) 등의 국가는 당시 중국에서 동남아시아와 서아시아를 통하는 남해 교통로에 위치하였다. 반반국과 중국은 밀접한 관계를 유지했는데 5세기 초에 중국과 조공관계를 맺었다. 남북조 시기(424~464년)에 사신을 파견하여 유송(劉宋) 정권을 방문하였고 그 후인 527년, 529년, 534년 세 차례 사신을 파견하여 양나라를 방문하였는데 상아, 침향, 단향, 화탑(畵塔), 사리, 보리수 잎 등을 예물로 바쳤다.

수양제는 대업 3년(607년)에 상준(常駿), 왕군정(王君政)을 적토국에 사신으로 파견하였다. 상준 일행은 남해군에서 배를 타고 적토국에 도착하였는데 적토국 왕이 13척을 배를 보내 중국 사신을 영접하게 하였고 성대한 연회를 베풀어 융숭한 대접을 하였다. 상준이 귀국할 때 적토국 왕이 명을 내려 왕자 나사가(那邪迦)에게 국서와 금으로 만든 연꽃, 용뇌향 등의 예물을 가지고 상준과 함께 중국을 방문하도록 했다. 대업 6년(610년)에 적토국 왕자는 수양제를 알현하고 상을 하사받았다.

『신당서』 권222 「남만열전」에 "반반국은 남해의 만에 있다. 북쪽으로 환왕(環王)이 있는데 그 사이에 작은 바다가 있고 낭아수와 국경을 접하고

---

66 『太平御覽』 卷790, 3502쪽.

있다"라고 하면서 "정관 연간에 두 차례 사신을 파견하여 입조하였다"라고 했다.[67] 낭아수국은 적토국의 서쪽에 있었는데 515년에 사신 아철다(阿徹多)가 중국을 방문하였다.

『수서』, 「남만전」 〈진랍전〉에 진랍국은 "참반(參半), 주강(朱江) 두 나라와는 화친하였지만 여러 차례 임읍, 타환(陀桓) 두 나라와는 전쟁을 하였다"라고 했다.[68] 삼반국은 당나라 때 무덕(武德) 8년(625년)에 당나라에 입조하였다. 그리고 『통전』 권188에 "타원국(陀洹國)은 타화라(墮和羅) 서북쪽에 있다. 당나라 정관 연간에 사신을 파견하여 앵무새를 바쳤는데 깃털이 희고 머리에 붉은 깃털 몇 가닥이 날개와 가지런하게 뻗어 있다"라고 했다.[69] 『구당서』, 「타원국전」(陀洹國傳)에 "타원국은 임읍국 서남쪽 바다에 있고 동남쪽으로 타화라와 인접하고 있다"고 하면서 정관 18년(644년)에 사신을 파견하여 입조하였고 21년(647년)에 또 사신을 파견하여 흰 앵무새와 파율고(婆律膏)[70]를 바쳤고 말과 청동 종을 청하자 황제가 조서를 내려 그것들을 하사했다.[71] 『신당서』 권222 「남만전」의 「타화라전」에 "담릉(曇陵), 타원(陀洹)이라는 나라 둘을 복속시켰는데 담릉국은 바다에 있고 타원국은 일명 누타원(耨陀洹)이라고도 하며 환왕(環王) 서남쪽 바다에 있고 타화라와 인접하고 있다"라고 했다.[72] 이상의 문헌 기록을 정리하면, 타원국은 타화라국 서북쪽에 있고, 삼반, 주강, 임읍국과 인접하고 있었으며, 또한 진랍국과 전쟁을 하였고 진랍국에서 멀리 떨어져 있지 않았고

67 『新唐書』, 6300쪽.

68 『隋書』, 1836쪽. 『通典』(5), 5100쪽. 『周書 · 隋書外國傳 譯註』, 197~198쪽.

69 『通典』(5), 5106쪽.

70 婆律은 龍腦香으로 氷片이라고도 함. 『梁書』, 「諸夷傳」에 "땅의 氣運과 物産 등은 扶南과 대략 같으나 棧沈, 婆律香 등이 많다"라고 했음. 『南齊書 · 梁書 · 南史外國傳譯註』, 183쪽.

71 『舊唐書』, 5272쪽.

72 『新唐書』, 6303쪽.

또한 당대 정관 연간에 사신을 파견하고 예물을 바쳤음을 알 수 있다. 그런데 이 타원국이 앞에서 언급한 한나라 때 중국과 교류했던 도원국이었다고 한다. 도원국과 타원국이 있던 자리에 6세기 때 태국 중부 불통(佛統)에 타라발저국(墮羅鉢底國, Dvarvati)이 출현하였다. 중국 문헌에는 두화발저(杜和鉢底), 타화라(墮和羅), 혹투화(或投和)라고 했다.

타라발저국은 태국 역사 가운데 중요한 국가로 중국 문헌에 타라발저국에 관한 기록이 많다. 『구당서』 권197 「타화라전」에 "타화라국은 남쪽은 반반국, 북쪽은 가라사불(迦羅舍佛), 동쪽은 진랍과 국경을 접하고 있고 서쪽에 큰 바다가 있는데 광주에서 배를 타고 5일이면 도달한다"라고 했다.[73] 또 「진랍국」에서는 "수진랍국(水眞臘國)의 동쪽은 분타랑주(奔陀浪州)이고, 서쪽에는 타라발저국이 있으며, 남쪽은 바다이고, 북쪽은 육진랍(陸進臘)이다"라고 했다.[74] 당나라 고승 의정이 671년에 광주를 출발하여 해로를 이용하여 인도에 가서 불경을 구하고 695년에 귀국하였는데 그의 저서 『남해기귀내법전』(南海寄歸內法傳)에서 "두화발저국"을 언급했다.

4. 미얀마와의 교류

미얀마는 다민족 국가로 그 가운데 맹족(孟族), 표족(驃族), 면족(緬族), 탄족(撣族), 극흠족(克欽族)의 최초의 거주지는 중국 땅이었다. 맹족은 중국에서 제일 먼저 인도차이나에 이주한 민족이다. 그들은 기원전부터 중

---

73 『舊唐書』, 5273쪽.

74 『舊唐書』, 5272쪽.

국 남부의 메콩강의 지류인 난창강(瀾滄江)을 건너 지금의 미얀마 이리와디강 유역에 정착하였고 점차 영역을 확장하면서 미얀마 최초의 벼농사와 콩을 재배하였다. 표족은 지금은 완전히 사라졌지만 고대 중국의 문헌에는 중국 영창(永昌), 즉 지금의 운남 보산(保山)의 서남쪽에 있었다. 면족이 강대해지자 표족은 면족에 융합되어 사라졌다. 면족은 미얀마의 주체 민족으로 지금도 미얀마를 중국어로 면전(緬甸)이라고 한다. 면족의 조상은 중국 변방의 강족(羌族)이다. 2세기 초부터 남쪽으로 이동하기 시작했고 7세기에 남창강과 셀윈강의 지류인 노강(怒江)을 따라 남하하다가 미얀마 중부지역에 정착하였다. 탄족은 인도 국경의 중국 지역에서 이리와디강 상류로 이주하였다. 극흠족은 미얀마 북부의 역사가 오랜 민족으로 중국 운남의 경파족(景頗族)과 동일한 민족이다.

진한 시기 때부터 동남아시아 각국과 중국의 교류가 시작되었는데 미얀마는 동남아시아 국가 가운데 중국과 가장 일찍 교류한 국가였다. 미얀마와의 교류는 2세기 때부터인데 당시 미얀마는 국가를 형성하지 못했고 수많은 부락 연맹과 작은 국가들이 존재했으며 한나라는 이러한 부락이나 소국들과 우호관계를 맺었다. 진한시대 때 중국과 미얀마의 교류는 육로와 해로 두 가지 길이 있었다. 육로는 전면고도(滇緬古道)이고, 해로는 중국에서 남해를 지나 미얀마의 심리국(諶離國)과 부감도려국(夫甘都盧國)에 닿았다.

1) 남방 실크로드

중국에는 세 갈래의 실크로드가 있었는데, 하나는 서한 때 장건이 서역을 개통하여 동쪽은 장안에서부터 시작하여 서쪽은 대진(大秦), 즉 동로마제국에 이르는 '육상 실크로드' 혹은 '북방 실크로드'이고, 다른 하나는 동쪽으로 중국의 광주에서 출발하여 서쪽으로는 유럽의 베니스에 이르는

'해상 실크로드'이며, 세 번째는 서한 때 사천에서 시작하여 운남을 경유하여 미얀마, 인도로 진입하는 '촉신독도'(蜀身毒道) 혹은 '서남 실크로드', '남방 실크로드'라고 한다.

남방 실크로드는 중국 사천의 성도(成都)에서 출발하여 운남의 대리(大理), 보산(保山), 등충(騰冲)과 미얀마 북부를 경유하고 인도 동북부의 아샘(Assam)지방을 지나 다시 벵골(Bengal), 북인도와 중앙아시아를 지나 최후에는 동로마제국에 닿았다. 서역 실크로드와 더불어 이 길을 통해 인도의 불교도 미얀마를 경유하여 중국에 전래되었다. 한당시대 때는 도로 건설의 능력이 크게 증강되어 실크로드가 더욱 완비되었고 관리, 상인, 행인, 군사들이 길을 따라 운남에서부터 미얀마를 경유하여 인도에 도달하였다. 지금은 천전공로(川滇公路), 천전철로(川滇鐵路)와 중면공로(中緬公路), 중인공로(中印公路)는 기본적으로는 바로 이 고대 서남 실크로드를 간선으로 개설된 것이다.

진한시대 때의 촉포(蜀布)와 비단이 일찍이 중국 밖으로 전파되었다. 한 왕조가 서남 변방을 개척하기 위해 개설한 남방 실크로드는 중국과 미얀마 문화 교류의 교량 역할을 했다. 남방 실크로드의 경제문화 교류와 민족의 이동은 주로 북방의 중국에서 남방의 동남아시아와 서아시아로 이동하는 추세였지만 교류는 쌍방에 의해 이루어졌고 운남 서부의 와족(佤族), 덕앙족, 포랑족(布朗族) 조상은 원래 미얀마의 이리와디강가에서 지금의 운남 보산 지역으로 이주하였다. 운남 영창(永昌), 지금의 보산과 이에 속한 현의 생산물이 많은데 그 가운데 보석, 호박과 비취는 미얀마의 유명 생산품이었다.

69년에 동한은 영창에 군을 설치하였는데 미얀마의 큰 부락은 동한과 정치 외교관계를 맺고 사신을 중국에 파견하기도 했다. 화제(和帝) 영원(永元) 6년(94년)에는 영창군 국경 밖의 돈인을왕(敦忍乙王) 막연(莫延)은 사신을 한나라에 보내 코뿔소와 코끼리를 헌공했다. 9년(97년)에 탄국왕(撣國王) 옹유조(雍由調)가 동한에 진귀한 보석을 바쳤고, 화제는 황금 인장을 수여했다. 영녕(영녕) 원년(120년)에 탄국왕은 또 동한에 악사(樂士)와 환인(幻人), 즉 마술사 혹은 곡예사를 보냈는데, 능히 변신을 하기도 하고 불을 뿜기도 하며, 스스로 몸을 가르기도 하고, 소와 말의 머리를 바꾸기도 하였으며 또 공치기를 잘하였는데 때로는 천 개까지 이르렀다. 그 이듬해에 동한은 탄국왕을 한대도위(漢大都尉)에 임명했고 탄국에 인수(印綬), 금은과 비단을 하사했다.[75] 탄국의 마술사는 한대에 큰 영향을 끼쳐 수많은 한대 화상석에는 탄국 마술사의 형상이 새겨져 있는데 그들의 특징은 뾰족한 상투와 팔뚝을 드러내고 바지를 입은 복장을 하였다. 한대부터 탄국의 마술은 중국인이 좋아하는 잡기(雜技) 중의 하나로 정착하였다.

위진남북조시대부터 수당시대까지 중국과 미얀마의 교류는 계속 이어졌다. 중국과 동남아시아 각국 사이의 문화 교류 가운데 음악의 전래는 두드러진 특색 중의 하나였다. 중국 남방의 소수민족 지역과 동남아시아에 광범위하게 유행하던 타악기는 동고(銅鼓)였다. 명절 때 사람들은 동고를 치며 춤을 추었다. 동고는 청동으로 주조하여 속에 빈 공간을 두고 위에는 둥근 면이 있으며 양쪽에 귀가 달려 들 수 있게 하였다. 동고의 몸체는 각종 문양으로 장식하였는데 고대 사회풍속을 묘사하여 당시 사람들의 생활과 풍속을 이해하는 데 귀중한 자료가 된다.

중국 운남성의 만가패(萬家壩)는 동고의 발원지이다. 중국의 운남, 귀주, 사천, 광동, 광서, 호남 등지의 광대한 소수민족 지역은 동고를 최초로 주조하고 아주 오랫동안 사용한 곳이다. 만가패에서 출토된 '오면동고'(五面銅鼓)는 춘추전국시대 주조된 것으로 세계에서 가장 오래된 동고

---

75 『後漢書』, 「南蠻西南夷列傳」, 『後漢書外國傳譯註』, 114쪽.

이다. 형태, 주조 공예기술, 출토된 지점에 따라 동고는 만가패, 석채산(石寨山), 냉수충(冷水冲), 준의(遵義), 북류(北流), 영산(靈山), 마강(麻江)과 서맹(西盟) 등 여덟 종류로 나뉜다. 광서 장족(壯族) 자치구에 수장되어 있는 동고는 높이가 70센티미터, 직경이 1미터 65센티미터, 무게가 300킬로그램으로 '동고의 왕'이라고 칭송된다.

동고의 음색은 맑고 소리가 멀리까지 퍼져나간다. 연주할 때 두 사람이 함께 들고 한 사람이 북을 치거나 지면에 놓고 치기도 한다. 동고가 중국 남방의 소수민족 사이에서 노래와 춤의 반주로 사용되었고, 또한 종교 활동에도 사용되었다. 당대에는 서남 산악지역에서부터 장강 연안지역에 이르기까지 동고가 신의 가호에 감사하고 풍년을 빌며 제사를 올릴 때도 사용되었다.[76]

해상 실크로드의 발달로 중국의 동고는 베트남, 라오스, 크메르, 태국, 미얀마, 말레이시아와 인도네시아에 전해졌다. 801년, 지금의 미얀마 중부에 위치했던 표국(驃國)의 문화예술단이 장안에 와서 음악을 바쳤는데 그 가운데 춤과 음악의 반주로 동고가 사용되었다. 백거이는 『표국악』(驃國樂)에서 "옥 고동 한번 부니 상투머리 치켜 솟고, 동고를 천 번 치니 문신한 몸 춤을 춘다. 구슬 달린 갓끈은 별자리 움직이는 양, 꽃 장식한 덧머린 용 뱀이 꿈틀거리듯"[77]하다고 읊었다. 동고의 반주에 맞춰 추는 가

76 중국의 일부 남방 부족 가운데 銅鼓는 樂器인 동시에 神器였다. 연주를 할 수 있을 뿐만 아니라 명령을 내릴 때도 사용하여 권력의 싱징이었다. 東漢 이후에 세력이 약화되었지만 王莽 때까지 雲南의 滇國, 夜郎國과 함께 존재한 지금의 廣西 지역의 句町國의 수도였던 西林 普馱屯에서 1969년에 銅棺과 1972년에 銅鼓가 출토되었는데 이 銅鼓가 句町國의 정치의 중심지에서 출토되었고 다른 수장품의 질과 양으로 볼 때 매장 도구로인 동시에 왕의 묘에서 출토된 권력의 상징이었음을 알 수 있음. 梁旭達, 『絲路古港:從合浦起航』, 61~62쪽.

77 "玉螺一吹椎髻聳, 銅鼓千擊文身踊. 珠纓炫轉星宿搖, 花鬘斗藪龍蛇動." 金喆洙 역주, 『백거이의 신악부 50수와 진중음 10수』, 86쪽.

무 연주의 장관을 묘사하였다.

인도, 스리랑카, 미얀마를 거쳐 중국으로 이어지는 남방 실크로드를 통해 전래된 불교는 상좌부(上座部), 속칭 소승불교였다. 동남아시아에 유행하던 소승불교는 대승불교에 비하여 계율이 엄격하지 않고 포용성이 강했다. 중국 운남에 전래된 소승불교는 태족(傣族)의 신앙이 되었고 그들의 원시종교와 더불어 지금까지 공존하였다. 미얀마에서 전래된 소승불교는 태족뿐만 아니라 포랑족, 덕앙족, 극목족(克木族) 등을 통해 소승불교가 중국에서 북상하였다.

2) 표국과 표국악

7세기 중국의 사서에 지금의 미얀마 이리와디강 중하류를 중심으로 하는 국가 표국(驃國)을 기록하였다. 표족은 장면(藏緬) 어족(語族)의 한 일파로 그 문화는 인도 굽타왕조 문화의 영향을 받았다. 표국은 중국 사서에 언급한 불교를 신봉하는 임양국(林陽國)이라고 한다. 당나라 이전의 중국 사서에 표국이나 표인(驃人)을 언급하였다. 진(晉)나라 때 상거(常璩)가 편찬한 『화양국지』 권4 「남중지」(南中志)에 명제(明帝)가 영창군(永昌郡)을 설치하였는데 이곳에 "민복(閩濮), 구료(鳩獠), 표월(傈越), 나복(裸濮), 신독(身毒)의 백성들이 살았다"라고 했다.[78] 또 『후한서』, 「남만서남이열전」(南蠻西南夷列傳) 〈애뢰이전〉(哀牢夷傳)의 "오동나무 목화로 실을 타서 짠 포가 있는데"(有梧桐木華, 績以爲布)라는 문구에 대한 이현(李賢)의 주(注)에 진(晉)나라 때 편찬된 『광지』(廣志)를 인용하여, "오동나무 가운데 하얀 것은 표국(驃國)에 있는 동목(桐木)이라는 것으로 그 꽃에 흰 털이 있어 그 털을

78 汪啓明, 趙靜 譯注, 吳迪 外 校訂, 『華陽國志』, 189쪽.

79 동북아역사재단 편, 『後漢書 外國傳 譯註』(上), 111쪽. 『太平御覽』 卷956에도 『廣志』를 인용하면서 "驃國에는 白桐木이 있다"라고 했음. 『太平御覽』(4), 4244쪽.

따다가 물에 담그고 길쌈을 하여 포를 만든다"라고 했다.[79] 이 두 문헌의 '표월', '표국'은 당대 이전의 진(晉)나라 때로 당나라 때의 표국과 관계가 있다. '표'(驃)는 퓨(Pyu)의 역음으로 프롬(Prome)을 가리킨다.[80]

7세기에서부터 9세기까지의 중국 문헌에 표국에 대한 기록은 이전보다 더 상세하다. 『신당서』 권222 「남만전」 〈표국전〉에 "표는 옛날에 주파(朱波), 자칭 돌라주(突羅朱), 도파국(闍婆國) 사람은 도리졸(徒里拙)이라고 했다. 영창(永昌), 지금의 운남 보산(保山) 남쪽으로 2천 리 떨어져 있고, 장안에서 1만 4천 리나 된다. 동쪽의 육진랍, 서쪽은 동인도, 서남쪽은 타화라국, 남쪽은 바다, 북쪽은 남조(南詔)와 접하고 있다. 길이는 3천 리, 폭은 5천 리, 동북쪽은 남북으로 긴데 양저미성(羊苴咩城), 지금의 남조의 도성으로 지금의 운남 대리(大理)에 속하였다"라고 했다. 표국의 강역에 대해 상세하게 기록하였는데 지금의 미얀마 전체 영토와 같으나 당시 표국 내에는 작은 나라와 부락이 아주 많았는데 속국이 18개, 부락이 298개나 되었다.

표국이 관할한 나라 가운데 곤륜국(昆侖國)이 있었는데 대소(大小)가 있었다. 또한 『만서』(蠻書) 권10에도 곤륜국을 기록하였는데, "곤륜국은 북쪽으로 남조의 서이하(西耳河), 즉 지금의 운남 이해(耳海) 경계까지 가는데 81일이나 걸렸다. 코끼리, 청목향(靑木香), 단향, 자단향, 빈랑, 유리, 수정, 여배(蠡杯) 등의 향료, 보석과 코뿔소 뿔이 생산되었다"라고 하였고, 권6 「운남성진」(雲南成鎭)에서도 "수천(水川), 지금의 운남 화녕(華寧)에서 서남쪽으로 가면 용하(龍河)에 이르고 또 남쪽으로 청목향산 길이 곧게 뻗어 있으며 남쪽으로 가면 곤륜국에 이른다"라고 했다. 이상 『신당서』와 『만서』의 두 문헌의 기록을 종합하면, 곤륜국은 남조의 남쪽에 있었음이

80 Pelliot, 馮承鈞 譯, 『交廣印度兩道考』, 205쪽.

밝혀졌지만 정확한 위치에 대한 학설은 분분하다. 미얀마 이리와디강과 셀윈강 입구라고 전한다.

당대 덕종 즉위 초에 검남서천절도사(劍南西川節度使)에 임명된 위고(韋皐)가 지금의 운남의 남조(南詔)와 동맹을 맺고 토번에 대항하려는 책략을 세우기 위해 여러 차례 남조에 사신을 파견하였다. 남조는 재상에 해당되는 청평관(淸平官) 정회(鄭回)의 의견을 받아들여 당나라와 화친하려고 했다. 그래서 당나라 정원 9년(793년)에 남조의 왕 이모심(異牟尋)는 사신 양전성(楊傳盛), 조막나미(趙莫羅眉), 양대화견(楊大和堅)을 각각 안남, 서천, 검중(黔中)에 파견하였다. 양전성은 안남에 도착하였고, 도호(都護) 조창(趙昌)은 사신을 장안에 파견하였다.[81] 나머지 두 사신은 성도(成都)에 도착했고 위고는 남조의 서신과 예물을 받은 후에 사신을 장안으로 호송했다. 그 이듬해에 위고가 파견한 절도사 순관(巡官) 최좌시(崔佐時)가 남조의 도성 양저미성(羊苴咩城), 지금의 운남 대리(大理)에 도착했을 때 이모심과 점창산(點蒼山) 신사(神祠)에서 동맹을 맺었다. 같은 해 6월, 당 조정은 정식으로 사부낭중(祠部郎中) 원자(袁滋)를 남조사어사(南詔使御史)에 임명하고 남조에 파견하였다. 원자는 융주(戎州), 지금의 사천 의빈(宜賓) 석문도(石門道)에서 남조의 도성에 도달하였다.[82] 이후로 남조와 토번은 결렬되고 당나라와 함께 토번을 공격하였다.

남조가 당나라에 귀속된 후에 남조에 복속되었던 표국이 당나라와 직접적인 조공관계를 건립할 수 있었다. 『신당서』 권222 「표국전」에 "정원 연간에 표국왕 옹강(雍羌)은 남조가 당나라에 귀속되었다는 것을 듣고는

81 『舊唐書』 卷197, 「南詔蠻傳」, 5282쪽.

82 지금도 四川 鹽津縣 남쪽에 唐代에는 石門關이라고 했던 豆沙關에는 袁滋가 이곳을 지날 때 새긴 石門磨崖題銘이 남아 있음.

마음속으로 당나라에 귀순하려고 했는데, 이모심이 사신 양가명(楊加明)을 파견하여 검남서천절도사 위고를 배알하고 변방의 음악을 바치게 했고 표국이 악공들을 바치게 했다"라고 했다.[83] 그래서 위고는 남조의 음악을 개편한 『남조봉성악』(南詔奉聖樂)을 바쳤다. 『당회요』 권33과 『구당서』 권13 「덕종기」(德宗紀)에 의하면 남조는 정원 16년(800년)에 봉성악(奉聖樂)을 바쳤는데 위고가 개편한 남조악으로 표국악은 아니었다. 남조악도 남만악(南蠻樂)에 속하지만 봉성악은 이미 위고가 개편한 것으로 그 악기와 악부의 명칭으로 볼 때 이 음악은 서역의 호악(胡樂)의 영향을 크게 받아 이미 진정한 의미의 남만악은 아니었다. 그러나 그 악공과 춤추는 사람들의 복장은 오히려 남조의 옷을 입었고 특히 춤추는 사람은 "강군유(絳裙襦), 검은 두낭을 썼으며 금 요대를 찼고 가죽신을 신었으며 장식한 띠를 이마에 둘렀고 금은보화와 꽃무늬로 장식한 관을 썼다."[84]

표국의 왕 옹강은 또 그의 동생 실리이성(悉利移城)의 성주 서난타(舒難陀)를 파견하여 표국의 음악을 바치게 했는데 성도에 이르러 위고가 다시 악보에 따라 음악을 연주하게 했다. 그들의 춤추는 모습과 악기가 특이하여 그림을 그려서 바쳤다.[85] 표국은 정원 18년(802년) 정월에 표국악을 바쳤고, 또 표국의 왕은 실리이(室利移)를 파견하여 조공을 바치게 했으며 표국악 12곡과 악공 35명을 바쳤다.[86] 실리이성은 실리성(悉利城)이라고도 하는데 지금의 미얀마 아바(Ava)로서 중국의 운남에서 미얀마와 인도로 진입하는 교통의 요충지에 위치하였다.

83 『新唐書』, 6308쪽.
84 『新唐書』, 6310쪽.
85 『新唐書』, 6312쪽.
86 『舊唐書』 卷13, 「德宗紀」, 396쪽.

5. 인도네시아와의 교류

한대의 도자기가 지금의 인도네시아 전역에서 발견되었다. 수마트라섬에서 발견된 자기 완(碗)은 겉면에 한 대 복식 차림의 인물과 말이 그려져 있고 회도삼각정(灰陶三脚鼎)의 바닥에 '원제초원사년'(元帝初元四年)의 글자가 있어 기원전 45년 때의 서한시대로 추정된다. 인도네시아에서 한대의 도자기가 발견되어 기원전 중국 상인이 인도네시아에서 도자기 무역에 종사하였음을 알 수 있다.

삼국시대와 위진남북조시대에는 중국의 조선술과 항해술이 발달하여 중국 상인이 인도네시아 일대에서 무역에 종사하였다. 화물은 주로 도자기와 비단이었다. 자바에서 뚜껑이 있는 도자기 관(罐)이 발견되었다.

당대 9세기 초에 지금의 자바에 있던 가릉국(訶陵國)은 헌종 원년, 8년과 13년에 당나라에 향약(香藥), 대모(玳瑁), 서각(犀角)을 바쳤다. 지금의 수마트라섬에 있던 타파등국(墮婆登國)은 정관 21년(647년)에 서신을 파견하고 고패(古貝), 상아, 백단향(白檀香)을 바쳤다.

동진(東晉)의 승려 법현(法顯)이 육로로 서쪽으로 불경을 구하러 인도에 갔다가 10여 년 후에 해로로 건강(建康), 지금의 남경으로 귀국하였는데 도중에 수마트라섬 동부에 위치했던 야파제(耶婆提)를 경유하여 중국과 남양과의 문화 교류를 가졌다. 법현은 속성이 공씨(龔氏)로 평양(平陽) 무양(武陽), 지금의 산서 양원(襄垣) 사람이다. 불법의 계율을 구하러 399년 3월에 장안을 출발하여 선선(鄯善), 우전(于闐) 등지를 경유하고 파미르고원을 넘어 406년에 석가모니 탄생지를 방문하는 등 인도에서 불교 공부를 한 후에 해로를 통해 귀국하였다. 그는 사자국, 즉 스리랑카에서 2년을 머물면서 『미사새율』(彌沙塞律), 『장아함』(長阿含), 『잡아함』(雜阿含), 『잡장』(雜藏) 4본의 불경을 구하고 귀국하는 도중 석 달을 표류하다가 야파제국에 닿았다. 야파제국에는 바라문교가 성행한 반면 불교에 대해서는 몰랐다. 야파제국에 5개월을 체류한 후 법현은 상선을 타고 북상하여 광주에 도착하였다.

1) 스리비자야

당대 말라카해협을 통과하는 해상 교통로의 흥성으로 말라카해협 남쪽에 위치했던 인도네시아 수마트라섬의 실리불서(室利佛逝, Srivijaya)는 동남아시아 국가 가운데 가장 흥성한 국가였다. 중국 불교 문헌과 실리불서가 있었던 지금의 수마트라섬의 거항(巨港) 팔렘방(Palembang), 자바와 말레이반도 등지에서 발견된 말레이어 비명에 대한 연구를 통해 스리비자야의 역사를 알 수 있게 되었다.

7세기 초에 불교 국가였던 스리비자야는 3세기에서부터 6세기까지 중국 사서에 간타리국(干陀利國)이라고 했다. 『신당서』 권222 「남만전」 〈실리불서전〉에

> 시리불서(尸利佛誓)라고도 하는데 군도농산(軍徒弄山), 지금의 베트남 남곤륜도(南昆侖島)를 지나 2천 리 떨어져 있다. 땅은 동서가 천 리, 남북이 4천 리나 된다. 14개 성이 있고 두 나라를 나누어 다스렸다. 서쪽은 낭파로사(郎婆露斯)이다. 금, 수은, 용뇌가 생산된다. 하지 때 여덟 자 되는 표식을 세웠더니 남쪽으로 두 자 5촌(寸)의 그림자가 생겼다. 나라에 남자가 많아 낙타와 같은 봉이 있고 표범 무늬를 가진 코뿔소를 타고 경작을 하는데 이를 타우표(它牛豹)라고 한다. 또 야생 돼지도 있는데 산양과 같은 뿔을 지녀서 우(雩)라고 하고 고기가 맛있어 선물로 선사하였다. 왕은 갈밀다(曷蜜多)라고 불렀다. 함형(咸亨)에서부터 개원(開元) 연간까지(670~741년) 여러 차례 사신을 파견하고 입조하여 변방의 관리가 약탈

을 일삼았다고 표를 올리자 조서를 내려 광주의 관리가 위무하도록 하였다.[87]

이 나라는 중국에서 인도로 가는 교통의 요충지로 해상 무역으로 부강해져 그 세력이 사방으로 확장되었다. 중국의 저명한 승려 의정(義淨)이 구법을 위해 인도로 가기 위해 광주에서 배를 타고 스리비자야에 도착하였다.

의정은 속성이 장씨(張氏)이고 자는 문명(文明)이며 제주(齊州), 지금의 산동 역성(歷城) 사람이다. 그는 14세 때 출가하였다. 671년에 광주에서 출발하여 스리비자야에 도달하였다. 의정은 스리비자야 이외에 지금의 점비(占碑)인 말라유(末羅瑜), 말레이시아 길타(吉打)인 갈도(羯荼), 니코바르 제도인 나인국(裸人國), 인도 가이각답(加爾各答)인 탐마입저국(眈摩立底國)을 방문하였다. 그리고 인도의 마가다국에서 범본 400부를 얻고 실리불서로 돌아왔고 2년 동안 불경을 번역하였다. 695년에 광주를 경유하여 낙양으로 되돌아왔다. 그는 실리불서에서 『남해기귀내법전』(南海寄歸內法傳) 4권을 편찬하고 동남아시아, 남아시아의 불교, 지리와 풍속을 기록하였다. 의정은 서문에서 환주(歡州), 베트남의 의안(宜安)에서 남쪽으로 비경(匕景) 혹은 비경(比景), 점파(占婆), 부남(扶南)에 도달하였다. 또한 의정은 『대당서역구법고승전』(大唐西域求法高僧傳)을 편찬하였는데 여기에서 의정은 고승 의랑(義朗), 지안(智岸)과 의현(義玄) 세 사람의 남양에서의 구법 활동을 기록하였다. 의랑은 사천 성도 사람으로 계율과 밀종에 뛰어났는데 장안을 출발하여 남하하여 부남에 도달하였고, 랑가수(郎迦戍), 지금의 태국 남부 말레이시아 반도 북대년(北大年) 일대를 방문하였는데 랑가수 왕의 환대를 받았다. 지안은 랑가수에서 병사하였다. 고승 정고(貞固)

87 『新唐書』, 6305쪽.

는 일찍이 의정을 따라 실리불서로 가서 역경을 배웠다. 당대의 태종, 고종과 무측천 시절 구법승이 60여 명이나 되었는데 그 가운데 반수 이상이 해로를 이용하여 남해 여러 나라에 가서 구법 활동을 펼쳤다.

8세기 때 스리비자야의 세력이 말레이반도에까지 확장되었는데 의정이 번역한 『근본설일체유부백일갈마』(根本說一切有部百一羯磨) 권5에 남인도의 탐마입저국(耽摩立底國)에서 "당나라로 귀국할 때 배를 타고 동남쪽으로 두 달 정도 가면 갈도국(羯荼國)에 도달하는 이곳은 스리비자야에 속했다"라고 했다. 갈도국은 말레이반도의 길타에 있던 국가였으므로 스리비자야에 복속되었다는 점은 말레이반도가 스리비자야의 세력권에 들어갔음을 알 수 있다. 말레이반도 낙곤(洛坤)의 실마만사(悉摩曼寺) 돌기둥에 새겨진 명문에서도 이러한 사실을 확인할 수 있다. 명문은 범문시(梵文詩) 10수인데, 스리비자야가 775년 4월 15일에 대승불교 사원 건축을 기념하는 내용으로 국왕을 칭송하였는데 이 국왕은 실리마가라도(室利摩訶羅闍)라는 존호(尊號)를 지녔고 산제(山帝)라는 뜻의 하련특랍(夏連特拉) 가문에 속하였다. 스리비자야는 지금의 자바섬에 건설한 하련특랍왕조와 밀접한 관계가 있었다. 9세기 초에 자바 중부에 위치한 불교를 신봉하는 하련특랍왕조와 바라문 습파교(濕婆敎)를 믿는 산도야(珊闍耶) 혈통의 왕조와의 쟁탈전 결과 하련특랍왕조가 패하고 그의 아들 왕자 파라보타라(婆羅普陀羅)가 스리지바야로 도주하였는데 그의 모친은 원래 스리비자야 왕의 딸이었기 때문에 스리비자야의 왕위를 계승하였거나 왕자가 스리비자야의 공주와 결혼하여 왕위를 계승하였다.

스리비자야는 오랫동안 중국과 인도 사이의 해상 교통을 장악했고 말레이반도, 수마트라섬 서부 국가들을 정복했지만 인도, 페르시아 등과 교류하고 무역활동을 전개했으며 10세기 초에는 중국 사서에 스리비자야는 삼불제(三佛齊)라고 했다.

2) 가릉국

3세기부터 6세기까지 중국 사서에 사파(社婆), 사박(社薄), 두박(杜薄), 도파(闍婆) 등이 등장하였고, 7세기 이후에 중국 문헌에 정식으로 가릉국(訶陵國)이 등장하였다. 지금의 인도네시아 자바섬이다. 예를 들면, 『신당서』 권222 「남만전」 〈가릉국전〉에 "사파 혹은 도파라고도 하는데 남해에 있다. 동쪽으로 파리(婆利), 서쪽으로는 타파등(墮婆登), 남쪽은 바다, 북쪽은 진랍과 접하고 있다"라고 했다.[88] 중국 문헌의 가릉국은 8세기 초에 자바 중부의 마타란국(馬打蘭國) 하련특랍왕조에서 흥기하였다. 8세기 초에 가장 세력이 강했던 자바 중부의 산도야왕조(732~760년) 때부터 자바 중부에는 두 개의 왕조가 공존하였지만 산도야왕조는 하련특랍왕조에게 복속되었다. 8세기 말경에서부터 9세기 초까지 하련특랍왕조는 중부 자바 마타란 지역에 크메르의 앙코르와트와 같은 위대한 불교 건축물인 파라부도(婆羅浮屠)를 건설했다. 중앙에 46미터의 탑이 있고 화랑의 길이는 4,800미터이며 대승불교 부조와 400개의 불상이 새겨져 있다. 가장 낮은 계단에는 자바 사람들의 생활 모습 가운데 선행과 악행에 대한 인과응보를 담은 부조가 새겨져 있다. 인도 굽타왕조의 고전 양식을 닮아 인도 나란타사(那爛陀寺) 교파의 불교의 경전을 재현하였지만 자바 특유의 문화 전통에 부합되었다. 또 『신당서』에 가릉국의 왕은 도파성(闍婆城)에 거주했다고 하였는데 지금의 중부 자바 마타란 일대로 그 조상은 길연(吉延)인데 760년에 자바 동부의 적나(迪奈)에 아카사제야묘(阿仵斯提耶廟)를 세운 가도야나(加闍耶那)이다. 『신당서』에 기록한 도파성은 "산상에 낭비야주(郎卑野州)가 있고 왕은 항상 산에 올라가 바다를 바라보았다"[89]고 하였는

88 『新唐書』, 6302쪽.
89 『新唐書』, 6302쪽.

데, 이 낭비야주가 하련특랍왕조 때 건설한 파라부도이다.

832년 이후로 하련특랍왕조의 국왕이 죽고 그의 아들 파라보타라의 나이가 너무 어려 왕위를 계승하지 못했다. 국왕의 딸 파라마타발타니(波羅摩陀跋陀尼)가 산도야 가족에게 시집을 가서 그녀가 한동안 정권을 장악했다. 여왕의 남편 낙결연비카단(落結連比仵丹)이 838년에 왕위를 계승했다. 어린 왕자는 하련특랍왕조를 수복하려고 노력하였지만 결국 856년에 실패하고 스리비자야로 도주하였고 후에 스리바자야의 왕이 되었다. 자바동부가 산도야왕조의 통치 아래 들어가자 불교가 쇠퇴하고 습파교가 발전하였지만 자바 특유의 본토 문화와 불교 문화의 활력을 잃지는 않았다.

정관 연간에 타라화, 타파등과 함께 사신을 파견하고 공물을 바치고 좋은 말을 구하자 태종이 보내주었다. 대력 연간에도 사신을 세 차례나 파견하였고, 원화 8년(813년)에 승지(僧祗)의 노예 4명, 오색 앵무새, 가릉빈가를 바쳤다. 대화 연간에도 두 차례 입조하고 공물을 바쳤고, 함통(咸通) 연간(860~874년)에 당나라에 사신을 파견하고 여자 악공을 바쳤다.[90]

3) 파리국

중국과 보르네오(Borneo)와의 접촉은 진(晉)나라 안제(安帝) 융안(隆安) 14년(414년)으로 중국의 승려 법현(法顯)이 인도로 가서 국법 활동을 끝내고 귀국하던 중 남양을 경유할 때 언급한 야파제(耶婆提)였다. 중국이 보르네오에 최초로 항해한 때는 『양서』(梁書)에 기록되어 있는데 양무제 보통(普通) 원년(520년)이었다. 중국 문헌 중에는 발니(渤泥), 파리(婆利) 혹은 파라(婆羅)라고 하였는데 지금의 브루나이이다.

파리국(婆利國)은 7세기부터 9세기까지 수당시대에 중국에 조공을 바쳤

90 『新唐書』, 6302~6303쪽.

는데 파리(婆利) 또는 파리(婆梨), 파리주(婆里洲), 마예(馬禮) 등으로 불렸다. 『수서』 권82 「남만전」 〈파리전〉에

> 교지로부터 바다로 배를 띄워, 남쪽으로 적토(赤土)와 단단(丹丹)을 지나 그 나라에 이른다. 나라의 경계는 동서로 4개월 거리이고, 남북으로 45일 거리이다. 왕의 성은 찰리야가(刹利邪伽)이고 이름은 호람나파(護濫那婆)이다. [……] 그 풍속은 진랍과 같고, 물산은 임읍과 같다. 살인자나 절도한 자는 그 손을 자르고, 간음한 자는 그 발에 쇠사슬을 채웠다가, 해가 차면 풀어준다. [……] 사리(舍利)라고 하는 새가 있는데, 사람의 말을 이해한다.[91]

라고 했다.

중국의 승려들은 상선을 타고 가릉국, 지금의 자바섬으로 갔는데 도중에 폭풍우를 만나 침몰하는 경우가 있어서 승무원들은 아미타불의 염불을 외웠다. 명원(明遠), 회녕(會寧), 운기(運期), 해탈천(解脫天), 규중(窺仲), 혜염(慧琰), 대승등(大乘燈), 피안(彼岸), 운윤(雲潤), 의휘(義輝), 도림(道琳), 운광(雲光), 혜명(慧命), 선행(善行), 영운(靈運), 승철(僧哲), 지홍(智弘), 무행(無行), 법진(法振), 대진(大津), 도굉(道宏), 법랑(法朗), 혜일(慧日) 등은 모두 해로를 이용하여 불경을 구하러 동남아시아나 인도로 간 승려들이다.

고대 중국의 고승이 서방에 가서 불경을 구하는 길은 육로와 해로 두 가지 방법이 있었는데 남양, 즉 동남아시아 각국은 해로를 이용하는 경우 필히 지나야 하는 지역이었다. 실리불서, 가릉과 같은 인도네시아 지역은 불경 번역과 교류 활동의 중심지였고 상호 문화 교류의 장이었다.

91 『隋書』, 1838쪽.

제8장

인도, 아랍, 페르시아와의 교류

중국의 인도양 항해노선이 개통된 동시에 서양에서도 동방으로 통하는 해로 교통에 대해 적극적으로 탐색하기 시작했다. 그 가운데 동로마제국이 동방 항해노선을 개척하였다. 중국과 동로마제국의 직접적인 관계는 비록 다른 나라와의 교류에 비해 늦었지만 대하, 안식 등의 중개를 통해 로마인은 일찍부터 중국을 알고 있었고 중국의 비단이 로마귀족 사이에 크게 유행한 바 있다.

『사기』, 「대원열전」에 장건이 직접 가본 서역에 대해 천자에게 보고할 때 안식(安息) "서쪽에는 조지(條枝)가 있으며, 북쪽에는 엄채(奄蔡), 여헌(黎軒)이 있습니다"라는 귀절[1]에 대한 장수절(張守節)의 『정의』(正義)에 기록하길, "대진은 안식, 조지 서쪽의 큰 바다 서쪽에 있으므로 해서(海西)라고 했다. 안식과의 경계에서 배를 타면 곧바로 해서에 닿는다"라고 했다.[2] 이 기록은 한나라 때이지만 장수절의 정의의 기록은 『위략』(魏略)을 인용

1 丁範鎭 외 옮김, 『史記列傳』(下), 1063쪽.

2 『史記』, 3163쪽. 吳順東, 譚屬春, 林平 譯, 『史記全譯』(4), 3146쪽.

한 것으로 오래전부터 중국인은 로마제국에 대한 지식이 있었다.

1세기 이전에 동아프리카, 인도의 상품이 일반적으로 홍해(紅海) 남단의 만답(Mandab)해협 양안에서 중개되어 상인들에 의해 지중해 연안으로 운반되었다. 중국에서 온 비단은 이도로 운반된 다음 홍해를 거쳐 유럽에 운반되었다. 그래서 지중해 연안에 도착한 비단이 그 가격이 비쌌다. 『후한서』, 「서역전」에 대진(大秦), 즉 로마는 "안식, 인도와 바다로 교역을 하였는데 이익이 열 배는 되었다"라고 했다.[3] 가격이 비싼 비단이라는 고급 상품에 매료된 로마 상인은 해로를 통해 중국과 직접 무역의 길을 찾기 시작했다. 1세기 중엽 유럽인이 인도양의 계절풍을 발견한 후 로마 상선이 인도로 직항하기 시작했고, 동시에 중국과 인도양의 항해노선이 이미 개통되어 있었으므로 로마와 중국 사이에 직접적인 항해노선이 열릴 조건이 완성되었다.

로마와 인도양 항해노선을 따라 인동에 도달한 로마 상선은 일찍이 계속 동쪽으로 항해할 시도를 하기 시작했다. 『후한서』, 「남만전」(南蠻傳)에 동한 영녕(永寧) 원년(120년)에 탄국(撣國), 즉 미얀마 국왕 옹유조(雍由調)는 다시 사신을 한나라에 파견하여 조공을 바쳤고, "자칭 해서인(海西人)이라고 했는데 해서(海西)는 대진으로 탄국은 서남으로 대진과 통하였다"라고 했다.[4] 이것은 로마인이 이미 인도를 넘어 미얀마에 도달하였고 여기에서 한나라와 미얀마와의 관계도 알 수 있는데 확실한 문헌의 기록은 없지만 결국은 로마 상인이 탄국을 통해 중국에 왔을 것으로 추정한다. 『후한서』, 「서역전」에 동한의 환제(桓帝) 연희(延熙) 9년(166년)에 대진의 왕 안토니우스(安敦)가 사신을 파견하여 일남(日南)에서 상아, 코뿔소 뿔, 대모를

3 『後漢書』, 2919쪽.

4 『後漢書』, 「南蠻傳」, 2851쪽.

바쳐 "처음으로 직접 통하였다"라고 하였다.[5] 이것은 로마와 중국이 해로를 통한 직접적인 통상의 시작을 알리는 신호탄이었고, 동서의 해로 교통이 정식으로 형성되는 계기가 되었다.

1. 인도와의 교류

인도의 중국과의 교류의 역사는 길고 규모도 컸으며 영향도 컸다. 남아시아의 인도는 고대 중국과의 교류에서 신독(身毒), 천축(天竺) 등으로 불렸다. 인도는 불교의 탄생지이기도 하여 인도의 중국과의 교류의 역사는 길고 규모도 컸으며 영향도 컸다.

한대 사마천의 『사기』, 「서남이열전」에 다음과 같이 기록되어 있다.

> 원수(元狩) 원년(기원전 122년)에 박망후(博望侯) 장건(張騫)이 대하(大夏)에 사신으로 갔다가 돌아왔는데, 대하에 있을 때 촉(蜀)의 포(布)와 공(邛)의 죽장(竹杖)을 보고 그 들여온 곳을 알아보았다. [그때 어떤 이가] 말하길, "동남쪽의 신독국(身毒國)으로부터 오는데, 수천 리는 족히 될 터이지만, 촉 상인이 파는 것을 얻을 수 있다"라고 하였다고 한다. 또 어떤 이에게 듣기에 공(邛)의 서쪽으로 2,000리 정도에 신독국이 있다고 했다. 장건이 이를 근거로 조금 과장하여 말하기를, 대하는 한(漢)의 서남쪽에 있는데, 중국을 흠모하나, 흉노가 그 길을 막고 있는 것을 걱정하고 있으니, 진실로 촉(蜀)을 통하면, 신독국에 이르는 길은 편하고 가까우며, 이익만 있을 뿐 해가 될 것이 없다고 하였다. 이에 천자(天子)가 마침내 왕연우(王然于), 백시창(柏始昌), 여월인(呂越人) 등에게 명을 내려 서이 서쪽 사이로 몰래

5 『後漢書』, 「西域傳」, 2920쪽.

나가 신독국을 찾게 하였다. 전(滇)에 이르렀는데, 전왕(滇王) 상강(嘗羌)이 끝내 잡아두고, 대신하여 길을 찾기 위해 서쪽으로 보낸 것이 10여 무리였다. 한해 남짓 지나 모두 곤명에게 막혀 끝내 신독국과 통할 수 없었다.[6]

또 『사기』, 「대원열전」(大宛列傳)에 신독국으로 가는 길을 찾기 위한 사신을 남월 멸망 이후로 파견하였다고 기록하고 있다.

이때 한나라는 이미 월나라를 멸망시켰으므로 촉(蜀)과 서남이(西南夷)들은 모두 두려워 떨며 한나라에게 관리를 파견해 관할해줄 것을 청하고, 조회에 들어오고 있었다. [……] 그래서 백시창과 여월인 등에 한 해 10여 차례 사신을 파견하였는데, 이렇게 새로이 설치한 군을 지나서 대하로 향하였으나, 모두가 다시 곤명(昆明)에서 막히게 되어 그들에게 살해되고 돈과 물건을 빼앗기게 되니, 끝내 대하에 이르지 못하였다.[7]

1) 인도양 항해노선 개척

『한서』, 「지리지」에 광동 연해에서 인도차이나반도와 동남아시아를 경유하여 황지국(黃支國), 피종(皮宗), 이정불국(已程不國) 등지로 가는 항해노선이 묘사되어 있다. 황지국은 인도 남부 동해안 타밀나두(Tamil Nadu) 주(州)의 수도인 코로만델해안(Coromandel Coast)의 마드라스(Madras) 이남의 칸지베람(Canjeeveram), 즉 현장의 『대당서역기』 중의 건지보라(建志補羅), 피종은 말레이반도 서남해안 밖의 피상섬(Pisang),[8] 이정불국은 지금

6 『史記 外國傳 譯註』, 233~234쪽.

7 丁範鎭 외 옮김, 『史記列傳』(下), 1069~1070쪽.

8 Pisang은 말레이어로 바나나라는 뜻이다. 일설에 피종은 말레이시아 조호르(Johore)와 싱가포르 일대, 태국의 北大年, 인도네시아 수마트라섬 동해안의 인드라기리(Indragiri) 하구 밖의

의 스리랑카를 말한다. 당시 중국의 출발 항구는 일반적으로 일남(日南), 지금의 베트남 광치(廣治)와 서문(徐聞), 지금의 광동 뇌주(雷州)반도 남단 서문과 합포(合浦), 지금의 광서 북부만(北部灣) 합포 등지였다. 인도양 항해노선은 베트남의 광치, 중국 남방의 서문, 합포에서 출발하여 인도차이나반도 동해안을 따라 남하하여 말레이반도를 돌아 벵골만에 진입한 다음 최후에는 인도 남부와 스리랑카에 도달하는 길이었다. 이 시기의 선박은 상대적으로 작고 풍랑에 견디는 능력이 약하여 심해 항해는 적합하지 않고 항해 기술도 제한적이어서 대륙 연안을 따라 항해하느라 항해가 느려 시간도 비교적 오래 걸렸다.

『한서』, 「평제전」(平帝傳)과 「왕망전」(王莽傳)에 여러 차례 황지국이 코뿔소를 바쳤다고 기록하였다. 최근 광주의 묘에서 도자기로 만든 코뿔소 모형이 출토되었다. 특히 삼원리(三元里) 마붕강(馬鵬崗) 1호 한나라 묘에서 목태칠(木胎漆) 편합(扁盒)이 출토되었는데 편합 양면에 모두 붉은 칠로 그린 코뿔소 도안은 생동감 넘친다. 코뿔소는 동남아시아, 남아시아와 아프리카에 사는 동물로, 서한 때 출토된 코뿔소 그림은 중국과 인도양이 해로교통으로 밀접한 관계가 있었음을 시사한다. 1983년에 광주에서 발굴된 남월국(南越國) 제2대 왕 문제(文帝) 조매(趙昧) 무덤에서 5개의 상아가 나왔는데 모두 아프리카산 상아였다. 이것은 아랍인이나 인도인이 동아프리카와 인도, 아랍, 동남아시아를 왕래하는 해외 무역에 종사하면서 아프리카 상아가 이들 지역에 수입되었고 이 상아가 다시 중국으로 수출되었던 것으로 추정되어, 인도양 주변의 아랍, 아프리카, 인도, 동남아시

피상섬(Pisang), 수마트라섬 북부의 페우사간강(Peusagan) 유역, 말레이시아의 페낭섬(Penang), 말레이반도 북부의 팍찬강(Pakchan) 하구, 베트남 남단의 차마우(Ca Mau) 곶과 그 부근의 브용섬(Byong) 혹은 판장섬(Panjang)이라고 한다. 陳佳榮, 謝方, 陸峻嶺, 『古代南海地名匯釋』, 285쪽.

아와 중국을 연결한 해상 실크로드 네트워크가 형성되어 있었음을 확인할 수 있다.

2) 안남통천축도

당대 중국에서 인도로 통하는 도로는 '안남통천축도'(安南通天竺道)인데, 그 노선은 교지(交趾), 지금의 베트남 하노이에서 서북쪽으로 가면 척동성(拓東城), 지금의 운남 곤명(昆明)에 도달하고 양저미성(羊苴咩城), 지금의 대리(大理), 영창(永昌), 지금의 보산(保山)에서 서쪽으로 노강(怒江)을 건너 제갈량성(諸葛亮城), 지금의 노강과 용천강(龍川江) 사이에 도달하는데, 여기에서부터 두 갈래 길로 갈라진다. ① 제갈량성에서 서남쪽으로 지금의 미얀마 표국(驃國)에 들어가서 실리성(悉利城), 지금의 미얀마 마궤(Magwe, Magway) 부근, 돌민성(突旻城), 지금의 미얀마 파간(Pagan)을 경유하고 서쪽으로 흑산(黑山), 지금의 미얀마 아라칸(Arakan) 산맥을 넘어 동인도의 가마파국(迦摩波國), 지금의 인도 아샘 지방을 지나 부라마푸트라강(迦羅都河)을 건너 분나벌단나국(奔那伐檀那國), 지금의 방글라데시 랑푸르(Rangpur)를 지나 갈주올라국(羯朱嗢羅國), 지금의 인도 동부 라지마할(Rajmahal)을 지나 또 서쪽으로 마갈타국(摩羯陀國), 지금의 인도 파트나(Patna)에 도달한다. ② 제갈량성에서 서쪽으로 가서 등충성(騰充城), 지금의 운남 등충을 지나 여수성(麗水城), 지금의 미얀마 북부 미치나(Myitkyina) 남쪽을 경유하고 서쪽으로 여수(麗水), 지금의 이리와디강을 건너 안서성(安西城), 지금의 모공(Mogaung)에 도달한다. 서쪽으로 대진파라문국(大秦婆羅門國), 지금의 인도 마니푸르(Manipur)에 도달하고, 또 서쪽으로 대령(大嶺), 지금의 인도 아샘지방 나갈랜드(Nagland) 지방의 구릉지대를 넘어 동인도 북부의 몰노국(沒盧國), 즉 가마파국을 지나 다시 서남쪽으로 중인도 동북의 분나벌단나국에 도달하

여 제1노선과 만난다.[9]

3) 당대 인도와의 교류

6세기에 굽타왕조가 와해되자, 북인도는 재차 분열되었다. 7세기 초에 북인도의 카냐쿠브자국(羯若鞠闍國, Kanyakubja)은 계일왕(戒日王, Siladditya) 시기(606~647년)에 전성기를 맞이하였다. 이때부터 인도 역사상 강대한 왕조 하샤(Harsha)시대가 시작된다. 북인도 전체를 차지하여 5개 천축 중의 수많은 국가가 모두 복속되었다. 수도는 곡녀성(曲女城), 지금의 인도 북부의 카나우지(Kanauj)이다. 현장은 『대당서역기』 권5에서 카냐쿠브자국을 다음과 같이 기록했다.

> 여러 곳의 진귀한 물건이 모여든다. 주민들은 생활을 즐기고 집집마다 부유하다. 꽃이며 과일이 풍부하고 농업은 계절에 따라 행해진다. 기후는 온화하고 풍속이 질박하며 용모는 고상하고 의복은 깨끗하다. 학예를 열심히 닦고 담론은 고매하다. [……] 가람은 1백여 군데, 승도는 1만여 명이며 대승과 소승 불교를 겸하여 학습하고 있다. 천사(天祠)는 2백여 군데, 이교도 사람들도 수천 명이다.[10]

현장이 계일왕을 알현하고 당나라와 당태종을 그에게 소개했다. 계일왕은 정관 15년(641년)에 사신을 장안에 파견하여 당태종의 환대를 받았다. 계일왕은 재차 사신을 파견하여 답방하는 등 쌍방 사절의 왕래는 계속되었다. 그 가운데 역사에 남을 만한 사건은 왕현책(王玄策)의 세 차례

9 『新唐書』, 「地理志」(7)(下), 1151~1153쪽.

10 玄奘法師, 權德周 譯, 『大唐西域記』, 137쪽.

에 걸친 인도 방문이다.

왕현책의 제1차 인도 방문은 정관 17년(643년)으로 태종이 위위승(衛尉丞) 이의표(李義表)를 정사(正使)에, 융주(融州), 황수(黃水), 현령(縣令), 왕현책을 부사에 임명하여 22명으로 구성된 사절단을 파견하였는데 토번, 네팔을 경유하여 인도로 진입했다. 카냐크부자(Kanyakubja)의 수도 곡녀성(曲女城)에 들어간 후 계일왕의 환영을 받았다. 이후에 이의표와 왕현책은 계일왕(戒日王, Harshavardhana)의 귀빈 자격으로 인도 각지를 유람하였고 불교 성지를 순례하였으며 2년 후에 장안으로 귀국했다.

정관 21년(647년)에 왕현책은 정사의 신분으로 30명의 사절단을 이끌고 부사 장사인(蔣師仁)과 함께 제2차 인도를 방문했다. 인도에 도착하였을 때는 계일왕이 죽어 나라가 혼란에 빠졌고 이 사이에 카냐크부자(Kanyakubja)의 대신 아라나순(阿羅那順)이 왕위를 찬탈하였기 때문에 왕현책의 입국이 거절되었고 사절단의 재물을 약탈하였으며 사절단 전원을 구금하였다. 왕현책이 기회를 틈타 탈출에 성공하여 토번으로 도망을 갔으며 토번과 네팔 군대의 도움과 안도의 기타 소국들의 협조로 다시 곡녀성으로 돌아갈 수 있었다. 왕현책은 3일 동안의 전투 끝에 아라나순을 생포하여 장안으로 압송했다. 태종이 죽고 소릉에 묻힌 후에 석상 중의 하나가 아라나순이다.

고종 현경 3년(657년)에 왕현책은 명을 받들어 불가사(佛袈裟)를 호송하기 위해 제3차 인도 방문의 길에 들어섰다. 4년 동안 왕현책은 인도 각지와 불교 성지도 유람했다. 귀국 도중에 지금의 아프가니스탄 카불(Kabul) 서북쪽 벨그람(Belgram)에 있던 카피사야(Kapisaya, 迦畢試國)을 경유할 때 이 나라의 절에 불정골(佛頂骨)을 가지고 장안으로 돌아와 궁중에 공봉(供奉)하였다. 제3차 인도 방문은 당나라와 하르샤(Harsha)왕조와의 정치 교류와 두 나라의 우호적인 왕래를 촉진시켰다.

4) 불교 승려의 교류

중국과 인도양을 연결하는 항해노선의 위진남북조시대 때의 특징은 승려들의 활동과 관계가 깊다. 이 시기에 인도의 불교가 동쪽으로 동남아시아와 중국에 전파되면서 수많은 남아시아 불교 승려, 예를 들면 강승회(康僧會), 불타발타라(佛馱跋陀羅), 구나발마(求那跋摩), 구나발다라(求那跋多羅), 파라말체(波羅末蒂), 승가파라(僧伽婆羅), 만타라(曼陀羅), 수보제(須菩提), 도보(道普) 등이 해로를 통해 중국을 방문하고 불교를 전하였다. 또한 중국의 승려, 예를 들면 법현(法顯), 법용(法勇), 지엄(智儼), 이용(李勇)도 이 해로를 이용하여 인도를 방문하고 구법 활동에 종사하였다. 이러한 항해노선을 어떤 학자는 '불교의 길'이라고 명명하기도 한다.

산동의 청주(青州)와 광주가 이 불교의 길의 출발 항구였고 자바, 수마트라섬, 갠지스강 입구, 사자국(師子國) 등이 주요 정착지였다. 법현을 예로 들면, 그는 하서주랑, 서역을 지나 파미르고원을 넘고 육로로 인도에 들어갔고 후에 409년에 갠지스강 입구에서 상선을 타고 사자국, 지금의 스리랑카에 도착하여 2년을 머문 뒤에 다시 상선을 타고 야파제(耶婆提), 지금의 수마트라섬에 도착한 다음 다시 성선, 아마도 중국 상선으로 바꿔 타고 의희(義熙) 8년(412년) 7월에 산동 청주 장광군(長廣郡) 뇌산(牢山), 지금의 청도(青島) 노산(嶗山)에 닿았다. 법현은 『법현전』(法顯傳) 또는 『불국기』(佛國記)라고도 하는 명저에서 당시의 남아시아, 동남아시아의 풍토와 인정, 특히 스리랑카에서 배를 타고 인도양을 가로질러 귀국하는 사정을 상세하게 기술하여 당시 항해 과정에서 선박 수리, 천문을 이용한 항해, 계절풍의 이용, 항선, 동남아시아와 남아시아 해상무역에 관한 정보가 많아 당시 해상교통과 무역에 관한 귀중한 자료이다.

의정(義淨)은 제주(齊州), 지금의 산동 제남(濟南) 사람으로 속성은 장씨(張氏)로 어려서 출가하였다. 법현과 현장을 흠모하여 함형 2년(671년)에 광주에서 페르시아 상선을 타고 인도로 구법 활동을 떠났다. 25년 동안 인도에 머물면서 30여 국가를 방문하였으며 나란타사(那蘭陀寺)에서 11년 동안 불교 공부를 했고 증성(證聖) 원년(695년)에 범어본 불경 400부를 가지고 귀국하여 낙양에 도착했다. 무측천이 그의 귀국을 환영하였고 그를 불수기사(佛授記寺)에 안치하였으며 실차난타(實叉難陀)의 『화엄경』 번역에 참여하게 했다. 훗날 장안과 낙양에 역장(譯場)을 조직하고 자신도 불경 번역에 종사하였다. 번역한 불경이 61부, 239권이고, 저서 『대당서역구법고승전』(大唐西域求法高僧傳), 『남해기귀내법전』(南海寄歸內法傳) 등이 있다.

의정은 인도에 중국의 의학과 본초(本草)를 전파하였다. 중국에서 인도에 전래된 약재는 인삼(人參), 복령(茯苓), 당귀(當歸), 원지(遠志), 오두(烏頭), 부자(附子), 마황(麻黃) 등이다. 전부 치료제 약물로 '신주상약'(神州上藥)이라는 명예를 얻었다. 또한 반대로 인도의 의학 서적이 중국에 전래되었는데 특히 안과 의학 서적이 유명했다. 유우석은 인도 의사에게 그의 눈 치료를 부탁한 적이 있었다. 인도에서 중국으로 수입한 약재는 아위(阿魏), 가려륵(訶黎勒), 울금향(鬱金香), 두구(荳蔻), 용뇌(龍腦), 정향(丁香) 등이었다.

2. 아랍, 페르시아와의 교류

서아시아는 지금의 아프가니스탄에서 서쪽으로 아라비아반도와 이란, 이라크, 터키까지 모두 포함된다. 당대 중국과 서아시아와의 관계는 이 지역에 등장했던 파사(波斯), 즉 페르시아와 대식(大食), 즉 아랍제국 두 나라와의 교류에서 드러난다.

무역에서는 대식과 페르시아 상인은 주로 향약, 코뿔소 뿔, 상아, 대모, 진주와 소목(蘇木), 백반(白礬), 아위, 아려륵, 파고자(破故子) 등의 약재를 중국에 판매하고, 중국으로부터는 주로 비단과 도자기를 구매하였다.

1) 페르시아와의 교류

226년에 사산족 수령 아르다시르(Ardashir) 1세가 거병한 후 독립하여 안식(安息)을 전복하고 이란 역사 가운데 사산왕조를 열었다. 사산조페르시아는 영토를 확장하여 호라즘, 대하(大夏), 인도 서북부 등을 점령했고 귀상왕조도 무너뜨렸다. 사산조페르시아를 중국 문헌에서는 파사((波斯)라고 부른다. 지금의 이란이다. 7세기 초에 대식(大食)이 흥기한 후 사산조페르시아는 점차 쇠퇴하였다. 사산조페르시아는 4백여 년 동안 존재하였는데 중국의 남북조, 수대와 당나라 초기까지에 해당된다. 사산조페르시아는 서아시아 최대의 강국이었고 중국과 밀접한 관계를 맺었으며 사산조페르시아 문화는 중국에 커다란 영향을 끼쳤다.

사산조왕조 후기에 수양제가 운기위(雲騎尉) 이욱(李昱)을 사신으로 파견하였고, 페르시아의 사신이 또한 이욱을 따라 중국에 와서 공물을 바쳤다. 당대에 양국의 왕래가 빈번했고 수많은 페르시아 사람이 중국의 관리를 지냈고 상업에 종사한 사람도 많았다. 당나라 초기에 서돌궐을 평정하여 가로막혔던 페르시아와의 교통이 다시 개통되어 두 나라 사이의 밀접한 교류의 장이 마련되었다. 아랍제국의 페르시아에 대한 압박은 페르시아가 중국의 지원을 요청하게 되는 주요 원인이 되었다. 페르시아의 왕 야즈데저드(Yazdegerd) 3세는 정관 13년(639년)과 22년(644년)에 사신을 중국에 파견하여 대식국에 대항하기 위한 당나라와의 연합을 요청했으나 페르시아는 중국에서 너무 멀리 떨어져 있고 강국 대식국과의 충돌을 원치 않았기 때문에 거절하였다. 얼마 후에 야즈데게르드왕이 전사하고 페르시아는 동북부의 호라산만이 남게 되었다. 그의 왕자 페로즈(Peroz)는 아랍인을 격퇴하였다. 654년, 페로즈는 장안에 사신을 보내 당나라의 구원을 요청하였으나 고종은 원정길이 너무 멀다는 명분으로 재차 군사적 지원을 거절하였다. 그러나 얼마 후에 속특(粟特) 지역도 대식의 위협을 받자, 당 조정의 태도에 변화가 생겼다. 현경 3년(658년)에 하중 지역에 기미부주를 설치하는 것 이외에 당 조정은 용삭 원년(661년)에 왕명원(王名遠)을 사신으로 파견하여 페르시아의 질릉성(疾陵城, Zaranji), 즉 지금의 시스탄(Sistan) 동북쪽 사베리(Saberi) 호수 부근에 파사도독부(波斯都督府)를 설치하고 페로즈를 도독에 임명하고 안서도호부의 통치를 받도록 하였다. 이듬해에 또 페로즈를 파사왕(波斯王)에 임명하여 파사와 공동으로 대식의 침입을 막으려고 하였으나 실패하고, 함형 4년(673년), 대식은 파사의 완강한 저항을 쳐부순 후에 호라산을 정복하여 완전히 파사를 멸망시켰다. 페로즈는 당나라의 도움으로 후에 조국을 수복할 수 있다는 희망을 품고 아들 나르세스(Narses)를 데리고 장안으로 망명했다. 당 조정은 그를 우무위장군(右武衛將軍)에 봉했으나 얼마 후에 장안에서 객사하였다.

페르즈의 아들 나르세스가 부친의 뜻을 계승하여 옛 장수들을 모아 옛 국토를 회복하려고 하였다. 고종은 조로 원년(679년)에 나르세스를 파사왕에 봉하고, 이부시랑 배행검(裴行儉)을 안무대식사(安撫大食使), 왕방익(王方翼)을 파사군부사(波斯軍副使)로 삼아 나르세스를 호송하여 귀국시켰다. 공개적으로 파사를 지지하고 대식을 반대하였다. 배행검은 나르세스를 호송하여 쇄엽에 도달한 후에 별도로 사람을 시켜 나르세스를 시스탄까지 호송하였다. 이후에 나르세스는 토화라(吐火羅)에서 20여 년 동안 국가 수복운동을 펼쳤지만 끝내 꿈을 이루지 못하고 부득이 경용(景龍) 2년(708년) 3월에 장안으로 되돌아왔는데 당 조정은 그를 좌무위장군에 봉했고 얼마 후에 장안에서 죽었다.

사산조페르시아가 대식국에게 멸망당했지만 페르시아에는 여전히 독립했거나 반독립적인 파사의 수령이 있었고 특히 지중해 남부 해안에 사산조페르시아 황실 계통의 타바리스탄(Tabaristan)이 있었다. 이러한 페르시아 수령은 여전히 중국에 사신을 파견하고 조공을 바쳤다. 개원 5년(717년)부터 대력 6년(771년)까지 파사국의 명의, 파사 왕자의 신분 혹은 파사 수령의 직함으로 20여 차례 파사의 사절단이 중국을 방문했다. 천보 3년과 6년에 타바리스탄의 왕 아로시다(阿魯施多)를 공화왕(恭化王), 홀로한(忽魯汗)을 귀신왕(歸信王)에 봉했다. 이러한 파사의 사절단은 정부 명의를 빌린 민간 상인들이었기 때문에 당정부는 이러한 파사의 사절단의 방문을 정치적 의미보다 상업 활동에 주목하고 중시했다.

페르시아는 아랍제국의 점령 하에서도 중국과의 무역은 독립적으로 계속 진행되었다. 태종 정관 20년(647년)부터 보응 원년(762년)까지 115년 동안 28차례 사신을 파견하여 중국에 향약과 특산품을 바쳤다.

페르시아의 호상(胡商) 이사소(李沙蘇)는 촉 땅의 재주(梓州), 지금의 삼대(三臺)에 향약을 파는 상점을 개설하였다.

2) 대식국과의 교류

로마제국과 사산조페르시아왕조가 멸망한 후에 이를 대신하여 일어난 아랍제국은 중국 문헌에 대식(大食)이라고 하였다.[11] 대식은 타지크(Tajik)의 역음이다.

7세기 초에 무함마드(Muhammad)가 이슬람교를 창립하였고, 622년에서부터 632년까지 10년 동안 아랍인은 아라비아반도를 통일하였다. 대식국은 사산조페르시아의 왕 야즈데게르드가 당 조정에 구원병을 요청한 사

---

11 타지크(Tajik)의 譯音임.

실을 알고 영휘(永徽) 2년(651년)에 사신을 당나라에 파견하였다. 당 조정이 파사의 요청을 거절하자 중앙아시아를 공격하지 않고 중국과 관계를 유지하였다. 651년부터 천보 6년(747년)에 탈라스전투 때까지 대식은 모두 22차례 중국에 사신을 파견하였다. 영휘 5년(653년)에 대식이 강국인 미국을 공격했을 때 당 조정은 위협을 느껴 변방에 도독부를 설치하고 변방의 왕을 도독이나 자사에 임명하여 중앙아시아 각국이 대식에 대항하는 것을 도왔다.

중국 문헌에는 백의대식(白衣大食)이라고 하는 우마이야왕조(Umayyads, 661~750년)와 지금의 이란 동북부의 호라산(Horasan)의 총독이 중국과 교류하여 사신과 상인이 왕래하였다. 1964년에 서안시 아방구(阿房區) 서요두촌(西窯頭村) 만당(晩唐) 묘에서 우마이야왕조 때의 금 동전 3개가 출토되었다. 당대 중국과 아랍의 육로 교류의 실물 증거이다.

750년, 흑의대식(黑衣大食)이라고 일컬었던 압바스왕조(Abbasids, 750~1258년)가 우마이야왕조를 대신하였는데, 751년에 중국과 대식은 탈라스에서 전투를 벌였고, 그 결과 중국이 패했다. 곧이어 발생한 안사의 난 때문에 중앙아시아에서의 패권을 대식에게 빼앗겼다. 곧이어 755년에 안사의 난이 발생하여 당 조정은 서역의 군대를 내란에 동원하였고 중앙아시아에서의 대식의 세력이 점차 공고해졌다. 이에 따라 중국과 대식의 관계도 정상화를 되찾게 되었다.

탈라스 전투 이듬해에 대식은 사신을 당나라에 파견하기 시작했다. 천보 12년(753년)에 네 차례 방문했고, 천보 11년(752년)부터 정원 14년(798년)까지 열아홉 차례에 걸쳐 사신을 중국에 파견하였다. 안사의 난을 평정하는 과정에서 대식은 심지어 군대를 파견하여 발한나, 회흘족의 구원병과 함께 대종의 장안과 낙양 수복을 도왔다.

당나라와 대식의 교류는 8세기 이후 육로가 토번(吐蕃)의 서역 점령으로 인해 육로 실크로드가 중단되면서 해로의 중요성이 크게 부각되었다. 또한 8세기 이후 아랍인은 유태인, 인도인을 대신하여 1498년에 포르투갈인 바스코 다 가마(Vasco da Gama)가 인도 남부 서해안의 말라바르(Malabar) 해안의 캘리컷(Calicut)에 도착하기 전까지 인도양의 패권을 잡았기 때문에 8세기 중엽 이후 아랍과 중국의 교류는 육로보다는 해로 실크로드가 더 중요하여 번영하였다.

대식제국은 유럽과 중국 사이에 위치하여 세계 항해 활동의 중심지였다. 당대의 대식인은 주로 해로를 통해 중국에 들어왔다. 현존하는 아랍문자로 기록된 문헌 중에 당시 해상교통에 관한 기록이 보인다.

가탐(賈耽)은 덕종 때 재상을 지냈고 현종 때 외교 업무를 담당하는 홍려경(鴻臚卿)도 맡아 외국 사절의 중국 방문에 관한 공무를 담당하여 중국을 방문한 외국의 사절이나 외국의 사신으로 파견되었다가 귀국한 중국 사절에게 외국의 산천과 풍속, 지리에 관해 문의하고 광주에서부터 이라크의 바스라(Basra)까지 항해하는 '광주통해이도'를 기록하였다.[12] 이와는 반대 방향의 이라크 바스라항에서 중국으로 통하는 노선을 아랍의 지리학자인 이븐 후르다드베(Ibn Khurdadhbah, 825~912년)가 『도리방국지』(道里邦國志)에 상세하게 기록하였다. 이븐 후르다드베는 페르시아의 압바스왕조(Abbassid) 칼리프 무타미드(Khalif Mutammid, 869~885년) 때 지발(Jibal) 지역의 우정(郵政) 장관을 맡았다. 그는 이라크의 바스라와 중국 사이의 항해노선에 대해 다음과 같이 기록하였다. 바스라, 호르무

12 賈耽은 중국과 외국, 변방의 山川과 風土를 염두에 두고 關中, 隴右와 山南과 九州 등을 그려 『國要圖』를 작성했고, 후에 또 『海內華夷圖』도 그렸다. 저서로는 『古今郡國道縣四夷述』 卷40, 『皇華四達記』 卷10 등이 있었으나 모두 유실되었고, 『新唐書』, 「地理志」에 중국과 외국의 교통노선의 대략을 논한 기록이 보존되어 있고 『玉函山房輯佚書補編』에 『十道記』 卷1이 수록되어 있으며, 『全唐文』에는 문장 4편, 『全唐詩』에는 시 한 수가 각각 수록되어 있음.

즈해협, 인더스강 하구, 인도 남부 서해안, 스리랑카, 벵골만, 니코바르 제도(Nicobar Islands), 말레이반도의 케다(Kedah), 맬라카(Melaka)해협, 가릉국(訶陵國), 베트남 중부의 참파(Champa), 중국 광주에 이르는 항해노선이다.

그가 기술한 중국의 항구는 다음과 같다. 베트남의 참파를 전부(栓府, Al-Sanf)라고 했고 여기에서부터 중국에 닿는 첫 번째 항구는 노금(魯金, Luqin)이라고 했다. 노금은 당나라 때의 용편(龍編), 지금의 베트남 하노이이다. 노금에는 중국의 석두(石頭), 비단이 있었고 쌀이 생산되었다. 광주(廣州)를 한부(漢府, Khanfu)라고 했는데 노금에서 해로로 광주까지는 4일, 육로로는 20일이 걸린다. 광주는 중국 최대의 항구이다. 한부에는 각종 과일이 있고 채소, 밀, 보리, 쌀, 사탕수수가 있다. 광주에서 복건(福建)의 한구(漢久, Khanju)는 8일이 걸린다. 한구의 생산물은 한부와 같다. 한구에서 강돌(剛突, Qantu), 즉 강도군(江都郡)까지는 20일이 걸린다. 중국의 이들 항구는 각기 큰 강을 끼고 있는데 큰 배가 강을 항해할 수 있다. 이들 강들은 모두 조석간만의 현상이 있다. 강돌의 강, 즉 장강(長江)에는 거위, 오리, 닭이 보인다.[13]

아랍 상인이 당대에는 인도양, 동남아시아, 중국을 왕래하였고, 광주가 당시 해로 무역의 중심지였음을 알 수 있다. 또한 아랍이나 인도의 배들이 동남아시아 항구들을 왕래하며 중국 광주까지 항해하였다. 현종 개원(開元) 연간에서부터 목종 장경(長慶) 연간까지 713년에서부터 824년까지 약 백 년 동안의 외국 상선의 왕래를 기록한 이조(李肇)의 『당국사보』(唐國史補)에 "남쪽 바다의 큰 선박은 외국 배였는데, 매년 안남(安南), 광주(廣

13 Ibn Khordādzbeh, 『道里邦國志』, 71~72쪽.
14 이상천 역주, 『당국사보』, 239쪽.

州)로 항해하였다"라고 했다.[14] 748년에 중국의 승려 감진(鑒眞)이 배를 타고 다섯 번째로 일본으로 가다가 풍랑을 만나 표류하다가 광주에 닿은 후에 광주에서 목격한 사실에 대해 묘사하길, 강에는 인도, 페르시아, 동남아시아 배들이 셀 수 없이 많았다고 하였다.[15] 이러한 문헌의 기록으로 보아 아랍의 배들이 인도, 동남아시아, 중국의 광주를 왕래하며 해외 무역에 종사하여 당대의 중국과 아랍의 교류를 알 수 있다.

아랍인의 항해는 인도, 동남아시아에서 그 세력을 떨쳤는데 이를 증명하는 기록들이 중국 문헌에도 잘 나타나 있다. 의정(義淨)의 『대당서역구법고승전』에 "함형(咸亨) 2년에 양주(揚州)에서 우기(雨期)에 비를 피하고 조용히 지내다가 초가을에 공주(龔州)의 자사 풍효전(馮孝詮)을 갑자기 만나 그를 따라 광주로 내려갔으며 파사박(波斯舶)의 선주와 함께 남쪽으로 항해하기로 약속하였다"라고 했다.[16] 남인도의 승려이고 밀종(密宗)의 창시자인 금강지(金剛智)는 원명이 바즈라보디(Vajrabodhi, 671~741)인데 개원 5년(717년)에 남인도를 출발하여 "사자국의 발지리진구(勃支利津口)에 도착하였는데 페르시아 상선 35척이 스리랑카의 보석을 샀는데 이 페르시아 상선의 선주가 금강지를 보고는 마음을 합쳐 배종(陪從)했다."[17] 금강지는 남인도, 스리랑카, 수마트라섬 팔렘방을 경유하여 중국의 광주에 도착하였다. 혜초 또한 『왕오천축국전』에 페르시아가 대식국에게 병합되

---

15 眞人元開 著, 汪向榮 校注, 『唐大和上東征傳』, 74쪽.

16 義淨 原著, 王邦雄 校注, 『大唐西域求法高僧傳』, 152쪽. 龔州는 지금의 廣西 平南縣임.

17 Gabriel Ferrand 編, 耿昇, 穆根來 譯, 『阿拉伯波斯突厥人東方文獻輯注』下册, 中華書局, 2001, 722쪽. 金剛智는 중국에 불교가 盛行한다는 소문을 듣고 제자 不空 등과 함께 배를 타고 항해하여 開元 7년(719년)에 廣州에 닿았다. 이듬해에 낙양, 장안에 도착하였고 거주한 사찰마다 大曼荼羅灌頂道場을 세웠고, 낙양 資聖寺에서 『金剛頂經』 등 密宗 관련 主要典籍을 譯出하였다. 洛陽 廣福寺에서 죽었다. 玄宗이 그에게 國師라는 시호를 주었고, 代宗은 大弘教三藏이라는 이름을 하사했음. 신라승 혜초는 금강지에게 불도를 배웠음.

었는데,

> 그 나라 사람의 성질은 무역을 좋아하여 항상 서해로 항해하여 남해로 들어가 사자국까지 가서 여러 보물을 가져온다. 그래서 그 나라에서 보물이 나온다고 하는 것이다. 그리고 곤륜국까지도 가서 금을 무역해 오고, 또 그들은 중국까지도 항해하는데, 곧장 광주까지 가서 능(綾), 견사(絹絲), 솜 등을 무역해 오기도 한다.[18]

라고 했다.

중국에 온 아랍인들은 광주에 살았고, 천주와 절강 해안 지역 항구에 페르시아인이 모여 살았다. 이들은 번방(蕃坊)을 형성하고 번장(蕃長)을 추천에 의해 선발하였다. 당 조정에서는 광주에 시박사(市舶使), 시박중사(市舶中使), 감박사(監舶使), 압번낙사(押蕃落使), 결호사(結好使) 등 중국 거주 외국인과 외국 상인과 관련된 공무를 처리하였다. 당 조정은 번상(蕃商)의 무역을 중시했고, 영남절도사와 광주자사에게는 번상의 유치와 무역 진흥에 대한 책임을 졌다. 그러나 외국 상선이 광주 등 중국 항구에 도착하면 시박사 등의 관리가 제일 먼저 맡은 일은 장안 궁정에서 필요로 하는 진귀한 물품을 가려내어 진상하는 것이었다. 예를 들면 현종 때 "우위중랑장(右衛中郎將) 주경립(周慶立)이 안남시박사(安南市舶使)를 지낼 때 페르시아의 승려와 기이한 것을 만들어 장안 궁정에 바쳤다."[19] 정확히 어떤 진기한 물품이었는지는 기록이 없어서 알 수 없지만 분명 장안 궁에서 좋아할 진기한 물품이었음에는 틀림없었다. 대화(大和) 8년(834년), 문종(文

18 李錫浩 譯, 『往五天竺國傳』, 60~61쪽.
19 『舊唐書』 卷8, 「玄宗紀」, 174쪽.

宗)은 법령을 반포하여 자유무역을 권장하고 세금을 가중하여 징수하지 않는다고 선포하였는데, 이러한 해외 무역에 유리한 조건이 외국에 알려지자 많은 번객(蕃客)과 외국 상인이 중국에 몰려들었다. 예를 들면 이면(李勉)이 대력 4년(769년)에 광주자사 겸 영남절도관찰사로 부임하였는데 "서역의 배들이 바다를 항해하여 중국에 오는데 1년에 겨우 4, 5척뿐이었다. 그래서 이면은 성격이 청렴하여 배가 와도 검사를 하지 않자 말년에는 매년 4십여 척이 광주에 왔다"라고 했다.[20] 또한 이러한 외국인과 상인 가운데 한족과 결혼하여 본국으로 귀국하지 않고 영구히 중국에 사는 것을 '주당'(住唐)이라고 하였다.

아랍인이 중국을 방문하고 쓴 『중국인도견문록』 2권 중에 상권은 아랍 상인 술레이만(Sulayman)의 여행기(851년 편찬), 하권에는 이븐 와하브(Ibn Wahab)의 여행기(915년 편찬)가 수록되어 있어서 당시 중국의 상황과 아랍인의 활동을 엿볼 수 있다.[21] 술레이만의 여행기는 대식 상인이 페르시아만의 항구에서 중국 광주까지의 자세한 항해도이다. 기본적으로 이븐 후르다드베의 『도리방국지』와 동일하다. 우선 화물을 이라크의 바스라 혹은 오만에서 시라프, 지금의 이란 남부 항구의 상선으로 옮기고 시라프(Siraf)에서 오만 북부의 머스캣(Muscat)을 경유하여 인도양의 아라비아해를 항해하여 인도의 퀼롱(Quilon)에 닿은 후 스리랑카, 벵골만, 안다만섬, 니코바르제도, 수마트라섬 서북단의 남무리(南巫里)[22]섬을 지나 말레이반도 서해안의 개라국(個羅國),[23] 말레이반도 동해안의 조만도(潮滿島), 베트

---

20 『舊唐書』 卷131, 「李勉傳」, 3635쪽.

21 穆根來, 汶江, 黃倬漢 譯, 『中國印度見聞錄』, 中華書局, 2001.

22 수마트라섬의 Lamuri 혹은 Lambri인데 일반적으로는 수마트라섬의 최북단의 Banda Ace라고 여김.

23 哥羅라고도 하는데 『通典』 卷188에 "哥羅國은 한나라 때부터 소문으로 알고 있었음, 槃槃 동남쪽에 있고 哥羅富沙羅라고도 불렸다"라고 했고, 『新唐書』 卷222에도 "哥羅는 個羅, 哥羅富

남의 참파 남부 분타낭산(奔陀浪山), 참파(占婆, Champa), 점불뇌산(占不牢山)을 지나 창해(漲海), 즉 남중국해를 횡단하여 광주에 도달하였다.

슬레이만의 페르시아만에서부터 광주까지의 항해노선은 가탐의 광주 동해이도와 동일하다. 또한 수많은 지명의 발음도 거의 비슷하다. 남양 지역의 개라, 분타낭, 점불노는 그 어원이 모두 아랍어이고, 말레이반도 중부의 가곡라(哥谷羅)는 아랍어의 Kakula의 대음(對音)이며, 인도양 연안의 발율(拔颶)은 아랍어의 Barwas의 대음이고, 미난태하(彌蘭太河)는 아랍어의 Nahr Mihran의 대음이라고 한다. 이것은 당시에 아주 번성한 동서해상 항해노선인 동시에 이 항해노선에 대한 아랍인의 영향력을 나타낸다고 말할 수 있다.[24]

슬레이만의 여행기에 아랍의 오만과 이란의 시라프가 중국과의 무역에 중요한 항구라고 하였는데 황소의 난이 중국에서 발생했을 때 이 두 항구도 광주와의 해외 무역에 영향을 받아 해외 무역에 종사하는 상인들이 파산하였다고 했다. 10세기 초에 중국 연해를 방문한 아랍의 저명한 역사학자이며 지리학자인 마수디(Abu-l-Hassan Ali-el-Masudi)가 말하길, 말레이반도의

객납성(喀拉城, Killah)은 지금의 시라프(Siraf)와 오만(Oman) 두 지역의 회교 상인의 배들이 집결하는 곳이다. 중국을 왕래하는 배는 이곳에서 만난다. 중국을 왕래하는 배는 직접 오만, 페르시아만의 시라프항, 바레인(Baharain), 오볼라(Obollah), 바스라(Basrah) 항구로 항해하고, 이들 지역의 배들도 직접 중국으로

沙羅라고도 불렸다"라고 했다. 일반적으로 아랍인들의 여행기에 Kalah라고 했는데 말레이반도 서해안에 위치했으나 구체적으로 어디였는지는 알 수 없고 拘利, 古羅라고도 불렸으며, 혹자는 지금의 말레이반도 북부의 Kra 地峽 일대라고 했음.

24 馬建春, 『大食 · 西域與古代中國』, 8쪽.

항해한다. 중국에 황소의 난이 일어난 후에 지방 장관의 법률은 공적 효력이 없었고 믿을 수도 없어서 외국 상인들은 앞으로 나아가지 못하고 중국과 아랍 중간인 이곳에서 만나 교역하였다.[25]

중국에 내란이 일어나 타격을 입었던 해외 무역 교류에 그 영향을 최소화하는 지혜가 엿보이고, 여전히 시라프가 해외 무역에 차지하는 비중이 컸으며, 말레이반도 서해안의 개라국에서 아랍과 중국의 배가 서로 만나 무역을 하였음을 알 수 있다. 시라프의 주요 주민은 페르시아 사람이지만 잠수하여 진주를 캐는 아랍인과 메소포타미아 혹은 오만에서 온 배를 타고 인도나 중국 당나라로 항해하는 상업 모험가들도 있었다.[26]

『중국인도견문록』 중에 수록된 하산의 여행기에 관해서는 다음과 같다. 이라크 바스라에서 이븐 와하브(Ibn Wahab)라는 쿠라이스(Quraysh)족 사람이 약탈을 당하여 바스라를 떠나 시라프로 갔다. 이때 중국으로 가는 배가 있어서 그는 호기심에 이 배를 타고 중국에 갔다.[27] “화물을 바스라, 오만과 다른 지방에서 시라프로 운반하였는데 대부분 중국의 배가 시라프에서 화물을 실었다.”[28] 1910년대 서양학자들은 시라프에서 여러 차례 중국 도자기 파편을 발굴하였는데 그 가운데 만당, 오대 때의 백자와 월요(越窯) 도자기가 포함되어 있었다. 당대 페르시아만에서의 해외 무역의 중요한 항구였던 시라프는 송나라 태평흥국(太平興國) 2년(977년)에 지진으로 파괴되었다.

25 張星烺 編, 『中西交通史料滙編』(2), 778쪽, 喀拉城은 賈耽의 『廣州通海夷道』에 個羅國을 가리킴.

26 Edward H. Schafer, 吳玉貴 譯, 『唐代的外來文明』, 21쪽.

27 穆根來 等 譯, 『中國印度見聞錄』, 102쪽.

28 穆根來 等 譯, 『中國印度見聞錄』, 7쪽.

아라비아반도의 "오만(Oman)은 10세기에 중국과의 해외 무역이 왕성하였다. 당시 오만의 북부 항구 수하르(Suhar)는 지리학자들이 중국으로 가는 통로라고 말했고, 이슬람교가 중국에 전파되는데 부분적으로 오만 상인의 공이 컸다. 오만 상인들은 1세기 동안 중국을 빈번하게 왕래하였다."[29] 또한 최초로 중국에 살았던 아랍인은 원적은 오만 사람이고 오만은 인도로 통하는 해상 운송의 중요한 역할을 하였으며 시라프에 살았던 아랍인 부락도 오만에서 온 사람들이었다.[30]

바스라는 8세기 때 중국으로 항해하는 중요한 항구였다. 중국 배에 실려 온 도자기는 바스라항에 가득하였고, 중국의 도자기는 바스라의 장인들에게 영감을 불어넣어 아랍 특유의 도자기가 탄생하였다. 아랍의 정치의 중심이자 상공업의 도시인 바그다드는 해상 실크로드의 서방의 시작이었다. 중국의 비단과 도자기는 아랍 상인에게는 이윤이 높은 상품이었다. 아랍의 문헌에 기록하길, 중앙아시아의 호라산 상인은 이라크에 가서 화물을 구매한 후 확실하게 언급하지는 않았지만 아마도 바스라에서 배를 타고 인도를 경유하여 중국의 광주로 운반하였다.[31]

한편 대식을 여행한 중국인으로는 달계홍통(達溪弘通)과 두환(杜環)이다. 달계홍통은 고종 상원 연간에 말레이반도를 경유하여 아라비아반도 남단의 건나(虔那)에 도달하였는데 『해남제번행기』(海南諸蕃行記)를 편찬하였다.[32] 두환은 탈라스전투에서 포로가 된 당나라 군인이었는데 아랍에 10년 동안 망명한 후에 762년에 상선을 타고 해로로 귀국하였다. 『경행기』(經行記)를 편찬하여 본인이 대식 등에서의 경력과 견문을 기록하였

---

29 「阿曼: 海上貿易路線的樞紐」, 『回族研究』 1994年 2期.

30 穆根來 等 譯, 『中國印度見聞錄』, 24쪽.

31 穆根來 等 譯, 『中國印度見聞錄』, 115~117쪽.

32 원서는 지금 유실되었고, 『玉海』 卷16에 인용된 「中興書目」에 보임.

다. 비록 이 책은 유실되었지만 일부가 『통전』에 남아 있다.[33]

8세기 중엽 인도 남부 말라바르(Malabar) 해안은 아랍제국의 세력이 크게 미쳤던 곳으로 그 가운데 퀼롱(Quilon), 지금의 콜람(Kollam)과 캘리컷(Calicut), 지금의 코지코데(Kozhikode)가 중심지였다.[34] 이 두 항구는 대식과 당나라 해상 항로의 중요한 무역 기지가 되었는데, 쌍방의 상선이 이곳에서 만나 중계 무역을 하여 결과적으로 항해 시간과 풍랑의 위험을 감소시켜 각자의 무역에 이점이 많았고 무역 규모도 이전보다 커졌다. 9세기 중엽 광주를 떠난 당나라 상선은 퀼롱에 정박하고 이곳에서 직접 물품을 판매하거나 아랍인에게 팔아 아랍의 배로 아랍 지역으로 운반하였다.

대식국은 육로와 해로 실크로드를 통해 관방과 민간 무역을 활발하게 진행하였다. 영휘 2년(651년)부터 정원 14년(798년)까지의 147년 동안 대식이 중국에 사신을 파견하여 공물을 바친 횟수는 모두 37차례나 되었고, 마노, 아부용(阿芙蓉), 훈육향(薰陸香), 소합향, 무식자(無食子), 아려륵, 정향, 용뇌향 등의 약재가 포함되었다.

---

33 『通典』 卷193, 「邊防」, 5279~5280쪽.

34 8세기 아랍인은 紅海로 나와 인도양에서 무역활동을 하기 위해 소코트라(Socotra)섬에 첫 번째 무역기지, 동아프리카의 멜린다(Melinda)와 몸바사(Mombassa)에 무역 식민지를 건설했다. 얼마 후에 아시아 해안에 정착지를 형성했는데 이러한 방식 덕분에 아랍인들은 인도 남부 말라바르 해안과 실론(Ceylon), 즉 스리랑카에서의 인도양 무역을 보장받았음. F. B. Eldridge, *The Background of Eastern Sea Power*, Melbourne: Georgian House, 1945, p. 38.

제9장

중앙아시아와의 교류

중앙아시아는 보통 오늘날 키르기스스탄(Kyrgyzstan), 카자흐스탄(Kazakstan), 우즈베키스탄(Uzbekistan), 타지키스탄(Tajikistan), 투르크메니스탄(Turkmenistan) 5개국을 가리킨다. 고대 중앙아시아의 중심은 시르 다리야(Syr Darya)강과 아무 다리야(Amu Darya)강 사이의 소그디아(Sogdiana), 중국어로는 속특(粟特) 지역으로 중국인은 이 지역을 하중(河中)이라고 불렀다. 한대 장건(張騫)이 서역의 길을 개척한 후로 중앙아시아는 넓은 의미에서 서역(西域)에 속했고, 동서 육상 교통로가 통과하는 중요한 지역이 되었다. 당대에는 중앙아시아 지역에 기미부주(羈縻府州)를 설치하여 변방 지역을 통치하였고, 변방 이민족이나 국가들과 기본적으로는 우호관계를 맺었다.

돌궐(突厥)이 6세기 중엽 중국 북방에서 흥기하였다. 554년, 돌궐의 목간가한(木杆可汗)이 페르시아의 왕 초스란(Chosran) 1세와 함께 흉노의 별종으로 알타이산 일대에서 흥기하여 지금의 인도 지역의 귀상(貴霜, Kusan)제국과 우즈베키스탄 사마르칸트(Samarkand)의 강거(康居)를 멸망시킨 엽달(嚈噠, Ephthalites)[1]에 반대하는 동맹을 맺었다. 558년에 엽달국을 격파하고 그 왕을 죽였다.

남북조시대 때 엽달국이 하중 지역을 정복했기 때문에 강거라는 국가는 소멸하였고 중국 문헌에도 기록이 보이지 않았다. 다만 같은 시기의 소그디아 지역의 문헌에는 여러 국가들을 기록하였다. 예를 들면 속특, 실만근(悉萬斤), 미밀국(迷密國), 자설국(者舌國) 등이다. 이러한 소국들은 이전에는 강거의 속국들이었으나 강거가 멸망한 뒤로는 각기 독립하였다. 이들 소국들은 남북조시대 후기에 접어들면서 점차 강(康), 안(安), 석(石), 미(米), 하(何), 사(史), 조(曹) 등의 소무국(昭武國)으로 변했다. 이 가운데 가장 중요한 국가는 속특과 실만근, 즉 안국과 강국이었다. 엽달국과 돌궐은 강거의 옛 땅을 정복한 후에 '역속'(役屬)이라는 관대한 통치 방법을 채택하여 이들에게 세금을 징수하고 신하라고 칭하도록 강요하였지만 국가의 행정관리, 외교활동과 무역활동은 간섭하지 않았다. 즉 중앙아시아 각국이 중국의 왕조와 상관관계를 맺는 것을 저지하지 않았다는 것을 의미한다.

북위(北魏)가 420년에 중국의 북방을 통일한 후에 태무제(太武帝) 척발도(拓跋燾, 424~452년) 때부터 서역을 경영하기 시작했다. 태연(太延) 3년(437년)에 동완(董琬)을 서역에 사신으로 파견하였는데, 귀국할 때는 쿠차

1 중국 문헌에는 滑國, 서양 학자들은 白匈奴라고 일컬었다. 『魏書』, 「西域傳」에 嚈噠國은 大月氏의 한 종족으로 高車의 별종이라고 하였다. 嚈噠國이 가장 강성할 때는 서쪽으로 페르시아, 동쪽으로 파미르고원을 넘어 타림분지, 남쪽으로는 북인도, 북쪽으로는 姑墨, 쿠차, 焉耆 등 전체적으로는 중앙아시아 전체를 복속하였다. 北魏 文成帝 太安 2년(456년) 이후로 해마다 모두 10여 차례 조공을 바쳤다. 西魏 大統 12년(546년), 魏廢帝 2년(553년)과 北周 明帝 2년(558년)에도 嚈噠國은 사신을 파견하여 조공을 바쳤다는 기록이 있다. 南朝 때도 梁 武帝 天監 15년(516년), 普通 원년(520년)과 普通 7년(526년)에도 사신을 파견하고 조공을 바쳤다. 北魏의 高徽가 宣武帝 延昌 연간(512~515년)과 孝明帝 神龜 연간(518~520년)에 두 차례 사신으로 嚈噠國에 파견되었다. 北魏 때 승려 宋雲도 嚈噠國을 방문했는데, 그의 『西域行記』에 嚈噠國 사람은 강인하고 사나우며 싸움을 잘했다고 하였음.

(龜玆), 소륵(疏勒), 오손(烏孫), 열반(悅盤), 갈반타(渴盤陀), 선선(鄯善), 언기(焉耆), 차사(車師), 속특(粟特) 등 9개국과 사신 교류를 맺었다. 『위서』(魏書)의 기록에 의하면, 속특과 실만근은 각기 아홉 차례에 걸쳐 북위에 사신을 파견하였는데, 속특과 실만근 이 두 나라 이외에 속특 지역의 기타 국가들도 북위에 사신을 파견하고 교류하였다. 태무제 태연(太延) 3년(437년)에 자설국 즉 석국, 정평(正平) 원년(451년)에 미밀국 즉 미국, 선무제(宣武帝) 영평(永平) 2년(509년)에 아요사소돌도(阿曜社蘇突?) 즉 동조국(東曹國), 영평 3년(510년)에 가수사니(伽秀沙尼) 즉 하국, 영평 4년(511년)에 비지(比地) 즉 서안국(西安國) 등이 북위에 사신을 파견하였다.

수대에 중앙아시아 지역이 비록 돌궐의 통제 아래 있었지만 돌궐의 관대한 정책 덕분에 수나라는 속특 지역과 교류하였다. 사서의 기록에 속특 지역과의 왕래, 특히 수양제 때 빈번하게 교류하였다. 대업 10년(614년) 7월에 조국의 사신, 이듬해 5월에 안국, 조국, 하국, 목국(穆國), 필국(畢國), 의밀(衣密), 실범연(失范延), 가절(伽折) 등이 사신을 파견하였다.[2] 안국과 석국은 대업 5년(609년)에 사신을 파견하였고, 미국과 사국도 대업 연간 중에 공물을 바쳤다.[3] 수양제가 즉위한 후에 시어사(侍御使) 위절(韋節), 사예종사(司隷從事) 두행만(杜行滿)을 사국과 안국에 사신으로 파견하고 그 두 지역의 특산물을 가지고 귀국했다. 수양제 때 감숙 장액(張液)에서 서역의 사신 접대와 호시(互市) 업무 등 서역 각국과의 교류 일을 맡고 있던 배구(裴矩, 547~627년)는 대업 연간 초에 완성한 『서역도기』(西域圖記)에서 돈황에서부터 서해(西海), 즉 오늘날의 지중해로 통하는 세 갈래 길 가운데 가장 번영했던 중도(中道)에 대해 말하길, "돈황에서부터 서해에 이르

---

2 『隋書』, 「煬帝紀」, 87~88쪽.

3 『隋書』, 「西域傳」, 1849~1850쪽.

는데, 세 가지 길이 있다. 그 중간 길은 고창(高昌), 언기, 쿠차, 소륵을 지나 파미르고원을 넘어 또 발한(鏺汗), 소대사나국(蘇對沙那國), 강국, 조국, 하국, 대안국, 소안국, 목국을 경유하여 페르시아를 지나 서해에 도달한다"라고 했다.[4] 이 길은 중국 서부에서 서역, 아랍 지역을 관통하여 지중해에 이르는 실크로드였다.

1. 당대 중앙아시아와의 교류

당대에 중앙아시아 속특 지역에 정식으로 탄생한 안국, 강국, 미국, 석국, 하국, 사국, 조국 등 소무구성(昭武九姓)의 국가들은 중국과 빈번하게 교류하였다. 이러한 관계는 아랍인의 중앙아시아로의 확장과 당나라와 아랍과의 전쟁과도 밀접한 관계가 있다.

초당 때인 고종 현경(顯慶) 2년(657년)에 76년 동안 활약했던 서돌궐을 평정하고 원래 돌궐에 속했던 지역에 기미부주를 설치하고, 안서(安西), 북정(北庭) 두 도호부(都護府)를 호위하게 했다. 중앙아시아에 설치한 주요 기미 도독부(都督府)와 주(州) 가운데 강국에 강거(康居)도독부, 지금의 사마르칸트, 석국에 대원(大宛)도독부, 지금의 타시겐트, 발한나(拔汗那)에 휴순주(休循州)도독부, 지금의 페르가나(Fergana), 안국에 안식주(安息州), 지금의 부하라(Bukhara), 하국에 귀상주(貴霜州), 지금의 캐시미르, 사국에 거사주(佉沙州), 지금의 샤크리사브즈(Shakhrisabz) 등이다. 서역 지역에 이러한 기미제도를 실시하여 국가 간의 교류가 빈번하고 국제 무역이 번성하여 당나라 경제가 번영하였다.

4 『隋書』, 「裴矩傳」, 1579~1580쪽.

당 조정이 중앙아시아에 기미부주를 설치하였을 때 마침 대식(大食)이 흥기하였다. 아랍제국이 중앙아시아 지역을 정복하기 시작하자 중앙아시아 각국은 모두 당나라가 직접 출병할 수 있기를 희망했지만 길이 멀고 아랍제국도 안서와 북정을 위협하지는 않았기 때문에 당 조정은 돌기시(突騎施)를 지지하는 방법으로 중앙아시아 각국을 도와 대식에 대항하게 했다. 그러나 738년에 당 왕조가 지원하는 돌기시의 소록(蘇祿)이 자신의 부하에게 피살되고 그의 아들 토화선(吐火仙)이 즉위한 후로 기존의 당나라와의 우호관계에 변화가 발생하자 당 조정은 직접 간섭하기로 결정했다. 738~739년과 744년 두 차례에 걸쳐 당 조정은 중앙아시아 각국과 연합하여 돌기시를 공격하였다. 토화선과 막하달간(莫賀達干)을 사로잡아 돌기시를 평정했다. 이 과정에서 당나라의 세력과 영향이 중앙아시아에 크게 미치었다. 이후로 당 조정은 중앙아시아 각국의 대식국에 대한 저항을 지원하였다. 개원 27년(739년)에 발한나의 왕 아실난달간(阿悉爛達干)을 봉화왕(奉化王), 이듬해에는 석국의 왕 막하돌토둔(莫賀咄吐屯)을 순의왕(順義王), 같은 해에도 석국의 왕 사근제(斯謹提)를 가한(可汗)과 척갈왕(拓羯王), 천보 원년(742년)에는 서조국(西曹國)의 왕 가라복라(哥邏僕羅)를 회덕왕(懷德王), 천보 3년(744년)에 강국의 왕 돌갈(咄曷)을 흠화왕(欽化王), 미국의 왕 묵철(默啜)을 공순왕(恭順王), 이듬해에는 안국의 왕 굴저파(屈底波)를 귀의왕(歸義王)에 각각 임명했다. 왕에 봉하는 것은 기미제도의 정책과 동일하여 중앙아시아 각국과 우호적인 관계를 맺었다.

750년에 중앙아시아의 발한나국의 왕은 석국의 왕과 불화가 발생하자 당나라에 구원을 요청했다. 안서도호 고선지(高仙芝)가 출병하여 석국을 정벌했고 석국의 왕이 항복을 청하자 고선지는 요청을 받아들이는 척하고 갑자기 석국을 공격하여 이듬해에 석국의 왕을 장안으로 후송하고 척결하였다. 석국왕의 아들이 서역 각국에 이 사실을 알리자 각국이 모두 분노하여 대식과 연합하여 안서4진을 공격하려고 했다. 고선지가 군사를 이끌고 탈라스에서 대식국의 호라산 총독 부하장군의 군대와 5일 동안 대치하였다. 그런데 당나라에 복속했던 갈라록(葛邏祿)이 돌연 배반하고 대식국 군대와 함께 당나라 군대를 협공하였다. 당나라 군대가 크게 패하고, 고선지는 장안으로 철수하였다. 당나라는 속특 지역의 세력을 잃고 말았다. 얼마 후에 안사의 난이 발생하고 안서4진의 병사를 장안 수비로 동원하여 서북 변방이 당 조정의 통제권에서 벗어나자, 토번(吐藩)이 이를 틈타 하서, 농우 지역을 점령하여 안서, 북정과 당나라 중앙정부와의 관계가 단절될 위기에 봉착하였다. 결국 정관 6년(790년)에 토번이 북정을 공격하여 함락시키자 중앙아시아 각국과 중국의 관계는 단절되었다.

당대 서역에 통하는 육로는 '안서입서역도'(安西入西域道)로 안서(安西)는 당대에 쿠차(Kuqa), 지금의 신강 고차(庫車)에 설치한 안서도호부를 말한다. 이 노선은 가탐(賈耽)이 기술한 '종변주입사이'(從邊州入四夷) 도로에 근거하였는데 다음의 네 갈래 길이 있었다.

① 안서에서 탈라스성, 지금의 카자흐스탄(Ka의 남부 도시 잠불[Dzhambul]) 부근까지의 노선. 안서에서 서쪽으로 가면 발환성(拔換城), 지금의 악수(Aksu, 阿克蘇)를 경유하여 서북쪽의 대석성(大石城), 지금의 오십(烏什)을 지나 다시 서북쪽으로 발달령(拔達嶺), 지금의 별질리산구(別迭里山口)를 넘어 진주하(眞珠河), 지금의 키르기스스탄(Kyrgyzstan) 나린(Naryn)강을 건너 열해(熱海), 즉 이식쿨(Issyk Kul) 호수에 도달하고 서북쪽으로 당대 군사 거점으로 안서도호부, 후에 북정도호부에 속했던 배나장군성(裴羅將軍城), 지금의 부라나(Burana)와 쇄엽성(碎葉城),[5] 지금의 토크마크

5 碎葉城은 페르시아어로는 Suyab으로 키르기즈스탄 토크마크 부근 楚河(Chui River) 남쪽 강가에 위치하였는데 唐代 高宗 調露 원년(679년)에 설치한 변방 도시로 龜茲, 疏勒, 于闐과 더

(Tokmak) 부근을 지나 최후에는 탈라스성에 도달한다.

② 발한성(악수)에서 서남쪽으로 소륵(疏勒, Kashi)에 도달하는 길.

③ 발한성에서 남쪽으로 가다가 동쪽으로 돌아가서 우전(于闐), 지금의 화전(和田)에 도달하는 길.

④ 사주(沙州), 지금의 감숙 돈황에서 우전에 이르는 길.[6]

소무구성(昭武九姓)은 소무라는 공통 성씨를 가진 강(康), 안(安), 사(史), 조(曹), 석(石), 미(米), 하(何), 화심(火尋), 무지(戊地)의 아홉 나라를 말한다.

강국(康國)은 옛날 기련산(祁連山) 북쪽의 소무성(昭武城), 지금의 감숙의 임택(臨澤) 서북부에 있었는데 그 왕의 성씨는 본래 온씨(溫氏)로 월지(月氏) 사람이었고 한대 강거(康居)의 후예로 흉노에게 격파당하여 서역으로 이주하였다. 나라가 분할되어 각자 왕이라고 일컫고 소무를 성씨로 삼았기 때문에 소무구성이라고 했다. 북위 때는 실만근(悉萬斤), 당대부터 강국이라고 일컫기 시작했고 또한 삽말건(颯秣建), 살말건(薩末鞬)이라고도 했다. 지금의 우즈베키스탄 사마르칸트(Samarkand)에 위치했다. 기본적으로는 요교(祆教)를 믿으나 불교도 믿는다. 주민들 대부분 농업을 위주로 목축도 겸하였는데 특히 상업에 뛰어났다. 당나라와의 관계가 밀접하였는데, 정관 5년(631년)에 복속을 청했으나 태종이 이를 허락하지 않았고, 영휘 연간에 강거도독부(康居都督府)를 설치하고 그 왕 불호만(拂呼縵)에게 도독의 관직을 수여하는 등 당 조정은 그 지역에 강거(康居), 대원(大宛)의 두 도독부(都督府)와 남밀(南謐), 거사(佉沙), 귀상(貴霜), 안식(安息), 목록(木

불어 安西四鎭이라고 불렸음. 城內 寺院 유적지에서 開元通寶와 大曆通寶와 같은 4개의 唐代 錢幣가 발견되었음. 또한 이곳은 당나라 시인 李白의 출생지로도 유명함. 李白은 여기에서 태어나 모친이 중국인이 아니라는 설이 있고, 그가 다섯 살 때 부친을 따라 四川 江油로 이주하였음. 출생의 비밀과 혈연에 대해서는 이해원의 저서 『이백의 삶과 문학』이나 논문 「이백의 출생지와 가세」, 『인문대논집』 제13집, 고려대학교 인문대학, 1995, 122~134쪽 참조.

6 『新唐書』, 「地理志」(7)(下), 1149~1151쪽.

鹿) 5개 주(州)를 설치하여 그들의 왕을 도독과 자사에 임명하고 안서도호부(安西都護府)에 예속시켜 통치하였다. 개원 연간 중에 대식국(大食國)의 공격을 받고 자주 당 조정에 구원병을 요청했지만 현종이 허가하지 않았다. 후에 대식국에 의해 정복되었다.

안국(安國)은 안국과 동안국(東安國)으로 나뉜다. 안국은 북위 때 육밀(忸密)이라고 했고, 당대에는 또 포활(布豁), 포갈(捕喝)이라고도 했다. 지금의 우즈베키스탄 부하라(Bukhara) 일대에 위치했다. 불교를 믿었고 백성들은 주로 농업에 종사했고 목축도 겸했다. 수당시대에 여러 차례 중국에 사신을 파견하여 조공하였다. 고종 현경 연간(656~661년)에 당나라는 아람밀(阿濫謐)을 안식주(安息州)로 삼아 그 군장 소무살(昭武殺)을 자사에 임명했다. 동안국 또한 소국으로 갈한(喝汗), 갈한(喝捍)이라고도 했다. 지금의 우즈베키스탄 사마르칸트 서북쪽에 위치했다. 수도는 갈한성(喝汗城)으로 확근(矍斤), 지금의 사마르칸트 서북쪽이었다. 현경 연간 중에 당나라는 확근을 목록주(木鹿州)로 삼고 그 왕 소무폐식(昭武閉息)을 자사에 임명하였는데 후에 조공이 끊이지 않았다.

사국(史國)은 갈상나(羯霜那), 거사(佉沙)라고도 했다. 천보 연간에 내위국(來威國)으로 개명했다. 지금의 우즈베키스탄 사마르칸트 남쪽 샤크리사브즈(Shakhrisabz, 乞史城) 일대에 위치하였다. 주로 농업에 종사하였고 목축도 겸하였다. 대부분 요교를 믿었고 수나라 대업 연간에 사국은 군장 적차(狄遮) 때부터 수나라와 교류하기 시작했다. 당대 정관 16년(642년)에 군장 사슬필(沙瑟畢)이 사신을 파견하고 공물을 바쳤다. 현경 연간에 사국의 땅을 거사주(佉沙州)로 삼고 그 군장 소무실아갈(昭武失阿喝)을 자사에 임명하자 후에 조공이 끊이지 않았다.

조국(曹國)은 서조(西曹), 중조(中曹)와 동조(東曹) 세 나라로 나뉜다. 서조는 수나라 때 조국이라고 했고, 당대의 서조는 겁포달나(劫布呾那)라고도 했다. 지금의 우즈베키스탄 사마르칸트 서북쪽에 위치했고 본래는 한대 강거(康居)의 속지였다. 요교를 신봉하고, 수당대에 사신을 파견하고 공물을 바쳤다. 천보 원년(742년)에 당 조정은 그 왕 가라복나(哥邏僕羅)를 회덕왕(懷德王)에 책봉했다. 중조는 서조의 동쪽, 강국의 북쪽에 위치했다. 동조는 솔도사나(率都沙那), 소대사나(蘇對沙那), 소도식익(蘇都識匿), 졸도리슬나(窣堵利瑟那)라고도 했다. 무덕 연간에 복속을 청하는 등 계속 조공하였다.

석국(石國)은 북위 시기에는 자설(者舌)이라고 했고, 수당 시기부터 석국이라고 부르기 시작했는데 자지(柘支), 자지(赭支), 자절(柘折), 자시(赭時)라고도 했다. 지금의 우즈베키스탄 탑십간(塔什干) 일대였다. 본래 한대 대원(大宛)의 속국이었다. 왕 석씨가 자절성(柘折城)에서 나라를 다스렸다. 백성들은 요교를 믿었고 주로 농업에 종사했고 목축도 겸했다. 수당과의 관계도 밀접했다. 현경 3년(658년)에 당나라는 그 지역에 대원도독부를 설치하고 그 왕 감토둔섭사제우굴소목(瞰土屯攝舍提于屈昭穆)을 도독에 임명했다. 훗날 여러 차례 조공하였는데 개원 29년(741년)에 그 왕 이날토둔굴륵(伊捺吐屯屈勒)이 대식국을 정벌하기 위해 당 조정에 군사 파병을 요청하였지만 현종이 허락하지 않았다. 천보 9년(750년)에 안서절도사 고선지는 그가 번신(藩臣)의 예의가 없다고 탄핵하고 당 조정에 그를 토벌할 것을 요청했다. 그 왕이 항복할 것을 약속하고 고선지가 습격하여 누가 포로로 사로잡혀 장안에서 참수되었다. 그 이듬해에 석국의 왕자가 대식국에 달려가 구원병을 요청하고 탈라스에서 고선지를 격파하였다. 후에 대식국에게 점령당했다.

미국(米國)은 미말하(弭秣賀), 미말(彌末)이라고도 했다. 지금의 우즈베키스탄 사마르칸트 동남쪽, 일설에는 서남쪽에 위치했다. 왕은 발식덕성(鉢息德城), 지금의 우즈베키스탄 주마파찰이(朱馬巴札爾)에서 다스렸고, 백성들은 요교를 믿었고 주로 농업에 종사했으며 목축도 겸했다. 수당대에 여러 차례 사신을 파견하여 조공하였다. 현경 3년(658년)에 당 조정은 그 땅을 남밀주(南謐州)로 삼았고 군장 소무개졸(昭武開拙)을 자사에 임명했다.

하국(何國)은 굴상니가(屈霜你迦), 귀상익(貴霜匿)이라고도 했다. 지금의 우즈베키스탄 사마르칸트 서북쪽 배향배(排香倍) 일대 혹은 사마르칸트와 부하라 중간의 객사니아(喀沙尼亞)였다. 불교를 신봉하고 백성들은 주로 농업에 종사했으며 목축도 겸했다. 수나라 대업 연간에 사신을 파견하고 공물을 바쳤다. 당나라 정관 연간에 사신을 파견하고 교류하였다. 영휘 연간에 그 땅을 귀상주(貴霜州)로 삼고, 군장 소무파달지(昭武婆達地)를 자사에 임명했다.

화심(火尋)은 한대에는 환잠(驩潛), 북위 때는 호사밀(呼似密), 당대에 화심이라고 부르기 시작했고 또 화리습미가(貨利習彌伽), 과리(過利), 화사미(火辭彌)라고도 했다. 지금의 중앙아시아 아무 다리아강 하류에 위치했는데 불교를 믿었고 상업이 발달하였다. 당대 정관 연간에 사신을 파견하여 교류하였다.

무지(戊地)는 서안국(西安國), 필국(畢國)이라고도 했다. 지금의 우즈베키스탄 부하라 서쪽 베티크(Betik) 일대에 위치했다.[7]

---

7 『大唐西域記』 卷1, 「伐地國」에 주변이 4백 리, 風俗은 颯秣建國과 같다. 여기에서 서남쪽으로 5백 里를 가면 貨利習彌伽國에 도달한다고 하였다. 貨利習彌伽國은 火尋國이다. 季羨林 校注, 『大唐西域記校注』, 96쪽에 敦煌本 『西域記』에 伐地는 戊地로 되어 있다고 했고, 『新唐書』, 「西域傳」 〈康國〉과 〈火尋〉 條에 모두 戊地라고 했음.

2. 서역과의 무역

고창은 한대에 차사국(車師國)이 통치했고, 당대에는 교하군(交河郡)이 설치되었는데 일찍이 안서도호부가 이곳에 설치되었다. 중원에서 서역으로 들어가는 문호 역할을 하였고, 또 실크로드의 중요한 도시였다. 당나라 정부는 이곳에 관시(官市)를 설치하고 무역을 전개하여 중국의 약재, 서역의 약재와 외국의 향약이 이곳에서 교역되었다. 관리, 상인, 호상 모두 약재 교역을 하였다.

서역에서 전래된 약재는 『신수본초』에 수록되었고 이 가운데 고창(高昌), 지금의 투루판이 가장 빈번하게 중국과 약재 교역을 하였다. 『신수본초』는 당 조정에서 편찬한 중국 최초의 약전(藥典)으로 659년에 간행하였다. 얼마 후에 일본에 전해져 일본 의학계에 커다란 영향을 끼쳤다. 본서는 54권으로, 그 가운데 목록은 1권이고, 본초(本草)는 20권이며, 약도(藥圖)는 26권, 도경(圖經) 7권이었는데 이 가운데 약도와 도경은 전하지 않고 본초만이 겨우 반만 전한다. 850종의 약재를 실었고 그 가운데 당대에 새로 114종을 수록하였다. 성분에 따라 옥석(玉石), 초(草), 목(木), 금수(禽獸), 충어(虫魚) 등 아홉 종류로 나누고 약물의 성질, 효능, 치료, 산지, 채집 시기 등을 기록하였다. 또한 외래 약재도 수록하였는데, 예를 들면 후추, 아위(阿魏), 기린갈(騏驎竭), 울금(鬱金), 가자(訶子), 회향(茴香), 안식향(安息香), 용뇌향(龍腦香) 등이다. 안식향에 대해서는 맛이 시고 쓰며, 성질이 평(平)하고 명치 밑에 있는 악기(惡氣)와 귀태(鬼胎)를 없애주는데 서역에서 생산되고 송진과 같은 검누른 빛 덩어리로 갓 채취한 것은 무르다고 하였다. 안식은 파르티아를 말한다. 또 비리륵(毗梨勒)에 대해서는 맛이 쓰고 성질이 차며 독이 없는데 서역에서 생산되며 서역 사람은 삼과(三果)라고 부른다고 하였다.[8] 이 두 약재는 서역에서 전래된 것이다.

1970년대 투루판에서 다량의 당대 문물이 출토되었다. 여러 종류의 의학 서적과 의약과 관련된 개인 편지, 과세 장부 내력, 과방 시장 장부, 잡물 장부, 계약서 등의 의약 문서가 포함되었다. 약재 이름, 약값, 약 무게, 약 구매자, 약재의 출처, 약물 금액 등을 기록하였다. 약값 문서 중에 약물의 가격은 상(上), 차(次), 하(下) 3등급으로 나누어 책정했다. 무게 단위는 소량(小兩), 분(分), 조(條) 등으로 기록했다. 천보 원년(742년), 교하군시고안잔권(交河郡市估案殘卷)에 교하 지역의 향약 시장이 나타나 있다. 대곡(大谷) 3096호 문서 가운데 다음과 같이 기록하였다.

鬱金花 壹分 上直錢陸拾文 次伍拾文 下肆拾文

麝香 壹分 上直錢壹佰貳拾文 次壹佰壹拾文 下壹佰文

丁香 壹分 上直錢參拾伍文 次參拾文 下貳拾文

沈香 壹分 上直錢陸拾伍文 次陸拾文 下伍拾文

白檀香 壹分 上直錢伍拾文 次肆拾文 下參拾伍文[9]

이상 기록을 통해 각종 향약의 가격 차이도 알 수 있게 되었는데, 사향의 가격이 다른 향약에 비해 아주 비쌌음을 알 수 있다.

『고창내장주득칭가전장』(高昌內藏奏得稱價錢賬)에 1년 동안 교역한 약재는 4,190근인데, 그 가운데 향약이 140근, 요사(硇砂) 925근이나 되었다는 기록이 있다. 강야건(康野虔)이라는 약재상은 한 번에 약재 140근, 향약 800근과 석밀(石蜜) 1근, 또 어떤 경우는 향약 572근과 유석(瑜石) 30여 근을 샀다. 약재상이 한 번에 이렇게 엄청난 양을 구입한다는 것은 고창이

8 蘇敬 等 撰, 尙志鈞 輯校, 『新修本草』, 194쪽.

9 姜伯勤, 『敦煌吐魯番文書與絲綢之路』, 140쪽.

약재의 집산지이고 약재 시장이 발달하였음을 알 수 있다.[10]

실크로드 중간에 위치한 아프가니스탄, 네팔과 캐시미르는 중국과의 무역이 밀접하였다. 아프가니스탄은 당대에 이미 대하(大夏)에서 토화라(吐火羅)로 개명하였다. 개원 8년에서부터 12년까지 토화라의 국왕은 사신을 당나라에 파견하고 호약(胡藥) 건타라(乾陀羅) 등을 바쳤다. 캐시미르는 당대에 계빈국(罽賓國)이라고 했는데 정관 16년, 개원 7년과 8년에 사신을 파견하고 호약을 바쳤다. 네팔은 당시에 니파라국(泥婆羅國)이라고 했는데 정관 20년에 서신을 파견하고 파릉채(波棱菜), 혼제총(渾提葱)을 바쳤다.

10 唐廷猷, 『中國藥業事』, 79쪽.

제10장

당제국의 번영

618년, 이연은 장안에서 칭제하고 당나라를 건립했다. 등극한 이후에 이연 부자는 몇 년 동안 지방의 할거 세력을 타파하고 각지의 농민 반란을 진압하여 전국을 통일했다. 무덕 9년(626년)에 이세민은 장안 궁성의 현무문에서 정변을 일으키어 그의 형 태자 이건성과 동생 제왕(齊王) 이원길을 죽이고 부친 이연을 퇴위시킨 다음 제위에 올라 당태종이 되었다. 당태종은 정치기구를 개혁하고 변방 이민족과 주변국들과의 관계를 강화하여 국방을 안정시켜 전반적으로 국력이 신장되어 정관과 개원 연간 백 년 동안 사회적 안정과 경제적 번영의 기틀을 마련하였다.

1. 정치 개혁

태종, 무후, 현종 시기에 변방 이민족에 대한 관용적인 기미 제도를 실시하여 수많은 이민족과 우호관계를 맺고 변방의 안정을 꾀하여 국가 통치를 원활하게 할 수 있었다. 동시에 변방 이민족들로부터 천가한(天可汗)

이라는 칭호를 얻어 중국뿐만 아니라 주변 이민족이나 국가들의 군주가 되었다.[1]

군사 방면에는 부병제(府兵制)를 실시하였는데 평상시에는 농사를 짓고 농한기에는 군사 훈련을 하며 전시에는 입대하여 전쟁에 나갔고 전쟁이 끝난 후에는 부(府)에 소속되는 병농(兵農) 일치 정책이었다.[2] 이런 정책은 정부의 군비를 절감하고 변방 수비에 유리하여 국력을 신장시킬 수 있었다.

행정제도에서는 3성 6부제를 실시했다. 문하성, 상서성과 중서성을 설치하였고 지방에는 주와 현을 두고 주에는 자사를, 현에는 현령을 설치했다. 당태종 때에는 전국을 관내도(關內道), 하남도(河南道) 등의 10도를 설치했다.

법률제도에는 형률에 정통한 방현령(房玄齡), 장손무기(長孫無忌), 위징(魏徵) 등의 관료에게 『당률』(唐律)을 제정하도록 하였다. 고종 때 당률에 대한 해석과 설명을 보태어 『당률소의』(唐律疏議)를 제정했다. 『당률소의』는 중국 최초의 성문법전으로 법률인 율(律), 각종 제도 규정인 령(令), 행정기구와 관련된 구체적인 사건 처리의 원칙인 격(格)을 근간으로 율령제도의 체계를 완성하였다.

2. 경제 발전

당나라 초에는 균전법 관련 법령과 조용조법을 반포하고 호구를 조사

1 『新唐書』 卷2, 「太宗紀」, 31쪽.

2 『新唐書』 卷50, 「兵志」, 1323쪽.

하여 호적을 개편하는 등 중앙집권 강화에 힘썼다.

현종 개원 연간에는 요숭(姚崇), 송경(宋璟) 등을 재상에 임용하여 기강을 세우고 생산력을 촉진시켜 사회경제 면에서 큰 발전을 이룩하였다. 예를 들면, 당시에 쌀 한 말 값이 13전(錢)이었고, 청주(青州)와 제주(齊州)에서는 겨우 3전이었으며, 비단 한 필이 2백 전이었다.[3] 도로에 줄지어 서 있는 상점은 술과 음식을 행인들에게 제공하였고, 점(店)에는 역의 노새가 있고, 천 리 길을 가는 데도 군사가 아주 적었다.[4] 이는 당시 물가의 안정과 사회 치안 등 경제 부흥과 사회 안녕을 나타낸 것이다. 호구도 당나라 초에는 3백만 호 정도였으나 9백여만 호로 증가하여 인구는 5천만 명에 달했다.[5]

농업 생산도구의 개량, 철광 개발과 철기 생산은 황하에서 장강과 주강 유역으로 확대되었다. 관개수리사업도 발달하여 당나라 정부에서는 전문적으로 수리를 관리하는 기구인 수부(水部)를 설치하여 수리사업을 벌였다.

당대의 수공업은 관영과 민영 두 종류가 있었는데 이 가운데 관영 수공업이 중요한 위치를 차지했다. 당대의 비단은 그 종류가 많은데 강소의 경구(京口), 절강의 오군(吳郡)의 능금(綾錦), 계림의 계포(桂布), 월주의 능사(綾紗), 양주의 양탄자 등은 국내외로 유명한 제품이었다.

당대의 도자기는 형자(邢瓷)와 월자(越瓷)가 가장 유명했다. 홍주(洪州)의 창남진(昌南鎭), 지금의 강서 경덕진(景德鎭)에서 생산된 청자와 백자도

3 이와 유사한 기록이 『자치통감』 현종 개원 13년에 보인다. "이 해에 東都에서는 쌀 1말에 15錢이었고, 青州와 齊州에서는 쌀은 1말에 5전이었으며, 벼(粟)는 3전이었다"라고 했음. 권중달 옮김, 『자치통감』(22), 543쪽.

4 『新唐書』 卷51, 「食貨志」, 1346쪽.

5 『舊唐書』 卷38, 「地理志」에 안록산의 난 이전인 開元 28년(740년)의 통계에 의하면 호구는 841만 2,871, 인구는 4,814만 3,609명이었음. 『舊唐書』, 1393쪽.

특색이 있어 당나라 후기의 유명 도자기였다. 당대에 발명한 당삼채는 황색, 녹색, 청색 세 가지 색깔로 장식하여 수공업 예술품 가운데 큰 명성을 얻었다.

당대에는 공업도 발전하였다. 연주(兗州)의 내무(萊蕪)는 야철(冶鐵)과 주조 지역이었다. 양주의 강심동경(江心銅鏡)은 해외에도 팔려 유명했다. 금은동기의 제작은 이미 정교한 공예를 갖추었는데 최근 서안 당반왕(唐豳王)의 옛터에서 귀족이 사용한 금은기(金銀器) 2백여 건을 발굴하였다.

종이 제작에서는 선주의 안지(案紙), 양주의 모지(模紙), 항주의 황백장지(黃白狀紙) 모두 당나라 때 공물로 바친 유명 종이였다. 현종 때 소성(蕭誠)은 산서의 야마(野麻)와 하남의 토곡삼(土谷滲)으로 오색반석문지(五色斑石紋紙)를 제작하여 당대에는 이미 종이 제작기술이 발달하였음을 알 수 있다. 저명한 여류시인 설도(薛濤)가 만든 십색채전능문지(十色彩箋綾紋紙)는 설도전(薛濤箋)이라고 불렀고 당시 문인들의 환영을 받았다.

조판 인쇄술 또한 발달하였다. 당나라 후기에 이르러 조판 인쇄술이 광범위하게 보편적으로 사용되었다. 현존하는 가장 이른 조판 인쇄물은 함통(咸通) 9년(868년)에 왕개(王玠)가 인쇄한 『금강경』이다.

3. 교통의 발달

수당시대에는 전국의 통일과 사회적 안정으로 전국적인 상업의 발달과 수도 장안을 둘러싸고 있는 관중 지방의 사회경제의 신속한 발전으로 장안의 상업도 크게 번영하였다. 또한 수륙 교통이 발달하여 상업 발달의 유리한 조건이 되었다. 측천무후 때 최융(崔融)이 말하길, "천하의 나루터에는 배들이 운집하였고 촉한(蜀漢)의 사천과 민월(閩越)의 복건과 광동까지 통하여 모든 연못과 늪, 강과 호수는 물론 황하와 낙수(洛水), 회수와 바다에까지 거대한 배들이 수천만 척이나 왕래하며 교역하였다"[6]라고 하여 당대에 수륙 교통이 매우 발달하였음을 알 수 있다. 수륙 교통의 발달로 수도 장안은 상업의 중심지가 되었고 외국과도 통하였다.

1) 육로

육로 방면에서 장안은 전국 각지로 통하는 도로가 모두 40여 갈래나 되었다.[7] 이러한 길은 대략 5갈래의 간선으로 나눌 수 있다. ① 장안에서 봉상(鳳翔), 성도(成都)를 거쳐 서남부 각지로 통하는 길. ② 장안에서 지금의 호북 강릉(江陵)인 형주(荊州), 장사(長沙), 계림(桂林)을 지나 안남(安南) 혹은 광주(廣州)에 이르는 길. ③ 장안에서 동쪽으로 낙양, 개봉, 지금의 산동 제남(齊南)인 제주(齊州)를 거쳐 하북 각지와 바다를 건너 요동 지역에 이르는 길. ④ 장안에서 태원(太原), 낭자관(娘子關), 범양(范陽)을 지나 북방 각 지역에 이르는 길. ⑤ 장안에서 서쪽으로 지금의 섬서 빈현(彬縣)인 빈주(邠州), 지금의 감숙 무위(武威)인 양주(凉州)를 경유하여 서역 각지에 이르는 길로 이 길을 실크로드라고도 한다.

낙양, 장안에서 돈황(敦煌)에 이르는 길을 실크로드의 동단(東段), 돈황에서 서쪽으로 향하는 길을 서단(西段)이라고 한다. 동단은 남북으로 두 갈래 길이 있었다. 남도(南道)는 장안에서 함양, 흥평(興平), 부풍(扶風), 기산(岐山), 봉상을 거쳐 서북쪽으로 천양(千陽)에 이르렀다가 대진관(大震關)를 지나 농산(隴山)을 넘은 후에 또 감숙의 청수(清水), 천수(天水), 감곡(甘谷), 농서(隴西), 임조(臨洮), 난주(蘭州)를 지나 서쪽으로 오초령(烏鞘嶺)을

6 『全唐文』 卷219, 崔融 「諫稅關市疏」, 『全唐文』(2), 976쪽.

7 史念海, 「隋唐時期的交通與都會」, 『唐史論叢』 第6集, 1995.

넘어 무위에 이르는 길이다. 북도(北道)는 장안에서 함양, 예천(禮泉), 건현(乾縣), 영수(永壽), 빈현(彬縣), 장무(長武)를 지나 감숙의 경천(涇川)에 들어간 후 평양(平凉)과 영하(寧夏)의 고원(固原)과 동심(同心)을 지나 육반산(六盤山)을 넘어 오룡하(烏龍河)를 따라 북상하여 정원(靖遠)을 경유하여 무위에 이르는 길이다. 북도 가운데 평양(平凉) 서쪽의 도로가 험준하여 당대의 상인은 남도를 많이 이용하였다.

서단은 남도, 북도와 중도 셋으로 나뉜다. 북로는 돈황을 출발하여 옥문관을 나와 서북쪽으로 향하다가 이주(伊州) 지금의 하미(哈密)를 지나 천산의 북쪽 기슭을 따라 가다가 포류(蒲類) 지금의 바르콜(Barkol, 巴里坤), 정주(庭州), 지금의 짐사르(Jimsar, 吉木薩爾), 사발성수착(沙鉢城守捉), 지금의 부강(阜康), 윤태(輪台), 지금의 미천(米泉), 장보수착(張保守捉), 지금의 창길(昌吉), 오재수착(烏宰守捉), 지금의 마납사(瑪納斯), 흑수수착(黑手守捉), 지금의 오소(烏蘇)를 경유하여 석칠하(石漆河), 지금의 정하(精河)를 넘고 차령(車嶺)을 넘어 궁월성(弓月城), 지금의 곽성(霍城)을 지나 이리하(伊犁河)를 넘어 쇄엽성(碎葉城),[8] 지금의 키르기스스탄(Kyrgyzstan) 토크마크(Tokmak), 북쪽으로 태호(太湖), 지금의 함해(咸海)를 지나 다시 서북쪽으로 동로마의 수도 불름(拂菻), 즉 지금의 터키의 이스탄불에 도달하는 길이다.

8 玄奘이 大淸池 혹은 熱海라고 하는 지금의 이시크 쿨(Issyk–kul) 호수를 지나 이곳을 경유하여 인도로 들어갔는데 『大唐西域記』 卷1에는 素葉水城이라고 했다. 碎葉城은 당대 초기에 서로 다른 이민족들이 잡거하던 지역으로 서돌궐의 세력권에 속했으나 貞觀 18년(644년)에 당나라가 焉耆를 멸하고 碎葉城을 설치했다. 현종이 인도로 갈 때 碎葉을 경유하였다. 咸亨 원년(670년)에 安西都護府가 다스렸고, 調露 원년(679년)에는 安西都護 王方翼이 증축하여 安西四鎭의 하나가 되었다. 開元 7년(719년)에 玄宗은 西突厥의 十姓可汗이 碎葉에 이주하는 것을 허가하여 碎葉은 突騎施, 葛邏祿이 계속 점령하고 있었다. 天寶 7년(748년)에 北庭節度使 王正見이 安西를 정복할 때 碎葉을 멸망시켰음.

중도는 돈황을 출발하여 옥문관을 나와 서북쪽으로 향하다가 서주(西州), 지금의 투르판을 지나 천산의 남쪽 기슭을 따라 언기와 쿠차, 지금의 고차(庫車), 고묵주(姑墨州), 지금의 악수(Aksu, 阿克蘇)를 경유하여 소륵(疏勒), 지금의 카시(喀什)에 도달한 후에 파미르고원을 넘고 페르시아, 지금의 이란을 지나 지중해에 도달하는 길이다.

남도는 돈황을 출발하여 양관(陽關) 서남쪽을 향하여 누란(樓蘭), 지금의 놉노르 서쪽을 경유하여 타클라마칸사막 남쪽을 따라가다가 전합(典合), 지금의 약강(若羌), 파선(播仙), 지금의 차말(且末), 난성(蘭城), 지금의 우전(于田), 우전(于闐), 지금의 화전(和田), 피산(皮山), 주구파(朱俱波), 지금의 엽성(葉城)을 지나 소륵에 이르러 중도와 만나 서쪽을 향해 가는 길이다. 남도는 산이 높고 길이 험준하여 인적이 드물었기 때문에 수당 때 서역을 왕래하는 사람은 중도와 북도를 이용하였다.

『신당서』, 「지리지」에 덕종 정원(貞元) 연간(785~805년) 때 재상을 지낸 가탐(賈耽)이 조사한 일곱 갈래의 중국과 외국과의 교통 노선은 '영주입안동도'(營州入安東道), '등주해행입고려발해도'(登州海行入高麗渤海道), '하주새외통대동운중도'(夏州塞外通大同雲中道), '중수항성입회골도'(中受降城入回鶻道), '안서입서역도'(安西入西域道), '안남통천축도'(安南通天竺道), '광주통해이도'(廣州通海夷道)이다. 이 가운데 육로 교통이 증가한 도로는 안서입서역도와 중수항성입회골도이다. 이 두 도로는 당나라 후기에 중국과 서양의 육로 교통의 주요 간선도로였다.[9]

안서입서역도는 초당과 성당 때의 주요 간선도로였다. 가탐의 『황화사달기』(皇華四達記)의 기록에 의하면, 이 도로는 첫째, 안서, 지금의 쿠차(Kuqa, 庫車)에서부터 서쪽으로 배성(拜城), 아극소(阿克蘇, Aksu)를 지나 타

---

9 『新唐書』, 1146~1155쪽.

림하(塔里木河, Tarim)의 지류인 아극소하(阿克蘇河)를 따라 오십(烏什)을 경유하고 탁십간하(托什干河, Toxkan)를 따라가다가 천산을 넘어 이식쿨호(Issyk-Kul) 남쪽 호숫가에 닿은 후에 서쪽으로 쇄엽(碎葉), 지금의 키르키즈스탄(Kyrgyzstan)의 토크마크(Tokmak)를 지나 최후에는 탈라스(怛邏斯), 지금의 카자흐스탄 잠빌(Zambyl)에 도달하고, 다시 서남쪽으로 사마르칸트와 연결되었다. 둘째, 돈황에서 서쪽으로 양관(陽關), 놉노르(Nop-Nur) 남쪽을 지나 천산을 넘어 서쪽으로 북정의 윤대(輪臺), 지금의 곽성(霍城) 서북쪽인 궁월성(弓月城)을 경유하여 쇄엽을 지나 첫 번째 길과 만나는 노선이다. 이 길은 기본적으로는 실크로드 북도와 같다. 중앙아시아와 서아시아의 호상(胡商)은 대부분 호라산(Khorasan)의 목목(木穆)에서 아목륵(阿穆勒)에 도착한 다음 오호수(烏滸水)를 넘어 부하라(Bukhara)를 지나 고극(庫克)을 경유하여 사마르칸트에 도착하였다.

중수항성입회골도는 중당 이후의 주요 간선도로였다. 가탐의 기록에 의하면 중수항성, 지금의 내몽고 포두(包頭) 서남쪽에서 시작하여 서쪽으로 두 개 길로 나뉘어 고비사막을 횡단하고 회골의 아장(衙帳), 지금의 내몽고 합자화림(哈刺和林)을 지나 북쪽으로 부귀성(富貴城), 지금의 대오압(大烏拉) 동쪽에 도달한 다음 북동쪽으로 골리간(骨利干), 지금의 바이칼호(Baikal) 남쪽 호숫가에 도착하고, 서북쪽으로 견곤(堅昆), 지금의 러시아 예니세이강 상류에 도달한다. 회골은 정관 20년(646년)부터 설연타의 통제에서 벗어나 점차적으로 막북(漠北)의 패권을 잡기 시작했고, 또 개원 연간에는 동돌궐의 쇠퇴를 기회로 막북의 여러 부족을 통일하여 세력이 커졌다. 회골이 강성했을 시기에 그 세력 판도는 동쪽으로는 실위(室韋), 서쪽으로는 알타이산, 남쪽은 하란산(賀蘭山) 넘어 황하에 이르렀고 북쪽은 바이칼 호까지 닿았다. 한때는 서쪽으로 더 전진하여 중앙아시아 소그디아까지 도달하였다. 안사의 난이 일어난 후 회골이 당나라를 도와 반란이 평정된 이후 백여 년 동안 이를 명분으로 회골족의 흉폭과 탐욕을 당 조정이 제지할 수 없었고, 다른 한편으로 토번이 안사의 난을 틈타 하서와 농우를 점령하였고 하서주랑을 지나 서역에 이르는 도로가 막혔기 때문에 회골이 관할하는 광대한 지역이 당나라의 서방과 통하는 주요 도로가 되었던 것이다. 중국과 중앙아시아를 왕래하는 상인과 사절 등은 회골의 막북로(漠北路)를 넘어 중원에 갈 수밖에 없었다. 중수항성입회골도의 방향에 변화가 생겼다. 장안을 출발한 후 북상하여 산서 혹은 섬서와 내몽고 오르도스초원을 경유하여 하투(河套)에 도달한 다음 북쪽으로 음산(陰山)을 넘어 다시 서북쪽을 향해 색릉격하(色楞格河)의 상류에 도달하였고 방향을 서쪽으로 바꿔 알타이산을 넘어 쌍하(雙河), 이리하(伊犁河)를 경유한 후 안서입서역도와 만났는데 이 길은 당시 토번이 점령한 하서와 서역을 피해 간 우회도로였다.

수, 당 때 우편 전달의 사업이 발달하여 역참의 수가 급증하였다. 수당대의 역(驛)은 기존의 우(郵), 정(亭)과 전(傳)을 대신하였다. 역의 임무는 공문서의 전달, 긴급 군사정보의 송신, 관리의 영접과 전송, 이민족의 회유, 반란의 평정, 죄인의 심문과 체포, 난민에 대한 위로와 범인의 압송, 때로는 공물의 운수와 관리 등이었다.

당나라의 역참은 『당육전』(唐六典)의 기록에 의하면 수역(水驛), 육역(陸驛) 그리고 수륙을 겸한 역참 세 종류가 있었고, 전문적으로 역무에 종사한 사람은 2만여 명이나 되었고 그 가운데 역부(驛夫)가 17,000명이었다고 한다. 육역은 많은 말을 갖추고 있었는데 일반적으로 규모가 큰 도정역(都亭驛)에는 75필의 말이 있었고 모든 도의 역참에는 적게는 8필, 많게는 60필의 말이 준비되어 있었다. 이러한 역마(驛馬) 이외에 전마(傳馬)가 별도로 있었는데 전마는 역마보다 느렸다. 매 역마다 일반 공무를 맡은 인원 이외에 역병(驛兵)이 있었는데 그들은 역무의 군사적 보호를 책임졌다. 이밖에 역참에는 노새, 배와 수레를 갖추고 있었다. 당대의 우역제도에 우역의 활동에 일정한 규정과 요구가 있었다. 육역의 규정에 매일 말은 70리, 노새는 50리, 수레는 30리를 이동하였다. 당대에 전국에 역참이 1,600여 곳에 설치되었는데 30리(里)마다 하나의 역참을 설치했다. 수역은 전국에 260곳에 설치했는데 보통 수역에는 2~4척의 배가 준비되어 있었다. 역참에는 여관, 역졸과 수레나 배, 말, 노새 등의 교통수단이 준비되어 있어 공문서 전달과 관리들의 왕래, 상인들이 사용할 수 있도록 하였다.

당나라 경제의 발전과 동서 교통로의 경영으로 실크로드 무역이 번영하였다. 신강 투루판에서 출토된 문서 「고창현상안서도호부첩」(高昌縣上安西都護府牒)에 의하면, 장안의 한족 이소근(李紹謹)은 호상(胡商) 조록산(曹祿山)과 함께 궁월성(弓月城)에서 가서 무역활동을 하였는데 비단 275필을 판매하였다. 다른 문서 「당개원십육년정주금만현첩」(唐開元十六年庭州金滿縣牒)에 의하면, 개원 16년(728년) 1년 중에 정주에 속한 금만현의 총 세금 수입은 159,650문(文)이었는데, 이 가운데 일반 백성의 세금은 85,650문, 상세(商稅)는 174,000문이 되어 일반 백성들의 세금보다 두 배는 많았다. 『자치통감』, 「당기」(唐紀)에 현종 천보 12년(753년)에

> 이때에 중원은 강성하여 안원문(安遠門)에서 서쪽 끝 당나라 변경까지 1만 2천 리였는데, 여염집들이 서로 바라보면서 뽕나무와 삼이 들판을 덮었으므로 천하에서 부유하고 살이 쪘다고 일컬어진 곳으로 농우(隴右) 같은 곳이 없었다.[10]

라고 했다. 당시에도 실크로드의 번영을 구가하는 시가 적지 않은데 예를

---

10 권중달 옮김, 『資治通鑒』(23), 136쪽.

들면 장적(張籍)의 「양주사」(凉州詞)에 "수많은 방울소리 사막 너머 멀리서 들리니, 응당 흰 비단 실은 낙타가 안서에 도착했으리라"라고 읊었다.[11] 이러한 문헌의 기록을 통해 실크로드를 통한 동서 간의 무역과 무역의 번영 상황을 알 수 있다.

2) 해로

당대는 특히 해외 각국과의 외교 및 무역 왕래가 빈번하였다. 당대에는 한반도 각국과 일본과의 우호 외교관계를 맺어 해상 교류가 왕성하였다. 동남아시아와도 해상 무역관계를 지속하였고 인도와 스리랑카와 밀접한 문화 교류를 맺어 수많은 불교 승려가 왕래하였다. 당나라와 아랍 각국과의 원양 항해를 통한 쌍방의 사신, 상인, 종교인의 왕래가 빈번했다. 아랍의 수도 바그다드에는 당나라 상품을 전문적으로 판매하는 중국 시장이 있었고, 중국의 해안지역의 항구를 중심으로 외국 상인이 거주하는 '번방'(番坊)이 있었다.

당대에는 외교 및 해외 무역의 수요를 충당하기 위해 조선업이 발달하였다. 당시의 큰 배를 수리하던 지역으로 선(宣), 지금의 안휘 선성(宣城), 윤(潤), 지금의 절강 진강(鎮江), 상(常), 지금의 강소 상주(常州), 소(蘇), 지금의 강소 소주(蘇州), 호(湖), 지금의 절강 호주(湖州), 항(杭), 지금의 절강 항주(杭州), 월(越), 지금의 절강 소흥(紹興), 태(台), 지금의 절강 임해(臨海), 무(婺), 지금의 절강 금화(金華), 강(江), 지금의 강서 구강(九江), 홍(洪), 지금의 강서 남창(南昌), 검남도(劍南道), 지금의 사천 성도(成都) 일대가 있었고, 동시에 북방에는 등주(登州), 지금의 산동 연태(烟台) 봉래(蓬萊), 내주(萊州), 지금의 산동 액현(掖縣), 남방에는 양주(揚州), 복주(福州), 천주(泉

11 "無數鈴聲遙過磧, 應馱白練到安西", 『全唐詩』(12), 4357쪽.

州), 광주(廣州)와 교주(交州)에 있었다. 상술한 조선소는 상당한 규모의 큰 배, 특히 원양 선박을 건조할 수 있었다. 유안(劉晏)이 강회염철전운사(江淮鹽鐵轉運使)가 되어 양자(揚子), 지금의 강소 의정(儀征)에 10개의 조선 공장을 건립하고 조운(漕運)에 필요한 수많은 '헐황지강선'(歇艎支江船)을 건조하였다.

조선 기술 또한 뛰어났다. 유순(劉恂)이 『영표녹이』(嶺表錄異)에 기록하길, 외국의 "상선은 못을 사용하지 않았고 광랑(桄榔)나무로 만들어 묶었으며 감람(橄欖)의 설탕을 발랐는데 이 설탕이 굳으면 아주 단단해져 물속에 배가 들어가도 칠과 같아 방수 효과가 있었다"라고 했다. 혜림(惠琳)도 『일체경음의』(一切經音義)에서 외국의 "곤륜박(昆侖舶)은 야자수 껍질을 실로 만들어 묶었고 감람의 설탕으로 겉에 발라 물이 들어가지 못하게 했으며 못을 사용하지 않았다"라고 했다. 이러한 외국의 봉합식 목선은 강한 풍랑에 약한 취약점을 가졌는데 이와는 달리 당대의 선박 건조는 못을 사용한 접합 기술을 보유하고 있었다.

1960년에 강소 양주의 시교진(施橋鎭)과 1973년에 강소 여고현(如皐縣)에서 출토된 당대의 목선 모두 접합 기술이 일치하였는데 전자는 대각선, 후자는 수직으로 못을 박아 접합하는 방식을 취하였다. 당나라 배는 여러 개의 방수 처리된 방으로 구성되어진 수밀격창(水密隔艙)으로 건조되었다. 이러한 방식의 배는 횡적인 강도가 증가하여 풍랑과 침수에 강하였다. 이러한 구조의 견고함은 돛을 달기에 적합하여 원양 항해가 가능하였다.

당대에는 구조가 튼튼하고 선실이 많으며 선체가 우람하고 돛이 많은 선박이 건조되었다. 당시에 일반적인 조운선은 매 선박마다 1천 석의 쌀을 실었다. 대력과 정원 연간에 유씨(俞氏) 성을 가진 아주머니의 배가 가장 컸다고 하는데,

> 배 안에서 생활하는 사람들은 부모를 봉양하는 일, 장례를 치르는 일, 시집을 가고 장가를 드는 일 등을 모두 그 안에서 하였고, 선상의 보도를 나누어 정원을 만들기도 하였으며, 배를 움직이는 사공들이 수백 명이나 되었고, 남으로는 강서(江西)에, 북으로는 회남(淮南)에까지 이르렀으며, 일 년에 한 번 왕래했지만 그 이익은 아주 많았다고 한다.[12]

라고 하였다. 중국 고대의 배의 모양에 따라 사선(沙船), 복선(福船), 광선(廣船) 등은 당대에 이미 건조되었고, 『일체경음의』에 의하면 '창박'(蒼舶)이라는 원양 선박은 길이가 20장(丈), 6~7백 명이 승선했다고 한다.

당대에 중국에 왔던 고대 아랍의 여행가 술레이만이 851년에 편찬한 『중국인도견문록』 또는 『술레이만여행기』에서 페르시아만은 풍랑이 심한데 당나라 때의 중국 선박은 커서 풍랑에 잘 견뎌 페르시아만 항해가 순조로웠다고 하였다. 또한 중국의 선박은 선체가 크고 침수되는 부분이 깊어서 직접 이라크의 유프라테스강을 거슬러 올라가지 못하고 또 오만(阿曼)의 암초 수역을 지나지 못해 바스라, 아만과 기타 지역에 운반할 화물을 시라프(Siraf)[13]로 운반하였다. 또 고림(故臨),[14] 지금의 인도 서남부 해안의 퀼롱(Quilon)에 군사 초소가 있어 왕래하는 선박에게 물을 제공하고 또 세금을 징수하였는데 1척당 중국 배는 1천 개 디이한, 기타 배는 10~20개 디나이를 징수하였다고 하였다. 1천 개 디이한 은전은 50개 디나이 금전과 같았으므로 중국 배에 대한 세금은 다른 나라 배보다 2.5~5배나 많았다. 이것은 중국 배의 적재량이 많았기 때문이다. 선박이 크고

12 李肇, 『唐國史補』 卷下. 이상천 역주, 『당국사보』, 237쪽.

13 시라프(Shiraf, 西拉夫)는 중세기 페르시아만의 주요 무역항이었는데 옛터는 이란 파르스(Fars) 연해의 타히리(Tahiri, 塔黑里)에 있었다. 977년에 지진이 발생하여 폐허가 되었음.

14 아랍어 Kulam의 역음으로 『諸蕃志』 卷上에 故臨國이라고 했음.

항해의 안전도가 높았으므로 당과 오대 때의 아랍 상인은 동쪽으로 항해할 때 주로 중국 배를 탔다.

3) 광주통해이도

당대 중기부터 외국과 통하는 수로(水路)인 해상 실크로드를 통한 무역이 신속하게 급증하였고 육상 실크로드를 초과하였기 때문에 외교 및 해외 무역의 수요를 충당하기 위해 광주에서 출발하는 해상 항해가 빈번해졌다.

당대 중국과 서아시아, 동아프리카 지역의 원양 항로와 남양 지역의 전통 해로에 대해 가탐(賈耽)은 '광주통해이도'[15]에 상세하게 설명하였다. 이 해로는 기본적으로 세 단락으로 나뉜다. 첫 단락은 중국의 광주에서 출발하여 홍콩 서남쪽을 지나 인도차이나반도 동쪽 해안, 지금의 베트남 중남부 퀴농(Qui Nhon)을 지나 샴만을 통과하고 말레이반도 동부 해안을 따라 남하한 다음, 건너편 수마트라섬 동남 해안을 따라 항해하여 자바섬에 도달하는 길이다. 두 번째 단락은 싱가포르 부근에서 서북쪽으로 말라카해협을 지나 니코바르군도를 경유하고 벵골만을 가로지른 다음, 인도의 남단을 돌아 인도의 서남부 해안을 지나 서북쪽을 향해 항해하여 호르무즈해협을 통과하고 페르시아만에 도달한 다음, 티그리스강을 거슬러 올라가 아랍의 수도 바그다드에 도달하는 것이다. 세 번째 단락은 페르시아만의 바스라에서 다시 호르무즈해협을 나와 아라비아반도 남해안을 따라 서쪽으로 항해하여 바레인, 오만, 예멘 등지의 해안을 지나 홍해 입구를 경유하여 먼 해협을 통과하고 남하하여 동아프리카 해안에 도달하는 길이다.

---

15 『新唐書』 卷43, 「地理志」(七下), 1146쪽.

가탐이 기록한 동남아시아, 남아시아와 중동 그리고 동아프리카 항로와 항로에 따른 해당 국가에 대해 살펴보면, 첫 번째 단락의 해로의 환왕국(環王國)은 『신당서』 권222에 "환왕(環王)은 본래 임읍(林邑)으로 점불로(占不勞) 혹은 점파(占婆, Champa)라고도 한다"라고 했다.[16] 지덕(至德) 연간(756~758년) 이후에 환왕이라고 했는데 9세기 말경에 점성이라는 명칭이 출현한 후에 환왕이라는 명칭이 점차 사라졌다. 지금의 베트남 중남부, 의정(義靜)과 평치천(平治天)의 경계 또한 한대에는 구진군(九眞郡)와 일남군(日南郡) 경계의 횡산(橫山, Hoanh Son)에서부터 순해(順海)의 번낭(藩朗)까지 이르렀다. 나월국(羅越國)은 『신당서』 권43에 육진랍(陸眞臘) "남쪽에 수진랍(水眞臘)이 있다. 또 그 남쪽에 작은 바다가 있고 그 남쪽에 가면 나월국에 이른다. 또 남쪽은 큰 바다에 이른다"라고 했고, 또 군돌농산(軍突弄山)에서 "5일을 가면 [말라카]해협에 이르게 되는데 그 지역 사람들은 질(質)이라고 부르며 남북이 백 리는 되고 북쪽 해안에 나월국이 있고 남쪽 해안에 불서국(佛逝國)이 있다"라고 했다.[17] 나월국은 말레이반도 남부로 지금의 말레이시아 요호르(Johore) 혹은 싱가포르해협 일대로 나월은 Laut의 역음이다. 불서국은 비자야(Vijaya)의 역음으로 지금의 인도네시아 수마트라섬의 팔렘방(Palembang), 잠비(Jambi) 일대이다. 가릉국(訶陵國)은 자바섬을 가리킨다. 『신당서』와 『구당서』에 가릉, 즉 사파(闍婆)라고 했고 Kalinga의 역음이다. 원나라 때부터 사파 이외에 조왜(爪哇)라고 부르기 시작했다.

두 번째 단락의 항로에 갈갈승지국(葛葛僧祇國)은 『신당서』 권43에 "서쪽으로 [말라카]해협을 나와 3일을 가면 갈갈승지국에 이르는데 불서국

16 『新唐書』, 6297쪽.

17 『新唐書』, 1153쪽.

북쪽에 있는 섬으로 이 나라 사람들이 노략질을 일삼고 폭력적이어서 배를 타는 사람들은 그들을 두려워하여 멀리하였다. 그 북쪽 해안에 개라국(箇羅國)이 있고, 개라국 서쪽에 가곡라국(哥谷羅國)이 있다"라고 했다.[18] 혹은 인도네시아 수마트라섬 동북 해안 밖의 브라우워스(Brouwers)섬이다. 개라국은 지금의 말레이반도 서쪽 해안 길타(吉打)이다. 가곡라는 또한 가고라(伽古羅), 가고라(加古羅), 가구륵(迦拘勒), 갈고라(葛古羅) 등으로도 불렸다. 『신당서』 권222에 "나월국 북쪽으로 바다 멀리 5천 리 떨어진 곳인 서남쪽에 가곡라가 있다"라고 했다.[19] Kakula 혹은 Takola, Qagola의 역음으로 아랍어의 Kakula, 범어의 Kakkola, 팔리어의 Tokkola로 뜻은 백두구(白豆蔲)이다. 가곡라는 대부분 말레이반도 서쪽 해안을 가리키는데 말레이반도 북부 크라(Kra)해협의 팍찬(Pak Chan) 하구 혹은 태국의 타쿠아파(Takuapa), 트랑(Trang)이라고도 하며 또한 말레이시아의 클랑(Klang) 혹은 미얀마의 테나세림(Tenasserim)이라고도 한다. 승등주(勝鄧洲), 파로국(婆露國)과 파국가람주(婆國伽藍洲)에 대해서는 『신당서』 권43에 "갈갈승지국에서 5일 정도 가면 승등주에 이르고, 또 5일을 서쪽으로 가면 파로국에 다다른다. 또 6일을 가면 파국가람주에 이른다"라고 했다.[20] 승등주는 수마트라섬 동북부 델리(Deli)섬 혹은 랑카트(Langkat) 일대이다. 파로국은 지금의 수마트라섬 서북부 안도양의 부레우에(Breueh)섬, 일명 브라스(Bras)섬이다. 일설에는 수마트라섬 서해안의 바루스(Barus)섬이라고 한다. 파국가람주의 파(婆)는 사리(娑里)의 오류이고, 또 파나국(婆那國)이라고도 불렸다. 파리는 범어로 Colya, 타밀어로는 Śōla인데 역

18 『新唐書』, 1153쪽.
19 『新唐書』, 6306쪽.
20 『新唐書』, 1153쪽.

음은 『대당서역기』에 주리야국(珠利耶國)[21]으로 남인도 동부해안, 즉 코로만델해안(Coromandel Coast)의 펜네르(Penner)강 하류의 군투르(Guntur)에서부터 벨라르(Vellar)강 사이의 넬로르(Nellore)를 수도로 하는 지역이다. 사자국(師子國)은 스리랑카(Sri Lanka)이다. 몰래국(沒來國)은 『신당서』 권43에 언급되었는데 지금의 인도 서남부 말라바르해안(Malabar Coast)의 퀼롱(Quilon)이다. 발율국(拔風+日國)은 『신당서』 권43에 "남천축의 최남단에서 서북쪽의 10여 개국을 지나면 파라문(婆羅門) 서쪽 국경에 도달하는데 서북쪽으로 이틀을 가면 발율국에 도달한다"라고 했다.[22] 지금의 인도 서해안 캄바트(Khambhāt)만의 바루치(Bharuch)이다. 제율국(提風日國)은 지금의 인도 서북부 카티아와르(Kathiawar)반도 남부의 디우(Diu)이다. 제라노화국(提羅盧和國)은 Djerrarah의 역음으로 혹은 지금의 이란 서부 아바단(Abadan) 부근이다. 오자국(烏剌國)은 지금의 이라크 남부 바스라(Basra)로 옛 지명은 알 우불라트(al-Ubullat)의 간칭이고 그리스인은 아폴로고스(Apologos)라고 불렀다. 대식국(大食國)은 원래 페르시아어로 Tazi이고 이란 민족의 일부였는데 후에 페르시아인의 아랍 국가에 대한 호칭이 되었다. 당대에는 대식국이 아랍 국가에 대한 명칭이었다. 말라(末羅)는 필사라(弼斯羅), 필시라(弼施羅)라고도 하는데 옛 항구는 지금의 이라크 남부 바스라의 서남쪽에 있는 주바이르(Zubair)이다.

세 번째 단락에는 삼란(三蘭)은 지금의 동아프리카 탄자니아의 수도 다레스 살람(Dares Salaam)으로 삼란은 살람의 역음이다. 일설에 소말리(Somali)의 또 다른 역음이라고 한다. 설국(設國)은 시갈(施曷)이라고도 하는데 지금의 아라비아반도 남해안 예멘으로 옛날 아랍의 지리서에는

---

21 季羨林 校注, 『大唐西域記校注』 卷10, 846~847쪽.

22 『新唐書』, 1153쪽.

Shihr라고 했다. 살이구화갈(薩伊瞿和竭)은 지금의 아라비아반도 동남 해안으로 구체적인 지역은 알 수 없다. 몰손국(沒巽國), 지금의 오만 북부 수하르(Suhār) 항구로 고대 페르시아어 Mezoen의 역음이다. 발리가마난국(拔離歌磨難國)은 페르시아만 바레인섬의 매나마(Manama)이다.

가탐의 기록에 의하면 중국의 광주에서부터 말라국, 즉 이라크의 바스라 부근 주바이르까지는 항해하는데 89일, 오자국, 즉 이라크의 바스라에서 동아프리카 삼란국, 즉 탄자니아의 수도 다르에스살람까지는 48일이 소요된다고 하였다. 당나라의 배가 정박한 곳은 대부분 상아, 코뿔소 뿔, 유향, 용연향, 진주, 보석, 산호, 유리, 정향, 몰약(沒藥), 소목(蘇木) 등이 생산되는 곳이었고, 중국에서 수출된 물품은 주로 비단, 도자기, 차, 철기 제품이었다.

4. 해외 무역항의 번영

해안 지역 경제의 발전은 당대 항해술과 해외 무역의 번영 덕분이었다. 북쪽에서부터 남쪽 방향으로 해안 지역의 해외 무역항은 당정부의 대외 개방정책에 따라 해로를 통한 외국과의 무역을 담당한 등주(登州), 양주(揚州), 명주(明州), 복건의 천주(泉州)와 복주(福州) 그리고 광주(廣州) 등이었고, 이러한 항구들은 대외무역으로 발전한 항구도시였다.

1) 광주

주강(珠江) 입구의 부서(扶胥), 즉 지금의 광주 황포묘두(黃埔廟頭)와 그 동쪽 지역 그리고 부서 남쪽의 둔문항(屯門港), 지금의 홍콩특별행정구 신계(新界) 청산만(青山灣) 일대가 광주의 중요 거점으로 광주의 대외무역항의 항구였다. 당대 광주의 치소는 해남현(海南縣), 지금의 광주 노성구(老城區) 소재 여만구(荔灣區)와 월수구(越秀區) 일부 지역이었다. 당대에 편찬된 『원화군현지』 기록에 "광주 동쪽으로 80리에 고두촌(古斗村)이 있고, 여기에서 바다로 나갔는데 일망무제였다"[23]라고 하였는데, 고두촌은 광주에서 동남쪽으로 바닷길로 80리는 부서의 입구이자 황목만(黃木灣)이었다고 한다. 주강의 입구 북쪽은 부서이고 주강 남쪽은 배가 정박할 수 있는 황목만으로 배가 정박할 수 있었고, 부서의 서남쪽에는 남해신(南海神)을 모시는 사당이 있었다. 『구당서』 권24 「예의지」(禮儀志)에 천보 10년(751년)에 "사해(四海)를 모두 왕(王)에 봉하였고, 남해신을 광리왕(廣利王)에 봉하였다"라고 하였으며, 남해신 사당 부근에 별도로 영화사(靈化寺)를 세웠다. 바다의 신을 모시고 불교사원을 세운 이유는 해상 항해의 순조로운 운행과 승려, 상인, 관원, 선비, 백성들의 안전과 보호를 바라는 제사문화 때문이다. 그래서 당대 부서항의 번영은 대외무역과 밀접한 관계가 있는 것이다. 둔문항은 군사요새로 대외무역 교통로를 방위하는 항구기지로 해상실크로드의 중요한 역할을 하였다.[24]

해로를 통해 중국에 오는 외국 상인이 제일 먼저 정박한 항구가 광주였다. 그래서 당 조정은 처음으로 광주에 시박사를 설치하여 외국 상인에 관한 관리와 공적인 업무를 실시하였다. 광주가 해로를 통한 무역에서 이익을 얻을 수 있는 곳이고 천하의 진귀한 보석과 재물이 모여드는 항구라는 사실이 국내외적으로 점차 알려지게 되자, 당 조정은 광주가 외국과의 해외 무역에 중요한 위치를 차지한다는 점을 인식하였던 것이다. 광주가 당시 해외 각국의 중국 진입의 문호가 되었다. 정관 17년(643년)에 조정에

---

23 李吉甫 撰, 『元和郡縣志』(下), 887쪽.

24 中國中外關系史學會 · 暨南大學文學院 編, 『絲綢之路與文明的對話』, 261~267쪽.

서는 삼로(三路), 즉 광주도독부가 있는 광주, 복주도독부가 있는 복주, 양주도독부가 있는 양주에 시박사를 설치했다. 당 조정에서는 영남, 복건과 양주의 외국인은 해당 절도관찰사에게 위임하였다.

당대 해외 무역항의 최대 도시는 광주였다. 『도리방국지』(道里邦國志)와 『중국인도견문록』(中國印度見聞錄)과 같은 아랍 지리서도 광주가 본국에서 출발하여 남해 여러 나라를 경유하여 최종적으로 도달하는 항구라고 했고, 광주를 '중국 최대의 항구'라고 했다.[25] 저명한 시인 두보도 광주에 외국 상인이 모여든 광경에 대해 "바다에 외국 상선이 수천 척이나 떠 있다"[26]라고 묘사했다. 현종 천보 7년(748년)에 중국 승려 감진(鑒眞)이 양주에서 출발하여 일본으로 갈 때 풍랑을 만나 남해도에 표류하였고, 그곳의 추장 풍약방(馮若芳) 집에 머물게 되었는데, 풍약방은 매년 광주와 남해를 왕래하는 '파사박'(波斯舶) 두세 척을 약탈하여 치부하였고 사람은 노예로 삼았다. 그는 손님을 만날 때 유두향(乳頭香)으로 만든 초를 태웠는데 한 번에 백여 근을 사용했다. 그의 집 뒤에는 소방목(蘇芳木)이 산처럼 야적되어 있었다.[27] 파사박은 아랍의 배를 말하고, 향료는 남해에서 생산되는 것으로 중국과 남해와의 무역활동뿐만 아니라 중국과 남해와의 무역 교통로를 아랍의 배가 항해하였음을 알 수 있다. 이것을 통해 간접적으로 중국과 아랍 국가들 사이에 무역이 성행하였을 것으로 추정할 수 있다. 이를 뒷받침하는 고고학적 유물이 인도네시아 바다 속에서 인양되었다. 최근 인도네시아 수마트라섬 팔렘방 앞바다의 벨리퉁(Belitung)섬 바다에 경종(敬宗) 보력(寶歷) 2년(826년)에 침몰한 아랍 배가 인양되었다. 이 배는 광주에서 출발하여 해상 실크로드를 통해 알 바스라(Al Basrah), 지금의 이

25 『道里邦國志』, 72쪽. 『中國印度見聞錄』, 9쪽.

26 "海胡舶千艘" 「送重表侄王砅評事使南海」. 仇兆鰲, 『杜詩詳註』(3), 2045쪽.

27 眞人元開 著, 汪向榮 校注, 『唐大和上東征傳』, 中華書局, 2000, 68쪽.

라크 바스라(Basra)를 향하던 중 침몰하였는데 이 배는 중국이 아닌 아랍에서 건조된 배로 동남아시아 해상에서는 적어도 12세기까지 중국의 배가 해상 실크로드에서는 그렇게 중요한 역할을 하지는 못했고, 오히려 아랍의 배가 인도양과 동남아시아에서 큰 활약을 하였음을 증명하였다.[28]

광주에 대해 감진은 파라문사(婆羅門寺), 즉 인도의 절이 세 곳 있고, 인도 승려들이 거주하고 있었다고 하였으며, "강중에는 인도, 페르시아, 말레이반도나 인도네시아의 자바 등지의 동남아시아 배가 정박하고 있었는데 그 수가 셀 수 없을 정도로 많았다. 배에는 향료와 약재, 진귀한 보석이 산더미처럼 쌓여 있었다. 그 배들은 6~7장(丈) 정도 바닷물 속에 잠겼다. 사자국(師子國), 대석국(大石國), 골당국(骨唐國), 백만(白蠻), 적만(赤蠻) 등지의 사람이 왕래하거나 살기도 하였는데 그 종족도 많았다"라고 했다.[29] 『당국사보』의 저자 이지(李摯)도 광주항의 번영에 대해서 기록하였는데, 광주에는 매년 '남해박'(南海舶)이 있었고, 이러한 남해박 가운데 "사자국의 배가 가장 커서 선상의 계단만 해도 위아래로 길이가 수 장(丈)이나 되었고 배 안에는 귀중한 화물로 가득했다고 한다. 배가 도착하면 그 도(道)의 장관은 바로 황제에게 보고하였고 군과 현에서도 이 때문에 떠들썩했다고 한다"라고 하면서 "배가 출발한 후 바닷길에서는 반드시 흰 비둘기를 길러 편지를 보냈는데, 배가 침몰할 경우 비둘기는 비록 수천 리라 할지라도 날아서 돌아올 수 있었다고 한다"라고 하였다.[30] 광주의

---

28 *National Geographic*, June 2009.

29 眞人元開 著, 汪向榮 校注, 『唐大和上東征傳』, 74쪽. 師子國은 지금의 스리랑카, 大石國은 大食國으로 7세기에 흥기한 아랍제국을 가리킨다. 骨唐國과 白蠻, 赤蠻은 어디인지 알 수가 없음.

30 이상천 역주, 『당국사보』 巻下, 239쪽. 『南部新書』에 "페르시아의 배는 대부분 비둘기를 길렀는데 수천 리를 날 수 있어 한 마리를 날려서 고향집으로 보내면 잘 지내고 있다는 편지로 여겼다"라고 했다. 錢易 撰, 黃壽成 點校, 『南部新書』, 83쪽.

해외 무역이 활발하였음을 알 수 있다. 대력 5년(770년), 광주에 도착한 외국의 크고 작은 배는 4천여 척에 달했는데, 만약 매 척당 적재량이 5백 톤이었다면 외국으로부터 들어온 박래품의 총 톤 수는 20여만 톤이나 되었다고 할 수 있다.[31]

광주는 예를 들면 천보 연간 초에 이미 "육로와 해로의 이점을 모두 가지고 있었고 귀중한 보석이 산처럼 쌓여 있다"[32]고 하는데 이것은 당나라 궁정에서 갈구하는 외국의 진기한 화물을 얻을 수 있는 최적의 항구였다. 당나라 승상 소방(蕭倣)이 번우(番禺)에서 군대를 통솔한 적이 있었는데 "작천투향(酌泉投香)의 명예를 가지고 있었다. 그의 인품에 반한 외국의 상인들이 함께 모여서 장안의 보석 가게와 약방에 갔더니, 남방의 물건들이 넘쳐나고 있었다. 이로부터 사람들의 소방에 대한 칭찬이 자자했다."[33] 보석상점과 약방은 분명 페르시아 상인이 경영하였을 것이 분명하여 광주 지역에 외국 상인이 상업활동을 하였음을 알 수 있다.

외국의 사치품이 관원의 호주머니에 들어가는 것을 방지하기 위해 당 조정은 특별히 광주 지방관의 임명을 중시했다. 장경(長慶) 3년(823년)에 공부상서(工部尙書) 정권(鄭權)이 영남절도사가 되어 광주로 떠나기 전에 한유가 그를 전송하기 위해 지은 문장에서 "외국의 화물이 날로 급증하여 진주, 향료, 상아, 코뿔소 뿔, 대모(玳瑁) 등의 진기한 화물이 중국에 넘쳐

31 沈光耀, 『中國對外貿易史』, 18쪽.

32 『舊唐書』 卷98, 「盧懷愼傳」, 3070쪽.

33 『太平廣記』 卷117, 「蕭倣」. 酌泉投香은 晉나라의 吳隱之가 嶺南의 폐해를 바로잡기 위해 石門이라는 곳에 갔는데, 그곳에 貪泉이라는 샘물이 있었다. 이 물을 먹는 사람은 끝없는 욕심을 품게 되는데, 吳隱之는 이 물을 마시면서 늘 채소와 말린 고기만을 먹으며 자신의 청렴함을 닦았다. 사람들은 처음에는 그가 교만하다고 생각했으나, 끝내 그 뜻을 꺾을 수 없었다고 한다. 또한 吳隱之는 番禺에서 돌아와 보니 부인이 沈香 한 근을 가지고 있는 것을 보고 그것을 빼앗아 호수에 던져버렸는데, 이로부터 酌泉投香은 청렴함을 가지고 있음을 가리키는 말로 사용되었음. 李昉 등 모음, 김창환, 이민숙 外 옮김, 『태평광기』(5), 524~525쪽.

나고 엄청나게 소비되고 있으므로 경을 절도사에 임명한 것은 다른 지역보다 광주를 중히 여기기 때문입니다"라고 하였다.[34] 외국의 진기한 물품을 소비하는 곳은 당나라 궁정이고 그러한 보석, 향료와 같은 기호품은 광주를 통해 들어왔음을 알 수 있다.

건원 원년(758년), 일부 대식과 페르시아 사람이 광주도독을 몰아내고 물품을 약탈하고 집을 불태웠는데,[35] 이것은 시박사의 외국 상인에 대한 가혹한 착취와 비난과 관련이 있었다. 광주가 해외 무역의 중심지가 되자, 담당 관리의 독직이나 횡령은 하나의 관례이자 풍조가 되었다. 광주는 외국 배가 이익을 얻을 수 있어 진귀한 재화가 모여들었고, 지방관은 "온갖 방법과 수단을 동원하여 이익을 남겨 치부하였다."[36] 문종(文宗) 개성(開成) 연간에 노균(盧鈞)이 영남절도사에 임명되었을 때이다.

당대 광주도독 노원예(路元睿)는 곤륜박(昆侖舶)의 진귀한 재물을 약탈하여 외국 상인에게 피살되었다. 노사공(路嗣恭)은 범인과 "연루된 선박 상인을 모두 죽이고, 그 재산 수백만을 몰수하여 사사로이 착복하였다."[37] 왕악(王鍔)이 영남절도사에 임명되고 "외국의 배가 광주에 오면 그 재물을 몰수하고 왕악의 집 재산은 공적으로 숨겨놓는 것이었다. 하루에 백여 척의 배를 출발시켜 코뿔소 뿔, 상아와 진주로 가득 채워 무역할 재화라고

---

34 『韓昌黎文集校注』 第四卷, 「送鄭尙書序」, 284쪽. 鄭權은 부임한 지 1년도 채 되기 전에 수많은 진기한 재물을 강제로 수탈하여 사서에 오명을 남겼음. 『新唐書』 卷159, 「鄭權傳」, 4957쪽과 卷162, 「薛廷老傳」, 5003쪽.

35 『資治通鑑』 卷220 「肅宗紀」 乾元 元年의 기록에 "광주(廣州)에서 상주하였다. '대식(大食)과 파사(波斯)가 광주성을 포위하였는데 자사 위리견(韋利見)은 성을 뛰어넘어 달아났으며 두 나라의 병사는 창고를 약탈하고 여사(廬舍)를 불태우고 바다에 배를 띄워서 떠나갔습니다'", 권중달 옮김, 『資治通鑑』(23), 364쪽.

36 『舊唐書』 卷177, 「盧鈞傳」, 4591쪽.

37 『新唐書』 卷138, 「路嗣恭傳」, 4624쪽.

말하고 국경을 나왔다. 해마다 순환이 끊이질 않았고, 8년을 지나자, 장안의 권문세가는 대부분 왕악의 재산으로 부유해졌다."[38] 홀로 부유해진 것이 아니라 장안의 권문세가와 공유하여 재물을 약탈한 액수도 엄청났다.

지방관의 약탈과 독직 행위는 광주의 해외 무역에도 커다란 영향을 끼쳤다. 대종 대력 4년(769년)에 이면(李勉)이 광주에 부임하였는데, "서역의 배가 광주에 오는 경우는 1년에 겨우 4~5척밖에 되지 않았다. 이면은 청렴한 관리였고, 부당한 세금을 징수하지 않았기 때문에 말년에는 40여 척이나 되었다."[39] 지방관의 약탈과 독직 여부는 왕래하는 외국 배의 수량에 커다란 영향을 주었다.

8세기 말경에 광주의 해외 무역이 크게 쇠퇴하여 배들이 교주(交州)와의 무역으로 전환하자, 광주의 무역액은 급감하였고 조정에 바치는 공물의 요구를 만족시킬 수가 없게 되었다. 영남절도경략사(嶺南節度經略使)는 이러한 상황에 대처하기 위해 판관을 안남의 '수시'(收市)[40]로 파견하고, 안남에 시박중사(市舶中使)를 설치하여 감독을 할 수 있게 해주길 조정에 건의하였다. 태화 8년(834년), 문종(文宗)은 영남, 복건, 양주의 관리가 남해 무역선에 대해 세금을 징수하는 문제를 지적하면서, 박각(舶脚), 수시(收市), 공물 외에 상선의 왕래, 교역 일을 맡되, 중과세를 가하지 않도록

38 『舊唐書』 卷151, 「王鍔傳」, 4060쪽.

39 『新唐書』 卷131, 「李勉傳」, 4507~4508쪽.

40 외국 상인이 배를 타고 화물을 가지고 오면, 관청에서 관리를 파견하여 우선적으로 당나라 장안 궁정에서 필요로 하는 사치품을 구매하는 것을 말한다. 『唐會要』 卷66, 「小府監」, 1366쪽에 "顯慶 6년 2월 16일 칙령을 내려, 남해의 외국 배가 오면 소속 관리가 매년 4월 이전에 예산을 지출하여 반드시 시장 가격으로 구매를 해야 하는데 그 道의 長史에게 맡겨 배가 도착하면 10일 이내에 가격을 지불하고 구매가 끝나면 백성이 교역하게 했다. 그 관리가 화물을 사면 소부감에 보내고 간단히 선별하여 궁정에 바쳤다"라고 했음.

하는 법령을 반포했다.[41] 지방관이 조정에서 규정한 업무 외에 세금을 징수하는 등의 협박으로 재물을 강탈하는 행위는 광주의 해외 무역에 심각한 영향을 끼쳤다.

당나라 말경에 광주는 대외무역에 여전히 중요한 위치를 차지했다. 황소(黃巢) 농민반란이 영남지역을 횡행할 때 정전(鄭畋)은 황소를 영남절도사에 임명해야 한다는 건의를 제출하자 우종(于琮)은 "남해는 시박의 이익이 있고 해마다 진주를 공물로 바치는데 요사스러운 도적이 소유하게 되면 국고가 점차 고갈되고 있다"라고 했다.[42] 광주의 해외 무역을 통한 막대한 수익은 당 조정의 국고 수입에 중요한 원천이었음을 알 수 있다.

해외 무역의 발전은 광주에 모인 외국 교민들이었다. 황소가 광주를 공격하였을 때 성내 주민을 살육하였는데 "중국 사정을 잘 아는 사람의 말을 빌리면 살해된 중국인 가운데 상업에 종사한 이슬람교도, 유태교도, 기독교도, 배화교도가 12만 명이 살해되었다. 이 네 종교의 신도들의 사망한 수를 정확하게 알 수 있었던 것은 중국인이 그들의 숫자에 의거하여 세금을 거두어들였기 때문이다."[43] 광주의 외국인은 '번방'(番坊)이라는 지역에 모여 살면서 그들의 생활습관을 유지하였고 자신들이 추천한 수령이 있었다. 스리랑카의 무역선이 광주에 도착하면,

> 번장(蕃長)이 주관 책임자로 하여 시박사(市舶使)의 관원들이 배에 실린 화물의 품목을 기록하고, 선주에게 정박세를 납부하게 하고, 진기한 화물을 조사하여 금지시키기도 하며, 외국 상인 중에 사기 행위를 한 자는 감옥으로 보내게도 하

41 宋敏求 編, 『唐大詔令集』 卷10, 「太和三年疾愈德音」, 65쪽.
42 『舊唐書』 卷178, 「鄭畋傳」, 4633쪽.
43 藤本勝次 譯注, 黃倬漢 譯, 『中國印度見聞錄』 卷2, 96쪽.

였다.[44]

종합하면, 광주에 거주하는 외국인은 자신들의 조직과 수령을 보유하고 있었음을 알 수 있다.

2) 천주

복건 연안도 당대 해외 무역의 중요한 지역이었다. 복건의 해외 무역은 천주(泉州)와 복주(福州) 두 항구가 중심이었다. 천주는 복건 연안 진강(晉江) 하구, 복주는 민강(閩江) 하구에 위치하였다. 두 항구는 바다와 강이 교차하는 교통의 중심지여서 지리적으로 좋은 여건을 갖추었다.

당나라 말경에 농민반란이 일어났는데 희종(僖宗) 건부(乾符) 5년(878년)에 황소(黃巢)의 군대가 건주(建州), 복주(福州)를 공격하였고,[45] 반년 정도 머무른 뒤에 광주(廣州)를 함락했다.[46] 황소의 군대가 복건 지역의 사회와 경제에 큰 악영향을 끼치지는 않았다. 후에 왕조(王潮)와 왕심지(王審知) 형제가 광계(光啓) 원년(885년)에 민(閩) 땅에 들어와 천주를 함락하고 복주를 점령하고 민 정권을 세웠으며, 보대(保大) 4년(946년)에 남당(南唐)에게 멸망당했다. 민 정권은 중원의 당나라와 긴밀한 관계를 맺고 복건 지역의 안정과 발전을 꾀하였다.

왕씨 정권의 민 땅 통치시기에 수공업이 발달하였다. 당대에는 비단을 8등(等)으로 나누었는데, 복건의 천주(泉州), 건주(建州), 민주(閩州)에서 생산되는 비단과 모시는 8등의 대열에 끼었다.[47] 또한 천주 지역은 복건 방

---

44 이상천 역주, 『唐國史補』 卷下, 239쪽.
45 『新唐書』 卷225(下), 「黃巢傳」, 6454쪽.
46 『舊唐書』 卷178, 「盧攜傳」, 4638쪽.
47 『唐六典』 卷20, 「太府寺」, 541쪽.

직업이 비교적 발달한 지역이었다. 당시의 청주 지역의 청원(淸源)은 중앙 정부에 토산품으로 솜, 비단, 초(蕉), 갈(葛) 등을 바쳤는데 솜 2백 냥을 공물로 바쳤다.[48] 천주 지역의 방직업 규모가 이미 상당하였음을 알 수 있다. 천주의 비단과 갈포(葛布)는 당시 청주 해외 무역과 공물로 유명한 물품이었다.

천주는 도자기 제조업도 발달하였다. 당나라에서부터 오대까지의 도요지는 18군데 발굴되었는데 주로 연해 지역인 진강(晉江)과 혜안(惠安) 일대이다. 그 가운데 1954년에 천주 동문(東門) 밖에서 발굴된 완요향(碗窯鄕) 도요지가 규모가 가장 큰데 오대 때 해외 무역 판매용 도자기를 주로 생산하였다.[49] 보르네오의 브루나이에서 발굴된 당대 이관(耳罐)은 안계(安溪) 당나라 묘에서 출토된 부장품과 같고, 또 다른 말레이반도에서 발굴된 당나라 이관도 혜안(惠安)의 당나라 묘에서 출토된 기물과 같다.[50] 천주 도자기 제조업이 상당한 수준에 도달하여 외국에 수출까지 하였음을 알 수 있다.

이러한 수공업의 발전을 기반으로 해외 무역도 발달하였다. 시박사의 설치 목적 중의 하나가 동남 항구에 설치한 항구에서 외국 상선이 도착하면 장안 궁중 황실에서 필요로 하는 보석과 같은 진귀한 재물을 시박사가 먼저 골라서 궁으로 보내는 것이었다. 이러한 임무를 나타낸 당시가 있는데 포하(包何)의 시 「송천주이사군지임」(送泉州李使君之任)이다. "구름 낀 산에 백월의 길이 나있고, 도시에는 온갖 세상 사람이 다 와 있네. 옥을 쥐고 와서 멀리 조정에 가고, 또 진주는 공물로 자주 바쳐지네"[51]라고 하

48 『通典』 卷6, 「食貨」(六), 124쪽.

49 莊爲璣, 「泉州三大外銷商品: 絲瓷茶」, 『海交史硏究』, 1986年, 3期.

50 林文明, 「泉州陶瓷外銷問題的探討」, 『海交史硏究』, 1986年, 1期.

51 "雲山百越路, 市井十洲人. 執玉來朝遠, 還珠入貢頻." 『全唐詩』(6), 2170쪽. 이 시를 지은 시인

여 천주에 많은 외국인의 모습과 옥, 진주와 같은 진귀한 물품이 모여들어 장안성 궁정으로 바쳐지는 광경을 읊었다.

1982년에 천주 개원사 대웅보전 앞 정원에 송나라 때 세운 석탑 안에서 오대 남당 보대(保大) 4년(946년)에 타라니경당(陀羅尼經幢)이 발견되었는데, 경당 명문 가운데 주사마전객무겸어사대부(州司馬專客務兼御史大夫) 진광사(陳光嗣), 주장사전객무겸어사대부(州長史專客務兼御史大夫) 온인엄(溫仁儼), 군사좌압아충해로도지휘사(軍事左押衙充海路都指揮使) 진광준(陳匡俊), 각리원사(榷利院使) 유증(劉拯) 등의 관직은 모두 해외 무역과 관계가 있다.[52] 천주에 해외 무역 업무를 담당하는 관리가 설치되었음을 알 수 있다.

천주의 비단, 도자기, 차 등은 외국인의 환영을 받아 외국 사절, 상인, 선교사, 승려 등이 천주로 들어왔는데 주로 아랍과 페르시아 상인이 많았고, 동남아시아, 인도, 이집트, 한반도와 일본 사람들도 왕래하였다. 7세기 초에 아랍은 정식으로 중국에 사절단을 파견하였는데 측천무후 때 아랍 상인이 광주, 천주, 항주 등의 항구에 들어왔다.

천주 만수로(萬壽路)의 취보가(聚寶街)는 당대 해상 실크로드를 따라 천주와 상업 활동을 한 외국인의 번방(蕃坊)이었다. 아랍 상인들이 당대에 이곳에 와서 보석상점을 열고 장사를 하였던 곳이다. 취보가 끝의 차교두(車橋頭)는 외국 물품의 집산지로 아시아, 아프리카의 진주, 코뿔소 뿔, 대

에 대한 두 가지 설이 있다. 하나는 측천무후시대 때(684~705년)의 張循之, 다른 하나는 天寶 때(742~756년)의 包何이다. 晉江 입구의 晉江縣에 있는 泉州라는 명칭은 睿宗 景雲 2년(711년)에 출현하였고, 이 이전의 泉州라는 지명은 閩江 입구의 閩縣, 즉 이후의 福州를 가리킨다. 만약 이 시가 張循之의 시라면 현재의 福州를 읊은 시이고, 만약 包何라면 지금의 泉州를 묘사한 것임.

52 林宗鴻, 「泉州開元寺五代古經幢等重要文物」, 『泉州文史』, 9期.

천주 이슬람교도의 묘지. 천주시 동쪽의 이슬람교성묘(伊斯蘭敎聖墓)에는 수많은 이슬람교도의 묘지가 있다.

모(玳瑁), 상아, 유향(乳香), 용뇌(龍腦), 산호 등이 이곳에서 중국 내륙으로 운송되었다. 취보가 부근의 광구(廣口), 후산(後山), 신가(新街) 등지는 모두 고대 중국과 외국 상선 정박지로 대량의 중국과 외국 상품이 하역되었다.[53]

만당 때 천주는 해외 교통에서 중요한 항구가 되어 교주, 광주, 양주와 더불어 동남 4대 해상 무역항이라고 불렸다. 천주에는 적지 않은 이슬람교도 묘지가 남아 있는데 1965년에 천주에서 아랍문자로 새긴 묘지명이 출토되었다.[54] 묘 주인이 회력(回曆) 29년 3일에 죽었다고 하여 정관 23년

53 陳瑞統 著, 『藍色絲路漫記』, 38~40쪽.

54 『泉州港與古代海外交通』, 17쪽.

(649년)이었음을 알 수 있어 이 시기 이전에 아랍 상선이 이미 천주항에 도착하였음을 알 수 있다.

왕심지(王審之)가 복건관찰사를 맡았을 때, 삼불제(三佛齊)가 복주에 도착하였는데, 소종(昭宗) 천우(天佑) 원년(904년) 6월, 당 조정은 복건도(福建道)에 들어온 삼불제국이 입조하여 공물을 바친 사신은 모두 번장(番長) 포가속(蒲訶粟) 영원장군(寧遠將軍)이었다.[55]

무덕 연간 때 아랍의 이슬람교도 진강에 진입하였고, 이슬람교의 창시자 무하마드의 4대 제자 가운데 삼현(三賢)과 사현(四賢)이 천주에 와서 전교를 하였으며, 사후에 천주 동쪽 근교 영산(靈山)에 묻혔고 성묘(聖墓)라고 불린다.

마니교는 6~7세기 중국에 전래되었는데, 대력 3년(768년)에 장안, 낙양에 대운광명사(大雲光明寺)를 건립하고 이어서 형주(荊州), 양주(揚州), 홍주(洪州), 월주(越州) 등지에 사원을 건립하였다. 무종이 불교를 탄압하자 마니교도 큰 타격을 입어 교도들이 민 땅으로 도주하여 천주에 들어왔다. 마니교 호록법사(呼祿法師)가 복주, 천주로 도주하여 마니교가 복건에 전파되었고 자신은 진강 청원산(淸源山)에 묻혔다. 진강(晉江)은 비록 천남불국(泉南佛國)으로 불리지만 정통 불교가 아니라 유교, 불교, 도교가 혼합되어 불교의 보살, 도교의 천존(天尊), 무격귀신(巫覡鬼神)과 상관없이 모두 불교에 편입시켰다. 마니교는 이러한 중국 종교에 잘 적응하여 신속하게 전파될 수 있었다.

3) 복주

천보 10년(751년), 탈라스전투에서 당나라가 패하자 아랍제국이 중앙아

---

55 『唐會要』 卷100, 「歸降官位」, 2138쪽.

시아를 통제하여 당나라와 서역의 육로 교통이 단절되었다. 이때부터 당 조정은 해외 각국과의 해상 교통 경영에 관심을 가졌고 결국 육로 대신 해로가 중국과 외국과의 무역 거래와 문화 교류의 중요 통로가 되었다. 복주는 대외 교통과 무역이 신속하게 발전하였고 통상 지역도 확대되었으며 무역 거래 국가도 급증하여 인도차이나반도, 말레이반도 각국과의 전통적인 노선 이외에 새로운 노선이 개척되었다 그 가운데 첫 번째는 신라와의 교류이다. 당나라와 신라는 우호적인 관계를 맺어 왕래도 빈번했다. 신라 사신이 당나라로 들어갈 때는 종종 복주에 상륙하여 장안으로 갔다. 후당(后唐) 명종(明宗) 천성(天成) 3년(928년)에 "신라의 승려 홍경(洪慶)은 당나라 민부(閩府)에서 배에 『대장경』 1부를 싣고 신라의 예성강에 도착했다."[56] 신라의 조정도 자주 사신을 민국(閩國)에 파견하고 보검을 바쳤다.[57]

둘째는 일본과의 교류이다. 천보 3년에 진감스님이 제4차 일본행에서 먼저 복주에 사람을 파견하여 배를 구매하고 식량을 준비하게 했다.[58] 복주는 일본으로 가는 중요한 항구였음을 알 수 있다. 중당 이후에 중일 민간 무역이 흥기하여 복주는 일본과의 해상 교통이 흥성하였다. 선종 대중 6년(852년)에 당나라 상인 흠양휘(欽良暉)의 상선이 일본 큐슈에서 돌아오는 데 6일이 걸렸는데 민강 입구의 복주 연강현(連江縣)에 도착하였다. 이 배를 타고 온 일본 승려로는 엔친(圓珍), 호우지(豐智), 간세이(閑靜) 등이었다.[59] 엔친은 복주에서 6년을 살았고 대중 12년(658년)에야 당나라 상인 이연효(李延孝)의 배를 타고 일본으로 돌아갔다. 의종(懿宗) 함통 6년(865

56 鄭麟趾, 『高麗史』 卷1, 「太祖」. 『신편 고려사』(世家: 태조－헌종), 113쪽.

57 『新五代史』 卷68, 「閩世家」, 852쪽.

58 眞人元開 著, 汪向榮 校注, 『唐大和上東征傳』, 58쪽.

59 木宮泰彦, 『日中文化交流史』, 商務印書館, 1980, 111쪽.

년), 이연효의 배는 당나라 복주에서 순풍을 타고 4박 5일 후에 큐슈에 도착하였다. 복주에서 일본 큐슈에 닿는 교통로는 중국과 일본의 고정적인 항해노선이었고 쌍방의 왕래도 빈번하였으며 해상무역 또한 흥성하였다.

셋째는 삼불제(三佛齊)와의 교류이다. 삼불제는 당대 동남아시아의 강국으로 영토는 수마트라섬과 말레이반도 남부를 포함하였다. 삼불제는 실리불서(室利佛逝)를 말하고, 전자는 자바어 Samboja, 후자는 Sri Vijaya의 역음이다.[60] 우경(于竟)의 「은사낭야군왕덕정비」(恩賜琅琊郡王德政碑)의 기록에 의하면, 당나라 말경의 삼불제국은 항상 사신을 중국에 파견하여 복주에 배가 도착한 뒤 장안성에 들어가 당 조정에 공물을 바쳤고 무역교류도 활발하였다고 하였다. 『십국춘추』(十國春秋)에 의하면 애제(哀帝) 천우(天祐) 2년(905년)에 삼불제국 사신이 당나라에 왔다.[61] 삼불제 상인이 복주에 정착하기도 했다.

넷째, 인도와의 교류이다. 문종 때 중인도 승려 반달라(般怛羅)가 복주에 와서 불법을 전수하였다.[62] 애제 천우 3년(906년)에 '서천국성명삼장'(西天國聲明三藏)이 왔다.[63] 인도 승려들이 복주에 자주 왔으므로 복주는 인도의 상선이 오던 무역항이었다.

다섯째, 대식국과의 교류이다. 대식국, 즉 아랍제국은 중국과의 해상무역이 번성했다. 복주는 아랍인들의 무역활동의 중요한 항구였고 당시 아랍제국의 상선은 각국의 상품을 싣고 복주항에 도착한 다음 민강을 거슬러 올라가 수로 혹은 육로를 통해 무이산(武夷山)을 넘어 강서(江西)로 진입하였고 다시 공강(贛江)을 따라 화물을 전국 각지로 운반하였다.

---

60 陳佳榮, 謝方, 陸峻嶺, 『古代南海地名匯釋』, 129쪽.

61 『十國春秋』 卷90, 1302쪽.

62 木宮泰彦, 『日中文化交流史』, 146쪽.

63 『十國春秋』 卷90, 1302쪽.

장경(長慶) 연간(821~824년)에 복건의 단련부사(團練副使)를 맡은 심아지(沈亞之)가 이 상업 노선에 대해 기록하였는데 강서의 "요강(饒江) 하류는 민강(閩江)과 상업 교통이 연결되어 페르시아와 안식(安息)의 화물을 페르시아인과 아랍인이 부유한 사람에게 가격을 올려 받고 팔았다"라고 하였다.[64] 페르시아와 안식은 당시 압바스왕조(Abbasid Empire)를 말하고, 당나라에서 진사 급제한 신라인 최치원도 이 노선에 대해 언급하길, "민령(閩嶺)의 파강(鄱江), 즉 공강(贛江)은 넓어서 배가 항해할 수 있었다"라고 하면서 그래서 복주는 "만국의 배들이 경쟁적으로 모여드는 항구이다"라고 했다.[65] 복주와 대식국 사이의 통상무역이 왕성하였음을 알 수 있다.

복주의 대외 무역의 성황에 대해 시인 설능(薛能)은 「송복건이대부」(送福建李大夫)에서 "가을이 되니 바다엔 북쪽의 기러기 날아오고, 배들이 성에 도착하고 외국인이 나오네"[66]라고 하여 복건은 외국 상인들이 정박하는 곳임을 알 수 있다. 이대부는 건부(乾符) 2년(875년)에 하남부윤(河南府尹)에서 복건도(福建道) 단련관찰사(團練觀察使) 겸 복주자사로 옮겨간 이회(李晦)이다. 원래 시의 첫 행은 "낙주양목수구민"(洛州良牧帥甌閩)이라고 했는데, 당나라 초에는 하남부를 낙주총독부(洛州總督府)라고 일컬어 낙주의 양목이란 이회의 하남부윤 시절을 말하고, 구민(甌閩)은 지금의 복건 복주가 당대에는 민현(閩縣)에 속했다. 이회의 관아는 복주에 있었다.

지금의 천주는 신룡 연간 이후에 설치되었고, 지금의 복주는 수나라가 진(陳)나라를 평정한 후에 천주를 설치했고, 개원 13년(725년)에 다시 복주로 개칭되었다.[67] 정원 20년(804년) 8월 10일, 일본 견당사와 승려 공해(空

---

64 沈亞之, 「表醫者郭常」, 『文苑英華』 卷371, vol. 1336, 443쪽.

65 崔致遠, 「奏招降福建草賊狀」, 『全唐文』(5) 附, 180쪽.

66 "秋來海有幽都雁, 船到城添外國人." 『全唐詩』(17), 6487쪽.

67 『通典』(5), 4846~4847쪽. 泉州와 福州의 설치에 대해 좀 더 자세하게 설명하면, 景雲 2년

海) 등이 중국을 향해 항해하다가 표류하여 복건 장계현(長溪縣) 적안진(赤岸鎭)에 닿았다. 10월 3일에 일본인 일행이 주(州)에 도착하였고, 새로 임명된 관찰사 겸 자사 염제미(閻濟美)가 처리하길, 조정에 일본 견당사의 도착을 알리고 23명만을 장안으로 보냈다.[68] 해외 조공과 같은 대사는 주와 현의 관리의 업무가 아니라 도독부가 처리해야 할 일이었다. 당대에는 천주에 도독부를 설치하지 않았고, 외국의 사신을 접대하는 항구는 복주였다.

4) 명주

영파(寧波)와 소흥(紹興) 지역은 중국 도자기 탄생지이다. 삼국에서부터 남북조시기까지 영파 지역의 자계(慈溪), 여요(余姚)와 소흥 지역의 상우(上虞), 소흥은 월요(越窯) 도자기 제조업의 핵심지이다. 당대 이후에는 월요 제조의 중심지가 상우 조아강(曹娥江) 서쪽 강가에서 자계 상림호(上林湖) 주변으로 이동하였다.

당대에 한반도와 중국과의 해로 교통에는 두 길이 있었다. 하나는 압록강 입구나 한강 입구 등지에서 출발하여 황해를 횡단하여 산동반도에 닿은 것인데, 가탐(賈耽)이 이를 '등주해행입고려발해도'(登州海行入高麗渤海道)라고 했다.[69] 다른 하나는 중국 동해안을 따라 남하하다가 황해, 동해를 지나 절강의 정해(定海) 혹은 명주(明州) 지금의 영파(寧波)에 도착한 다

(711년)에 지금의 泉州에는 武榮川을 설치하였고, 神龍 연간(705~707년) 이후에 泉州를 옮겨 설치했다. 후에 淸源郡이라고 했다. 지금의 福州에는 武德 6년(623년)에 泉州를 설치했다가, 景雲 2년(711년)에 福州로 개칭했으며, 開元 13년(725년)에 다시 福州로 개칭되었다. 州의 서북쪽에 福山이 있으므로 福州라고 했고, 閩縣, 지금의 福建 福州를 다스렸다. 天寶 元年(742년)에 長樂郡으로 개칭되었다가 乾元 원년(758년)에 다시 福州로 개칭되었음.

68 『日本後記』의 기록인데, 汪向榮, 夏應元 編, 『中日關系史資料匯編』, 115쪽에서 인용하였음.

69 『新唐書』 卷43(下), 1147쪽.

음 수로나 육로를 이용하여 장안으로 들어갔다. 당나라 초에 "혜륜(慧輪) 법사는 신라인으로 배를 타고 민월(閩越)에 닿았다가 걸어서 장안에 들어갔다."[70] 민월은 바로 복건과 절강을 가리키는데 당시의 노선으로 볼 때 후자의 명주, 즉 절강의 영파에 닿았을 것으로 추정된다.

한반도에서 발견된 육조시대 때의 월요 유물은 백제 옛 땅에 집중적으로 분포하였다.[71] 한반도의 백제에서 발견된 중국 남방의 도자기는 백제와 남조와의 왕래를 보여주는 역사적 증거인데 동진과도 관방 왕래가 있었다.

수나라의 월요 도자기가 일본 나라(奈良) 법륭사(法隆寺)에 보존되어 있는데 중국을 방문한 일본 승려가 가지고 간 것이다.[72] 월요 도자기는 대략 8세기 말엽부터 일본에 수출되었고, 9세기 초에 수출 물량이 증대되었으며, 만당과 오대에 이르러 급증하였다. 일본에서 발견된 월요는 큐슈(九州)와 낀기(近畿) 지역이다. 큐슈의 다자이후(大宰府)에서 발굴된 월요 청자와 파편은 400여 개나 되고 합(盒), 호(壺), 수주(水注) 등의 유물이 100여 개나 된다.[73] 또한 이러한 일본 각지에서 출토된 월요 청자는 영파 지역 도자기 공예의 특징을 갖추었다.[74]

당대의 월요(越窯) 청자는 이집트, 이라크, 이란, 파키스탄, 인도와 동남아시아 각지에서 발견되었다. 당, 송 시기에 영파가 주요 해외 무역 항구였는데 은현(鄞縣), 여요(余姚)와 상우(上虞)의 도요지에서 생산된 도자기가 영파에서 수출되었고, 아프리카에서 발견되는 도자기도 바로 이 세 지역

70 義淨 原著, 王邦雄 校注, 『大唐西域求法高僧傳校注』, 101쪽.

71 趙胤宰, 「略論韓國百濟故地出土的中國陶瓷」, 『故宮博物院院刊』, 2006年, 2期.

72 三上次南, 「從陶瓷貿易看中日文化的友好交流」, 『社會科學戰線』, 1980年, 1期.

73 葚嵐, 『7~14世紀中日文化交流的考古學研究』, 48쪽.

74 葚嵐, 『7~14世紀中日文化交流的考古學研究』, 28~32쪽.

의 것이었다.

당대 말기에 명주는 절강 지역 연해와 원양무역의 중심지였다. 당송 시기에 해외 사절, 상인, 승려가 명주를 찾아왔다.

5) 양주

양주는 장강 입구와 가까워 해운에 적합한 항구였다. 또 대운하도 통과하여 남쪽으로 항주까지 닿았고, 서쪽으로는 장강을 거슬러 올라가 호남에 도달하고 구강(九江)을 거쳐 남하하면 홍주(洪州), 지금의 남창(南昌)에 이를 수 있었으며 매령(梅嶺)의 수로를 통해 광주까지도 갈 수 있었고, 동쪽으로는 회화(淮河) 운하를 따라 북상하면 낙양, 장안에 직접 도달할 수 있었다. 다시 말해 수륙 교통의 요충지였다.

개원 21년(733년)에는 전국을 15도로 나누었고 도마다 채방사(采訪使)를 설치하였는데 회남도채방사는 양주에 있었다. 감진이 일본에 간 후에는 회남도에 절도사를 설치하였다. 현종 천보 연간에는 양주는 강도(江都) 등 7개 현을 관할하였고, 인구는 7만 7천여 호로 46만 7천여 명이었다고 한다.

당대의 양주는 중요한 경제조건을 갖추었다. 정관 연간에 양주대도독부 장사 이습예(李襲譽)가 관개수리사업을 벌여 농업경제가 크게 발전하였다. 농업이 발달하여 수공업 발전의 기초가 되었고, 강을 끼고 있고 바다와 가까워 "물고기와 소금이 풍부하였다."[75] 『신당서』 권41 「지리지」에 "동기(銅器), 청동경(青銅鏡)을 공물로 바쳤다"라고 하였다.[76] 장적(張籍)의 「백두음」(白頭吟)에서

75 "魚鹽之殷", 『全唐文』 卷368, 賈至, 「送蔣十九丈奏事畢正拜殿中歸淮南幕府序」, 1653쪽.

76 『新唐書』 卷41, 「地理志」, 1052쪽.

양주의 청동으로 밝은 거울 만들어,

몰래 지녔다가 비추어도 그림자 보이지 않네.[77]

라고 읊었다. 「득체가(得體歌)」에서도

연못의 배들은 소란스럽고,

양주의 청동그릇은 많구나.[78]

라고 노래하였다. 양주에서 생산되는 철을 가공한 수공업 제품이 많았음을 알 수 있다. 장오(張鷟)의 「유산굴」(游仙窟)에 「양주청동경유여십낭」(揚州青銅鏡與十娘)이라는 시가 있다. 당대 양주는 동경으로 유명했던 것이다. 이러한 농업과 수공업이 발달하여 상업도 발달하였다.

대운하와 장강이 만나는 곳에 양주가 위치하였으므로 남북 교통의 요충지여서 "사통팔방으로 통하는 중요한 장소에 해당되었고",[79] "수륙 교통과 조운(漕運)에 이점이 있어"[80] 당시 전국 화물의 중요한 집산지였으며, 대외 무역의 중요한 항구였다. 당시 해로로 중국에 온 외국인은 양주를 해양 항로의 종착지로 여겼고 양주에서 도착한 다음 낙양과 장안으로 갔다. 외국의 배가 양주에 도착하는 모습에 대해서는

바다가 보이는 성곽에는 배가 정박했고,

77 "揚州青銅作明鏡, 暗中持照不見影." 『全唐詩』(12), 4286쪽.

78 "潭裏船車鬧, 揚州銅器多." 『全唐詩』(2), 423쪽.

79 權德輿, 「大唐銀青光祿大夫檢校司徒同中書門下平章事太淸宮及度支諸道鹽鐵轉運等使崇文館大學士上柱國岐國公社公淮南遺愛碑銘并序」, 『全唐文』(3), 2239쪽.

80 陸贄, 「杜亞淮南節度使制」, 『全唐文』(3), 2090쪽.

강에 맞닿은 도시에는 누각에 울리네.[81]

라고 하였다. 양주에 거주한 아라비아와 페르시아 상인이 많았다. 『구당서』 권110 「등경산전」(鄧景山傳)에 "유전(劉展)이 반란을 일으키자 등경산은 평로부대사(平盧副大使) 전신공(田神功)의 군사를 끌어들여 토벌했다. 전신공이 양주에 도착하였을 때 아랍, 페르시아 등지의 상인들 가운데 죽은 사람이 수천 명에 달했다"라고 했다.[82] 또한 『태평광기』 권17, 「신선류」(神仙類), 「노이이생」(盧李二生)에서 인용한 「일사」(逸史)에 "양주의 호상(胡商) 점포에서 진주를 팔았다"라고 했다. 당대 양주는 국제 무역항이었음을 알 수 있다.

아랍 상인이 처음 중국에 오면 먼저 광주에 도달하고, 월공통도(粵贛通道)를 따라 매령을 넘으면 홍주에 이르렀으며 다시 동쪽으로 가면 양주에 도착했다. 중당 때 양주의 해외 무역은 전성기를 맞이하였다. 이때 아랍 상인은 이미 해로로 양주에 직항하였다. 이븐 코르다즈베의 기록에 의하면 아랍 상선은 참파에서 교주로 가고 교주에서 4일 정도 항해하면 광주에 닿았고, 광주에서 8일을 항해하면 천주에 도달했으며, 최후에는 천주에서 6일을 항해하면 양주에 도착하였다고 하였다.[83] 이러한 아랍 상선의 항해노선으로 볼 때 지금의 이라크 바스라항을 출발하는 아랍 상선이 직접 양주에까지 항해하여 중당 이후에는 광주에서 양주까지 연장되었음을 알 수 있다.

명대 사조제(謝肇淛)의 『오잡조』(五雜組)에는 "당대 양주에는 파사호점(波斯胡店)이 있었고 『태평광기』에도 종종 그렇게 불렀다"라고 하였다. 아

81 "隔海城通舶, 連河市響樓." 李洞, 「送韋太尉自坤維除廣陵」, 『全唐詩』(21), 8291쪽.

82 『舊唐書』, 3313쪽.

83 張星烺 編注, 『中西交通史料匯編』(2), 775~776쪽.

랍, 파사 사람들이 양주에서 상점을 개설하고 국제무역에 종사하였음을 알 수 있다. 『구당서』, 「전신공전」(田神功傳)에 상원 원년(760년), 송주(宋州)의 자사 유전(劉展)이 반란을 일으켜 청제(青齊)절도사 등경산(鄧景山)이 평로부대사(平盧副大使) 전신공의 군대를 끌어들여 정벌하였는데 전신공의 군대가 양주에 갔을 때 백성과 상인들의 재산을 약탈하였고, "페르시아의 상인이 수천 명이나 살해되었다"라고 했다.[84] 당시 양주에 페르시아인이 상당수 살고 있었음을 알 수 있다. 양주는 중당과 만당 시기의 유적 중에 페르시아에서 만든 도자기가 출토되어 당시 양주의 페르시아인의 존재가 증명되었다.[85]

아랍 문헌에 아랍 상인 이븐 와하브(Ibn Wahab)는 "광주에서 두 달을 가면 호모단(胡姆丹)에 도달하였다"라고 했고, 또 호라산 상인은 "광주에서 두 달 정도를 가면 황제의 경성 호모단에 도달하였다"라고 했다.[86] 호모단은 장안을 말한다.

양주는 장강과 대운하가 교차하는 교통의 중심지여서 국내외적으로 저명한 항구도시였고, 약재의 집산지였다. 승려 시인 교연(皎然)의 "양주는 약재를 팔아 번영하는 도시이네"[87]라는 시구에서 알 수 있듯이 양주는 약재 시장이 번성하였음을 알 수 있다. 『태평광기』에 외지 상인이 양주에 와서 약을 구입하고 사람을 시켜 약재를 운반하게 하는 모습을 기록하였는데, 당나라 정원 연간 초에 품팔이로 생계를 꾸린 광릉(廣陵) 사람 풍준(馮俊)은 힘이 세고 우직했기 때문에 쉽게 일자리를 얻을 수 있었는데 일찍이 광릉 시장에서 약을 산 한 도사의 백여 근이나 되는 약 부대자루를

84 『舊唐書』 卷124, 「田神功傳」, 3533쪽.

85 揚州博物館, 『揚州古陶瓷』, 文物出版社, 1996.

86 『中國印度見聞錄』, 102쪽과 115쪽.

87 "揚州喧喧賣藥市", 「買藥歌送楊山人」, 『全唐詩』(23), 9260쪽.

대신 짊어지고 여산(廬山)의 도사 집까지 날라다준 덕분에 금단(金丹)과 돈을 받아 부자가 되어 장수를 누리다 죽었다는 고사가 나온다.[88] 광릉은 양주를 가리킨다.

양주에는 명의들이 많았다. 규모가 절에서도 병에 걸린 환자를 치료하는 자선 기구를 설치하여 약을 나누어주었다. 양주에서 약을 파는 장돌뱅이와 호상이 적지 않았다. 당대 양주의 향약(香藥) 시장은 크게 흥성했다. 감진(鑒眞)대사가 양주에서 출발하여 일본으로 항해할 때 용뇌(龍腦), 아위(阿魏), 소합향(蘇合香), 훈육향(熏陸香)과 가여륵(訶黎勒) 등의 아랍 지역의 향약을 가지고 갔다. 감진대사가 파사박(波斯舶)이 운반해온 향약을 양주의 호점(胡店)에서 구매하였던 것이다. 당대 때 일본은 여러 차례 사람을 중국에 파견하여 향약을 구하였는데 현재 나라(奈良) 쇼소인(正倉院)에 소장되어 있는 향약 가운데 상당부분은 아랍 지역에서 생산된 것이고 또 양주에서 구매한 것도 있으며 혹은 양주를 거쳐 일본에 운반된 것도 있다.

88 李昉 등 모음, 김장환, 이미숙 외 옮김, 『태평광기』(1), 582~585쪽.

제11장

장안의 외국 상인

당대의 시장은 활발하여 수많은 사람이 모여들고 상업이 왕성한 번화한 도시가 출현하였다. 장안, 낙양은 당시 전국에서 가장 큰 도시로 국제무역의 도시였다. 당시 장안성은 경제가 번영하고 흥성하여 시장의 상점이 운집하였고 중앙아시아, 페르시아, 아라비아 등 많은 외국인도 모여들어 무역활동에 종사하였다.

당대 경제와 무역이 발달할 수 있었던 이유는 운수화물의 유통이 전국적으로 원활하도록 도로가 사방으로 연결되어 있었기 때문이었다. 육로 교통로는 장안을 중심으로 서남(西南), 화남(華南), 요동(遼東), 막북(漠北), 서역과 중앙아시아, 유럽의 5개 노선이 있었다. 이밖에 사천에서 네팔, 인도와 운남에서 미얀마로 통하는 교통로가 개설되었다. 수로 교통은 양주를 중심으로 대운하가 해하(海河), 황하, 회하(淮河), 장강, 전당강(錢塘江) 5대 수로와 기타 하류와 호수가 전국의 수로 교통망으로 연결되었고, 바다로는 신라, 일본, 월남, 말레이반도, 인도네시아, 스리랑카, 인도 남부, 파키스탄, 아라비아반도, 호르무즈해협, 페르시아만, 동아프리카의 소말리아, 케냐, 탄자니아 등과 연결되었다. 당대 육로 교통로에는 30킬로미터마다 하나의 역참을 설치하여 공문서 전달과 관리나 상인들의 왕래에 편의를 제공하였고 국내외 경제무역과 문화 교류를 촉진시켰다.

당나라 전체 경제의 발달로 볼 때 비록 천보 말년과 당나라 중기 및 후기에 경제 발전에 장애를 받았지만 성당 시기의 당나라 경제는 이전 왕조를 뛰어넘는 큰 번영을 이룩하였다. 당나라 경제의 번영을 나타내는 예로 자주 인용되는 다음의 두보 시 「억석」(憶昔)에서처럼 성당 사회의 풍요로운 생활을 반영한 것이다.

> 옛날 개원 연간 전성기를 생각하면,
> 작은 읍에도 집마다 만호의 집들이 찼었네.
> 쌀은 기름이 흘렀고 좁쌀은 희었으며
> 관청이나 백성들 창고에 가득 찼네.
> 천하의 모든 길에는 도적떼들 없고,
> 먼 길을 가도 길일을 택하지 않았네.
> 제의 명주 노의 비단 수레 줄을 잇고
> 남자가 밭 갈면 여자는 누에치네.[1]

당대 장안성은 남쪽에는 종남산(終南山)과 자오곡(子午谷), 북쪽에는 위수(渭水), 동쪽에는 파산(灞滻), 서쪽은 용수원(龍首原)이 자리 잡고 있다.

수나라의 저명한 건축가이며 태자의 좌서자(左庶子)인 우문개(宇文愷)가 수대 장안의 대흥성(大興城)을 설계하였다. 당대의 장안성은 수대의 대흥성을 기초로 하여 증축하여 규모가 더 커졌고 웅장하였다. 전체적으로 외

---

1 "憶昔開元全盛日, 小邑猶藏萬家室. 稻米流脂粟米白, 公私倉廩俱豐. 九州道路無豺虎, 遠行不勞吉日出. 齊紈魯縞車班班, 男耕女桑不相失." 『全唐詩』(7), 2325쪽.

성 중에 내성이 있고 황족의 거주지, 정부기구와 거주지를 구분하였다. 또 거주지와 상업지역을 구분하였고 거주지를 동서와 남북으로 방(坊)을 배열하였다. 그래서 당대의 장안성은 바둑판과 같이 구획되었다.

장안성은 외곽성, 황성, 궁성 세 부분으로 조성되었다. 외곽성은 장방형으로 동서는 춘명문(春明門)에서부터 금광문(金光門)까지 9,721미터, 남북은 명덕문(明德門)에서부터 현무문(玄武門)까지 8,651미터이며, 둘레의 길이는 36.7킬로미터, 총면적은 84만 평방킬로미터나 된다.[2] 황성과 궁성은 외곽성 내부 북쪽 정중앙에 위치하였고 궁성은 북쪽, 황성은 남쪽에 자리 잡았으며 황성과 궁성은 장대 장안성의 핵심 부분이다. 황성은 자성(子城)이라고도 하였는데 중앙정부기구의 소재지로 상서성, 중서성과 문하성의 중추기구 모두가 이곳에 있었다. 황성의 남면에는 3개의 문이 있는데 동서 각각 두 개의 문이 있어 성내 주요 거리와 서로 통하였다. 궁성은 황제와 황족의 거주지와 조정의 정무를 처리하는 곳이다. 태극궁(太極宮), 동궁(東宮)과 액정궁(掖庭宮)으로 구성되었다. 외곽성 안쪽과 황성 양측과 그 남쪽 지역은 주거지이고 방(坊)과 시(市)가 분포되어 있다. 외곽성 내에는 남북으로 길이 11개, 동서로 14개의 길이 있었다. 성내의 도로는 동서와 남북으로 서로 교차되었는데, 특히 주작문에서부터 명덕문까지의 주작대가(朱雀大街)의 너비는 155미터였다.

1. 장안 시장의 설치

주나라 때는 장인(匠人)이라는 관직이 나라의 수도와 궁궐을 건설하였

2 「唐代長安城考古紀略」, 『考古』, 1963年 第11期.

는데, 『주례』, 「고공기」(考工記) 〈장인〉(匠人)에 "좌(左)에는 종묘가 있고, 우(右)에는 사직이 있으며, 앞에는 조정이 있고 뒤에는 저자(시장)가 있다"[3] 라는 원칙에 따라 당대 장안성도 건설되었다. 나라의 수도를 건설할 때 시장은 황궁의 후면(後面), 즉 북면(北面)하고, 황궁은 시장의 전면(前面), 즉 남면(南面)한다. 당대 장안성의 시장 설치는 이러한 옛날 전통을 포기했다. 장안성의 상업시장은 동시(東市)와 서시(西市)였다. 동시는 황성의 동남쪽, 서시는 황성의 서남쪽에 위치하였다. 이 두 시장은 성내 중앙에서 약간 북쪽에 위치하여 주거지 북쪽의 고위관리와 귀족, 남쪽의 보통 시민이 물품을 구하기 편리했다. 이밖에 황성의 남쪽에 동서로 관통하는 대가(大街)가 있는데 너비가 120미터이고 성내 교통의 간선이었다. 이 대가에서 동쪽으로 가면 장안의 동대문인 춘명문에 이르고, 서쪽으로 가면 장안의 서대문인 금광문에 다다른다. 동시와 서시 두 시장은 이 동서의 대가 바로 남쪽에 자리 잡았다. 두 시장에는 각각 두 개의 북문을 설치하여 이 4개의 정문이 동서를 관통하는 대가와 연결되었다. 동시의 북문에서 동쪽으로 가면 멀지 않은 곳에 장안의 동대문이 있고, 서시의 북문에서 서쪽으로 가면 멀지 않은 곳에 장안의 서대문이 있었다. 동시와 서시 두 시장의 위치는 교통이 편리하였음을 알 수 있다. 이러한 편리한 교통은 동시와 서시 번영의 근본 원인이었다.

서시의 규모와 구조는 기본적으로 동시와 동일하다. 동시와 서시는 폐쇄형 상업시장이었다. 시장의 사면은 담장으로 둘러싸였고 사면에 각기 두 개의 문이 설치되었는데 이렇게 모두 8개의 문이 설치되어 사람들의 왕래와 상품 운반이 편리하였다. 시장 내부에는 동서와 남북으로 향하는 대가가 있었다. 이러한 4개의 대가는 각기 동가(東街), 서가(西街), 남가(南

3 "左祖右社, 面朝後市." 池載熙, 李俊寧 解譯, 『周禮』, 527쪽.

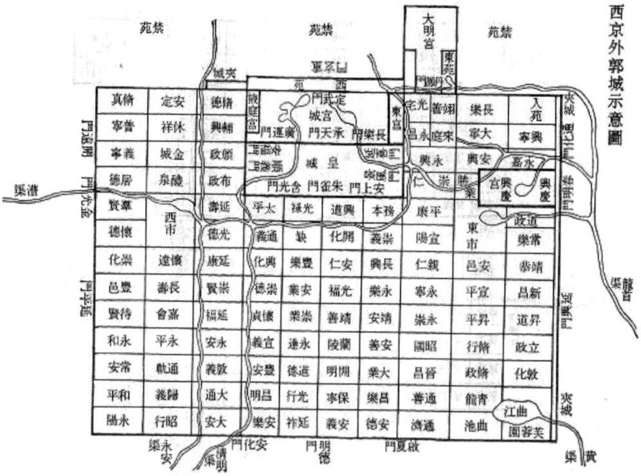

장안성의 방(坊)과 시장.

街)와 북가(北街)로 불렸다. 이러한 4개의 대가가 서로 교차되어 거대한 우물 정자형 도로가 형성되었다. 대가의 너비는 서로 달랐는데 대략 16~30미터였다. 그리고 각각의 점포는 대가에 면하게 설치되었는데 두 시장 내부에는 작은 골목이 수없이 많았다. 시장을 관리하는 시서(市署)와 평준서(平準署)는 시장의 정중앙에 위치하였다.[4]

서시는 남북의 길이가 1,031미터, 동서의 길이는 927미터로 남북이 비교적 길고 동서가 좁은 구조의 정방형인데 면적은 1평방킬로미터였다. 시장의 주위에는 담장이 둘러싸였는데 담장의 너비는 평균 4미터였다. 담장 내에 설치된 도로, 즉 순성가(順城街)는 폭이 14미터였다. 시장 내 건설된 우물 정자형 네 갈래의 거리는 폭이 16미터였고 모든 도로는 양측에

4 고고학적 발굴로 東市와 西市의 정확한 위치를 알게 되었다. 東市는 지금의 西安 咸寧路 남쪽, 西安鐵路局 북쪽, 安東街 동쪽, 西安交通大學 서쪽의 범위 내에 있었고, 西市는 지금의 西安 서남쪽의 麋家橋와 東桃園村 사이, 즉 西北工業大學 서쪽 일대였음.

배수구가 있었고 벽돌로 만들어졌다. 배수를 용이하게 하기 위해 바닥을 지표면보다 깊게 팠다. 배수구 바닥은 평탄하고 곧게 뻗었으며 폭이 약 110밀리미터, 배수구 입구는 120밀리미터였고 배수구 바닥보다 컸다. 하수구의 깊이는 65밀리미터였다. 큰 도로와 연결된 작은 골목에는 또 벽돌로 쌓은 암수구(暗水溝)를 설치했다. 이 암수구는 모두 대가 양측의 명구(明溝)와 서로 연결되어 시장 내의 큰 도로와 작은 골목길의 배수시설이 완비되어 있었음을 알 수 있다.

동시의 형태와 구조는 서시와 동일하다. 실제 조사 결과 동시의 남북은 길이가 1,000여 미터였고 동서의 폭은 924미터로 서시와 규모가 거의 같았음을 알 수 있다. 동시 내부에도 종횡으로 교차하는 네 개의 도로가 배치되어 서시와 같았는데 다만 도로의 폭은 30미터로 서시의 도로의 폭보다 배나 넓었다. 동시와 서시 두 시장의 주위는 모두 큰 도로와 맞닿았고 이러한 도로의 폭은 모두 120미터였다.[5]

동시와 서시 이외에 장안성에는 또 다른 시장을 설치했다. 남시(南市), 중시(中市), 북시(北市), 궁시(宮市) 등이 있었다. 다만 이러한 시장들은 동시와 서시 두 시장보다 중요하지 않았다. 고종 때 장안성 중앙에 위치한 안선방(安善坊)과 대업방(大業坊)의 반 면적이 되는 곳에 중시를 설치했다.[6] 상당히 큰 규모의 시장이었음을 알 수 있다. 고종은 중시에 시장 교역을 관리하는 중시서(中市署)를 설치하고 "노비, 말, 소, 당나귀를 파는 시장"을 책임지게 했다.[7] 중시는 대개 말, 소, 당나귀 등 주로 가축을 교역

5 「唐長安城西市遺址發掘」, 『考古』, 1961年 第5期. 「唐代長安城考古紀略」, 『考古』, 1963年 第11期.

6 구체적인 실제 위치는 지금의 西安市 南二環 남쪽, 緯二街 북쪽, 동쪽은 翠華路, 서쪽은 長安中路임.

7 "領口馬牛驢之市." 口는 奴婢를 말함.

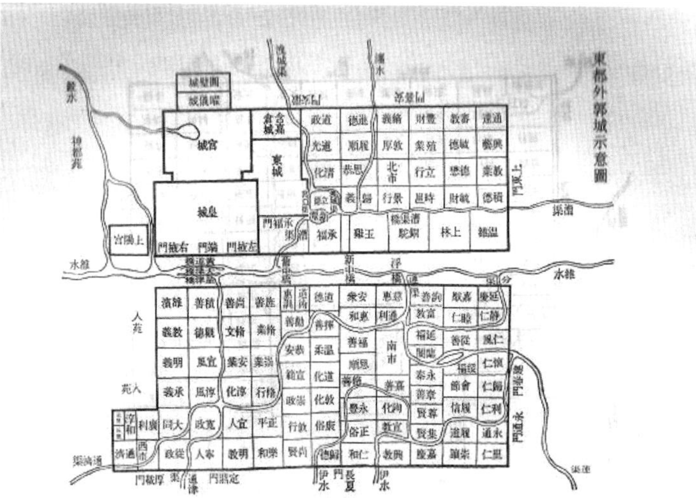

당대 낙양성과 북시(北市), 남시(南市).

하였지만 노비를 매매하는 중요한 시장이었다. 그래서 중시는 “장안의 남쪽에 치우쳐 있어서 교역하는 사람이 불편하였다. 후에 다만 문서만을 중시서 관리에게 교부할 뿐, 물건을 파는 사람은 다른 시장으로 옮겨갔다.” 장안 원년(701년)에 측천무후는 중시를 철폐하고 이곳에 교노장(教弩場)을 설치했다.[8]

당현종 천보 8년(749년)에 장안 위원영(威遠營)에 남시, 장안 동쪽 임동(臨潼)의 화청궁(華淸宮)에 북시를 각각 설치했다.[9] 남시의 위치는 사료의 기록에 보이지 않아 정확히 알 수 없지만 원래의 중시 일대일 가능성이 높다. 당나라 중기와 후기에 십육왕택(十六王宅)에 특수한 시장을 설치했는데 이곳에 수많은 황실 가족이 살았기 때문에 궁시라고 했다.[10] 이 시장

8 楊鴻年, 『隋唐兩京坊里譜』, 89쪽. 「安善坊」, 『唐會要』 卷86, 「市」, 1873쪽.

9 『唐會要』 卷86, 「市」, 1873~1874쪽.

10 『唐會要』 卷86, 「市」, 1875쪽.

의 주요 고객은 황족들이었다. 궁시의 위치는 사료의 기록에 보이지 않아 정확하게 알 수 없지만 영복방(永福坊) 부근으로 추정된다.[11]

2. 시장 관리

당대에는 시장을 관리하는데 엄격한 방시제(坊市制)를 실시했다. 방은 주거지이고, 시는 시장을 말하는데 방과 시는 엄격하게 구분하였고 방에서의 상업활동을 금지하였다. 시장 교역을 순조롭게 하기 위해 당대의 각 시장에는 적지 않은 시장 관리기구를 설치하고 관리를 배치하였다. 장안의 동시에는 동시국(東市局)과 평준국(平準局)을 설치했다. 동시국은 동시의 중앙, 평준국은 동시국의 동쪽에 설치했다. 이 두 기구는 중앙정부의 태부시(太府寺)에 속했다. 서시의 내부에는 서시국과 평준국을 두었고 두 기구 또한 태부시에 속했다. 장안과 낙양에는 시서(市署)를 두었고 종6품 상(上)의 시령(市令) 1인, 정8품 상(上)의 시승(市丞) 2인을 두었는데 시령이 교역 사무를 맡았고 시승은 시령의 부관직이었다.[12] 시령과 시승 밑에 녹사(綠事) 1인, 부(府) 3인, 사(史) 7인, 전사(典事) 2인, 장고(掌固) 1인을 두었다. 평준국에는 종7품 하(下)의 평준령(平準令) 2인, 종8품 하(下)의 평준승(平準丞) 4인, 종9품 하(下)의 감사(監事) 6인을 설치했다. "평준령은 시장의 사무를 관장했고 평준승은 부관직이었다. 중앙정부의 각 아문에서 사용하지 않거나 혹은 남는 물자와 관부에서 몰수한 재물은 평준서에서 책임

---

11 十六王宅의 위치는 지금의 西安醫院과 第四軍醫大學 북쪽 지구로 宮市의 위치는 十六王宅 부근이고 十六王宅은 長安城 永福坊 부근이었음.

12 『唐六典』 卷20, 「太府寺」, 542~543쪽.

지고 적절한 시기에 동시와 서시 두 시장에 내다 팔았다."[13] 평준서에는 평준령, 평준승 이외에 녹사 1인, 부 6인, 사 13인, 전사 2인, 개인(价人) 10인, 장고 2인을 두었다. 이상의 기구 이외에 당나라 정부는 장안의 동시와 서시에 상평창(常平倉)을 설치했다. 상평창은 동시와 서시 가운데 북쪽에 위치했다. 이 상평창의 주요 업무는 효과적으로 장안의 물가, 특히 곡물의 가격을 조절하는 것이었다. 상평창은 고종 때 처음으로 설치했다. 영휘(永徽) 6년(655년) 8월에 관중에 큰 비가 내려 도로가 막히자 장안의 "쌀값이 폭등하여 창고의 곡식을 내다팔았다." 이를 실시하기 위해 당 조정은 장안의 동시와 서시 두 시장에 상평창을 설치하라는 명을 내렸다. 시장의 물가가 너무 비쌀 때는 정부는 상평창의 곡식이나 화물을 낮은 가격으로 내다팔았고, 곡식의 가격이 너무 낮을 때는 정부는 고가로 이를 사들였다.[14] 고종 현경(顯慶) 2년(657년) 12월, 장안에 상평서(常平署)를 설치했고 또 적지 않은 수의 관리를 배치하여 상평창을 관리하게 하였다. 상평서의 관원에는 종7품 하의 상평령(常平令) 1인, 종8품 하의 상평승 2인, 종9품 하의 감사 5인을 두었다. 또 부 4인, 사 8인, 전사 5인, 장고 6인을 설치했다. 상평령의 임무는 곡물을 사들여 창고에 쌓아두는 일을 맡았는데 풍년이 들어 사람들이 여유가 생겨 곡식 값이 싸면 이를 사들이고, 기근이 들면 곡식이 귀하여 사람들이 양식이 부족하게 되면 창고의 양식을 내다팔았다.[15]

당나라 정부는 상업과 무역 모두 고정적인 시장에서만 활동하도록 규정하였다. 시장의 주변은 담장으로 둘러싸였는데 당나라 규정에 "관부와

13 『唐六典』 卷20, 「平準署」, 544쪽.

14 廣德 2年 正月 25日, 第五琦가 上奏한 것임. 『唐會要』 卷88, 「常平倉」, 1914쪽.

15 『唐六典』 卷20, 「常平署」, 546~547쪽.

시장의 담장을 넘으면 곤장 70대에 처하였다."[16] 장안의 동시와 서시에 모두 8개의 문을 설치했는데 시장의 문은 시간의 규정에 따라 열고 닫았다. "시장에서 정오에 3백 번 북을 치면 사람들이 모였고, 해가 지기 전 7각(刻)에 징을 3백 번 치면 사람들이 흩어졌다."[17] 시장에서의 교역은 정해진 시간에 제한을 받아 상인들은 반드시 정해진 시간에 시장에 들어갔고 또 반드시 정해진 시각에 시장을 떠나야 했음을 알 수 있다. 매일 아침 개장할 때 북을 쳐서 알렸고 어두워지기 전에 시장의 문을 닫을 때는 징으로 쳐서 신호를 보냈다. 만약 시장을 관리하는 관리가 제멋대로 시장의 문을 개폐하거나 정해진 시각이 아닌 때에 개폐하면 형사 책임을 졌다. 당나라 법률의 규정에 "만약 제멋대로 개폐하면 각기 월죄(越罪) 2등급이 가해졌고, 성주가 아무 이유 없이 개폐하면 월죄와 같았으며 개폐하지 않으면 각자 개폐 1등급을 줄였다." 또 "방정(坊正)과 시령(市令)이 정해진 시각이 아닌 때에 방과 시장의 문을 개폐하면 이 또한 성주(城主)의 법과 같이 처벌을 받았다."[18] 시령 또한 만약 정해진 시각이 아닌 때에 시장의 문을 개폐하면 처벌을 받았다.

당정부는 시장의 물가에 대해서도 엄격하게 관리하였다. 당나라의 규정에 의하면 시장은 양경제시서(兩京諸市署)의 관리가 때에 맞추어 "화물을 균등한 질에 따라 3등급의 가격으로 나누었고, 열흘에 한 번 장부에 기록하였다."[19] 즉 『당육전』에 기록하길, "두 가지 도량형 기구로 시장을 고루 다스렸고, 세 종류로 구분하여 시장의 상품의 가격을 균등하게 하였다. 관부와 교역을 하고 부정한 재물을 내다팔 때는 중간 가격으로 팔았

16 『唐律疏議』 卷8, 「衛禁」. 錢大群 撰, 『唐律疏義新注』, 273쪽.
17 『唐六典』 卷20, 「兩京諸市署」, 543~544쪽.
18 『唐律疏議』 卷8, 「衛禁」, 錢大群 撰, 『唐律疏義新注』, 274쪽.
19 『新唐書』 卷48, 「百官志」, 1264쪽.

다"라고 했다.[20] 시장에 진열한 각종 상품은 매 종류마다 상중하 3등급의 가격으로 구분하였고, 3등급의 가격은 10일마다 새롭게 제정했다. 이러한 업무는 시장을 관리하는 관원의 중요한 직무 중의 하나였다. 당대 규정에 10일에 한 번 물가를 조사한 이유는 각 시장마다 상품에 대한 가격이 동일해야 하는 것을 요구하지 않았지만 동일한 시장 내에서의 상품의 가격은 통일해야 했기 때문이다. 이러한 시장 관리제도는 후에도 계속 적용되었다. 시장을 관리하는 관원이 물가를 정할 때 사리사욕을 채우기 위해 부정을 저지르는 것을 막기 위해 규정을 세워 "만약 관리가 시장에 파견되어 물가를 평가할 때 동일한 상품이 비싸거나 싸기도 하여 가격이 고르지 않으면 가격을 더 받거나 손해를 보게 되고 부정하게 재물을 얻게 되어 절도죄에 속하므로 진짜 가격에 따라 부정한 재물을 폐기하거나 배상을 해주었다."[21] 시장을 관리하는 관원이 만약 물가를 불공평하게 책정하면 처벌을 받았고 정도가 엄중하면 절도죄로 판정하여 처리하였다.

합격을 받은 도량형 기구는 시장 교역에 필수불가결한 도구였다. 정상적인 교역의 질서를 유지하고 매매하는 쌍방의 이익을 확보하여 서로 침해를 받지 않게 하기 위해, 당나라 정부는 시장에서 사용되는 도량형 기구의 정확한 통일과 엄격한 조사를 중시하였다. 당대 장안의 시서(市署)는 "재화의 교역, 기물의 도량과 상품의 진위와 무게에 대한 판정을 관장했다."[22] 도량형 기구가 진짜인지 가짜인지 판별하는 일이 시서 관리의 중

---

20 『唐六典』 卷20, 「兩京諸市署」, 543쪽. 원문에 보이는 두 가지 도량형 기구란 뜻의 二物은 秤과 斗로 秤은 格의 뜻으로 바르게 한다는 것을 말하며, 斗는 概의 뜻으로 平木이라고도 하는데 곡식의 양을 잴 때 위를 고르게 하는 방망이이다. 또한 三賈란 精을 上賈, 次를 中賈, 粗를 下賈로 나눈 것을 말함.

21 『唐律疏議』 卷26, 「雜律」. 錢大群 撰, 『唐律疏義新注』, 875쪽.

22 『新唐書』 卷48, 「百官志」, 1264쪽.

요한 업무 중의 하나였다. 당대 『관시령』(關市令)의 규정에 장안에서 사용되는 도량형 기구는 반드시 "매년 8월 대부시를 방문하여 조사를 받아야 했는데 장안에 있지 않으면 소재 주현(州縣)에 가서 조사를 받아야 했고 또 시서에 가서 도량형 기구에 도장을 받은 다음에야 사용할 수 있었다." 만약 태부시 관원이 조사한 곡(斛), 두(斗), 저울, 자 등이 부정확하면 벌을 받았는데 당나라 법률의 규정에 의하면 곤장 70대였고 조사를 감시하는 관리가 이를 몰랐을 때는 품관 1등급이 감해졌고 알고도 눈감아주었으면 같은 죄에 처해졌다.[23] 당대 시장에서 사용되는 도량형 기구를 정기적으로 조사를 하였고 사사로이 도량형 기구를 제조하면 더 무거운 형벌로 다스리고 시장에서 개인이 만든 도량형 기구의 사용을 엄격하게 금지하였다. "사사로이 도량형 기구를 만들어 시장에서 사용하면 태형 50대에 처해졌다. 기준보다 증감이 있으면 그 증감을 계산하여 절도죄에 처했는데" 심지어 "시장에서 사용되는 도량형 기구가 맞다 하더라도 관부의 도장이 없는 경우는 태형 40대에 처했다."[24] 관부의 규정이 아무리 엄격하여도 상인들이 도량형 기구를 속여 이득을 취하는 경우가 잦아 근절하기는 쉽지 않았다. 무종(武宗) 회창(會昌) 연간(841~846년)에 유중영(柳仲郢)이 경조윤(京兆尹)을 맡았을 때 "저울을 동시와 서시에 설치하고 교역할 때 사용하도록 하고 개인이 만든 저울의 사용을 금지하였다. 북사(北司)의 관리가 곡식을 팔 때 약속을 어겨 유중정이 그를 죽이고 사람들이 보도록 매달아 놓자 이때부터 사람들이 감히 법을 어기지 않았고 정치 법령이 엄격하게 지켜졌다."[25] 시장에서 사용되는 도량형 기구는 물건을 사고파는 쌍방에게 정당한 이익을 보장하고 상인의 사기행위를 방지하기 위해 반드시 엄

23 『唐律疏議』 卷26, 「雜律」. 錢大群 撰, 『唐律疏義新注』, 872쪽.

24 『唐律疏議』 卷26, 「雜律」. 錢大群 撰, 『唐律疏義新注』, 877쪽.

25 『新唐書』 卷163, 「柳仲郢傳」, 5023쪽.

격하게 관리되었다.

시장 교역 가운데 판매금지 상품의 매매를 엄금하였다. 당대에는 병기(兵器)와 같은 일부 판매 금지 품목이 있었다. 일부 품목은 중국 국내에서만 판매가 가능했고 국경 주변의 외국인 '번인'(番人)에게는 판매 금지되었다. 「관시령」의 규정에 비단, 면, 포, 진주, 금, 은, 철과 같은 물품은 결코 서쪽과 북쪽 요새를 넘거나 국경 주변의 주에서는 무역을 할 수 없었다. 이러한 물품은 중국인이 국내에서 소유할 수는 있었으나 서쪽과 북쪽 변방의 외국인에게 판매할 수는 없었고 만약 팔면 엄한 처벌을 받았다. 현종 개원 2년(714년)에 여러 빛깔의 무늬 비단 금(錦), 무늬 있는 고급 비단 능(綾), 얇은 비단 나(羅), 주름이 잡힌 고운 비단 곡(縠), 자수 수(繡), 직조한 명주 주(紬), 명주 견(絹), 사(絲), 검정 소 리(犛)의 긴 꼬리, 진주, 금, 철은 변방의 호시(互市)에서 판매하거나 변방에 들어가서도 아니 되고, 금과 철은 서북의 변방 요새를 넘어서도 아니 된다고 규정하였다.[26] 당률에 "외국인과 사사로이 교역을 하여 만약 물품을 주거나 받는데 부정하게 얻은 것이 1척(尺)이면 2년 반 징역을 살았고, 3필(匹)이면 1등급이 더 보태졌으며, 15필이면 노역의 유배를 당했다"라고 했다.[27]

3. 장안 시장의 번영

당대 시장은 날로 번창하여 상점이 줄지어 서 있고 상인들이 모여들었으며 갖가지 물품들이 진열되고 전문 점포들이 증가하여 교역이 성업을

26 『唐會要』 卷86, 「市」, 1874쪽.

27 『唐律疏議』 卷8, 「衛禁」. 錢大群 撰, 『唐律疏義新注』, 285쪽.

이루었다. 시장이 번영을 이루어 당대의 상업은 전성기를 맞이했다.

장안 시장의 번영으로 우선 겉으로 드러난 특징은 점포가 상당히 많았다는 점이다. 장안의 동시와 서시에는 '사'(肆)가 많았다. 예를 들면 백사(帛肆), 의사(衣肆), 주사(酒肆), 다사(茶肆), 서사(書肆), 혜사(鞋肆), 필라사(畢羅肆), 병사(餅肆), 어사(魚肆), 흉사(凶肆), 약사(藥肆) 등이 있었다. '사'는 어떤 때는 시장을 가리켰는데 예를 들면 주사(酒肆)는 주시(酒市)라고도 했다. 이러한 사와 시 이외에 각양각색의 또 다른 '점'(店)과 '포'(鋪)들이 동시와 서시의 작은 골목에 흩어져 있었다.

점의 규모는 사보다 작았지만 그 수는 오히려 더 많았다. 점의 명칭은 물품, 주인의 성씨에 따랐다. 예를 들면 전자의 경우에 동시의 어점(魚店), 서시의 유전점(油靛店), 법촉점(法燭店), 전병단자점(煎餅團子店) 등이 있었고, 후자의 경우는 서시 북대가(北大街)의 왕회사점(王會師店), 왕가점(王家店)과 부유한 상인 두예(竇乂)가 개설한 두가점(竇家店)[28] 등이 있었다.

포는 대략 점과 큰 차이가 없었기 때문에 사서의 기록에 둘을 합쳐서 점포(店鋪)라고 했다. 장안의 동시와 서시의 고정적인 점포는 조밀하게 밀집되어 있었다. 동시에 시장 내에 화물과 재물을 파는 동일한 점포 행(行)이 220개 있었고 사방에 집들이 서있고 진기한 물품들이 모두 모여들었다. 또한 서시는 시장 내의 점포가 동시와 같았다. 무종 때 일본 승려 엔닌(圓仁)이 장안에 와서 불법을 구하였는데 회창 3년(843년) 6월 27일, "자정 무렵에 동시에서 불이 나 동시의 조문(曹門) 서쪽 12행(行)에 있는 4천여 호가 불탔으며, 관가와 사가의 재물과 금, 은, 비단, 약 등이 모두 불탔다"라고 기록하였다.[29] 12행이 4천여 호라면 평균 1행은 333호 정도이고

---

28 『太平廣記』 卷243, 「竇乂」. 李昉 등 모음, 김장환, 이미숙 외 옮김, 『태평광기』(1), 520쪽.
29 圓仁 지음, 申福龍 번역 · 주해, 『入唐求法巡禮行記』, 254쪽.

동시의 점포가 모두 220행이라고 했으므로 모두 73,260호이고 호당 4인으로 추정한다면 인구수는 293,040명이다. 동시와 서시를 모두 합치면 장안 두 시장의 상주 인구는 58만 명이라는 계산이 나온다.[30] 1호당 평균 4인으로 계산하는 것 자체가 부정확하여 59만 명이라는 추정은 신빙성이 낮다고 할 수 있다.

장안 서시에 대한 고고학 발굴 결과, "서시의 점포는 아주 조밀하였고 시장 내에는 공터가 거의 없을 정도였다"고 하였고 점포의 면적은 좌우 폭이 6미터, 약 두 칸 정도였다. 작은 점포는 겨우 한 칸, 폭이 좌우 4미터였고 가장 큰 점포는 폭이 좌우 10미터, 약 3칸이었다.[31]

수많은 사, 점, 포 가운데 전문적으로 한 종류의 상품만을 판매하는 어점(魚店)과 같은 점포가 있었고, 한 종류를 주로 판매하지만 다른 상품도 겸해서 판매하는 점포가 있었는데, 각종 잡화를 모두 판매하는 '성화포'(星火鋪)도 있었다. 이외에 장안 서시에는 '기부포'(寄附鋪)가 출현하였다. 당대 전기소설(傳奇小說) 「곽소옥전」(霍小玉傳)에 곽소옥은 생활이 곤란하여 "때로는 하녀에게 시켜서 상자 속에 들어 있는 의복과 장식품을 남몰래 내어다 팔게 했는데 그 대부분은 서쪽 시장에 있는 전당포의 후경선(侯景先) 집에 부탁하여 돈으로 바꾸었다."[32] 여기에서의 전당포는 원문에는 기부포라고 했는데, 이러한 기부포는 근현대의 위탁 판매점과 유사

30 臺灣의 저명한 唐代 연구가 嚴耕望은 "두 시장의 店舍를 합치면 10만은 넘고, 인구는 40만을 넘거나 혹은 50만 이상이었다"라고 했다. 嚴耕望, 「唐代長安人口數量之估測」, 臺灣中國唐代學會 編, 『第二屆唐代文化硏討會論文集』, 1995년. 이러한 숫자는 12行, 4천여 戶를 기준으로 계산하였음을 알 수 있음.

31 馬德志, 『唐代長安與洛陽』, 『考古』, 1982年, 6期. 『唐長安城西市遺址發掘』, 『考古』, 1961年, 5期.

32 沈旣濟 等撰, 丁範鎭 譯, 『唐代傳奇小說選』, 85쪽. 『太平廣記』 卷487, 「霍小玉傳」에도 같은 기록이 보임.

하다.

중당 시기에 이르러 도시의 상업지구와 주거지구의 구분이 엄격해졌고, '행'(行)이라고 하는 같은 업종끼리의 조직이 형성되기 시작했다. 장안성의 경우, 동시와 서시에 각각 220행이 존재했다. 각 행에는 '행두'(行頭), '행수'(行首), '행로'(行老)가 있어 행회(行會)의 조직을 이끄는 우두머리 역할을 하였다. 행회의 조직원들이 행두를 선발하고 관청에서 비준하였다. 행에 들어가는 사람을 '행인'(行人)이라고 했고, 행에는 스승, 도제(徒弟)와 일꾼이 있었다. 행회는 행업의 이익을 보호하는 기능을 갖추고 있어 행인이 효과적으로 정부의 가혹한 처사와 간섭에서 벗어날 수 있었다. 이에 따라 장안성 안에 약재를 파는 약재상들의 조직인 약행(藥行)이 있었다.

일본 승려 엔닌의 『입당구법순례행기』 회창 5년(845년)의 기록에 무종이 신선이 되기 위한 약을 구하였는데 도사가 상주하길, 오얏 껍질(李子衣) 10근, 복숭아 털(桃毛) 10근, 산 닭의 홀떼기(生鷄膜) 10근, 거북 털(龜毛) 10근, 토끼의 뿔(兎角) 10근으로 조제한다고 했더니, 천자가 시중의 약가게(藥商)에서 이들을 찾아보라고 했지만 모두가 없다고 대답했다.[33] 도사에게 속았지만 장안에 약행이 있었음을 알 수 있다. 양주(揚州)에도 약행이 있었다. 『태평광기』 권23에 개원 연간(713~741년)에 장씨와 이씨 두 사람이 있었는데 장씨는 부유하고 이씨는 가난했다. 이씨가 양주에 가서 장씨를 만났다. 장씨는 이씨에게 그의 옛날 모자를 가지고 왕씨네 약방을 찾아 돈을 받아오라고 했다. 이씨는 돈을 받은 후에 왕씨에게 장씨는 어떤 사람이냐고 물었다. 왕씨가 대답하길, 50년 전부터 복령을 사는 주 고객이었는데 지금은 2천여 관(貫)이나 되는 돈을 약방에 가지고 있다고 하

33 圓仁 지음, 申福龍 번역 · 주해, 『入唐求法巡禮行記』, 271~272쪽.

였다.[34] 이 두 기록에 언급한 것은 약방이고 행회조직은 아니다.

당대 선종 대중 13년(859년) 이후에 사천의 재주(梓州)에는 1년에 한 번 약재 교류회가 열렸다. 송대 진원정(陳元靚)의 『세시광기』(歲時廣記)에 당나라 때 왕창우(王昌遇)는 재주 사람으로 득도하여 하늘로 승천하였다고 하였다. 이때부터 천하의 약재는 모두 9월 초에 재주에 처음으로 모아졌다. 8일 밤, 관진서원가(關鎭書院街) 역원묘(易元廟)에 약재들이 모여 사천에서는 이를 속칭 역시(藥市)라고 하였는데 약시의 시초는 당대 왕창우 때부터 시작되었다고 하였다.[35] 천하의 약상이 참가하여 7~8일 동안 대규모의 약재 교역 활동을 벌였는데 행회의 조직이 없었다면 해마다 이러한 대규모의 시장의 형성과 활동이 불가능하였을 것이다. 송대에 행회조직이 활성화되기 이전 당대는 행회조직이 발생하기 시작하던 시기로 당대 제약업의 행회조직 또한 발생 초기의 단계였다. 또 페르시아의 상인이 어랍의 향약을 가지고 이곳에 와서 약재 교역 활동을 하였다. 당말 『해약본초』를 편찬한 이순의 조부가 바로 그러한 상인 중의 하나였다.

당대, 특히 중당 시기에 상품 생산과 교환이 날로 발달하고 해외 무역

34 李昉 등 모음, 김장환, 이미숙 외 옮김, 『태평광기』(1), 589~591쪽.

35 陳元靚, 『歲時廣記』 卷36, 「置藥市」. 唐末五代에 成都의 藥市는 梓州보다 컸고, 宋代 成都藥市는 大慈寺에서 열려 川芎, 川大黃, 麝香과 외국의 人參, 犀角까지 거래되었다. 明代는 禹州에 전국 규모의 약재시장이 형성되었고, 석가탄신일에 百泉 衛源廟에 祭祀를 지냈는데 藥材市場도 열려 이를 大廟市라고 하였다. 大廟市는 萬歷 연간에 祁州, 樟樹에 열렸다. 大理의 觀音寺에서 廟會를 거행하였는데 中唐 때부터 시작된 觀音寺는 明代의 저명한 지리학자 徐霞客이 『徐霞客游記』에 당시의 盛況을 묘사하였다. 淸末民初에 약재시장은 祁州, 百泉, 樟樹 3大 藥市가 형성되었다. 康熙 연간에 百泉에는 百泉書院 동측에 藥王廟를 건립하고 藥王 神農, 長桑君과 孫思邈의 彫塑像을 세웠다. 咸豐 연간에는 江西 建昌에 藥王廟를 건립하고 扁鵲과 張仲景 등 名醫 10명의 조소상을 세웠다. 지금은 河北 安國, 安徽 亳州, 江西 樟樹, 河南 禹州, 湖南 岳陽, 廣東 廣州와 普寧, 西安 萬壽路, 昆明 菊花園, 四川 成都 荷花池, 廣西 玉林, 湖北 蘄州 등의 藥市가 열리고 있음.

이 활성화되어 도시상업이 크게 번영하였다. 상업의 발달로 장안성에는 중소 상인이 급증했고 동시에 부유한 상인이 출현하였다. 이러한 부유 상인은 정치적으로도 큰 활약을 하기도 했다. 원진(元稹)의 「고객낙」(估客樂)에 각지의 부유한 상인이

> 천하를 두루 유람하다가,
> 결국 장안성에 도달하였네.
> 성중에는 동시와 서시가 있는데,
> 듣건대 손님을 저택으로 모시네.
> 손님을 모시더니 설득을 하여,
> 많은 재물이 세력가에게 기우네.[36]

라고 하였다. 장안의 일부 소상인과 수공업자도 경영 수완이 좋아 부유한 상인으로 신분 상승한 사람도 있었다. 정관 연간 때의 배명례(裴明禮)와 덕종 때의 두예(竇乂)가 대표적이었다. 당대 장안의 부자 상인 가운데 저명한 사람은 당나라 초기의 배명례, 추봉치(鄒鳳熾), 당나라 중기의 곽행선(郭行先), 양숭의(楊崇義), 임종(任宗), 왕원보(王元寶), 곽만금(郭萬金), 임령방(任令方), 유일(劉逸), 이한(李閑), 위광(衛曠)과 당나라 후기의 두예, 왕포(王布), 장고(張高), 왕주호(王酒胡), 이영(李泳), 왕종(王宗) 등이다.[37]

---

36 "經游天下遍, 却到長安城. 城中東西市, 聞客次第迎. 迎客兼說客, 多財爲勢傾." 楊軍 箋注, 『元稹集編年箋注』, 730쪽.

37 楊崇義에 관해서는 王仁裕, 『開元天寶遺事』 卷上, 丁如明, 李宗爲, 李學穎 等 校點, 『唐五代筆記小說大觀』, 「鸚鵡告事」, 1720쪽. 王元寶에 관해서도 또한 王仁裕, 『開元天寶遺事』 卷下, 丁如明, 李宗爲, 李學穎 等 校點, 『唐五代筆記小說大觀』, 「床畔香童」, 1730쪽에 이 두 부유한 商人에 대한 기록이 보이는데 공통점은 재산이 많다고 자만하여 자기 신분에 넘치게 王公을 업신여겼다고 한다. 郭萬金에 대해서는 장안의 富者 王元寶와 楊崇義와 더불어 國中의 巨豪

장안 부호 상인의 치부 방법은 다양했다. 대체적으로 부유한 상인의 경영은 양식 운송, 방직품, 수산품, 목재, 생활도구, 생산도구, 의약, 목축업, 양식업, 찻잎, 소금, 주류업, 식품가공업, 금은세공 및 보석판매업, 노비매매, 고리대금업 등이었다. 당태종 때 배명례는 경영의 도와 치부의 수완을 갖춘 대상인이었다. 그는 경영에 뛰어나 전문적으로 사람들이 버려서 거들떠보지도 않는 물건을 수집하고 쌓아두었다가 사람들이 필요로 할 때 시장에 내다팔아 큰 이득을 취하였다. 부를 얻은 후에 장안의 금광문(金光門) 밖 불모지를 사들여 기와와 조약돌이 많아서 값나가는 땅은 아니었는데, 이런 잡동사니들을 모두 치워버린 뒤에 "여러 가지 과일의 씨앗을 모아두고 검은 소를 대려다가 그 밭을 갈게 했다. 1년 남짓 지나자 과일나무의 싹이 무성하게 자라났고 그는 이것을 여러 대의 수레로 내다팔아 엄청난 돈을 벌어들였다." 나중에는 정관 연간에 계속 승진하여 태상경(太常卿)이 되었다고 한다.[38]

고종 때 거부 추봉치의 집은 장안성 회덕방(懷德坊) 남문 동쪽에 있었는데 그는 어깨가 높고 등이 굽어 낙타와 흡사하여 사람들이 추낙타(鄒駱駝)

라고 하였다. 丁如明, 李宗爲, 李學穎 等 校點, 『唐五代筆記小說大觀』, 「豪友」, 1720쪽. 任令方은 『舊唐書』 卷8, 「玄宗紀」에 唐政府가 몰수한 그의 재산이 60餘萬 貫이나 되었다고 하는데, 『新唐書』 卷54, 「食貨志」의 기록에 唐代에 매년 가장 많이 주조한 돈, 즉 화폐 발행량은 32,7萬 貫이었다고 하였으므로 그의 재산은 2년 동안의 화폐 발행량과 맞먹는 어마어마한 재산이었음을 알 수 있다. 劉逸, 李閑, 衛曠에 관해서는 『開元天寶遺事』 卷下, 丁如明, 李宗爲, 李學穎 等 校點, 『唐五代筆記小說大觀』, 「結棚避暑」, 1733쪽에 기록되어 있다. 安史의 亂 이후 順宗 때 長安 東市의 巨商 王布는 千萬 錢을 저축하였고, 憲宗 때 長高는 자본금이 억만금이나 되었으며, 昭宗 때 巨商 王酒胡는 30萬 貫을 기부하여 朱雀門 수리를 도왔고, 또 安國寺 수리에 십만 貫의 돈을 기부하였다. 王布에 관해서는 『太平廣記』 卷436, 「王布」, 長高에 관해서는 『太平廣記』 卷436, 「長高」, 王酒胡에 관해서는 『玉泉子』에 그 기록이 보임. 丁如明, 李宗爲, 李學穎 等 校點, 『唐五代筆記小說大觀』, 1441쪽.

38 『太平廣記』 卷243, 「裴明禮」. 李昉 등 모음, 김장환, 이미숙 외 옮김, 『태평광기』(10), 513~514쪽.

라고 불렀는데 그 집은 부자여서 금은보화가 셀 수 없이 많았다"고 한다.[39] 저점(邸店)은 전국에 가득한 사방의 화물이 모여드는 곳이었다. 화물이 모여드는 곳을 저(邸), 화물을 파고 사는 곳을 점(店)이라고 했다. '저'(邸)는 창고, '점'(店)은 상점에 해당된다. 추봉치는 주로 이러한 저점만을 경영하였기 때문에 사방의 화물을 전부 모을 수 있었고 이것이 바로 치부의 원인이 되었다. 장안의 동시와 서시에는 저점을 설치한 곳이 많아 저점을 경영하여 치부한 상인도 적지 않았다.

덕종 때 장안의 거상 두예의 치부 과정과 경영의 도는 특색이 있다. 처음에 그는 친척이 선물한 비단신발을 팔아 5백 문(文)의 돈을 얻어 이 돈으로 철공소에서 두 개의 작은 삽을 샀고, 다시 작은 삽으로 가회방(嘉會坊) 묘원(廟院)을 개간하여 느릅나무를 심었는데 가을이 되자, "1척(尺) 남짓 크기의 무성한 느릅나무묘목이 천만여 그루씩이나 되었다. 다음해에 느릅나무 묘목은 3척 남짓 크기로 자라났다." 두예는 마침내 나란히 자라는 것들을 도끼로 베어내서 1백여 속을 얻었고, 매 속을 10여 전의 값어치로 팔았다. 그 이듬해에 또 2백여 속을 얻었고 이때 팔아서 이득이 수십 배는 되었다. 5년이 지나자 느릅나무 중에 큰 것을 골라 서까래로 만들어 천여 개를 팔았는데도 3~4만여 전을 얻었다. 두예는 또 아이들에게 해진 삼신을 주워오게 했는데, 해진 삼신 세 켤레를 가져오면 새 삼신 한 켤레로 바꿔주었다. 이 일을 알고는 해진 삼신을 가져오는 이가 구름처럼 몰려들었다. 이렇게 해서 며칠 만에 천여 켤레에 상당하는 양을 얻게 되었다. 그는 또 느릅나무를 팔아서 번 돈으로 자본을 삼아 널리 일꾼을 고용하고 마로 만든 다 해진 신발, 물감용 홰나무 열매, 남색 물감을 구매하

39 李昉 등 모음, 김장환, 이미숙 외 옮김, 『태평광기』(20), 535쪽. 楊鴻年, 『隋唐兩京坊里譜』, 456쪽.

여 법촉(法燭) 만여 개를 만들었다. 건중(建中) 초에 그는 법촉을 한 개에 1백 문에 팔아 큰돈을 벌었다. 후에 그는 또 3만 전으로 서시의 저울을 파는 상점 남쪽의 저지대 땅을 사서 평평하게 고른 후에 여기에 상점 20칸 가게를 지었는데, "그곳은 요충지였던 터라 날마다 벌어들일 수 있는 수입이 수천에 달했으니, 두예는 바라던 것을 충분히 얻은 셈이었다. 그 가게는 지금도 남아 있는데, 두가점(竇家店)이라고 부른다"라고 했다.[40] 그 후에 두예는 또 부동산, 보석, 목재 등을 경영하여 큰 이윤을 남겨 장안에서 유명한 거부가 되었다. 장안성의 상업의 발달로 두예처럼 장안에서 부유한 상인이 된 사람은 상당수에 달했다.

장안의 거상 가운데 식품가공업을 경영한 사람이 많았다. 장안성 주위 강가 수로에 정미소가 1백여 개 있었는데 이러한 정미소를 경영한 사람 가운데 장안성의 큰 부자가 있었다. 문헌에 대력 13년 "관중의 옥토 천 리나 되는 관중의 옥토에 옛날 정거(鄭渠)와 백거(白渠)에 투자하여 부자와 고관대작을 위해 상류의 물을 막아 개인적으로 정미소 1백여 곳을 설치하여 부수입을 올린 농부가 열에는 여섯, 일곱은 되었다"라고 했다.[41] 또한 일찍이 고종 영휘 6년(656년), 옹주(雍州)의 장사(長史) 장손상(長孫祥)이 상소를 올려 말하길, "옛날 정거와 백거로 4만여 경(頃)에 물을 대어 지금 부유한 승려와 대상인이 된 사람이 다투어 정미소를 만들어 1만여 경의 땅에 물을 대지 못하게 되었습니다"라고 했다.[42] 장안의 부유한 상인이

---

40 『太平廣記』 卷243, 「竇乂」. 李昉 등 모음, 김장환, 이미숙 외 옮김, 『태평광기』(10), 516~524쪽.

41 『冊府元龜』 卷497, 「邦計部」 〈河渠〉(2). 6冊, 5952쪽.

42 李吉甫 撰, 賀次君 點校, 『元和郡縣志』 卷1, 「關內道」(一), 中華書局, 2008, 11쪽. 高宗이 雍州長史 長孫祥의 상주하는 말을 듣고 명을 내려 水路의 정미소를 점검하고 모두 없애라고 하여 철거하였지만 얼마 후에 다시 복구되었다. 鄭國이 涇水에 鄭渠를 설치했고, 趙나라 中大夫 白公이 涇水를 뚫어 渭水와 연결시켰는데 이를 白渠라고 하였음.

정미소를 경영한 사람이 적지 않았음을 알 수 있다.

대상인이 정미소를 경영하였는데 황족, 관원, 환관, 승려와 도사까지도 모두 서로 다투어 정미소를 운영하여 막대한 이득을 취하여 이를 금지하기 어려웠다. 예를 들면 대종(代宗) 광덕(光德) 2년(764년)에 호부시랑 이서균(李栖筠), 형부시랑 왕익(王翊), 경조소윤(京兆小尹) 최소(崔昭)가 상주하길, 장안성 북쪽 백거 위에 왕공의 불교사원이나 도관(道觀)이 운영하는 정미소 70여 곳을 철거하고 논에 물을 대어 농사에 이익을 얻을 수 있게 하라고 하였는데[43] 이는 당시에 고관대작들이 정미소를 경영하였음을 알 수 있다. 또한 당현종 때 환관 고력사는 "장안성 서북쪽 풍수(灃水)에 정미소를 세웠고 5개의 바퀴를 돌려 하루에 밀 3백 곡(斛)을 빻았다."[44] 대종 때 명장 곽자의(郭子儀)와 그의 며느리인 대종의 네 번째 딸 승평공주(升平公主)도 정미소를 운영했다. 당대 법률에 따르면, 상인, 관리뿐만 아니라 불교사원이나 도교사원이 만약 정미소를 운영하면 일정한 세금을 납부해야만 했지만, "승평공주는 연지와 분을 만드는 바퀴 두 개, 곽자의는 사사로이 두 개의 바퀴를 돌렸지만 관가에서 감히 철거하지 못했다."[45]

4. 장안 시장의 외국 상인

당대 장안성은 국내외 상인이 운집하던 대도시로 이 가운데 수많은 소상인들이 모여들었고 자본이 많은 부유한 상인도 셀 수 없이 많았다. 중국 전국 각지에서 온 상인뿐만 아니라 적지 않은 수의 중앙아시아, 서아

43 『唐會要』 卷89, 「磑碾」, 1924쪽.

44 『舊唐書』 卷184, 「高力士傳」, 4758쪽. 10斗가 1斛이다. 300斛은 3000斗에 해당됨.

45 『舊唐書』 卷120, 「郭子儀傳」, 3470쪽.

시아 등지의 외국 상인들도 있었다. 공경 이하 관리들은 대부분 주작대가 동쪽에 거주하였고 이들의 저택이 여기에 많아 상인들은 대부분 서시에 모여들었다. 서시의 상인이 동시보다 많았다. 서시는 장안의 서대문 금광문에서 가까웠고, 중앙아시아, 서아시아 상인과 서역 상인은 대부분 이 금광문을 통해 장안성으로 들어왔는데 서시는 이러한 외국 상인이 제일 먼저 닿았던 곳이었기 때문에 서시의 상인은 특별히 많았고 특히 수많은 서역과 외국 상인이 서시에서 상업활동을 하였다. 당대 장안의 시장은 상점이 많을 뿐만 아니라 중국 국내와 외국에서 온 상인들로 운집하였으며 상품의 종류와 양 모두 상당히 많았다. 중앙아시아와 서아시아 상인은 그들의 특산품을 운반하여 장안의 서시에 와서 팔고 차, 비단, 도자기와 같은 중국의 상품을 구매했다.

당나라 초기에 서역을 개통하여 상업의 길이 뚫렸다. 당태종은 안국(安國)의 사신에게 말하길, "서돌궐이 이미 항복하였으므로 상인은 [중국에] 통행할 수 있다"라고 하자, "모든 서역의 이민족들이 크게 기뻐했다."[46] 서역과 중국을 잇는 실크로드는 서역 이민족 상인과 페르시아, 아랍 등의 외국 상인이 중국에 와서 무역에 종사하는데 교통의 중추 역할을 했다. 장안과 서역 중간에 위치한 양주(凉州)는 하서회랑(河西回廊)에 자리 잡은 도시로 서역과 파미르고원 넘어 서쪽의 여러 나라의 상인들의 왕래가 끊긴 적이 없었다. 또한 "이오(伊吾)의 서쪽, 페르시아의 동쪽에서 공물을 바치려고 사신이 오고 상인들도 줄지어 계속 왔다."[47] 당시 서역으로 통하는 실크로드를 통해 중국에 온 중앙아시아, 아랍 상인이 적지 않았다. 당대의 강(康), 안(安), 석(石), 조(曹), 미(米), 하(何), 사(史), 화심(火尋), 무지(戊

46 『新唐書』 卷221, 「西域列傳」(下), 6244쪽.

47 『唐大詔令集』 卷130, 「討高昌麴文泰詔」, 702쪽.

地) 등 소무구성(昭武九姓) 아홉 나라는 지금의 중앙아시아 시르다리아강과 아무다리아강 사이와 중국의 신강 지역에 분포하고 있었다. 특히 소무구성 가운데 강국 사람은 상업에 뛰어나서 "남자는 나이가 스물이 되면 먼 나라에 가는데 이익이 있는 곳이면 어디든 간다."[48] 이들 서역 사람들이 장안에 들어와 상업에 종사하였는데 최근 이러한 사실을 증명하는 소무구성의 여러 나라의 묘지가 서안에서 출토되었다.

당대의 저점(邸店)은 창고를 겸한 상점을 말하는데 당대 상업이 날로 발달하면서 장안의 외국 손님과 상인이 갈수록 많아져 저점은 이러한 외국 손님과 상인을 접대하는 중요한 장소가 되었다. 저점을 경영하는 부유한 상인은 외국 손님과 상인에게 화물을 저장할 장소를 제공하였을 뿐만 아니라 중간 무역을 조직하거나 혹은 국내 각지와 외국의 화물을 구매할 수 있었다.

서역의 상인과 외국 상인의 경영활동은 다방면에 걸쳤다. 그 가운데 주로 많이 경영한 품목은 보석, 비단, 약재, 차, 말, 소, 양, 창고, 술, 음식, 고리대금(高利貸金) 등이었다. 서역의 이민족들은 장안에서 적지 않은 사람이 고리대금업에 종사했다. 덕종 때 권신 이성(李晟)의 아들이 회흘족에게 일만여 관(貫)을 빌렸는데 기한 내에 갚지 못해 회흘에게 소송을 당했다.[49] 당대 후기 장경 5년에 장안성의 "귀족의 자제나 사신, 상인, 일반 백성들 대부분은 번객(蕃客)에게서 많은 돈을 빌렸다."[50] 이러한 고리대금업에 종사하는 번객은 회흘을 포함한 서역의 이민족 상인들이고 중앙아시아, 서아시아의 외국 상인이었다.

48 『舊唐書』 卷198, 「西戎傳」, 5310쪽.

49 『舊唐書』 卷133, 「李晟傳」, 3664~3665쪽.

50 『册府元龜』 卷999, 「外臣部」 〈互市〉. 12册, 11727쪽.

돌궐(突厥), 설연타(薛延陀), 회흘(回紇), 거란(契丹), 당항(黨項) 등의 당대 북방의 이민족 상인 가운데 실력을 갖춘 상인은 회흘 사람이었다. 당태종은 정관 초에 장안에 들어와 사는 돌궐 사람이 근 1만 호나 되었다고 한다.[51] 1호를 평균 4인으로 계산했을 때 대략 4만 명이라는 계산이 나온다. 안사의 난 이후에 "장안성에 남아 있던 회흘 사람은 1천 명 정도였는데 서역 상인이 중국인으로 위장하여 중국인들과 잡거하였으므로 배는 되었다." 회흘족을 포함하여 중국에 사는 외국인은 장안에서 재물을 증식하고 저택을 짓고 시장에서 큰 이득을 취하여 날마다 방종하게 탐욕을 부려도 관리들이 감히 심문하지 못하였는데 혹자는 중국 복장을 하고 중국 여자를 유혹하여 처첩으로 삼았다.[52] 회흘 상인은 상업 능력이 뛰어났고 장안에 많은 숫자가 살고 있었음을 알 수 있다. 토번의 당나라 침입을 막아낸 공을 세운 이필(李泌)이 정원 3년(787년)에 주청하여 장안에 사는 호족 가운데 40여 년을 아내와 자식이 있고, 밭과 집으로 사고 돈을 빌려주거나 물품을 저당 잡아 이윤을 챙기며 사는 것이 편안하여 그들 고향인 서역으로 돌아가고 싶지 않았으므로 명령을 내려 호족으로 장안에 온 손님들 가운데 밭과 집이 있는 사람들을 단속하여 그에 대한 공급을 중단하게 하였는데 이들의 수는 4천 명이나 되었다.[53] 안사의 난 이후 대종 시기에 소무구성의 호족들은 항상 회흘의 이름을 모칭(冒稱)하며 장안에 섞여 살았는데, 재화를 불리며 제멋대로 하고 횡포를 부렸으며 회흘과 더불어서 함께 공적으로나 사적으로나 당나라에 걱정거리가 되었다.[54] 장안에 소무구성 출신 상인이 많았음을 알 수 있다.

51 『舊唐書』 卷61, 「溫彦博傳」, 2361쪽.

52 『資治通鑒』 卷225, 大曆 14年. 권정달 옮김, 『資治通鑒』(24), 81쪽.

53 『資治通鑒』 卷232, 貞元 3年, 권정달 옮김, 『資治通鑒』(24), 485쪽.

54 『資治通鑒』 卷226, 建中 元年, 권정달 옮김, 『資治通鑒』(24), 122쪽.

장안에 살았던 페르시아, 아랍 등의 상인도 적지 않았는데 예를 들면 서시에는 페르시아 상인이 개설한 '파사저'(波斯邸)와 '파사점'(波斯店)이 있었다.[55] 파사저와 파사점은 실제로 같은 것으로 페르시아 상인이 개설한 점포인데 대량의 현금을 소유하고 있었고 주로 보석, 향료를 팔았으며, 장안뿐만 아니라 양주, 광주, 초주(楚州) 등지에도 개설하였는데 보석을 판별하는 데 뛰어나기로 유명했다. "서시의 호인(胡人)은 조개 진주를 귀하게 여겼고, 뱀 진주는 천하게 여겼다. 뱀 진주란 뱀이 토해낸 진주를 말한다. 오로지 호인만이 그것을 분별할 수 있었다."[56] 장안 안국사(安國寺)에 수주(水珠)가 있었는데 개원 10년에 승려가 그것을 가지고 시장에 내다팔려고 하였으나 아무도 귀하게 여기지 않았다. 후에 서역의 호인이 많은 돈을 주고 이것을 샀는데 이 서역 상인은 대식국(大食國)의 상인이었다.[57] 서역 상인이 중국인과 장사를 할 때는 호인 출신의 통역인을 고용하기도 하였고, 또 시장 안에 전문적으로 서역 상인을 위해 통역인이 있었다. 서역이나 북방 이민족 상인 가운데 차, 비단, 말, 소를 파는 상인이 적지 않았다.

당대 장안성의 서역 상인과 외국 상인은 상당한 실력을 갖추었고 그들의 숫자도 많았으며 경영에도 뛰어나 당대 사회에서 활동이 활발하였다. 현종 때 서역 강국(康國) 사람 강겸(康謙)이 대표적이었는데 현종 천보 연간에 안남도호(安南都護)가 되었고 양국충(楊國忠)에 빌붙어 장군의 자리에까지 이르렀으며, 집안의 재산을 갹출하여 산남(山南) 역참의 녹봉을 대신 지불하니 숙종이 그의 공을 인정하고 그를 홍려경(鴻臚卿)에 임명하였

55 『太平廣記』 卷16, 「杜子春」과 卷17, 「盧李二生」. 李昉 등 모음, 김장환, 이미숙 외 옮김, 『태평광기』(1), 418쪽과 452쪽에 페르시아 상점이라고 했음.

56 錢易 撰, 黃壽成 點校, 『南部新書』, 80쪽.

57 『太平廣記』 卷402, 「水珠」. 李昉 등 모음, 김장환, 이미숙 외 옮김, 『태평광기』(17), 67~69쪽.

다.[58] 홍려경은 지금의 외무부장관에 해당된다. 경종(敬宗) 때, "페르시아의 대상(大商) 이소사(李蘇沙)가 심향(沈香)을 정자 짓는 재목으로 바쳤는데, 습유(拾遺) 이한(李漢)이 간언하길, 이것이 요대(瑤臺), 경실(瓊室)과 무엇이 다르냐고 하자, 황상이 비록 화가 났지만 역시 그를 우대하여 받아주었다."[59] 외국의 대상인이 궁실의 정자 건립에 도움을 줄 정도로 황제와 특별한 관계를 맺었으므로 그의 능력을 엿볼 수 있다.

외국 상인의 장안에서의 상업적 경영활동은 각 이민족 사이의 경제 교류를 촉진시켰다. 현종 때 돌궐과 우호관계를 맺었는데 호시(互市)를 열어 서로 교류하여 돌궐의 말과 양을 구매하고 돌궐은 비단을 샀으므로 서로에게 이익이 되었다. 외국 상인의 장안에서의 경제활동은 중국의 경제 발전을 촉진시키고 당대 사회에 큰 영향을 끼쳤으며 더 나아가 변방 국가와의 외교관계에도 큰 도움이 되었다.

58 『新唐書』 卷225, 「逆臣傳」(上), 6425쪽.

59 『舊唐書』 卷17, 「敬宗紀」, 512쪽. 『資治通鑑』 卷243에는 穆宗 長慶 4年(824년)의 일로 기록하였음. 권정달 옮김, 『資治通鑑』(25), 530쪽.

제12장

외국인과 외래 이민

당대를 왕래하는 외국의 상인과 종교인, 사절, 군인 가운데 중국에 귀화하거나 장기 체류하는 사람들이 많았다. 한편 당 조정은 대외 개방정책으로 외국의 수많은 인재들을 적극 수용하였는데, 예를 들면 안남도호부의 관리에게 명을 내려 안남의 인재를 선발하여 장안에서 과거시험을 보도록 하였다. 덕종(德宗) 시절 애주(愛州), 지금의 베트남 청화(淸化) 사람 강공보(姜公輔), 강공복(姜公復) 형제가 재주와 학문이 뛰어나 장안에 유학하였는데 강공보는 과거시험에 합격하여 진사가 되었고 교서랑(校書郎)를 거쳐 한림학사가 되었다. "공보는 재주가 뛰어나 매번 황제를 알현할 때마다 상주하는 글이 상세하고 분명하여 덕종이 그를 총애하였다"고 하였다. 건중(建中) 4년(783년)에 관직이 간의대부(諫議大夫), 동중서문상평장사(同中書門上平章事)에 이르렀는데 재상의 지위에 해당되며 명재상으로 이름을 날렸다.[1] 강공보는 순녕(順寧) 영정(永貞) 원년에 죽었고 복건 남안(南安) 구일산(九日山) 아래 묻혔는데 지금 남안에는 강상봉(姜相峰) 묘지와 강

1 『新唐書』 卷152, 「姜公輔傳」, 4831~4832쪽.

공사(姜公祠)가 있다고 한다. 그는 안남 사람 가운데 중국에서 과거에 급제하여 재상의 자리에까지 오른 유일한 인물이었다.[2]

당나라에 살았고 당시 당대 사회에 비교적 사회적 지위가 높거나 영향력이 컸던 외국인의 행적을 통해 외국인의 당대 사회에 끼친 영향을 살펴보기로 한다.

1. 동북 외국인

동북 지역의 해(奚), 거란, 실위(室韋), 말갈(靺鞨) 등 많은 이민족들은 정치, 경제, 문화 등 각 방면에서 중국과 밀접한 관계를 맺었다.

해는 남북조시대 때는 고막해(庫莫奚)라고 불렀고, 수나라 때부터 간단히 해라고 부르기 시작했다. 선비족(鮮卑族) 우문부(宇文部)와는 근친 관계이다. 우문부가 16국 전반부 때 전연(前燕)의 모용씨(慕容氏)에게 멸망당하고 그 잔여 부락이 '송막지간'(松漠之間), 즉 지금의 내몽고 철리목맹(哲里木盟)으로 퇴각하고 이곳에 정착하였다.

북위, 북제와 수나라에 명마를 바쳤다. 당나라 초에 해족 사람은 5개 부락으로 나뉘어졌는데, 해족 이유악(李惟岳)의 부친은 행군사마(行軍司馬), 항주자사(恒州刺史)를 지냈다. 건중(建中) 2년(781년)에 부친 이보신(李寶臣)이 죽자, 이유악은 부친의 관직을 세습하려고 하였으나 조정에서 이를 허가하지 않았다. 위박절도사(魏博節度使) 전열(田悅)이 다시 조정에 청하였으나 조정에서 허락하지 않는다는 조서를 내리자, 결국 전열, 이정기(李正己)와 함께 모의하여 조정의 명을 거부하였다. 덕종이 주도(朱滔)과

2 張秀民, 「唐宰相安南人姜公輔考」, 『中越關系史論文集』, 24쪽.

장효충(張孝忠)에게 조서를 내려 군사를 동원하여 이들을 토벌하라고 하여 여러 차례 격퇴시켰다. 후에 부하장수 왕무준(王武俊)에게 피살되었다.

이보신(李寶臣)은 해족 출신으로 세력가의 양자로 들어가거나 정략결혼을 통해 부와 권력을 휘어잡았으나 결국 헛된 욕망에 사로잡혀 비참한 최후를 마친 인물이었다. 처음에는 범양(范陽)의 장군 장쇄고(張鎖高)의 양자가 되어 성씨가 장씨, 이름이 충지(忠志)였다. 안록산이 반란을 일으키자 또 안록산의 양자가 되어 안씨 성을 하사받았다. 다시 안록산의 아들 안경서를 섬겨 항주자사(恒州刺史)가 되었다. 사사명이 죽자 사조의를 섬기지 않으려고 심주(深州), 조주(趙州) 등 5개 주를 이끌고 당 조정에 항복하였다. 숙종이 이씨 성과 보신이라는 이름을 하사했다. 성덕군절도사(成德軍節度使)에 임명되었고 청하군왕(淸河郡王)에 봉해졌다. 위박, 치청절도사와 사돈관계를 맺었으나 후에 전승사와 간극이 생겼다. 대력 10년(775년)에 조정의 명을 받들어 전승사를 토벌하려고 하였으나 환관들이 이치에 맞지 않는다고 반대하자 또 전승사와 연합하였다. 덕종이 즉위하자 사공(司空)의 자리에까지 올랐다. 말년에 아들 이유악이 우둔하고 나약하여 아마도 자신이 죽고 나면 자신의 부하들이 아들에게 복종하지 않을 것이라고 여기고 대장군 20여 명을 죽였다. 요망스럽고 간악한 사람을 임용하고 참언을 거짓으로 만들어 자신이 장차 천자의 자리에 앉게 될 것이라고 말했다. 결국은 독살되었다.[3]

이대포(李大酺)는 당대 해족 추장이었다. 경운 원년(710년)에 사신을 파견하여 당 조정에 입조하였다. 연화(延和) 원년(712년)에 당나라 군대에 패하였고, 개원 3년(715년)에 사신을 파견하여 항복하였고, 그 지역에 요락(饒樂)도독부를 설치하고 그를 요락군왕에 임명했다. 개원 5년에 송막(松

---

3 『舊唐書』 卷142, 「李寶臣傳」, 3865~3868쪽. 『新唐書』 卷211, 「李寶臣傳」, 5945~5948쪽.

漢)도독 거란족 이실활(李失活) 등과 함께 유성(柳城)에 영주(營州)도독부를 설치해줄 것을 청하였는데 당 조정이 설치했다.

이시쇄고(李詩鎖高)는 해족 추장이었고 개원 20년(732년)에 신안왕(信安王) 이의(李禕)가 해를 격파하자, 부락민을 이끌고 항복하여 귀의주(歸義州) 도독에 임명되었고 귀의왕(歸義王)에 봉해졌다. 부락민을 유주로 옮겼다.

고구려의 후예 이정기(李正己)는 영주에서 출생하였다. 본명은 회옥(懷玉)이다. 숙종 건원(建元) 연간(758~760년)에 평로절도사 왕형지(王玄志)가 죽자 군인들과 함께 내외종 사촌형인 후희일(侯希逸)을 군수(軍帥)에 추대하고 자신은 병마사가 되었다. 얼마 후에 주둔군 병사들이 후희일을 몰아내자 대신 평로치청절도관찰사(平盧淄青節度觀察使)가 되어 조정에서 그에게 정기(正己)라는 이름을 하사했다. 이정기는 치주(淄州), 청주(青州), 제주(齊州), 해주(海州), 등주(登州), 내주(萊州), 기주(沂州), 밀주(密州), 덕주(德州), 체주(棣州) 등 지금의 산동 일대의 10개 주를 관할하였고, 안록산의 부장이었고 위박절도사였으며 자신의 아들이 대종(代宗)의 영락공주(永樂公主)와 결혼하였다. 또 7개 주를 소유하고 두 차례 반란을 일으켜 당 조정도 제압할 수 없을 정도로 세력가였던 전승사(田承嗣)와 해족 출신 절도사 겸 사공이 된 이보신(李寶臣) 등과도 정략결혼으로 사돈지간이 되어 당시에 상당한 영향력이 있었다.

이납(李納)은 고구려인으로 이정기의 아들이다. 대종 때 전중승(殿中丞)에 임명되었고 시어사(侍御使)를 겸직했다. 후에 이희열(李希烈), 주도(朱滔), 전열(田悅), 왕무준(王武俊) 등과 함께 모의하여 반란을 꾀하였는데 자칭 제왕(齊王)이라고 했고 백관들을 설치했다. 흥원 연간 초에 당나라에 귀순하였다. 당 조정은 그를 다시 평로치청절도사에 임명하고 철권을 하사했으며 농서군왕(隴西郡王)에 봉했다.

이사도(李師道)는 고구려인으로 이정기의 손자, 이납의 아들로 원화 원년(806년)에 그의 형 치청절도사 이사고(李師固)가 죽자, 부하들이 그를 영입하였다. 사신을 파견하여 입조하여 양세(兩稅)를 바치겠다고 청하자, 유후(留后)에 임명되었다. 원화 10년에 회서(淮西)에서 오원제(吳元濟)가 반란을 일으키자 그와 결탁하여 당나라 군대에 대항하였다. 또 사람을 시켜 재상 무원형(武元衡)을 암살하고 배도(裴度)에게 상처를 입혔으며 또 군사를 파견하여 낙양의 진주원(進奏院)[4]에서 반란을 일으켰다. 원화 12년, 회서가 평정되자, 그 이듬해에 기주(沂州), 해주(海州), 밀주(密州)를 바치겠다고 상주하였으나 곧 후회하였다. 헌종이 군대를 파견하고 토벌하여 이사도가 패하였는데 결국 부장 유오(劉悟)에게 사로잡혀 살해되었다. 이정기, 이납, 이사도 고구려 후예 이씨 3대는 산동에 12개주를 차지하고 50여 년 동안 활동하였다.[5]

이실활(李失活)은 거란의 추장으로 개원 2년에 돌궐족 묵철가한의 세력이 약화되자, 부락민을 이끌고 돌궐의 힐리발이건철(頡利發伊健啜)과 함께 당나라에 귀순하였다. 개원 4년, 송막(松漠)도독부를 다시 설치했고 그를 송막군왕 겸 송막도독으로 삼았다. 현종은 종실의 외손녀를 영락공주(永樂公主)로 삼아 그에게 시집을 보냈다.

이광필(李光弼)은 영주 유성, 지금의 요녕 조양 사람으로 거란의 추장 이해낙(李楷洛)의 아들이다. 용감하고 전략에 뛰어나며 말 타기와 활쏘기에 명수였으며 『한서』에 정통했다. 천보 5년(746년)에 하서절도사 왕충사(王忠嗣)를 보좌하는 병마사를 지냈다. 천보 13년에 삭방절도부사에 임명되었고, 그 이듬해에 안록산이 반란을 일으키자, 곽자의의 추천으로 하동

4 肅宗, 代宗 때 설치하였는데 처음에는 上都留后院이라고 했고 大歷 12년(777년)에 上都進奏院으로 개칭했고, 간략하게 留邸, 進奏務라고 했다. 주로 문서와 정보 전달을 관장했고, 元和 연간 때는 중앙과 번진이 서로 연락하는 중요한 통로였음.

5 『舊唐書』 卷124, 「李正己傳」, 3534~3541쪽. 『新唐書』 卷213, 「李正己傳」, 5989~5994쪽.

절도부사, 하북채방사에 임명되었다. 천보 15년, 삭방군의 병사로 상산(常山), 진정(眞定)을 구하고 사사명의 부대를 여러 차례 격파하였다. 범양절도사가 되어 곽자의와 함께 하부의 15개 군을 수복하였다. 지덕 2년(757년)에 군사 5천 명으로 태원에서 반란군을 저지했고, 건원 2년(759년)에 9명의 절도사와 함께 업성을 포위하여 연합군 군대가 궤멸하였지만 홀로 귀환하였고 곽자의 대신 삭방절도사, 천하병마부원수가 되었고, 곧 사사명을 하양(河陽)에서 격파하였다. 상원 2년(761년)에 환관 감군 어조은(魚朝恩)의 핍박을 받아 군대를 이끌고 동도 낙양을 공격하였으나 북망산에서 패하였다. 보응 원년(762년)에 서주(徐州)에 출병하여 사조의의 군대를 격파하여 송주(宋州), 지금의 하남 상구(商丘)의 포위를 풀어 임회군왕(臨淮郡王)에 봉해졌다. 일찍이 군대를 파견하여 절동(浙東)의 원조(袁晁) 반란을 진압하였기도 했다. 안사의 난을 평정한 공은 곽자의와 이름을 나란히 하였다. 여러 차례 어조은, 정원진(程元振)의 참소를 받아 말년에 환관의 모함을 받을까 두려워 감히 입조하지 못하고 서주에서 죽었다.[6]

이회선(李懷仙)은 유성(柳城) 거란족 출신이다. 무예와 지략에 뛰어났고, 동북의 영주(營州)를 지켰다. 안록산과 사사명의 부하 장수가 되었다. 보응 원년(762년)에 당나라에 항복했고, 복고회은(僕固懷恩)은 유주와 노룡(盧龍)의 절도사가 되었고 무위군왕(武威郡王)에 봉해졌다. 후에 복고회은이 당나라에 반대하고 토번이 당나라를 침범하는 틈을 타서 전승사(田承嗣), 장충지(張忠志) 등과 성읍을 다스리고 군사를 통솔하며 문무 관리들을 마음대로 배치하고 사적으로 공물과 세금을 받아내어도 당 조정이 통제 불능이었다. 위박, 성덕(成德)과 함께 '하삭삼진'(河朔三鎭)[7]이라고 불렀다.

6 『舊唐書』 卷110, 「李光弼傳」, 3303~3311쪽.

7 河北三鎭이라고도 하는데, 安史의 난 이후 조정은 안록산과 사사명의 부하 장수 田承嗣를 魏博鎭, 李寶臣을 成德鎭, 李懷仙을 盧龍鎭節度使에 임명하도록 핍박을 받았다. 三鎭은 조정의

후에 부하장수 주희채(朱希彩)에게 피살되었다.[8]

이다조(李多祚)는 조상이 말갈족(靺鞨族) 추장이었다. 그는 활쏘기에 명수였고, 군공으로 우우림군대장군(右羽林軍大將軍)이 되었다. 북문숙위(北門宿衛)를 20여 년 동안 관장했다. 군대를 이끌고 흑수말갈과 실위(室韋)를 평정하고 복속시켰다. 만세통천(萬歲通天) 원년(696년)에 영주의 거란족 송막도독 이진충(李盡忠)과 성주(誠州)의 자사 손만영(孫萬榮)의 난을 평정하는 등 여러 차례 전공을 세웠다. 신룡 원년(705년)에 무측천이 병환이 깊어지자, 장간지(張柬之) 등을 도와 장역지(張易之) 형제를 주살하고, 중종의 복위를 영접한 공으로 요양군왕(遼陽郡王)에 봉해졌다. 신룡 3년에 군사를 거느리고 태자 이중준(李重俊)을 따라서 무삼사(武三思)를 공격하였으나 군대가 패하여 피살되었다.[9]

이회광(李懷光)은 발해 말갈 사람이다. 본래 성은 여(茹)이고 그의 부친은 삭방의 부장(部將)이었는데 전공으로 이씨 성을 하사받았다. 어려서부터 종군하였는데 무예가 뛰어났고 곽자의를 따랐으며 삭방군의 도우후(都虞侯)가 되었다. 군법의 집행이 엄격하였는데 친족이라고 용서하지 않아 곽자의가 신임하였다. 대력 13년(778년)에 빈주(邠州), 영주(寧州), 경주(慶州)의 도장(都將)을 겸했다. 이듬해에 빈녕절도사가 되었고, 건중 초에 삭방절도사로 자리를 옮겼다. 건중 3년에 하북삼진의 전열(田悅), 주도(朱滔), 왕무준(王武俊)이 반란을 일으키자, 명을 받고 삭방군으로 이들을 토벌했다. 이듬해에 경원(涇源)에 병란이 일어나 주차(朱泚)를 옹립하고, 덕

명령을 받지 않았고 막강한 군대를 소유하였으며 문무 관리 임명과 세금 징수 등을 마음대로 하였으므로 당나라가 망할 때까지 河北, 河南, 山東 일대를 차지한 독립적인 왕국이나 다름없었음.

8 『舊唐書』 卷143, 「李懷仙傳」, 3895~3896쪽. 『新唐書』 卷212, 「李懷仙傳」, 5967~5968쪽.

9 『舊唐書』 卷109, 「李多祚傳」, 3296~3297쪽. 『新唐書』 卷111, 「李多祚傳」, 4124~4125쪽.

종이 봉천(奉天) 지금의 선서 건현(乾縣)으로 달아났으나 주차의 군대에게 포위를 당하자, 군사를 일으켜 주차를 대패시키고 봉천의 포위를 풀었다. 흥원 원년(784년), 당나라를 배반하자, 덕종이 양주(梁州) 지금의 한중(漢中)으로 달아났다. 당나라 장수 혼감(渾瑊), 마수(馬燧)가 이회광을 토벌하여 하중을 포위했다. 이듬해에 세력이 다하여 목매어 자살했다.[10]

이근행(李瑾行)은 말갈의 추장 돌지계(突地稽)의 아들이다. 고종 인덕(麟德) 연간(664~665년) 중에 영주(營州)도독이 되었다. 좌영군대장군(左領軍大將軍), 적석도(積石道)경략대사를 역임했다. 토번군 십만 명이 청해(青海) 황중(湟中)을 공격하였는데 문을 열어주자 복병이 있다고 의심을 하고는 감히 들어가지 못했다. 상원(上元) 3년(676년)에 또 토번을 청해에서 격파하였다. 진군대장군(鎭軍大將軍)에 임명되었고 연국공(燕國公)에 봉해졌다. 두 차례 고구려 정벌 전쟁에 참가하였고 죽은 후에 건릉(乾陵)에 합장되었다.[11]

2. 북부 돌궐인

척발부(拓跋部) 출신의 장수로는 당말 오대 사람 이인복(李仁福)이 있다. 처음에는 하주(夏州), 지금의 섬서 정변(靖邊) 북쪽 백성자(白城子)의 아장(牙將)이었으나 후에 번부지휘사(藩部指揮使)가 되었다. 당나라가 멸망하고 후량(后梁) 개평(開平) 3년(909년)에 하주에서 군사 반란이 일어나 그를 군총수로 추대하였고 얼마 후 정난군(定難軍)절도사에 임명되었다. 후에

10 『舊唐書』 卷121, 「李懷光傳」, 3491~3496쪽. 『新唐書』 卷224, 「叛臣傳」, 6375~6378쪽.
11 『新唐書』 卷111, 「李謹行傳」, 4122~4123쪽.

삭방왕(朔方王)에 봉해졌다.

이광안(李光顔)은 하곡(河曲) 계호(稽胡) 아질(阿跌) 출신이다. 아질은 가질(訶咥)이라고도 했고 철륵(鐵勒) 일파의 유목민이었는데 돌궐에게 복속당하고 후에 동쪽으로 이주하여 설연타에 복속되었다. 정관 20년(646년)에 당나라가 설연타를 멸망시킨 후, 그 땅에 계전주(鷄田州)를 설치하고 연연(燕然)도호부에 예속시켰다. 이광안은 이씨 성을 하사받았다. 처음에는 하동번진신장(河東藩鎭神將)이었는데, 흥원 원년(784년)에 반란을 일으켜 덕종을 양주(梁州), 지금의 섬서 한중(漢中)으로 몽진케 한 이회광(李懷光), 양혜림(楊惠林), 유벽(劉辟)을 토벌한 공으로 대주(代州)와 낙주(洛州)의 자사를 지냈다. 원화 9년(814년), 충무군(忠武軍)절도사가 되어 회서(淮西)에서 반란을 일으킨 오원제(吳元濟)를 토벌하였다. 원화 13년에 이사도를 토벌하였고, 이듬해에 빈녕(邠寧)에 군대를 주둔하고 토번의 침략을 방어했으며 염주성(鹽州城)을 쌓았다. 목종이 즉위하자 동평장사(同平章事)에 임명되었고 후에 봉상(鳳翔)과 허주(許州)의 절도사를 맡았다. 경종 때는 변주(汴州)의 이개(李夰)를 토벌한 공으로 시중(侍中)을 겸직했고, 후에 하동절도사로 자리를 옮겼다.[12]

이성천(李聖天)은 오대 때 우전(于闐)의 왕인데 성이 이씨로 당나라의 종친이라고 자칭했다. 회골(回鶻) 사람으로 일설에는 월지(月氏), 스키타이 혹은 이란 동부 사람이라고 한다. 후량 건화(乾化) 2년(912년)에 즉위하였고, 후진(后晉) 천복(天福) 3년(938년)에 사신 마계영(馬繼榮)을 진나라에 파견하여 조공하였다. 진나라도 사신을 우전에 파견하는 등 중국과의 관계가 밀접하였는데, 우전은 의관이 당나라의 제도와 같았고 불교를 숭상하였으며 후에 사신을 중국에 파견하여 옥(玉)을 바쳤다.

---

12 『舊唐書』 卷161, 「李光顔傳」, 4218~4222쪽.

이극용(李克用)은 당오대 사타(沙陀)[13] 출신으로 외눈이어서 독안용(獨眼龍)이라고 불렀다. 그의 부친 주사적심(朱邪赤心)은 의종(懿宗)에게서 이국창(李國昌)이란 이름을 하사받았다. 운주(雲州)에서 반란을 꾀하였으나 패하여 달단(韃靼)으로 도주했다. 중화(中和) 원년(881년)에 조서를 받들고 황소의 난을 진압하여 중화 3년에 하동절도사가 되었다. 광계(光啓) 원년(885년)에 왕중영(王重榮)과 함께 주민(朱玟), 이창부(李昌符)를 격파하고 장안에 들어가 약탈과 방화를 저지르자, 희종(僖宗)이 도주하였다. 대순(大順) 원년(890년)에 주온(朱溫)을 격파하고, 후에 왕행유(王行瑜) 등이 반란을 일으키자, 왕행유를 죽여 진왕(晉王)에 봉해졌다. 천복(天復) 2년(902년)에 주온과 연합한 위박군(魏博軍)에게 패하여 세력이 약화되었다.

이포옥(李抱玉)은 양주(凉州) 사람으로 본래 성은 안씨(安氏)였고 이름은 중장(重璋)이다. 안흥귀(安興貴)의 후예이다. 무예가 뛰어났고 어려서 종군했으며 이광필을 도왔고 공을 세워 이름을 하사받았다. 안록산의 난 때, 남양(南陽)을 고수했고 이광필을 따라 여러 차례 사사명을 격파하는데 일등공신이었다. 안록산과 성이 같다고 부끄럽게 여겼는데 숙종이 이씨 성을 하사했고 진정영박(陳鄭穎亳)절도사가 되었다. 대종 때, 택로(澤潞), 봉

---

13 唐五代 때의 沙陀는 沙陁라고도 했다. 西突厥의 別部 處月의 한 種族이다. 金娑山, 지금의 新疆 博格達山 남쪽, 蒲類海, 지금의 巴里坤胡 동쪽에 거주했다. 경내에 사막이 있어서 沙陀라고 했으므로 沙陀突厥이라고 불렀다. 貞觀 연간에 太宗을 따라 고구려와 薛延陀 정벌에 공을 세웠다. 高宗 때 薛仁貴를 따라가서 鐵勒을 토벌했다. 先天 연간 초에 吐藩을 피하여 부족을 北庭으로 옮겼다. 貞元 연간 중에 토번에 종속되었다가, 元和 3년(808년)에는 吐藩을 배반하고 당나라에 복속되었다. 당 조정은 沙陀族을 鹽州에 안치하고 陰山都督府를 설치했으며 朱邪執宜를 도독부의 兵馬使에 임명했다. 후에 당 조정이 조서를 내려 그들을 太原으로 옮겼다. 朱邪執宜의 아들 朱邪赤心은 龐勛을 토벌한 功으로 李氏 성과 國昌이라는 이름을 하사받았고, 李國昌의 아들 李克用은 군사를 이끌고 黃巢를 토벌하였고 長安을 수복하는데 으뜸가는 공훈을 세웠다. 하동절도사에 임명되었고 후에 관직이 太師, 中書令에까지 이르렀고 晉王에 봉해졌다. 唐末에 李茂貞, 朱溫 등과 싸웠다. 五代 때 李克用의 아들 李存貞이 梁을 멸하고 后唐을 건립하였고, 그 후에 后晉의 石敬塘, 后漢의 劉知遠은 모두 沙陀族 출신임.

상(鳳翔), 산남서도(山南西道)절도사 또한 하서(河西), 농우(隴右), 산남서도 부원수가 되었다. 봉상에 군대를 10여 년 동안 주둔시키고 토번을 격퇴하였는데, 당시 사람들은 그를 '양장'(良將)이라고 일컬었다.[14]

안흥귀의 또 다른 후예 이포진(李抱眞)이 있다. 그도 양주 사람으로 처음에는 사촌형 택로절도사 이포옥을 따라 분주별가(汾州別駕)가 되었다. 대종 광덕 2년(764년)에 복고회은이 분주에서 반란을 일으키자 대종에게 곽자의를 군총수에 임명하라는 계책을 바쳐 복고회은을 격파하였다. 택주자사에 임명되었고 택로절도부사를 겸직했다. 덕종이 즉위하여 소의군(昭義軍)절도사, 즉 택로군을 통솔하도록 했다. 건중 2년(781년)에 위박절도사 전열이 반란을 일으켜 형주(邢州), 지금의 하북 형대(邢臺), 임낙(臨洛), 지금의 하북 영년(永年)을 포위하자, 마수(馬燧)와 함께 전열을 격파하고 포위를 풀었다. 또 전열을 원수(洹水), 지금의 하북 위현(魏縣) 서남쪽에서 대파하고 위주(魏州)에서 전열을 포위하였다. 주도와 왕무준이 연합하여 전열을 구하였고 흥원 원년(784년)에 주도(朱滔)가 패주(貝州), 지금의 하북 청하(淸河)를 공격하자 패주를 구하였고, 또한 왕무준의 항복을 권유하면서 함께 주도를 격파하자고 설득했다. 관직은 동중서문하평장사(同中書門下平章事)에까지 이르렀고, 의양군왕(義陽郡王)에 봉해졌다. 말년에 장수를 빌려 단약을 먹고 죽었다.[15]

아포사(阿布思)는 당나라 때 철륵 동라부(同羅部) 수령이었다. 천보 원년(742년)에 당나라에 귀순하여 봉신왕(奉信王)에 봉해졌고, 이헌충(李獻忠)이라는 성과 이름을 하사받았다. 자신의 부락민을 삭방 하남에 옮겼다. 천보 8년에 부하를 이끌고 가서한(哥舒翰)을 따라 토번을 공격하여 석보성

14 『新唐書』 卷138, 「李抱玉傳」, 4619~4620쪽.

15 『舊唐書』 卷132, 「李抱眞傳」, 3647~33649쪽. 『新唐書』 卷109, 「李抱眞傳」, 4620~4621쪽.

(石堡城)을 탈취하였으며 관직은 삭방절도사부사에 이르렀다. 안록산과 사이가 벌어져 아포사가 조서를 받들지 않을까 걱정되어 현종이 그의 부락민을 다시 유주로 옮겼다. 천보 11년에 당나라를 배반하고 막북(漠北)으로 돌아갔다가 다시 당나라 국경을 공격하였으나 패하여 퇴각하였다. 또 회흘에게 패하여 서쪽의 갈라록(葛邏祿)으로 달아났다. 천보 12년에는 안록산이 병사를 파견하여 아포사를 추격하고 크게 격파하여 부락을 몰수했다.

아사나충(阿史那忠)은 돌궐 장수로 힐리가한(頡利可汗) 말년에 그의 부친 아사나소니실(阿史那蘇尼失)이 소가한(小可汗)에 임명되어 영주(靈州) 서북쪽에 아장(牙帳)을 설치했다. 정관 4년(630년)에 힐리가한을 사로잡아 당나라에 투항하여 좌둔위장군(左屯衛將軍)에 임명되었다. 사씨(史氏) 성과 이름 충(忠)을 하사받았고, 경조(京兆) 만년(萬年)에 살았으므로 자칭 만년 사씨라고 했다. 정관 9년, 설국공(薛國公)에 봉해졌다. 정관 13년, 태종이 아사나사마(阿史那思摩)를 한(汗)으로 세워 돌궐 부락을 통솔하여 막남(漠南)으로 돌아가게 했으며, 아사나충을 좌현왕(左賢王)에 임명하여 그를 보좌하도록 하였다. 천보 18년, 서주무위사(西州撫慰使)에 임명되었다. 후에 여러 차례 처월(處月), 처밀(處密)을 안정시켰고, 설연타를 격파하였으며 거란을 정벌하고 토욕혼을 평정했다. 함형(咸亨) 원년(670년)에 토번, 궁월(弓月)이 서역의 18개 주를 함락하자, 서역도안무대사(西域道安撫大使) 겸 행군대총관(行軍大總管)에 임명되었으나 공을 세우지는 못했다. 당시에 명망이 높았고, 당시 사람들은 한나라 때의 김일제(金日磾)[16]라고 칭송했

---

16 金日磾는 匈奴 休屠王의 太子로 武帝 元狩 연간에 霍去病이 匈奴를 征伐할 때 昆邪王이 자신의 부친을 죽이고 부하들을 이끌고 한나라에 투항하여 한나라 궁에서 말을 길렀다. 후에 侍中에 임명되었고 武帝의 총애를 받아 탁후에 封해졌고, 昭帝가 즉위한 후에는 霍光과 함께 武帝의 유서를 받들어 昭帝를 輔弼하였음. 『漢書』 卷68, 「霍光金日磾傳」, 2959~2962쪽.

다.[17]

아사나헌(阿史那獻)은 서돌궐 장수 아사원경(阿史那元慶)의 차남으로 사헌(史獻)이라고도 일컫는다. 장수 원년(692년)에 부친 때문에 모함을 받아 유배를 갔다. 장안 3년(703년)에 소환되어 북정대도호부의 첫 대도호에 임명되었고, 우효위대장군이 더해졌다. 북쪽으로 후돌궐 묵철, 서쪽으로 돌기시(突騎施)에 대항하였다. 경운 2년(711년)에 사갈이 패망하였다. 십성초위사(十姓招慰使)에 임명하고 전란을 틈타 갈라록, 서니시(鼠尼施) 등이 투항하였다. 선천 원년(712년)에 적서(磧西)절도사, 발해군사(渤海軍使)가 더해졌고, 서돌궐의 도단(都担)의 난을 평정하고 쇄엽(碎葉)을 점령했다. 개원 연간에 돌기시가 부흥하자 장안으로 불러들여 우금오대장군(右金吾大將軍)에 임명하였다.

아사나보진(阿史那步眞)은 돌궐족 장수로 부락민이 복종하지 않아 뿔뿔이 사방으로 흩어졌고 자신의 가족을 이끌고 당나라에 투항하여 좌둔위대장군에 임명되었다. 현경 2년(857년)에 동생 아사나미사(阿史那彌射)와 함께 유사도안무대사(流沙道安撫大使)가 되었고 아사나하로(阿史那賀魯)를 공격했다. 난이 평정되자 계왕절가한(繼往絕可汗) 겸 우위대장군, 몽지도호에 봉해졌다. 용삭(龍朔) 2년(662년)에 아사나미사와 함께 쿠차를 공격했다.

아사나사이(阿史那社尒)는 동돌궐 사람으로 처라가한(處羅可汗)의 차남이다. 어려서부터 지략과 무예가 뛰어났다. 철륵(鐵勒), 회흘(回紇), 동라부

---

17 『舊唐書』 卷109, 「阿史那社尒傳」, 3288~3290쪽. 上元 2년(675년)에 阿史那忠碑, 즉 「大唐故右驍衛大將軍薛國貞公阿史那府君之碑」는 원래 醴泉, 지금의 陝西 禮縣 북쪽 20里, 昭陵 남쪽 10里에 있었다. 碑文은 楷書로 33行, 82字이다. 그의 생애와 사적이 상세하게 기록하여 正史의 부족한 부분을 보충하였음. 『金石萃編』 卷58에 비문이 수록되어 있고, 『阿史那忠墓志』가 출토되어 碑文보다 좀 더 상세함.

(同羅部)로 나누어 통치했다. 재위 10년 동안 세금을 거두지 않아 부락민들이 그를 숭상했다. 무덕 연간 말경에 설연타에게 패하였다. 정관 2년(628년)에 서돌궐의 내란을 틈타 습격하여 땅의 반을 빼앗고 자칭 도포가한(都布可汗)이라고 했다. 설연타를 토벌하였으나 패하였다. 정관 9년에 서돌궐과의 간극이 생겨 부락민들을 거느리고 당나라에 귀순했고 좌기위대장군(左騎衛大將軍)에 임명되었으며 형양장공주(衡陽長公主)와 결혼하여 부마도위(駙馬都尉)가 되었다. 정관 14년에 군사를 이끌고 고창(高昌), 지금의 신강 투르판을 평정하여 필국공(畢國公)에 봉해졌다. 정관 19년에는 쿠차를 공격하였고 이듬해에 쿠차의 왕을 포로로 사로잡고 70여 개 성을 점령하여 서역을 평정하였으며 안서도호부를 쿠차로 옮기고 공적을 돌에 새기고 장안으로 돌아왔다. 정관 23년에 다시 군사를 통솔하여 쿠차에 가서 돌궐을 격파하였다. 평소에 관직을 탐하지 않아 태종이 그를 칭찬하였는데 죽어서 소릉에 합장되었다. 아사나사이는 이민족 출신으로 당 조정의 서역 경영에서 중요한 인물이었음을 알 수 있다. 서역의 중심지였던 투르판과 쿠차를 점령하고 당나라 세력권 안으로 편입하여 변방을 안정시키기 위해 안서도호부를 쿠차에 설치한 점 등은 그의 큰 공적이었고 또 그의 통치 능력과 정치 능력도 뛰어나 당 황제의 인정을 받아 부마의 자리에까지 올랐다. 그의 아들 아사나도진(阿史那都眞)은 함형 원년(670년)에 나사도행군부대총관(邏娑道行軍副大總管)에 임명되어 설인귀(薛仁貴)의 토번 정벌을 보좌하였다.[18]

아사나미사(阿史那彌射)는 돌궐족 장수로 서돌궐 실점밀가한(室點密可汗)의 5대손이다. 정관 6년(632년)에 당나라가 그를 해리필돌육가한(奚利邲咄陸可汗)에 책봉했다. 정관 13년에 처월, 처밀 부락민을 거느리고 당나

18 『舊唐書』 卷109, 「阿史那社尒傳」, 3288~3290쪽.

라에 귀순하여 우감문대장군에 임명되었다. 태종이 고구려를 정벌하러 갈 때 종군하여 평양현백(平襄縣伯)이 봉해졌다. 현경 2년(657년)에 소정방(蘇定方)과 남북으로 길을 나누어 서돌궐 아사나하로(阿史那賀魯)를 평정하고 흥석망가한(興昔亡可汗)에 임명되었다. 현경 4년에 잔주엽호(眞珠葉護)를 쌍하(雙河)에서 격파하여 서돌궐을 완전히 평정하였다. 후에 아사나보진과 함께 쿠차를 평정하였다. 후에 계왕절가한(繼往絕可汗) 아사나보진과 함께 소해정(蘇海政)을 따라 쿠차를 평정하였는데, 아사나보진이 아사나미사가 모반하였다고 모함하여 소해정이 아사나미사를 살해하였다.

아사나하로(阿史那賀魯)는 서돌궐 최후의 가한으로 651년에서부터 657년까지 재위하였다. 정관 22년(648년)에 당나라에 투항하여 곤산도행군총관(昆山道行軍總管)에 임명되었고 쿠차 정벌에 종군하였다. 그러나 영휘 2년(651년)에 당나라를 배반하고 서쪽으로 도주하여 자칭 사발라가한(沙鉢羅可汗)이라고 했다. 서역의 모든 국가가 대부분 그에게 복속되자, 당 조정은 양건방(梁建方), 정지절(程知節)을 파견하여 토벌하게 했으나 실패하였다. 현경 2년(657년)에 소정방, 아사나미사 등 연합군이 공격하여 크게 격파하였다. 그는 석국(石國)으로 도망갔고 소돌성(蘇咄城)에 도달하였지만 성주에게 붙잡혀 당나라 군대에게 바쳐졌고 장안으로 후송되었다. 그의 부락은 6개 도독부로 나뉘어 곤릉(昆陵), 몽지(濛池)의 2개 도독부를 설치하여 통치하였다. 서쪽 끝은 파사(波斯), 즉 페르시아까지 안서도호부에 예속되었다.

아사나하로는 당나라에 귀순과 배반을 반복하다가 결국 서돌궐 최후의 가한이 되어 서돌궐은 멸망하게 되었다. 당 조정의 기미정책은 이민족이 정복되거나 자신이 투항하면 그 지역에 도독부를 설치하고 그 이민족 군장이나 장수를 책봉의 방식으로 도독이나 자사에 임명하여 정치권력을 부여하고 그 지역을 통치하게 하였지만 이들을 도호부의 관할 하에 두어 당 조정이 총괄하는 통치 방식을 택하였던 것이다. 이렇게 기미정책으로 설치한 기미부주는 서돌궐을 완전히 평정하는 데 큰 공을 세운 아사나미 사처럼 이민족 군장이나 장수를 이용하여 변방을 효과적으로 방어하는 수단이었음을 알 수 있다.

3. 속특인

속특인(粟特人)은 영어로 소그디안(Sogdian)이라고 한다. 속특인은 고대 내륙 아시아의 역사가 오랜 민족이다. 인구어(인구어) 계통의 동이란어족에 속한다. 속특인은 아무다리아(Amu Darya)와 시르다리아(Syr Darya) 두 강 사이 지역, 즉 트란소시아나(Transoxiana), 특히 자라푸산(Zarafshan) 계곡 일대에 거주했다. 영토의 대부분은 지금의 우즈베키스탄이고 일부 지역은 지금의 타지크스탄과 키르키즈스탄이다. 이 지역은 서양의 고전 문헌에는 소그디아나(Sogdiana)라고 부르는 광활한 영토로 사막 가운데 크고 작은 오아시스로 이루어진 지역이다. 속특 지역은 동서 교통의 요충지이자 고대 이란, 인도, 그리스, 로마, 중국 등 여러 문명의 교류 지역으로 중앙아시아와 고대 동서 문화 교류에 중요한 역사의 현장이었다.

속특인은 실크로드의 저명한 상업 민족으로 상품교환을 담당하였고 종교와 예술의 전파자였다. 특히 당나라 때 속특인은 중국 역사상 가장 활약이 활발했다. 정치, 경제, 사회, 군사 및 문화 각 방면에 중요한 역할을 담당했다.[19] 또한 최근에는 속특인 수령의 묘지 혹은 속특과 관련된 묘가

19 粟特에 관한 연구서 가운데 중국의 학자로는 姜伯勳, 『敦煌吐魯番文書與絲綢之路』, 蔡鴻生, 『唐代九姓胡與突厥文化』, 榮新江, 『中古中國與外來文明』, 陳海壽, 劉惠琴, 『來自文明十字路

발굴되어 속특의 역사, 지리, 민족, 언어, 예술, 종교, 상업 등을 알 수 있게 되었다.

고고학 발굴로 출토된 유물과 당대 묘지(墓志) 가운데 일부 주인은 중국에 정착하여 살았던 외국인이다. 또한 일부 이미 한족화(漢族化)된 외래 이민의 후예가 포함되어 있다. 예를 들면 서안에서 출토된 함통(咸通) 15년(874년)의 소량(蘇諒)의 처 마씨(馬氏)의 묘지 중에 잘 나타나 있다. 중원에 정착한 외래 이민 가운데 실크로드에서 상업 활동에 종사한 속특인이 가장 많았다. 그들은 동서 문화 교류에 중요한 역할을 했고 동시에 당나라의 개방성을 잘 나타낸다.

속특인은 중국 고대 사서에 기록된 소무구성(昭武九姓)의 서역인을 말한다. 이 묘지의 주인인 속특인과 그 후손들의 신분은 사절이거나 상인이었다. 이러한 묘지는 당대의 동서 문화 교류, 외래 이민의 중국에서의 생활과 통혼(通婚) 등의 문제를 해결하는 데 귀중한 자료가 된다. 문헌의 기록에 의하면 중국에 이주해온 속특인은 대부분 국명으로 성씨를 삼았기 때문에 강(康), 미(米), 사(史), 안(安), 하(何), 조(曹), 석(石), 목(穆) 등의 성씨가 출현하였다. 예를 들면, 정관 연간의 강아달(康阿達) 묘지, 정관 21년의 강파(康婆) 묘지는 그 주인이 모두 강국(康國) 사람이다. 영정(永貞) 원년의

口的民族: 唐代入華粟特人研究』 등이 있고, 일본인 연구서로는 T. Moriyasu(森安孝夫), "Japanese Research on the History of the Sogdians Along the Silk Road, Mainly from Sogdiana to China", *Acta Asiatica* 94, 2008/2, pp. 1~39(徐婉玲 譯, 『日本研究絲綢之路的粟特人的成就回顧和近況』, 『西域文史』, 第3輯), 森安孝夫, 『シルクロードと唐帝國』(東京, 講談社, 2007), 荒川正晴, 『ユーラシアの交通 · 交易と唐帝國』(名古屋, 名古屋大學出版會, 2010), 森部豐, 『ソグド人の東方活動と東ユーラシア世界の歷史的展開』(關西大學東西學術研究所研究叢刊36, 大阪, 關西大學出版部, 2010), 서양에서는 É. de la Vaissière, *Histoire des marchands Sogdians*, Paris: Collège de France, Bibliothèque de l'Institut des Hautes Études Chinoises, 32, 2002; *Sogdian Traders: A History*(Handbook of Oriental Studies), tr. by J. Ward, Leiden: Brill, 2005가 있음.

미계분(米繼芬) 묘지의 주인 미씨는 미국(米國) 사람이다. 영휘 4년에 하성(何盛) 묘지, 조로(調露) 2년에 하마가(何磨訶) 묘지, 대화(大和) 4년에 하문철(何文哲)의 주인 하씨 성을 가진 사람 모두 하국(何國) 사람이다. 영휘 4년에 안연(安延) 묘지, 신룡(神龍) 원년에 안사절(安思節), 경룡(景龍) 3년에 안보(安菩) 묘지의 주인 안씨는 안국(安國) 사람이거나 안국 사람의 후손이다. 개원 21년(723년) 11월 23일에 조명조(曹明照)의 묘지에 "금하의 귀족으로 아버지와 형이 중국에 귀화하였다"(金河貴族, 父兄歸化)라고 씌어 있는데 중국에 귀화한 묘 주인의 부친은 조국(曹國) 사람으로 묘 주인은 그의 후손임을 알 수 있다. 정원 13년(797년) 8월 19일에 석숭준(石崇俊) 묘지의 주인은 석국(石國) 사람이다. 이러한 중국에 온 외국인은 모두 중원에 정착하였고 그 묘지를 통해 당시 중국과 서역과의 교통, 당대 사회생활 등에 대해 참고할 가치가 높은 귀중한 사료이다.

속특인들 가운데 군장이나 왕은 중국의 기미정책으로 변방의 기미주의 자사나 도독부의 도독을 역임하였는데 장군의 직책이 맡은 사람도 많으며 그들의 후손 또한 그 관직을 세습하거나 관리를 지내기도 하였다. 속특 상인, 부자와 관리, 정치가나 장군 가운데 비교적 유명한 인물과 속특 상인의 사회조직망을 살펴보기로 한다.

강씨(康氏)는 서역에서 장사에 능하여 이익이 있는 곳이면 가지 않는 곳이 없다는 소문이 났다. 예를 들면 고창(高昌), 포창(蒲昌) 일대와 북쪽 변방 부락에 강국인의 발자취가 없는 곳이 없다.[20] 상호(商胡) 강겸(康謙)은 천보 연간 중에 안남도호(安南都護)에 임명되어 양국충에 빌붙어 관직이 장군에까지 이르렀고, 상원(上元) 연간(760~761년)에 홍려경(鴻臚卿)까지 올랐다.[21] 또 호인(胡人) 강겸은 장사로 치부하였는데 양국충이 섭정할 때

20 向達, 『唐代長安與西域文明』, 18쪽.

21 『新唐書』 卷225, 6425쪽.

돈을 주고 안남도호를 얻어 산남동로(山南東路)의 역사(驛事)를 맡았지만 관리들이 그를 질투하여 그가 반란군 사조의(史朝義)와 내통하였다고 무고하여 경우(敬羽)가 그를 국문하여 죽게 하였다.[22]

강식(康植)은 개원 연간에 육호주(六胡州)를 평정하니 현종이 그를 불러 좌무위대장군에 제수하였다. 강일지(康日知)는 영주(靈州), 지금의 영하 영무(靈武) 사람으로 조상이 강국 사람이다. 동북 변방 해족(奚族) 출신이며 치청절도사(淄青節度使)인 이유악(李惟岳)을 모시어 조주(趙州)의 자사로 발탁되었다. 건중 연간에 이유악이 반란을 꾀하자, 그는 별가(別駕) 이탁(李濯)과 부하장수 백 명이 당 조정에 귀순하여 심조관찰사(深趙觀察使)에 발탁되었다. 흥원(興元) 원년(784년)에 군사 공적으로 봉성군절도사(奉誠軍節度使)에 발탁되었다가 진강절도사(晉絳節度使)로 자리를 옮겼고 검교상서좌복야(檢校尙書左僕射)를 지냈으며 회계군왕(會稽郡王)에 봉해졌다. 그의 아들 강지목(康志睦)은 신책군에 편성되어 대장군에까지 이르렀고 평로군절도사를 지냈으며 회계군공에 봉해졌다. 또 다른 아들 강승훈(康承訓)은 신무군 장군에 발탁되었고, 선종 때 천덕군(天德軍) 방어사에 발탁되어 회계현남(會稽縣男)에 봉해졌고 의무(義武)의 절도(節度)에 발탁되었다.[23] 강지달(康志達)은 강일지의 네 번째 아들로 유주노룡군절도아전병마사조산대부검교광록경(幽州盧龍軍節度衙前兵馬使朝散大夫檢校光祿卿) 겸 감찰어사를 지냈고 막주(莫州)의 자사를 하사받았다.

안록산은 영주(營州) 유성(柳城), 지금의 조양(朝陽)의 잡호(雜胡) 출신이다. 잡호란 잡종호(雜種胡)라는 뜻으로 여러 혈통이 뒤섞인 이민족을 말한다. 그가 어릴 때의 이름은 알락산(軋犖山)이었다.[24] 원래 강씨였는데 그의

---

22 『新唐書』 卷209, 5919~5920쪽.

23 『新唐書』 卷148, 4773~4774쪽.

24 이란어 전문가 W. B. Henning의 분석에 근거하여 이 이름은 粟特語의 roxšan-(rwxsn-,

모친 아사덕(阿史德)은 무당이었고 돌궐 지역에 살았으며 어려서 부친을 잃고 모친이 당나라에 투항한 이민족 장군 안연언(安延偃)에게 재가하여 안씨 성으로 고쳤다. 개원 연간 초에 안연언이 가족을 이끌고 당나라로 귀화하였는데 안록산은 6개 외국어에 능통하여 호시랑(互市郎)이 되었다.[25] 개원 연간 초에 현종은 영주 일대에 "이민족 상인을 불러들여 점포를 개설하게 하는" 정책을 실시하였고, "몇 년 후에 영주의 창고에 곡식이 가득하여 사람들이 부유해지는" 결과를 얻었다.[26] 영주 일대에 속특인이 살았고, 안록산은 속특 출신이었다. 속특인은 본래 장사에 능하였는데 상업 활동에 있어서 소통의 수단인 외국어의 습득은 필수적이었다. 여러 종족들과 왕래가 잦았던 안록산은 자연스럽게 9개 언어에 통하였다고 한다.[27] 안록산은 용감하고 교활하며 남의 생각을 잘 예측하였으므로 유주(幽州)의 절도사 장수규(張守珪)에게 칭찬을 받았고 그의 양자가 되었으며 거란족에 대한 공격으로 군사적 공을 세워 원외좌기위장군(員外左騎衛將軍)에 임명되었다. 개원 24년(736년)에 안록산은 평로장군(平盧將軍)에 임명되었다. 개원 24년(736년)에 안록산은 평로장군(平盧將軍)에 임명되었는데 안록산은 곧 해(奚)와 거란을 공격하라는 명을 받들었지만 자신의 용맹만을 믿고 경솔하게 적진으로 진격하다가 적에게 패하였다. 당시의 재

---

rwVšn)의 음역으로 뜻은 밝음 혹은 밝다는 것이다. E. G. Pulleyblank, *The Background of the Rebellion of An Lu-shan*, London, 1955, 15~16쪽.

25 『新唐書』 卷225, 6411쪽.

26 『舊唐書』 卷185, 4814쪽.

27 淸, 姚汝能 撰, 『安祿山事迹』, 卷上, 1쪽. 안토니노 포르테(Antonino Forte)는 최근 그의 저서에서 『舊唐書』와 『新唐書』에 安重璋이 安氏 姓을 李氏로 바꿔달라고 청하면서 말하길 자신은 威武 安氏로 安祿山과 姓氏가 같고 同族이라고 했다고 기록하여 안록산이 武威 安氏였을 가능성이 있고 武威 安氏는 東漢 때 人質로 와 있던 安息의 王子 安世高의 후예라고 하였다. 이러한 주장은 안록산이 페르시아인이지 粟特人이 아니라는 것이다. *The Hostage An Shigao and His Offspring*, Kyoto, 1995, pp. 100~107.

상 장구령(張九齡)은 안록산에게 사형을 주장하며 "안록산을 죽이지 않으면 후환이 될 것이다"[28]라고 말했으나 장수규가 그의 용맹함을 아껴 사형 집행을 반대하였고 현종도 안록산의 죄를 사면하였다. 후에 어사중승 장이정(張利貞)에게 아부하여 뇌물을 주고 점차 현종의 신임을 얻었다. 그는 현종이 정치에 대해 태만한 틈을 타서 표면적으로는 현종의 비위를 맞추면서 실질적으로는 야심을 품고 있었다. 천보 초에 평로(平盧)와 범양(范陽)절도사, 하북(河北)채방사에 발탁되었고, 여러 차례 해와 거란을 격퇴하였다. 입조하여 현종의 비위를 맞추어 양귀비의 양자가 되었으며 현종으로부터 철권(鐵券)과 저택을 하사받았고, 동평군왕(東平郡王)에 봉해졌다. 또 재상 이림보(李林甫)와 결탁하였다. 천보 10년(751년)에 하동절도사에 임명되었다. 몰래 범양에 병기를 숨겨두었고 한족 장군 대신 변방 이민족 출신 장군들을 임용하였으며 병력을 확장하고 반란을 획책하였다. 천보 14년(755년) 11월에 양국충(楊國忠)을 토벌한다는 명분으로 평로, 범양, 하동의 15만 병사를 거느리고 범양, 지금의 북경 서남쪽에서 기병하여 파죽지세로 당나라 정부군을 격파하고 낙양을 점령하였다. 그 이듬해 정월에 낙양에서 자신을 웅무(雄武) 황제라고 일컬었으며, 국호를 연(燕), 연호를 성무(聖武)라고 했다. 안록산의 군대가 동관을 통과하자, 현종은 7월에 사천의 성도로 도주하였고, 장안성은 반란군에 점령되었다. 삭방유후(朔方留后) 두홍점(杜鴻漸) 등은 태자 이형(李亨)을 영입하여 영무(靈武)에서 즉위시켰는데 그가 숙종(肅宗)이다. 안록산의 군대는 살인, 방화, 약탈을 자행하는 등 잔혹하게 장안을 짓밟았고 지덕 2년(757년)에 태자로 세워주지 않는다고 불만을 품고 자립하려던 자신의 차남 안경서(安慶緖)에게 피살되었다. 장안성에 있던 안록산의 집은 원래 도정방(道政坊)에 있었으

28 『資治通鑑』 卷214. 권정달 옮김, 『資治通鑑』(22), 633쪽.

나 현종이 좁고 누추하다고 여기고 국고에서 돈을 갹출하여 친인방(親仁坊)의 넓은 집을 짓고 이사하도록 했다.[29] 안록산의 저(邸)는 장안성 영녕방(永寧坊)의 영녕원(永寧園),[30] 지정(池亭)은 선의방(宣義坊)[31]에 있었다.

이밖에 강해원(康海源)은 개원 2년에 토번을 토벌하여 좌일군부총관이부문(左一軍副總管理部門)이 되었고, 장경 4년에 염방(染坊)의 장인 장소(張韶)가 반란을 일으켰을 때 대장 강예전(康藝全)이 군사를 이끌고 입궁하여 토벌하였다.[32]

미국(米國)은 또한 미말하(弭秣賀), 미말(弭秣)이라고도 했다. 미국은 요교를 신봉했는데 수당 때 수차례 사신을 파견하고 조공하였다. 현경 3년(658년)에 당나라는 미국 지역에 남밀주(南謐州)를 설치하였다. 1956년에 서안 서쪽 근교 삼교(三橋) 토문촌(土門村)에서 출토된 미계분의 묘지는 「당신책군산부장유기장군수무위대장군겸시태상경상주국미계분묘지명」(唐神策軍散府將游騎將軍守武衛大將軍兼試太常卿上柱國米繼芬墓志銘)이다. 순종(順宗) 영정(永貞) 원년(805년) 10월 19일에 새겨졌다. 높이는 48센티미터, 너비는 47센티미터이고, 정서(正書) 12행, 22자이다. 묘지문에는 미계분의 선조는 서역 미국, 지금의 우즈베키스탄 사마르칸트 동남쪽이고 대대로 군장(君長)을 지냈으며 조부는 일찍이 본국에서 장사(長史)를 지냈고 부친은 돌기시(突騎施)로 보국대장군(輔國大將軍), 행좌령위대장군(行左領威大將軍)을 역임했으며 본인 미계분은 인질이 되어 금군(禁軍)에 속했고 영정 원년 9월 21일에 장안 예천리(禮泉里) 집에서 죽었으며 부인은 미씨로 동

29 楊鴻年, 『隋唐兩京坊里譜』, 365쪽과 418쪽.

30 楊鴻年, 『隋唐兩京坊里譜』, 40쪽.

31 楊鴻年, 『隋唐兩京坊里譜』, 189쪽. 安祿山의 宣義坊 池亭에 대해서 劉得仁의 「宣義亭子詩」와 姚合의 「題宣義池亭詩」가 있음.

32 『資治通鑒』 卷243, 穆宗 長慶 4年, 권정달 옮김, 『資治通鑒』(25), 524~525쪽.

족이라고 하였다. 미국 사람이 실크로드를 따라 중국에 들어와 살았던 생활과 활동의 상황을 알 수 있는 자료인데, 현재 비림박물관에 소장되어 있다.

미량(米亮)의 집이 장안성 숭현방(崇賢坊)에 있었다. 『태평광기』에 두예(竇乂)와 미량의 얘기가 등장한다. 항상 자신을 도와주는 두예에게 보답하기 위해 미량이 두예에게 말하길 숭현리에 작은 집이 매물로 나왔는데 값이 20만 문(文)이니 속히 그 집을 사고, 또 서시(西市)의 궤방(櫃坊)이 돈을 잘 벌어들이니 시가대로 돈을 주고 사라고 했다. 계약서를 쓰던 날, 미량이 두예에게 말하길, "저는 옥을 잘 보는데 그 집안에 이상한 돌이 있는 것을 보았습니다. 그것을 알아보는 사람은 거의 없는데 그것은 다듬잇돌로 진짜 우전(于闐)의 옥입니다. 어르신께서 곧 큰 부를 얻게 될 것입니다"라고 했다. 두예는 이를 믿지 않자, 미량이 연수방(延壽坊)의 옥공을 불러 그것을 감별하게 하였는데, 옥공이 이를 보고 크게 놀라며 기이한 물건으로 옥을 가공하면 허리띠 고리를 20개 얻을 수 있는데 각각 100전씩 모두 3천 관문(貫文)을 받을 수 있다고 했다. 두예가 옥을 옥공에게 갈아서 다듬게 하여 과연 수십만 관의 가치를 얻게 되었다. 또 두예는 우전의 옥으로 작은 상자, 허리띠, 머리장식과 신발장식 등 갖가지 물건을 만들어 팔아서 수십만 관의 돈을 벌었던 것이다. 두예는 그 대가로 집과 집문서를 모두 미량에게 주고 그곳에 살게 했다.[33]

미살보(米薩寶)는 당대 장안에 살던 미국(米國) 사람이다. 그는 미국의 대수령으로 장안에 온 후에 미국의 화요교(火祆教)의 장(長)을 지냈다. 현종 천보 원년(742년)에 장안현 숭화리(崇化里)에서 죽었다. 1930년대에 서

33 楊鴻年, 『隋唐兩京坊里譜』, 272쪽. 李昉 등 모음, 김창환 · 이미숙 外 옮김, 『태평광기』(10), 520~521쪽.

안에서 그의 묘지가 출토되었는데, 「당고미국대수령미공묘지명」(唐故米國大首領米公墓志銘)이다.[34]

미기(米曁)는 하주(夏州)절도사였는데 무종 회창 6년(846년)에 동북도초토당항사(東北道招討黨項使)에 임명되었다.

사씨(史氏) 가운데 사대나(史大那)는 당대 돌궐족 장수였다. 본래 서돌궐 특근(特勤)으로 성씨가 아사나씨(阿史那氏)였다. 대업 7년(611년)에 니궐처라가한(泥撅處羅可汗)을 따라 수나라에 들어왔다. 수양제를 모셨고 고구려 정벌에 종사하였으며 금자광록대부(金紫光祿大夫)에 발탁되었고 자신의 부락을 누번(樓煩)에 살게 했다. 당고조 이연이 태원에서 군사를 일으키자 부락민을 이끌고 이연에게 귀순하였고 상현화(桑顯和)를 격파하고 도읍을 장안에 정하는 데 큰 도움을 주었다. 이연이 그에게 사씨(史氏) 성을 하사하였고 진왕(秦王) 이세민(李世民)의 휘하에 예속시켰다. 그는 이세민을 도와 설거(薛擧), 왕세충(王世充)을 평정하였고 두건덕(竇建德), 유흑달(劉黑闥)을 진압하는 등 여러 차례 공적을 세웠다. 정관 연간 초에 우무위대장군(右武衛大將軍)에 발탁되었고 풍주도독(豐州都督)에 임명되었으며 두국공(竇國公)에 봉해졌다.

사사명(史思明)은 당대 영주(營州) 영이주(寧夷州)의 돌궐 잡호(雜胡)였다. 처음의 이름은 졸간(窣干)이었는데 현종이 사명(思明)이라는 이름을 하사했다. 당시 6개 변방 국가의 언어에 능통하였다. 안록산과 함께 호시(互市)의 아낭(牙郎)이었는데 당시에 날래고 용맹하기로 유명했다. 유주절도사(幽州節度使) 장수규(張守珪)의 편장(偏將)이 되었다. 천보 연간에 공을 세워 장군에 발탁되었고 평로군(平盧軍)을 맡았다. 천보 11년(752년)에 안록산을 따라 해(奚)와 거란을 정벌하였다. 천보 14년에 안록산이 반역을 하

34 向達, 『唐代長安與西域文明』, 30쪽.

고 사사명에게 하북을 경략하게 했다. 후에 곽자의(郭子儀), 이광필(李光弼)에게 공격을 받고 패했다. 영무(靈武)에서 숙종이 즉위하여 곽자의와 이광필을 불러들이자 사사명은 하북 13군을 다시 점령하였다. 지덕 2년(757년)에 안경서(安慶緖)가 부친 안록산을 죽이고 칭제하자 사사명은 13군과 8만 군사를 이끌고 당나라에 항복하여 귀의왕(歸義王)에 봉해지고 하북절도사에 임명되었다. 건원(乾元) 연간 초에 다시 반란을 일으켰다. 건원 2년에 위주(魏州)에서 대청연왕(大聖燕王)이라고 부르고 연호를 응천(應天)이라고 했다. 안경서의 요청을 받아들여 군사를 이끌고 업성(鄴城), 지금의 하남 안양(安陽)의 포위를 풀었다. 얼마 후에 안경서를 죽이고 범양(范陽)에서 대연황제(大燕皇帝)라고 일컬었고 연호는 순천(順天)으로 고쳤다. 남하하여 낙양을 점령하였고 후에 당나라 군대와 하남에서 대치하였는데 낙양 서북쪽의 북망산에서 당나라 장군 이광필과 복고회은(僕固懷恩) 군대에게 대패했다. 다시 군사를 모아 서쪽으로 영녕(永寧), 지금의 하남 낙녕(洛寧) 북쪽으로 들어갔는데 그의 아들 사조의(史朝義)에게 살해되었다.[35]

사헌성(史憲誠)은 당대 영무(靈武), 지금의 영하 영무 서북쪽 건강(建康) 출신이다. 그의 선조는 해족(奚族) 사람이었다. 3대가 위박장(魏博將)을 지냈다. 원화(元和) 13년(818년)에 전홍정(田弘正) 군대의 선봉이 되어 치청(淄青)의 이사도(李師道)를 토벌하여 그 공으로 어사중승이 되었다. 장경(長慶) 2년(822년)에 전홍정의 아들 위박절도사 전포(田布)가 자살하여 군대가 혼란에 빠지자 결국 자신이 위박절도사가 되었다. 태화 원년(827년)에 횡해절도사(橫海節度使) 이동첩(李同捷)이 반란을 일으키자 그를 대신하여 군량을 지원하였으나 이동첩이 패하자 좌불안석이 되어 입조하여 땅을 바

35 『新唐書』 卷225, 「史思明傳」, 6426~6434쪽.

치겠다고 주청을 드린 후에 하중(河中)으로 군대를 옮겼다. 얼마 후에 반란군에게 살해당했다. 장안성 영녕방(永寧坊)의 하동절도사(河東節度使), 동중서문하평장사(同中書門下平章事)를 지낸 왕악(王鍔)이 관리가 되자 그의 집을 사헌성이 하사받았고, 또 정공방(靖恭坊)에도 사헌성의 집이 있었다.[36]

사계선(史繼先)은 당대 후돌궐의 가한 묵철(默啜)의 손자로 개원 4년(716년)에 당나라에 귀순하여 좌금오위대장군(左金吾衛大將軍), 주천군(酒泉郡) 태수, 하서절도부사(河西節度副使)에 임명되었다. 숙종 초에는 신무군(神武軍)의 일을 맡았으며 사씨 성을 하사받았다. 후에 우신무장군(右神武將軍)에 임명되었고 영국공(潁國公)에 봉해졌다. 사계선의 묘지가 남아 있는데 정식 제목은 「당우신무군사계선묘지」(唐右神武軍史繼先墓志)이다. 서호(徐浩)가 문장을 지었고 행서체이며 건중 원년(780년)에 은중용(殷仲容)이 액자의 글씨를 썼다. 비문이 많이 파손되었는데 『금석록』(金石錄)에 일부 몇 구절이 남아 있다.

당나라에 들어와 거주했던 소무구성 서역인 가운데 안씨(安氏)는 강씨(康氏)와 더불어 명성이 있고 지위가 높았다. 안만통(安萬通)은 그의 선조가 서역 안식국으로 고조 안단(安但)이 북위 때 사신으로 입조하여 요교의 직관 마가살보(摩訶薩寶)에 임명되었다. 부친 안순(安巡)은 수나라 때 상개부통의랑(上開府通義郎)에 임명되었고, 안만통은 개황 5년(585년)에 출생하였고 당고조 영휘(永徽) 5년(655년)에 장안성 보녕방(普寧坊)에서 죽었다.[37] 1956년에 섬서 서안 조원촌(棗園村)에서 그의 전지(磚志)가 출토되었다.

안부국(安附國)은 그의 선조가 서역 안식국으로 정관 4년(630년)에 부친

---

36 楊鴻年, 『隋唐兩京坊里譜』, 41쪽과 346쪽.

37 賀梓城, 「唐王朝與邊疆民族和鄰國的友好關系」, 『文博』, 1984年, 1期.

을 따라 당나라에 들어왔다. 그의 부친은 유주(維州)의 자사였고, 그는 좌령군부(左領軍府) 좌낭장(左郎將)에 발탁되었다. 일찍이 토욕혼에 사신으로 갔었다. 관직은 좌우수위장군(左右戍衛將軍)을 역임했고 낙양에서 죽었다. 장남은 안사지(安思祗), 차남은 안사공(安思恭)이었다.[38]

안보(安菩)는 그의 선조가 안국의 대수령이었고, 자신은 인덕(麟德) 원년(664년)에 장안의 금성방(金城坊) 사택에서 죽었다.[39]

안흥귀(安興貴)는 조상이 서역의 안국 사람으로 대대로 양주(凉州)의 호족(豪族)으로 지냈는데 장안에 살았다. 무덕 초, 당 조정에서 관리를 하였다. 대업 13년(617년)에 금성교위(金城校尉) 설거(薛擧)가 기병하여 수나라에 반대하자, 이궤(李軌)도 기병하여 자칭 하서대양왕(河西大凉王)이라고 했고 돌궐, 토욕혼과 결탁하여 장액(張液), 돈황, 서평(西平), 포한(枹罕)을 점령하고 하서의 5개 군의 땅을 빼앗았다. 무덕 원년(618년)에 당나라 군대가 설거를 공격하였고, 또 사신을 양주에 파견하여 양왕(凉王)에 책봉하고 양주총독에 임명하였다. 이궤는 자립하여 칭제하고 연호를 안락(安樂)이라고 했다. 이에 당고조는 무덕 2년(619년)에 안흥귀를 양주에 파견하여 이궤(李軌)가 당나라에 항복하도록 권유하게 하였다. 안흥귀는 이궤의 고향 고장(姑臧), 지금의 무위(武威)에 가서 이궤를 좌우위대장군(左右衛大將軍)에 등용하였다. 또한 이궤를 설득하여 당나라에 귀순시키려고 하였으나 듣지 않자, 변방 이민족들과 결탁하여 이궤를 공격하고 그를 사로잡아 장안으로 압송한 뒤로는 하서(河西)가 모두 평정되었다. 안흥귀는 우무후대장군(右武侯大將軍)에 임명되었고 양국공(凉國公)에 봉해졌다.[40]

이포옥(李抱玉, 704~777년)은 본래 안흥귀의 증손으로 본래 성씨는 안이

---

38 李至遠, 「唐淮州刺史安侯神道碑」, 『文苑英華』 卷920.

39 趙振華, 朱亮, 「安菩墓志初探」, 『中原文物』, 1982年, 3期.

40 『新唐書』 卷138, 「李軌傳」, 3709~3711쪽.

고 이름은 중장(重璋)이다. 말을 타면서 활을 잘 쏘았는데 일찍이 종군하여 이광필의 비장(裨將)이 되었다. 안록산이 반란을 일으켰을 때 남양(南陽)을 고수하였고 이광필이 사사명을 격퇴하는 데 큰 공을 세웠다. 안록산과 성씨가 같은 것을 부끄럽게 여겨 숙종이 그에게 이씨 성을 하사하고 진정영박(陳鄭潁亳)절도사에 임명하였다. 대종 때 택로(澤潞), 봉상(鳳翔), 산남서도(山南西道)절도사가 되었고 또 하서(河西), 농우(隴右), 산남서도의 부원수(副元帥)가 되었다. 봉상을 10여 년 동안 지키면서 토번의 공격을 격퇴하여 백성들을 안심시켜 당시에 양장(良將)이라고 일컬었다.[41]

이포진(李抱眞, 733~794년)은 처음에는 친사촌 형인 택로절도사 이포옥을 모셔 분주별가(汾州別駕)가 되었다. 광덕 2년(764년)에 복고회은(僕固懷恩)이 분주, 지금의 산서 분양(汾陽)에서 반란을 일으키자 대종(代宗)에게 반군을 물리칠 계책을 올렸고 곽자의에게 기용되어 복고회은을 대패시켰다. 택주(澤州)자사에 임명되었고 택로절도부사를 겸했다. 건중(建中) 2년(781년)에 위박절진(魏博節鎭) 전열(田悅)이 모반을 하여 하북의 형주(邢州)와 임락(臨洛)를 포위하자 마수(馬燧)와 함께 격파하고 포위를 풀었다. 또 전열을 원수(洹水), 지금의 하북 위현(魏縣)에서 크게 격퇴시키고, 위주(魏州)에서 전열을 포위하였는데 후에 주도(朱滔)와 왕무준(王武俊)이 연합하여 전열을 구하였다. 흥원(興元) 원년(784년)에 주도가 패주(貝州), 지금의 하북 청하(淸河)를 공격하자 이포진이 가서 구하였고 또 왕무준을 설득하여 투항하게 하고 함께 주도를 공격하여 격파하였다. 관직은 동중서문하평장사(同中書門下平章事)에 이르렀고 의양군왕(義陽郡王)에 봉해졌으며 말년에 불로장생을 구하려고 단약을 먹고 죽었다.[42]

41 『新唐書』 卷138, 「李抱玉傳」, 4619~4620쪽.
42 『新唐書』 卷138, 「李抱眞傳」, 4620~4623쪽.

안수인(安修仁)은 안흥귀의 동생으로 수나라 대업 말에 양주에서 이궤와 함께 수나라 관리가 되었다. 이궤를 받들고 하서의 5개 군의 땅을 공략하여 점령했다. 당대 무덕 원년(618년)에 이궤가 칭제하자 그는 호부상서에 임명되었다. 이듬해에 그의 형 안흥귀와 함께 이민족들을 끌어들여 이궤를 공격하고 이궤를 장안으로 호송하자 하서는 당나라에 귀속되었다. 그 공으로 좌무후대장군(左武侯大將軍)에 임명되었고, 신국공(申國公)에 봉해졌다. 정관 4년(630년)에 당검(唐儉)을 따라 돌궐에 사신으로 갔고 이정(李靖)을 엄호하여 돌궐을 대패시키고 힐리가한(頡利可汗)을 생포하였다.[43]

안금장(安金藏)은 장안 사람으로 그의 조상은 안국 사람이었다. 처음에는 태상(太常)의 공인(工人)이었다. 사성(嗣聖) 원년(684년)에 측천무후가 중종(中宗)을 폐하고 자신이 낳은 아들이자 고종의 여덟 번째 아들인 이단(李旦)을 황제, 즉 예종(睿宗)으로 세우고 그가 직접 정치에 참여하지는 못하게 했다. 천수(天授) 원년(690년)에 측천무후가 나라를 주(周)라고 하였고, 예종을 황사(皇嗣) 즉 황제의 후사로 강등시켰으며 무씨(武氏) 성을 하사했다. 측천무후가 섭정을 할 때 예종이 모함을 받자 무측천이 내준신(來俊臣)에게 혹형으로 황사 측근들을 심문하도록 했다. 안금장이 자신의 가슴을 갈라 예종의 무죄를 증명해 보이려고 하자 무측천이 감복하여 예종은 화를 면할 수 있었다. 경운(景雲) 연간 중에 우무위중낭장(右武衛中郎將)에 임명되었고, 현종 때 우효위장군(右驍衛將軍)에 임명되었다. 개원 20년(732년)에 대국공(代國公)에 봉해졌다.[44]

안국신(安國臣)은 하서(河西) 사람으로 운휘대장군(雲麾大將軍)에 발탁되어 이씨 성을 하사받았다.[45] 또한 장안에서 출토된 안령절(安令節)의 묘지

43 『新唐書』 卷86, 「李軌傳」, 3710쪽.

44 『新唐書』 卷191, 「安金藏傳」, 5506쪽.

45 『新唐書』 卷136, 「李國臣傳」, 4592쪽.

명에는 그가 장안 4년 11월 23일에 장안의 예천리(禮泉里) 사택에서 죽었다고 하였다. 그 묘지명에는 안영절의 선조는 무위(武威) 고장(姑藏) 사람으로 안식국의 왕자로 한나라 때 사신으로 입조하였기 때문에 중국에 살게 되었고, 후위(後魏), 주(周), 수대(隋代)에 걸쳐 장안과 낙양에서 관리를 지냈고 지금은 유주(幽州) 의록(宜祿) 사람이 되었다고 하면서 조부 안첨(安瞻)은 황당좌위(皇唐左衛), 노주부좌과의(潞州府左果毅)를 지냈고 부친 안생(安生)은 상주국(上主國)이었다고 하였다.[46]

하씨(何氏) 가운데 수나라 때 유리를 발명한 하조(何稠)가 있고, 당나라 중종 경룡 4년(710년)에 장안의 천불사(薦佛寺)에서 원적한 승가(僧伽)의 속성이 하씨였다.[47] 정관 연간에 계빈국(罽賓國)이 말을 바치자 태종이 과의(果毅) 하처나발(何處羅拔)을 파견하고 계빈국에 후한 상을 하사하였다.[48] 또 개원 22년에 돌기시의 대수령 하갈달(何羯達)이 입조하여 숙위(宿衛)로 장안에 잔류하였다.[49]

조씨(曹氏)는 후위(后魏) 이래로 중국에 이주하였는데 특히 귀족이나 유명한 악공과 화가 등이 많았다. 당대에는 비파의 명수 가운데 조씨 성을 가진 사람이 많았다. 또한 장안에서 초군부인(譙郡夫人) 조명조(曹明照)의 묘지가 출토되었다. 부인은 개원 11년 10월 8일에 거덕리(居德里) 사택에서 죽었는데 묘지의 설명으로는 선조가 대대로 금하(金河)의 귀족이었다고 한다. 조국에서 무위(武威), 고장(姑臧) 일대로 이주한 서역 사람이었

46 向達, 『唐代長安與西域文明』, 25~26쪽.

47 『宋高僧傳』 卷18에 何國은 碎葉 동북쪽에 있고 碎葉에 속했다고 하였다. 『全唐文』 卷263 李邕의 「大唐泗州臨淮縣普光王寺碑」에도 僧伽의 姓은 何氏이고 何國 사람이라고 하였음. 董誥等編, 『全唐文』(2), 1180쪽.

48 『新唐書』 卷220, 「西域傳」, 6241쪽.

49 『册府元龜』 卷975, 12册, 11455쪽.

50 向達, 『唐代長安與西域文明』, 27쪽.

다.[50]

석씨(石氏)는 석국 사람으로 당나라 초에 섬서에 이주하였는데 『송고승전』(宋高僧傳)에 "신회(神會)는 속성이 석씨로 본래 서역 사람이다. 조부가 중국에 이주하여 기(岐) 땅에 살아 봉상(鳳翔) 사람이 되었다"라고 했다.[51] 신회는 정원 10년(794년)에 성도의 정중사(淨衆寺)에서 죽었다. 수나라 말경에 서역의 잡호들이 이주(伊州)에 거주하였는데 당나라 정관 4년에 이르러 호 땅의 7개 성씨의 서역인들이 귀화하여 당나라 정부는 이곳에 서이주(西伊州)를 설치하였다. 그리고 이러한 서역인들의 우두머리가 이오(伊吾)의 성주였는데, 스타인이 돈황에서 얻은 광계(光啓) 원년의 사본인 사주(沙州)와 이주(伊州) 두 개 주의 지지(地志) 잔권(殘卷)에 의하면 이 서오의 성주가 석만년(石萬年)이고 강염전(康艶典)과 같은 소무구성의 호인이다.[52]

북경도서관에 소장되어 있는 석숭준(石崇俊) 묘지에 그의 증조부가 사신으로 서역에서 중국에 와 진(秦) 땅에 살아 장액군(張掖郡) 사람이 되었고, 조부 석녕분(石寧芬)은 대수령산장군(大首令散將軍), 부친은 석사경(石思景)은 경주양부(涇州陽府) 좌과의(左果毅)였다. 그에게 석청(石淸)이라는 아들이 있었고, 그는 좌위위좌사과(左威衛左司戈)에 추천되었고 검남도천곡(劍南道泉谷)을 맡았으며 불행하게도 병에 걸려 정원 13년에 군현리(群賢里)의 사택에서 죽었고 향년 81세였다고 하였다.[53] 석연분(石演芬)은 본래 서역 사람으로 회광(懷光)을 섬겨 도장(都將)에 이르렀다.[54]

---

51 贊寧 撰, 范祥雍 點校, 『宋高僧傳』(上), 209쪽.

52 小川博士 『史學地理學論叢』, 羽田亨 『唐光啓元年寫本沙州伊州地志考』에 상세한 서술이 있고, 또 Lionel Giles, "A Chinese Geographical Text of the Ninth Century", *Bulletin of the School of Oriental Studies*, London, Vol. VI, Part 4, 1932, pp. 825~846을 참조.

53 向達, 『唐代長安與西域文明』, 28~29쪽.

54 『新唐書』 卷193, 5555쪽.

서역으로부터 중국에 와서 정착한 중원의 속특인은 내부 통혼, 즉 소무구성끼리의 통혼에 치중했다. 예를 들면 하문철, 하진도(何進滔)는 모두 강씨를 처로 맞이하였다. 하홍경(何弘敬)의 모친은 강씨, 안회(安懷)[55]의 처도 강씨였고, 조량(曹凉)의 처는 안씨였는데 이 모두가 내부 통혼의 결과이다. 이것은 중국에 이주해온 소무구성 사람은 비록 이미 한족화되었지만 혼인만은 여전히 상호간에 전통을 지키고 있었다는 것을 알려준다. 이와 동시에 속특인과 한족의 혼인도 가능했다. 이것은 자연스러운 현상이기도 하였지만 당 왕조의 법률에서도 허가하는 사항이었다. 태종 정관 2년(628년) 6월에 반포된 칙령에 의하면, "모든 외국 사신이 한족 여자를 첩으로 삼을 수는 있지만 첩을 데리고 변방의 본국으로 돌아갈 수는 없다"라고 했다.[56]

최근 고고학적 발굴로 속특인의 묘장(墓葬)과 종교 생활을 알 수 있게 되었다. 수당 시기의 주요 발굴로는 산서 태원 우홍(虞弘)의 묘, 감숙 천수(天水)의 수당 시기 묘장, 영하(寧夏) 고원(固原)과 염지(鹽池)의 속특인 묘지, 낙양 안보(安菩)의 묘 등이다. 외래 이민자의 묘장으로 볼 때 그들의 묘장 제도와 장례의식은 한족화된 부분이 있고 또한 그들 본래의 민족적 특색을 보류하고 있어서 중국식과 이민족 특유의 방식이 결합되었다. 묘장 형태는 관중 지역의 수당시기 묘장 형태를 갖추었고, 부장품 중의 일부는 수당시기 묘장에 보이는 도자기, 도용(陶俑)과 묘지(墓誌)를 통해 한족화된 증거를 찾을 수 있으며, 병풍 석탑(石榻), 석곽(石槨) 등의 표면에 조각된 내용과 제재도 대부분 그들의 생활 습관과 종교 신앙을 표현하였다.

55 安懷의 집은 長安城 思順方에 있었다. 楊鴻年, 『隋唐兩京坊里譜』, 203쪽.
56 『唐會要』 卷100, 「雜錄」, 2134쪽.

산서 태원 수나라 우홍의 묘는 단일 묘실을 가진 벽돌을 쌓아 만든 묘로 묘도(墓道), 용도(甬道), 묘문(墓門), 묘실(墓室)로 구성되었는데 총 길이는 13.65미터이다. 백옥 석곽이 묘실 중간에 북쪽에 치우쳐서 놓여 있었다. 백옥 석곽 표면에 조각되었거나 그림으로 그려진 도안은 생활상, 수렵 광경을 묘사하였다. 인물은 눈이 움푹 들어가고 코가 높으며 짙은 수염의 서역인의 모습이다. 묘의 주인인 우홍과 부인의 묘지, 돌로 만든 인물 인형, 말과 가축의 도용, 백옥으로 만든 석등대(石燈臺)와 등잔, 청동 동전 등 모두 80건이 출토되었다.

감숙 천수 수당시기의 속특인의 묘장은 수정식(竪井式) 묘도을 가진 단일 묘실의 벽돌로 쌓은 묘이다. 사람들의 주목을 끄는 점은 병풍이 달린 석탑(石榻)이다. 17개의 조각으로 장식한 돌과 8개 무늬 없는 단색의 돌로 구성되었다. 조각 장식은 남자 악기 연주자, 신수(神獸), 수렵, 연회, 출행, 승선(乘船) 등의 장면, 또한 정자와 누각, 화원 등의 건축과 자연풍경이다. 남자 악기 연주자가 쥐고 있는 악기는 생(笙), 곡경비파(曲頸琵琶), 동소(洞簫), 요고(腰鼓)와 수공후(竪箜篌)로 연주자 모두 상투를 하고 관을 썼으며 몸에는 둥근 목둘레와 좁은 소매의 왼쪽으로 여미는 붉은색 옷을 입었다. 이러한 장식은 표면을 파서 패인 부분에 금칠, 붉은색 칠 혹은 금을 붙이는 기법을 채택했다. 관상(棺床) 앞에는 석각의 좌부기(左部伎)가 있는데 몸에는 둥근 목둘레와 좁은 소매의 긴 옷을 입고 허리띠를 매었으며 움푹 들어간 눈과 높은 코의 얼굴을 하였고 손에 쥐고 있는 악기는 횡적(橫笛), 패모(貝蠡), 배소(排簫), 생, 비파이다. 수장품은 황유계수호(黃釉鷄首壺), 촛대, 금비녀, 돌베개, 청동거울과 묘지이다.[57]

안원수(安元壽)는 고장(姑臧) 지금의 감숙 무성(武成) 사람인데 서역 안국

57 『天水市發現隋唐屛風石棺床墓』, 『考古』, 1992年 1期.

(安國) 사람의 후손이다. 무덕 5년(622년), 후에 태종이 된 이세민(李世民)의 진왕부(秦王府)에 들어가 우고진(右庫眞)이 되었다. 고종 때 우효위낭장(右驍衛郎將), 좌감문위중낭(左監門衛中郎), 우효위장군(右驍衛將軍), 우위위장군(右威衛將軍)을 역임했다. 영순(永淳) 2년(683년)에 77세로 병사하였는데 특별히 태종의 능인 소릉(昭陵)에 합장되었다. 그의 묘의 위치는 섬서 예천현(禮泉縣) 조진(趙鎮) 신채촌(新寨村) 동쪽, 소릉 북쪽으로 11킬로미터 떨어진 곳에서 1972년에 발굴이 진행되었다.[58] 과동(過洞) 내부에는 벽화가 그려져 있는데 벽화의 내용은 시녀, 남자 시종, 남자 어린이 등의 인물이다. 후실에 벽돌로 쌓은 관상(棺床)이 있고 부장품으로는 도용, 삼채용(三彩俑)과 모형 명기(明器) 등이 출토되었다.

영하 고원 속특인 묘지에서 발견된 속특인 묘장 8개 모두 소무구성의 사국(史國) 사람인데 가족묘에 속한다. 묘장은 모두 단실묘로 봉토, 묘도, 천장, 과동, 용도, 묘실 등으로 구성되었다. 묘도, 천장, 묘실에 벽화가 그려져 있고, 묘도에 칼을 쥔 무사와 홀(笏)을 쥔 관리가 그려져 있으며, 묘실 내부에는 시녀가 그려져 있는데 상반신은 몸에 달라붙고 소매가 좁은 옷을 입었고, 하반신은 허리띠를 맨 무늬가 있는 긴 치마를 입고 있는데 이러한 복장은 관중 지역의 당나라 묘에서 볼 수 있는 것이다. 부장품은 도자기, 도용, 청동거울, 도금한 청동기, 개원통보(開元通寶), 유리그릇 등이다. 또 사산조 페르시아의 은전(銀錢)과 동로마 금전(金錢)의 모방품이 출토되었다. 어떤 묘에서는 금으로 만든 가면도 출토되었다.

낙양 용문(龍門) 당나라 안보(安菩) 부부 묘는 묘도, 묘문, 용도, 묘실 네 부분으로 구성되었다. 안보는 소무구성 가운데 안국(安國)의 왕으로 당나라에 귀순한 후에 정원장군(定遠將軍)에 봉해졌다. 부장품이 풍부한데 그

58 「唐安元壽夫婦墓發掘簡報」, 「文物」, 1988年 12期.

가운데 비잔티움황제 포카스(Phocas, 602~610년) 금전, 각종 호인의 형상을 묘사한 당삼채와 곱사등이, 고기, 물 항아리와 비단을 짊어진 낙타용이 출토되어 당대 낙양이 장안과 연결되어 동서 교통의 역사와 실크로드의 중요한 도시였음을 알 수 있다.

연복방(延福坊) 서북쪽에 경산현주(瓊山縣主)의 저택이 있었다. 현주는 개원 연간에 모용씨(慕容氏), 즉 토욕혼(吐谷渾)의 후손에게 시집을 가서 부자가 되었다. 또한 진사 하씨(何氏)의 저택이 있었는데 조하(趙嘏)의 시 「숙하서기선배연복신거시」(宿何書記先輩延福新居詩)[59] 승평방(昇平坊)에는 좌우림군대장군(左羽林軍大將軍) 사용성(史用誠) 집이 있었다.[60]

4. 페르시아인

아라감(阿羅憾)은 아라함(阿羅喊)이라고도 하는데 페르시아 사람이다. 현경(顯慶) 연간(656~661년)에 당나라에 왔다. 일찍이 불름(拂菻, 즉 동로마제국)에 사신으로 다녀왔다. 무측천을 위해 모든 번왕(蕃王)들을 불러 모아 천추(天樞)를 건립했다. 관직은 우둔위장군(右屯衛將軍), 상주국(上主國)에 이르렀고, 금성군개국공(金城郡開國公)에 봉해졌다. 낙양에서 죽었다.

이언승(李彦承)은 대식국(大食國) 사람이었다. 한학(漢學)에 정통하였고 대중(大中) 원년에 변주(汴州)자사 노균(盧鈞)이 선종(宣宗)에게 추천하였다. 대중 2년(848년), 진사에 급제하여 당시에 명성이 있었다.

최근 서안과 서안 근교에서 출토되는 적지 않은 페르시아와 동로마제

59 楊鴻年, 『隋唐兩京坊里譜』, 131쪽.
60 楊鴻年, 『隋唐兩京坊里譜』, 160쪽.

국의 동전은 당대 장안과 외국 상인이 서로 왕래하였다는 증거가 된다. 특히 1970년대 서안시 남쪽 근교 하가촌(何家村)에서 발견된 당대 도요지 안에서 페르시아 은전과 동로마제국의 금전과 보석, 호박, 수정 술잔, 유리그릇, 마노(瑪瑙) 술잔 등이 출토되었다.[61] 이런 출토품으로 미루어보면 장안과 페르시아의 상업 교류가 활발하였음을 알 수 있다.

이밖에도 흑인 도용이 발견되어 동남아시아나 아프리카의 흑인들도 당대에 중국에 왔을 가능성도 있다.

61 陝西省博物館, 「西安南郊何家村發現唐代窯藏文物」, 『文物』, 1972年 1期.

제13장

외래 종교의 유입과 전파

한나라 때 인도에서 전래된 불교는 당대에 이르러 더욱 발전하여 중국화가 진행되었고, 중국 전통의 도교도 황실을 중심으로 크게 흥성했다. 불교는 동한 말경에 중국에 전해진 후로 역대 통치자들이 제창하여 중국에 광범위하게 퍼졌다. 당대에 이르러 더욱 불교는 발전하여 장안성 전체 방(坊)의 60% 정도에 사원이 건립되었다. 또한 규모도 커서 웅장하고 화려했으며 토목사업이 만억(萬億)을 넘었다.[1] 인도의 불교는 인도 불교의 교의와 계율을 개조하면서 점차 중국의 유교를 받아들여 중국 불교가 점차 강해졌다.

외래 종교인 불교 이외에, 외국 상인이 장안에 급증하자 이에 따라 경교(景教), 요교(祆教), 마니교(摩尼教), 이슬람교 등의 외래 종교가 장안에 급속도로 전파되기 시작했다. 경교는 대진교(大秦教)라고도 하는데 시리아의 기독교인 네스토리아니즘(Nestorianism)이고, 요교는 화요교(火祆教), 배화교(拜火教)라고도 하는데 조로아스트리아니즘(Zoroastrianism)이며, 마

1 『舊唐書』 卷134, 「魚朝恩傳」, 4764쪽.

니교는 명교(明教)라고도 하며 매니캐이즘(Manichaeism)이다. 장안에는 적지 않은 외래 종교 사원이 생겨났다. 장안성 서시 부근의 각 방(坊)에는 당 고조 무덕(武德) 4년(621년)부터 중앙아시아, 서아시아 사람들이 신봉하는 요교와 경교 사원이 계속 세워졌다. 현종 때 사관 위술(韋述)이 기록하길, 장안성의 포정방(布政坊), 예천방(禮泉坊), 보녕방(普寧坊), 정공방(靖恭坊)에 요사(祆祠), 즉 요교사원이 건립되었다고 한다. 포정방 서남쪽에 호요사(胡祆祠)가 있었다. 무덕 4년에 세워졌다.[2] 포정방 서남쪽에 파사호사가 있었다. 예천방에는 페르시아의 종교사원 '파사호사'(波斯胡寺)[3]도 있었는데 이 사원은 의봉(儀鳳) 2년(677년)에 페르시아의 왕 비루스가 파사호사를 이곳에 세워달라고 주청하여 경룡(景龍) 연간에 총신 종초객(宗楚客)이 이 절을 지었고, 포정방의 서남쪽에 있는 요사(祆祠)의 서쪽으로 옮겼다.[4] 파사호사라는 명칭의 요교사원은 의녕방(義寧坊)에도 있었다. 의녕방은 가동(街東) 북쪽에 위치하였는데, 이 파사호사는 저명한 「대진경교유행중국비」(大秦景教流行中國碑)를 세운 대진사로 경교 사원이다. 수선방(修善方)에도 파사호사가 있었다.[5] 보녕방의 서북쪽에 요사(祆祠)가 있었다.[6] 정공방 주작문대가의 남쪽에서 서쪽에 요사가 있었다.[7] 숭화방(崇化方)에 요사(祆寺) 혹 대진사(大秦寺), 파사사(波斯寺)가 있었다.[8] 회절장(會節坊)에 요사

2 楊鴻年, 『隋唐兩京坊里譜』, 71쪽.

3 波斯胡寺라는 명칭은 정확히 무엇을 가리키는지 애매모호한데 祆教寺院 혹은 景教寺院을 가리키기도 함.

4 楊鴻年, 『隋唐兩京坊里譜』, 459쪽.

5 楊鴻年, 『隋唐兩京坊里譜』, 220쪽.

6 楊鴻年, 『隋唐兩京坊里譜』, 307쪽. 1983년 5월, 西安 史跡文物展覽會 隋唐史展室에서 전시한 『隋唐名人所居坊名表』에 기록하길, 普寧坊 遺址는 지금의 西安市 大慶路 북쪽, 漢城路 서쪽에 있다고 했음.

7 楊鴻年, 『隋唐兩京坊里譜』, 343쪽.

8 楊鴻年, 『隋唐兩京坊里譜』, 249쪽.

가 있었다.[9]

장안 외에 낙양에도 요사가 있었다. 입덕방(立德坊)은 낙양 조거(漕渠) 북쪽 휘안문가(徽安門街)의 가동(街東) 가운데 북쪽에서 남쪽 방향으로 네 번째 방인데 이곳에 호요사(胡祆祠)가 있었고 사원 앞에서 매년 성대한 모임을 갖고 가무를 연주하고 잡기를 공연하였다.[10]

서안과 낙양에서 요교도의 묘지가 출토되어 그들의 장안에서의 종교 활동을 엿볼 수 있다. 마니교는 당대 이전에 중앙아시아로부터 장안과 기타 지방에 전파되었지만 지금까지 티베트와 돈황 그리고 천주 진강현(晉江縣) 화표산(華表山) 초암사(草庵寺)에서 마니 석조불상과 비문이 발견되었다. 기독교는 당대에 전래되었는데 대표적으로 『대진경교유행중국비』를 통해 당대 기독교의 전래를 알 수 있다.

1. 불교

엔닌의 『입당구법순례행기』에 의하면, "장안성 안의 거리에는 불당이 3백여 개소가 있고, 불상과 경루(經樓)의 장엄함이 법도에 어긋남이 없다. 이들은 위대한 예술이 창조되는 곳으로서 그들 가운데 한 불당만으로써 밖(外州)의 큰 절과 맞먹었다"[11]라고 기록될 정도로 장안에 불교가 얼마나 번창하였는지 알 수 있다.

대자은사(大慈恩寺)는 원래 수대의 무루사(無漏寺)였는데 당고조 무덕 연간에 이미 폐허가 되었다. 정관 22년(647년)에 태자 이치(李治)가 그의

9 楊鴻年, 『隋唐兩京坊里譜』, 373쪽.

10 楊鴻年, 『隋唐兩京坊里譜』, 21~22쪽.

11 圓仁 지음, 申福龍 번역 · 주해, 『入唐求法巡禮行記』, 264쪽.

소안탑(小雁塔). 당대 경용(景龍) 연간(707~710년)에 세워졌는데 전형적인 전탑(磚塔)이다. 당 중종이 자은사 대안탑과 유사하게 세우게 하였는데 처음에는 천복사탑이라고 불렀으나 대안탑을 닮아서 소안탑이라고 했다. 탑신은 원래 15층으로 높이는 약 45미터였으나 후에 지진으로 무너져 13층만 남아 높이도 약 43.3미터이다. 당대의 고승 의정이 인도에서 가져온 불경을 보관하기 위해서였다. 원래 당시 장안성 안인방(安仁坊)에 세워져 개화방(開化坊)에 세워졌던 천복사와 마주보고 있었다. 당나라 말경 전란으로 천복사가 파괴당하고 소안탑만이 남게 되었다.

모친 문덕황후(文德皇后)의 은전에 보답하기 위해 중수하고 대자은사라고 했다. 이 절의 위치가 대명궁의 정남쪽에 있다. 정관 19년(645년)에 고승 현장이 인도에서 돌아와 홍복사(弘福寺)에 거주하며 오직 경전을 번역하였다. 고종이 대자은사에 별도로 번경원(飜經院)을 건립하여 현장을 대자은사로 초청하여 이때부터 현장을 자은대사(慈恩大師)라고 불렀다.

문명(文明) 원년(684년)에 고종이 죽은 지 백일이 되는 날, 무측천이 고종을 위해 대헌복사(大獻福寺)를 개화방(開化坊)을 건립했다. 천수 원년(690년)에 천복사(薦福寺)로 개칭하였다. 신룡(神龍) 이후에 의정(義淨)의 역경사업이 이 절에서 완성되었다. 의정은 그의 나이 35세 때 법현(法顯), 현장의 인도 구법을 흠모하여, 함형 2년(671년)에 인도에 가서 25년 동안 구법활동을 하고 30여 개국을 경유하여 증성(證聖) 원년(695년)에 낙양에 도달하였다. 신룡 2년(706년)에 장안의 천복사 번경원에 들어갔다. 여기에서 그는 불경 56부, 230권을 번역했고 또 『남해기귀내법전』(南海寄歸內法傳) 4권과 『대당서역구법고승전』(大唐西域求法高僧傳)을 편찬했다. 후에 일본의 승려 에닌(圓仁)이 개성(開成) 6년(841년)에 이 절을 방문하여 불아루(佛牙樓)를 예배하고 번경원 의정의 초상을 보았다고 한다.[12]

대흥선사(大興善寺)는 당대 장안성 정선방(靖善坊)에 있었다. 회창 연간 때 무종의 불교 탄압 때 파괴되었다. 주작대가 건너편, 도교사원인 숭업방(崇業坊)의 현도관(玄都觀)과 마주하고 있었다. 명대 영락 연간 때 전당과 종루(鐘樓)를 건립했고, 청대 순치(順治) 연간에 방장 대웅보전을 건조했다. 강희 연간 때 기본적으로 옛 모습을 되찾았으나, 동치 연간 때 전란으로 소실되었다. 종루, 고루와 전문(前門)만이 남았다.

청룡사(青龍寺)는 석불사(石佛寺)라고도 하는데 일본 홍법대사(弘法大師)가 당나라에 도착한 후 처음 머물던 곳으로 일본 불교사에 중요한 사찰이다. 당대 장안성 연흥문(延興門) 내의 신창방(新昌坊)에 있었다.[13]

---

12 申福龍 번역 · 주해, 『入唐求法巡禮行記』, 841년 2월 8일, 230쪽.

13 『長安志』 卷9, 「唐京城」에 新昌坊 "南門 동쪽에 青龍寺가 있다. 注釋에는, 隋代 靈感寺였는데

보경사(寶慶寺)는 안인방(安仁坊)에 있었고 수대 인수(仁壽) 연간에 세워졌는데 당대 중종(中宗)이 행차하던 곳이다. 당대 말경에 폐허가 되었고,[14] 현재의 유적은 당대 황성(皇城)의 태묘(太廟)에 있었음을 알 수 있다. 절에 전탑이 있는데 화탑사(花塔寺)라고 불렀다. 화탑의 4방의 벽 위에 10여 개의 아름다운 반나체의 석불이 새겨져 있고, 본전 내벽 위에 불상 20존이 상감되어 있는데 모두 상당 때의 명작들이다. 이 가운데 어떤 벽돌에는 개원과 장안이라는 연호가 남아 있다. 석불은 원래 광택사(光宅寺)에 있었는데 이곳으로 옮겼다.

호승(胡僧)은 다음과 같다.

법장(法藏, 643~712년)은 장안 사람으로 자가 현수(賢首)이다. 원적은 지금의 우즈베키스탄의 사마르칸트인 강거(康居)로 조부 때 장안으로 이주하였다. 현수국사(賢首國師), 강장법사(康藏法師)라고 불렀다. 화엄종의 실제 창시자로 삼조(三祖)로 존중을 받는다. 17세 때 운화사(雲華寺) 지엄(智儼)에게서 『화엄경』을 배웠다. 현장의 불경 번역 사업에 참여하였으나 견해 차이로 그만두었다. 무측천 때 총애를 받아 실차난타(實叉難陀)의 『화엄경』 번역을 도왔고 무측천에게 『화엄경』의 '십중현문'(十重玄門)과 '육상원융'(六相圓融)을 강의하여 화엄종의 기본 사상을 개괄하였다. 중종과 예종을 위해 보살계(菩薩戒)를 전수하였고, 의정(義淨)과 보제유지(菩提流志)

唐代 武德 4년에 폐쇄했다가 龍朔 2년 城陽公主가 다시 주청하여 건립하고 觀音寺라 하였고, 景雲 2년(711년)에 靑龍寺로 개칭했다. 북쪽으로 높은 언덕을 베개 삼고, 남쪽은 시원한 땅이 바라보여 조망하기 아름다운 곳이라고 하였음. 楊鴻年, 『隋唐兩京坊里譜』, 350쪽.

14 唐代 末葉의 시인 司空圖의 「經廢寶慶寺」에 "누런 잎은 아침 절에 나뒹굴고, 차가운 전당은 열려 있으나 스님 하나 없네. 연못 맑게 개여 거북 기어 나와 햇볕 쪼이고, 소나무 그늘엔 학이 날아 돌아가네. 돌로 쌓은 비석엔 풀이 여기저기 자랐고, 음산한 회랑 벽화엔 이끼 어지럽게 끼었네. 참선 하는 방은 아무도 없고, 속세의 먼지만이 나뒹구니 슬프구나"(黃葉前朝寺, 無僧寒殿開. 池晴龜出曝, 松暝鶴飛回. 石?碑橫草, 陰廊畫雜苔. 禪宮亦消歇, 塵世轉堪哀)라고 읊어 寶慶寺는 唐末에 이미 황폐해졌음을 알 수 있음.

를 도와 불경을 번역하였다. 저술은 풍부하여 『화엄경탐현기』(華嚴經探玄記), 『화엄경전기』(華嚴經傳記) 등이 있다. 제자로는 굉관(宏觀), 문초(文超) 등이 있다.

길장(吉藏, 549~623년)은 수나라 승려로 안식(安息) 사람이다. 조상이 원수를 피해 남해(南海) 즉, 광동 광주(廣州)로 왔다가 금릉(金陵), 지금의 남경(南京)으로 이주하였다. 어려서 법랑(法朗)을 따라 출가하였다. 후에 진(晉) 계양왕(桂陽王) 진백모(陳伯謀)의 존경을 받았고, 수나라 때는 절강 회계(會稽)의 가상사(嘉祥寺)로 옮겼는데 사람들의 존경을 받아 가상대사(嘉祥大師)라고 불렸다. 개황 19년(599년)에 진왕(晉王) 양광(楊廣)을 따라 장안으로 들어가 일엄사(日嚴寺)에 있으면서 삼론(三論)의 주석을 완성하여 삼론종(三論宗)을 창립하였다. 양광이 수양제에 즉위하자 양주의 혜일도장(慧日道場)에 들어갔다. 대업(大業) 5년(609년)에 제왕(齊王) 양간(楊暕)의 초청을 받아 승찬(僧粲)과 변론을 하였다. 당나라 초에 10대덕(大德) 중의 하나가 되었고, 불교 사무를 관리하였다. 말년에는 제왕(齊王) 이원길(李元吉)의 초청으로 연흥사(延興寺) 주지가 되었다. 저서로는 『삼론현의』(三論玄義), 『백론소』(百論疏), 『십이문논소』(十二門論疏) 등 40여 권이 있는데 한반도와 일본에까지 전해졌다. 제자로는 혜원(慧遠)과 고구려 승려 혜관(慧灌) 등이 있다.

외국인 승려 가운데 불경의 중국어 번역에 있어서 자음(字音)과 자의(字意) 연구에 탁월한 업적을 남긴 중당 때 문자학자인 혜림(慧琳)은 소륵국(疏勒國) 사람으로 『일체경음의』(一切經音義)를 편찬했다. 불경의 번역은 『이아』(爾雅), 『방언』(方言) 이후의 소학(小學)의 전통을 계승하여 불경의 중국어 번역 경문(經文)의 규범화가 이루어졌고 동시에 외국어의 도움으로 중국어 발전에도 새로운 활력을 불어넣어 중국어 문자학 방면에 새로운 학문을 창설하는 계기가 되었다.

대략 6세기 초에 불경 번역 사업은 중국어와 범어(梵語)에 대한 어음(語音)과 사의(詞義) 두 방면에 대한 연구가 이루어져 양나라의 승우(僧祐)는 「범한역경음의동이기」(梵漢譯經音義同異記)에서 '경음의학'(經音義學)을 제창하였다. 당나라 초에 이르러 현응(玄應)은 현장의 홍복사(弘福寺) 번경원(飜經院), 옥화궁(玉華宮) 홍법대(弘法臺), 자은사(慈恩寺) 번경원 등 불경 번역에 참가하여 증자(証字) 혹은 증문(証文)의 관직을 맡아 현장 역경의 조수가 되었는데 불경 언어문자학의 저서인 『대당중경음의』(大唐衆經音義) 일명 『일체경음의』를 편찬하였다. 무측천 때 혜원(慧苑)은 『신역대방광불화엄경음의』(新譯大方廣佛華嚴經音義)를 편찬하고 경음의(經音義)의 중요성을 강조했다.

중당 때 혜림은 장안의 서명사(西明寺)에서 현응과 혜원의 음의 연구를 종합하여 『일체경음의』를 완성하였다. 현응의 체제에 따라 불교 어휘는 물론 중국과 외국의 정치, 경제, 군사, 문화, 전장제도, 풍속, 예의, 의약, 위생, 오락, 음식, 일용품, 동물, 식물, 광물 등과 관련된 어휘를 모두 포함하여 9세기 때의 일종의 중국어대사전이라고 할 수 있다.

불교의 번창과는 반대로 당나라 후기 회창(會昌) 연간 무종(武宗)의 불교 탄압으로 불교는 크게 쇠퇴하였다. 이러한 무종의 불교 탄압은 엔닌의 『입당구법순례행기』에 비교적 상세하게 기록되어 있다. 회창 2년(842년) 10월 9일, 엔닌의 기록에 의하면 정부의 칙령이 있었는데,

> 계율을 지키지 않은 비구승과 비구니들은 모두 환속한다. 만약 비구승이나 비구니가 돈이나, 곡식이나, 토지나, 장원을 가지고 있다면 이들은 정부에 의해 몰수된다. 만약 비구승이나 비구니가 재산을 잃는 것이 아까워서 그것을 잃지 않기 위해 환속하기를 바란다면 그 역시 그들의 뜻에 따라 환속하되 두 배의 세금과 부역에 처한다.[15]

라고 하였다.

정부에 의해 불교도들에 대한 탄압이 시작되었음을 알 수 있다. 회창 3년(843년) 정월 18일에는 "좌가(左街)에서 환속한 승려는 모두 1,232명이고, 우가(右街)에서 환속한 승려는 모두 2,259명이다"라고 하였고, 정월 23일에는 "청룡사(青龍寺)에는 남인도의 삼장인 보월(寶月) 등 5명이 있고, 흥선사(興善寺)에는 북인도의 삼장인 난타(難陀) 1명이 있고, 자은사(慈恩寺)에는 사자국(獅子國)의 승려 1명이 있고, 자성사(資聖寺)에는 일본에서 온 승려 3명이 있고, 여러 절에 신라의 승려들이 있고, 그밖에 구자국(龜茲國)의 승려 등 그 이름을 모두 기억할 수가 없다"라고 했다.[16] 6월 29일 기록에는 "지난날 칙령으로 대궐 안에서 불경을 불태우고 부처와 보살과 천왕상을 땅에 묻어버리도록 한 적이 있었다"라고 하면서 칙령의 내용에 대해서는 "외국의 승려나 사미, 속객(俗客) 등이 절에 머물 수 없다는 내용과 만약 앞으로 어떤 사람이 절에 타인을 숨겨두었다는 고발이 있을 경우에는 그 사정을 조사한 뒤에 무거운 죄를 내린다는 내용이었다고 합니다"라고 했다.[17]

무종(武宗)의 불교에 대한 혐오증에 대해서도 언급이 있는데 회창 4년(844년) 4월에 "천자는 도교를 편벽되이 믿고, 불교를 미워하여 승려 보기를 싫어하고 삼보(三寶)에 대해서 들으려 하지 않는다"라고 하면서 "천자는 즉시 불경을 불태우고 불상을 부숴버리며 그곳의 승려들을 뽑아내어 각기 본사(本寺)로 돌려보냈다. 도량에는 천존(天尊)인 노군(老君)의 상(像)을 안치시켜놓고 이제는 도사들이 도교의 경전을 베끼고 도술(道術)[18]을

---

15 圓仁 지음, 申福龍 번역 · 주해, 『入唐求法巡禮行記』, 246쪽.
16 圓仁 지음, 申福龍 번역 · 주해, 『入唐求法巡禮行記』, 249~250쪽.
17 圓仁 지음, 申福龍 번역 · 주해, 『入唐求法巡禮行記』, 254쪽.
18 圓仁 지음, 申福龍 번역 · 주해, 『入唐求法巡禮行記』, 261쪽.

수련하고 있다"라고 하여 무종의 불교 탄압과 도교에의 신봉을 나타냈고, 또한 "승려에게 불경의 담론을 청하고 불교와 도교를 논쟁토록 했었다. 그러나 금년에는 도사만 초청했을 뿐 승려들은 초청하지 않았다"라고 했다. 또한 다른 한편으로 도사들이 황제에게 상주를 올려 불교에 대해 비판적인 견해를 밝혔다. 도사 조귀진(趙歸眞)이 다음과 같은 상주문을 올렸다.

> 불교는 사양 오랑캐(西戎)에서 일어난 것으로서 '태어나지 않음'(不生)을 가르치는데 무릇 '태어나지 않음'이라 함은 곧 죽음을 뜻하는 것입니다. 그들은 사람으로 하여금 열반에 들어가라고 말하지만, 열반이란 죽음입니다. 그들은 무상(無常), 고(苦), 공(空)이란 말을 빈번하게 하지만, 이들은 매우 요괴(妖怪)한 것으로서 무위장생(無爲長生)의 이치를 모르기 때문에 하는 말입니다.[19]

회창 4년(844년) 7월 15일의 기록에 의하면, 장안에 있던 3백여 불교사원을 모두 헐어버렸고, 전국에 있는 헤아릴 수 없이 많은 불당과 불원 및 존승석당(尊勝石幢)과 승려의 묘, 탑도 모두 파괴되었다"라고 했다.[20] 결국은 불교도들을 모두 없앤다는 것이 최종 목표였고,[21] 회창 5년(845년) 6월 9일의 기록에는 이제 당나라에서는 불법이 사라졌다고 했다.[22] 같은 해 8월 16일, 엔닌이 당 조정의 불교 탄압으로 일본으로 귀국하기 위해

---

19 圓仁 지음, 申福龍 번역 · 주해, 『入唐求法巡禮行記』, 267쪽. 趙歸眞(?~846년)은 당시의 저명한 道教僧으로 武宗이 즉위한 후에 급속히 권좌에 부상하여 841년에는 道士 81명을 대궐에 불러 九天道場을 세울 것을 上奏했고, 天子의 신임을 얻어 842년에는 歸道門兩街都教授博士가 되었으나 武宗이 죽은 다음날 참살되었음.

20 圓仁 지음, 申福龍 번역 · 주해, 『入唐求法巡禮行記』, 264~265쪽.

21 圓仁 지음, 申福龍 번역 · 주해, 『入唐求法巡禮行記』, 276쪽.

22 圓仁 지음, 申福龍 번역 · 주해, 『入唐求法巡禮行記』, 283쪽.

등주(登州)에 도착하였는데 엔닌이 직접 지역의 불교사원을 목도하고 기록하길,

> 이곳은 비록 변방이라고 하나 비구승과 비구니를 규제하고, 절간을 헐어버리고, 불경의 보급을 금하고, 불상을 파괴하고, 절간의 물건을 압수함이 장안과 다름이 없다. 더구나 불상에서 금을 녹여 빼내고, 구리나 쇠로 만든 불상은 부숴버리고 그 무게를 단다고 하니, 어찌 이토록 통탄할 일이 있겠는가? 전국에 구리나 쇠로 만든 불상과 금불상이 한도가 있는 것이거늘 칙령으로 모두 파괴하여 먼지가 되고 있다.[23]

라고 하면서 애석해하였다.

마니교에 대해서도 탄압을 하였는데 회창 3년(843년) 4월 중순에 "칙령으로써 전국의 마니교 신도를 죽이게 했다. 그들의 머리를 깎고 가사를 입힌 다음 사문(沙門)처럼 모양을 꾸며 죽였다"[24]라고 하여 억울하게 마니교도들도 죽임을 당했음을 알 수 있다. 게다가 반란을 일으킨 황소(黃巢)가 광주에 진입하여 유태교, 화요교와 이슬람교, 경교 등 이국교도들이 12만 명이나 죽었다.[25]

---

23 圓仁 지음, 申福龍 번역 · 주해, 『入唐求法巡禮行記』, 291~292쪽.

24 圓仁 지음, 申福龍 번역 · 주해, 『入唐求法巡禮行記』, 250~251쪽.

25 向達, 『唐代長安與西域文名』, 36쪽. 向達은 E. Renaudot, *Anciennes Relations des Indes et de la Chine*, 1718. E. Renaudot, *Ancient Accounts of India & China by two Mohammedan Travellers*, 1732, p. 32. Reinaud, *Relations des voyages faites par les Arabes*, 1845, pp. 63~64를 인용하였음.

2. 경교

기독교가 처음으로 중국에 전래된 때는 당나라였는데 이를 경교라고 했다. 일명 대진교(大秦敎), 파사교(波斯敎) 또는 파사경교(波斯經敎), 후에 또 미시가교(彌施訶敎) 혹은 미시가교(迷詩訶敎)라고도 불렀다. 경교는 시리아에서 출생한 콘스탄티노플의 대주교 네스토리우스(Nestrorius)(약 380~451년)가 창시하여 시리아, 페르시아에서 유행한 기독교 일파로 특징은 성모마리아는 인간 예수의 어머니일 뿐 하느님의 어머니는 아니라는 점이다. 네스토리우스가 사망한 후에 그 교리와 신도들이 실크로드를 통해 동방으로 전래되어 인도, 아랍과 중국 일대에 유행하였다. 431년에 에페소스 공의회에서 이단으로 단죄하였다.

정관 9년(635년), 경교 전도사 아라본(阿羅本, Rubban 혹은 Abraham, Yabhallaha, Alopeno)은 페르시아에서 당나라 장안에 들어왔는데 경교를 중국에 최초로 전한 사람이다. 정관 12년(638년)에 태종이 의녕방(義寧坊)에 사원을 건립하도록 명을 내렸다. 당나라 초기에는 요교와 경교를 모두 파사호사(波斯胡寺)라고 불렀다. 현종 천보 4년(745년) 이후부터 경교사(景敎寺)를 대진사(大秦寺)라고 불렀다. 의녕방에 세운 사원은 경교 사원이다. 고종 때 각 주에 경교 사원을 세워 경교가 크게 유행하였지만, 무측천 때는 불교의 진흥으로 경교가 탄압을 받았다. 현종이 즉위한 후에 파괴된 경교사원을 보수하도록 했고 당고조, 태종, 고종, 중종, 예종의 다섯 황제의 화상을 장안의 경교 사원 안에 안치하도록 했다. 안사의 난 때 경교도들이 막료와 통역을 맡아 적극적으로 반란 평정에 가담하였으므로 숙종 때 영무(靈武)에 대진사를 건립하였다. 덕종 건중(建中) 2년(781년)에 「대진경교유행중국비」(大秦景敎流行中國碑)를 세웠다. 무종의 회창 연간 불교 탄압 때 경교도 큰 타격을 입고 결국 중원에서 사라졌다.

≪대진경교유행중국비≫(大秦景教流行中國碑). 서안 비림박물관 소장. 이 비석은 당 건중(建中) 2년(781년) 2월 4일에 페르시아 선교사 사즈드호지드(Yazdhozid, 중국 이름 이사[伊斯])가 대진사(大秦寺) 경내에 건립하였다.

경교가 중국에서 전파되고 유행한 상황은 「대진경교유행중국비」에 기록되어 있는데 이외에 경교의 경전이 최근 돈황에서 『대진경교삼위몽도찬』(大秦景教三威蒙度贊), 『존경』(尊經), 『대진경교선원본경』(大秦景教宣元本經), 『대진경교대성통진법귀찬』(大秦景教大聖通眞法歸贊), 『서청미시소경』(序聽迷詩所經) 등이 발견되었다. 또 돈황 막고굴에서는 경교 탱화가 발견되었으며 이밖에 「대진경교유행중국비」가 출토된 섬서 주지(周至)에서 8세기 때 중건된 경교 대진사 유적지가 발견되었다.

대진경교유행중국비의 비문은 대진사 승려 경정(景淨)이 지었다. 경교가 635년부터 중국에 유행한 과정과 상황을 기술하였다. 이 비문은 명나라 때로 1625년에 발견되었다. 비문은 한문과 시리아어로 기록되었고 비의 좌우측과 상하에 6명의 경교 전도사 가운데 페르시아인도 포함되어 있다.

회창(會昌) 5년(845년)에 불교가 탄압을 받았을 때 이 사원도 크게 파괴되어 이 비석은 땅속에 묻혀버렸다. 『구당서』, 「무종기」(武宗紀) 회창 5년(845년) 7월에 칙령을 내려 전국의 불교사원을 폐지하게 했는데 "대진교, 요교와 불교의 가르침을 개혁하여 사악한 불법이 남아 있지 않게 하고 승려들을 모두 환속시켜 본래 백성으로 되돌아가게 하여 세금을 출당하도록 하며, 외국인은 귀국시키도록 하라"고 했다.[26] 또 8월에 하달한 칙서에 "대진교 전도사와 요교 3천여 명을 환속시켜 중국의 풍속과 섞이지 않도록 하라"고 했다. 직접적으로 대진사와 경교비의 파괴에 대해서 언급하지는 않았지만 불교사원이 이미 파괴되었고 경교사원도 예외는 아니었다고 한 점으로 미루어 자연스럽게 경교 승도들을 추방하고 사원이 파괴되었을 것으로 추정되며 경교비가 매몰되었을 것은 당연했다. 대진사가 장안성에 정관 12년(638년)부터 회창 5년(845년)까지 208년 동안 존재했고, 경교비가 이 사원에 세워진 때는 건중 2년(781년)부터 회창 5년까지, 64년 동안이었다.

회창 6년(846년)에 무종이 죽고, 선종이 즉위하였는데 얼마 후에 외래종교에 대한 금지조치를 해제했다. 당시 불교는 비록 다시 흥성하였지만 경교는 쇠퇴하였다. 원래 의녕방에 있던 경교비가 언제 숭덕방으로 옮겨졌는지는 잘 알려져 있지 않다. 숭성사는 숭인사(崇仁寺), 금승사(金勝寺)라고도 불렸는데 명창시대 때 재건축되었다. 후에 청대 건륭 14년(1749년)에 섬서의 순무(巡撫) 필원(畢元)이 대대적으로 수리하여 절 앞에 웅장하고 아름다운 패루(牌樓)를 세웠다. 당시 숭성사는 장안성 경내 절 가운데 가장 웅장하고 아름다운 절이었다. 동치(同治) 연간에 전란으로 전소되어 일

26 『舊唐書』, 605~606쪽.

대가 황무지로 변했다. 남은 것은 오로지 만력(萬曆) 20년(1552년)에 세웠고 '지원진경'(祗園眞境)이라는 네 글자가 새겨진 패루와 건륭 황제 때 건축된 백색 대리석으로 수반(水盤) 그리고 화강암 기둥뿐이었다.

경교비가 회창 불교 탄압으로 매몰된 이후 780여 년 동안 대진사와 경교유행중국비를 아는 사람이 없었다. 송원시대에 파사호사와 경교유행중국비의 존재조차 알지 못했다. 명나라 말경 천계(天啓) 연간(1621~1627년)에 서안 서관(西關) 밖 숭성사(崇聖寺) 경내에서 경교유행중국비가 발굴된 후로 이 비문에 대한 연구가 지속적으로 이루어졌다. 최초의 연구는 기독교 신도였던 이지조(李之藻, 1565~1630년)가 비문을 본 후에 1625년에 쓴 「독경교비문후」(讀景教碑文後)에서 비문에 대한 해독과 주석을 달았고, 1878년에 양마낙(陽瑪諾)의 주석본 『당경교비송정전』(唐景教碑頌正詮)과 동시에 출간되었다. 이지조 이후로 서광계(徐光啓), 왕창(王昶), 엽혁포(葉奕苞), 임동(林侗), 필원(畢沅), 전대흔(錢大昕), 전겸익(錢謙益) 등과 현대 중국과 외국에서까지 연구가 활발하게 진행되었다.[27] 서양 기독교 선교사나 중국 학자들은 중국 기독교에 관한 중요한 자료로 여기고 선교와 연구를 하기 시작했다. 이때부터 당대의 경교 유행 상황과 대진사의 유적이 세상 사람들에게 점차 알려지기 시작했다.

「대진경교유행중국비」 비문의 내용은 기독교 교리 요약, 경교 전래의 역사, 승려 이사(伊斯)의 활동과 송덕가(訟德訶)로 구성되었다. 기독교 교리는 하느님의 천지창조와 사탄의 유혹으로 인간이 타락하게 되자, 메시아가 인간으로 대진국(大秦國)에서 태어나 인간을 구원하였다는 것이다.[28]

27 林悟殊, 「西安景教碑 研究述評」, 『唐代景教再研究』, 1~26쪽.

28 碑文에 하느님은 阿羅訶인데 시리아어 Alaha의 譯音이고, 메시아는 彌施訶인데 그래서 景教를 彌施訶教라고도 불렀음.

경교 전래의 역사에 대해서는 아라본이 경교의 경전을 갖고 정관 9년에 장안에 도착하여 대진사(大秦寺) 교회를 세우려고 했다고 하였다. 대시주(大施主)이고 금자광록대부(金紫光祿大夫)이면서 삭방절도부사(朔方節度副使) 시전중감(試殿中監)으로서 자색(紫色) 승복을 하사받은 이사의 포교 활동을 기록하였다. 송덕서는 비를 새겨 덕행을 찬양하기 위한 것이다. 또한 아라본, 경정(景淨), 급열(及烈) 등의 선교 활동 상황에 대해서도 기술하였다.

3. 마니교

당대의 외국 종교는 경교 이외에 마니교와 요교가 있었다. 당시 사람들은 이 세 종교의 사원을 합쳐서 삼이사(三夷寺)라고 불렀다. 장안성 내에도 삼이사가 있었다. 이러한 종교는 불교, 도교 세력과 비교하여 큰 차이가 있지만 당시에는 상당히 유행하였다.

마니교는 말니교(末尼教), 모니교(牟尼教) 혹은 명교(明教)라고도 했다. 3세기 중엽에 페르시아인 마니(Mani)가 창설하였는데 불교, 기독교, 요교 등의 사상을 흡수하여 '이종삼제'(二宗三際) 학설을 창립했다. 이종은 선과 악의 본원으로 악을 버리고 선을 따르는 것을 말하고, 삼제란 초제(初際), 중제(中際), 후제(後際)로 광명과 암흑의 투쟁과 투쟁의 과정을 말한다.

7세기에 지금의 신강에 들어왔고, 측천무후 연재(延載) 원년(694년)에 당나라에 들어오기 시작했다. 어떤 학자는 마니교가 이전부터 요교와 결합되어 중국에 들어왔다고 주장한다. 마니교는 중국에서 날로 번창하였는데, 중당 때부터 마니교는 회흘 사람이 믿었다. 회흘 사람 대부분이 중국 내륙에 살고 있었고 특히 장안, 낙양과 다른 지방에 마니교 사원을 건립하였는데 '마니사'(摩尼寺)라고 하였다.

마니교가 중국에 전파되는 과정에서 불교의 교의와 제도를 흡수하였으므로 개원 20년(732년)에 현종은 마니교를 사교(邪教)로 규정하고 백성들을 혼란하게 만든다는 명분으로 경교를 금지하는 칙령을 내리기도 하였다. 안사의 난 때 당 조정은 회흘족의 도움으로 반란을 평정하였는데, 당시 마니교는 회흘족이 신봉하여 경교가 중국에 크게 유행하였다. 대력 3년(768년)에 대종의 허가로 마니교를 신봉하는 회흘족은 장안에 대운광명사(大雲光明寺)를 건립하였다. 대력 6년(771년)에는 형주, 양주, 홍주, 월주 등지에 마니사를 건립하였다. 헌종 원화 2년(807년), 하남부와 태원부에도 마니사가 건립되었다. 개성 5년(840년)에 회흘 힐알사(黠戛斯)인의 공격을 받고 서쪽으로 이동하였다. 회창 5년(845년), 무종이 불교를 탄압할 때 함께 마니교도 금지되었다. 이후로 마니교는 민간에 비밀리에 전파되었고 그 교의도 갈수록 불교, 도교와 결합되어 중국화되어갔다.

장안의 마니교도는 적지 않았으며 그 가운데 적지 않은 마니교도가 장안에서 상업에 종사하였다. 사서에서 말하길, 원화 연간에 "마니교가 장안에 들어와 해마다 서시(西市)를 왕래하며 상인은 마니교도에게 자루에 담은 장물을 주는 등 못된 짓을 다했다"라고 했다.[29] 회흘 사람인 마니교도가 상인이었음을 알 수 있다.

마니교는 일찍이 농민들이 거사를 하여 집단행동을 할 때, 군중들에게 선전하고 조직할 때 이용되는 도구가 되기도 했다. 오대 때 후량(後梁) 때 무을(毋乙)과 동을(董乙)의 반란은 마니교를 이용하여 군중들을 불러 모은 것이다. 그 후 남송시대 때 마니교는 복건의 복주, 천주와 절강의 온주, 대주, 명주 등 중국 동남 해안지역에 광범위하게 유행하여 명교(明教)라고

29 『新唐書』 卷217, 「回紇傳」, 6126쪽.

불렀다. 명교는 검소한 생활, 금주, 상부상조 등을 중시하여 빈민층에 큰 영향을 끼쳐 여전히 세력을 가지고 있어서 북송 말년의 방랍(方臘)의 반란은 마니교를 이용하여 군중을 발동하고 조직할 수 있었다. 명청 때 경교는 쇠퇴하기 시작하였지만 영향력은 여전히 남아 백련교는 마니교의 영향을 받았다.

9세기 중엽 때 회흘이 힐알사의 공격을 받고 서쪽으로 이동하였는데 그 일파가 서주(西州), 즉 지금의 신강 투루판 지역에 정착하였고, 이 지역을 중심으로 고창(高昌)왕국을 건립하였다. 고창왕국은 마니교를 신봉했고 마니교도는 고창에 마니교 사원을 세워 유적과 유물을 남겼다. 독일인이 투루판에서 마니교 사원 유적지와 마니교 문서와 벽화, 탱화, 종이그림을 발견하였다. 후에 투루판 베제클리크 동굴에서 마니교 동굴을 발견하였다. 북경대학 고고학과 교수 조화산(晁華山)은 투루판의 베제클리크, 승금구(勝金口)와 토욕구(吐峪溝) 등지의 불교 동굴 중에서 마니교 동굴을 가려내고 이 동굴 중에 칠중보수명사도(七重寶樹明使圖), 행자저관상도(行者觀想圖), 생명수예찬도(生命樹禮贊圖), 생명수여사망수교회도(生命樹與死亡樹交會圖) 등 마니교 교의를 나타내는 벽화를 발굴하였다.

4. 요교

남북조 이래로 페르시아와 중국의 통상 활동은 날로 빈번해졌다. 이와 동시에 페르시아의 국교인 요교(祆教)가 중국에 전래되었다. 조로아스터(Zoroaster)교, 배화교(拜火教), 화요교(火祆教), 파사교(波斯教)라고도 한다. 페르시아인은 빛, 불, 일월(日月)과 별을 숭배하였고, 중국인은 요(祆)를 화신(火神)으로 여겼기 때문에 요교라고 불렀다. 선악 이원론을 주장하였는데 불, 광명, 청정, 창조와 삶을 선, 암흑, 혼탁, 불결, 파괴와 죽음을 악으로 여겼고, 광명을 숭상하고 암흑을 반대했다. 당나라 초 무덕 4년(621년)에 요사(祆祠)가 처음 포정방에 건립되었다. 『장안지』(長安志)에 의하면 장안성 내에 포정방, 보녕방, 정공방, 예천방에 요교사(祆教祠)가 있었다고 한다. 이 요사는 페르시아인의 종교 활동의 장소였다. 최근 서안에서 미살보(米薩寶)의 묘지가 출토되었는데 살보(薩寶)는 요교의 교직(教職)으로 미살보는 미국인(米國人)이다. 천보 3년(744년)의 『당고미국수령미공묘지』(唐故米國首領米公墓志)에 기록하길, 서시 서남쪽 숭화방(崇化坊)에 요사가 있었다고 하였다.[30] 낙양에도 요사가 건립되는 등 서부의 모든 주에는 요사가 세워졌다. 장안의 서시와 그 부근 방(坊) 그리고 낙양에도 요사가 있었음을 알 수 있다. 회창 5년에 불교, 경교, 요교를 금지하는 법령이 반포되어 커다란 타격을 입었다. 무종이 죽고 나서 비록 금지정책이 중지되었지만 대체적으로 요교와 마니교와 같은 외국 종교는 회복할 수 없을 정도로 크게 훼손되었다.[31] 당말 오대와 송나라 때에도 요사는 여전히 존재하였다. 당대 요교를 주관하는 직관을 요정(祆正)이라고 했는데 살보부(薩寶府)에 설치하였기 때문에 살보부요정(薩寶府祆正)이라고도 했고 종7품이었다.

5. 이슬람교

중국에서 회교(回教)를 믿는 사람이 많은데 회교도도 전국적으로 분포

30 向達, 『唐代長安與西域文明』, 30쪽과 楊鴻年, 『隋唐兩京坊里譜』, 258쪽.

31 摩尼教와 祆教의 문제에 대해서는 陳垣의 「火祆教入中國考」, 『國學季刊』 1卷, 1號와 「摩尼教入中國考」, 『國學季刊』 1卷, 2號 참조.

서안 대청진사(大淸眞寺). 서안(西安) 고루(鼓樓) 부근 화각항(化覺巷)에 있다. 중국에서 가장 오래된 이슬람사원의 하나로 당대 천보(天寶) 원년(742년)에 중국 전통 양식을 기반으로 세워져 이슬람문화와 중국문화의 융합의 결정체이다.

되어 있다. 서안에도 상당한 수의 회교도가 거주하고 있다. 이러한 회교도는 언제부터 장안에 살았는지 잘 알지 못한다. 중국의 회교도들은 당대부터 그들의 선조들이 장안에서 살았다고 한다. 현재 서안 화각항(花角巷)의 청진사(淸眞寺)에 천보 원년(742년), 왕홍(王鉷)이 지은 글이 새겨진 청진사창건비가 있는데 이 비석은 회교가 당대 중기에 장안에 전래된 것을 입증하는 유일한 실물 자료이다. 고증에 의하면 이 비석은 명대의 위작이라고 한다. 청진사 경내에는 청진사창건비 이외에 명, 청 때 세운 한문과 아랍문자로 새긴 각각의 석비가 있다. 당나라 때 대식국, 즉 아랍인의 중국과의 통상의 목적은 정국 남방의 광주와 기타 동남 해안의 항구에서 무역에 종사하기 위해서였다.

고종 영휘 2년(651년)에 아랍제국이 사신을 중국에 파견하여 조공을 바치고, 칼리파 국가 건설 과정, 풍속과 이슬람교를 소개했다. 바로 이때가 처음으로 이슬람교가 중국에 전래된 때라는 것이 정설이지만 이때보다 이른 시기에 해로를 통해 아랍 상인이 중국에 전했다는 설도 있다. 무하마드의 4명의 제자 대현(大賢)이 무덕 연간 때 중국에 왔다고 한다. 일현(一賢)은 광주, 이현(二賢)은 양주, 삼현(三賢)과 사현(四賢)은 천주에 이슬람교를 전했다. 현재 천주 영산(靈山)의 이슬람교 성묘(聖墓)에 삼현과 사현의 묘가 있다. 광주, 양주, 천주는 모두 당나라 때 대외무역항이었고, 이슬람교는 아랍에서 중국에 이르는 해로를 통해 중국에 전래되었다.

당대 중국에는 경교, 마니교, 요교와 관련된 기록은 있지만 회교(回教)에 관한 기록은 없다. 원대 때 영토가 확장되면서 서역의 회교도들이 중국 내륙에 들어와 살았는데 현재 서안에 거주하는 회교도들은 그들의 후예들이다. 서안 청진사에 있는 석비는 명, 청 때 세운 것으로 간접적으로 회교도가 서안에 살게 된 때가 원대 이후라는 것을 증명한다.

서안의 서대가(西大街) 북쪽과 북대가(北大街) 남쪽은 모두 회교도들의 거주지이다. 소피원항(小皮院巷), 대피원항(大皮院巷)과 화각항에 각각 하나씩 청진사가 있다. 화각항의 청진사가 규모 면에서 가장 크다. 이 사원은 명대 홍무(洪武) 17년(1384년)에 건립되었다고 한다. 회교도들은 매주 금요일에 한 번 모여서 예배를 올리므로 예배사(禮拜寺)라고도 했다. 회교도들은 일반적으로 차부(車夫), 마정(馬丁), 상인이 직업이었다. 이익에 치중하여 천한 직업도 마다하지 않았다. 한족들은 그들을 회회(回回) 혹은 회자(回子)라고 일컬었다. 회교도들은 용감하고 술이나 마약은 입도 대지 않았으며 근면 성실했고 의협심이 강하고 정의를 중시했으며 신념이 굳었다.

제14장

박래품

6세기부터 8세기까지 장안은 개방적인 국제 도시였다. 장안의 홍려시는 70여 국가의 외교 사절을 접대하였고 당나라의 국자학과 태학은 3만여 명의 외국 유학생을 받아들였다. 그 가운데 신라 유학생이 가장 많았는데, 개성(開成) 5년(840년)에 중국에 유학하던 중 본국으로 귀국한 신라 유학생이 105명에 달했다.[1] 신라는 중국의 정치, 역사, 천문, 역법 등 여러 방면의 당나라 문화를 받아들여 자신만의 문화로 재창조하였다. 8세기 신라는 당나라의 제도를 모방하여 중앙집권 국가를 건립하였다. 신라의 설총은 한자를 빌려 음을 표기하고 이두를 창조하였다.

일본 역시 견당사를 19차례나 파견하고 당나라의 정치, 제도, 문화를 받아들여 일본을 개혁하여 중앙집권 국가를 건립했다. 당대에는 인도와도 우호적인 관계를 맺었다. 중천축의 계일왕(戒日王)이 인도를 통일한 후에 당태종이 양회경(梁懷璥), 왕현책(王玄策)을 사신으로 파견하였다. 중국의 수공예품과 문화, 예술이 인도로 전파되었는데 더욱이 종이 제조기술

1 『舊唐書』 卷198, 「新羅傳」, 5339쪽.

이 인도에 전해진 후에 인도의 문화 발전에 큰 영향을 끼쳤다. 중국과 인도의 문화 교류는 중국의 고승이 큰 역할을 담당했다. 당대 저명한 고승 현장이 인도와의 문화 교류에 큰 업적을 남겼다. 동남아시아와의 교류도 활발하였다. 미얀마, 스리랑카, 인도네시아, 크메르 등도 모두 당나라와 경제 문화 왕래를 유지하였고 당 조정에 조공을 바쳤다. 중앙아시아와 서아시아의 페르시아, 아프가니스탄, 아라비아와 유럽의 동로마제국 등은 당나라와 밀접한 관계를 맺고 사신과 상인 등의 교류 또한 빈번했다.

외국과의 교류를 통해 외국으로부터 수많은 박래품들이 중국에 전래되었다. 예를 들면 한 대에 장건(張騫)이 서역을 개척하고 귀국할 때 서역의 음식, 과일, 약초 등을 가지고 왔다. 『제민요술』 권3, 「종산」(種蒜)에 동한 사람 왕일(王逸)이 한 말을 인용하면서 "장건이 서역 변방을 유랑하다가 마늘, 포도, 목숙(苜蓿) 등을 얻었다"라고 했다.[2] 『태평어람』 권977에 인용한 동한 사람 연독(延篤)의 『여이문덕서』(與李文德書)에서 "장건이 대원(大宛)의 마늘을 가져왔다"[3]라고 하여 마늘은 서역이 원산지임을 알 수 있다. 마늘은 중국어로 대산(大蒜)인데 호산(胡蒜) 혹은 호(葫)라고도 한다.

외국 상인은 장안에 와서 장사를 하는 동시에 그들의 본국에서 종교 신앙과 복식, 음식, 예의 등의 풍속 습관을 가지고 들어왔다. 호상(胡商)이 증가함에 따라 그들이 당대 사회에 끼친 영향은 날로 심화되었다. 각종 호식(胡食), 호복(胡服), 호악(胡樂), 호희(胡戲) 등의 장안에서의 흥성은 장안 호상들의 활약과 밀접한 관계가 있다. 다른 한편으로 호상이 장안에서 오랫동안 상업 활동을 하면서 그들의 음식, 복장, 예의, 풍속, 예술, 과학, 문화, 운동, 오락, 여가활동 등은 중국인에게도 상당한 영향을 끼쳤고, 이

2 繆啓愉, 繆桂龍 撰, 『齊民要術』, 185쪽.
3 『太平御覽』(4), 4330쪽.

러한 풍속 습관은 강렬한 민족적 특색을 갖추었다.

사서의 기록에 의하면, 호상이 중국 한족 복장을 하고 한족 여자를 처첩으로 맞이하였으며 한족의 풍속을 숭상하였다고 하였다. 또한 외국인이 경영하는 빵집에서 서역의 호병을 먹거나 서역 상인이 주인인 술집에서 서역의 음악 연주와 춤을 감상하고 호희(胡姬)의 술시중을 받으며 여가를 즐기는 것이 하나의 유행이었다.

1. 호병

현종 개원 연간 이후에 장안에는 서역의 호식(胡食)이 궁정과 귀족들 식탁에 올랐고, 호병(胡餠)은 일반 백성들의 음식이 되었다. 장안의 동시(東市)와 장흥리(長興里)에 전문 필라점(畢羅店)이 있었다.[4] 호병은 서역 각국의 일상 음식이었는데, 당대에 장안에 거주한 호인(胡人)에 의해 중국에 전해졌다. 서역 상인들은 장안성에서 호병을 포함하여 전문적으로 음식을 만들어 파는 사람이 적지 않았다. 『태평광기』에 호병을 만드는 호상 이야기가 수록되어 있다.

> 한 거인(擧人)이 도성에 있을 때 그 이웃에 떡을 파는 호인이 있었다. 호인은 아내 없이 혼자 살았는데, 몇 년 뒤에 갑자기 병에 걸렸다. 거인이 자주 그를 찾아가 안부를 물으면서 탕약을 가져다주었지만, 그는 좀처럼 낫지 않았다. 임종 때가 되자 호인이 말했다. "나는 본국에 있을 때 큰 부자였는데, 난리를 만나 이곳

4 楊鴻年, 『隋唐兩京坊里譜』, 155쪽. 李昉 등 모음, 김장환, 이민숙 외 옮김, 『태평광기』(12), 125~126쪽.

으로 도망 오게 되었습니다. 나는 본래 한 고향 사람이 보물을 가지러 이곳에 오기로 약속했기 때문에 이곳에서 오래 머물면서 다른 곳으로 갈 수 없었던 것입니다."[5]

여기에서 떡은 호병을 말한다. 호병은 당대 이슬람 번객(蕃客)의 음식 유향(油香), 즉 유병(油餠)에서 기원하였는데, 이것을 당나라 사람이 모방한 것이다. 혜림(慧琳)의 『일체경음의』(一切經音義)에 "이 유병은 본래 호인의 음식인데, 중국이 이를 모방했다"라고 했다. 또한 '공심과'(空心果)는 '양소조'(洋酥條)라고도 하는데 아랍인들이 좋아하는 전통 떡으로, 그 제작 역사는 성당 때로 올라가는데 페르시아인에 의해 중국에 전래되었다. 소(酥)의 맛이 고소하고 맛있어 별미로 여긴 중국인들이 이를 모방하였다.

당대 해외 무역의 중심 항구인 광주에 이슬람 음식이 성행했다. 문종 대화 연간(827~835년)에 고주(高州)의 자사 방천리(房千里)가 편찬한 『투황잡록』(投荒雜錄)에 "광주 번방(藩坊)에 있을 때 바친 음식이 대부분 당밀(糖蜜), 뇌사(腦麝)로 만든 것들이고 어조(魚俎)도 있는데 비록 달고 향기롭지만 비린내가 났다"라고 했다. 당말에 유순(劉恂)의 『영표녹이』(嶺表錄異)에 이슬람 상인이 먹는 가공 밀조(蜜棗)에 대해 "색깔은 사탕과 같고 껍질과 속살은 부드럽고 물렁한데 먹어보면 불에 타거나 물에 찐 것과 같은 맛이 난다"라고 소개했다.

당대 대시인 백거이는 「기호병여양만주」(寄胡餠與楊萬州)에서 "호마병을 장안에서 배워, 고소하고 기름 향기로운 빵이 화로에서 방금 나오네"라고 읊었다.[6] 당대 장안성에 호병(胡餠)이 크게 유행하여 "당시에 유행한

---

5 『太平廣記』 卷402, 「鬻餠胡」, 李昉 등 모음, 김장환, 이민숙 외 옮김, 『태평광기』(17), 83쪽.

6 "胡麻餠樣學京都, 麵脆油香新出爐." 朱金城 箋校, 『白居易集箋校』(2), 1164쪽. '胡餠'이란 단어는 『全唐詩』 중에 두 차례만 보임.

호병은 속세의 모든 사람이 좋아했다."[7] 호병이 장안에 유행함에 따라 장안성에는 호병을 파는 서역 상인들이 많았다.

호병이란 단어는 최초로 동한 말경에 "영제(靈帝, 168~189년 재위)가 호병을 좋아하여 장안 사람 모두가 호병을 먹었다."[8] 한대에 이미 많은 중국인이 호병을 좋아하였음을 알 수 있다. 또한 같은 시기에 조기(趙岐)가 환란을 피하여 하간(河間)으로 도주했고 자신의 이름을 알지 못하게 했으며 곧 방향을 바꾸어 북해(北海)로 갔는데 시장에서 호병을 팔았다고 한다.[9] 지방의 시장에서도 호병을 팔았다고 하니 이미 보편적으로 대중화된 음식이었음을 알 수 있다.

호병의 기원에 대해서는 두 가지 학설이 있다. 첫 번째 학설은 호병은 호마(胡麻) 때문에 얻은 이름이라는 주장이다. 동한 때 유희(劉熙)의 『석명』(釋名), 「석음식」(釋飮食)에 "병(餅)은 병(并)이다. 밀가루를 반죽하여 합치는데, 호병은 빵 껍질 두 면의 가장자리를 합쳐서 크게 만든다. 또 호마를 그 위에 붙이기 때문에 호병이라고 말한다. 증병(蒸餅), 탕병(湯餅), 갈병(蝎餅), 수병(髓餅), 금병(金餅), 삭병(索餅) 등은 모두 그 모양에 따라 명명한 것이다"라고 했다.[10] 두 번째 학설은 호병이 호(胡) 땅에서 전래된 호식(胡食)이라는 주장이다. 『태평어람』 권860에 인용한 『조록』(趙錄)에 "석륵(石勒)은 호(胡)자를 꺼려서 호(胡)자가 들어간 것은 모두 그 명칭을 바꿨다. 호병은 단노(摶爐), 석호(石虎)는 마병(麻餅)으로 고쳤다"라고 했다.[11]

---

7 圓仁 지음, 申福龍 번역 · 주해, 『入唐求法巡禮行記』, 227쪽. 번역을 약간 보완하였음.

8 『太平御覽』 卷860에서 인용한 『續漢書』. 『太平御覽』(4), 3818쪽.

9 『太平御覽』 卷860에서 인용한 『魏志』. 『태평어람』(4), 3818쪽.

10 王先謙 撰集, 『釋名疏證補』, 203~205쪽.

11 『太平御覽』 卷860에서 인용한 『趙錄』. 石勒은 5胡 16國 가운데 가장 강했던 後趙를 건립한 羯族 사람이었는데, 漢族의 입장에서 그는 胡人에 속하였으므로 胡字를 諱하였던 것이다. '摶'이란 손으로 밀가루를 반죽하여 둥글게 뭉치는 것을 말함.

이러한 주장을 종합하면, 초기의 호병은 겉면 양쪽에 깨가 붙어 있었고, 크기가 비교적 컸다.[12] 또한 『석명』의 문구 "호병작지대만호"(胡餅作之大漫沍)에 나타난 것처럼 호병의 가운데가 부풀었음을 알 수 있다.[13] 또한 『태평광기』 권262 「장한광」(張閑光)에 "만두(饅頭)는 사발과 같고, 호병은 삿갓과 같다"라고 한 것으로 미루어 호병의 표면이 부풀었음을 알 수 있다. 그리고 호병은 화로에서 구웠다. 『제민요술』(齊民要術) 음식 부분에 호병을 직접 언급하지는 않았지만 「작소병법」(作燒餅法)이 있고 별도로 「수병법」(髓餅法)을 수록하였다. "골수유(骨髓油), 꿀을 밀가루와 섞고 4, 5분(分) 두께와 6, 7촌(寸) 크기의 소병을 만든다. 화로의 벽에 소병을 붙이고 익히는데 절대로 뒤집지 않는다."[14] 백거이의 시 「기호병여양만주」(寄胡餅與揚萬州)에서 "고소하고 향기로운 소병이 막 화로에서 나오네"라고 하여 호병이 화로에서 구워졌음을 알 수 있다.

한대에 서역에서 전해진 호병은 당대에 이르러 더욱 발전하였는데 그 특징은 다음과 같다.

첫째, 대나무로 만든 찜통으로 찐 호병이 출현했다. 당대 위현(韋絢)의 『유빈객가화록』(劉賓客嘉話錄)에 "유복야(劉僕射)가 새벽에 다섯 번 북이 울리자 궁에 들어가는데 도중에 찐 호병을 파는 곳을 보았고, 뜨거운 김이 하늘로 올라가는 호병을 사람들이 샀다"라고 했다.[15] 당대 시인 피일

12 敦煌文書 P4693호에 밀가루 5말로 胡餅 100개를 만들었다고 하였는데, 1개의 胡餅은 半升이 되므로 이런 胡餅은 상당히 컸음을 알 수 있음. 閆艷, 『唐詩食品詞語語言與文化之硏究』, 44~45쪽.

13 '漫沍'에 대해 畢沅의 疏證에서 말하길, "『說文解字』에는 漫이란 글자가 없으므로 萵胡로 여겼다. 鄭注 『周禮』, 「天官」 〈鱉人〉에 "互物은 딱딱한 껍데기를 가지고 있는 萵胡, 물고기와 자라에 속한다. 萵胡는 바깥 兩面의 가장자리를 합친 모양인데, 胡餅이 이와 유사하기 때문에 이름으로 지었다"라고 했음. 王先謙 撰集, 『釋名疏證補』, 203~204쪽. 鄭玄 注, 『周禮鄭注』, 30쪽.

14 北魏 賈思勰 撰, 石聲漢 今譯, 『齊民要術』, 117쪽.

15 『唐五代筆記小說大觀』(上), 803쪽.

휴(皮日休)의 「초하즉사기노망」(初夏卽事寄魯望)에 "호병은 쪄서 익었고, 맥족의 쟁반은 들어보니 가볍네"라고 했다.[16] 호병은 찐 것임을 알 수 있다.

둘째, 소가 있는 호병이 등장했다. 『당어림』(唐語林) 권6에 당시 부호의 음식 가운데 양고기를 넣은 고루자(古樓子)가 있다고 하였는데[17] 이 고루자는 양고기로 만든 소를 넣은 호병을 말한다.

가사협(賈思勰)의 『제민요술』(齊民要術)에 소병의 제조 방법이 기록되어 있는데 "밀가루 한 말, 양고기 두 근을 준비하고 양고기에 파의 흰 부분을 간장과 소금을 넣고 볶아 익힌 다음 밀가루를 반죽에 넣고 구우면 반죽이 부풀어 오른다"라고 했다.[18]

장안성 방(坊)중의 호병을 파는 병사(餠肆)도 날로 급증하였다. 천보 9년(750년) 여름 6월에 정육(鄭六)이 승평리(昇平里) 북문(北門)으로 들어갔을 때, "문 옆에는 호인이 떡을 파는 가게가 있었는데, 등불을 밝히고 화로에 불을 붙이고 있었다."[19] 장흥방(長興坊)에는 호인이 경영하는 필라점(畢羅店)이 있었다.[20] 『태평광기』 권278에 국자감 학생을 명경(明經)이라고 했는데 그가 꿈에 사람을 몇 명 초대해서 장흥리(長興里)에 있는 보리떡 가게에 갔는데, 그곳은 평소에 그가 자주 가던 곳이었다. 명경이 꿈에서 깨어 자신의 꿈 얘기를 하자 장흥리 가게 점원이 문으로 들어오면서 이렇게 말했다. "낭군은 손님들과 같이 보리떡을 모두 두 근 드셔놓고서 어찌 값을 치르지도 않고 그냥 가셨습니까?" 명경은 깜짝 놀라며 옷을 벗어서 저

---

16 "胡餠蒸堪熟, 貊盤擧尤輕." 『全唐詩』(18), 7028쪽.

17 王讜 撰, 周勛初 校證, 『唐語林校證』(下), 556쪽.

18 繆啓愉, 繆桂龍 撰, 『齊民要術』, 637쪽.

19 李昉 등 모음, 김장환 · 이민숙 외 옮김, 『太平廣記』 卷452, 45~47쪽. 楊鴻年, 『隋唐兩京坊里譜』, 161쪽.

20 楊鴻年, 『隋唐兩京坊里譜』, 155쪽.

당 잡히고는 점원을 따라가서 꿈에서 본 것을 확인했는데, 가게 있는 평상과 그릇이 꿈에서 보았던 것과 같았다고 했다.[21] 여기에서 보리떡을 원문에는 필라(畢羅)라고 했다. 필라는 당대 중앙아시아의 소무구성 필국(畢國)의 민속 음식이다. 현재 중앙아시아, 서아시아 등지의 이슬람교를 믿는 민족에 성행하는 '조반'(抓飯)이다.[22]

서역 상인이 경영하는 호병(胡餅), 소병(燒餅), 전병(煎餅), 필라, 탑납(塔納) 등의 각종 호식(胡食)은 장안 사람들이 좋아하여 크게 유행했다. 일본의 승려 엔닌(圓仁)이 장안을 방문했을 때 호병이 유행한 것을 목격했다. 개성(開成) 6년(841년) 정월 6일, 입춘(立春)이어서 무종이 "명을 내려 호병(胡餅)과 사죽(寺鬻), 즉 절 음식을 하사했다. 당시에 호병이 유행했는데 속세에서도 그러했다."[23] 장안성에서 절이나 일반 시민들 사이에서도 모두 유행했음을 알 수 있다.

2. 호복

『대당신어』(大唐新語) 권10, 「이혁」(厘革)에 "무덕과 정관 연간에 궁녀들은 말을 탔는데 『주례』의 복장 예의에 따라 대부분 멱리(冪䍦)를 썼다. 멱리는 소수민족에서 기원했는데 얼굴과 전신을 다 덮었다. 영휘 연간에 궁녀들은 모두 유모(帷帽)를 쓰고 치마를 입었으며 목을 드러냈다"라고 했고, 또한 "개원 초에는 궁녀는 말을 탈 때는 호모(胡帽)를 쓰기 시작했고

21 李昉 등 모음, 김장환 · 이민숙 외 옮김, 『太平廣記』(12), 125쪽. 『酉陽雜俎』 續集 卷1, 203쪽에는 "필라 가게"라고 했음. 정환국 옮김, 『역주 유양잡조』(2), 21쪽.

22 向達, 『唐代長安與西域文明』, 51쪽.

23 圓仁 지음, 申福龍 번역 · 주해, 『入唐求法巡禮行記』, 227쪽. 약간 번역을 수정하였음.

화려하게 화장을 했으며 얼굴을 드러냈다. 사대부와 평민 여자 모두 이것을 모방했다"라고 했는데 심지어 "천보 연간에는 사대부의 아내 가운데 남자의 복장을 하고 적삼을 입고 장화를 신었으며 편모(鞭帽)를 썼다"라고 했다.[24] 편모는 궁녀가 말을 탈 때 쓰는 호모(胡帽)를 말하여 당나라 초기 태조, 태종을 거쳐 현종에 이르러서는 모자와 옷뿐만 아니라 신발까지도 서역풍의 복장이 크게 유행하였음을 알 수 있다.

안사의 난 이후 대종 대력 14년(779년)에 조서를 내려서 회흘의 여러 호족(胡族)으로 장안에 있는 사람은 각각 그들 고유의 의복을 입고, 중국 사람들의 복장을 할 수 없도록 했다. 이들보다 먼저 장안에 있던 회흘 사람이 항상 1천 명은 되었고, 호족 상인으로 거짓 복장을 하고 섞여 사는 사람은 이들의 두 배는 되었으며, 재산을 늘리고 집과 상점을 열었으며, 많은 이익은 모두 그들에게 돌아갔고, 제멋대로 행동하며 횡포를 부려도 관리가 감히 묻지를 못하였다. 혹은 회흘 상인은 장안에서 "중국 복장을 하거나 중국 여자를 유혹하여 처첩으로 삼았다."[25] 이것은 당시에 유행이었다. 어떤 호상은 장인에 오랫동안 거주하면서 본국으로 귀국할 생각조차 하지 않고 장안에 영구 거주하였다. 중국에서의 호복의 유행이나 호인의 한족 복장은 문화 교류와 민족 융합을 촉진시켰고, 또 각 민족 간의 상호 이해를 증진시켜 당제국을 개방 사회로 만드는 데 일조하였다.

『대당신어』(大唐新語)에 당나라 초기의 사법참군(司法參軍) 윤이(尹伊)는 장안성의 일부 지역은 이미 "중국인은 서역의 모자를, 서역인은 중국이 모자를 착용하였다"라고 했다.[26] 현종 개원과 천보 연간에 더욱 유행했는데, "귀족과 평민들은 서역의 옷과 모자를 좋아하였고, 부인은 비녀를 꽂

24 劉肅 撰, 何正平, 王德明 編著, 『大唐新語譯注』, 407쪽.

25 권중달 옮김, 『자치통감』(24), 81쪽.

26 『大唐新語』 卷9, 「從善」(12), 138쪽.

호복. 건릉박물관 소장. 끝이 뾰족한 모자가 특징적인 서역인의 복장.

고 걸어 다녔으며 소매가 좁고 작았다."[27] 또한 사대부 부인들은 다투어 서역의 옷을 입었다.[28]

중국의 관원들의 관복은 북제(北齊) 시대부터 모두 소수민족의 복장 스타일을 채택하였다. 이를테면 폭이 좁은 소매와 짧은 저고리, 그리고 긴 가죽 장화라든가 요대에 매단 작은 띠 같은 것들이 모두 소수민족의 복장이었다.[29] 이러한 서역의 복장이 당대에 크게 유행했는데 당대의 새로운

27 『新唐書』 卷34, 「五行志」(1), 879쪽.
28 『舊唐書』 卷45, 「輿服志」(1), 1958쪽.
29 심괄 지음, 최병규 옮김, 『夢溪筆談』(상), 24쪽.

스타일의 옷 모두 중앙아시아와 페르시아의 복장의 영향을 받은 것이다. 문헌의 기록으로 볼 때, 당대 서역 복장은 소매가 좁은 옷으로 목이 둥글거나 밖으로 꺾어 넘기도록 만든 접은 옷깃의 옷이었다. 이러한 두 종류의 옷은 중앙아시아와 서아시아에 유행하는 복장으로 예를 들면 『책부원구』에 토화라(吐火羅)의 복장은 "폭이 좁은 소매의 웃옷과 통이 좁은 바지를 입었고 긴 군모(裙帽)를 썼다"라고 했다.[30] 여기에서 군모란 육조(六朝)시대 때의 뾰족하고 길며 망사가 가장자리에 달린 모자를 말하는데, 『진서』(晉書), 「사이전」(四夷傳) 〈토욕혼전〉에 "남자들은 긴 군모 혹은 멱리를 썼다"라고 했다.[31] 『주서』(周書), 「파사전」(波斯傳)에

> 그 풍속에 의하면 남자는 머리카락을 자르고 백피모(白皮帽)를 쓰며, 너울을 머리에 쓰는데 양쪽 옆에는 아래쪽이 트여 있다. 또한 두건을 쓰는데 그 가장자리는 직물로 짜서 덧댄 것이다. 부녀자들은 대삼(大衫)을 입고, 대피(大皮)를 걸치며, 그 머리카락은 앞에서 땋아 뒤에서 [몇 가닥으로] 내려뜨리며, 금은으로 만든 꽃으로 장식하고, 오색 구슬을 꿰어서 목 뒷부분에 매단다.[32]

라고 하였다. 이러한 기록들을 종합해보면, 서역 사람은 소매가 좁은 옷을 입고 목은 둥글거나 접는 방식이며 가죽장화를 신었고 망사가 달린 모자를 착용하였음을 알 수 있다.

서아시아와 중앙아시아의 유물 가운데 부조, 기물, 문양과 벽화에 소매

30 『冊府元龜』 卷961, 「外臣部」 〈土風〉, 『四庫全書』(文津閣本), 第305冊, 79쪽.

31 동북아역사재단 편, 『三國志 · 晉書 外國傳 譯註』, 166쪽. 冪䍦는 원래 서북방 민족들이 모래바람을 막기 위해 얼굴과 全身 가리개용으로 사용하던 것으로 唐初에는 宮女나 王公의 女婢들의 일상복이었다가 貞觀 末期 永徽 初年에는 귀족 여성들도 착용하게 되었음.

32 동북아역사재단 편, 『周書 · 隋書 外國傳 譯註』, 127~128쪽.

가 좁고 긴 도포와 허리띠를 찬 귀족 남자의 형상을 볼 수 있는데 이러한 두 종류의 복장은 중앙아시아와 서아시아에 유행했던 양식이다. 이러한 두 종류 형식의 서역 복장은 장안과 낙양에서 출토된 도용(陶俑)과 당대 벽화 중에 모두 볼 수 있다. 더욱이 접은 깃과 소매가 좁으며 허리띠를 찬 긴 옷은 1972년에 출토된 섬서 예천(禮泉) 장사귀(張士貴)의 묘와 1962년에 섬서 건현(乾縣) 영태공주(永泰公主)의 묘에서 출토된 서역 사람의 복장에서 뚜렷하게 볼 수 있다.[33] 낙양에서도 이와 동일한 접은 옷깃, 소매와 허리띠 장식, 긴 옷이 두드러진 특징의 복장은 하남 언사(偃師) 행원(杏園)과 맹진(孟津) 서산두(西山頭) 각각의 당나라 묘에서 출토된 말을 끄는 서역인의 도용에서 볼 수 있다.[34] 2003년에 낙양 관림진(關林鎭) 당나라 묘에서는 여러 건의 옷깃이 둥글고 소매가 좁으며 허리띠를 찬 긴 옷을 입은 서역 사람의 채색 도용이 출토되었다.[35]

당대 중국인들은 둥글거나 접은 옷깃에 소매가 좁으며 양측을 터놓은 옷자락의 긴 옷을 입었는데 후에 옷자락이 갈수록 넓어져 사타구니까지 터놓았기 때문에 '결과삼'(缺骻衫)이라고 불렀다. 낙양 용문(龍門) 상당 시기 때의 안보(安菩)의 묘에서 두 건의 둥근 옷깃에 소매가 좁고 허리띠를 찬 긴 옷을 입은 중국인 남자 도용이 출토되었다.[36] 이와 똑같은 복장의 남자 도용이 맹진 서산두 당나라 묘에서도 여러 건이 출토되었다.[37] 또한 접은 옷깃에 좁은 소매의 긴 옷을 입은 남자 복장은 언사 공릉(恭陵) 애황후(哀皇后) 묘에서 출토된 기마 도용에서 볼 수 있다.[38] 공의(鞏義) 황야요

---

33 國家文物局, 『中國文物精華大辭典』, 「陶瓷卷」, 139~140쪽.

34 周立, 高虎, 『洛陽陶俑』, 236~239쪽.

35 周立, 高虎, 『洛陽陶俑』, 231~233쪽.

36 周立, 高虎, 『洛陽陶俑』, 266~267쪽.

37 王炬 等, "洛陽孟津西山頭唐墓發掘報告." 『華夏考古』, 1993年, 1期, 60쪽.

38 郭洪濤 等, "唐恭陵哀皇后墓部分出土文物." 『考古與文物』, 2002年, 4期, 10쪽.

(黃冶窯)에서 출토된 당삼채 남자 도용은 접은 옷깃에 소매가 좁은 긴 옷을 입고 있다. 이러한 복장은 몸에 착 달라붙어 활동하기에 편리하여 당시 남자들 복장으로 크게 유행하였고 점차적으로 당대의 보편적인 복장이 되었다.

서역인의 복장은 당대 부녀자 옷에도 커다란 영향을 끼쳤다. 당시의 귀족 부녀자들이 말을 탈 때는 대부분 멱리(冪羅), 즉 면사포로 얼굴을 가리는 모자를 사용하였다. 이러한 복장은 모자와 면사포를 하나로 연결하였는데 행인들이 쳐다보고 알아보지 못하도록 하기 위해서였다. 고종 영휘(永徽) 연간 이후에 장안의 귀족 부인들 사이에 유모(帷帽), 즉 장막이 달린 모자가 유행했다. 이러한 멱리와 유모는 모두 외래 복장이었다. 멱리는 유목민족의 고유 복식으로 『수서』, 「부국전」(附國傳)에 "그 나라의 풍속에 가죽으로 모자를 만드는데 형체는 사발처럼 둥글고 혹은 면사포를 달았다"라고 했다.[39] 부국(附國)은 지금의 사천 서부와 서장(西藏) 창도(昌都) 지역의 서남이(西南夷)로 후에 토번에게 병합되었다. 『구당서』, 「토욕혼전」(吐谷渾傳)에 "남자의 복장은 긴 바지에 증(繒)으로 만든 모자 혹은 면사포를 달았다"라고 했다.[40] 실제로 이러한 복장은 『위서』(魏書), 「파사전」(波斯傳)에 페르시아 부녀자들은 "큰 적삼을 입고 큰 겉옷을 걸쳤다"[41]라고 기록한 것처럼 페르시아 부녀자들이 입는 큰 적삼 대삼(大衫)과 큰 겉옷 대머피(大帽帔)를 모방하여 만든 것이다. 유모 또한 토욕혼과 토화라의 장군모(長裙帽)에서 비롯되었다. 『사물기원』(事物紀原)에 의하면, "유모는 수대에 창조되었고 영휘 연간에는 망사가 목까지 닿았다"라고 했다. 측천무후 이후에 유모는 여전히 장안에 유행했고, 멱리는 점차 사라져갔다.

39 『隋書』, 1858쪽.

40 『舊唐書』 卷198, 「西戎列傳」 중에서 「吐谷渾傳」, 5297쪽.

41 동북아역사재단 편, 『魏書外國傳譯註』, 180쪽.

1971년에 선서 예천현 정인태(鄭仁泰)의 묘에서 머리에 사립 모자를 쓰고 말을 탄 여자 도용이 출토되었다. 머리 부분에는 직물로 목을 덮었고 얼굴은 노출하였다.[42] 이것이 바로 위모의 원형이다. 경룡 3년(709년)에 묻힌 하남 언사(偃師) 행원(杏園) 이사본(李嗣本) 묘에서 머리에 사립 모자를 쓰고 직물로 목을 감싸고 말을 탄 여자 도용은 양쪽 어깨에 유모를 둘렀다.[43] 1988년에 공의(鞏義) 이전창(二電廠) 90호 당나라 묘에서 출토된 기마 여자 도용도 머리에 유모를 썼다.[44]

현종 개원 연간 때 당시의 귀족 부녀자들은 "모두 서역의 복장을 하였고 얼굴에 화장을 하고 얼굴을 노출하여 가리지 않았다. 서민들도 이를 모방하여 유모를 만들어 사용하였다." 이렇게 서역의 모자가 유행하기 시작했다.[45] 중종 때 양주대도독 위호(韋浩) 묘(708년) 벽화 중에 이미 머리에 서역 모자를 쓴 시녀가 출현했다.[46]

본래 서역 남자가 입는 접는 옷깃에 좁은 소매와 둥근 옷깃과 좁은 소매의 긴 옷을 당대 부녀자들이 입었다. 예를 들면, 섬서 서안 위형(韋泂)의 묘와 섬서 건현 영태공주 묘에 선으로 새긴 중국 시녀는 둥근 옷깃, 좁은 소매, 긴 옷과 접는 옷깃, 좁은 소매, 긴 옷을 입었고, 건현 장회태자(章懷太子)의 묘와 삼원(三原)의 방릉(房陵) 대장공주(大長公主)의 묘 벽화 중에도 이러한 복장의 시녀가 있다.[47] 중국역사박물관에 소장되어 있는 서안 선

42 『昭陵文物精華』, 62~63쪽.

43 『偃師杏園唐墓』, 40, 42쪽. 女騎馬俑에는 風帽나 帷帽를 쓴 陶俑과 胡帽를 쓴 陶俑 두 型으로 나누었음.

44 『河南唐三彩與唐墓青花』, 298쪽.

45 『舊唐書』 卷45, 「輿服志」, 1957쪽.

46 『陝西新出土唐墓壁畫』, 86쪽.

47 "長安縣南里王村唐韋洞墓發掘簡報." 『文物』, 1959, 8期, 10~12쪽. "唐永泰公主墓發掘簡報." 『文物』, 1964, 1期, 29~33쪽. "唐章懷太子墓發掘簡報." 『文物』, 1972, 7期, 17~18쪽. "唐房陵大長公主墓發掘簡報." 『文物』, 1990, 1期, 3~5쪽.

우정해(鮮于庭海) 묘에서 출토된 당삼채 여자 도용은 접는 옷깃의 짧은 서역 도포를 걸쳤다.[48] 서역의 복장을 한 중국 여자 도용과 당삼채 도용은 낙양 지역에서도 다량으로 출토되었다. 1988년에 언사 유개(柳凱)의 묘에서 머리에 서역 모자를 쓰고 둥근 옷깃에 소매가 좁은 긴 옷을 입은 여자 도용이 출토되었다.[49] 2003년에는 낙양 관림진 당나라 묘에서 접는 옷깃의 소매가 좁은 긴 옷을 입은 여자 도용이 출토되었다.[50]

서역의 주요 모자는 혼탈모(渾脫帽), 첨정호모(尖頂胡帽)와 권연허모(卷沿虛帽)였다. 혼탈모는 가운데가 뾰족하고 가장자리에 꽃무늬가 있으며 끝이 말아서 위로 올라간 모양으로 모피로 만들어졌다. 혼탈모는 당시에 크게 유행하여 태종의 신하 장손무기(長孫無忌)조차 검은 양의 털로 혼탈모를 만들어 썼는데 사람들이 이를 모방하여 조공혼탈(趙公渾脫)이라고 불렀다.[51] 서안 서북부 교외 백가구(白家口) 4호 당나라 묘의 벽화 병풍사녀도(屛風仕女圖) 가운데 머리에 혼탈무를 쓴 사녀가 있다.[52] 첨정호모는 가장자리가 접혔고 모자 가운데가 뾰족하고 높은데 서역에서도 비교적 유행하였다. 유언사(劉言史)의 시 「왕중승택야관무호등」(王中丞宅夜觀舞胡騰)에

> 석국의 서역 사람을 본 사람이 적고,
> 춤을 술잔 앞에서 추는데 새처럼 빠르네.
> 비단으로 만든 모자 속이 비고 뾰족하며,
> 얇은 서역의 적삼의 양 소매가 좁네.[53]

---

48 李炳武, 『中華國寶: 陝西珍貴文物集成』(唐三彩卷), 131쪽.

49 周立, 俞涼亘, 『洛陽陶俑』, 165쪽.

50 周立, 俞涼亘, 『洛陽陶俑』, 226쪽.

51 『朝野僉載』 卷1, 11쪽.

52 冀東山, 『神韻與輝煌: 陝西歷史博物館國寶鑑賞』(唐墓壁畵卷), 232쪽.

53 "石國胡兒人見少, 蹈舞尊前急如鳥. 織成蕃帽虛頂尖, 細氎胡衫雙袖小." 『全唐詩』(14), 5354쪽.

라고 읊었는데 서안 소사욱(蘇思勗)의 묘 벽화 가운데 춤을 추는 서역 사람이 첨정호모를 쓰고 있다. 이러한 모자를 쓴 서역 사람은 장안과 낙양 지역의 묘에서 많이 발견되었다. 1985년에 언사 후사류촌(後社樓村)에서 출토된 말을 끄는 채색 도용, 같은 해 언사에서 출토된 갈색 유약의 말을 끄는 서역 남자 도용과 1963년에 낙양 관림진 당나라 묘에서 출토된 당삼채 말을 끄는 서역 남자 도용 모두 이러한 가장자리가 접힌 첨정호모를 쓰고 있다.[54]

권연허모(卷沿虛帽)는 모자 가장자리가 말려서 귀를 덮고 가운데가 둥글다. 1972년에 섬서 예천 정인태 묘에서 출토된 서역 사람 도용, 1956년에 서안 단백양(段伯陽) 묘에서 출토된 백자 서역 사람 모두 머리에 이러한 모자를 쓰고 있다. 낙양에서도 이러한 서역 사람의 도용이 출토되었는데 2001년에 언사 전사루(前社樓)에서 출토된 채색 남자 도용, 1991년 언사 북요(北窯), 1988년 언사 성관진(城關鎭), 2000년 낙양 동북쪽 교외 당나라 묘 모두 이러한 권연허모를 쓴 서역 사람의 도용이 출토되었다.[55]

이밖에 관료 귀족들이나 일반 백성들은 남녀 구분 없이 일상생활 중에 장화를 신었다. 장화는 기마민족인 서역의 이민족들이 신었다. 중원의 당나라 묘에서 출토된 대량의 서역인 도용에서 흔히 볼 수 있다. 예를 들면 서안시 동쪽 교외 홍경(洪慶)에서 출토된 낙타를 견인하는 당삼채 서역인 도용, 건현 영태공주의 묘에서 출토된 당삼채 서역인 도용 모두 긴 장화를 신고 있고, 1985년에 하남 언사 행원의 당나라 묘에서 말을 끄는 서역인 도용도 장화를 신고 있다.[56] 이때의 장화는 통상 여섯 조각을 꿰매어

---

54 周立, 俞凉亘, 『洛陽陶俑』, 261쪽, 296쪽, 333쪽.

55 周立, 俞凉亘, 『洛陽陶俑』, 175쪽, 176쪽, 179쪽, 180쪽.

56 李炳武, 『中華國寶:陝西珍貴文物集成』(唐三彩卷), 155쪽과 157쪽. 周立, 俞凉亘, 『洛陽陶俑』, 236~239쪽.

만들었으므로 "육합화"(六合靴)라고 불렀다. 본래 당나라 초에는 황제를 알현하거나 공무 때는 장화 신는 것이 허락되지 않았다. 후에 대신 마주(馬周)가 긴 장화를 짧은 장화로 개선하고 장화 안에 깔개를 넣은 뒤로는 착용이 허락되었다. 당나라 묘에서 출토된 중국인 하인 도용에서 알 수 있다. 건현 의덕태자(懿德太子), 장회태자와 삼원(三原)의 이수(李壽), 함양 만천(萬泉)의 현주(縣主) 설씨(薛氏)의 묘에서 출토된 시종, 환관 모두 장화를 신고 있다. 섬서 예천 단간벽(段蕑璧) 묘에서 출토된 도자기 장화로 볼 때 당시에 장화가 비교적 보편적이었음을 알 수 있다.[57]

3. 호희와 외국 술

서역 상인이 개설한 주관(酒館), 주사(酒肆), 주점(酒店)은 동시와 서시, 장안 동문에서부터 곡강지(曲江池) 일대에 분포하였다. 그들이 경영하는 술집에는 모두 호희(胡姬)가 시중을 들어 이국적 분위가 물씬하였고 장안의 사대부와 각계각층의 인사들이 애호하였다.

서역 상인이 경영하는 술집을 묘사한 당시(唐詩)가 적지 않다. 잠삼의 「청문가송동대장판관」(青門歌送東臺張判官)에서 "호희는 술집에 있는데 아직 오후가 되지 않았고, 명주실로 꼰 노 달린 옥 항아리의 술은 우유 같네"[58]라고 했고, 그의 또 다른 시 「송우문남금방후귀태원우거인정태원혁주부」(送宇文南金放後歸太原寓居因呈太原郝主簿)에서 "그대 전송하러 청문 입구에 말 매어놓고, 호의는 술집에서 그대에게 술 권하네"[59]라고 읊었

57 "胡姬酒壚日未午, 絲繩玉缸酒如乳." 『全唐詩』(6), 2052쪽.

58 "送君繫馬青門口, 胡姬壚頭勸君酒." 『全唐詩』(6), 2061쪽.

59 "有客須敎飮, 無錢可別沽. 來時長道貰, 慚愧酒家胡." 『全唐詩』(2), 484쪽.

다. 왕적(王績)의 「과주가」(過酒家)에 "손님이 있으면 반드시 술 마시길 권하고, 돈 없으면 정말 술 사지 마소. 올 때는 돈 빌렸으니, 점점 서역 술집 주인에게 부끄럽네"[60]라고 했다. 이백은 그의 「전유일준주행」(前有一樽酒行)에서 "거문고 용문의 녹동 연주하고, 옥 항아리의 맛있는 술 비었네. 연주를 재촉하고 그대와 술 마시고, 늙은 얼굴 붉어지기 시작하네. 호희는 꽃과 같고, 술집에는 봄바람 부네. 봄바람에 웃으며, 춤추어 비단 옷 날리고, 그대는 지금 취하지 않고 어찌 돌아가리"[61]라고 읊었다. 장안 술집의 호희를 묘사하였다.

장안성의 노래와 춤으로 술을 시중드는 호희가 적지 않았다. 이백의 「송배십팔도남귀숭산」(送裴十八圖南歸崇山) 중에서 "어느 곳에서 이별할 수 있나? 장안의 청의문이네. 호희는 흰 손을 흔들고, 연달아 손님에게 금 술잔의 술 권하네"[62]라고 호의의 호객행위와 시중을 묘사했고, 「소년행」(少年行)에서는 "오릉의 젊은이는 장안 동쪽 시장을 돌아다니는데, 은 말안장의 흰말 위로 봄바람이 넘어가네. 낙화를 밟으며 어느 곳으로 가야 하나, 웃으면서 호희는 술집으로 들어가네"[63]라고 읊었다. 장안의 문인과 사대부는 서역 상인이 경영하는 술집의 단골임을 알 수 있다.

당대에는 서역의 술이 유행했다. 대표적인 서역의 술이 바로 포도주였다. 당대의 포도주는 처음에는 서역에서 전래되었고, 후에 포도주 담그는 방법을 배워 중원에서도 포도주가 생산되었다. 포도주가 당대에 유행하였다. 먼저 서역에서 조공으로 바친 포도주에 대해서는 포방(鮑防)의 「잡

---

60 "有客須教飲, 無錢可別沽. 來時長道貫, 慚愧酒家胡." 『全唐詩』(2), 484쪽.

61 "琴奏龍門之綠桐, 玉壺美酒淸若空. 催弦拂柱與君飮, 看朱成碧顔始紅. 胡姬貌如花, 當?笑春風. 笑春風, 舞羅衣. 君今不醉將安歸." 『全唐詩』(5), 1686쪽.

62 "何處可爲別, 長安靑綺門. 胡姬招素手, 延客醉金樽." 『全唐詩』(5), 1797쪽.

63 "五陵年少金市東, 銀鞍白馬度春風. 落花踏盡遊何處, 笑入胡姬酒肆中." 『全唐詩』(5), 1709쪽.

감」(雜感)에 나타나 있다. "서역의 천리마는 목숙을 먹고, 호 땅 사람은 포도주를 해마다 바쳤네"[64]라고 했고, 『태평광기』 권301 「여음인」(汝陰人)에 "옥 술독에는 차사국(車師國)에서 나는 포도주가 담겨 있었는데 그 향기가 매우 강렬했다"[65]라고 했으며, 『구당서』, 「지리지」에 서주(西州)의 교하군(交河郡)은 지방 특산물로 포도주를 바쳤다고 하였다.[66]

변방 지역에서 포도주는 이미 병사들이 가장 환영하는 술이었다. 고적(高適)이 천보 12년(753년) 가을, 무위(武威), 즉 지금의 양주(涼州)에 종군하여 가서한(哥舒翰)의 막부에 있을 때 기록하길 "군중에 아무 일이 없을 때는 연회가 열리는 것이 마땅한데, 포도주를 마시며 교대로 즐거워했다"[67]라고 했고, 왕한(王翰)의 〈양주사〉(涼州詞)에 "맛좋은 포도주 담긴 야광술잔, 술 마시려니 비파가 말 위에서 재촉하네"[68]라고 하여 서역 변방에서의 포도주를 묘사했다.

중원에서 생산된 포도주에 대해서는 유우석(劉禹錫)의 「화령호상공사태원이시중기포도」(和令狐相公謝太原李侍中寄蒲桃)에서 "진귀한 과일이 서역에서 자라니, 그 뿌리를 북방에 옮겨다 심었다네"[69]라고 했는데, 진귀한 과일이란 포도를 말한다. 서역에서 전래된 포도주는 중국 내륙에서도 주조되기 시작하였음을 알 수 있다. 또 『남부신서』(南部新書)에 기록하길, "태종이 고창(高昌)을 격파하고 말 젖을 얻었고 포도 종자는 뜰에 심었으

64 "天馬常銜苜蓿花, 胡人歲獻葡萄酒." 『全唐詩』(10), 3485쪽.

65 "有玉罍, 貯車師葡萄酒, 芳馨酷烈." 이방 등 모음, 김장환, 이미숙 外 옮김, 『태평광기』(13), 16~17쪽. 車師國은 漢代에 西域에 있던 나라로, 지금의 新疆省 경내에 있었음.

66 『舊唐書』, 1046쪽. 交河郡은 지금의 투르판임.

67 「陪竇侍御靈雲南亭宴詩」 序. "軍中無事, 君子飮食宴樂, 宜哉. 觴蒲萄以遞歡." 劉開揚 箋注, 『高適詩集編年箋注』, 276쪽.

68 "葡萄美酒夜光杯, 欲飮琵琶馬上催." 『全唐詩』(5), 1605쪽.

69 "珍果出西域, 移根到北方." 『劉禹錫全集』, 252~253쪽.

며 또 그 양조 방법을 배웠다. 더하고 덜하여 술을 만드니 녹색이 되었고 향이 짙으며 제호(醍醐) 맛이 났는데 장안에 그 맛이 알려지기 시작했다"[70] 라고 했다. 이것은 중국 내륙에서 포도주 양조의 가장 이른 기록이다.

당대 포도주의 양대 생산지는 양주(凉州)와 하동(河東)이었다. 양주의 포도주는 원진(元稹)의 「서량기」(西凉伎)와 왕한(王翰)의 「양주사」(凉州詞)에 보이는데, 원진은 "포도주가 익으면 마음껏 즐기기 위해, 요염한 기생이 있는 푸른 깃발 세운 술집에 가네"[71]라고 읊었다. 『당국사보』(唐國史補)의 기록에 "술에는 하동(河東)의 건화주(乾和酒)와 포도주가 있었다"[72]라고 했고, 『신당서』, 「지리지」에 태원에서 포도주를 공물로 바쳤다고 했다. 하동도(河東道)는 옛날 기주(冀州) 지역이다. 하중부(河中府)의 하동군(河東郡)은 본래 포주(蒲州)이다. 태원부(太原府)의 태원군(太原郡)은 본래 병주(并州)인데, 포도주를 지방 특산으로 조정에 공물로 바쳤다.[73] 유우석은 「포도가」(蒲桃歌)에서 "나그네가 분음(汾陰)에 이르러, 두 눈이 번쩍 뜨였다네. 자신은 진(晉)나라 사람인데, 이곳에 옥 같은 종자를 심었다고 하네. 포도를 빚어 맛좋은 술을 만들었는데, 사람들이 마시기에 부족했다네"[74]라고 했다. 분음은 산서에 속하여 산서에 포도주가 생산되었음을 알 수 있다. 당나라 사람은 서역의 포도 주조 기술을 터득했고, 당나라 영역에서 생산된 포도주를 마시는 사람이 점차 많아지면서 시인들도 광범위하게 포도주를 노래하였다. 당대에 포도주가 일반 백성들에게도 환영을 받았다.

당대는 술의 제조기술이 발달함에 따라 명주들이 등장했다. 이지(李肇)

70 錢易 撰, 黃壽成 點校, 『南部新書』, 32쪽.

71 "葡萄酒熟恣行樂, 紅艶青旗朱粉樓." 楊軍 箋注, 『元稹集編年箋注』, 114쪽.

72 劉餗, 李肇 撰, 『隋唐嘉話 · 唐國史補』, 338쪽.

73 『舊唐書』, 999~1003쪽.

74 "有客汾陰至, 臨堂瞪雙目. 自言我晉人, 種此如種玉. 釀之成美酒, 令人飲不足." 瞿蛻園 校點, 『劉禹錫全集』, 195쪽.

의 『당국사보』에 당나라 각 지역의 명주를 열거하였는데, "영주(郢州)의 부수(富水), 오정(烏程)의 약하(若下), 영양(滎陽)의 토굴춘(土窟春), 부평(富平)의 석동춘(石凍春), 검남(劍南)의 소춘(燒春), 하동(河東)의 건화(乾和)와 포도주, 영남(嶺南)의 영계(靈溪)와 박라(博羅), 의성(宜城)의 구온(九醞), 심양(潯陽)의 분수(湓水), 장안의 서경강(西京腔), 장안 동남쪽 하마릉(蝦蟆陵)의 낭관청(郎官淸), 아파청(阿婆淸)이 있다."

당대에는 서역에서 수입한 술 삼륵장유주(三勒漿類酒)가 있는데 술 제조 방법은 페르시아로부터 전해졌다.[75] 그래서 파사호주(波斯胡酒)라고도 한다. 삼륵(三勒)이란 암마륵(庵摩勒), 비리륵(毗梨勒), 가리륵(訶梨勒)을 말한다."[76] 모두 과일나무의 이름으로 이러한 과일 열매로 담근 삼륵장(三勒漿)은 당대에 유행한 페르시아의 술이다. 당대 한악(韓鄂)의 『사시찬요』(四時纂要)에 삼륵주의 제조 방법과 효능에 대해서 자세히 설명하였는데 세 종류의 과일 열매를 함께 빻아서 꿀을 넣고 잘 섞고 밀봉한 뒤 3일이 지나면 다시 열고 잘 섞고 다시 밀봉한 뒤 반드시 음력 8월에 개봉하는데 "맛이 달고 마시면 취하는데 소화를 돕고 마음을 진정키는 효과가 있다"라고 하였다. 용고주(龍膏酒)는 고대 오익산리(烏弋山離), 즉 지금의 아프가니스탄과 이란 국경 지역의 시스탄(Sistan, 錫斯坦)이 당나라에 바친 명주로 소악(蘇鶚)의 『두양잡편』(杜陽雜編)에 원화 연간 때 은사(隱士) 이석현해(伊祁玄解)는 머리가 검고 동안으로 술을 좋아하고 숨을 쉴 때마다 향기가 났는데, 신선과 불사의 방술을 좋아한 헌종황제가 그를 불러 입궁하게 하고 용고주를 마시게 했으며, 칠처럼 검은 용고주는 사람들이 마시면 신비롭게도 상쾌해졌는데, 이 술은 본래 오익산리(烏弋山離)가 바친 것이라고 했

75 李肇, 이상천 역주, 『唐國史補』 卷下, 226쪽.

76 唐代 劉餗, 李肇 撰, 盛鍾健, 黃紹筠, 張嵩岳 選譯, 『隋唐嘉話 · 唐國史補』, 338쪽. 이외에도 魯酒, 新豐酒, 桑落酒, 宜春酒도 唐代의 名酒들이었음.

고, 이 술은 쌍린지(雙麟芝), 육합규(六合葵)와 만근등(萬斤藤)의 향약(香藥)의 열매로 만든 술이라고 한다.[77] 페르시아에서 생산되어 중국에 전래된 술이다.

4. 향료

한대 장건이 서역을 개척한 후부터 서역의 향료가 중국에 전래되어 일상생활에 큰 변화를 일으켰다. 당대에는 실크로드가 활성화되면서 육상과 해로를 통해 더 많은 서역과 남양, 서아시아의 향료가 중국에 들어왔다.

한대 장건이 서역을 개통한 이후에 서역으로부터 자단(紫檀)이 전래되었는데 이 향료는 중국에서 부호들의 가정용 장식과 훈향(薰香)으로 사용되었다. 동로마제국에서 나는 12종류의 향료는 한대 이후 실크로드 무역의 중요한 상품이었다. 대진향(大秦香), 미목(微木), 소합(蘇合), 적제(狄提), 미질(迷迭), 두납(兜納), 백부자(白附子), 훈육(薰陸), 울금(鬱金), 운교(芸膠), 훈초목(薰草木)이다.

미질향은 북아프리카가 원산지인데 장건이 서역을 개통한 후에 중국에 전래되었다. 중국의 동로마제국과의 전통적인 무역 상품으로 중국인은 이것을 대진향이라고 불렀다. 어환(魚豢)의 『위략』(魏略)에 "대진국에서 난다"라고 했다. 이시진의 『본초강목』에 "위문제 때 서역에서 중국에 이식되었다. 조식(曹植) 등이 이를 소재로 부(賦)를 지었다. 부의 내용은 그 풀

77 蘇鶚 撰, 陽羨生 校點, 『杜陽雜編』 卷中, 『唐五代筆記小說大觀』(下), 1383~1384쪽. 烏弋山離는 班固의 『漢書』, 「西域傳」에 3888쪽.

의 줄기가 길고 부드러우며 가지가 가늘고 뿌리가 약하다. 꽃이 만발하고 열매가 맺는데 서리가 내려도 시들지 않는다. 채집하여 그늘에서 말리고 가지와 잎을 따서 주머니에 넣어 허리에 차면 향이 강하다고 하였다.[78]

두납향은 당대 이순(李珣)의 『해약본초』(海藥本草)에 "서해(西海) 표국(剽國)의 모든 산에서 난다"라고 했고, 어환의 『위략』에 "대진국에서 나고, 풀 종류이다"라고 했다.[79]

말리화(茉莉花)는 중국에서는 아주 보편적인 관상용 꽃이나 약초 혹은 차로 사용되는 향료이다. 원래는 야실명(耶悉茗)으로 야실밀(野悉蜜)이라고도 하는데 아랍어 Yasmin의 역음이다. 원산지는 페르시아인데 후에 아랍, 동로마와 인도 각지에 전해졌다. 진혜제(晉惠帝) 때 혜함(嵇含)의 『남방초목상』(南方草木狀)에 "야실명(耶悉茗)과 말리(末利)는 호인(胡人)이 서국(西國)에서 남해(南海)에 이식하였고, 남방 사람은 그 꽃향기를 좋아하여 모두들 심었다"라고 했다.[80] 3세기 말에서부터 4세기 초에 말리화는 실크로드를 따라 중국에 전해졌고, 말리화를 장식용으로 사용하는 풍속이 생겼음을 알 수 있는데 지금까지도 이러한 풍속은 중국 남방 지역 부녀자들에게 계속 이어지고 있다. 말리화는 기름을 짜서 향료로 사용하거나 말리화차로도 만들어지고 약으로도 사용되고 있다.[81]

월지국(月支國)은 지금의 중앙아시아 아무다리야강 상류에 있었는데, 사신을 한무제 정화(征和) 3년(기원전 90년)에 파견하여 월지향(月支香)을 바쳤다. 그 향료의 크기가 참새 알만했고 검어서 오디와도 같았다. 사서의 기록에 한무제 후원(後元) 원년(기원전 88년)에 장안에 역병이 돌았는데 환

78 李時珍, 劉衡如 劉山永 校注, 『本草綱目』, 622쪽.
79 李時珍, 劉衡如 劉山永 校注, 『本草綱目』, 623쪽.
80 嵇含 撰, 『南方草木狀』, 11쪽.
81 李時珍, 劉衡如 劉山永 校注, 『本草綱目』, 620쪽.

자의 수가 수백 명에 달했고 반 이상이 사망했다. 한무제는 월지향을 태워 역병을 물리쳤는데 죽은 지 3개월이 지난 사람이 되살아났고, 그 향기가 3개월 동안 멈추지 않고 계속 풍겼다고 했다.

당대에 서역에서 수입된 향료는 다음과 같다.

노회(蘆薈)는 영어로 Aloe vera라고 하는데 백합과(白合科)에 속한다. 원산지는 동아프리카 소말리아인데 특히 소코트라(Socotra)가 좋다고 하며, 아랍인은 Alua 혹은 Alwa라고 부른다. 장건이 서역을 개통한 후에 페르시아를 통해서 중국에 전래되었다. 그래서 사람들이 페르시아 원산이라고 오인하였다. 당대 이순의 『해약본초』에 "노회는 페르시아에서 나는데 모양은 흑석(黑錫)과 같고 나무의 진이다"라고 했다.[82] 『제번지』에 "노회는 대식의 노발국(奴發國)에서 나고, 풀에 속한다. 모양이 참게 꼬리와 같은데 원주민이 채집하여 옥기(玉器)로 빻고 오래 끓이면 기름이 되는데 이를 가죽 주머니에 넣어 가지고 다닌다. 이를 노회라고 한다"라고 했다.[83]

무이(蕪荑)는 향료의 일종으로 이순의 『해약본초』에 "대진국에서 나는데, 페르시아의 무이이다"라고 하면서 살충제나 통증을 멈추게 하는데 효력이 있고 부인의 자궁이 허약하고 풍질(風疾)에 걸렸거나 어린아이의 위장이 나빠져서 몸이 야위고 배가 불러지는 감병(疳病), 설사 치료에 사용하며 가자(訶子)와 두구를 함께 복용하면 더욱 좋다고 했다.[84]

무풍독요(無風獨搖)는 본초약물로 향료인데 원산지는 동로마제국이다. 이순의 『해약본초』에 "대진국과 중국 영남에 나는데 5월 5일에 채집하고 산야에서도 자란다. 머리가 탄환 같고, 꼬리는 새 꼬리와 같으며, 두 개의 잎이 열리고 닫히는데 사람의 손이 닿으면 자동으로 잎이 열리고 닫혀서

82 李時珍, 劉衡如 劉山永 校注, 『本草綱目』, 1324쪽. 蘆薈를 盧會라고 했음.
83 趙汝適 原著, 楊博文 校釋, 『諸蕃志校釋』, 199쪽.
84 李時珍, 劉衡如 劉山永 校注, 『本草綱目』, 1371~1372쪽.

독요(獨搖)라고 불렀다"라고 했다.[85]

안식향(安息香)은 『수서』(隋書) 권83에 서역의 쿠차국과 조국(漕國)에 나는데 페르시아를 통해 전래되었다. 『유양잡조』 권18에는 안식향은 페르시아에서 나는데 페르시아에서는 이를 벽사수(辟邪樹)라고 부르며, 2월에 꽃이 피고 황색인데 열매는 맺지 않는다. 껍질을 파면 엿과 같은 진이 나오는데 이를 안식향이라고 하며, 6~7월에 견고하게 응고되면 그것을 채취한다. 안식향을 태우면 신명(神明)이 통하여 모든 악을 물리친다고 했다.[86] 안식향은 서역과의 무역에서 전통적인 상품 가운데 하나였다. 약으로 사용했고, 훈향으로도 사용되었다.

시라(蒔羅)는 소회향(小茴香)이라고도 하는데 이란 고원이 원산지이다. 훗날 인도, 이집트에 이식하였다. 페르시아어로 zira, 범어로는 jira이다. 당대 신미(愼微)의 『증류본초』(證類本草)에는 자륵(慈勒)이라고 했다. 이란 중부의 케르만(Kerman)에서 생산되는 것이 가장 좋다고 한다. 맛이 강하고 약으로 사용되는데 조미료로도 식용된다.

침향(沈香)은 기남향(奇南香), 가남향(伽南香)이라고도 한다. 수지(樹脂)는 훈향의 원료이고, 가지와 뿌리는 약으로 쓰여 천식과 구토에 효과가 있다. 인도와 동남아시아가 원산지이다. 해상 실크로드를 통해 공물이나 상품으로 중국에 전래되었다. 여러 종류가 있는 흑침향(黑沈香)이 가장 좋다고 한다.

소합향(蘇合香)은 소합향유(蘇合香油)라고도 하는데 향료의 일종이다. 수지(樹脂)에서 채취하는데 약으로 쓰이고, 외국인은 이것을 몸에 바른다.

유향(乳香)은 훈육향(薰陸香), 서향(西香), 탑향(塌香)이라고도 한다. 아랍

---

85 李時珍, 劉衡如 劉山永 校注, 『本草綱目』 卷21, 「本草拾遺」, 962쪽.

86 李時珍, 劉衡如 劉山永 校注, 『本草綱目』, 1317쪽. 『酉陽雜俎』(源流出版社), p. 177.

어의 Luban의 음역으로 우유라는 뜻이고, 훈육은 범어 Kund 혹은 Kunduruka(frankincense)의 대음(對音)으로 향이란 뜻이다. 유향이 분비하는 수지로 만들기 때문에 색깔이 우유와 같다. 아라비아반도, 인도 남부에서 생산되고, 약으로 쓰여 통증 제거와 생기(生肌) 작용이 있다.

몰약(沒藥)은 말약(末藥)으로 향료이다. 아랍어 Murr, 페르시아어 Mor의 음역이다. 몰수의 수지로 만든다. 서아시아 아랍 지역이 원산지이다.

정향(丁香)은 정자향(丁子香), 계설향(鷄舌香)이라고도 한다. 꽃봉오리를 말린 것을 정향, 열매를 말린 것은 정향모(丁香母)라고 하는데 향료의 일종이다. 인도네시아의 자바섬과 몰루카군도(Moluccas)가 원산지인데 해상 실크로드를 통해 중국에 전해졌다.

당대 중국에 수입된 40~50종류의 향약은 주로 중국 국내에 의약용으로 쓰였는데 일부는 궁정, 귀족에 공급되어 훈향으로 사용되고, 일부는 한반도와 일본에 판매되었다. 고종 현경 원년(656년)에 황제의 칙령으로 곤륜에 가서 중국에서 생산되자 않는 향약을 구해오도록 했다. 궁중과 귀족들의 향약에 대한 소비가 급증하면서 계속적으로 외국의 향약이 수입되었다. 『개원천보유사』(開元天寶遺事)에 승상 양국충(楊國忠)은 침향(沈香)으로 누각으로 만들고 단향(檀香)으로 난간을 만들었으며 사향(麝香)과 유향(乳香)을 진흙과 섞어 벽을 장식하였는데 이는 황궁의 심향정(沈香亭)도 이에 미치지 못했다고 하였다.[87] 후에 향약의 남용은 사치한 생활의 상징이 되었다.

중국에서 외국에 전해진 향료로는 대표적인 것이 장뇌(樟腦)이다. 장뇌는 중국 남방에서 자라는 장수(樟樹)에서 추출한 약인데 옛날부터 중요한

---

87 王仁裕, 『開元天寶遺事』 卷下, 1743쪽. 1729쪽에 長安의 巨富 王元寶는 金銀으로 집을 지었고. 집안에 禮賢堂을 설치했는데 沈香과 檀香으로 누각과 난간을 만들었다고 한다. 沈香과 檀香이 귀한 목재였음을 알 수 있음.

약품이자 향료였다. 후한 초기부터 중국인은 장뇌의 약용 가치를 알고 있었고 장수 나무를 증류하는 방법으로 장뇌를 추출하였다. 4세기에 실크로드를 통해 사산조페르시아에 전해져서 페르시아인의 의학 서적에 수록되었다. 6세기, 중국과 사산조페르시아는 장뇌 무역을 하였고, 7세기 때는 아랍제국이 사산조페르시아를 공격하였는데 사산조페르시아인의 창고에서 대량으로 쌓아놓은 장뇌를 발견하였다. 장뇌가 아랍에 전해진 후에 제약, 훈향으로 쓰였고, 특히 이슬람교도의 시체 부패 방지를 위한 필수불가결한 향료로 사용되었다. 그래서 장뇌의 가격이 황금, 백은, 수정, 중국 도자기, 사향, 호박 등의 귀금속이나 진귀한 물품의 가치와 같아서 상인들과 부호들의 구매의 대상이었다. 실크로드를 통한 장뇌 무역은 속특(粟特) 사람과 돌궐 사람이 장악하였다.

중국에서 외국에 전래된 향료는 또한 육계(肉桂)가 있다. 중국 남방에서 자라는 계수는 나무의 껍질이 향료, 약으로 쓰인다. 계피, 월피(月皮)라고도 한다. 실크로드가 개통된 이후로 중요한 무역 상품이 되어 대량으로 페르시아에 수입되었다. 후에 또 아랍 지역에도 수입되었고, 로마제국 시기에 페르시아를 통해 유럽에 전래되었다.

대황(大黃) 또한 중국에서 외국에 전래된 약용식물이다. 원산지는 중국 서북부 고산의 계곡이다. 티베트와 숙주(肅州), 지금의 감숙 주천(酒泉)의 대황이 가장 좋다. 보양식품으로 설사, 간질환, 수종, 위장병 등에도 효과가 좋다. 10~11세기 아랍과 페르시아 의학 서적에 대황의 용도가 기록되어 있다. 후한 초에 중앙아시아와 인도 서북부를 통치하는 귀상(貴霜)과 대월지(大月氏) 사람들을 통해 실크로드를 따라 중국에서 유럽으로 전래되었다. 사산조페르시아가 흥기한 후 페르시아 상인이 중국 대황 무역을 독점하여 페르시아어 Ravend는 유럽의 대황에 대한 호칭의 어원이 되었다.[88]

5. 약물

본초(本草)는 약물학(藥物學)이고 동물학, 식물학, 광물학을 겸한다. 본초학은 『수서』(隋書), 「경적지」(經籍志)에 이르러 기록된 저서가 많다. 가장 오래된 본초학 저서는 『신농본초』(神農本草)로 편자는 미상이고 대략 동한 말년 때 장중경(張仲景)과 화타(華佗)가 말한 것을 기록한 책이다. 당대에 전하는 『신농본초』는 양나라 때 도홍경(陶弘景)이 편집한 것이다.[89] 당대 이전의 비교적 중요한 약물학 저서로는 육조 때의 도홍경의 『명의별록』(名醫別錄)이 있고, 당대에는 현경 4년(659년)에 완성하여 정식으로 반포한 『신수본초』(新修本草) 혹은 간단히 줄여서 『당본초』(唐本草)는 중국 제일의 국가 약전(藥典)이다. 모두 53권이고, 약재를 844종류 수록하였다. 이 가운데 안식향(安息香), 용뇌향(龍腦香), 호초(胡椒), 가려륵(訶黎勒), 저야가(底野迦) 등 외래 약물도 포함되어 있다.

이밖에 소공(蘇恭)의 『당본초주』(唐本草注)가 있는데 남방의 식물 자료를 그림과 함께 수록하였다. 당대에 삽화를 그려 넣은 약물학 저술 가운데 외국에서 전래된 약물의 도형을 그린 왕정(王定)의 『본초훈계도』(本草訓戒圖)가 있다.[90] 이밖에 진장기(陳藏器)의 『본초습유』(本草拾遺), 페르시아의 후예 이순(李珣)의 『해약본초』(海藥本草)가 있다.[91] 이사소(李沙蘇)의

---

88 15세기 때는 티무르제국의 사마르칸트 상인이 중국 대황의 중앙아시아 수출을 통제하여 이슬람세계, 북아프리카, 유럽의 대황 공급자가 되었다. 당시 실크로드를 따라 카라반이 매년 사마르칸트에 수출되는 중국의 대황은 500톤이나 되었다고 함.

89 최초의 『神農本草』는 藥物을 三品으로 나누었다. 上品은 몸을 가볍게 하고 생명을 연장할 수 있는 약물로 朱砂, 石淸, 雲母, 仙芝, 茯笭, 人參, 麝香, 牧蠣 등이다. 中品은 몸을 보강하여 병에 대한 면역력을 길러주는 약물로 雄黃, 雌黃, 硫黃, 生姜, 犀牛角과 鹿茸이다. 下品은 일부 毒이 있고, 단지 병만을 치료해주는 약물로 赭石, 鉛丹, 鉛粉, 狼毒烏頭, 蛙, 桃仁임.

90 『歷代名畫記』 卷9, 279~280쪽. 『新唐書』 卷59, 3770쪽.

91 唐代 이후의 약물학 저서로 현존하는 宋代의 편저는 唐愼微의 『經史證類大觀本草』와 『重修

장자 이현(李玹)은 부친의 사업을 계승하여 사천에서 향약을 판매하였다. 그의 차남 이순은 당말 오대의 저명한 시인이자 약물학자가 되었다. 그의 저서 『해약본초』에는 124종류의 약재를 수록하였는데 대부분 박래품이다. 이 가운데 향약은 50여 종류가 있다. 지역은 동남 해안 복건의 민국(閩國), 절강의 오월국(吳越國)이다. 민국에서 용뇌, 후추, 육두구, 대모 등의 약재가 조공으로 바쳐졌다. 오월국에서 북송에 바친 조공품은 유향, 용뇌, 단향 등이었다.

7세기부터 9세기까지 당대 황제들은 불로장생을 위한 방중술을 추구하고, 양생을 위한 비방(秘方)을 숭상하여 아랍, 인도차이나와 아프가니스탄 등지의 상인은 이와 관련된 각종 비방으로 제조된 호약(胡藥)을 중국으로 운반하여 팔았다. 이때부터 호약은 실크로드의 독특한 무역 상품이 되었다. 예를 들면, 당대 고종 건봉 2년(667년)에 비잔틴 사람이 저야가(底也伽), 현종 개원 8년(720년)에 계빈국(罽賓國)과 토화라(吐火羅)가 여러 차례 정제한 비방과 번약(蕃藥), 개원 12년(724년)에 토화라 사람이 건타파라(乾陀婆羅), 개원 17년(729년)에 토화라의 사신이 수나가(須那伽), 제석릉(帝釋陵) 그리고 북인도에서 춘약(春藥) 질한약(質汗藥), 개원 29년(741년)에 토화라 사람이 질한약, 천보 5년(746년)에 계빈국이 질한약, 천금등(千金藤)을 바쳤다.

이 가운데 저야가는 Theriana의 역음이다. 기원전 3세기 동로마제국의 의사들이 보편적으로 사용한 일종의 해독약으로 동물에게 물렸을 때 생기는 병을 치료하는 데 사용되었다고 한다. 당대 고종 건봉 2년(667년)에 동로마제국의 상인이 중국에 가지고 와서 고종에게 바쳤다. 이때부터 이

政和經史政類備用本草』, 寇宗奭의 『圖經衍義本草』 등이 있다. 明代 萬歷 18년(1590년)에 완성된 李時珍의 『本草綱目』은 本草學의 집대성 저작임.

만능 해독약이 중국에 전래되었다. 『신수본초』에 온갖 병 치료에 쓰이는 데 특히 통증을 멈추게 하는데 사용한다고 한다. 『본초강목』에 "저야가는 서융(西戎)에서 나는데 돼지의 간으로 만들었고 모양은 오래된 환약처럼 생겼으며 흑갈색이고 호인들이 때때로 그것을 가지고 중국에 오면 그것을 귀중하게 여겨 사용하였는데 효과가 있었다"라고 했다.[92] 이 약 중에 대마(大麻)와 같은 아편이 포함되어 있었는지는 알려져 있지 않지만 중세기 이슬람의 해독약 중에 이러한 약물의 성분이 통상적으로 들어 있다고 한다.[93] 대식, 페르시아의 사절이나 상인들이 이를 가져와 중국에 공물로 바치거나 판매하였다.

질한(質汗)은 인도에서 전해진 약물인데 범어로는 citragandha로 여러 가지 향기를 지녔다는 뜻이다. 8세기 북인도의 불교 국가의 왕이 사신을 중국에 파견하여 장안에 전하였다.[94] 돌기시(突騎施), 석국(石國), 사국(史國), 미국(米國), 계빈국(罽賓國)도 이 약물을 중국에 가져왔다.[95] 『본초강목』에 질한은 서번(西番)에서 난다. 그것은 정유(檉乳), 송진, 감초, 지황(地黃)과 열혈(熱血)을 달여서 만드는데, 서번 사람이 이 약물을 실험하기 위해 어린아이의 다리를 절단하고 이 약물을 먹였더니 다리가 붙어 걸어 다닐 수가 있게 되었다고 하였다.[96]

두구(荳蔻)는 중국산도 있고, 남양 여러 나라에서도 자라는데 당나라 사람들이 좋아하여 외국 종도 수입되었다. 페르시아 후손인 이순(李珣)이 말하길, 교지(交趾), 즉 지금의 베트남 북부에서 자라고 두구의 잎은 쓰지만

---

92 李時珍, 劉衡如 劉山永 校注, 『本草綱目』, 1838쪽.

93 Joseph Needham, *Science and Civilization in China*, Vol. Ⅰ, Cambridge, 1954, 205쪽.

94 『舊唐書』 卷198, 3614쪽. 『唐會要』 卷100, 1787쪽.

95 『唐會要』 卷99, 1713쪽과 『册府元龜』 卷971, 12册, 11412쪽.

96 李時珍, 劉衡如 劉山永 校注, 『本草綱目』, 1317쪽.

단맛도 있고, 잎뿐만 아니라 껍질, 열매도 약으로 쓰였다고 하였다.[97] 익지자(益智子)는 진장기가 말하길, 곤륜국과 교지에서 자라는데 핵을 제거하고 껍질을 꿀과 함께 달여서 종자(粽子)처럼 먹을 수 있는데 이것을 익지종(益智粽)이라고 하고 뇌를 건강하게 하는 작용이 있으며 기(氣)를 보태주고 정신을 안정시켜주며 야뇨증에도 효과가 있다고 한다.[98]

진두구(眞荳蔻)는 교지에서 자라는데, 안남의 봉주(峰州)에서 공물로 바쳤다.[99] 축사밀(縮砂蔤)은 변종두구(變種荳蔻)로 인도차이나반도에서 생산되는 장뇌 맛이 나는 두구로 수입되었고 기침, 천식에 효과가 있다고 한다. 원두구(圓荳蔻)는 천두구(串荳蔻)라고도 하는데 말레이반도 서해안의 가고라(伽古羅)에서 당나라로 수출되었다.[100] 『유양잡조』에 "백두구(白荳蔻)가 가고라국에서 나는데, 다골(多骨)이라고 불렀다. 형태는 파초(芭蕉)와 같고, 잎은 두약(杜若)을 닮았다"라고 하면서 "겨울과 여름에 시들지 않고 열매가 포도처럼 맺히고 처음에는 푸르지만 익으면 희고 7월에 수확한다"라고 했다.[101] 『본초강목』에 백두구는 기관지염과 패혈증에 효과가 있다고 했다.[102]

육두구(肉荳蔻)는 향료로 열매는 약과 조미료로 쓰인다. 『본초강목』에

---

97 李時珍, 劉衡如 劉山永 校注, 『本草綱目』, 600~601쪽.

98 李時珍, 劉衡如 劉山永 校注, 『本草綱目』, 604쪽.

99 『新唐書』 卷43, 1112쪽.

100 伽古羅라는 지명은 『新唐書』 卷43에 보이는데, 아랍의 유명한 탐험가 이븐 바투타의 여행기에도 등장함. kakula의 譯音이다. Qagola 혹은 아랍어로는 kakkola, 梵語로는 kakkola, 巴里語로는 Tokkola이다. 뜻은 모두 白荳蔻이다. 『酉陽雜俎』 卷18과 『本草綱目』 卷14에 인용한 陳藏器의 저작 중에 보인다. 伽古羅는 哥谷羅라고도 하는데, 지금의 말레이반도 서북부의 Kra 地峽 일대의 Pak Chun, 태국의 Takuapa 혹은 Trang, 혹은 말레이시아의 Klang, 또는 미얀마의 Tenasserim이라고 함.

101 『酉陽雜俎』 卷18, 179쪽. 『唐五代筆記小說大觀』(上), 697쪽.

102 李時珍, 劉衡如 劉山永 校注, 『本草綱目』, 602쪽.

는 진장기의 말을 인용하여 두구와 같은 가고라 혹은 가구륵(迦拘勒), 이순의 말을 인용하여 곤륜과 대진국(大秦國)에서 난다고 하였다. 당대에는 소화 기능의 악화와 설사 치료에 쓰였다.[103] 6세기 때 유럽은 육두구가 이미 동인도에서 생산되고 있다는 것을 알고 있었다고 한다.[104] 반다(Banda) 군도가 원산지로 중세기 때 아랍인이 독점하여 해상 실크로드를 통해 중국에 전해졌다.

아위(阿魏)는 가도나국(伽闍那國)에서 나는데, 이곳은 바로 북천축이다. 아우절(阿虞截), 형우(形虞), 흥구(興瞿), 훈거(薰渠), 합석니(哈昔泥)라고도 한다. 가지를 자르면 엿 같은 진액이 나와 오래되면 단단하게 엉겨 붙는데 이것을 아위라고 한다.[105] 약용으로 쓰여 살충, 해독 작용이 있다. 이란과 인도가 원산지로 해로를 통해 중국에 전해졌다.

아륵발(阿勒勃)은 범어로 Aragbadha인데 원산지는 인도, 스리랑카이다. 후에 페르시아에 이식되어 페르시아 이름으로는 bakbar 혹은 kabuoi 라고 한다. 중국에 전해진 후에 파사조협(波斯皂莢)이라고 했다. 당대 진장기(陳藏器)의 『본초습유』(本草拾遺)에 "모양이 조협(皂莢), 즉 쥐엄나무와 유사하고 둥글고 길며 맛이 달고 맛있다"라고 했다. 단성식의 『유양잡조』에 파사조협은 사람들이 홀야첨묵(忽野檐默)이라고 부른다고 하면서 잎은 구연(枸櫞), 즉 레몬과 비슷한데, 그보다는 작고 겨울에도 시들지 않으며 꽃은 피지 않고 열매가 열리며 씨가 있는데 손톱만하고 붉은색이며 아주 단단한데 열매 속은 먹물처럼 검고 맛은 달아 먹기에 좋고 약재로도 쓰인다

103 李時珍, 劉衡如 劉山永 校注, 『本草綱目』, 607쪽.

104 I. H. Burkill, *A Dictionary of Economic Products of the Malay Peninsula*, London, 1935, pp. 1524~1525.

105 『酉陽雜俎』 卷18, 178쪽. 伽闍那國은 Gazna의 음역으로, 지금의 아프가니스탄의 가즈니 지역에 있었던 나라 이름임. 정환국 옮김, 『역주 유양잡조』(1), 427~428쪽.

고 하였다.[106]

6. 식물

식물(食物)도 외국에서 중국에 전래되었다. 여기에는 과일, 채소, 일부 조미료도 포함된다. 한대 포도가 중국에 전래되었다.

반대로 중국에서 외국에 전래된 향료는 육계(肉桂)이다. 중국 남방에서 자라는 계수는 나무의 껍질이 향료, 약으로 쓰인다. 계피, 월피(月皮)라고도 한다. 실크로드가 개통된 이후로 중요한 무역 상품이 되어 대량으로 페르시아에 수입되었다. 후에 또 아랍 지역에도 수입되었고, 로마제국 시기에 페르시아를 통해 유럽에 전래되었다.

유락(乳酪)은 중국에 오래전부터 있었다. 『초사』(楚辭), 「대초」(大招)에 "초 땅의 우유로 맛을 내고(和楚酪只)"에 대한 홍흥조(洪興祖)의 주(註)에 "낙(酪)은 우유이다"라고 했다.[107] 낙은 소, 말, 양의 젖을 발효시켜 응고시킨 식품으로 북방 이민족의 발명품이다.

중국은 한대부터 유락이 중원 한족 사회에 유행하기 시작했다. 『세설신어』(世說新語)에 태위(太尉) 육완(陸玩)이 승상 왕도(王導) 집에 초대를 받고 갔는데 왕도가 육완에게 유락을 대접했다는 기록이 보인다. 왕도는 낭야(琅琊), 즉 산동 임기(臨沂) 사람인데 사족(士族) 명문가 육완과 친분이 두터웠다. 육완은 본래 강남 사람이라 유락이 익숙하지 않았고 밤새 설사를 하였으며 다음날 왕도에게 편지를 써서 말하길 자신이 촌뜨기인 것을 원

106 『酉陽雜俎』 卷18, 179쪽. 정환국 옮김, 『역주 유양잡조』(1), 430~431쪽.
107 王泗原, 『楚辭校釋』, 280쪽.

망했다고 했다.[108] 위진 시기에 중원의 한족은 이미 이민족의 음식 풍속의 영향을 받아 유락을 먹는 것이 하나의 풍조였고 남방은 아직 영향을 받지 않았음을 알 수 있다.

당대에는 유락을 먹는 것이 더욱 성행했고, 몇 가지 특징이 있었다. 첫째, 각종 유락의 원료의 성질에 따라 명확한 구분이 생겨났다. 소공(蘇恭)이 말하길, "소, 양, 물소, 말의 젖으로 유락을 만들 수 있는데 물소의 젖으로 만든 유락은 진한 맛이 소보다 낫고, 말 젖으로 만든 유락은 성질이 찬데 노새 젖으로 만든 유락은 더 차서 유락으로 만들지 않는다"라고 했다.[109] 둘째, 유락으로 가공한 식품이 많아졌다. 남북조시대 때 유락 가공식품이 등장했는데, 『제민요술』 권9에 언급한 세환병(細環餅), 절병(截餅)은 소와 양의 젖과 밀가루 반죽을 섞어 만든 식품이다.[110] 『당척언』(唐摭言) 권15에 황제가 위오(韋澳), 손굉(孫宏)에게 은병함(銀餅餡)을 하사했는데 그 맛이 아주 좋았으니 유락의 기름으로 만든 것이었다고 했다.[111] 위거원(韋巨源)의 『식단』(食單)에 적지 않은 식품과 요리가 우유 제품이거나 유락과 관련이 있는데 '단농금유소'(單籠金乳酥)는 연유로 배합한 증병(蒸餅)이다. 당대에는 또 유락은 쌀과 함께 죽을 쑤었는데, 백거이의 「춘한」(春寒)에 "연유에 부추를 넣고 볶아서 술을 만들고, 우유를 누런 죽에 섞었네"[112]라고 했다.

셋째, 당대의 유락은 양젖으로 만들었다. 유우석(劉禹錫)의 「송육시어귀회남사부오운」(送陸侍御歸淮南使府五韻)에 "봉성에 오니 이미 익었고, 양젖

108 劉義慶 撰, 劉孝標 注, 金長煥 譯注, 『세설신어』(下), 282쪽.

109 李時珍, 劉衡如 劉山永 校注, 『本草綱目』, 「獸部」 〈酪〉, 1829쪽.

110 繆啓愉, 繆桂龍, 『齊民要術譯注』, 639쪽.

111 『唐五代筆記小說大觀』(下), 1704~1705쪽.

112 "酥暖薤白酒, 乳和地黃粥." 『全唐詩』(14), 5124쪽.

으로 만든 유락 비린 것이 싫지 않네"[113]라고 하였다.

넷째, 유락으로 술을 빚었다. 한대 『염철론』(鹽鐵論), 「산부족」(散不足)에 동마낙주(挏馬酪酒)를 언급하였는데 이 술은 북방 이민족의 술로 중국에 전래된 말 젖으로 빚은 술이다. 『한서』 권19(上), 「백관공경표」(百官公卿表)에 "무제 태초(太初) 원년에 가마(家馬)를 동마(挏馬)로 고쳤다"라는 문구의 여순(如淳)의 주(注)에 부드러운 가죽 주머니에 여러 말의 젖을 받아내어 반복적으로 휘저으면 위에 뜨는 기름을 걷어내는데 이를 동마(挏馬)라고 한다고 했다.[114] 지금의 양주(梁州)에도 말 젖으로 빚은 마주(馬酒)가 있다고 하였다. 동마주(挏馬酒)의 '동'(挏)은 밀었다 당겼다 하는 동작을 말한다. 말 젖을 가죽 주머니에 담고 반복적으로 휘젓고 두드리면 유산균의 작용으로 발효가 되는데 표면에 떠 있는 기름을 걷어내면 마유주(馬乳酒)가 된다. 북제(北齊) 안지추(顔之推)가 편찬한 『안씨가훈』(顔氏家訓), 「면학」(勉學)에 태관(太官)에게 동마주(挏馬酒)를 주었다고 하였고, 이기(李奇)의 주(注)에도 말의 젖으로 술로 빚었다고 하여 한대부터 마유주가 있었음을 알 수 있다.[115] 당대에도 동마주가 있었는데, 두보의 「사엄중승송청성도사우주일병」(謝嚴中丞送青城道士乳酒一瓶)에서 "산성의 유주를 청색 구름 모양 잔에 부으니, 맛이 진하고 향기로워 다행히 나눠 마셨네"[116]라고 하여 당대의 마유주는 맛이 진하고 달았으며, 귀한 술이었음을 알 수 있다.

호초(胡椒)는 후추이고, 당대 음식 생활에서 중요한 조미료로 사용되었다. 『제민요술』, 「종초」(種椒)에서 인용한 『광지』(廣志)에 "후추는 서역에서 난다"라고 했고, 『북사』(北史), 「서역전」에 파사국(波斯國)에서 호초와 필

---

113 "鳳城來已熟, 羊酪不嫌羶." 『全唐詩』(11), 4085쪽.

114 『漢書』, 729~730쪽.

115 王利器 注, 『顔氏家訓集解』, 196쪽.

116 "山城乳酒下靑雲, 氣味濃香幸見分." 『全唐詩』(7), 2456쪽.

발(華撥)이 생산된다고 하였다.[117] 파사는 당시 페르시아를 말하고 지금의 이란이다. 장건이 서역을 개통한 후에 서역, 페르시아 상인이 중국에 전했다.

호초는 필발(蓽茇), 범어 marica의 역음 메이지((昧履支)라고도 한다. 원산지는 인도, 남아시아, 스리랑카이다. 인도의 마가타국에서 가장 많이 생산되어 호초를 마가다(magadha)라고도 한다. 『후한서』, 「서역전」에 천축국에서 후추가 난다고 하였다.[118] 당대 단성식(段成式)의 『유양잡조』 권18, 「목편」(木編)에 "후추는 마가타국(摩伽陀國)에서 나는데 매리지(昧履支)라고 부른다"라고 하면서 "열매는 한초(漢椒)와 비슷하며 아주 맵다. 요즘 사람들이 서역의 육식 요리를 만들 때는 꼭 사용한다"라고 했다.[119]

후추는 술로 빚을 수 있고, 약으로 쓰이기도 했다. 『제민요술』, 「분국병주」(笨麴并酒)에 진(晉)나라 때 장화(張華)의 『박물지』(博物志)를 인용하면서 후추로 빚은 술을 제조하는 방법을 기록하였다. 춘주(春酒), 생강, 후추와 안석류(安石榴)로 만든다고 하면서 호인(胡人)은 이 술을 필발주(華撥酒)라고 했다고 하였다. 맹선(孟詵)의 『식료본초』(食療本草)에 오장(五臟)이 차서 심장과 배가 아픈데 치료하는 약으로 쓰인다고 하였다.[120]

후추는 당시에 상당히 가격이 비쌌다. 원재(元載)는 환관 이보국(李輔國)에게 빌붙어 동평장사(同平章事)가 되었고 대력 5년(770년)에는 환관 어조은(魚朝恩)을 살해할 모의를 하다가 관직을 팔고 뇌물을 받았는데, 결국

---

117 『北史外國傳譯註』(下), 291쪽. 華撥은 산스크리트어의 pippali(영어의 pepper)를 음역한 말. 『魏書外國傳 譯註』, 178쪽.

118 『後漢書』, 2921쪽.

119 『酉陽雜俎』, 179쪽. 漢椒는 蜀椒를 말하는데, 중국에서 후추를 매운 정도에 따라 다섯 가지로 나누는데, 그 가운데 하나가 漢椒이다. 참고로 다섯 가지는 漢椒 외에 巴椒, 川椒, 南椒, 點椒 등이다. 정환국 옮김, 『역주 유양잡조』(1), 429쪽.

120 孟詵 原著, 張鼎 增補, 鄭金生, 張同君 譯注, 『食療本草譯注』, 44쪽.

대종 대력 12년(777년) 3월에 자결하라는 명이 내려져서 그의 집 장부를 조사했더니 종유석이 5백 냥이나 되어 이를 중서성과 문하대성의 관리에게 나누어 하사했고, 후추가 8백 석이나 되었다고 하였다.[121] 원재 집의 후추가 그의 부의 상징이었던 점으로 미루어 당시 후추의 가격이 아주 비쌌음을 알 수 있다.

파릉(菠薐)은 파채(菠菜), 파사초(波斯草)라고도 하는데 시금치이다. 원산지는 네팔이다. 훗날 중국에 이식되었다. 『당회요』 권100에 태종 정관 21년(647년)에 네팔이 사신을 파견하고 파릉채(波稜菜)를 바쳤다고 했다.[122] 이시진의 『본초강목』에 "방사(方士)는 파사초라고 했다"라고 하였다. 위현(韋絢)의 『유빈객가화록』(劉賓客嘉話錄)에 "파릉은 서국(西國)에서 나는데 어떤 승려가 그 종자를 가져왔다고 한다. 본래 파릉국(頗陵國)의 종자인데 말이 와전되어서 파릉(波棱)이라고 했다"라고 하였다.[123]

중국에서 외국에 전래된 식물도 있는데, 대표적인 것이 생강(生薑)이다. 생강은 중국 남방이 원산지인데 그 조미료와 약용으로 쓰인다. 중세기에 실크로드를 통해 페르시아, 아랍, 비잔틴과 라틴 사람에게 전래되어 약제와 조미료로 사용되었다. 페르시아와 아랍의 의학 서적에도 중요한 약용 식물로 포함되어 있다.

7. 과일

포도(葡萄)는 포도즙 혹은 포도주라는 뜻의 중고(中古) 페르시아어

121 『新唐書』, 「元載傳」, 4714쪽.
122 『唐會要』(下), 2125쪽.
123 『唐五代筆記小說大觀』(上), 798쪽.

batak에서 기원하였다. 『사기』에는 포도(葡陶), 『한서』에는 포도(蒲桃), 『후한서』에는 포도(蒲萄)라고 하였다. 포도가 중국산 과일이라는 주장이 있다. 『주례』, 「지관」(地官) 〈장인〉(場人)에 "장인은 나라의 장포를 관장하는데 나무의 과일, 박, 진귀하고 기이한 열매를 때에 맞추어 따서 저장하였다"라고 하였는데 정현(鄭玄)의 주에 "과일에는 대추와 배, 박에는 박과 표주박, 진귀하고 기이한 열매에는 포도(蒲桃), 비파(枇杷)이다"라고 했다. 이러한 문구 때문에 일부 학자는 중국에 포도가 이미 있었다고 주장한다.[124]

포도는 서역이 원산지이고 중국에는 한나라 때 전래되었다. 당시(唐詩)에도 포도는 서역의 과일이라고 시인들이 읊었다. 이기(李頎)의 「고종군행」(古從軍行)에서 "해마다 전쟁으로 해골이 황무지에 묻히고, 공연히 포도가 중국에 들어오는 것이 보이네"[125]라고 했고, 유우석의 「화령호상공사태원이시중기포도」(和令狐相公謝太原李侍中寄蒲桃)에는 "진귀한 과일이 서역에 나는데, 그 뿌리를 북방에 이식하였네"라고 했다.[126]

포도는 『사기』, 「대원열전」과 『한서』, 「서역전」에 한무제 때 대원(大宛)으로부터 중국에 전래되었다고 하였다. 대원은 지금의 우즈베키스탄 페르가나(Fergana)이다. 포도를 들여온 사신은 장건 아니면 이광리(李廣利) 혹은 다른 누구인지 확실치 않다.

남북조시대에 티베트의 포도주 생산이 흥성하였고, 고창(高昌)과 언기(焉耆) 등지도 포도주의 주요 생산지였다. 『위서』, 「고창전」에 고창은 8개의 성이 있고 모두 중국인이 있으며 대부분 사막지대로 기후는 온난하며

---

124 夏詒彬의 『種葡萄法』에서 한나라 이전에 중국에 포도가 있었고, 場人이란 관직을 설치하였으므로 周代에 이미 포도를 재배했다고 주장하였음. 辛樹幟, 『我國果樹歷史的研究』, 129쪽.

125 "年年戰骨埋荒外, 空見蒲桃入漢家." 『全唐詩』(4), 1348쪽.

126 "珍果出西域, 移根到北方." 『全唐詩』(11), 4090쪽.

토양이 비옥하여 포도주가 많이 생산된다고 하였다.[127] 『주서』, 「이역전」에는 언기국은 민간에서는 포도주를 좋아하고 더불어 음악을 애호한다고 했다.[128] 당대 『유양잡조』 권18에 유신(庾信)이 위나라 사신 울근(尉瑾)에게 말하길, "포도는 본래 대완국(大宛國)이 산지로, 장건이 들여온 것입니다. 황색과 백색, 흑색 등 세 종이 있는데, 제대로 익었을 때 열매가 서로 다닥다닥 붙어 별처럼 달리고 구슬처럼 모여 있지요. 서역에서는 대부분 이것으로 술을 담근답니다. 해마다 조공으로 바쳐와, 한나라 장안에도 적지 않았던 듯합니다"라고 했다.[129]

원진의 「서량기」(西凉伎), 왕한(王翰)의 「양주사」(凉州詞), 유우석의 「포도가」(葡萄歌) 등은 모두 포도주를 읊었다. 포도주라는 단어는 『전당시』에 모두 여덟 차례 등장하며, 포도 자체를 읊은 시는 드물 정도로 포도는 주로 포도주를 빚는 원료로 서역에서 혹은 직접 서역에서 포도주를 들여왔던 것이다.

빈랑(檳榔)은 열대지방에서 나는 과일로 말레이 혹은 인도네시아어의 Pinang의 역음이다. 원산지는 말레이시아와 필리핀이다. 언제 중국에 전해졌는지 명확하지 않다. 양현지(楊衒之)의 『낙양가람기』(洛陽伽藍記) 권2, 「경녕사」(景寧寺)에 당시 양주 사람의 생활습관은 "줄(菰)이나 피로 밥을 삼고 찻물로 음료수를 대신하며 순채국을 후루룩 들이키고 게 속을 쩝쩝거리며 먹는다. 손으로는 두구(荳蔻)를 잡고 입으로는 빈랑을 씹어 먹는다"[130]라고 하여 북조시대 때 이미 중국에 전해졌음을 알 수 있다. 『남제

127 『魏書外國傳譯註』, 110쪽.

128 『周書 · 隋書外國傳譯註』, 122쪽.

129 『酉陽雜俎』, 175쪽. 정환국 옮김, 『역주 유양잡조』(1), 421쪽. 『唐五代筆記小說大觀』(上), 694쪽.

130 양현지 지음, 서윤희 옮김, 『洛陽伽藍記』, 108쪽.

서』(南齊書), 「부남국전」(扶南國傳)에 온갖 사탕수수와 석류 그리고 귤이 나고, 빈랑이 많이 난다고 하였다.[131] 『양서』(梁書) 권54, 「간타리국전」(干陁利國傳)에 간타리국의 풍속은 임읍(林邑), 부남(扶南)과 동일한데 여기에서 나는 빈랑은 특히 정세하고 아름다우며, (해남) 여러 나라 빈랑 중 최고라고 하였다.[132] 간타리국은 지금의 인도네시아 수마트라섬 팔렘방 일대로 Kandari이다.[133]

당대에는 안남(安南)에서 공물로 바쳤다. 『신수본초』에 교주(交州), 애주(愛州)와 곤륜(昆侖)에서 난다고 하였다.[134] 또한 이길보(李吉甫)의 『원화군현도지』(元和郡縣圖志)에도 안남도호부(安南都護府)가 관할하는 13개 주(州), 39개 현(縣)과 32개 기미주(羈縻州)에서 개원 연간에 공작새, 코뿔소 뿔, 앵무새, 금 등 이외에 빈랑을 공물로 바쳤고, 특히 애주에서는 원화 연간, 봉주(峯州)에서는 개원 연간에 공물과 세금으로 모두 빈랑을 바쳤다고 하였다.[135] 『신당서』 권43, 「지리지」에도 안남중도호부(安南中都護府)는 본래 교지군(交趾郡)인데, 공물로 빈랑을 바쳤다고 하였다.[136] 송대 이후에 영남 지역에 이식하여 중국에 광범위하게 재배되었다.

종류도 다양하여 남북조시대 때 도홍경이 말하길, 빈랑 가운데 큰 것은 저빈랑(猪檳榔), 작은 것은 납자(蒳子) 혹은 속칭 빈랑손(檳榔孫)이라고 하는데 모두 먹을 수 있다고 하였다.[137] 당대 식용하던 빈랑은 주로 대복빈랑

131 『南齊書 · 梁書 · 南史外國傳譯註』, 57쪽.

132 『南齊書 · 梁書 · 南史外國傳譯註』, 178쪽.

133 어떤 사람은 말레이반도의 Kedah의 Kadaram의 譯音이라고 주장하고, 또 어떤 사람은 보르네오섬의 金丹(Kintan)이라고도 함.

134 蘇敬, 『新修本草』, 「木部」〈檳榔〉. 尙志鈞 輯校, 『新修本草』, 189쪽.

135 李吉甫 撰, 賀次君 點校, 『元和郡縣圖志』(下), 955~966쪽.

136 『新唐書』, 1111~1112쪽.

137 李時珍 編纂, 劉衡如 劉山永 校注, 『本草綱目』, 「果部」〈檳榔〉, 1227쪽.

(大腹檳榔)이었다. 당대 유순(劉恂)의 『영표녹이』(嶺表錄異), 「일문」(佚文)에 "빈랑이 교주와 광동 지역에 생산되는 것은 박빈랑(舶檳榔)이 아니라 대복자(大腹子)이다. 저 사람들은 대복자를 빈랑이라고 부른다. 교주의 토호는 모두 집안 뜰에 빈랑을 심었는데 그 나무의 가지, 줄기와 뿌리가 광랑(桄榔), 야자(椰子)와 약간 달랐다"라고 했다.[138] 당대의 또 다른 품종은 토빈랑(土檳榔)이었다. 단성식의 『유양잡조』 권10 「물이」(物異)편에 기록하길, "토빈랑은 동굴 속에서 나며 막 자란 것은 여전히 부드럽다. 두꺼비의 분비물이라고 한다. 악성 종기를 치료하는 데 잘 듣는다"라고 하였다.[139] 송대에 이르러 대복빈랑은 보편적인 품종이 되었고, 빈랑의 품종도 다양하였는데, 크고 납작한 것은 대복자라고 한 반면에, 작고 뾰족한 것은 계심반랑(鷄心檳榔)이라고 하였다.[140] 이시진도 대복자는 지금의 광동과 운남 남부에서 나는데 빈랑 중에 배가 크고 납작하며 맛이 떫다고 하였다.[141]

당대에 일반적으로 빈랑 과실은 떫기 때문에 날로 먹지는 않았다. 『신수본초』에 껍질을 벗겨내고 물에 삶아 익힌 후에 다시 불에 볶아 말린 다음에 딱딱해진 과실을 먹을 수 있었는데 소화에 도움을 주었다고 했다.[142] 보통 빈랑 열매를 먹을 때는 부류등(扶留藤) 잎과 합회(蛤灰)를 함께 먹었다. 원진(元稹)의 「송영남최시어」(送嶺南崔侍御)에 "광낭면에 떫은 빈랑을 섞고, 바다의 기운이 어두워지네"[143]라고 하여 『본초강목』에서처럼 빈랑이 떫은맛이었음을 알 수 있다. 이러한 떫은맛을 없애고 식용할 수 있는 방법이 진(晉)나라 때 혜함(嵇含)의 『남방초목상』(南方草木狀)에 기록되어

138 『太平御覽』(4), 4305쪽.
139 『酉陽雜俎』, 99쪽. 정환국 옮김, 『역주 유양잡조』(1), 246쪽.
140 宋代 周去非, 『嶺外代答』 卷8, 292~293쪽.
141 李時珍 編纂, 劉衡如 劉山永 校注, 『本草綱目』, 「果部」 〈檳榔〉, 1230쪽.
142 尙志鈞 輯校, 『新修本草』, 189쪽.
143 "桄榔麵磣檳榔澀, 海氣常昏海日微." 楊軍 箋注, 『元稹集編年箋注』, 564쪽.

있다.[144] 빈랑 껍질을 벗겨내고 삶아서 익히면 마른 대추처럼 단단해지는데 부류등과 고분회(古賁灰)와 함께 먹으면 부드럽고 맛있다고 하였다.[145]

당대의 빈랑(檳榔)은 첫째, 손님 접대용이었다. 빈랑으로 손님을 접대하는 풍습은 남방에서 시작되었다. 이시진은 그 이유에 대하여 빈랑(檳榔)의 각 글자의 목부(木部)를 제거하면 빈(賓)과 낭(郎)은 손님을 귀하게 여기는 호칭이기 때문이라고 하였다. 진나라 때 편찬된 『남방초목상』에 임읍(林邑) 사람은 빈랑을 귀하게 여겨 혼인할 때 하객들에게 반드시 먼저 빈랑을 내놓는다고 하였다.[146] 당대에 이르러 빈랑으로 손님을 접대하는 전통을 계승하였다. 『신당서』, 「남만열전」에 진랍(眞臘)은 일명 길멸(吉蔑)이라고도 하는데 원래 부남(扶南)의 속국이라고 하면서 "손님이 오면 빈랑, 용뇌, 향합(香蛤)을 대접했다"라고 하였다.[147] 이러한 손님 접대를 위한 빈랑은 동남아시아의 빈랑이 생산되는 나라들에서는 또한 구혼의 예물이었다. 『신당서』, 「남만열전」에 반반국(盤盤國) 동남쪽의 가라(哥羅)의 풍습에 시집가고 장가들 때 빈랑을 혼인의 예물로 보냈는데 많게는 2백 접시나 되었다고 했다.[148] 손님 접대뿐만 아니라 제사상에도 올렸다. 『남사』(南史)에 왕억(王嶷)이 임종할 때 아들을 불러 당부하길, 3일 동안 장을 지내는데 오직 향불만 피우고 접시에 물을 담아 놓고 건반(乾飯), 술, 육포와 빈랑만을 놓으라고 했고, 삭망 때는 채식 한 접시와 과일만 올려놓으며 이밖에 모두를 생략하도록 했다고 한다.[149] 왕억의 제사는 아주 간략했는데 빈랑만은 제사상에 올렸던 것으로 보아 빈랑은 귀족의

---

144 嵇含 撰, 『南方草木狀』, 37~38쪽.
145 繆啓愉, 繆桂龍, 『齊民要術譯注』, 742쪽에서 인용하였음.
146 嵇含 撰, 『南方草木狀』, 37~38쪽.
147 『新唐書』, 「南蠻列傳」(下), 6301쪽.
148 『新唐書』, 「南蠻列傳」(下), 6300쪽.
149 『南史』, 「劉豫章文獻王嶷傳」, 1066쪽.

음식이었음을 알 수 있다.

당대에 빈랑은 약으로 사용되었다. 『태평어람』 권971에 인용한 『광지』(廣志)에는 음식을 소화시키는 효능이 있다고 하였다.[150] 『남사』(南史), 「유목지전」(劉穆之傳)에 유목지가 빈한할 때 처형의 집에 기거하였는데 식사가 끝난 후에 빈랑을 찾으니 강씨(江氏) 형제들이 유목지를 희롱하길, 빈랑은 소화를 잘 시켜 항상 배가 고파지니 어찌 빈랑을 꼭 먹으려고 하느냐고 했다. 유목지가 출세한 후에 금 접시에 빈랑을 담아 처형에게 선사했다.[151] 이러한 전고(典故)는 후에 벼슬길이 순조로워 출세하다는 비유로 쓰였다.

페르시아 대추는 원산지가 페르시아이다. 굴망(窟莽), 골망(鶻莽), 본노(本奴), 고로마조(苦魯麻棗), 조진(棗榛)이라고도 하는데 모두 페르시아어 khurma의 역음이다. 대추 조(棗)는 회의자(會意字)로 대추나무에 가시가 있어 가시 극(棘)이지만 키가 커서 조(棗)라고 하였다. 『시경』(詩經), 「위풍」(魏風) 〈원유도〉(園有桃), 「빈풍」(豳風) 〈칠월〉(七月), 『전국책』, 「연책」(燕策), 『사기』, 「화식열전」(貨殖列傳)과 『한서』, 「화식전」(貨殖傳) 등과 같은 선진 시기의 문헌에 이미 자주 언급되었다. 당대 이전에 여러 품종이 배양되었는데, 『이아』(爾雅)에 11개의 대추 종류를 열거하였다.[152] 한대 『서경잡기』(西京雜記)에 한무제 상림원(上林苑)에 7종류를 심었고, 진나라 곽의공(郭義恭)의 『광지』(廣志)에 24종류, 『제민요술』에 45종류로 늘어났다. 당대의 대표적인 품종은 화조(火棗), 제조(齊棗), 산조(酸棗), 계심조(鷄心棗)가 있는데 이밖에 외국에 전래된 해조(海棗)도 있다. 해조는 『남방초목상』에 5년에 한 번 열매를 맺고 과실이 크며 그 맛이 달다고 하였고, 당대 진장기(陳藏

150 『太平御覽』(4), 4305쪽.

151 『南史』, 「劉穆之傳」, 427쪽.

152 『爾雅』, 「釋木」, 159쪽.

器)의 『본초습유』(本草拾遺)에 무루자(無漏子)라고 했다.[153] 또한 『유양잡조』에는 파사조(波斯棗), 즉 페르시아 대추라고 했는데, 페르시아에서 나고 페르시아에서는 굴망(窟莽)이라고 부르며 2월에 꽃이 피는데 파초 꽃과 비슷하며, 열매가 익으면 씨는 검어져 마른 대추처럼 되고, 맛이 엿처럼 달아 먹기에 좋다고 하였다.[154] 한대 이후 당대까지 안식과 파사는 토산 공물로 중국에 바쳤는데, 『위서』, 「서역전」, 『주서』(周書), 「이역전」(異域傳), 『수서』와 『구당서』, 「서역전」의 '천년조'(千年棗), '만년조'(萬年棗)는 바로 페르시아 대추를 가리킨다.[155] 당나라 때 페르시아 대추는 페르시아에서 페르시아 상인을 통해 중국에 전래되었다.

올리브는 중국어로 감람(橄欖)이라고 한다. 감람은 『옥편』(玉篇), 「목부」(木部)에 "감(橄)은 감람인데 과실나무이고 교지(交趾)에서 난다"라고 했다. 중국에서는 광동과 복건에서 가장 많이 재배된다. 한대에 이미 감람을 재배하였다. 『삼보황도』(三輔黃圖)에 의하면 한무제 원정(元鼎) 6년(기원전 117년)에 남월을 격파하고 부여궁(扶荔宮)을 세웠으며 기이한 풀과 나무, 예를 들면 용안(龍眼), 여지(荔枝), 빈랑, 감람, 천세자(千歲子), 감귤 등 백여 그루를 심게 했다고 하였다.[156]

중국이 원산지인 토종 감람은 해남도(海南島)에서 생산된다. 과육이 작고 쓰고 떫고 시며 짠맛이 난다. 8세기 이후 당대에 지중해 연안이 원산지인 감람이 실크로드를 통해 페르시아를 경유하여 중국에 전해졌다.[157]

---

153 劉衡如, 劉山永 校注, 『本草綱目』, 1232쪽.

154 『酉陽雜俎』 卷18, 「木篇」, 178쪽. 정환국 옮김, 『역주 유양잡조』(1), 428쪽.

155 元末 陶宗儀의 『南村輟耕錄』 卷27, 「金果」에 "泉州의 萬年棗 나무는 외국의 유명한 苦魯麻棗 대추나무이다"라고 하여 이것이 페르시아 대추를 중국에 移植한 유일한 기록임. 陶宗儀 撰, 文灝 點校, 『南村輟耕錄』, 369쪽.

156 何清谷 校注, 『三輔黃圖校注』, 195~196쪽.

157 佟屏亞, 『果樹史話』, 360쪽.

토종 감람과 구분하기 위해 외국산 감람은 제돈과(齊墩果)라고 했다. 『유양잡조』 권18에 제돈수(齊墩樹)는 파사국, 즉 페르시아와 불림국(拂林國)에서도 나는데, 꽃은 유자꽃과 비슷하며 향이 매우 짙고 열매는 양도(楊桃)와 비슷하며 5월이면 익고, 서역 사람들은 이 열매를 압축하여 기름을 짜 병과(餠菓)를 튀길 때 쓴다고 했다.[158]

당대에 감람을 밀전(蜜餞)으로 만들기 시작했다. 맹선의 『식료본초』에 꿀에 재면 아주 달다고 하였다.[159] 또 『유양잡조』에 당현종이 안록산에게 하사한 식품 가운데 여감전(餘甘煎)이 있다.[160] 이 여감전은 여감자(餘甘子)로 만든 것으로 여감자는 『제민요술』에 『임해이물지』(臨海異物志)를 인용하면서 감람이라고 하였다.[161]

감람은 술 해독 기능이 있다고 한다. 『광지』에 "감람이 커서 계란과 같고, 교주에서는 술로 빚어 마신다"라고 했고, 유순의 『영포녹이』에 "즙을 마시면 술독을 해소할 수 있다"라고 하였다.[162] 음주 후에 술 해독에 감람의 즙이 효과가 있음을 알 수 있다.

복숭아 도(桃)자는 『전당시』에 모두 1,614차례 언급되었다. 복숭아는 중국에 재배의 역사가 길다. 절강 하모도(河姆渡) 유적지에서 복숭아씨가 출토되었다.[163] 『시경』에도 언급되었고, 한대에 편찬된 『서경잡기』에 한무제의 상림원에 복숭아 종류가 10종류나 있다고 했다. 『낙양가람기』 권

---

158 『酉陽雜俎』 卷18, 「木篇」, 179쪽. 楊桃는 五斂子라고도 하는데, 새콤달콤한 맛이 나는 별 모양의 열매로 중국에서는 남해 지역에서 생산됨. 정환국 옮김, 『역주 유양잡조』(1), 429쪽.

159 橄欖을 橄棪 또 青果라고도 함. 孟詵 著, 鄭金生, 張同君 譯注, 『食療本草譯注』, 59쪽. 복어의 간과 알을 먹고 중독되었을 때, 감람을 삶은 즙을 먹으면 해독할 수 있다고 하였음.

160 『酉陽雜俎』 卷1, 「忠志」, 3쪽.

161 繆啓愉, 繆桂龍, 『齊民要術譯注』, 750쪽과 주석 6.

162 『太平御覽』(4), 4309쪽.

163 浙江博物館, 「河姆渡發見原始社會重要遺址」, 『文物』, 1976年, 8期.

1, 「건춘문」(建春門)에 "선인도(仙人桃)도 있다. 붉은색으로 속과 겉이 모두 투명하였고 서리가 내리면 익었다. 이 복숭아 또한 곤륜산에서 난다고 하고, 또 서왕모의 복숭아라고도 하였다"라고 했다.[164] 전설의 여신 서왕모가 산다는 곤륜산에 자라는 복숭아를 말하는데 서왕모(西王母)가 이 복숭아를 먹고 불로장생했다고 전한다.

당대에 외국에서 전래된 복숭아가 있는데, 『신당서』, 「서역열전」에 태종 정관 5년 이후 사자(獅子)를 바친 후로 "해마다 조공으로 금도(金桃), 은도(銀桃)를 바쳤는데 태종이 조서를 내려 궁궐 정원에 심게 했다"라고 하였다.[165] 금도는 황도(黃桃)라고도 하는데, 『책부원구』(册府元龜) 권970에 "강국(康國)이 황도를 바쳤는데 크기가 거위 알과 같고 황금색이어서 금도라고 했다"라고 하였다.[166] 금도와 은도는 그 색깔 때문에 붙여진 이름인데 금도는 황금색, 은도는 백색 혹은 우유색이다.

석류는 안석류(安石榴)라고도 하는데, 어원은 이란어의 arsak이다. 안석(安石), 즉 고대 중앙아시아의 안식(安息)은 원래 페르시아의 하나의 행정 지역이었다. 석류의 원산지는 중앙아시아의 이란, 아프가니스탄 일대이다. 한대부터 석류가 중국에 전래되었다. 『초학기』(初學記) 권28에서 인용한 진나라 장화의 『박물지』에 한무제가 장건을 서역에 사신으로 보냈는데 장건이 귀국할 때 안석류, 호도(胡桃), 포도(蒲桃)를 가지고 왔다"라고 했다.[167] 『서경잡기』 권1에 한무제의 상림원에 안석류가 있다고 했다.[168]

중국에서 배양한 석류 가운데 가장 흔한 품종이 열매가 단 것과 신 것

164 양현지 지음, 서윤희 옮김, 『낙양가람기』, 69쪽.

165 『新唐書』, 6244쪽.

166 『册府元龜』, 12册, 11400쪽.

167 徐堅 等輯, 韓放 主校點, 『初學記』(下卷), 476쪽.

168 劉歆 지음, 葛洪 엮음, 김장환 옮김, 『서경잡기』, 92쪽.

두 종류이다. 산석류(山石榴)는 백거이의 「산석류기원구」(山石榴寄元九)에 "산석류는 일명 산척촉(山躑躅)이라고 하며, 일면 두견화(杜鵑花)라고도 한다"라고 했다.[169] 또 해류(海榴)라는 품종도 있었는데, 이백의 「영린여동창해석류」(咏鄰女東窗海石榴)에서 "산동 여자 동쪽 창문 아래에서 바라보니, 해류는 세상에서 희귀한 것이네"라고 했다.[170]

석류는 고대 중국에서 진귀한 과일로 손님을 접대하거나 제사를 지낼 때 사용되었다. 석류의 맛은 좋으나 생산량이 옛날에는 많지 않아 사람들이 귀한 과일로 여겼다. 하나의 석류에 많은 씨를 가지고 있어 자손의 번창, 다복(多福), 길조의 상징이었다.

가여륵(訶黎勒)은 과실나무로 원산지는 인도, 대식국, 페르시아이다. 범어 haritaki, 페르시아어 halila의 역음이다. 중국인은 가자(訶子)라고 불렀다. 당대 이순(李珣)의 『해약본초』(海藥本草)에 "가여륵의 껍질은 감기, 속살은 눈 통증 치료에 효과가 있다. 페르시아인은 가여륵, 대복자가 있으면 배를 방어하는데 걱정하지 않는다. 혹 큰 물고기가 끈끈한 액체를 흘리면 배가 앞으로 나아가지 못할 때 이것을 삶아 그 액체를 씻어내면 물로 변한다. 기관지염 치료에 효력이 있다"라고 했다. 이시진의 『본초강목』에 소염제와 설사약으로 쓰인다고 하였고, 또한 "고선지(高仙芝) 장군이 대식국에서 가여륵을 얻었는데 길이가 3장(丈)이었다. 배에 놓고 문질렀더니 배가 아프더니 설사를 10여 차례 하였다. 후에 대식국의 원로에게 물으니, 그 원로가 말하길, 이것을 사람이 휴대하면 일체의 병이 없어지고 설사를 하면 몸의 나쁜 것들이 다 배출된다고 했다"라고 했다.

반노장수(槃砮穡樹)는 『유양잡조』 권18에 파사국, 즉 페르시아와 불름

---

169 "山石榴, 一名山躑躅, 一名杜鵑花." 『全唐詩』(13), 4815쪽.

170 "魯女東窗下, 海榴世所稀." 張虎剛 點校, 『廣群芳譜』 卷第28, 「花譜」 〈石榴花〉, 663쪽.

(拂菻), 즉 동로마제국이 원산지로 불름국 사람들은 '군한'(群漢)이라고 부른다고 하면서 꽃은 귤꽃처럼 생겼으며 흰색이고, 열매는 푸른색이며 크기는 멧대추만하여 맛이 달고 기름져서 먹을 만한데, 사역 사람들은 이것을 눌러 기름을 짜 몸에 발라 피부병을 치료한다고 하였다.[171]

편도(扁桃)는 원산지가 페르시아와 중앙아시아이다. 페르시아어로는 파담수(婆淡樹)이다. 『유양잡조』에 잎이 복숭아나무와 비슷하지만 더 넓고 크며 3월에 흰 꽃이 피고 열매도 복숭아와 비슷한데 납작하기 때문에 편도라고 부르며, 과육은 쓰고 떫어 먹을 수 없지만, 그 안의 씨는 아주 달아 서역의 여러 나라에서는 매우 귀하게 취급한다고 하였다.[172]

사라수(娑羅樹)는 서역과 인도가 원산지이다. 당대 천보 2년(743년)에 진사 급제한 후 서역을 지킨 장위(張謂)는 「진사라수지상」(進娑羅樹枝狀)에서 사라수는 서역의 발한나국(拔汗那國)에서 자라는데 특별히 기이하고 빼어난 나무로 뻗어 나온 줄기는 단단하기가 소나무나 전나무에 손색이 없어 관리를 보내 이 나무의 가지 2백 개를 끊어오게 했고, 이것으로 장락궁(長樂宮)에 뿌리를 내리고 건장궁(建章宮)에서 싹을 틔울 수 있을 것이라고 했다.[173] 발한나국은 페르가나(Fergana), 지금의 우즈베키스탄에 있었고 포도와 명마(名馬)로 유명했다. 사라수는 이때 중국에 이식되었다고 전한다.

파나사수(婆那娑樹)는 파라밀(婆羅蜜)이라고도 하는데 과실이다. 원산지는 인도이다. 후에 페르시아, 동로마제국, 안남에 전해졌다. 『유양잡조』에는 파사국, 즉 페르시아와 불름국에서 나는데 아부타(阿蔀嚲)라고 부른

171 『酉陽雜俎』 卷18, 178~179쪽. 정환국 옮김, 『역주 유양잡조』(1), 429쪽.

172 『酉陽雜俎』 卷18, 178쪽. 정환국 옮김, 『역주 유양잡조』(1), 428쪽.

173 巴陵에 있는 어떤 절의 僧房 평상 아래에서 느닷없이 한 그루 나무가 자라났는데, 베어내도 다시 베어낸 만큼 커져 외국의 승려가 이를 보고 娑羅라고 했음. 정환국 옮김, 『역주 유양잡조』(1), 418~419쪽.

다고 하면서 껍질은 청록색이고 잎은 아주 반질반질하며, 겨울이나 여름철에도 시들지 않으며, 꽃이 피지 않고 열매가 열리는데, 그 열매는 나무줄기에서부터 나오고 크기는 동과(冬瓜)만 한데 껍질에 싸여 있으며, 껍질에는 가시가 나 있고, 과육은 아주 달아서 먹기에 좋으며, 씨는 대추만 한데 열매 하나에 수백 개가 들어 있고, 씨 속은 밤처럼 누렇고 볶아서 먹으면 아주 맛이 있다고 하였다.[174] 안남에서는 낭가결(囊伽結)이라고 한다.

8. 말

말은 고대국가의 흥망성쇠에 깊은 관계가 있었다. 특히 한무제의 경우 흉노와 전쟁에서 말은 중요한 전쟁수단이었다. 당대에 이르러 조정은 말을 국가의 전쟁에 필수적인 무기 자원으로 여겼다. 『신당서』에 "말은 국가의 전쟁 무기이고 하늘이 내려준 것으로 국가의 흥망과 관계가 깊다"라고 했다.[175]

역대 중국의 왕조는 말의 조달과 방목에 많은 인력과 자금이 동원되었다. 변방 유목민 가운데에서 준마를 구매하여 서역의 말들이 중국에 수입되었고 중원에서의 군사와 경제 활동에 중요한 목축 자원이 되었다. 서역 지역에서 말의 방목 방법을 도입하고 교배를 통한 우수한 말 종류의 개량이 이루어졌다.

당대 서역에서의 말 수입의 시작은 강국(康國)에서부터였다. 『당회요』에 "강국의 말은 강거국(康居國)의 말로 대원(大宛)의 말 품종이고 몸이 컸

174 『酉陽雜俎』 卷18, 178쪽. 정환국 옮김, 『역주 유양잡조』(1), 48쪽. 『唐五代筆記小說大觀』(上), 696~697쪽.

175 『新唐書』 卷36, 「五行志」, 952쪽.

다"라고 했다.[176] 강국은 무덕 7년(624년), 개원 12년(724년), 천보 3년(744년)과 9년(750년)에 말을 공물로 바쳤다.[177] 이밖에 계빈국(罽賓國)은 정관 11년(637년), 소륵(疏勒)은 정관 9년(635년), 안국(安國)은 개원 14년(726년)과 15년(727년) 그리고 천보 9년(750년), 발한나(拔汗那)는 개원 29년(741년), 석국(石國)은 천보 5년(746년)과 6년(747년), 사국(史國), 조국(曹國), 미국(米國)은 함께 천보 3년(744년), 골돌국(骨?國)은 개원 7년(729년)과 21년(733년) 그리고 천보 5년(746년)과 9년(750년), 골리간국(骨利幹國)은 정관 21년(647년)에 각각 말을 공물로 바쳤다.[178]

대식국(大食國)이 말을 공물로 바친 때는 성당 시기였다. 개요(開耀) 원년(681년), 장안 원년(701년)과 3년(703년), 개원 원년(713년)과 12년(724년) 그리고 천보 3년(744년)과 12년(753년)이었다.[179]

성당 시기에는 초당에 비해 말의 수입이 감소하였는데 이것은 토번이 하서주랑(河西走廊)을 점령하여 서역의 말이 중국에 수입될 수가 없어서 덕종 정원 3년(787년)에는 "변방의 장군이 말이 모자란다고 보고를 하였으나 이에 말을 줄 수가 없었다." 그래서 좌산기상시(左散騎常侍) 이필(李泌)이 덕종에게 상서를 올려 "북쪽으로는 회흘(回紇)과 화해하시고 남쪽으로는 운남(雲南)과 통하시며 서쪽으로는 대식, 천축과 맺으시기를 바라는데, 이와 같이 하면 토번은 저절로 어려워져 말 역시 쉽게 이를 것입니다"라고 하였다.[180]

사서에 기록된 대식국이 바친 '양마'(良馬)는 당시로는 얻기 어려운 순

176 『唐會要』 卷72, 「諸蕃馬印」, 1547쪽.

177 『唐會要』 卷99, 「康國」, 2105~2106쪽.

178 『玉海』 卷154, 「唐罽賓獻名馬貢寶帶疏勒獻名馬」, 『册府元龜』 卷971, 「外臣部」 〈朝貢〉, 『唐會要』 卷99, 「石國」, 『舊唐書』 卷3, 「太宗本紀」.

179 『册府元龜』 卷970, 971, 「朝貢」, 『四庫全書』(文津閣本), 第305册, 115~120쪽.

180 『資治通鑑』 卷233, 권중달 역, 『資治通鑑』(24), 505~506쪽.

수한 아랍 말이었기 때문에 당대에 아랍 말에 대한 전설이 생겨났다. 만년설이 뒤덮인 돌궐의 북쪽 산악지역에 준마가 있는 교마국(驕馬國)[181] 이 있다거나, 먼 대식국의 말은 사람의 말을 알아듣는다고 했다.[182] 진인각(陳寅恪)은 기마술은 호인이 발명하였고 적을 정탐하거나 적진을 뚫고 들어가는데 말이 최대의 무기로 오늘날의 전투기, 탱크와 같은 효력을 가졌으며 기병은 보병보다 빠른데 중국의 말은 호마(胡馬)보다 우수하지 못하여 한무제가 준마를 구하려고 하였다고 하면서, 당대 전쟁에서의 공은 호마와 한족 말과의 교배종 호마와 밀접한 관계가 있고, 호인에게서 말을 타면서 활을 쏘는 방법을 배우고, 호인 혈통을 가진 사람에게 호마의 방목을 맡겨야 한다고 했다.[183]

서역의 준마는 서역 지역의 돌궐족과의 호시(互市)를 통해 중국에 수입하기도 했다. 이러한 말은 우수한 아랍 말이나 중앙아시아 말은 아니고 중앙아시아 초원의 야생마와 아랍 말과의 교배종이었다. 이 가운데 돌궐의 말이 가장 우수했다. 서역의 돌궐 말은 당나라 말 공급원 중에 가장 중요했다. 『당회요』에 "돌궐의 말은 재주가 뛰어나고 근육과 뼈가 알맞으며 아주 멀리 달릴 수 있고 수렵에도 이보다 더 좋은 말은 없다"라고 했다.[184] 말 전문가에 의하면, 투르코만(Turkoman) 혹은 돌궐(Turki) 말은 터키스탄(Turkestsn)이란 지명에서 왔지만 주로 페르시아, 메소포타미아와 소아시아이다. 돌궐 말은 여러 종이 있는데 그 가운데 가장 우수한 품종은 아랄해(Aral) 남부와 시르다리야강(Sir Daria) 혹은 옥서스(Oxus)에 서식한다. 이 말의 신체는 손바닥으로 15~16뼘 정도 되고 강인한 인내력을 지녔다. 돌

181 『新唐書』 卷217, 「回鶻傳」, 6146쪽.

182 『酉陽雜俎』 卷10, 98쪽.

183 『金明館叢稿初編』, 269쪽.

184 『唐會要』 卷72, 「諸蕃馬印」, 1547쪽.

궐 말의 특징은 머리가 크고 콧잔등이 높으며 어미 양의 목과 같고 몸이 섬세하며 사지가 가늘다. 비록 색깔이 밤색과 회백색이지만 간혹 검은색에 발목만 흰 것도 있다. 돌궐 말의 속도와 아름다운 신체로 볼 때 아랍 말과 본토 말과의 교배종인 것을 알 수 있다고 하였다.[185]

안사의 난 이후에 당 조정은 서역에서 다량의 말을 수입하였지만 회흘의 안사의 난 진압 때 세운 공로 때문에 견마 무역에서 불평등한 거래가 이루어졌다. 회흘은 건원 연간 이후에 해마다 호시에 와서 말 한 필과 비단 40필을 맞바꾸었는데 수만 필의 말을 살 수 있는 비단을 동원하였기 때문에 당나라의 재정을 고갈시켰고, 해마다 말 값 지불이 큰 부담이 되었다.[186] 덕종 정원 원년(785년), 당 조정은 회흘에게 말 값으로 비단 30만 필을 지불했고, 문종 때(827~840년)는 50만 필에 달했다. 여하튼 당 조정은 회흘을 통해 서역의 우수한 말을 수입하였고 그들과 우호적인 관계도 맺을 수 있다.

천보 원년(742년)에 군이 설치되었고 지덕 원년(756년)에 도독부로 승격된 영무(靈武)에서부터 회흘의 가한 본영의 장막인 아장(牙帳)에까지 도로에 역참을 설치하여 왕래를 편리하게 하였으며 말 수송도 원활하게 되었다. 당나라와 회흘의 견마 호시의 거래량이 많아졌기 때문에 수입한 서역의 말은 부분적으로 회흘 이외에 대부분 중앙아시아와 서아시아에서 수입되었다.

당나라 초기의 국가 말 관리 기구는 9시(寺) 가운데 태복시(太僕寺)와 상서성(尙書省) 6부(部) 가운데 병부(兵部) 소속의 가부(駕部)였다. 태복시의 장관은 태복경(太僕卿)으로 종3품이고 차관인 태복소경(太僕少卿)은 2인을

---

185 R. Lyderker, *The Horse and Its Relatives*, New York, 1912, p. 148.

186 『新唐書』 卷51, 「食貨志」, 1348쪽.

두었다. 태복경의 임무는 구목(廏牧), 거여(車輿)에 관한 정령을 관장하고, 승황서(乘黃署), 전구서(典廏署), 전목서(典牧署), 거부서(車府署) 및 감(監), 목(牧)의 관속을 통솔하는 것이다.[187] 가부의 장관은 낭중(郎中)으로 종5품상이고 차관은 원외랑(員外郎)인데, 임무는 나라의 여련(輿輦)과 거승(車乘), 전국의 전(傳)과 역(驛), 그리고 구(廏)와 목(牧)에서 기르는 관(官), 사(私)의 말과 소와 잡축(雜畜)의 장부를 관장하고, 그 증감과 망실(亡失)에 관한 법령을 갖추어두며, 그 종류와 수량을 관리하는 것이었다.[188] 이밖에 상승국(尙乘局)이 있었는데 상승국의 직접적인 상급기관은 전중성(殿中省)이고 전중성의 수장은 전중감(殿中監)이었다. 또 황태자의 수레와 말, 의장을 담당한 태자복시(太子僕寺)가 있었는데 이 기구는 동궁(東宮)의 말 관리, 사용과 사육을 책임졌고 전문 목장도 관할하였다.

사서에 기록하길, "정관 15년(641년)에 상승국(尙乘局)은 어명을 받들어 장만세(張萬歲)를 태복소경에 제수하고 군목(群牧)을 담당하게 했지만 실제 관직은 아니었고, 인덕(麟德) 원년(664년) 12월에 관직을 벗었다"라고 했다.[189] 태복소경은 군목을 담당하는 직책은 아니지만 실제적으로 당대 최초의 전문적으로 말을 관리하는 관원이었다. 장만세부터 말의 방목을 담당하는 일을 담당한 관리가 출현하였지만 제도화되지는 않았다. 얼마 후에 "태복소경 선우광속(鮮于正俗)이 농우(隴右)의 군목(群牧)을 조사하였는데 비록 관직은 있었지만 군목사를 설치하지는 않았다."[190] 명목상으로는 태복이 군목을 관리하였다고 하였기 때문에 별도로 관직을 설치하였음을 알 수 있다. "의봉(儀鳳) 3년(678년) 10월, 태복소경 이사문(李思文)은

187 『唐六典』 卷17, 「太僕寺」, 김택민 주편, 『역주당육전』(중), 502쪽.
188 『唐六典』 卷5, 「兵部駕部」, 김택민 주편, 『역주당육전』(상), 535쪽.
189 『唐會要』 卷66, 「群牧使」, 1353~1354쪽.
190 『唐會要』 卷66, 「群牧使」, 1354쪽.

농우의 목감사(牧監使)를 조사하여 이때부터 사(使)라고 부르게 되었다"라고 했다.[191] 태복과 군목은 실질적으로 이미 완전히 분리되어 군목사는 태복과 관계가 없었다. 장만세로부터 시작된 말의 방목은 담당 관원이 전문화되면서 하나의 제도로 완성되었다.

서역에서 수입한 말은 모두 정부의 방목장인 감목(監牧)에서 수용하였다. 『신당서』에

> 말은 군사용이었고, 감목은 서역의 말이었기 때문에 근래에 그 제도를 만들었다. 당나라가 건립되었을 때 돌궐의 말 2천 필을 얻었고 또 수나라의 말은 적안역(赤岸驛)에서 3천 필을 얻었다. 이 말들을 농우(隴右)로 옮겨 감목이 이때부터 설치되었다.[192]

라고 했다.

당 조정의 감목은 태복시(太僕寺)에 속했다. "감목은 양과 말이 통과한 기록이 적힌 장부를 해마다 받아 모으는 일을 맡았다." 관리 관원을 살펴보면, 목감을 상중하로 나누어 그 밑에 각각 부감(副監), 승(丞), 주부(主簿), 녹사(錄事), 부(府), 사(史), 전사(典事), 장고(掌固)를 두었다. 목감은 황실에서 설치했고 관품은 종5품하에서부터 종9품하였다. 목감은 황실에서 설치했고, 목감은 말의 방목, 번식과 등급을 매기는 일을 맡았다. 말 5천 필 이상은 상감(上監), 3천 필 이상은 중감(中監), 천 필 이상은 하감(下監)이 맡았다. 말 무리에는 목장위(牧長尉)가 있고, 말에는 좌감(左監)과 우감(右監)이 있어 우수한 말과 그렇지 않은 말을 선별하는 일을 맡았고 그

191 『唐會要』 卷66, 「群牧使」, 1354쪽.

192 『新唐書』 卷50, 「兵志」, 1337쪽.

수를 세어 장부에 기록하였으며 세마(細馬)는 좌(左), 조마(粗馬)는 우(右)라고 했다. 모든 방목장은 동서남북 네 사(使)로 나누어 관할했는데, 말들은 모두 도장을 찍었고 매년 말에 감목사(監牧使)는 순찰하여 새끼의 수에 따라 그 공적과 죄를 조사했다.[193] 그런데 말의 도장은 서로 달라 말의 나이, 유형, 품질과 상태 그리고 주인의 신분 등을 알 수 있었다.

> 망아지는 작은 관(官)자를 말의 오른쪽 어깨, 나이는 오른쪽 넓적다리, 소속 감(監)의 이름을 좌우 꼬리 측에 찍었다. 두 살부터 등이 강약을 헤아리게 되어 점차 비(飛)자를 오른쪽 어깨, 세마(細馬)와 차마(次馬)는 모두 용의 형체를 목 좌측에 찍기 시작한다. 탈 사람에게 보내는데(送尙乘者?) 꼬리 측 좌우에 삼화(三花), 나머지 잡종 말은 치상승자(齒上乘者) 풍(風)자를 왼쪽 어깨, 비(飛)자를 왼쪽 넓적다리에 찍었다. 도장을 찍은 후에 간습별소자(簡習別所者), 각기 새로 편입된 감(監)의 이름을 왼쪽 뺨에 찍었다. 관마(官馬)를 남에게 하사하면 사(賜)자를 찍고, 군대와 역참에 충당되어 송출될 때는 출(出)자를 오른쪽 뺨에 찍었다.[194]

또 서역의 말에 찍는 도장도 나라와 부락에 따라 달라서 특수 기호로 표시하였다.[195]

호마(胡馬)는 내몽고, 몽고와 서시베리아 지역의 골리간마(骨利干馬), 결골마(結骨馬), 실밀마(悉密馬) 등 북부에서 28종, 청해, 감숙, 영하, 신강에서부터 중앙아시아와 서아시아 일대의 갈라목마(葛邏祿馬), 강국마(康國馬), 계필마(契苾馬) 등의 서부에서는 34종, 동북과 한반도 동북에서 거란마(契丹馬), 발해 말갈마(靺鞨馬), 신라 과하마(果下馬), 백제 과하마, 신라

193 『舊唐書』 卷44, 「職官志」(3), 1883쪽.

194 『唐會要』(下), 卷72, 「諸監馬印」, 1545~1546쪽. 印馬란 말을 購買한다는 뜻임.

195 『唐會要』(下), 卷72, 「諸監馬印」, 1546~1547쪽.

소마(小馬), 고려마(高麗馬) 등 8종, 운남, 티베트, 인도 서남에서 천축마(天竺馬), 토번마(吐蕃馬), 남조마(南詔馬) 등 3종의 말이 수입되었다. 호마를 수입하는 방법은 주로 호시를 통해서 호시감(互市監)이 책임을 졌고 또 시마사(市馬使)와 인납사(印納使)를 별도로 설치했다.

정관 15년(641년)에 당태종은 서돌궐의 엽호가한(葉護可汗)을 책봉하는 기회에 사람을 시켜 비단을 가지고 여러 나라에 가서 말을 구입하게 했다. 이때부터 호마를 구입하는 전문 관리를 각국에 파견하여 호마를 구입하였다. 예를 들면, 쿠차에 가서 말을 구입했고, 비단을 가지고 석국(石國)에 가서 말을 구입하기도 하였다.[196] 개원과 천보 연간에 말을 구입하는 관원은 항상 환관이 담당하였는데, 환관 유원상(劉元尙)은 대식시마사(大食市馬使), 골리간시마사(骨利干市馬使)의 관직으로 아랍과 서시베리아 일대에 가서 말을 구입하였다.[197] 변방을 지키는 장군도 호마를 구입할 수 있었다. 하서(河西), 농우 절도사 왕충사(王忠嗣)가 되었는데 그가 "처음에 하동(河東)과 삭방(朔方)에 있으면서 매번 호시(互市) 때마다 말의 가격을 올려서 여러 호족들이 이를 듣고 다투어 당(唐)에 말을 팔았고 왕충사는 모두 이를 샀다. 이로 말미암아 호족(胡族)은 말이 적어졌고 당의 병사들은 더욱 튼튼해졌다.[198]

당나라 정부는 호마를 구입할 때 교환하는 상품으로 비단, 금은, 차 등이었지만 비단이 주요 상품이어서 견마 무역이 당대 말 구입의 주요 형식이었다. 당나라 전반기 때는 견마 무역의 대상은 돌궐족이었다. 당나라가 돌궐의 말을 구입하고 돌궐족에게는 비단을 주었다.[199] 당고조 이연이 태

196 『全唐文』 卷174, 「郎將侯珪使西域市馬」, 780쪽과 卷269, 「諫停市犬馬表」, 1208쪽.
197 『全唐文』 卷403, 「劉府君墓志」, 1822쪽.
198 『資治通鑒』 卷215, 天寶 5年, 권중달 옮김, 『資治通鑒』(23), 53쪽.
199 『全唐文』 卷40, 「賜突厥璽書」, 189쪽.

원(太原)에서 군사를 일으킬 때 사마(司馬) 유문정(劉文靜)을 돌궐의 시필가한(始畢可汗)에게 파견하고 후원을 부탁하였는데, 시필가한은 특근(特勤) 강초리(康稍利)를 이연에게 파견하여 말 천 필을 바쳤고, 강군(絳郡)에 모여 또 2천 명의 기병을 파견하여 이연을 도왔는데 이연의 군대를 따라 장안을 평정하였다.[200] 당태종은 농우(隴右)의 설거(薛擧) 휘하의 정예 군사를 겸병한 후에 준마의 획득을 중시하였다. 고종 후반기와 측천무후 집권 시기는 긴장관계에 놓여 견마 무역이 영향을 받았지만, 당현종 때 수항성(受降城)에 호시를 설치하여 비단 수십만 필로 돌궐의 말을 사서 하동(河東), 삭방(朔方), 농우에 방목하였는데 교배종 호마는 점점 강성해졌다.[201]

서돌궐의 말도 구입하였는데, 고종 영휘 2년(651년)에 좌교위(左驍衛)장군이자 요지(瑤池)도독이었고 맏아들 아사나질운(阿史那咥運)과 함께 쌍하(雙河)와 천천(千泉)에서 사발라(沙鉢羅)를 세운 서돌궐의 아사나하로(阿史那賀魯)가 통제하는 서역 지역에서 그 이듬해에 고덕일(高德逸)이 서돌궐의 말을 구입하였다.[202] 개원 14년(726년)에 왕효걸(王孝傑)이 안서 4진을 이겨 수복하여 다시 쿠차(龜玆, Kucha)에 안서도호부를 설치했다. 두섬(杜暹)이 안서도호가 되자, 서돌궐 돌기시(突騎施)의 교하(交河)공주가 아관(牙官)을 파견하여 말 1천 필을 가지고 안서로 가서 호시(互市)하도록 하였다.[203] 중당 이후에 회흘이 돌궐을 대신하여 당대 북방의 강대한 이민족 정권을 수립하였다. 당 조정과 밀접한 우호관계를 맺어 당나라와 견마 무

200 『舊唐書』 卷194, 「突厥傳」, 5153쪽.

201 『新唐書』 卷50, 「兵志」, 1338쪽.

202 『資治通鑒』 卷199, 권중달 옮김, 『資治通鑒』(21), 291~292쪽과 299쪽.

203 『資治通鑒』 卷213, 권중달 옮김, 『資治通鑒』(22), 552쪽과 555쪽. 阿史那氏의 딸인 交河公主가 安西都護 杜暹에게 敎示를 한다고 화를 내고 交河公主의 使者를 때리고 억류하였으며 말들은 눈을 맞고 거의 다 죽었으므로 突騎施 可汗 蘇祿이 분노하여 군대를 발동해서 四鎭을 노략질했음.

역의 주요 대상국이 되었다. 중국은 또 비단으로 토번 등의 서남 이민족의 말과 바꾸었다. 문종 대화(大和) 7년(833년)에 비단 5만 필을 하서도(河西道)에서 3천여 필의 토번 등의 말과 교환하였다.[204]

당대 전반부의 중요한 말 구입 장소는 대략 다음과 같다.

첫째, 영주(營州), 지금의 요녕 조양(朝陽)이다. 당 조정은 이곳에 호시감(互市監)을 설치하여 이민족과의 무역을 전문적으로 담당하게 했다. 천보 연간에 영주에 주둔한 평로아전병마사(平盧衙前兵馬使) 양문회(楊文晦)는 대대로 변방의 호시를 관장하였다.[205] 거란, 해(奚), 실위(室韋), 말갈 등 동북의 이민족 말이 영주에서 무역의 대종을 이루었다.

둘째, 유주(幽州), 지금의 북경. 유주에는 많은 호상(胡商)이 모여들었는데, 호마(胡馬)를 구입하는 것이 당나라 관방무역의 대종을 이루었다. 안록산, 사사명은 모두 여기에서 제번호시아낭(諸蕃胡市牙郎)을 맡았다. 안록산은 범양(范陽), 평로(平盧), 하동(河東)의 절도사를 지낼 때 유주에서 선우(單于), 호진(護眞)의 말을 길러 전투 연습한 말이 수만 필이었다. 이러한 말의 출처는 이민족의 말을 약탈하거나 유주의 호시에서 이민족에게서 구입한 말이었다.[206]

셋째, 서수항성(西受降城), 지금의 내몽고 항금후기(杭錦後旗) 오가하(烏加河) 북쪽 강가. 『구당서』, 「돌궐전」에 개원 15년(727년), 삭방군(朔方軍) 서수항성(西受降城)이 호시(互市)를 만들어 매년 합사로 짠 비단 수십만 필을 보내주고 남겨놓았다고 하였다.[207] 이 비단으로 말을 구입하였음을 알 수 있다. 장수 2년(693년)에 묵철가한이 영주(靈州)를 공격하기 전에 쌍방

---

204 『唐會要』 卷66, 「群牧使」, 1355쪽.

205 『全唐文』 卷562, 韓愈, 「淸邊郡王楊燕奇碑文」, 2520쪽.

206 『安祿山事迹』(卷上), 12쪽.

207 『舊唐書』 卷194, 5177쪽.

의 호시는 번성했고 고정적인 호시가 개설되었는데 이것이 서수항성 마시의 전신이다. 현종은 개원 15년에 삭방군 서수항성을 호시의 장소로 사용하도록 허가했다. 매년 정기적으로 수십만 필의 비단으로 돌궐의 말을 구입하여 말 공급이 안정되었다.

넷째, 운중부(雲中府), 지금의 섬서 정변(靖邊) 백성자(白城子)와 정양부(定襄府), 지금의 섬서 정변 동쪽. 『당회요』에 호마는 정양부와 운중부 각각의 관할에 속했다고 하여 두 지역에서 말을 구입하였음을 알 수 있다.

다섯째, 삭방, 지금의 영하 영무(靈武)와 하동(河東), 지금의 태원. 개원 연간에 왕충사가 제호(諸胡), 즉 삭방과 하동의 말을 매년 호시를 통해 구입하였는데, 이것은 일정한 지역에서의 정기적인 말 시장이었다.

여섯째, 안서(安西), 지금의 신강 고차(庫車). 개원 14년에 돌기시의 교하공주(交河公主)가 아관(牙官)을 파견하여 말 천 필이 안서의 호시에 도달했다"고 했다. 당나라의 관방무역이었다.

일곱째, 적령(赤嶺), 지금의 청해(青海) 서녕(西寧) 서쪽. 개원 연간의 토번은 호시를 감송령(甘松嶺)에 설치해달라고 요청하여 재상 배광정(裴光庭)이 "감송령이 중국을 막았기 때문에 적령에 허가한다"라고 했다. 적령은 당나라와 토번의 교통로로 중당 때 두 나라의 경계를 이루었는데 호시가 설치되어 토번의 말 시장이 주종을 이루었다. 지금의 청해호(青海湖) 동쪽의 일월산(日月山)에 있는데 해발 3,800미터이다. 북위 때 송운(宋雲)이 서역에 사신으로 갔다가 이 길을 통해 귀국하였고, 당대 정관 15년(641년)에 문성공주(文成公主)가 이 길을 통해 토번에 들어갔었다. 개원 19년(731년)에 당나라와 토번의 국경선이 되었고, 22년(734년)에 비석을 세웠다. 장경 2년(822년) 토번의 사신으로 간 유원정(劉元鼎)이 나사(邏些), 지금의 라사에 가서 토번과 회맹을 하고 기념비를 세웠다.

이밖에 고종은 북루관(北樓關)에서 돌궐의 힐리가한과 호시를 통해 교역을 하였다. 고종 때 성씨가 주(周)인 관도(館陶)의 주부(主簿)가 일찍이 말하길, 명을 받들어 임유관(臨渝關), 지금의 하북 무녕(撫寧)에 아시(牙市)를 열었다. 이곳에서 거란, 해족과의 말 무역이 이루어졌다.

당대 후반기 회흘과의 대규모 말 시장은 주로 하동에서 이루어졌다. 회흘은 말을 몰고 음산도(陰山道), 지금의 산서 북부를 경유하여 하동절도사가 관리를 파견하여 국경선까지 영접을 한 다음 태원까지 동행하고 이곳에서 쌍방의 호시가 형성되었다. 문종 대화 4년(830년)에 회흘의 장군 이창(李暢)이 말 만 필을 호시에 몰고 왔다. 하동절도사 유공작(劉公綽)은 조효공(祖孝恭)을 파견하여 말을 구입하게 했다.[208] 대종 대력 연간 때 동진(董晉)은 회흘의 가한과 견마 무역의 문제를 교섭할 때 회흘의 말 구입을 맡은 태원의 관련 기관 변유사(邊有司)를 설치했다.[209]

당나라와 토번의 변방 호시는 헌종 원화 10년(815년)에 농주(隴州), 지금의 섬서 농현(隴縣)으로 옮겼는데, 일찍이 토번이 사람을 파견하여 농주 변방에서 호시를 요청하여 설치된 것이다.[210] 또 중국의 서남지역, 즉 사천에도 호시가 설치되었다. 907년에 사천 성도(成都)에 전촉(前蜀)을 세우기 직전, 왕건(王建)이 천복(天復) 3년(903년)에 촉왕(蜀王)에 봉해졌을 때 문(文), 지금의 감숙 문현(文縣), 여(黎), 지금의 사천 한원(漢源) 북쪽, 유(維), 지금의 사천 이현(理縣) 동북쪽, 무(茂), 지금의 사천 무문(茂汶)에서 호마(胡馬)를 구입하였는데 10년 동안에 관마(官馬) 8천, 사마(私馬) 4천이었다.[211]

정부 차원의 관방무역뿐만 아니라 민간무역을 통한 말 시장도 개설되

---

208 『舊唐書』 卷165, 「劉公綽傳」, 4304쪽.

209 『新唐書』 卷151, 「董晉傳」, 4819쪽.

210 『冊府元龜』 卷999, 「外臣部」 〈互市〉, 『四庫全書』(文津閣本), 第305冊, 245쪽.

211 『資治通鑒』 卷264, 天復 3年, 권정달 옮김, 『資治通鑒』(27), 521쪽.

었다. 의봉 3년에 위원충(魏元忠)이 상서를 올려 말 수입 금지조치를 풀어 달라고 한 이후로 민간에서 구입한 서역의 말이 점차 증가하였는데 상인들이 변방에서 구입한 말로 이익을 얻었다. 당대 후반기에 이르러 당항(黨項)의 말이 상인이 구입한 말의 주종을 이루었다. 헌종 때 유주(宥州), 지금의 내몽고 악탁극기(鄂托克旗) 일대에 거주하는 당항족은 모두 부유했는데 상인들이 비단과 여러 물건을 가지고 와서 소, 말과 교역하였기 때문이었다. 문종 대화와 개성 연간에도 이와 마찬가지였고, 후에 일부 변방의 장군들이 탐욕에 빠져 강제로 양과 말을 팔게 하고 값을 치르지 않아 당항족의 불만을 샀고 민간무역도 이에 영향을 받았다.[212] 그러나 선종 때 쌍방의 무역관계가 회복되어, 당 조정은 민간 상인들을 격려하고 당항족에 대한 무역정책을 고취시켜 "변방에 상인들을 불러들여 옛날처럼 교역에 종사하게 하고 무기 수입을 금지하는 것 외에는 마음대로 이민족에게 물건을 파는 등의 왕래와 교역을 허용하였다."[213] 당대 상인이 당항족 말을 구입하는 무역이 흥성하였기 때문에 원진의 시에 "북쪽에서 당항의 말을 샀다"라고 하였다.[214]

당대 후기에 당나라 정부가 회흘의 말을 구입한 수에 대해 살펴보면, 숙종 건원(乾元) 연간(758~760년) 이후에 회흘은 "여러 차례 사신을 파견하고 말과 비단을 교역하였는데 해마다 와서 호시에서 말 한 필과 비단 40필을 맞바꾸어 수만 필의 말을 팔았다."[215] "회흘의 엽호(葉護)가 병사들을 거느리며 도와서 안경서(安慶緖)를 토벌하는"[216] 등, 회흘이 장안 수복에

---

212 『唐會要』 卷98, 「黨項羌」, 2085쪽.

213 『唐大詔令集』 卷130, 「平黨項德音」, 710쪽.

214 "北買黨項馬", 「估客樂」, 楊軍 箋注, 『元稹集編年箋注』, 730쪽.

215 『舊唐書』 卷195, 「迴紇傳」, 5207쪽.

216 권중달 옮김, 『資治通鑒』(24), 509쪽.

도움을 주었기 때문에 대종은 예우를 두텁게 해주어 중국과 혼인을 할 수 있게 해주었는데 회흘이 말을 십만 필 보내었고 보수로 당 조정은 비단 백여만 필을 주었다. 해마다 말 값을 치르느라 중국의 재력이 고갈되었다.[217] 그래서 덕종 때 이르러 말 구입 수가 줄어들었는데, 안사의 난 이후 정원 3년(787년)에 이필이 회흘과 맺은 약속 가운데 "도장이 찍힌 말은 1천 필을 넘지 않을" 것이라는 조항이 있었다.[218] 헌종 때 쌍방이 약정하길 해마다 호시에서 말 구입은 6,500필로 정하였다. 그러나 실제로 회흘은 해마다 당나라에 만 필은 팔았다. 건원 원년(758년)부터 회흘이 할알사(黠戛斯)에게 격파당한 개성(開成) 5년(840년)까지 80여 년 동안 당나라가 구입한 회흘의 말의 수는 약 200여만 필이나 되었다.

호시를 통해 말을 구매하는 방식 이외에 공물로 바치는 공마(貢馬)도 있었지만 그 숫자는 적었다. 공마의 특징은 첫째, 품종이 우수하였다. 공물 형식으로 당 조정에 바쳐진 호마는 과하마(果下馬)처럼 전문적인 오락용 품종 이외에 대부분은 크고 튼튼한 품종으로 사서에 '양마'(良馬), '호마'(好馬)로 언급되었다. 예를 들면, 토화라(吐火羅)의 한혈마(汗血馬), 동조국(東曹國)의 한혈마, 대식국의 천리마, 대원(大宛)의 말 품종으로 덩치가 큰 강국(康國)의 말, 얼굴이 낙타를 닮고 뼈와 근육이 거칠고 강한 골리간(骨利干) 말, 장대한 견곤(堅昆)의 말, 하루에 수백 리를 달리는 남조(南詔)의 월섬준(越睒駿) 모두 공마 형식을 통해 중원에 들어온 외국 말들이었다. 특히 정관 21년(647년)에 골리간은 사신을 파견하여 좋은 말 백 필을 바쳤고 그 가운데 10필은 준마였는데, 태종은 기뻐서 친히 이 열 필의 말에 이름

217 『新唐書』 卷51, 「食貨志」, 1348쪽.

218 『資治通鑒』(24), 513쪽. 唐은 주변 夷族과 互市할 적에 관리부서에서 팔린 말에 官印을 찍은 다음에 賣買할 수 있게 하였음.

을 지었다.[219] 천보 연간 때 대원은 동조국(東曹國)이었는데, 공물로 6필의 한혈마를 바쳤고, 현종도 대원의 말에 특별한 이름을 지어주었다.

두 번째 특징은 공물로 바친 말의 품종은 42종이나 되었고, 공마를 바친 나라는 대식국, 토화라, 강국, 견곤, 석국, 골돌국(骨咄國), 발한나(拔汗那) 등인데 모두 당나라에서 아주 먼 곳에 있었다. 외국이 말을 공물로 바친 경우는 대식국은 6차례, 토화라 4차례, 강국 5차례, 견곤 6차례, 석국과 골돌국은 현종 때만 각각 4차례, 발한나는 6차례나 되었다.

당대 호마의 관리 기관은 홍려시(鴻臚寺)였다. 규정에 의하면, 외국의 군장(君長)이나 국가가 바친 물품은 먼저 홍려시에 바치고 그 가운데 말과 낙타는 조정에 진열하였는데 바친 말은 전중(殿中)과 태복시(太僕寺)에서 검열하여 좋은 말은 전중, 둔하고 병든 말은 태복시로 보냈다.[220] 이러한 규정은 때에 따라 변경되어 공마는 장안 궁에 받아들이지 않고 변방 주에서 접수하기도 했다. 천보 6년(747년)에 구성(九姓), 견곤(堅昆)과 실위(室韋)가 60필의 말을 공물로 바쳤는데 서수항성(西受降城)에서 말을 받도록 하였다.[221]

당시 외국에서 공물로 말을 바치는 관원을 진마사(進馬使)라고 했다.[222] 공마는 실제로 당정부와 외국 간의 호시의 특수한 형식이라고 할 수 있다. 호마가 진마사를 따라 당나라에 들어와 공물을 바쳤고 당 조정은 답례하는 형식으로 차와 비단을 하사했다. 태종 때 회흘이 말을 공물로 바쳤고, 당 조정은 연회를 베풀어 대접한 후 비단 십만 필을 하사했다.[223]

219 『唐會要』 卷72, 「馬」, 1542쪽.

220 『新唐書』 卷48, 「鴻臚寺」, 1258쪽.

221 『唐會要』 卷72, 「馬」, 1543쪽.

222 『舊唐書』 卷97, 「郭元振傳」에 神龍 연간에 西突厥의 首領 烏質勒 部落이 强盛했는데 그의 아들 娑葛이 관직을 娑臘에 임명했음. 『舊唐書』, 3047쪽.

223 『舊唐書』 卷195, 「迴紇傳」, 5206쪽.

당대에는 비단뿐만 아니라 차와 말을 교역하는 무역이 활발하였는데 이를 차마무역이라고 했다. 『봉씨문견기』(封氏聞見記)에 당대에 차를 마시는 풍습은 "중원에서 변방 밖으로 전래되어 회흘이 당나라에 입조하여 말을 몰고 와서 차를 구입하고 돌아갔다"라고 했다.[224] 이밖에 건중(建中) 2년(781년)에

> 상노공(尙魯公)이 토번(吐藩)에 파견되어 갔을 때 장막에서 차를 끓이자 토번의 국왕 찬보(贊普)가 물었다. "이것이 무엇이오?"라고 하자 상노공이 "번민을 씻어주고 갈증을 풀어주는 차라고 하는 것이오"라고 대답하였다. 토번의 국왕이 "내가 있는 이곳에도 있소이다"라고 하고는 바로 그것들을 내오도록 하였다. 그러고는 하나하나 가리키며 "이것은 수주(壽州)에서 나는 차고, 이것은 서주(舒州)에서 나는 차고, 이것은 고저(顧渚)에서 나는 차고, 이것은 기문(蘄門)에서 나는 차고, 이것은 창명(昌明)에서 나는 차고, 이것은 옹호(灉湖)에서 나는 차외다"라고 하였다.[225]

『당국사보』에 각 지방의 특산 차를 소개하였는데, 수주에는 곽산(霍山) 지방의 황아(黃牙), 호주(湖州)에는 고저 지방의 자순(紫筍), 기주(蘄州)에서는 기문단황(蘄門團黃), 동천(東川)에는 창명, 악주(岳州)에는 옹호라는 차가 유명하다고 하였다.[226] 덕종 때 토번에 당대 가장 유명한 차가 수출되었음을 알 수 있고 아마도 말과 교환한 무역을 통해서였을 가능성이 높다.

---

224 『封氏聞見記』 卷6, 「飮茶」. 封演 撰, 張耕 注評, 『封氏聞見記』, 126쪽.

225 李肇 지음, 이상천 역주, 『唐國史補』 卷下, 259쪽. 西蕃을 서부 지역의 투루판으로 번역했는데 이 지역의 국왕이 贊普라고 하였으므로 투루판이 아니라 吐藩을 말한다. 강한 남자 혹은 權勢가 있는 君主란 뜻임.

226 李肇 지음, 이상천 역주, 『唐國史補』 卷下, 221쪽.

9. 보석

페르시아에 보석이 많이 생산되어 당나라 이전의 사서에 여러 차례 언급되었다. 『한서』, 「서역전」에 페르시아에는 대진주가 많다고 했고, 『주서』, 「이역전」에 페르시아에 진주, 이주(離珠)가 생산된다고 하였다. 『수서』, 「파사전」에 좋은 말, 큰 당나귀, 사자, 흰 코끼리, 큰 새의 알, 진주, 파려(頗黎), 수백(獸魄), 산호, 유리, 마노, 수정, 슬슬(瑟瑟), 호락갈(呼洛羯), 여등(呂騰), 화제(火齊), 금강(金剛), 금, 은, 유석(鍮石) 등이 생산된다고 하였다.[227]

성당(盛唐) 때 서역 사람이 진주와 보석을 공물로 바친 기록이 자주 사서에 보인다. 대식국 사신이 개원 초 당 조정에 보전대(寶鈿帶)를 바쳤다.[228] 천보 3년(744년)에 대식이 사신을 파견하여 말과 보석을 바쳤다. 불름국(拂菻國) 왕 파다력(波多力)이 사신을 파견하여 적파리(赤頗離), 석록(石綠), 금정(金精) 등을 바쳤다.

당대의 사서와 문헌에 대식과 페르시아는 사신을 파견하여 진주, 마노, 보석, 화주(火珠)와 호박 등을 바쳤다고 기록하였다. 보석은 대식과 페르시아 상인이 중국을 왕래하며 판매한 주요 상품이었다. 동남 해안의 여러 항구에 정박하였던 대식과 페르시아 상선에는 향료와 보석이 실려 있었고, 중국 내륙의 각 도시에는 호점(胡店)과 파사호저(波斯胡邸)가 있어 전문적으로 보석, 상아, 유리, 진주 등을 판매하였다. 호상은 중국에 배로 향약과 보석을 운반하여 중국에 판매한 동시에 중국 내륙 깊숙이 들어와 직접 중국의 향약과 보석을 구매하여 다시 중국인에게 팔았다.

227 『隋書』 卷83, 「波斯傳」, 1857쪽.

228 『舊唐書』 卷198, 「大食國傳」, 5315쪽. 『新唐書』 卷221, 「西域傳」, 6262쪽에서는 開元 初에 다시 使臣을 파견하여 말과 鈿帶를 바쳤다고 했음.

『태평광기』에 대식과 페르시아 호상의 보석과 관련된 기록이 많이 보인다.

한 페르시아 호인(胡人)이 그 병을 보더니 백만 냥의 돈으로 치르고서 사가지고는 양주로 갔다. 장사(長史) 등경산(鄧景山)이 그 사실을 알고 호인에게 [무슨 까닭에 그 돈을 주고 샀는지] 묻자 호인이 대답했다. "병 속에 들어 있는 것은 바로 자말갈입니다. 이것을 얻은 사람은 귀신의 보호를 받게 되어 불 속에 들어가도 타지 않고 물을 건널 때도 빠지지 않습니다. 이것은 물건은 존재하되 값을 따질 수 없는 보물로 명주(明珠)나 다른 잡다한 보석들이 따라 올 수 있는 바가 아닙니다." [등경산이] 그 호인에게 만 관(貫)의 세금을 징수하자 호인은 흔쾌히 돈을 내놓으며 아까워하지 않았다. 병 속에는 구슬 12개가 들어 있었다.[229]

근자에 한 페르시아 호인이 부풍현(扶風縣)의 여관에 왔다가 주인집 문밖에 있던 한 네모난 돌을 이천 냥의 돈을 주고 샀다. 호인은 돌을 쪼개 그 안에서 직경 1촌(寸) 정도 되는 구슬 하나를 꺼냈다. 그리고 칼로 팔과 겨드랑이 사이를 가르더니 구슬을 그 안에다 넣고 곧장 본국으로 돌아가려 했다. 배를 타고 10일 남짓 갔을 때 배가 갑자기 침몰하여 했다. 뱃사공이 호인을 물에 빠뜨리려고 하자, 호인은 두려운 나머지 겨드랑이를 갈라 구슬을 꺼냈다. 해신(海神)이 곧장 손 하나를 물 밖으로 내밀었는데, 아주 크고 털이 많이 나 있었다. 해신은 구슬을 받아들고 곧바로 물속으로 사라졌다.[230]

대안국사(大安國寺)는 예종(睿宗)이 상왕으로 있을 때의 옛 저택이다. 상왕은 지

229 李昉 등 모음, 김장환, 이미숙 外 옮김, 『太平廣記』(17), 110쪽.
230 李昉 등 모음, 김장환, 이미숙 外 옮김, 『太平廣記』(17), 62~63쪽.

존의 자리에 오른 뒤에 그곳에다 도량(道場)을 세웠다. 상왕은 일찍이 보주(寶珠) 하나를 보시했는데, 절 안의 보물 창고 안에 넣어두라고 하면서 그 가치가 억만 냥은 될 것이라고 말했다. 한 서역의 호인이 시장을 둘러보면서 보물을 구했는데, 그 구슬을 보더니 몹시 기뻐했다. 호인이 스님에게 말했다. "저는 대식국 사람인데, 저희 왕께서 정관 연간 초에 수교를 맺으면서 이 구슬을 바쳤습니다. 이 구슬은 수주(水珠)라는 것입니다. 병사들이 행군하다가 쉴 때 땅을 2척 깊이로 판 뒤에 이 구슬을 그 안에 묻어두면 그곳에서 곧바로 물이 솟구쳐 나와 수천 명이 먹을 수 있습니다. 그런데 이 구슬을 잃어버린 뒤로 병사들은 행군할 때마다 몹시 갈증을 느꼈습니다." 스님이 호인의 말을 못 믿어 하자, 호인은 곧장 땅을 파게 하고 그곳에다 구슬을 묻었다. 그러자 곧바로 아주 맑고 차가운 샘물이 솟구쳐 나와 줄줄 흘렀다.[231]

임천(臨川) 사람 잠씨(岑氏)가 한번은 산에 놀러갔다가 시냇가에서 연밥만한 흰 돌 두 개를 보았는데, 두 돌이 서로 쫓아 달려가고 있었다. 잠씨는 두 돌을 잡아 가지고 집으로 돌아와서 수건 상자 안에 놓아두었다. 잠씨가 예장(豫章)에 갔다가 한 파사국(波斯國) 호인을 만났는데, 그가 잠씨에게 보물에 대해 물었다. 잠씨는 곧장 두 돌을 꺼내 보여주자 페르시아의 호인은 3만 냥을 주고 사겠다고 했다. 잠씨는 그 돌을 그 호인에게 팔았다.[232]

당대 위현(韋絢)이 편찬한 『유빈객가화록(劉賓客嘉話錄)』에

이약(李約)이 강을 따라 가다가 한 호상과 배에서 알게 되었다. 호상이 병이 나서

231 李昉 등 모음, 김장환, 이미숙 外 옮김, 『太平廣記』(17), 67~70쪽.
232 李昉 등 모음, 김장환, 이미숙 外 옮김, 『太平廣記』(17), 142~143쪽.

서로 만나기로 하고 호상이 두 딸을 이약에게 맡겼는데 모두 미인이었다. 또 큰 진주를 하나 남겼는데 이약이 모두 받아들였다. 호상이 죽고 재산으로 보석이 수만 전이나 되어 이약이 관가에 보냈고 두 딸을 시집보냈다.[233]

라고 하였다. 이러한 고사 중의 '호상'(胡商), '파사호인'(波斯胡人)은 대부분 대식, 페르시아 지역에서 온 사람들로 대개 보석 장사에 능통하였다. 진귀한 보석을 찾기 위해 수많은 호상은 산간벽지를 헤매고 다녔다. 일단 보석을 만나기만 하면 누구나 놀랄 정도의 고가에 매입하는 것을 마다하지 않았다. 보석을 식별하는 능력과 충분한 자금 동원 능력도 갖추었다. 인용한 문헌은 소설류의 이야기이기 때문에 전부 믿을 수는 없지만 대식과 페르시아 사람이 보석 장사에 충분한 능력을 갖추었음을 알 수는 있다. 당대 시인 최융(崔融)의 시 「영보검」(詠寶劍)에

보검은 곤륜에서 나왔고
거북과 용 사이에서 캐냈네.
[……]
천하의 귀한 건 줄 몰라
호상에게 가지고 가서 물었네.[234]

라고 읊어 호상이 보석 감별 능력이 있었음을 알 수 있다. 페르시아인은 보석을 좋아하고 소유하는 사람들로 이러한 특징은 중국인과 구별되는 점이었다. 그들은 보석 감정에 최고의 권위를 갖추었고 동시에 진귀한 보

---

233 韋絢, 『劉賓客嘉話錄』, 『唐五代筆記小說大觀』(上), 801쪽.
234 "寶劍出昆吾, 龜龍夾采珠. [……] 欲知天下貴, 持此問風胡." 『全唐詩』(3), 766쪽.

석에 대한 숭배자이기도 했다.[235] 또한 전문적으로 보석을 경영하는 호상들은 1년에 한 번 모여 경영을 잘하고 가장 많은 보석을 가진 사람을 상좌에 앉도록 했다. 『태평광기』에

> 시장 점포에는 호인 상인들이 많았다. 한번은 호인 상인들이 보회(寶會)를 열었다. 호인 상인들은 관례상 1년 한 번씩 마을 사람들과 열보물(閱寶物)이라는 명칭의 대회를 열었는데, 보물이 가장 많은 사람이 모자를 쓰고서 맨 윗자리에 앉고 나머지 사람들은 [보석이 많은] 차례대로 줄지어 앉았다. [……] 가장 윗자리에 앉은 사람이 명주(明珠) 네 개를 꺼냈는데, 큰 것은 직경이 1촌도 넘었다. 그러자 나머지 호인들이 모두 일어나 머리를 조아리며 예를 갖춰 절을 올렸다.[236]

라고 하여 30여 명의 대식, 페르시아 보석상들이 집회를 열었던 점으로 보아 여러 상품 판매와는 달리 보석을 중시하였음을 알 수 있다. 이러한 보석상들의 집회는 명대까지 호상들 사이에 하나의 관례가 되었다. 능몽초(凌濛初)의 『박안경기』(拍案驚奇) 권1 중에

> 명대 성화(成化) 연간에 해상(海商)이 돌아오자 많은 사람들이 복건 천주의 마보합(瑪寶哈)이라는 페르시아 호인의 가게에 모였다. 두 잔의 차가 놓였고 주인이 상인들을 대청으로 초청하여 주연을 베풀고 환대하였다. "원래대로 배가 도착하면 주인은 먼저 이러한 접대를 하고나서 흥정을 하였다." 또 "관리를 보고는 네 말이 무슨 뜻이냐? 원래 페르시아 호상은 이익을 중시하고 다만 물건 품목의 진귀한 보석은 만전은 넘으니 상석에 보내고 나머지는 화물의 경중으로 차

---

235 Edward H. Schafer, 吳玉貴 譯, 『唐代的外來文明』, 488쪽.
236 李昉 등 모음, 김장환, 이미숙 外 옮김, 『太平廣記』(17), 112~113쪽.

석을 기다렸다가 나이나 존귀를 따지지 않고 예전의 규정대로 하면 된다"라고 했다.[237]

여기에서 "예전의 규정대로 하면 된다"라는 말은 바로 당대에 형성된 호상들의 관례를 말한다.

육로와 해로를 통해 당대에 수입된 서역의 진귀한 보석은 그 종류도 다양했다. 슬슬(瑟瑟)은 서역의 저명한 보석으로 천청석(天青石)이라고도 한다. 아랍어 jaza의 역음이다. 로퍼(Laufer)는 페르시아어의 역음이라고 하였다.[238] 슬슬이 페르시아에서 산출된다고 주장하는 사람도 있다.[239] 『구당서』에는 불름의 궁전에 슬슬로 기둥을 만들었다고 하였다.[240] 『신당서』에는 덕종이 즉위하고 내급사(內給事) 주여옥(朱如玉)을 안서(安西)에 파견하여 우전(于闐)에서 옥(玉)을 구하도록 했는데 슬슬 백 근을 얻었다.[241]

서역에서 수입된 슬슬이 상당히 많았는데, 『신당서』에 의하면 천보 9년(750년)에 고선지가 석국(石國)을 공격하고 큰 슬슬 돌덩이 10여 개를 얻었고 황금을 5~6마리 낙타에 실었으며 좋은 말과 보물과 옥이 아주 많았다[242]라고 하여 슬슬을 진귀한 보물로 여겼음을 알 수 있다. 양귀비의 언니 괵국부인(虢國夫人)이 일찍이 화려한 저택을 세웠는데,

---

237 凌濛初 著, 章培恒 整理, 王古魯 注釋, 『拍案驚奇』 卷1, 13~14쪽.

238 『中國伊朗編』, 345쪽.

239 Edward H, Schafer, 『唐代的外來文明』, 501쪽. 페르시아인의 눈에는 天青石이 특별한 의미를 지녔고 하늘을 상징한다고 하면서 페르시아 왕의 御座 위에 天青石과 華蓋가 있는데 이것은 恒星과 行星. 黃道帶와 世界節氣 의 形狀과 古代 國王의 形象을 표현한다고 하였음.

240 『舊唐書』, 5314쪽.

241 『新唐書』, 「于闐國傳」, 6236쪽.

242 『新唐書』, 「高仙芝傳」, 4578쪽.

> 중당(中堂)이 이미 완성되어 흙손질하고 길을 낸 목수들을 불러 보상으로 2백만 전을 수여하는데, 다시 금으로 만든 잔과 슬슬 3개를 상으로 주었다.[243]

라고 하여 사치의 극치를 보여주는데 슬슬을 금과 같은 보석으로 여겼다. 당대 황실의 양귀비와 그녀의 언니, 동생의 부인들 장식에 슬슬이 사용되어 슬슬은 명실상부한 최고급 보석 중의 하나였다.

> 매년 10월에 현종은 화청궁에 행차하니 다섯 집안의 수레와 말을 탄 사람이 모두 뒤따라 각 집안이 한 부대를 이루고 하나의 색깔을 나타내었는데 갑자기 다섯 집안이 합쳐져서 찬란하기가 마치 온갖 꽃들이 핀 것과 같았다. 강과 계곡이 비단으로 수놓은 듯하고 양국충(楊國忠)이 호위하는 검남(劍南)의 군대가 깃발을 세웠다. 금장식이 남아 있고 신발이 떨어졌으며, 슬슬 구슬이 열 꿰미나 길에 낭자하였고, 향기는 수십 리 밖에서도 맡을 수 있었다.[244]

또한 슬슬은 황실 정원의 장식으로 사용되었다. 현종은 매년 겨울에 양귀비와 함께 화청궁 온천에서 월동을 하였다.

> 궁에 장탕(長湯)을 수십 칸 설치하였고, 둘레에 아름다운 돌을 쌓았으며, 은으로 아로새긴 옻칠한 배와 백향목(白香木)으로 만든 배를 탕 가운데 설치하였고, 배를 젓는 노는 보석으로 장식하였다. 또 탕 속에 슬슬과 정향(丁香)을 쌓아 산으로 만들었는데, 신선이 사는 영주(瀛州)와 방장(方丈)의 산 모양을 본떴다.[245]

---

243 鄭處海, 『明皇雜錄』 卷下, 『唐五代筆記小說大觀』, 964쪽.
244 『新唐書』 卷76, 「后妃傳」, 3494쪽.
245 鄭處海, 『明皇雜錄』 卷下, 『唐五代筆記小說大觀』, 963쪽.

서역 문화의 영향으로 당대 부인들은 슬슬로 머리 장식하기를 좋아했다. 온정균(溫庭筠)은 「슬슬차」(瑟瑟叉)에서 보석 슬슬로 만든 비녀로 장식하는 모습을 묘사하였는데, "비취가 얼음같이 투명한 비녀를 물들여 가볍고 빛나며, 손수의 타마 스타일의 머리엔 향기가 남아 있네"[246]라고 읊었고, 당말 오대 때 시인이자 승려였던 관휴(貫休)도 「몽유선」(夢遊仙)에서 "서너 명의 신선이, 슬슬로 장식한 옷을 입었네. 손에는 밝은 달 같은 진주 쥐고, 황금색 배가 떨어지네"[247]라고 노래했다.

금정(金精)은 또 청금석(青金石)이라고도 하는데 페르시아인은 Lajurd, 지금 영어로 Lapis Lazuli라고 한다. 원산지는 지금의 아프가니스탄 동북부의 페이자바드(Feyzabad)이다. 반투명의 청색이다. 당나라 이전부터 청금석이 중국에 끊임없이 들어와 귀족들의 사랑을 받았다. 1957년에 서안 교외의 수나라 대업 4년(608년) 이정훈(李靜訓)의 묘에서 출토된 금목걸이에 두 개의 청금석을 상감한 네모진 금장식을 끼워 넣었는데 중앙아시아에서 제작된 것으로 속특(粟特) 상인이 가지고 중국에 들어온 것일 가능성이 높다고 한다.[248]

금강찬(金剛鑽)은 페르시아와 중앙아시아의 귀중한 보석이다. 『당육전』 권22의 기록에 의하면, 금강찬은 페르시아로부터 수입하였다고 하였다. 수정석(水晶石) 가운데 서역에서 수입한 것은 대부분 투명하여 결점이 없

---

246 "翠染氷輕透露光, 墮雲孫壽有餘香", 『溫飛卿詩集箋注』, 205쪽. 『後漢書』 卷34, 「梁冀傳」에 "양기의 처 손수는 미녀였는데 교태를 잘 부렸다. 눈썹을 가늘고 굽어 그렸고 눈 밑에 점 하나를 찍어 눈물 자국처럼 만들었으며 상투를 한쪽으로 틀었고 길을 갈 때는 허리를 흔들며 살랑살랑 걸었다"라고 했음. 『後漢書』, 1179~1180쪽. 여기에서 "상투를 한쪽으로 틀었다"는 헤어스타일은 墮馬髻라고 하는데 溫庭筠의 詩語 墮雲이 바로 이것을 말함. 이 헤어스타일은 唐代 張萱의 「虢國夫人游春圖圈」에서 볼 수 있음.

247 "三四仙女兒, 身著瑟瑟衣. 手把明月珠, 墮落金色梨", 『全唐詩』(23), 9305쪽.

248 劉迎勝, 『絲路文化 · 草原卷』, 155쪽.

어 가치가 높았다. 『신당서』에 의하면 8세기 때 강국은 여러 차례 사신을 파견하고 수정석을 바쳤고, 계빈국도 수정으로 만든 술잔을 바쳤다.[249] 왕건(王建)은 「수정」(水晶)에서 투명한 수정석을 묘사하길, "연잎에 굴리면, 이슬처럼 보이네"라고 했다.[250] 당나라 시인은 수정석을 얼음, 물과 달에 비유하였다.

10. 염료

양주홍화(涼州紅花)처럼 비단을 물들이는데 쓰인 염료는 중국산으로 진홍(眞紅)이라고도 하는데 투루판에서 출토된 당대 비단을 분석한 결과 24종류의 색깔을 염색하였고, 그 가운데 붉은색은 일반적으로 홍화(紅花), 소목(蘇木), 꼭두서니 천초(茜草)로 염색하였는데 양주, 지금의 감숙 무위에서 나는 홍화가 가장 좋았다. 이러한 중국산 염료 이외에 외국에서 전래된 염료도 있었고, 외국산 염료 가운데 조미료로 쓰인 염료도 있었다.

염료인 동시에 식용 조미료인 강황(薑黃)은 서아시아에 수출되었다. 강황은 중국이 원산지인 초목식물인데, 줄기와 뿌리는 비단의 염색제와 방충제 약품, 또 식용 조미료로도 사용되었다. 사산조페르시아 시대에 실크로드를 통해 페르시아와 아랍에 수입되었다. 페르시아인은 방충제로 양가죽 종이와 양털로 만든 모직물 처리에 사용하였다. 또한 소두구(小豆蔻)와 후춧가루 그리고 향약을 배합하여 만든 조미료를 카레 가루에 넣어 식용하였다. 강황은 괴혈병 치료와 흥분제로도 쓰였다. 강황은 페르시아,

249 『新唐書』 卷221, 「西域傳」, 6241쪽.

250 "傾在荷葉中, 有時看是露", 『全唐詩』(9), 3421쪽.

터키 양탄자와 양털, 면직물을 물들이는 염색제로 사용되었다. 페르시아, 아랍과 캐시미르 사람을 통해 실크로드 육로를 따라 유럽에 전해졌다.[251]

251 17세기 이후에는 薑黃의 실크로드 무역은 캐시미르 사람이 전담하였다. 그들은 티베트, 중앙아시아를 통해 중국의 薑黃을 이란에 수출하였음. 薑黃은 아랍어로 curcuma, 영문 turmeric은 모두 페르시아어 mamiron 혹은 Zersud에서 왔음.

제15장

외국의 문화와 예술의 전래

당대에는 외국의 물질문화뿐만 아니라 정신문화와 예술도 전래되어 중국에 영향을 끼쳤고 이를 바탕으로 새로운 중국 문화와 예술 창조를 이룩하였다.

서역의 음악과 춤이 당나라에 전래되어 궁중과 민간 사회에 크게 유행하였고, 서역의 연주가들도 중국에 들어와 연주 활동을 활발히 전개하여 유행에 큰 몫을 차지했다. 이밖에도 동남아시아의 부남과 동북아시아의 고구려 음악도 전래되어 중국에 영향을 끼쳤다.

서역의 강국의 발한호희는 외래 문화 풍속이 중국에 끼친 사례가 된다.

불교의 전래에 따른 불상이 제작되었는데, 초기 불상은 인도 불상 풍격의 영향을 받았고, 중앙아시아의 토화라국의 영향을 받아 타조 석조가 출현하기도 하였다.

회화 예술은 우전국의 위지을승의 새로운 회화 기법의 영향을 받았고 이러한 새로운 회화 기법은 한반도와 일본에 영향을 끼쳤다.

당제국은 사산조페르시아와 관계가 깊었는데 두 나라의 빈번한 교류를 통해 페르시아의 화폐, 유리와 금은기 제작 기법이 직접 또는 소그디아 상인들의 중개로 유입되었다. 이러한 문화 예술의 영향은 당나라 대외 교류의 번영을 반영하는 것이다.

반면에 중국의 도자기가 한반도와 일본 · 동남아시아 · 남아시아 · 중앙아시아 · 아랍과 이집트와 동아프리카까지 전파되어 당제국의 외국 문화의 유입과 동시에 중국의 도자기가 전 세계로 전파되었다.

1. 음악

당대에는 음악과 춤이 크게 발달하였다. 위진남북조시대 때부터 외국, 특히 서역의 음악 문화의 영향을 받아 새롭게 당대의 음악 문화를 창조하였다.

당대의 음악은 수대의 궁정 연악(燕樂)인 칠부악(七部樂)과 구부악(九部樂)의 기초 위에 당대의 궁정 연악인 구부악(九部樂), 십부악(十部樂), 좌부기(左部伎), 입부기(立部伎) 등을 창조하였다.

당대 음악의 특징은 '호풍'(胡風)이라고 하는 외국 음악의 유행이고 동시에 이러한 외국 음악을 흡수하여 새로운 형태의 당대 음악을 창조하였는데 이것을 '당풍'(唐風)이라고 하였다.

당대에는 수대의 구부악을 계승하였는데 서량기(西凉伎), 청상기(淸商伎), 고려기(高麗伎), 천축기(天竺伎), 안국기(安國伎), 구자기(龜玆伎), 강국기(康國伎), 소륵기(疏勒伎)와 예필(禮畢)을 말한다. 마지막 예필은 문강기(文康伎)라고도 하는데 태종 정관 11년(637년)에 예필을 폐기하고, 정관 14년(640년)에 연악을 창조하고 제10부가 되었다. 같은 해 당 조정은 고창(高昌), 지금의 투르판을 통일하고 2년 후인 정관 16년(642년) 11월에 백관을 초청하여 연회를 베풀고 고창기(高昌伎)도 연주하게 하였는데 이때부터

호악. 서안의 대당서시 광장. 낙타 위에서 호인들이 악기를 연주하고 있다.

당대 궁정 연악은 십부악이 되었다. 그래서 연악(燕樂), 청악(淸樂), 서량악, 천축악, 고려악, 구자악, 안국악, 소륵악, 강국악, 고창악이 십부악을 구성하였다.[1] 당나라 궁정에 이러한 악부를 설치한 목적은 국력의 과시와 외국 사신의 입조 성황을 만방에 알리기 위해서였다. 당왕조 흥성을 노래한 연악과 중국 음악 색채가 농후한 청악 이외에는 나머지 모두가 외국의 음악이다.

1 『舊唐書』, 「音樂志」, 1069쪽. 『唐會要』 卷33, 710쪽.

당대 십부악의 특징은 국명을 악부의 명칭으로 상용하였고, 각 악부의 악기는 각 이민족의 악기였으며, 곡명이 음역이 많았다는 점이다. 예를 들면, 구자악의 가곡(歌曲) 선선마니(善善摩尼), 안국악의 가곡 부살간시(附薩單時), 소륵악의 가곡 항리사양악(亢利死讓樂)은 모두 음역 곡명이다.

당대의 장안, 낙양과 기타 지방의 가무는 서역의 쿠차, 우전의 영향을 크게 받았다. 이들 지역의 음악과 가무 또한 인도와 페르시아의 영향을 받았다. 십부악 가운데 서량악에 우전불곡(于闐佛曲)이 있는데 이것은 서역의 국가 우전의 불교 악곡으로 현장의 『대당서역기』에 "우전국은 음악을 숭상하는데 사람들이 모두 음악과 춤을 좋아했다"[2]라고 하여 우전국에 가무가 발달하였음을 알 수 있다. 서량악 중에도 우전국의 악무를 흡수하여 그 내용도 풍부해졌는데 연무(軟舞) 가운데 양주무(凉州舞), 백거이의 시 「서양기」(西凉伎) 중에 묘사된 사자무(獅子舞) 등은 서량악과 관련이 있다.

천축악은 고대 인도의 악무로 전량(前凉)의 장중화(張重華)가 양주를 통해 받아들인 후로 중국에 전래되었다. 현장법사가 계일왕(戒日王)을 알현하고 당나라와 태종을 소개했는데 계일왕은 현장에게 마하치나국의 진왕(秦王)이라고 하는 천자와 진왕파진악(秦王破陣樂)을 알고 있다고 하였다.[3] 태종이 진왕이었을 때 유주무(劉周武)를 격파하고 군중에서 진왕파진악곡을 만들었다고 한다. 인도에 당대 음악이 이미 소개되었음을 알 수 있다.

---

2 玄奘 辯機 原著, 季羨林等 校注, 『大唐西域記校注』, 1001쪽. 『史記』에는 于窴, 『漢書』 이후 주요 史書와 문헌, 唐代에는 모두 于闐이라고 했고, 玄奘은 瞿薩旦那國이라고 기록했는데, 權德周는 쿠사타나국이라고 번역했다. 玄奘法師, 權德周譯, 『大唐西域記』, 354쪽.

3 玄奘法師, 權德周 譯, 『大唐西域記』, 141쪽.

서역 악무에는 구자악, 안국악, 소륵악, 강국악과 고창악이 포함되어 있는데 한대 때부터 서역의 악무가 중국에 전래되기 시작했다. 위진남북조시대 때 대량으로 서역의 악무가 중원에 들어왔는데 수많은 음악가와 춤에 능한 사람들이 중국에 들어왔다. 어떤 사람은 황제의 총애를 받아 관직을 하사받기도 하였다. 『통전』에는 568년에 북주의 무제가 돌궐 여자 아사나씨(阿史那氏)를 황후로 맞이할 때 황후를 따라 함께 중원에 쿠차, 소륵, 안국, 강국의 음악이 전해졌다고 하였다.

구자악은 5호 16국 시대 때 이미 중원에 전래되었다. 『수서』, 「음악지」에 "쿠차는 여광(呂光)이 구자를 멸망시킨 때부터 그 음악을 얻었다. 여광이 망하자, 그 음악이 흩어져서 후에 위나라가 중원을 평정하고 다시 구자의 음악을 얻었는데 그 음악이 많이 변하여 달라졌다"라고 하였다.[4] 후량(後梁)에서부터 북위가 낙양으로 천도할 때까지 백 년 동안 구자악은 중원에서 한족 음악과 융합되는 커다란 변화를 겪었다.

안국악과 소륵악은 북위의 태무제(太武帝)가 서역을 개통했을 때 전래되었다. 안국악(安國樂)은 악곡명으로 수대 9구악과 당대 10부악의 하나였다. 북위 태무제(太武帝) 때 안국에서부터 중원에 들어왔다. 가곡으로는 「부살단시」(附薩單時), 춤곡으로는 「말계」(末溪), 해곡(解曲)에는 「거화지」(居和祗)가 있다. 악기로는 공후, 비파, 오현, 적, 소, 필률, 동발(銅鈸), 정고(正鼓)와 화고(和鼓)가 있다. 악공은 12명, 춤추는 사람은 2인이 연주와 공연을 하였다.

고창악은 서위 때 중원에 전래되었다. 수문제 개황 6년에 고창국이 성명악곡(聖明樂曲)을 바쳤다. 당나라가 고창국을 평정하고 고창의 음악을

4 『隋書』 卷15, 「音樂志」(下), 378쪽. 『通典』에도 똑같은 기록이 보인다. 『通典』 卷146, 「樂」, 3725쪽.

서방정토경변 중의 무악(舞樂). 돈황 막고굴 112굴. 중당(中唐) 때의 음악과 춤으로 연주하는 악기는 고(鼓), 적(笛), 박판(拍板), 공후(箜篌), 완(阮), 비파(琵琶)이다.

흡수하였다.[5] 고창국을 평정하고 2년 후인 642년에 정식으로 고창악을 악부에 편입시켜 십부악으로 증설하였다.

강국악(康國樂)의 가곡으로는 「집전농화정」(戢殿農和正), 춤곡으로는 「하란발비시」(賀蘭鉢鼻始), 「말계파지」(末溪波地), 「농혜발비시」(農惠鉢鼻始), 「전발지혜지」(前拔地惠地) 등이 있다. 악기로는 적, 정고, 화고, 동발 등이 있고 악공 7인, 춤추는 사람은 2인이다.

장안성 숭인방(崇仁方)에 악기를 만드는 조가(趙家)의 집이 있었다.[6] 『악부잡록』(樂府雜錄)에 "문종(文宗) 때 내인(內人) 정중승(鄭中丞)은 호금(胡琴)을 잘 연주했다. 내고(內庫)에는 두 개의 비파가 있어 대소(大小) 홀뢰(忽雷)

5 『通典』 卷146, 「樂」, 3726쪽.
6 楊鴻年, 『隋唐兩京坊里譜』, 254쪽.

라고 불렀는데 우연히 시두(匙頭), 즉 열쇠 머리가 떨어져나가 숭인방 남쪽의 조가에 보내 수리하게 했다. 대략 악기는 모두 이곳에서 만들어졌다. 그 가운데 두 곳의 조가가 가장 솜씨가 좋았다"라고 했다. 이렇듯 서역의 음악뿐만 아니라 악기도 당나라에 전래되어 중국 음악에 큰 영향을 끼쳤다. 예를 들면, 갈고(羯鼓), 도담고(都曇鼓), 모원고(毛員鼓)는 모두 팔음(八音) 가운데 혁음(革音)에 속했다. 『구당서』 권29, 「음악지」에 "갈고는 칠통(漆桶)과 같아 양손으로 치는데 양장고(兩杖鼓)라고도 했다. 도담고는 요고(腰鼓)와 비슷하고 작고 몽둥이로 쳤다. 모원고는 도담곤의 비슷한데 약간 크다"라고 했다. 당현종은 갈고의 명수였다.

필률은 팔음 가운데 죽음(竹音)에 속했다. 본래 이름은 비율(悲篥)이고 호(胡) 땅에서 출현하였는데 곡조가 슬펐다. 호 땅 사람이 각(角)을 불면 말이 놀랐는데 가관(笳管)이라고도 하였다.[7] 이 악기는 호악(胡樂) 가운데 보편적으로 사용되었는데 당나라의 묘에서 출토된 악무용(樂舞俑) 혹은 고취용(鼓吹俑)은 대부분 필률을 불고 있다.

횡적은 『구당서』 권29, 「음악지」에 "적(笛)은 한무제 때 구중(丘仲)이 만들었고, 강족(羌族)에서 나왔다고 하였다. 지금의 횡적은 부리가 없지만 부리가 붙어 있던 것은 의취적(義嘴笛)이라고 한다"라는 문구에 대한 주(注)에 "횡적은 작은 취지(吹篪)이다"라고 했다.[8] 『지』(篪)는 죽관(竹管) 악기이다. 횡적은 팔음 가운데 죽음에 속한다.

동발은 『통전』 권144 「악」에 "동발은 동반(銅盤)이라고도 하는데 서융과 남만에서 만들어졌다. 둥근 원이 수 촌(寸)으로 은은한 소리가 물거품과 같아 갈대로 엮어 치면 소리가 서로 화합된다. 남만국의 동발은 큰 것

---

7 『通典』 卷144, 「樂四」, 3683쪽.

8 『通典』 卷144, 「樂四」, 3683쪽.

은 수 척(尺)이나 되며 혹은 제목왕(齊穆王) 소(素)가 만들었다고 한다"라고 했다.[9] 동발은 인도와 동남아시아 원산의 악기로 후에 중국의 호악(胡樂)에 편입되었다. 서안의 섬서역사박물관에 당대 동발 실물이 소장되어 있다.

『구당서』 권29 「음악지」에 "수공후(竪箜篌)는 호(胡) 땅의 악기로 한나라 영제(靈帝)가 좋아했다. 몸체는 굽었고 길며 22개의 줄이 있고 세워서 가슴에 안고 양손으로 연주하며 속칭 벽공후(擘箜篌)라고 했다. 봉수공후는 목에 줄을 조절하는 진(軫)이 있다"라고 했다.[10] 천축악인 봉수공후는 수공후에 속하지만 지금의 수금(竪琴)과 유사하며 목에 줄을 조이는 것이 있는데 봉황의 머리와 유사하여 봉수공후라고 했다.

한대의 비파는 줄이 4개이고 전설에 "한무제가 딸을 오손(烏孫)에 시집을 보낼 때 딸이 말 위에서 쟁(箏)과 축(築)으로 연주를 하며 고국을 그리워하는 마음을 달랬다"라고 했다.[11] 수당시대 청악(清樂)에 사용되었는데 일명 '진한자'(秦漢子)라고도 했는데 일반적으로 목이 곧다. 『통전』 권144, 「악」에 "오현비파는 비파보다 작고 서역에서 생산되었는데 옛날에 비파를 연주할 때는 나무로 만든 발(拔)로 연주했다. 당대 정관 연간 중에 손으로 연주하는 기법이 시작되었는데 지금의 추비파(搊琵琶)가 바로 이것이다"라고 했다.[12]

당대에는 많은 외국인 음악가가 장안, 낙양 등지에서 활발하게 활동했다. 강곤륜((康昆侖)은 강국 사람으로 비파에 명수였다. 덕종 정원 연간 초(785~790년)에 그는 궁정에서 악사(樂師)로 있었는데 '장안제일수'(長安第一

9 『通典』 卷144, 「樂四」, 3673~3674쪽.

10 『舊唐書』, 1077쪽.

11 『舊唐書』, 1076쪽.

12 『通典』, 3679쪽.

手)라고 일컬었다. 장엄사(莊嚴寺)의 승 단선본(段善本)에게 사사를 받았는데 「우조녹요」(羽調綠腰), 「도조양주」(道調涼州) 등의 곡을 잘 연주했다. 미가영(米嘉榮)은 헌종, 목종 때 궁정악사를 지냈다. 당시에 큰 명성을 얻었다. 유우석의 「여가자미가영」(與歌者米嘉榮)에 "양주에서 뜻밖의 소리를 들으니, 옛 사람은 오로지 미가영만을 자주 언급했네"[13]라고 했다.

조강(曹剛)은 조강(曹綱), 조강(曹鋼)이라고도 하는데 그의 조상은 서역 조국으로 당대 정원 연간(785~805년) 때 활동한 음악가이다. 조부 조보(曹保), 부친 조선재(曹善才)와 형, 여동생 모두 비파 연주로 유명했다. 그는 북과 금(琴) 연주에도 뛰어났다. 그의 비파 연주 기술은 배흥노(裴興奴)와 이름을 나란히 할 정도로 뛰어났다. 배흥노가 롱발(攏拔), 조강은 운발(運拔)을 잘 연주했다. 당시 사람들은 "조강은 오른손, 배흥노는 왼손이 있다"라고 말했다. 백거이는 「청조강비파겸시중련」(聽曹剛琵琶兼示重蓮)에서

> 줄 하나하나에 뜻이 다 다른데,
> 울고 말하는 것이 영롱하구나.
> 누가 조강의 손을 막을 수 있겠나?
> 중련 옷소매에 꽂네.[14]

라고 읊었다. 조보는 비파의 명수로 조국에서 당나라에 들어왔다. 그의 아들 조선재, 손자 조강 모두 비파에 정통했다. 조씨 일가는 대대로 궁정의 악공이었다.

운조하(雲朝霞)는 저명한 피리 연주가로 교방(敎坊)의 부사(副使)를 지냈

---

13 "唱得涼州意外聲, 舊人唯數米嘉榮." 『全唐詩』(11), 4117쪽.

14 "拔拔弦弦意不同, 胡啼番語兩玲瓏. 誰能截得曹剛手, 插向重蓮衣袖中." 朱金城 箋校, 『白居易集箋校』, 1816쪽.

고 적(笛)을 잘 불었기 때문에 문종의 총애를 얻어 좌효위장군선수수사마(左驍衛將軍宣授帥司馬)에 임명되었다가 대신들의 간언으로 윤주사마(潤州司馬)로 옮겼다. 위지청(尉遲淸)은 당대 필률 연주가로 지금의 신강 우전(于闐) 사람인데 덕종 집정 때(780~805년) 관직이 장군에까지 이르렀는데 필률 연주로 유명했다.

2. 춤

당대의 궁정 연악인 구부악(九部樂), 십부악(十部樂), 좌부기(左部伎), 입부기(立部伎) 등은 예술적 기교가 뛰어나고 연주 범위도 광범하였는데 춤의 특징에 따라 건무(健舞)와 연무(軟舞)로 나뉘었고, 희곡 요소가 포함된 가무희(歌舞戲)도 있고, 기악 연주와 가창 및 춤 공연의 대형 악무인 대곡(大曲)과 종교 제사의 춤인 무무(巫舞)와 나무(儺舞), 사원의 불무(佛舞)가 있었으며, 명절 때 군중들의 오락성 짙은 가무 활동인 답가(踏歌) 등이 있었다.

당대 연악인 십부악의 특징은 국명과 지명을 악부의 명칭으로 삼았다는 것 외에 춤추는 사람의 복장에 외국의 민족적 색채가 강렬하였다는 점이다. 예를 들면 고려악(高麗樂)의 춤추는 사람이 모두 4명인데 두 명은 황색 속옷과 적황색 바지를 입었으며 나머지 두 명은 적황색 속옷과 소매가 긴 옷을 입고 가죽신을 신었고, 모두 18명인 악공의 복식 또한 자주색 비단 모자에 새의 깃털을 꽂았고 황색의 소매가 긴 옷을 입었으며 자주색 허리띠를 찼고 통이 큰 바지를 입었으며 가죽신을 신었다고 하였다.[15] 이

15 『舊唐書』 卷29, 「音樂志」, 1069쪽.

러한 복식은 전통적인 고구려 복식인 것이다. 또 구자악(龜玆樂), 안국악(安國樂), 소륵악(疏勒樂), 강국악(康國樂), 고창악(高昌樂) 등 서역의 춤추는 사람들은 모두 가죽장화를 신었고, 천축은 불교를 신봉하였으므로 천축악(天竺樂)에서 춤추는 사람은 조하(朝霞) 가사를 입어 승려의 복장과 같았다. 곡명의 특징으로는 대부분 음역된 것이었다. 예를 들면 강국악의 무곡(舞曲)은 하람빌비시(賀藍鉢鼻始), 말해파지(末奚波地), 농혜발비시(農惠鉢鼻始), 전발혜지(前拔惠地), 전농화정(殿農和正), 안국악의 무곡에 말해(末奚)가 있다.

서역의 다섯 음악 가운데 강국악과 구자악이 가장 광범위하게 연주되었고 영향력도 가장 컸다. 『구당서』, 「음악지」에 "강국악의 춤은 맴도는 동작이 바람처럼 빠른데 속칭 호선(胡旋)이라고 불렀다"라고 했다. 이러한 춤은 궁중의 악부에 편입되었을 뿐만 아니라 민간에도 널리 유행하였고 또한 귀족들의 연회에서도 자주 상연되었으며 사람들의 환영을 받았다. 호선무는 건무의 일종으로 현장법사의 『대당서역기』에 "굴지국(屈支國)의 관현기악(管絃伎樂)은 특히 여러 나라 가운데 이름이 높다"라고 했다.[16] 굴지국은 쿠차를 말하며 굴지국의 관현기악은 구자악을 가리킨다. 『신당서』, 「서역전」에 "구자국 사람들은 노래를 잘 부르고 춤도 잘 추었다"라고 했다.[17] 구자악은 4세기 말경부터 중원에 전래되어 6세기 후반부에 이르러 선비족 우문씨(宇文氏)가 건립한 북주(北周) 때부터 유행하기 시작했다. 『구당서』, 「음악지」에 "북주와 수나라 때부터 관현 잡곡 등 수백 곡이 있었는데 대부분 서량악을 사용하였고 무곡(舞曲)은 대부분 구자악을 사용하였다"라고 했다. 수나라를 건립한 양견은 본래 북주의 권신으로

16 玄奘 辯機 原著, 季羡林等 校注, 『大唐西域記校注』, 54쪽.

17 『新唐書』, 「西域傳」, 6230쪽.

호선무.

북주를 멸하고 중국을 통일하였는데 악무도 북주의 전통을 계승하여 궁중의 악관, 악공과 춤추는 사람 모두 북조와 남조의 옛 사람들이었다. 민간에 유행한 악무는 구자악이 유행하였고 궁중과 민간에 모두 널리 알려졌다. 당시의 저명한 음악가, 예를 들면 조묘달(趙妙達), 왕장통(王長通), 이사형(李士衡), 곽금악(郭金樂), 안진귀(安進貴) 등은 관현악기에 능통하여 기이하고 새로운 곡조를 창조하여 당시 음악을 개편하였는데 당시에 크게 유행하여 사람들의 환영을 받았다.[18]

당대의 구자악은 개원 연간에 『교방기』(教坊記)에 열거된 46곡의 대곡(大曲) 가운데 구자악이 포함되어 있어서 당시 악기의 연주, 가창과 춤의 공연으로 구성된 대형 악무인 대곡을 형성하였음을 알 수 있다. 천보 13

18 『隋書』, 「音樂志」, 378쪽.

년(754년)에 태악서는 중원에 영향을 끼친 악곡의 명칭을 개칭했는데, 예를 들면 구자불곡(龜茲佛曲)을 금화동진(金華洞眞), 급구자불곡(急龜茲佛曲)을 급금화동진(急金華洞眞)으로 바꾸었다.[19] 만당 때 편찬된 『악부잡록』에 구자악을 수록하였는데 사자춤의 태평악(太平樂)과 무무(武舞) 형식의 파진악이 구자악에 포함되었다. 사자춤은 늦어도 삼국시대 때 이미 중원에 유행했고, 고고학적 발굴에 의하면 당대 고창(高昌) 지역에 신강 아스타나 제336호 묘에서 발굴된 문물처럼 사자춤이 공연되었다. 백거이의 「서량기」(西凉伎)에 사자의 탈을 쓰고 추는 사자춤의 모습을 표현하였는데,

서량의 잡기에는 무엇이 있나?
화장한 호 땅 사람이 만든 가짜 사자놀이네.
사자 머리는 나무로 꼬리는 비단실로 만들었고,
눈은 금으로 이빨은 은으로 도금하였네.
온몸의 털을 터니 두 귀가 흔들려,
마치 멀리서 날아오는 사막의 모래 같네[20]

---

19 『唐會要』 卷33, 「諸樂」, 718쪽.

20 朱金城 箋校, 『白居易集箋校』, 210쪽. 당나라의 獅子舞는 新羅에 전래되었다. 5세기경 新羅의 于勒이 엮은 '가야금 12곡' 중에는 이미 獅子伎가 들어 있어 처음에는 伎樂으로서의 사자무가 발달하였음을 알 수 있다. 그 후 崔致遠의 『鄕樂雜詠』 5수 중 「狻猊」가 바로 사자무에 대하여 읊은 시임. 조선 후기에 궁중무용으로 채택될 만큼 널리 성행되어왔으며, 지금은 북청사자놀음, 봉산탈춤, 영남오광대탈놀음, 하회별신굿 등의 가면극에서 널리 공연된다. 사자무는 대개 두 사람 또는 세 사람이 들어가서 장단에 맞추어 춤을 추는데 때로는 한 명이 공연하기도 한다. 또 청사자, 황사자 등 두 마리의 사자가 출연하기도 하며 그 역할과 행동도 지방에 따라 조금씩 다름. 그리고 高宗 30년(1893년)에 간행된 『呈才舞圖笏記』에 그 舞譜가 전함. 한국에서 성행한 사자무는 다시 일본으로 건너가 그곳의 중요한 민속무용이 되었음. 즉 神事藝能인 가구라[神樂] 무용의 한 부문을 이루는 시시가구라[獅子神樂]는 일본 각지에서 행해지는 전통적 놀이임. 그밖에 베트남, 타이 등 동남아시아 각국의 사자놀음도 모두 중국에서 유래되어 각기 그 나라 풍습에 맞는 민속놀이로 변하였음.

라고 하였다. 원진은 사자무의 춤추는 모습에 대해 「서량기」(西凉伎)에서 “사자탈을 흔드니 털이 빛나고 호 땅 사람 춤에 취해 몸이 풀려 유연하네” 라고 읊었다.[21]

『악부잡록』에 구자악을 아악부(雅樂部), 운소부(韻韶部), 청상부(淸商部), 고취부(鼓吹部)와 병렬하여 구자악이 중국에서 영향력이 컸음을 알 수 있다. 왕건(王建)의 시 「궁사」(宮詞)에 “내인들은 빠른 구자악을 잘 불렀다”[22] 라고 하여 구자악이 궁중에서 크게 유행하였음을 알 수 있다. 이렇게 당대에는 구자악이 중시를 받았는데 황제는 구자의 악공과 악기를 귀중한 예물로 하사하기도 하였다. 예를 들면, 중종 경룡 3년(709년)에 옹왕(雍王) 이수례(李守禮)의 딸 금성공주(金城公主)를 토번의 찬보 척대주단(尺帶朱丹)에게 시집을 보낼 때 중종은 금성공주에게 구자악을 하사하였다.[23] 또한 전공이 뛰어나 당 조정으로부터 귀의왕(歸義王)에 봉해졌고 후에 운난왕(雲南王)에 책봉된 피라각(皮邏閣)을 당 조정이 천보 연간 초에 파견하여 그의 손자 봉가이(鳳伽異)를 당나라에 귀순시키고 홍려소경(鴻臚小卿)에 봉하고 황실 여자를 처로 삼게 하고 구자악을 하사했다. 대력 14년(779년)에 봉가이의 아들 이모심(異牟尋)이 운남왕이 되어 덕종 정원 원년에 이르러 남조(南詔)를 당나라에 귀속시켰다. 794년, 당 조정은 이모심에게 금인(金印)을 하사하자, 남조의 왕 이모심은 연회를 베풀고 대신들을 불러 모아 놓고 특별히 천보 5년(746년)에 현종이 그의 부친에게 하사한 보물을 보여주고 또한 현종이 하사한 호부악(胡部樂)과 구자악을 연주할 수 있는 두 명의 악공을 소개했다고 한다.[24]

---

21 “師子搖光毛彩竪, 胡姬醉舞筋骨柔.” 楊軍 箋注, 『元稹集編年箋注』, 115쪽.

22 “內人唱好龜玆急.” 『全唐詩』(10), 3440쪽.

23 『新唐書』, 「吐蕃傳」, 6081쪽.

24 『新唐書』, 「南蠻傳」, 6274~6275쪽.

구자악과 풍격이 유사한 고창악은 아스타나 고분에서 발굴된 벽화, 비단그림과 인형 등에서 알 수 있다. 예를 들면, 1973년에 장웅(張雄) 부부와 그의 손자 장예신(張禮臣)의 묘에서 출토된 춤 인형과 비단그림을 통해 고창악의 면모를 엿볼 수 있다. 장웅은 태종 정관 7년(633년), 장웅의 부인은 수홍 4년(688년)에 죽었다. 이 묘의 부장품으로 춤추는 사람의 인형과 비단그림이 출토되었는데 특히 비단그림에는 자지무(柘枝舞)와 호선무(胡旋舞)의 모습이 잘 나타나 있다.

입부기와 좌부기 가운데에는 대량으로 외국의 악무를 흡수, 융합하여 새로운 악무로 창조한 것이 많다. 당상에서 연주하는 것을 좌부기라고 하는데 규모가 작고 연출 인원도 적은데 최소 인원은 3인, 많게는 12명 정도인데 춤이 정교하고 예술성이 뛰어난 작품을 연출하였다. 좌부기를 배우지 못하면 입부기로 물러나고 입부기를 배우지 못하면 아악부(雅樂部)로 퇴출되었다.[25]

당나라 때는 외국과의 교류가 활발하여 외국 사절의 공식적인 방문 때는 궁중에서 연회를 열고 악무를 공연하여 빈객으로 접대를 하였다. 반면 외국 사절은 자신의 국가의 악무를 바치고 음악 연주가와 춤추는 사람을 파견하여 선린 외교를 펼쳤다. 이러한 우호적인 외교 왕래로 외국의 악무가 중원에 전래되었다.

당나라 건립 때인 덕무 원년(618년), 돌궐의 시필가한(始畢可汗) 돌길(咄吉)이 사신 골돌록(骨咄祿) 특근(特勤)을 장안에 파견하여 고조가 태극전(太極殿)에 연회를 베풀고 구부악을 연주하게 했다.[26] 무덕 6년(625년)에 이어서 무덕 8년(627년)에도 임읍왕 범범지(范梵志)가 사신을 파견하고 공물을

25 元稹, 「立部伎」 詩 自注, 楊軍 箋注, 『元稹集編年箋注』, 121쪽.
26 『舊唐書』, 「突厥傳」, 5154쪽.

바치자, 고조는 구부악을 연주하게 하여 연회를 베풀고 그 왕에게 비단을 하사했다.[27]

정관 연간에 백제의 악무단이 당나라를 방문하였고, 중종 때 악무 단원이 사망하자, 개원 연간에 기왕(岐王)이 태상경(太常卿)일 때 백제악을 회복시켰다. 남조 유송시대 때 백제악은 이미 중원에 전래되었고 수대와 당대에 이르러서야 태상(太常)의 악부(樂部)에 편입되었다. 정관 5년에 신라의 사신이 두 명의 미녀 음악인을 파견하였지만 태종이 이들을 귀국시킨 적이 있다.[28]

성당 때 현종은 악무를 애호하여 당나라에 바친 외국의 악무가 점차 증가하였다. 개원 초에 강국(康國)은 난장이와 호선녀(胡旋女)를 바쳤고,[29] 후에 미국(米國)은 사자와 호선녀를 바쳤으며,[30] 개원 15년(727년)에 사국(史國)의 군주 홀필다(忽必多)가 춤추는 여자를 바쳤고,[31] 개원 17년(729년)에는 골돌(骨咄)의 왕 힐리발(頡利發)이 여자 악사를 바쳤다.[32]

양한 이래로 수백 년 동안 중원에 호풍(胡風)이 유행하였는데 그 가운데 대량으로 속특으로부터 음악과 춤이 전래되었다. 고문헌 자료와 고고학 발굴 자료에 속특의 악무가 구체적으로 형상화되어 있다. 당대 문헌 가운데 당시(唐詩)에 호선무와 호등무가 가장 풍부하고 세밀하게 묘사되어 있다. 당시 가운데 유언사(劉言史)의 「왕중승택야관무호등」(王中丞宅夜觀舞胡騰)과 이단(李端)의 「호등아」(胡騰兒)에 호등무가 생동적으로 묘사되어 있다. 우선 유언사의 시에 호등무 특유의 빠른 템포의 뛰는 동작을 묘

27 『舊唐書』, 「林邑傳」, 5270쪽.
28 『舊唐書』, 「東夷傳」, 5335쪽.
29 『新唐書』, 「西域傳」, 6244쪽.
30 『新唐書』, 「西域傳」, 6247쪽.
31 『新唐書』, 「西域傳」, 6248쪽.
32 『新唐書』, 「西域傳」, 6257쪽.

사했다.

석국의 호인을 사람들이 본 적이 없어,
술자리에서 뛰는 춤이 새처럼 빠르네.
춤추는 호인이 쓴 모자 끝이 뾰족하고,
호인은 면 옷 입었고 소매가 좁네.
손에 쥔 포도주 다 마신 뒤 잔을 던지고,
서쪽을 향하니 갑자기 먼 고향 생각나네.
뛰다가 돌며 허리에 찬 방울소리 울리고,
부드러운 신발 빠른 템포로 양탄자를 밟네.
사방의 손님 아무 말 없이 눈을 번쩍 뜨고,
급하게 비파 켜고 피리를 불며 연주하네.
양탄자 위를 뛰니 눈 같은 털이 날리고,
급히 도니 꽃이 촛불 위로 떨어지는 듯하네.[33]

또한 이단의 작품에서는

호등무 추는 사람은 양주의 호인이고,
피부가 옥처럼 희고 코가 송곳 같네.
동화포 옷 가벼워 앞뒤를 말아 올렸고,
포도 문양 긴 허리띠 끝을 늘어뜨렸네.

라고 하며 호등무를 추는 호인의 얼굴과 복장의 이국적인 모습을 묘사하

33 『全唐詩』(14), 5324쪽.

면서 빠르게 돌고 발로 차는 동작의 특징을 묘사하였다.

> 눈썹을 날리며 눈알을 굴리고 양탄자를 밟는데,
> 붉은 화장 땀으로 지워졌고 붉은 모자 기울었네.
> 술에 취한 듯 동으로 기울고 서로 넘어질 듯하고,
> 등불 앞에서 부드러운 신발 신고 계속 돌고 도네.
> 돌다가 급히 차는 동작이 모두 박자에 들어맞고,
> 등 뒤로 손 뒤집고 허리를 구부리니 초승달 같네.[34]

호등무에 관한 정사의 기록은 당시에 비해 자세하지는 않지만, 『송사』(宋史) 권142, 「악지」(樂志)에 궁정의 춤 대무(隊舞)에는 10가지가 있는데 소아대(小兒隊) 가운데 취호등대(醉胡騰隊)가 포함되어 있다고 하였다.[35] 호선무에 관해서는 정사의 여러 곳에 기록하였다. 『구당서』, 「외척전」에 무측천의 조카이며 무승사(武承嗣)의 둘째아들인 무연수(武延秀)는 성력(聖歷) 원년(698년)에 돌궐의 묵철가한의 딸과 결혼하기 위해 돌궐에 들어가 오랫동안 그곳에 살았기 때문에 돌궐 말을 할 줄 알았고 돌궐의 노래를 부르며 호선무를 추었다고 하였다.[36] 『구당서』, 「안록산전」에 "현종 앞에 이르러 호선무를 추었는데 바람처럼 아주 빨랐다"라고 하였다.[37] 『구당

---

34 『全唐詩』(9), 3238쪽. 두 수의 시 번역은 이해원, 「西域 춤의 唐代 流行 원인 연구」, 『인문언어』 제13권, 2호, 106~107쪽에서 인용했지만 약간 수정하였음.

35 『宋史』 卷142, 「樂志」(17) 〈教坊〉, 3350쪽. 隊舞는 小兒隊와 女弟子隊 둘로 나뉘는데, 小兒隊에는 柘枝, 劍器, 婆羅門, 醉胡騰 등 10개의 隊가 있고, 각 隊는 특정한 服飾, 樂曲, 歌, 舞, 道伯이 있어 서로 다른 내용을 표현하였음.

36 『舊唐書』, 4733쪽. 中宗과 韋后 사이에서 태어난 딸 安樂公主는 武三思의 아들 武崇訓에게 시집을 갔는데, 나중에는 武延秀에게 재가를 하였음. 景雲 元年(710년)에 韋后와 함께 中宗을 毒殺하였고, 얼마 후에 나중에 玄宗이 된 李隆基에게 피살됨.

37 『舊唐書』, 5368쪽.

서』, 「음악지」(2)에 강국악(康國樂)에 대해 논하면서 "바람처럼 급히 도는 춤을 속칭 호선이라고 한다"라고 하였다.[38] 『신당서』, 「서역전」 가운데 「강국전」(康國傳)에 "개원 연간에 호선무를 추는 여자를 바쳤다"라고 하였고, 「구밀전」(俱蜜傳)에도 "개원 중에 호선무를 추는 여자를 바쳤다"라고 하였다.[39]

정사 이외에도 당시 가운데 호선무를 읊은 시는 원진(元稹)과 백거이의 「호선무」와 잠삼(岑參)의 「전사군미인무여연화북정무」(田使君美人舞如蓮花北鋌舞)가 있다.[40] 문헌을 통해 분석해보면 호선무와 호등무는 별개의 춤인 것을 알 수 있다. '선'(旋)자와 '등'(騰)자의 차이, 춤을 추는 성별에 따라 서로 구별된다. 호선무는 여자가 춤추고 주로 급히 몸을 돌리는 동작 위주이며, 호등무는 남자가 주로 양다리를 차고 뛰며 튀어 오르는 동작 위주인 것을 알 수 있다. 당대의 단안절(段安節)의 『악부잡록』(樂府雜錄)에 당대의 춤에 대해 서술하고 있는데 건무(健舞)에는 호선무와 호등무가 있다고 두 춤을 별도로 취급하고 있다.

당대에 유행한 빠른 속도의 호등무는 현재 서안 소사욱(蘇思勖)의 묘실 동쪽 벽의 악무도(樂舞圖)에 그려져 있다. 호등무를 추는 사람은 오른쪽 다리를 반쯤 들어 올렸고 왼손은 하늘 높이 들었으며 눈은 지면을 향하고 있는 모습이다.[41] 또한 일본의 나라 동대사의 쇼소인(正倉院)에 소장되어

---

38 『舊唐書』, 1071쪽. 『通典』 卷146에도 같은 기록이 보임. 杜佑 撰, 『通典』(4), 3724쪽.

39 『新唐書』, 6244쪽과 6255쪽. 俱蜜은 吐火羅의 동북쪽, 康國의 동쪽, 파미르고원 서쪽에 위치하였는데, 吐火羅는 파미르고원의 서쪽, 烏滸河, 즉 지금의 아무다리야강의 남쪽에 위치하여 옛날 大夏, 즉 박트리아 지역에 위치하였음.

40 元稹과 白居易의 「胡旋女」 시의 번역과 분석은 이해원, 「西域 춤의 唐代 流行 원인 연구」, 『인문언어』 제13권 2호와 岑參의 시 「田使君美人舞如蓮花北鋌舞」는 『全唐詩』(6), 2057쪽을 참조.

41 唐昌東, 『大唐壁畵』, 88~89쪽.

있는 당대의 4현(弦)의 풍소방염라세조비파(楓蘇芳染螺細槽琵琶) 간발(桿拔) 부분에 코끼리를 그림이 그려져 있는데, 코끼리 등 위에서 한 사람은 춤을 추고 또 한 사람은 호복을 입고 허리에 북을 차고 있으며 앞의 두 사람은 횡적(橫笛)과 척팔(尺八)을 불고 있다. 춤을 추고 있는 사람의 춤이 바로 호등무이다.[42]

당대 호등무가 남방에까지 전파되었다는 실물 증거로는 호남 장사요(長沙窯) 당대 자기에 나타난다. 산서 태원(太原)의 당나라 묘에서 출토된 장사요 도자 항아리 표면에 양각되어 있는데 장사요와 음주(飮酒)와의 상관관계를 나타내며 더욱이 남자가 양탄자 위에서 춤을 추는 모습은 호등무의 특징을 그대로 보여준다.[43]

자지무(柘枝舞) 역시 호등무처럼 석국(石國)의 악무인데 현종 천보 9년(750년)에 안서절도사 고선지가 석국을 정복하고 석국의 왕을 포로로 잡아 장안으로 압송하였는데, 이때 석국의 악무가 함께 중국에 전해졌다.[44] 유우석과 장호(張祜)와 같은 당대 시인이 자지무에 관한 시를 지었는데 이 가운데 자지무의 특징을 개괄적으로 읊은 시는 장호의 「관양원자지」(觀楊瑗柘枝)이다. 이 시에서 명쾌하고 회전 속도가 빠르며 격정적이고 열정적인 춤 동작을 엿볼 수 있다.

악어가죽 빠르게 북치는 소리에 춤을 시작하고,
띠가 달리고 처마 모양으로 말린 모자를 썼네.
자줏빛 옷을 입고 몸을 숙여 무릎을 꿇고,

42 韓昇, 『正倉院』, 69쪽.

43 張慶捷, 『胡商胡騰舞與入華中亞人』, 151쪽.

44 薛能, 「柘枝詞」 3首 가운데 두 번째 시가 바로 高仙芝가 石國을 정복한 사실을 읊었음. 『全唐詩』(17), 4676쪽.

붉은 비단의 부드러운 신발로 박자 맞춰 밟네.
눈썹과 눈동자를 움직여 표정을 바꾸었고,
붉은 입술 반쯤 가리고 새로운 노래를 부르네.
춤이 끝나갈 무렵 하늘을 보니 구름이 일어나,
선녀가 꿈속에서 초양왕을 만나는 듯하네.[45]

함형(咸亨)에서부터 개원 연간까지(670~741년) 실리불서(室利佛逝)가 여러 차례 사신을 파견하고 난장이와 가무를 바쳤다.[46] 음악 반주에 맞춰 춤을 출 때 발로 밟는 양탄자도 전래되었다. 개원과 천보 연간 중에 페르시아는 여러 차례 사신을 파견하고 마노로 만든 침상과 화모수무연(火毛繡舞筵) 등을 바쳤다.[47]

남조(南詔)는 지금의 운남 대리(大理) 부근에 위치한 국가로 당나라 건립 초기 때 당나라와의 관계가 밀접하여 항상 공물을 바쳤다. 현종 이후 남조는 토번과 연합하여 당나라를 배반하자, 양국충이 재상으로 승진하여 두 차례에 걸쳐 대군을 이끌고 남조를 공격하였으나 모두 참패하였다. 덕종 때 당나라는 남조와 연합하여 토번에 대항하는 정책을 채택했다. 위고(韋皐)를 검남(劍南)절도사에 임명하고 남조와 강화하도록 했다. 정원 9년(793년), 남조의 왕 이모심(異牟尋)이 사신을 위고에게 파견하고 이중가(夷中歌)를 바쳤다. 이중가는 남조의 민간 가곡으로 남조와의 우호적인 관계를 맺게 되었다.

천보 5년(746년)에 현종은 일찍이 이모심의 부친 봉가이에게 구자악을 하사했다. 서역의 구자악이 중원에 전래된 후에 중원을 거쳐 다시 남조에

45 『全唐詩』(15), 5827쪽.
46 『新唐書』, 「西域傳」, 6305쪽.
47 『新唐書』, 「西域傳」, 6259쪽.

전래된 것이다. 정원 14년(798년), 이모심이 우호적 관계를 표시하기 위해 특별히 대신의 자제를 인질로 장안에 보냈으나 위고가 거절하여 재차 남조의 왕을 통해 요구하자 위고가 남조의 대신의 자제를 장안에 안치하고 중원의 문화를 배우게 했다. 정원16년(800년)에 위고의 지지 하에 남조의 악무를 흡수하여 남조봉성악(南詔奉聖樂)을 편성 제작하여 장안에서 연출하였는데 덕종은 인덕전(麟德殿)에서 친히 이 공연을 참관했다. 남조봉성악은 현종 때 남조에게 하사한 구자악과 호악(胡樂)을 흡수하여 편성한 것이다.[48]

부남악은 『구당서』, 「음악지」에 수양제 때 임읍이 부남의 악공과 악기 포금(匏琴)을 얻었지만 수양제는 부남악을 악부에 편입시키지 않았고 다만 천축악 연주 때 부남의 음악과 춤을 사용하였다. 이것은 궁중 연회 때의 경우이고, 실제로는 부남악의 전파 경로가 별도로 있었다. 왕유는 「부남곡가사」(扶南曲歌辭) 5수를 지었는데 『전당시』의 이 시에 대한 주에 보면, "『통전』에 무덕 연간 초에 수나라의 옛 제도에 따라 9부악을 연주했는데 네 번째가 부남악이다. 『신당서』, 「예악지」에 천보 연간의 악곡은 모두 변방의 음악이고 하서(河西)로부터 부남의 악무가 전해졌다"라고 했다.[49] 궁녀들의 생활을 묘사한 왕유의 시 「부남가사」(扶南曲歌詞)에

물총새 깃털 느림 장식도 아름다운 휘장
나른한 봄잠에 날 밝았어도 열리지 않건만
궁인(宮人)의 수줍음은 홍조 띤 얼굴에 피어나고
아리따움은 아양스런 말소리로 풍겨오는데

48 『新唐書』, 「禮樂志」와 「南蠻傳」에 南詔奉聖樂의 樂舞 人數와 構造 등에 관해서 비교적 상세하게 기록되어 있음.
49 『全唐詩』(4), 1235쪽.

일찍 서둘러 소양전으로 나와라

임금님은 어느새 내관(內官) 보내 재촉하누나.[50]

라고 읊었다. 부남악 이외에 스리비자야가 잡악인(雜樂人), 가릉국이 여악(女樂) 등을 당나라 조정에 바쳐 동남아시아 각국의 음악이 장안의 궁정과 민간의 음악과 춤에 영향을 끼쳤다.

지금의 미얀마 중부의 표국의 음악도 당나라에 전래되었다. 정원 18년(802년), 표국(驃國)의 왕 옹강(雍羌)은 그의 동생 실리서(悉利舒)의 성주 서난타(舒難陀)를 파견하여 남조를 경유하고 성도에 도달하였는데 위고의 정리를 거친 후에 표국악이 장안에 바쳐졌다.[51] 표국악은 천축국의 이웃으로 불교를 숭상하여 악곡은 주로 불경에 관한 내용으로 모두 12곡이었다. 처음에 표국악이 중원에 소개되었을 때는 중시를 받지 못하고 오랑캐의 악기로 연주하는 음악으로 치부되어 악부에 속하지 못했다. 덕종만이 서난타에게 태복경(太僕卿)이라는 관직을 하사하였다. 조정에서는 시인들에게 표국악 공연을 참관시켰는데 예를 들면, 호직균(胡直鈞)의 「태상관열표국신악」(太常觀閱驃國新樂)에서 "이국적인 음악은 표국에서 왔고, 절실하여 태상이 중시하였네. 재인이 궁상을 분별할 수 있어, 특별한 박자는 놀랍게도 새롭네. 몸을 돌리니 문신한 얼굴 보이고, 굽이치는 몸동작에 문신이 꿈틀거리네"[52]라고 읊었다. 백거이의 「표국악」(驃國樂)에서 덕종이 관람한 옹강의 아들 서난타가 당나라에 와서 표국악의 공연 모습에 대해

50 "翠羽流蘇帳, 春眠曙不開. 羞從面色起, 嬌逐語聲來, 早向昭陽殿, 君王中使催." 박삼수 역주, 『왕유詩全集』, 849쪽.

51 『新唐書』, 「南蠻傳」, 6308쪽.

52 "異音來驃國, 切被奉常人. 才可宮商辨, 殊驚拍節新. 轉規回綉面, 曲折動文身." 『全唐詩』(14), 5276쪽.

옥고동 한 번 부니 상투머리 치켜 솟고
동고를 천 번 치니 문신한 몸 춤을 춘다
구슬 달린 갓끈은 별자리 움직이는 양
꽃장식한 덧머리 용뱀이 꿈틀거리듯[53]

하다고 하였다.

당나라 초기는 돌궐의 가무도 발달했다. 무측천 시대 때 민간에 돌궐염(突厥鹽) 노래가 있었는데 이것은 사서의 기록에 돌궐 가곡의 유행을 반영한 것이라고 하였다.[54] 계유공(計有功)의 『당시기사』(唐詩記事)에 "당나라 악곡에 돌궐염, 아작염(阿鵲鹽)이 있다"라고 하였다.[55]

고려악은 당대에 상당히 보편적이었다. 당대 귀족들의 연회에 즉흥적으로 고구려의 춤이 공연되었다. 예를 들면, 측천무후 집정 시기에 장역지(張易之)의 형인 사례소경(司禮少卿) 장동휴(張同休)는 사례사(司禮司)의 연회에 공경대신들을 초대하였는데 어사대부 양재사(楊再思)에게 말하길, 얼굴이 고구려 사람을 닮았으니 고구려의 춤을 추어보라고 희롱하자, 양재사가 흔쾌히 고구려의 춤을 추었다고 한다.[56] 물론 이것은 양재사의 아부를 잘하는 성격을 나타내기 위한 것이긴 하였지만 당시에 고구려의 음악과 춤이 상당히 유행하였음을 알 수 있다. 또 이백의 시 「고구려」의 해설에 "당나라에도 고구려의 악곡이 있는데 이적(李勣)이 고구려를 격파하고 바쳤는데 후에 이빈인(夷賓引)이라는 곡명으로 바뀌었다"[57]라고 했고,

53 金喆洙 역주, 『백거이의 신악부 50수와 진중음 10수』, 86쪽.
54 『舊唐書』 卷37, 「五行志」, 1376쪽.
55 『唐詩記事』 卷41, 630쪽.
56 『新唐書』 卷109, 「楊再思傳」, 4099쪽과 『大唐新語』 卷9, 『唐五代筆記小說大觀』(上), 300쪽.
57 『樂府詩集』 卷78, 824쪽.

시에서는 "머리에 금빛 꽃 장식한 절풍의 모자를 썼고, 흰 신발을 신고 느릿느릿 걷네. 바람 불어 소매가 날리고, 해동청처럼 동작이 아주 빠르네"[58]라고 하였다. 고구려 복장의 특징인 절풍 모자에 대한 기록은 『북사』, 「고구려전」에 잘 나타나 있다.

> 사람들은 모두 머리에 절풍(折風)을 쓴다. 그 모양이 고깔과 같은데, 사인(士人)은 두 개의 새 깃을 더 꽂는다. 귀한 사람들은 그 관을 소골(蘇骨)이라고 하는데, 대부분 자줏빛 비단으로 만들어 금이나 은으로 장식하였다. 의복은 소매가 큰 적삼에 통이 넓은 바지를 입고 흰 가죽 띠에 노란 가죽신을 신었다. 부인들은 치마와 저고리에 선(襈)을 둘렀다.[59]

고깔 모양의 절풍 모자는 고구려 복식의 특징 중의 하나였음을 알 수 있다. 그러나 만당에 이르러 고려악은 쇠락하였다. 만당 때 사람 두우(杜佑)가 덕종 정원 17년(801년)에 편찬한 『통전』의 기록에 의하면 "측천무후 때 25곡 가운데 오로지 한 곡만이 남았고 의복도 쇠퇴해져 그 본래의 모습을 잃게 되었다"[60]라고 하여 측천무후 집권 시기까지는 고려악 25곡이 보존되었음을 알 수 있다.

58 安旗 主編, 『李白全集編年注釋』(上), 436쪽. 원문의 白馬는 白舃의 잘못으로 舃은 신발이라는 뜻으로 馬字와 字形이 유사하다. 앞의 두 詩句는 춤추는 사람의 복식, 즉 모자와 신발을 묘사하였다. 아니면 『北史』, 「高句麗傳」에서처럼 흰 허리띠와 노란 가죽신을 말하는 것일 수도 있음.

59 國史編纂委員會, 『국역中國正史朝鮮傳』, 123쪽.

60 『通典』 卷146, 「樂」(6), 3723쪽.

3. 발한호희

발한호희(潑寒胡戲)는 외래문화 풍속이 중국 사회에 끼친 영향의 전형적인 사례이다. 본래 발한호희는 중앙아시아 속특 지역의 강국의 악무(樂舞)인데 페르시아에서 유래하였다고 한다. 매년 11월 엄동설한 때 젊은이들이 나체로 무리를 지어 악기 반주로 춤을 추는데 관람자들이 물을 뿌리는 형식이었다. 북주 말기에 중국에 전래되었고, 당대 측천무후 말년 때부터 겨울철에 공연되어 장안, 낙양 등지에 유행했다. 『구당서』, 「강국전」에 "11월이 되면 걸한(乞寒)의 춤을 추며 물을 서로 뿌리는데 성대한 오락 활동이다"[61]라고 했는데, 걸한은 걸한호(乞寒胡), 걸한발호(乞寒潑胡)라고도 하며 일종의 잡희(雜戲)이다. 중종 신룡 원년(705년) 11월, 중종은 낙양성 남루(南樓)에서 발한호희를 관람했는데, 청원(淸源)의 현위 여원태(呂元泰)가 올린 상소문에 "날씨도 찬데 하필 나체로 물을 뿌리며 길거리에서 춤을 추니 이것을 없애야 한다"라고 했지만 받아들여지지 않았다.[62] 발한호희는 음력 섣달 납월(臘月)에 거행되는 서역 사람 중심의 군중 가무 활동임을 알 수 있다.

여원태의 상소문을 통해 발한호희의 내용을 알 수 있는데, "여러 번 도시에서 혼탈(渾脫) 춤을 추는 악대를 보았는데 서역 옷을 입고 준마를 타서 소막차(蘇莫遮)라고 불렀다. 깃발을 세우고 북을 치는 것이 군대의 행렬과도 같았고, 시끄럽게 지르는 함성은 전쟁의 모습과도 같았다"라고 했

61 『舊唐書』 卷198, 「西戎列傳」, 5310쪽. 『舊唐書』 卷97, 「張說傳」, 3052쪽에 측천무후 말년 때부터 겨울철에 발한호희가 공연되었고 中宗이 누각에서 관람했다고 하였음. 『新唐書』에도 "11월에 乞寒의 춤을 추고 물을 서로 뿌리며 오락 활동을 하였다"고 하였음. 『新唐書』 卷221, 「西域列傳」(下) 〈康〉, 6244쪽.

62 司馬光 撰, 『資治通鑑』(下), 中州古籍出版社, 1996, 2089쪽. 『舊唐書』에도 中宗이 洛陽 南門樓에서 潑寒胡戲를 관람했다고 하였음. 『舊唐書』 卷7, 「中宗紀」, 141쪽.

다.[63] 혼탈은 동물의 가죽으로 만든 모자를 쓴 사람이 추는 춤이나 그런 춤을 추는 악대를 말한다.

중종, 예종은 여러 차례 장안에서 발한호희를 거행했다. 경룡(景龍) 3년(709년) 12월에 모든 사(司)의 장관들에게 예천방(醴泉坊)에서 발호왕(潑胡王)이라는 걸한희(乞寒戱)를 관람하게 했다.[64] 예종 경운(景雲) 2년(711년) 11월에 발한호희를 공연하였다.[65] 그리고 현종 선천(先天) 2년(713년) 10월, 발한호희를 공연했다.[66] 현종 개원 원년(713년)에 칙령을 내리고 납월 때의 걸한은 외국인이 공연하는데 점차 중국의 풍속이 된 지 오래되었다고 하면서 사람들이 다투어 서역의 옷을 입게 되어 중국 풍속을 더럽혔다고 하여 금지하였다.[67] 서역 사람 중심의 발한호희의 공연에 이미 서역 옷을 입은 중국인도 참가하였음을 알 수 있다. 이러한 발한호희 공연에 조정의 대신도 혼탈무(渾脫舞)에 참가하기까지 하였다. 예를 들면 중종이 베푼 대신들과의 연회에서 종진경(宗晉卿)이 직접 혼탈무를 추었다.[68] 어려서 삼례(三禮)에 정통한 종진경은 경룡 연간에 국자감(國子監)의 차관급으로 종4품인 국자사업(國子司業)을 지냈다.

발한호희는 비록 현종 개원 연간 초에 금지되었지만 공연 활동은 그 영향이 여전히 컸다. 공연에 사용된 악곡 소막차는 당시의 악무에 흡수되었다. 예를 들면 소막차 악곡은 당대 궁중 음악에 수용되었는데 천보 13년(754년)에 당대 궁중 음악을 담당한 태악서(太樂署)의 악조(樂調) 가운데 소

63 『唐會要』 卷34, 「論樂」, 상해고적, 2006, 730쪽. 『新唐書』 卷118, 「孫務光傳」에도 같은 기록이 보임. 『新唐書』, 4277쪽.

64 『舊唐書』 卷7, 「中宗紀」, 149쪽.

65 『新唐書』 卷5, 「睿宗紀」, 118쪽.

66 『舊唐書』 卷97, 「張說傳」, 3052쪽.

67 『唐大詔令集』 卷109, 「禁斷臘月乞寒敕」, 565쪽.

68 『舊唐書』 卷189, 「郭山惲傳」, 4970쪽.

막차가 들어 있었고, 서로 다른 악조 방식의 소막차를 만우청(萬宇淸), 감황은(感皇恩)이라고 불렀다.[69] 발한호희 공연 중의 혼탈무는 중국 전통의 검기무(劍器舞)와 혼합되어 검기혼탈무(劍器渾脫舞)가 당대에 크게 유행했다. 이 춤에 정통한 가장 유명한 사람은 공손대랑(公孫大娘)이었다. 두보의 「관공손대랑제자무검기행」(觀公孫大娘弟子舞劍器行)의 서문에 두보가 어렸을 때인 현종 개원 7년(717년)에 낙양의 언성(郾城)에서 관람한 공손대랑의 검기혼탈무를 본 일이 기억난다고 하였다. 이 시는 공손대랑의 제자 이십이랑(李十二娘), 즉 이선노(李仙奴)가 기주(夔州) 도독부의 아전인 원특(元特) 혹은 원지(元持)의 집에서 칼춤을 추는 것을 보고 읊은 것이다. 칼춤이란 검기혼탈무를 말한다.

> 옛날에 공손씨란 아름다운 여인이 있어,
> 한바탕 칼춤을 추면 사방이 감동했었다.
> 구경꾼이 산처럼 밀어닥쳐 넋을 잃으니,
> 춤추느라 아래위로 낮았다 높았다 했다.
> 빛남은 후예가 아홉 태양 쏘아 떨어뜨리듯,
> 올라갈 땐 뭇 신선이 용을 타고 날아가듯.
> 내려올 땐 우레가 크게 노함을 거두는 듯,
> 춤을 마치니 바다에 밝은 달이 엉긴 듯.
> 붉은 입술과 구슬 달린 소매는 사위었는데,
> 만년에 제자가 그 꽃다운 향기를 전해.
> 임영 고을의 미인 이랑이 백제성에 와서,
> 묘하게 이 곡을 춤추어 신비로움 드세었다.[70]

---

69 『唐會要』 卷33, 「諸樂」, 616쪽.

70 모두 26행이지만 12행까지만 인용하였음. 이병주 지음, 『두보: 시와 삶』, 269~270쪽.

라고 읊었다. 서문에서 밝혔듯이 "사뿐사뿐 추다가 갑자기 거세지더니 멈추는 품이, 당시의 춤으로는 으뜸이었다."[71] 발한호희라는 서역의 춤이 중국에 전래되어 중국 전통의 춤과 융합되어 새로운 형태의 당나라 춤이 창조된 것이다.

이백이 건원(乾元) 2년(759년)에 영릉(零陵)을 유람할 때 지은 「초서가행」(草書歌行)에서 초서체로 유명한 회소(懷素) 스님을 진(晉)나라 때의 왕희지와 동한 때의 장지(張芝)와 같은 대서예가에 비유하면서 마지막 구에서도 "옛날부터 만사는 자연적인 것을 귀하게 여겼는데, 하필 공손대랑의 혼탈무를 봐야만 할까?"라고 읊었다.[72] 당대 서예가 장욱(張旭)이 공손대랑의 칼춤을 보고 나서 그의 서예 기교가 전보다 더욱 뛰어났다고 할 정도로 이백도 공손대랑의 검기혼탈무의 춤 솜씨를 극찬하였는데, 당시에 검기혼탈무가 성행하였음을 알 수 있다. 『구당서』, 「예의」(禮義)에 교방(敎坊)에 '간목혼탈'(竿木渾脫)이 있는데 혼탈무와 잡기(雜技)가 결합된 것으로 아마도 혼탈 악곡을 잡기 표현의 음악 반주에 사용하였던 것으로 추정된다. 혼탈무의 음악 곡조 또한 다른 노래와 춤을 흡수하였는데 예를 들면, 최령흠(崔令欽)의 『교방기』(敎坊記)에 교방 대곡(大曲) 가운데 취혼탈(醉渾脫)이 포함되어 있다.[73]

4. 불상

수당 시기 때 불교의 유행으로 불상이 대량으로 전국에 건립되었는데

---

71 "瀏灕頓挫, 獨出冠時." 仇兆鰲 注, 『杜詩詳注』(3), 1815쪽.

72 王琦 注, 『李太白全集』(上册), 456쪽.

73 柏紅秀, 李昌集, "潑寒胡戲之入華與流變", 『文學遺産』, 2004, 3期, 64~69쪽.

용문석굴과 수많은 석굴이 세워졌고 이러한 석굴의 불상은 당시 수당과 외국과의 문화 교류를 통한 불교 조각예술의 우수성과 정수를 보여준다.

당나라 초기의 불교 석굴 불상의 특징은 인도 불상 풍격의 영향이다. 예를 들면, 용문석굴(龍門石窟)의 우전왕(憂塡王) 불상 건립은 고종과 무측천 시기 때 극성기였다. 우전왕상은 독특한 시대적 풍격을 갖추었는데, 이 시기의 불상 가운데 독보적인 존재이다. 이 불상은 신체가 건장하고 얼굴이 길고 입술이 두터우며 양 귀가 길게 늘어졌으며 두 눈은 감고 명상에 잠긴 모습이고 오른손은 시무외인(施無畏印)을 하고 있고, 왼손은 무릎 위에 올려놓았다. 특히 의복 처리에서 오른쪽 어깨를 드러내는 양식의 가사를 입었고 옷은 주름이 없는 인도의 아열대 기후에 적합한 복장의 특징을 나타냈다. 정방형 좌대 위에 앉아 있고 배후에는 마갈어(摩羯魚), 수왕(獸王)과 동자(童子)의 형상이 있는데, 이것은 분명히 인도 굽타 예술의 사르나트(Sarnath) 양식의 영향을 받은 것이다.[74] 이것은 현장이 정관 19년(645년)에 인도에 가서 귀국할 때 가져온 7개의 불상과 관계가 있다. 현장은 이 불상들을 장안의 홍복사(弘福寺)에 안치했다. 용문석굴에 조각한 우전왕 조상은 교상미국출애왕사모여래각단불상(憍賞彌國出愛王思慕如來刻檀佛像)인데 그 가운데 최초의 우전왕 조상은 현장이 가져온 불상의 모사품이다.

마두라(mathura)는 저명한 불교예술 양식으로 간다라와 더불어 인도 초기 두 불교 조각상의 중심지였다. 이 두 양식은 확연하게 다른데 간다라 예술은 그리스 요소의 영향을 강하게 받았고, 마두라는 인도 고유의 예술 양식이다. 용문석굴의 초당 불상은 인도 마두라 예술 풍격을 지녔다. 마

74 사르나트는 바라나시 북쪽에 위치한 석가모니가 깨달음을 얻은 후 자신과 함께 고행했던 다섯 수행자들에게 처음으로 설법한 땅으로 불교 4대 성지 중의 하나인데 鹿野苑으로도 불림.

두라 불상은 인도 초기 미술의 전형이다. 불상은 신체가 가늘고 길며 얼굴은 둥글고 윤택이 흐르며 물에 젖은 듯 얇은 옷을 입고 있고 옷의 무늬는 세밀하여 몸의 아름다운 곡선을 나타냈다. 용문석굴 빈양동(賓陽洞) 북쪽 벽에 정관 22년(648년)에 건립한 불교 입상은 몸에 얇은 가사를 입고 있는데 그 가사는 몸에 달라붙은 가사와 문양, 소매가 땅에까지 길게 늘어진 점 등으로 볼 때 전형적인 마두라 예술 풍격이다. 같은 풍격의 불상이 또한 빈양동 북쪽 벼랑, 만불동(萬佛洞) 남쪽 벽, 노룡동(老龍洞) 위쪽 등에 당나라 초기 인도 불상 풍격의 용문석굴 불교 문물 예술에 대한 영향을 엿볼 수 있다.[75]

『법원주림』(法苑珠林) 권29에 인도에 출사한 왕현책(王玄策)을 따라간 화가 송법지(宋法智)는 마가다국의 마가보제사(摩訶普提寺)에서 석가항마성도상(釋迦降魔成道像)을 모사하였는데 송법지가 석가의 성스러운 얼굴을 궁구하여 그렸다고 하여 스님들이 장안에 와서 이를 모사하였다고 한다. 또한 용문석굴 빈양남동(賓陽南洞) 서쪽 벽 불상 감실 옆에 왕현책이 인덕(麟德) 2년(665년) 9월 15일에 건립한 미륵불상의 제기(題記)가 있는데 이 불상은 왕현책이 인도에 출사한 후에 가지고 온 불상이다.[76]

초당 때부터 흥기하기 시작한 밀종 신앙은 당대 후기에 이르러 크게 보급되어, 당대 조소예술 분야에도 영향을 끼쳤다. 낙양의 용문석굴 감실 안의 불상에 밀종 불상과 조소가 많다. 밀종은 인도 최후의 불교 종파로 당대에 이르러 현장과 의정과 같은 고승들에 의해 많은 밀교 경전이 번역되었고, 용문석굴은 고종과 무측천 시기 밀종의 불상과 조소예술을 대표한다.

75 張乃翥, “略論龍門石窟唐代造像中的秣菟羅藝術因素”, 洛陽文物局, 『耕耘論叢』, 114~122쪽.
76 李玉昆, “龍門石窟新發現王玄策造像題記”, 『文物』, 1976年, 11期.

낙양 용문석굴의 조소에는 두 가지가 있는데 하나는 대일여래상(大日如來像)이고, 다른 하나는 다비다면관음상(多臂多面觀音像)이다. 그 가운데 동산(東山) 뇌고대(擂鼓臺) 북동(北洞)의 불상이 대표적인데 주존 조소는 중앙에 위치한 대일여래상이다. 머리에 보관(寶冠)을 썼고 목에는 목걸이를 달았으며 몸은 오른쪽 어깨를 드러낸 가사를 입었고 오른팔에 팔찌를 찼으며 손은 선정인(禪定印)을 하고 연꽃 위에 가부좌를 틀고 앉아 있다.[77] 상감은 밀종 풍격을 갖추어 당시 밀종의 불교 조소예술에 끼친 영향을 알 수 있다.

용문석굴의 다비다면관음상은 불상이 8개인데 현재 일본 창부(倉敷) 대원(大原)미술관의 11개 얼굴을 가진 관음상은 바로 용문석굴 동산 뇌고대 북동 오른쪽 벽에서 도굴해간 것이다. 이들 불상은 모두 밀종 조소예술 작품이다. 용문석굴 이외에 태원(太原)의 천룡산(天龍山) 석굴 중에도 밀종의 조소상이 있다. 제9굴에 11개 얼굴을 가진 공종과 무측천 시대 때의 관음상은 밀종 불상의 정수이다.[78] 이밖에 천룡산 제4, 6, 7, 13, 18굴 중의 불상과 보살상도 모두 용문석굴 밀종 불상을 모방한 것으로 특히 제4굴의 불상은 밀종의 석가불정상(釋迦佛頂像)이라고 한다.[79]

『대비다라니경』(大悲陀羅尼經), 『불정존승다라니경』(佛頂尊勝陀羅尼經)을 새긴 밀종의 경당(經幢)이 당대에 출현하였는데, 경당은 밀종 신앙과 전통 중국 석각예술의 결합물로 다라니경당의 유행은 다라니경의 번역과 밀접한 관계가 있다. 불교 신자들이 다라니경당을 가까이 하여 그 바람을 몸에 맞거나 경당의 먼지가 몸에 닿으면 죄업이 없어지고 지옥, 축생, 염마노가(閻魔盧迦), 아귀, 아수라 중에 빠지지 않는다고 믿었기 때문에 통치

77 溫玉成, 『中國石窟與文化藝術』, 349쪽.
78 李裕群, "天龍山石窟調查報告", 『文物』, 1991年, 1期.
79 呂建福, 『中國密教史』, 197쪽.

자들은 이를 크게 지지하여 대력 11년(776년)에 대종은 칙령을 내려 승려들이 『불정존승다라니경』을 암송하여 숙지하도록 하였다. 낙양 이도리(履道里)의 백거이 고거(故居) 유적지에서 두 건의 다라니경 당경 잔편이 출토되었다.[80] 시인들까지도 당경을 제작할 정도였다면 당시에 불교의 성행과 당경의 유행을 짐작할 수 있다.

당대 황제 묘의 석조 가운데 타조는 아주 독특한 작품이다. 타조 석조의 출현은 중앙아시아 토화라(吐火羅)와 관계가 깊다. 『신당서』, 「토화라전」에 토화라국이 "영휘 원년에 큰 새를 바쳤는데 키가 7척이나 되고 색은 검으며 발은 낙타를 닮았으며 날개를 펴고 걷는데 하루에 3백 리를 가고 철을 삼킬 수 있으며 속칭 타조라고 부른다"라고 했다.[81] 『책부원구』 권30에도 "영휘 원년 5월에 토화라국이 큰 새를 바쳤는데 키가 7척이다. 태종황제께서 먼 나라를 가슴에 품는 정책이 미치었다고 여겨 소릉(昭陵)에 바치고 그 상을 새기기로 하였다"라고 하였다.[82] 고종이 소릉에 석상을 새겨 태종에게 바친 것이다. 이것은 당고조 이연이 하직한 후에 정관 9년 이세민이 헌릉(獻陵)에 두 마리의 코뿔소를 새긴 석상을 바친 것과 같다. 그 하나가 현재 서안의 비림박물관에 보관되어 있다.

고종이 태종을 위해 타조를 새긴 석상이 지금까지 발견되고 있지는 않지만 고종과 무측천의 건릉에는 타조 석조가 있다. 부조 형식으로 장방형 돌병풍 위에 조각되어 있는데 타조가 아니라 주작, 난조(鸞鳥)라는 학설도 있다. 건릉 이후에 교릉(橋陵), 태릉(泰陵), 건릉(建陵), 숭릉(崇陵), 경릉(景陵), 장릉(莊陵), 단릉(端陵), 정릉(貞陵) 등 8개 당나라 황제 왕릉의 신도 양측에 타조 석조가 있어서 타조 석조는 외국 영향을 받은 뚜렷한 흔적을

80 "洛陽唐東都履道坊白居易故居發掘簡報", 『考古』, 1994年, 8期.

81 『新唐書』, 6252쪽.

82 『册府元龜』 卷30, 323쪽.

남겼다.

5. 회화

일본 호오류지(法隆寺) 구경당(舊經堂) 제6호 벽화의 불상은 단단올릭크(Dandan-Oilik) 불상 벽화와 일맥상통한다. 화전(和田)의 단단올릭크 불교사원 벽화는 인도에서부터 전래되었고 서역, 중국을 거쳐 일본에 전해진 것이다.[83]

스타인(Stein)은 1900년 12월에 신강 화전(和田)에 도착하여 북쪽의 타클라마칸사막에 진입하여 단단올릭크 유적의 고고학 발굴을 하였는데 이곳에서 불교사원의 유적을 발견하였다. 이 사원 부근 쓰레기 더미에서 당대 개원(開元) 연간에 주조된 고대 화폐도 발견하였다. 이 사원의 벽화와 조소는 인도 서북부 지방의 그리스 양식 불교미술의 풍격인데 이러한 풍격은 페샤와르의 간다라 양식이다. 또한 이보다 규모가 작은 불교사원에서 목판화가 발견되었다. 이 목판화는 현재 대영박물관에 소장되어 있는데 그림은 쥐 신을 묘사하였다. 현장이 화전에 대해 기록할 때 이 쥐 신에 관한 고사를 기록하였는데 당시 해당 지역주민들의 쥐를 존경하고 쥐 왕을 숭배하는 풍속이 있었다고 하였다. 이 고사는 옛날 흉노가 화전을 공격하였지만 화전은 군사적으로 흉노에 비해 열세에 놓였는데 다행히 쥐들이 흉노의 말안장을 갉아먹어 흉노를 격퇴하였다고 한다. 또 다른 목판화는 화전에 중국의 공주가 양잠 기술을 전한 고사를 묘사하였다. 누에고치를 숨긴 공주의 머리카락을 가리키는 모습이다. 이 유물을 통해 중국의 비단

83 瀧精一, "關于法隆寺金堂の壁畵にて(上)(下)", 『國華』 27-2, 27-3, 1916.

이 서역에 전해진 과정을 알 수 있게 되었다.

스타인은 모두 12개 건축 유적을 고찰하였는데 이 가운데 규모가 작은 건축 유적에서 보존 상태가 양호한 목판화를 발견하였다. 화면은 남자상이 그려져 있는데 이 사람의 체격과 복식은 페르시아 풍격과 완전히 일치하였다. 검은 머리와 수염을 길렀고 콧수염과 귀고리를 하였으며 모자를 썼는데 이 모자는 사산조 페르시아 왕의 모자와 유사하다. 신체는 페르시아 남자의 풍채와 같고 비단옷을 입고 있으며 검은 가죽신을 신었고 허리에는 단도를 차고 있어 당시에 흔히 볼 수 있는 중앙아시아 보살상과 같았다. 또 목판화 배경에는 인도 풍격의 삼두마왕(三頭魔王)이 그려져 있는데 허리에 호랑이 가죽을 둘렀고 교차한 다리 밑에는 두 마리의 소가 그려져 있어 인도 불교 밀종의 신도상과 유사하다.

스타인은 15년 후에 이란 동남부 시스탄(Sistan)의 하문(Hamun) 늪지대의 코이크와자(Koh-i-khwaja) 유적지를 발굴하였다. 이 유적지에서 벽화를 발견하였는데 창을 든 청년 무인상(武人像)이었다. 이 창은 페르시아 전설 가운데 주인공인 루스탐(Rustam)이 사용한 병기 소머리 모양의 창 구르즈(Gurz)와 똑같은 것이었다. 루스탐의 형상과 단단올리크 목판화의 페르시아 보살상과 비교하면 루스탐의 소머리 모양의 창을 빼면 단단올리크 목판화의 페르시아 보살이 오른손에 쥔 창과 같다.[84] 스타인이 발견한 목판화를 통해 인도의 불교가 아프가니스탄으로 거쳐 중국에 전래되는 과정에서 신강의 실크로드 남도의 화전에서 페르시아 문화의 영향을 받았음을 알 수 있다.

1988년 10월에 스위스 기자 하우머(Haumer)가 재차 단단올릭크 불교사원에서 당대 목판화를 발견했다.[85] 두 폭의 목판화에는 파라문상이 그려

---

84 Mark Aurel Stein, 巫新華 譯, 『沿着古代中亞的道路』, 廣西師範大學出版社, 2008, 56~71쪽.
85 Haumer, "Dandan Oilik Revisited: New Findings a Century Later", *Oriental Art*, Vol.

져 있다. 벽화 중앙에 어린애를 안고 있는 여신상이 있고 무릎에 또 다른 어린애가 앉아 있는데 불교의 귀자모(鬼子母)이다. 좌측에는 머리가 세 개인 파라문의 삼두신(三頭神)이 있는데 왼손에 3개의 화살을 쥐고 있고 오른손에는 활을 쥐고 있다. 좌측 무릎으로 야생 거위 함사(Hamsa)를 타고 있고 그 아래 왼손에는 수탉을 쥐고 있고 왼손을 무릎 위에 올려놓았다. 오른쪽에는 짐승의 머리를 한 신이 있는데 야생 돼지이거나 이리를 닮았고 중간에 태양이 있는 화염관(火焰冠)을 쓰고 있으며 양손에 둥근 물건을 쥐고 있고 아래 오른손에는 옥수수 이삭을 쥐고 있고 왼손을 무릎 위에 올려놓았다. 두 번째 목판화는 중앙에 어린아이를 안고 있는 귀자모가 있고, 왼쪽에 이마에 세 개의 눈을 가진 습파(濕婆)가 있는데 좌측의 얼굴은 미소를 짓고 있지만 오른쪽 얼굴은 분노하는 흉악한 모습이며 한 마리의 검은 소 위에 앉아 있고 두 손은 둥근 병(餠)을 쥐고 있고 아래쪽 왼손에는 작은 둥근 공을 쥐고 있다. 오른쪽에 머리가 세 개인 남자 신 파라문이 그려져 있다. 위쪽의 양손에는 둥근 물건을 쥐고 있고 아래쪽 양손은 세 개의 창을 들고 있다.

신강성 화전은 수당 때에는 우전국이 위치하였다. 수말 당초에 우전(于闐)에 성씨가 위지(尉遲)인 두 명의 예술가 대위지(大尉遲)와 소위지(小尉遲)가 있었다. 위지는 우전 왕실의 성씨로 우전어로 viśa이다. 대위지는 위지발지나(尉遲跋質那), 소위지는 위지을승(尉遲乙僧)이다. 그들의 서역 회화의 새로운 기법은 중국 회화예술의 전통을 변화시켰고 한반도와 일본 미술에 커다란 영향을 끼쳤다.

위지발지나는 장안성 선양방(宣陽坊)에서 파라문도(婆羅門圖)를 그렸다. 파라문도는 범어로 Brahmadeva 혹은 Mahābrahman인데 우전 불교 호

XLV-2, 1999, pp. 2~14.

법신(護法神) 중의 하나였다. 1907년에 펠리오가 신강 고차(庫車) 도륵아호이불사(都勒阿護爾佛寺) 유적지에서 파라문도 잔편 벽화를 발견하였다. 6세기 때의 작품으로 현재 프랑스 파리 기메박물관에 소장되어 있다. 이 잔편 벽화는 서역의 요철기법으로 그려진 파라문도의 모습을 갖추고 있다.

위지을승은 당대 화풍에 커다란 영향을 끼쳤다. 위지을승의 화풍은 요철파(凹凸派)에 속했다. 채색을 중시하고 색채를 이용한 명암의 대비를 명확하게 하여 강렬한 입체감을 더해주는 사실주의적 회화 기법이다. 서양에서는 일반적으로 이 묘법을 하이라이트 기법이라고 하는데, 이는 당초 헬레니즘의 모자이크화에서 비롯되어 중앙아시아에 전달됐던 것이다.[86] 요철법은 인도에서 유래하였는데 오늘날 인도 아잔타 벽화에서 그 단초를 알 수 있다. 이후에 요철기법은 서역을 통해 중원에 전래되었다.

위지을승은 장안과 낙양의 불교사원에서 회화 활동에 종사했다. 그 가운데 장안 광택사(光宅寺) 보현당(普賢堂) 불상, 범승(梵僧), 항마변(降魔變) 등, 자은사탑 앞의 공덕(功德), 요철화(凹凸花), 천발문수(千鉢文殊), 봉은사(奉恩寺)의 우전국왕과 그의 친척들의 화상, 흥당사(興唐寺)와 안국사(安國寺)의 벽화 등, 낙양 대운사(大雲寺) 귀신, 보살, 정토경변, 파수선(婆叟仙) 등, 그 가운데 황견급응(黃犬及鷹) 그림은 절묘한 작품이다.

당나라 사람 주경현(朱景玄)은 위지을승과 그의 그림에 대해

> 위지을승이란 자는 토화라국 사람이다. 정관 초에 그 나라의 왕이 그림이 오묘하고 뛰어나다고 하며 당나라 궁정에 추천했다. 또한 그 나라에서는 갑승(甲僧)이라는 위지을승의 형이 있다고 하는데, 그의 작품을 보지는 못했다. 위지을승

---

86 권영필, 『실크로드미술』, 54쪽.

이 현재 자운사탑 앞면에 그린 공덕상(功德像)과 중간이 요철법(凹凸法)으로 아름다운 얼굴을 그린 천수천안대자비상(千手千眼大慈悲像)은 그 정묘한 형상을 이루다 말할 수 없다. 또 광택사(光宅寺)의 칠보대좌 뒷면의 항마상(降魔像)을 그렸는데, 실로 기이하고 변화무쌍한 작품이다. 공덕, 인물, 화조(花鳥) 그림은 모두가 외국의 물상이지 중국의 엄숙한 용모와 장중한 태도와 같은 모습은 아니다. 앞선 시대 사람이 말하길 위지을승은 염립본(閻立本)에 비견된다고 하는데, 나 주경현은 일찍이 염립본이 외국인을 그리는데 오묘함을 다하지 못했고, 위지을승 역시 중국 사람을 잘 그렸다는 말을 듣지 못했다. 이들을 평가한다면 그들이 다루는 소재가 다르지만 오히려 그렇기 때문에 그들의 그림은 뛰어난 작품에 해당된다.[87]

라고 했다. 또한 장안 광택사 보현당의 벽화에 대한 당나라 사람 단성식(段成式)의 평가는 다음과 같다.

위지을승이 그린 그림은 기이한 점이 있는데, 사방의 벽 그림 모두가 살은 없고 백골만이 드러나 있고, 화가의 뚜렷한 주제를 나타냈다. 또한 마라(Mara)의 세 딸을 변형시켜 마치 벽에서 튀어나오듯 그렸다. 또 석가의 후광은 눈부실 정도로 반짝거려 착란을 일으키게 한다. 동쪽 벽의 석가 보좌 앞의 장식은 오래되어 끊어졌다. 좌우의 인도 승려와 외국인들은 아주 이국적이지만 서쪽 벽의 그림에는 미치지 못하는데 서쪽 벽화는 진짜와 같아 떨어져 나올 듯하다.[88]

이 평가에서 '벽에서 튀어나오거나 진짜와 같아 벽에서 떨어져 나온 듯

87 『唐朝名畵錄』, 「新品下七人」, 韓放 主校點, 張彦遠, 『歷代名畵記』, 305쪽.
88 段成式, 『酉陽雜俎』, 「續集」 卷6, 「寺塔記」(下), 257쪽.

하다'라는 표현은 위지을승의 그림이 입체감이 넘치는 기세를 나타낸 것이다.

위지을승의 화법 가운데 요철법 이외에 또 다른 특징은 유수문(流水紋)에 있다. 선종(宣宗) 대중(大中) 원년(847년)에 편찬된 장언원(張彦遠)의 『역대명화기』(歷代名畵記) 권8에 위지을승의 그림에 다음과 같이 평했다.

> 위지을승은 우전국 사람이며, 아버지가 위지발지나이다. 위지을승은 당나라 초기 숙위관(宿衛官)에 제수되었고 아버지를 계승해서 군공(郡公)에 봉해졌다. 외국[의 풍물]과 불상을 잘 그려서, 당시 사람들은 위지발지나를 대위지, 위지을승을 소위지라고 했다. 외국의 풍물과 보살상을 그린 경우, 작은 그림은 붓의 사용에 긴장감과 힘이 있어서 마치 구부러진 철사나 휘감긴 실과 같았고, 큰 그림은 [붓의 사용에] 시원스럽고 [웅위한] 기개가 있었다. 언종 스님은 [위지을승에 대해] 외국[풍물]과 귀신[을 그린 것]은 형태와 모습이 기이하고 이상한데, [이는] 중국인이 계승하기 어렵다.[89]

이러한 역동적인 철선(鐵線)으로 구성된 그림은 위지을승 말년에 창조되었는데, 「태조배잠도」(太祖拜岾圖)와 같은 고려 불화에도 영향을 끼쳤다.[90]

위지을승은 낙양성의 육재방(毓材坊) 대운사(大雲寺) 불전에 벽화를 그렸는데 '황견급응'(黃犬及鷹)이라고 한다. 『역대명화기』 권8에 "대운사 동문(東門) 양쪽 벽의 「귀신」(鬼神), 불전의 「보살」 6구, 「정토경변」(淨土經變)과 「파수선」(婆叟仙)은 모두 위지을승의 그림인데, 「황견급응」이 가장 뛰

89 韓放 主校點, 張彦遠, 『歷代名畵記』, 70쪽. 장언원 지음, 조송식 옮김, 『역대명화기』(下), 293~294쪽.

90 권영필, 『실크로드미술』, 57~64쪽.

어났다”라고 했다.[91] 황견급응은 당대에 유행하던 회화의 제재였는데, 돈황 장경동에서 발견된 당대 회화 가운데 이 제재로 그린 비단그림이 있다. 섬서 건릉의 의덕태자(懿德太子) 묘 벽화에도 이 황견급응도가 있다. 단단올릭크 당대 불교사원 벽화에서 발견한 황견급응도는 위지을승의 명작 황견급응과 밀접한 관계가 있다.

위지을승의 요철기법은 인물의 신비화를 심화하는데 효과적인 기법이었고, 이러한 그의 화풍은 당대 인물화 탄생에 큰 영향을 끼쳤다. 오도자(吳道子)의 인물화는 위지을승의 요철화파의 영향을 크게 받았다고 한다.[92]

위지을승은 천왕상(天王像)도 그렸다. 천왕이란 우전국 불교의 보호신 비사문천(毗沙門天)을 가리킨다. 비사문천신은 본래 인도교의 북방을 지키는 신인데 후에 불교도들에 의해 4대 호법천왕(護法天王) 중의 하나로 모셔졌다. 『일체경음의』 권11에 우전국 “성 안에 비사문천신의 묘가 있는데 7층의 목조 누각으로 신이 누각에 살고 있어 영험하였다”라고 하였다. 인도의 재물의 신은 우전국에서 북방의 군왕 혹은 비사문천왕이 되어 심지어 우전국 왕족의 조상과 우전국의 보호신으로 숭상되었다. 또 우전극에는 비사문천왕이 우전국 건립을 도와주었다는 전설이 있기 때문에 비사문 신앙은 타림분지 서부 불교의 보편적인 신앙이 되었다. 스타인은 화전의 열와극(熱瓦克) 유적에서 인물 조소상을 발견했다. 아쉽게도 하반신만 남아 있는데 몸에는 이란 양식의 긴 옷을 입고 있고 장화를 심고 있어 비사문천왕상으로 여겨지며 중국의 비사문천왕상과 유사하다.

불공(不空)이 번역한 『비사문천왕경』(毗沙門天王經), 『북방비사문천왕수

91 韓放 主校點, 張彥遠, 『歷代名畵記』 卷3, 39쪽.
92 向達, 『唐代長安與西域文明』, 58쪽.

군호법의궤』(北方毗沙門天王隨軍護法儀軌), 『북방비사문천왕수군호법진언』(北方毗沙門天王隨軍護法眞言), 『비사문의궤』(毗沙門儀軌) 등 밀교 경전은 중원에 유행했는데, 비사문천왕 화상법(畫像法), 단법(壇法), 주법(咒法) 등의 영험 감응의 사적도 당시에 유행했다. 불공이 번역한 밀교의 경전 『비사문의궤』(毗沙門儀軌)에서 말하길, 당현종 천보 연간에 아랍, 강국(康國) 등 5개국이 군사를 발동하여 안서(安西)를 포위하자 당현종이 불공 스님에게 명을 내려 비사문천왕이 하늘의 군사를 이끌고 출동하여 적군을 격퇴하도록 했다고 하였는데 이후로 중원에는 비사문천왕을 군대를 지키는 전쟁의 신으로 여겼고 이를 빌려서 국태민안의 신앙이 되었다.[93] 비사문천은 북방의 수호신으로 중원의 예술가들은 또한 수많은 사천왕 조소와 회화를 창작하여 사방을 수호하도록 하였다.

비사문천은 단지 경전에 호법신으로 기록되어 있을 뿐만 아니라 밀교의 중요한 본존이었다. 게다가 우전국은 비사문천왕을 호국신, 토번은 재물의 신으로 간주하여 비사문은 당, 오대 때 중국 각지의 보편적인 신앙 중의 하나였다. 비사문천왕상은 이후에 점차 당나라 장군 이정(李靖)의 예술 형상과 융합되어 인도 본래의 형상에서 벗어나 점차 중국적이 되어 중국 민간에 깊은 영향을 끼쳤다. 이러한 비사문천왕의 중국화 과정은 중국 소설에도 잘 나타나 있다.[94]

돈황 문헌 중에 수많은 당, 오대 시기의 비사문천왕상의 백묘(白描)를 보존하고 있고, 대영박물관, 인도 뉴델리의 인도국립박물관, 파리 기메 아시아예술박물관 등지에도 많은 당대 돈황 견본과 종이에 착색한 비사문천왕상이 있다.[95] 또한 법문사 지하궁에서 발견된 사리함은 7층으로 그

93 徐梵澄, 「關于毗沙門天王等事」, 『世界宗教研究』, 1983年, 3期.

94 柳存仁, "毗沙門天王父子與中國小說之關系", 『和風堂文集』(中), 1045~1094쪽.

95 松元榮一, 『敦煌畫の研究』(圖像篇), 417~419쪽.

가운데 하나는 외부에 비사문천을 부조로 도금 장식한 청동함인데 이를 통해 비사문천왕상이 만당 시기에 전파되었음을 알 수 있다.

당대에 외국에서 온 화가는 금강삼장(金剛三藏)과 강살타(康薩陀)가 있다. 금강삼장은 "스리랑카 사람으로 서역의 불상을 잘 그렸는데, 운필이 육중하여 일상적 그림이 본뜰 수 있는 바가 아니다. 동경(東京) 낙양의 광복사(廣福寺) 목탑 아래의 소조상은 모두 삼장이 만든 것이다."[96] 강살타에 대해서 『역대명화기』 권9에서

> 중품(中品)이며, 선타(善陀)라고도 함. 관직이 진위교위(振威校尉)가 되었다. 언종스님은 그에 대해 "[어느 누구에게도] 본받아 배운 것이 없었으며, 마음을 비우고 스스로 깨우쳤다. 봄에 일찍 피는 꽃과 가을에 늦게 지는 잎[의 묘사]는 변화하는 자태가 다양하고, 이상한 들짐승과 괴이한 날짐승[의 묘사]는 형태의 변화가 무궁무진했다"하면서 [그의 화품은] 위지을승 아래에 놓았다.[97]

라고 했다.

6. 금은기

당대는 금은기(金銀器)의 사용과 제작이 가장 번성했던 시대였다. 궁중의 황실과 상류층의 수요를 충족시키기 위해 대량으로 외국의 금은기가 장안과 낙양에 수입되었다. 당대의 금은기 사용은 법으로 비교적 엄격하

96 장언원 지음, 조송식 옮김, 『역대명화기』(下), 335~336쪽.
97 장언원 지음, 조송식 옮김, 『역대명화기』(下), 297쪽. 이 번역서 296쪽에 康薩陀를 康隆陀라고 했음.

게 규정하였다. 예를 들면, 『당회요』 권31에 "신룡(神龍) 2년 9월에 법을 제정하여 1품 이하 관리는 식기(食器)로 금과 옥을 사용할 수 없고, 6품 이하는 은을 사용할 수 없다"라고 하였다.[98] 그러나 당대 관료 귀족들의 생활 가운데 금은기는 아주 보편적이었고 게다가 금은 자체가 귀중품에 속했다. 외국에서 전래된 금은기는 장안과 낙양의 귀족과 대신들의 묘에서 부장품으로 출토되었는데 특히 1972년에 서안 남쪽 교외 하가촌(何家村)에서 공예품 가치가 높은 금은기가 다량으로 출토되어 외국과의 교류가 밀접하였음을 알 수 있게 되었다.

문헌 중에 장안에 공물로 바친 금은기 가운데 토번이 가장 많았다. 토번은 원래 금, 은, 구리, 주석이 많이 생산되었다.[99] 당나라 조정에 청혼을 하거나 외교 강화 등의 빈번한 왕래 중에 금은기가 예물로 당나라에 운송되었고 수량도 상당히 많았다. 정관 14년(640년)에 토번의 청혼을 태종이 허락하자 토번은 5천 냥의 금을 바쳤다. 정관 20년(646년)에 태종이 요동 정벌에서 돌아오자 토번은 금 거위를 바쳤는데, 높이가 7척(尺)이나 되고 그 안에 술 3곡(斛)을 채울 수 있을 정도였다.[100] 토번은 현경 2년(657년)에 또 금으로 만든 성을 바쳤는데 성안에는 사자, 코끼리, 낙타, 말, 숫양 등이 있고 어떤 동물은 사람이 타고 있다. 이후에 개원 18년(736년)에 토번은 사신을 파견하여 화친을 구하며 금으로 만든 접시, 그릇과 호병(胡瓶)을 바쳤다. 개원 24년(736년), 토번은 서신을 파견하고 금은으로 만든 기완(器玩) 수백 개를 바쳤는데 그 모양이 진기하여 현종은 제상문(提象門) 밖에 진열하고 백관들이 보도록 하게 했다.[101]

---

98 王溥 撰, 『唐會要』(上), 668쪽.

99 『舊唐書』 卷196, 「吐蕃傳」(上), 5220쪽.

100 10斗가 1斛이었으므로 3斛은 30말이나 됨.

101 『舊唐書』 卷196, 「吐蕃傳」(上), 5221~5222쪽과 5233쪽.

토번 이외에 남조(南詔)도 금 생산지였다. 『신당서』 「지리지」에 요주(姚州)의 운남군(雲南郡)은 토산 공물로 금과 사향을 조정에 바쳤다고 하였다.[102] 운남의 남조는 황금을 세금으로 납부하는 주요 물품이었다.[103] 남조의 금이 중원에 끊임없이 유입되었다. 영남 지역도 금은이 생산되었는데 한대부터 남해 무역이 흥성하여 금은을 직접 생산하거나 외국으로부터 황금과 백은이 유입되었다. 당대 풍앙(馮盎)은 영남지역을 거점으로 스스로 총관(總管)이라고 부르고 당나라 조정으로부터 책봉을 받자 대량의 금은을 바쳤다.[104] 신라도 수차례 사신을 파견하고 금은을 바쳤는데 원화 5년(810년)에 신라왕이 자신의 아들을 파견하고 금은 불상을 바쳤다.

외국에서 수입한 금은과 기물은 주로 서아시아와 중앙아시아 각국으로부터였다. 한대 이후 서역 각국과의 왕래가 빈번하였고, 북위시대 때 서아시아의 사산조페르시아와 교류하였고 페르시아는 10여 차례 사신을 파견하여 문헌에도 페르시아 산물을 언급할 때는 금은의 생산과 금은 기물을 강조했다. 당대에는 페르시아와의 사신 왕래가 29차례 있었고 사서의 기록에 페르시아인의 통상에는 금은 기물이 반드시 포함되었다. 중앙아시아의 소그디아는 상업 활동에 뛰어났는데 소그디아 지역의 금은이 중국에 유입되었고, 또한 소그디아인은 비잔틴 등지의 금은을 중원에 운송하는 중개무역상 역할을 했다. 문헌의 기록은 적지만 돈황, 투르판 출토 문서 중에는 오히려 중국을 왕래하는 소그디아인의 수중에 다량의 금은이 있었다는 기록이 보인다.

당대 중원에 전래된 외국의 금은기가 상당히 많이 발굴되었는데 사산조페르시아 혹은 중앙아시아 소그디아 풍격을 갖추었다. 『구당서』, 『신당

102 『新唐書』 卷42, 1086쪽.

103 杜娟, "試論唐代雲南的手工業生産和産品交換", 『思想戰線』, 1991, 1期.

104 『新唐書』 卷111, 4114쪽.

서』와 『책부원구』 등의 문헌에 당나라 초기에 중앙아시아 각국과 페르시아와의 교류가 빈번하여 비록 문헌 중에는 이들 국가들이 당나라 조정에 바친 금은기에 대한 정확한 기록이 없지만 고고학적 발굴을 통해 수많은 금은기가 중앙아시아와 페르시아 금은기의 풍격을 갖추고 있고, 당시 장안과 낙양 등지의 중원에 살았던 당나라에 귀화한 중앙아시아 귀족들이 사용한 뒤에 부장품으로 매장된 금은기도 발굴되어 금은기의 전래와 영향을 엿볼 수 있게 되었다. 예를 들면, 중국에서 가장 많이 발견된 사산조페르시아 유물은 은화(銀貨)와 직물이다. 4세기부터 8세기 중엽까지 금은기도 전래되었다. 당대의 사산조페르시아 계통의 금은기는 하가촌에서 출토된 3건의 팔릉대파금은배(八棱帶把金銀杯), 고족은배(高足銀杯)와 이가영자(李家營子)의 은대파호(銀帶把壺)이다. 이러한 기물들은 모두 페르시아 풍격을 지녔다. 당대 은으로 만든 기물 가운데 페르시아 양식의 가장 대표적인 것은 장배(長杯)이다. 팔곡장배(八曲長杯)는 소그디아 혹은 동부 이란에서 제작되었다. 중국의 장배는 페르시아 장배를 모방하였다. 하가촌 비사문(飛獅紋), 봉조(鳳鳥)와 독각수문(獨角獸紋)의 원형은합(圓形銀盒)은 모두 날개가 달린 사자, 사슴과 독각수로 주위에 새끼줄 문양의 원형 틀 혹은 꽃잎 장식을 하였다. 이러한 장식은 당대에는 볼 수 없고 8세기 중엽 이전의 금은기이다. 사산조페르시아와 소그디아 기물의 동물은 대부분 상상의 동물로 날개가 달렸고 기물 주변에 새끼줄 무늬로 장식한 원형 틀, 즉 사산조페르시아 은기에 항상 보이는 휘장식 문양을 하였다.

내몽고 오한기(敖漢旗) 이가영자(李家營子)에서 금은기가 발견되었는데 그 가운데 1호 묘에서 5건의 은기가 발굴되었다. 은대파호(銀帶把壺), 소면관형은대파배(素面罐形銀帶把杯), 은장배(銀長杯), 사리문은반(猞猁紋銀盤)과 은작(銀勺)이다. 대파호(帶把壺)는 밑받침은 연주(聯珠) 문양이 새겨져 있고 몸체와 손잡이가 접하는 부분에 호인(胡人)의 반신상이 있는데 이러한 양식은 사산조페르시아 은 항아리의 특징이다.[105] 이러한 기물은 중앙아시아, 서아시아에서 수입한 것인데 중국과 일본에서는 이를 호병(胡甁)이라고 불렀다. 현종은 일찍이 안록산에게 금삽화대은호병(金鈒花大銀胡甁)을 하사했고, 안록산도 현종에게 금보세호병(金寶細胡甁)을 바쳤다.[106] 일본 나라(奈良) 쇼소인(正倉院)에 은평탈칠호병(銀平脫漆胡甁)이 보존되어 있는데 이 호병도 사산조페르시아 호병 계통이다.[107] 이러한 호병은 사산조페르시아 외에 소그디아 지역에서도 제작되었다.

소그디아 계통의 금은기는 대표적으로 1963년에 서안 동남쪽 교외 사파촌(沙坡村)에서 출토된 은기 가운데 소그디아 글자가 새겨진 은그릇이 있다.[108] 이 녹문은완(鹿紋銀碗)은 그릇 벽에 쇠망치로 두드려서 요철의 기복이 있게 만든 12개의 단편과 그릇 안쪽 중앙에 새겨진 큰 뿔을 가진 사슴과 같은 화각녹(花角鹿) 동물 문양은 중앙아시아 소그디아의 풍격과 유사하고, 기물의 입구 주변에 소그디아 문자로 「조이만신(祖爾萬神)의 노비」이라는 뜻의 명문이 새겨져 있다. 조이만은 본래 고대 페르시아 만신묘(萬神墓) 가운데 주신(主神)의 하나인데 후에 서아시아의 배화교도에 의해 숭배되었고, 교파를 형성하기에 이르렀으며 후에 중앙아시아에 전파되었다. 6~7세기 소그디아 지역의 그릇 기물의 제작에 그릇 벽을 쇠망치로 두드려서 기복이 있게 만들었다. 이러한 기물은 소그디아의 그릇임을 알 수 있다.[109] 낙양에서도 12면의 은그릇이 출토되었는데 가운데 사자가

105 夏鼐, "近年中國出土的薩珊朝文物", 『考古』, 1978, 2期. 李家營子銀帶把壺는 齊東方, 『唐代金銀器研究』, 도록의 111번 사진 참조.

106 姚汝能, 『安祿山事迹』(卷上), 9쪽.

107 韓昇, 『正倉院』, 92쪽, 圖122. 正倉院에서는 이 胡甁을 漆胡甁이라고 하는데 이외에 白琉璃甁도 있음.

108 "西安市南郊沙坡村出土一批唐代銀器", 『文物』, 1964, 6期.

109 齊東方, "西安沙坡村出土的粟特鹿紋銀碗", 『文物』, 1996, 2期.

웅크리고 있어 7세기 때 소그디아 금은기의 풍격을 갖추었다고 한다.[110] 한편, 소그디아 금은기의 영향을 받은 당대 금은기 모방품이 서안 하가촌에서 출토되었는데, 그 가운데 도금한 바다짐승과 파도 문양을 새긴 은그릇은 벽을 망치를 두드려서 파도 문양을 만들었는데 14면으로 나누어 소그디아 공예술의 영향을 받았다.[111] 1958년에 선서 요현(耀縣) 배음촌(背陰村)에서 출토된 선휘주방은완(宣徽酒坊銀碗)은 궁중에서 제작되고 사용된 은기로 그릇의 벽은 망치로 두드려 연꽃잎 문양으로 장식하였는데 당대 말기 금은기 제작에 있어 소그디아 풍격의 영향을 받았다.

당대 이전의 중국 금은기 제작은 아주 드물었는데 당대 금은기의 발달은 사산조페르시아의 금은기 제작기술의 영향을 받았다. 서역 금은기 제작 기법의 영향은 두 가지 면에서 특징적이었다. 첫째는 제작기법이다. 금은의 표면을 쇠망치로 두드려서 만드는 요철의 부조 제작기술은 기물의 입체감을 두드러지게 하여 강렬한 장식효과를 갖추었고 주물 주조 제작 방식보다 제작 인원이 덜 소요되었다. 두 번째는 장식 문양이다. 금은기에 가장 많이 사용된 문양은 연주문(聯珠紋)이다. 작은 원이 연이은 도안이다. 이러한 도안은 사산조페르시아와 중앙아시아 소그디아에서 유래하였다. 또한 금은기의 마갈문(摩羯紋)은 인도에서 유래했다.

당대 금은기 가운데 인도 풍격의 영향을 받은 것도 있는데 연잎과 가릉빈가의 재재 혹은 인도 문화의 요소의 영향을 받았다. 연꽃 문양은 불교예술이 중국에 전래되면서 일찍이 남북조시대 때 이미 유행했다. 당대 금은기 문양 가운데 어류 계통은 마갈(摩羯)이라는 인도 신화 중의 동물인데 고대 인도의 조각, 회화예술에 항상 등장한다. 하가촌 사녀문은대파배(仕

110 林梅村, 『漢唐西域與中國文明』, 203~204쪽.

111 冀東山, 『神韻與輝煌:陝西歷史博物館國寶鑑賞』(金銀器卷), 96~97쪽.

가릉빈가(迦陵頻伽). 불교에서의 사람의 머리에 새의 몸을 한 천년을 넘어 영원을 사는 상상의 새가 가릉빈가이다. 서안 출토.

女紋銀帶把杯), 서안 마갈문금장배(摩羯紋金長杯), 객라심(喀喇沁) 마갈문규화형은반(摩羯紋葵花形銀盤) 등에 보인다.[112] 마갈이 중국에 유행한 것은 당대 이후의 기물에서인데 금은기의 문양에 가장 많다.[113] 이러한 문양은 인도 문화의 영향을 받은 것으로 아프가니스탄의 베람(Beram) 유적지에서 출토된 귀상 시대 유물과 중앙아시아 사마르칸트의 소그디아 유적지 중에도 마갈 문양이 있어서 중앙아시아를 통해서 중국에 전래된 것으로 추정된다.

당대 서역에서 전래된 금은기는 당대 금은기 제작에 영향을 끼쳐 한족(漢族) 장인에 의해서도 금은기가 제작되었다. 2002년에 섬서 서안시 곡

112 喀喇沁摩羯紋葵花形銀盤은 齊東方, 『唐代金銀器硏究』, 圖錄의 17번 사진 참조.
113 岑蕊, "摩羯紋考略", 『文物』, 1983, 10期. 孫機, "摩羯燈", 『文物』, 1986, 12期.

강향(曲江鄕)의 당대 요무피(姚無陂) 묘에서 대파은매(帶把銀杯)가 출토되었다. 입구가 벌어져 있고 배가 불룩하며 둥근 다리가 높고 입구 주변 아래에 튀어나온 줄무늬가 있으며 복부에는 손잡이가 달려 있다. 그리고 바닥에 「장정경」(匠鄭卿)이라는 글자가 새겨져 있어서 이러한 서역 색채가 강한 은 술잔은 한족 장인이 만든 것임을 알 수 있다.[114] 또 섬서역사박물관에 소장된, 1965년에 서안 남부 근교 백묘촌(白墓村)에서 출토된 금고족배(金高足杯)는 입구가 열려져 있고 바닥이 둥글며 다리가 높은데 복부와 바닥 좌대가 깨졌고 입구 주변이 고르지 않으며 함몰되어 이 기물은 불량품이거나 반가공품이다.[115] 이 기물과 함께 출토된 또 다른 미완성 대파금배 반가공품과 4개의 절단된 흔적이 있는 금 조각도 있는데 이런 기물들과 금 조각은 당대 금은기 작업실에서 생산된 것임을 알 수 있고 유물의 출토 지역을 감안할 때 이 작업실은 장안 연강방(延康坊) 귀족 금은방에서 생산되었다고 한다.[116]

7. 유리

고대 사서에 서역에서 수입한 파리(玻璃)는 유리(琉璃), 파려(玻黎), 파려(玻瓈), 파려(頗黎), 파려(波黎), 육리(陸璃) 등으로 불렸다.[117] 불교경전 『무량수경』(無量壽經), 『사미타경』(沙彌陀經) 중에 유리(琉璃), 파려(玻瓈)는 금, 은, 산호, 마노(瑪瑙), 진주와 함께 '칠보'(七寶)로 간주하여 이 둘은 서로 다

114 "唐姚無陂墓發掘簡報", 『文物』, 2002, 12期.

115 冀東山, 『神韻與輝煌:陝西歷史博物館國寶鑑賞』(金銀器卷), 41쪽.

116 譚前學, "西安白廟村唐代金杯及有關問題", 『文博』, 2002, 3期.

117 梵文 vaidurya, 印度 俗語 veluiya의 音譯임.

른 물품이라고 했다. 유리(琉璃)는 지금의 파리(玻璃), 파려는 어떤 물품인지 알 수 없으나 『유양잡조』(酉陽雜俎)에 "파려는 천년 동안 쌓인 얼음이 변한 것이다"라고 하여 아마도 자연물에 속하는 것으로 여겨진다.[118]

유리는 보석과 유리 두 종류가 있다. 전자의 보석은 유리(琉璃), 벽유리(璧流離), 유리(瑠璃)라고도 하고, 『한서』, 「서역전」에 계빈국(罽賓國)에 산호(珊瑚), 호박(虎魄), 벽유리(璧流離)가 생산된다고 하였고, 『삼국지』 배송지(裴松之)의 주(注)에서 『위략』(魏略), 「서융전」을 인용하면서 대진국(大秦國)에는 "적(赤), 백(白), 흑(黑), 녹(綠), 황(黃), 청(青), 감(紺), 표(縹), 홍(紅), 자(紫)색의 10종류의 유리가 나온다"라고 하였다.[119] 후자의 유리는 고대 중국에서는 파리(玻璃)라고 하였다.

중국에서 생산된 파리(玻璃)는 엄격하게 말하면 유리(琉璃)이고, 진정한 소다 석회 유리 혹은 칼륨 유리는 서양에서 유래했는데 춘추시대 때 이미 이러한 유리가 중국에 전래되었다. 한대 이래로 중동지방의 유리 제품은 생산지 상인을 통해 직접 수입되거나 인도 상인의 중개로 유입되었다. 한, 당 시대 때 수입 규모가 커져서 주로 로마와 페르시아에서 수입되었다. 『구당서』, 「서융전」(西戎傳)에 불름국(拂菻國)[120]은 그 궁궐과 기둥이 대부분 수정과 유리로 만들어졌다고 하였다.[121]

이란고원은 소다 석회 유리 생산의 역사가 오래되었다. 사산조페르시아 때 유리 제조업이 크게 발달하여 페르시아 상인의 활동이나 사신을 통

118 段成式 著, 杜聰 校點, 『酉陽雜俎』 卷11, 「廣知」, 72쪽.

119 『三國志 · 晉書外國傳譯註』, 129쪽.

120 拂菻은 拂懍, 拂臨, 蒲林, 拂林, 普嵐, 伏廬尼라고도 하였다. 晉代 중국 문헌에 서역의 國名으로 나타나기 시작했는데 『舊唐書』에 拂菻國은 일명 大秦이라고도 한 기록의 大秦國은 실제로는 로마제국이 콘스탄티노플로 遷都하기 이전의 로마제국을 가리키고, 遷都 이후의 동로마제국을 拂菻이라고 하였음.

121 『舊唐書』 卷198, 「西戎傳」, 5313쪽.

해 유리 제품이 중국에 수입되거나 유입되었다. 당대 정관 17년(643년)에 불름국 왕 파다력(波多力)이 사신을 파견하고 붉은 파려(玻瓈)를 바치자 태종은 비단을 하사했다.[122] 중앙아시아 토화라도 여러 차례 당나라에 조공으로 유리를 바쳤는데, 무덕 2년(741년)에 토화라국이 사신을 파견하고 보석이 박힌 허리띠, 유리와 수정 술잔을 바쳤다.[123] 개원 29년(741년)에 토화라가 또 사신을 파견하고 홍파리(紅頗梨), 벽파리(碧頗梨)를 바쳤다.[124] 파리(頗梨)는 파려(頗黎)를 말한다. 토화라는 천보 연간에도 조공으로 붉은 유리와 푸른 유리를 바쳤다.[125] 중앙아시아의 발한나국(拔汗那國)과 소그디아도 여러 차례 유리를 바쳤다. 고종 상원 2년(675년)에 발한나국의 왕이 푸른 유리를 바쳤다. 천보 5년(746년)에 중앙아시아의 사국(史國), 미국(米國)이 바친 물품에도 유리가 포함되어 있었다.

섬서와 하남의 묘와 사원에서 당대의 유리그릇이 출토되었다. 이러한 유리그릇은 주로 사산조페르시아와 아라비아에서 전래되었다. 서안 하가촌에서 사산조페르시아의 유리그릇이 출토되었다. 1971년, 낙양 관림(關林) 당대의 묘에서 출토된 유리병은 사산조페르시아의 향수병이라고 한다.[126]

1987년에 섬서 부풍(扶風) 법문사(法門寺)에서 출토된 유리그릇은 모두 20건으로 공예기술이 뛰어나고 정교한데 그 가운데 18건은 외국의 유리그릇이고 대부분 이슬람 초기의 유리그릇이다. 이슬람 유리는 로마 유리와 사산조 유리의 공예를 계승하고 이후에 더욱 발전시켜 독특한 유리그

---

122 『舊唐書』 卷198, 「西戎傳」, 5314쪽.
123 『新唐書』 卷221, 「吐火羅傳」, 6253쪽.
124 『册府元龜』 卷971, 「外臣部」 〈朝貢〉(4), 11410쪽.
125 『新唐書』 卷221, 「吐火羅傳」, 6252쪽.
126 安家瑤, "中國的早期玻璃器皿", 『考古學報』, 1984, 4期.

릇 제작 체계를 형성하였다. 법문사에서 출토된 유리그릇은 대부분 초기 이슬람 유리를 대표하는 기물로 반구(盤口) 유리병, 각문(刻紋), 각문묘금(刻紋描金), 소면(素面) 유리접시와 직통(直筒) 유리 술잔 등이 있다. 색깔로는 로마와 사산조페르시아의 유리는 남색이 아주 드문데 출토 유리는 대부분 남색으로 아라비아 유리에 보편적인 색깔이다. 장식문양으로 볼 때 대부분 아라비아 양식이고 문양은 식물의 가지와 잎이나 기하학적 도안이 많은데 예를 들면 풍엽문(楓葉紋), 십자단화(十字團花), 팔판단화(八瓣團花), 사판화(四瓣花) 등은 다시 세밀한 평행 사선, 그물 무늬와 파도 문양, 화초 문양 등으로 새겨졌다.

당나라 유리 제조 장인들은 외국의 유리 생산기술의 영향을 받았다. 예를 들면, 법문사 지하궁에서 발견된 유리그릇 가운데 외래 유리그릇 이외에 또 두 건의 담황색의 유리 다완(茶碗)과 다탁(茶托)이 있었는데 이것은 당나라 장인이 제조한 것이다.[127]

8. 화폐

당대 중국에 유입된 외국 화폐의 수량은 아주 많았다. 이러한 금은 동전 화폐의 일부가 외국과의 무역에 종사하는 상인들에 의해 당대 도시로 유입되었다. 이들 화폐는 외국 사신이 선물로 증여하는 형식으로 사용되었는데 외국 화폐는 당나라의 대외 교류의 번영을 나타내주는 증거물이다.

외국의 화폐는 희소가치가 높아 장식물이나 보석으로 여겨져 귀족층의

127 安家瑤, "中國的早期玻璃器皿", 『考古學報』, 1984, 4期.

묘 부장품으로 매장되었다. 이 가운데 수량이 가장 많은 화폐는 사산조페르시아 각 시기의 은 동전으로 주로 장안과 낙영에서 출토되었다. 1965년에 섬서 장안현 천자욕(天子峪) 당대 탑기(塔基)에서 페르시아 호스로(Khosrau) 2세(590~628년 재위)와 호스로 2세의 딸이며 사산조페르시아 최초의 여왕인 보란(Boran) 또는 푸란도흐트(Purandokt) 여왕(630~631년 재위) 등의 은 동전 7개가 출토되었다. 1970년에 하가촌에서도 호스로 2세의 은 동전 1개가 출토되었다.

1955년에 낙양 북쪽 교외의 당대 묘에서 페르시아 은 동전 15개가 출토되었다. 주로 사산조페르시아의 마지막 왕인 야즈데게르드(Yazdgerd) 3세(632~651년 재위)의 아들 페로즈(Peroz) 2세의 은 동전이다. 이후 1990년에 낙양 마구촌(馬溝村) 망산(邙山) M133 당대 묘에서 호스로 2세의 은 동전 1개가 출토되었다.[128] 1991년에는 낙양 이천현(伊川縣) 사마구촌(司馬溝村)의 촌민이 집을 짓기 위해 땅을 파다가 나무 상자 속에 들어 있던 300여 개의 페르시아 은 동전을 발견하였는데 모두 페로즈의 은 동전으로 1959년에 신강 오흡현(烏恰縣)에서 발견된 947개 다음으로 많았다. 또한 실크로드 주변에서도 페르시아 동전이 출토되었다. 1958년에 산서 태원 금승촌(金勝村) M5 당대 묘에서 운형의 칠기 합에서 사산조페르시아의 호스르 2세의 은 동전이 출토되었다.[129] 2003년, 영하 고원(固原) 남원(南塬) 개발구 M15 당나라 묘에서 여자의 가슴에서도 페로즈의 은 동전이 1개가 발견되었는데 동전에 구멍이 뚫려 있어 장식으로 달고 다녔던 것으로 추정된다.[130]

동로마의 금 동전도 서안에서 발견되었다. 1956년에 섬서 서안 안토문

---

128 范振安, 霍宏偉, 『洛陽泉志』, 163쪽.

129 "太原南郊金勝村唐墓", 『考古』, 1959, 9期.

130 "寧夏固原市南塬唐墓發掘簡報", 『考古與文物』, 2007, 5期.

촌(安土門村) 당나라 묘에서 헤라클리우스(Heraclius, 610~641 재위) 금 동전 1개가 출토되었고, 1970년에는 하가촌에서도 같은 동전이 출토되었는데, 구멍이 2개 뚫려 있어 장식품으로 사용되었음을 알 수 있다. 당대 해외무역이 이루어진 곳에서 상인들은 동로마 금 동전을 화폐로 사용하였다. 당나라의 화폐였던 개원통보(開元通寶)가 있던 곳에서 동로마 동전이 발견되어 당대에 화폐로 유통되었을 것으로 추정된다.[131] 1981년에 낙양 용문(龍門) 동산(東山) 북쪽 기슭의 당대 정원장군(定遠將軍) 안보(安菩)와 그의 처 하씨(何氏)의 합장묘에서 잔인한 성격으로 공포정치를 실시하고 헤리클리우스에게 처형당한 동로마 황제 포카스(Phocas, 602~610년 재위)의 금 동전이 발견되었다.[132] 영하 고원의 당대 사씨(史氏) 가족묘의 사도락(史道洛) 묘에서 동로마황제의 금 동전이 발굴되었다. 이밖에도 사도덕(史道德), 사색암(史索巖), 사가탐(史訶耽)의 묘에서도 동로마제국의 금 동전 모방품이 출토되었다.

사산조페르시아 은 동전과 동로마제국의 금 동전은 당나라의 서방과의 무역의 중요한 화폐였고 이러한 화폐의 유입은 장안과 낙양 등지에 거주하던 소그디아인의 중국 이민과 관계가 있는데 앞에서 언급한 안보와 사씨는 모두 소그디아인이다. 서방의 화폐가 실크로드를 통해 당대 중국에 유입된 것이다.

반면, 당대 화폐는 동아프리카에서도 발견되었다. 모가디슈(Mogdishu), 킬와(Kilwa), 마피아(Mafia)와 남부 아프리카 항구에서 발견되었다. 이러한 동전들은 프레드릭 헐트(Friedrich Hirth)에 의해 연대가 845년에서 1163년까지라고 밝혀졌다. 특히 1916년에 마피아섬에서 발견된 동전은 대영박

131 王長啓, 高曼, “西安新發見的東羅馬金幣”, 『文博』, 1991, 1期.

132 “洛陽龍門唐安菩夫婦墓”, 『中原文物』, 1982, 3期.

물관에 의해 1068년과 1086년 사이의 송대 신종(神宗) 때 주조된 동전으로 밝혀졌다. 동아프리카 해안 지역에서는 당대 동전인 개원통보(開元通寶)가 발견되었다.[133]

9. 도자기

중국의 도자기가 해외로 수출되기 시작한 때는 당나라 중기와 후기이다. 고고학적 발굴을 통해서 보면 아프리카뿐만 아니라 동북아시아의 한반도, 일본, 동남아시아는 말레이시아, 인도네시아, 남아시아의 인도, 파키스탄, 스리랑카, 중동의 이란, 이라크, 예멘 등지에서도 당나라 후기와 오대 때의 도자기가 발견되었다. 1974년에 영파 여요(余姚)에서 한 척의 당나라 때의 배가 발견되었는데 수백 건의 월요(越窯) 도자기 그리고 장사요(長沙窯)의 청색 유약이 발린 갈색 도자기와 흑색 유약 도자기가 발견되었고, 「건녕오년」(乾寧五年)이라는 명문이 새겨진 벽돌이 발견되었다. 건녕 5년은 서기 898년으로 당대 후기에 속한다. 이 배는 동지나해를 건너 일본 혹은 한반도로 가는 배였다. 배 안의 도자기는 해외 수출용이었던 것이다.

월요는 동한 때부터 도자기를 제작하였고 당대에 이르러 번영을 맞이하였는데 주요 생산지는 여요의 상림호(上林湖)이다. 오대와 송대 초기에 이르러 해외 수출물량이 대폭 증가하여 대량으로 월요 도자기가 생산되었는데 생산지는 여요, 자계(慈溪), 영파, 은현(鄞縣), 진해(鎮海), 봉화(奉

133 Major F. B. Pearce, *Zanzibar: The Island Metropolis of Eastern Africa*, p. 49 and p. 344.

化), 임해(臨海), 황암(黃岩), 상우(上虞), 소흥(紹興), 승현(嵊縣), 제기(諸暨)와 오흥(吳興) 등으로 확대되었다. 아프리카에서 출토된 월요 도자기는 주로 영파의 은현, 여요와 상우 그리고 황암과 임해 도요지에서 소량 생산된 것이었다.

장사요, 또는 동관요(銅官窯)라고도 불리는데, 당대 초기에 시작되었고, 9세기 때 급속하게 발전하였으며 송대에 이르러 쇠퇴하였는데 북송 중기 때 생산이 중지되었다. 그래서 장사요의 해외 수출은 만당과 오대에 집중되었다. 장사요 도자기는 중원 지역에서는 아주 적게 발견되었고, 주로 해로와 통하는 양주, 영파, 광주 등지에서 출토되었다. 해외는 주로 한반도, 일본, 동남아시아와 페르시아 등으로 그 가운데 중세기 때 저명한 이란의 시라프 유적지에서 다량으로 발견되었다. 장사요 도자기는 호인악무도(胡人樂舞圖), 사형도(獅形圖)를 표면에 붙이거나 야자수 숲, 포도, 새 등을 그려 넣었는데 이러한 문양은 서아시아와 페르시아풍의 도안을 갖춘 것으로 전문적으로 이 지역 사람들의 기호에 맞추어 제작되었던 것이다.

월요나 장사요 외에 정요(定窯) 도자기도 아프리카, 아랍 지역에서 발견되었는데 전형적인 당대의 정요 도자기는 주로 해당식배(海棠式杯)인데 이라크 사마라 궁전에서 출토되었다. 사마라는 838년에서부터 883년까지의 압바스왕조의 수도로 이후에 폐허가 된 이 궁전에서 만당 때의 정요 술잔과 동일한 것이 출토되었다. 그리고 이집트 푸스타트(Fustat) 유적지에서 출토된 '관'(官)자가 새겨진 백자는 정요 도자기이다.

페르시아 사람으로 바그다드에서 성장한 이븐 후르다드베(Ibn Khordādzbeth)가 844~848년 사이에 티그리스 강변의 사마라(Sāmarra)에서 『도리방국지』(道里邦國志)를 편찬하였는데, 이 책에서 "동양(東洋)이 [아랍에] 제공하는 수출 품목은 중국의 흰 비단, 채색 비단, 명주, 사향(麝香),

노회(蘆薈), 말안장, 수달 가죽, 도자기, 마취품(痲醉品), 육계(肉桂), 낭강(莨菪) 등이다"라고 하여 도자기가 포함되어 있다.[134] 당대 아랍의 문헌을 통해서도 당대에 이미 중국의 도자기가 아랍 지역에 수출되었음을 알 수 있다.

이집트의 푸스타트는 도자기 제작의 중심지였는데, 중국의 도자기를 모방하여 이슬람 도자기를 생산했다. 9세기부터 11세기까지 당삼채(唐三彩)를 모방하여 다채로운 유약 도자기와 선을 그린 문양 도자기를 생산했고, 또한 정요 백자와 월요 청자를 모방하여 옥벽자도완(玉壁底陶碗)을 생산했다. 푸스타트에서 중국 도자기를 모방하여 만든 이슬람 도자기는 푸스타트 창고에 저장된 60~70만 도자기 파편을 예로 들면 그 가운데 70~80%가 중국 도자기를 모방한 것이다. 푸스타트의 어느 작은 유적지에서 출토된 용천(龍泉)의 청자 109개 파편은 용천 청자를 모방하여 만든 이집트의 이슬람 도자기 파편은 6,917개나 되었다고 한다.[135]

당삼채 가운데 이슬람 장식이 섞인 창의적인 디자인의 다문화 도자기가 출현하였다. 예를 들면 동경국립박물관에 소장된 당삼채첩화단화문쌍룡이병(唐三彩貼花單花紋雙龍耳瓶)은 화려한 유색과 더불어 이국적인 첩화문과 용수(龍首)가 융합되었는데 이슬람 양식이 강하게 나타난다.[136] 봉수병(鳳首瓶)은 페르시아 은기 등의 금속공예에 나타난 의식용 문양을 활용

---

134 費琊(Gabriel Ferrand) 編, 耿昇, 穆根來 譯, 『阿拉伯波斯突厥人東方文獻輯注』(上册), 47쪽. 인용구 바로 앞서 山이 많은 나라 新羅에 金이 많이 생산되고 이슬람교도들이 영구히 정착하여 살았다고 하였음.

135 孟凡人, 馬文寬, 『中國古瓷在非洲的發現』, 56~57쪽.

136 방병선 지음, 『중국도자사연구』, 125쪽에 "龍이 口緣部를 물고 있는 도상은 중국도자에서 6세기 이후 나타나기 시작하였고, 육조 시대 월주요 청자와 흑자의 鷄首壺에도 용이 손잡이로 기능하였다. 그러나 계수호와 달리 唐三彩 龍耳瓶은 雙耳에 出水口가 따로 없고 貼花 문양이 동반되는 특성이 있다. 이러한 龍耳瓶은 서안과 낙양 근처에서만 주로 출토되었다"라고 하였음.

봉수병(鳳首甁).

하여 봉황의 머리로 형상화하였고 몸체는 네 면에 첩화기법으로 부착되었고 팔메트와 인동당초 문양이 여백을 채우고 있으며 그 상하에는 2단의 연판문이 장식되었다. 동서 교류의 화려함과 장식의 기교를 보여주는 대표적인 당삼채이다. 당대 당삼채가 제조되기 이전에 이슬람의 도공들은 고도의 알칼리 유약 조성에 성공하였다. 이러한 알칼리 유약 그릇이 중국에 유입되어 양주에서 발견되었는데 이러한 이슬람 알칼리 유약이 시유된 도자기들은 나트륨 산화물을 유약 용매제로 사용하였고, 다시 구리 산화물로 도색되었으며, 그것은 터키 블루와 터키 그린과 같은 색상을 내게 되었다.[137]

당대 중국의 동아프리카의 상아와 향료의 수입은 해외 도자기 수출을 촉진시켰다. 이슬람 세계는 그들의 권력과 부를 배경으로 중국의 도자기를 수입하여 북부와 동아프리카에 수출하고 대신 이들 지역의 상아와 향료를 수입하여 중국에 되팔았다.

향료와 상아는 당대 이전에도 중국에 수입되었는데, 당대에 이르러 광주는 주로 진주, 향료, 상아, 코뿔소 뿔, 대모 등을 수입하였다.[138] 향료와 상아는 동남아시아와 동아프리카에서 수입되었는데 동아프리카의 향료와 상아가 질이 우수하여 주로 이 지역에서 수입되었다. 특히 소말리아는 향료의 주요 생산지였다. 동아프리카의 소말리아는 세계 향료 생산의 중요한 지역으로 구아르다푸이 곶(Cape Gwardafuy 혹은 Cape Guardafui)은 향료 곶(Cape of Spices)이라고 불렸다. 이 곶은 고대 육계피(肉桂皮)와 인도와의 향료 무역의 중요한 지역이었기 때문이다.[139]

당대에는 동아프리카 각지의 향료와 상아의 상황을 잘 알고 있었다. 850~860년에 편찬된 단성식의 『유양잡조』에 소말리아 북쪽 해안의 지금의 베르베라(Berbera)인 발발력국(撥拔力國)에 대해서

> 서남해(西南海) 중에 있는데 오곡(五穀)을 먹지 않고 고기만을 먹는다. 항상 침으로 소의 혈맥을 찔러 피와 우유를 마신다. 옷을 입지 않고 양가죽으로 허리 아래

137 방병선 지음, 『중국도자사연구』, 125~126쪽.

138 韋皐의 동생 韋平이 宣宗 때 嶺南節度使에 임명되었을 때 南海의 배가 장사하러 廣州에 오기 시작했는데 절도사는 반드시 상아, 코뿔소 뿔과 진주를 취하였고 이를 임금이 진귀하게 여겨 구매하도록 신하에게 하달하였으나 韋平은 이러한 진귀한 물품을 취하지 않아 관리들이 그의 청렴함에 감탄하였다. 『新唐書』 卷158, 「韋皐傳」, 4937쪽. 『舊唐書』 卷151, 「王鍔傳」, 4060쪽.

139 인도의 상인이 수세기 동안 실론과 동아시아에서 肉桂皮(cinnamon)를 소말리아와 아랍에 가져왔고, 아랍과 소말리아의 상인은 이러한 실론과 동아시아의 肉桂皮를 로마와 그리스에 수출하는 무역을 하였음. E. M. Warmington, *The Commerce Between the Roman Empire and India*, South Asia Books, 1995, p. 186.

만을 덮고 다닌다. 여자가 순결하고 단정하면 약탈하여 외국인에게 팔아버리는데 가격을 몇 배나 받는다. 육지에서는 오로지 상아와 아말향(阿末香)이 생산된다.[140]

라고 하였다. 동남아시아에서도 향료가 생산되었으나 유향(乳香), 몰약(沒藥), 혈갈(血竭) 등은 동아프리카에서 주로 생산되었다. 동아프리카에서 생산되고 중국에서 수요가 많은 향료와 상아는 중국에서 생산되고 동아프리카에서 필요로 하는 도자기와 비단이 해외 무역을 통해 교환되었다.

당나라 때는 정식으로 광주에서 출발하여 페르시아만에 도달하는 해로가 개설되었다. 『신당서』 권43에 기록된 가탐(賈耽, 730~805년)의 「광주통해이도」(廣州通海夷道)에 그 해로가 명확하게 기록되어 있다. 『구당서』, 「가탐전」에 「광주통해이도」는 30여 년에 걸쳐 이루어졌다고 한 점으로 미루어 대략 780이나 790년에 작성되었을 것으로 추정된다.[141] 아랍인이 개척한 페르시아만에서 광주에 이르는 항로에 대해서는 소바제(Sauvaget)가 9세기 중엽에 편찬된 『중국인도견문록』의 프랑스어판 서문 중에 "페르시아만의 이슬람교도와 인도 해안의 광대한 지역에 정상적인 상업관계의 건립은 8세기 하반기 이전에는 불가능하다"라고 하였다.[142]

1) 말레이시아

말레이시아 서부 크다(Kedah)주의 메르복(Merbok)강 하류에 위치한 카다람(Kadaram)은 8세기부터 14세기까지 상품의 집산지였는데, 이곳에서 대규모 고고학적 발굴이 진행되어 당나라 때 월요 청색 유약 도자기와 동

---

140 『酉陽雜俎』 卷4, 46쪽.

141 『舊唐書』 卷138, 「賈耽傳」, 3785쪽.

142 穆根來, 汶江, 黃倬漢 譯, 『中國印度見聞錄』, 22쪽.

경(銅鏡)이 출토되었고, 이 도자기는 이집트의 푸스타트, 크라(Kra) 지협(地峽)의 타쿠아파(Takua Pa) 등지에서 출토된 도자기와 유사하다.[143] 조호르(Johor)강 유역의 고대 유적지에서 적지 않은 수의 당나라 때 청자 파편이 출토되었고, 파항(Pahang)주의 쿠알라 리피스(Kuala Lipis) 금광 부근에서 당대의 사이청자존(四耳青瓷尊)이 출토되었다. 이밖에 말레이시아반도에서 장사요 도자기 파편도 발견되었다.

보르네오섬의 사라와크(Sarawak)에서도 당대 도자기가 출토되었다. 미리(Miri)에 있는 니아(Niah) 동굴에서 당대 월요 도자기 그릇, 백자와 가장자리가 잎 모양인 전형적인 백자도 발견되었다.[144] 사라와크강 델타 지역의 탄종 쿠보르(Tanjong Kubor)에서 1955년에 당대 화폐 동전 개원통보(開元通寶)와 월요 청자, 말레이반도의 케다의 부킷 바투 린탕(Bukit Batu Lintang)에서 출토된 접시와 같은 백자가 발굴되었다.[145]

2) 인도네시아

당나라 백자가 8세기 수도였던 중부 자바(Java) 동세마랑(East Semarang)의 디엥(Dieng)고원, 발리(Bali)와 남부 셀레베스(Celebes)에서 발견되었는데 용 문양 손잡이가 달린 항아리는 중부와 동부 자바의 종교의 중심지에서 발견되어, 이러한 도자기는 종교적 기능이 있었다고 한다. 봉황 머리가 달린 백자 항아리는 남부 케디리(Kediri), 남부 말랑(Malang), 중부 자바

---

143 H. Quaritch Wales, "Archaeological Researches on Ancient Indian Colonisation in Malaya", *Journal of the Malayan Branch of the Royal Asiatic Society* 18, I(Feb. 1940), and 20, I(1947).

144 Tom Harrisson, "Some Ceramics Excavated in Borneo", *Trans O. C. S.*, 1953~1954; "'Export Wares' Found in West Borneo", *O. A.* (NS), 1959, 2; article and reports in *Sarawak Museum Journal* (also by Barbara Harrisson).

145 Michael Sullivan, *Studies in the Art of China and South-East Asia*, Vol. II. London, The Pindar Press, 1992, p. 171.

와 동부 수마트라에서 출토되었다. 만당 때의 장사요 도자기와 표면에 연꽃무늬가 새겨진 월요 그릇이 남부 수마트라, 자바, 남부 셀레베스와 발리에서 출토되었다.[146]

중부 자바 족자카르타(Yogyakarta) 지구의 850년에 세워진 프람바난(Prambanan) 힌두교사원 유적지에서 월요 청자, 서부 자바 자카르타만 동북단 지역에서 월요 청자 그릇, 동부 자바의 옛 항구인 그레식(Gresik)에서도 만당 때 월요 청자가 출토되었다. 수마트라섬 남부의 팔렘방과 그 근처에서 월요 청자 그릇과 귀가 네 개인 항아리와 동시에 수마트라섬 팔렘방 서북쪽의 잠비(Jambi)에서도 월요 청자가 출토되었다.[147]

9세기 초에 인도네시아 수마트라섬 팔렘방 항구 동쪽, 싱가포르 남동쪽 자바해의 벨리퉁(Belitung)섬 겔라사(Gelasa)해협에서 침몰한 아랍 선박을 1998년에 인양했는데, 6만 건의 도자기 가운데 당대 도자기인 장사요(長沙窯) 청자와 정요(定窯)의 백자 그리고 월요 도자기가 다수 포함되었다. 장사요 도자기 가운데 「보력(寶力) 2년 7월 16일」이라는 명문이 새겨져 있었는데 보력 2년은 서기 826년이다. 또한 침몰 선박에서 발굴한 구풍약(驅風藥)으로 쓰이는 스타아니스(star anise)를 탄소 측정한 결과 826년으로 확정되었다.[148] 그리고 도자기들은 불교의 연꽃 모양, 중앙아시아와 페르시아 문양, 코란의 명문 그리고 이란에서 보편적인 녹색 유약이 발린 도자기들이다.[149]

---

146 E. W. van Orsoy de Fliners, *Gids voor de Keramische Verzameling*(Batavia, 1949) in Michael Sullivan, *Studies in the Art of China and South-East Asia*, Vol. II. London, The Pindar Press, 1992, p. 169.

147 三上次男, "晩唐五代時期的陶瓷貿易", 楊琮 譯, 『文博』, 1988年, 2期.

148 BBC News. 08 July 2011. Hsu Mei-ling, "Chinese Marine Cartography: Sea Charts of Pre-Modern China", *Imago Mundi* 40(1), 1988, p. 96.

149 "Secret of Tang Treasure Ship", *National Geographic Channel*, 2009. Retrieved 8 July 2011.

3) 필리핀

루손(Luzon)섬 남부 바탕구스(Batangus)와 민다나오(Mindanao)섬 서북부 북아구산(Agusan del norte) 지역에 침몰된 선박 중에서 각각 9~10세기의 월요 청자가 출토되었다.[150]

4) 인도

남인도 서부 카르나타카(Karnataka)주의 마이솔(Mysore) 박물관에 당나라 월요 청자와 장사요 도자기가 소장되어 있다. 남인도 동부 코로만델(Coromandel) 해안의 아리안굽팜(Ariankuppan) 유적지는 퐁디셰리(Pondicherry)에서 남쪽으로 3킬로미터 떨어진 로마시대 때 남인도의 대외 무역항이었다. 이곳에서 1937년부터 1945년까지 영국이 고고학 발굴을 하였고, 1947년부터 1948년까지 다시 프랑스 정부가 발굴을 하여 9세기부터 10세기까지의 월요 도자기, 송대 용천(龍泉) 청자 항아리 등을 발견하였다.[151]

5) 스리랑카

1947에서부터 1954년까지 스리랑카 콜롬보와 여름 수도 캔디 중간의 케갈레(Kegalle)주의 데디가마(Dedigama) 사원에서 10세기 전후의 월요 청자, 장사요 갈색 반점이 붙은 꽃 항아리가 출토되었다.[152] 세계문화유산으로 지정된 아누라다푸라(Anuradhapura)의 아바야기리(Abhayagiri), 지타바나(Jetavana) 유적지에서 월요 청자가 출토되었고, 또한 폴론나루와(Polonnaruwa)의 고대 유적지에서도 만당 때의 월요 청자가 출토되었

---

150 三上次男, "晩唐五代時期的陶瓷貿易", 楊琮 譯, 『文博』, 1988年, 2期.
151 沈福偉, 『中西文化交流史』, 207쪽.
152 三上次男, 李錫經 譯, 『陶瓷之路』, 131~132쪽.

다.[153]

6) 파키스탄

카라치(Karachi) 동쪽으로 약 64킬로미터 떨어진, 젊은 아랍의 전사 무하마드 빈 콰심(Muhammad bin Qasim)이 711년에 그의 군대를 상륙시켜 파괴한 인더스강 하구의 항구도시 디발(Debal) 혹은 디유(Diul)[154]였던 밤보레(Bhambore) 유적지에서 1958년에 칸(F. A. Khan) 박사 주도 하에 만당 때의 월요 연적(硯滴)과 장사요 발(鉢) 잔편이 발견되었다. 신드(Sindh)주의 나와브샤(Nawabshah) 유적지에서 당말 오대 때 월요 청자, 장사요 도자기와 백자가 출토되었다.

하이더라바드(Hyderabad) 동북쪽으로 80킬로미터 떨어진 브라미나바드(Brahminabad)는 7세기부터 11세기까지 인더스강의 상업의 중심지였는데 1020년에 대지진으로 파괴되었다. 여기에서 출토된 유물은 11세기 전반부 이전의 것들이다. 1854년부터 벨라시스(A. F. Bellasis)와 리차드슨(C. M. Richardson)이 유적지를 조사하였고 유물은 영국 런던의 대영박물관에 소장되어 있다. 홉슨(R. L. Hobson)은 이들 유물을 분류 연구하였는데 청자, 백자와 갈색 유약이 발린 잔편들이었고 9세기 때의 월요, 동관요(銅官窯)와 송나라 초기의 형요(邢窯)에 속하고 대략 만당, 오대와 북송 전기 때의 도자기들이었다.[155]

---

153 三上次男, "斯里蘭卡發現中國瓷器和伊斯蘭國家陶瓷:斯里蘭卡出土的中國瓷器調査紀實", 奚國勝 譯, 『南方文物』, 1986年, 1期.

154 『新唐書』 卷43(下), 「地理志」(七下)에 西天竺에 彌蘭太河라는 큰 강이 있는데 新頭河라고도 하며 서쪽에서 흘러 提風日國 북쪽에 이르렀다가 바다로 흘러들어간다고 하였음. 『新唐書』, 1153쪽. 唐代에 印度河를 아랍 音譯으로 彌蘭(Mikrān)이라고 하였고, 唐代 廣州의 아랍 상인이 모여 살았다는 기록을 종합하면 廣州에서부터 파키스탄의 카라치, 신드(Sindh) 지역과의 무역활동을 알 수 있음.

155 沈福偉, 『中西文化交流史』, 208쪽.

7) 이란

이란에 당나라 도자기가 발견된 곳은 많다. 그 가운데 시라프(Sirāf)에서 가장 많이 출토되었다. 시라프의 유적지는 페르시아만 해안 부셰르(Bushehr) 동쪽으로 220킬로미터 떨어진 타히히(Tahiri)에 있다. 사산조페르시아 때 중국과의 무역의 중심 항구였는데 977년에 지진으로 폐허가 되었다. 시라프에서 정식으로 발굴된 16군데 유적지 가운데 5군데에서 당나라 도자기가 출토되었고 그 가운데 A유적지에서 가장 많이 발굴되었다. A유적지 제1기는 9세기 전반기에 속하는데 감람유자(橄欖釉瓷)와 대나무 칼로 아랍 사람의 이름이 새겨진 귀가 4개 달린 도자기는 분명히 아랍 사람을 위해 광주 서촌요(西村窯) 혹은 불산요(佛山窯), 조주요(潮州窯)에서 제작된 도자기이다. 제2기 A유적지는 9세기 후반기에 속하는데 감람유자는 제1기보다 많고 동시에 백자와 장사요 도자기와 월요 청자가 출토되었다.

동부의 고성 니샤푸르(Nishapur)는 1267년과 1280년에 대지진이 발생했다. 미국 뉴욕의 메트로폴리탄박물관은 1936년, 1937년과 1939년에 연속적으로 세 차례에 걸쳐 발굴을 하였다. 9세기부터 10세기에 이르는 성채, 이슬람교 사원, 학교, 저택과 도요지가 발견되었고, 9세기에서 13세기까지의 당, 송대 도자기가 출토되었는데 그 가운데 당대의 만년(萬年) 항아리, 형요(邢窯) 백자 항아리, 장사요 항아리 파편, 만당 때의 월요 도자기 단지가 출토되었는데 다리가 높은 작은 그릇은 그 형태가 이집트 푸스타트에서 출토된 것과 같다.[156]

테헤란(Tehran) 근교의 레이(Rey)에서 1934년과 1935년에 미국 보스턴 미술관과 펜실베이니아대학이 공동으로 발굴하여 출토되었는데 당나라

156 沈福偉, 『中西文化交流史』, 208쪽.

후기 월요 잔편이 있고, 파리 기메박물관에 소장되어 있는 당대 능화(菱花) 백자 그릇, 나비와 꽃 문양이 아로새겨진 형요의 백자 작은 상자와 당대 백자 물고기 모양 술잔 등이 있다.

수사(Susa)에서 프랑스 고고학 발굴대가 1928년에 당대 동관요 도자기를 발굴하였다. 남부 해안의 샤리다키누스(Shari-Daquinus) 유적지는 지로프트(Jiroft) 부근으로 9세기와 10세기 때의 월요 청자가 발견되었다.[157]

이란에서 출토된 당대 도자기는 장사요 도자기가 가장 많고 분포도 광범위하다. 그 다음으로 월요 청자 감람 청색 유약이 발린 4개의 귀를 가진 항아리가 많이 출토되었다.

8) 이라크

이라크에서 출토된 당대 도자기는 바그다드 일대에 집중되었다. 주요 수입 항구는 바스라(Basra)와 바그다드에서 북쪽으로 120킬로미터 떨어진 티그리스 강가에 위치하였으며 838년부터 883년까지 압바스왕조(Abbasid)의 수도였던 사마라(Samarra)였다. 사마라에서는 1911년부터 1964년까지 세 차례에 걸쳐 중요한 발굴이 있었는데 세 발 당삼채 접시, 동관요 갈색과 황색 유약을 바른 도자기와 그릇 잔편, 백자와 월요 청자 기물이 출토되었다. 이 유물들은 당말과 북송 때의 도자기이다. 이밖에 베를린의 박물관에는 사마라에서 출토된 9~10세기 월요 도자기와 장사요 귀가 세 개 달린 항아리, 네 번 구운 접시 잔편과 백자 잔편 등이 소장되어 있다. 바그다드의 아랍박물관에 소장되어 있는 사마라 출토 유물 가운데 9세기와 10세기의 월요 청자가 있다. 파리 이란박물관에도 사마라에서 출토된 9세기와 10세기 때의 월요 청자와 백자 그릇 잔편이 있다.

---

157 沈福偉, 『中西文化交流史』, 209쪽.

그리고 아라비아반도의 소국 바레인에서도 월요 청자 잔편이 발견되었다.[158]

크테시폰(Ctesiphon)은 바그다드 남쪽 35킬로미터에 위치한 6세기 때 세계에서 가장 큰 사산조페르시아의 수도였는데 여기에서 10세기 전후의 절강 여요 상림호의 월요 청자 파편이 발견되었다. 현재 바그다드박물관에는 9~10세기 때 당대 월요 도자기가 소장되어 있다.

바그다드 동남쪽으로 60킬로미터 떨어진 아비르타(Abirta)는 우마이야왕조(Umayyad) 히샴(Hisham, 724~743년) 때 흥건하여 압바스왕조 알라디(Ar-Radi, 934~940년) 때 멸망했다. 1957년과 1958년에 시카고대학이 조사를 하였는데 9세기와 10세기 때의 갈색 월요 도자기와 납아 각 도요지의 백자 파편이 출토되었다.[159]

9) 이집트

이집트는 고대 문명의 발생지이고 아시아, 아프리카와 유럽을 잇는 교통의 요충지로 고대 중국과 왕래가 있었기 때문에 중국 도자기가 아프리카에서 가장 많이 발견되었다. 또한 그 다음으로 인근의 수단에서도 많이 발견되었고, 동아프리카에서도 발견되었다.

푸스타트(Fustat) 유적지는 이집트 카이로 남쪽 근교에 있다. 푸스타트는 아랍이 이집트를 공격한 후 642년에 세운 도시이다. 7세기부터 10세기까지 이집트의 정치, 상업과 도자기 제작업의 중심지였다. 1168년에 제2차 십자군의 포위 공격으로 파괴되었다. 1912년에 발굴, 조사가 시작되어 다량의 중국 도자기가 발견되었는데 월요 청자, 정요(定窯) 백자와

158 沈福偉, 『中西文化交流史』, 210쪽.
159 沈福偉, 『中西文化交流史』, 209쪽.

용천요(龍泉窯) 청자였다. 당대 도자기는 월요와 정요 도자기로 월요 청자는 만당, 오대와 송대 초기의 도자기로 판명되었다. 정요 도자기는 백자, 월요 도자기와 8~9세기 이슬람 도자기와 함께 출토되었다. 푸스타트 유적지의 도자기는 해외에서 발견된 중국 도자기 가운데 수량이 가장 많다. 당대에서부터 송대 초기까지의 월요 청자와 정요 백자가 포함된다.

1964년과 1965년에 중국 도자기가 이곳에서 10,106개나 출토되었는데 그 가운데 당대 도자기는 673개나 된다. 출토 유물 가운데 당삼채, 당대에서부터 송대에 이르는 월요 청자, 백자의 수많은 파편이 포함되었다.[160]

푸스타트 이외에 수에즈에서 남쪽으로 550킬로미터 떨어진 홍해 해안의 항구도시 쿠사르(Qusayr)에서 중국 도자기 파편이 출토되었다. 1966년에 발굴 조사로 당말 송초 때의 월요 도자기가 발견되었다.

10) 수단

이집트 국경과 가까운 수단의 항구 할라이브(Halaib) 서북쪽의 아드하브(Aidhab)는 아랍 문헌의 기록에 10세기 전후로 이 항구는 이미 북아프리카와 동방 무역의 중요한 항구였다고 하였다. 11세기부터 14세기까지 번영하여 당시 세계에서 가장 번화한 도시 중의 하나였다. 지금은 이 도시가 폐허가 되었지만 만당 때의 월요 도자기가 출토되었다. 수단까지 당대 중국의 도자기가 수출되었음을 알 수 있다.

11) 동아프리카

케냐(Kenya)의 인도양에 있는 만다(Manda)섬은 9~10세기 때 페르시아만의 아랍 상인이 상아와 맹그로브 무역을 시작으로 동아프리카 연안 지

160 沈福偉, 『中西文化交流史』, 210쪽.

역과 아랍과의 무역이 활발하게 진행되었다. 만다섬에서 영국의 고고학자 네빌 치티크(Neville Chittick, 1924~1984)가 1966, 1970, 1978년에 대규모의 고고학 발굴을 하였는데 9세기 때의 많은 중국 도자기가 이슬람 도자기, 유리와 함께 출토되었다.[161] 9세기 때의 이슬람 유적지에서 월요 도자기와 백자가 출토되었는데 지금까지 동아프리카에서 발견된 중국 도자기 가운데 시대가 가장 이르다.

이밖에 베트남의 박닌(Bac Ninh, 北寧), 타인호아(Thanh Hoa, 淸化)와 케냐의 지디(Gede)에서 출토된 월요 청자, 탄자니아 다르에스살람의 탄자니아국립박물관에 소장되어 있는, 킬와(Kilwa) 지구에서 출토된 월요 청자, 런던 대영박물관에 소장되어 있는, 이라크 등지에서 출토된 월요 청자, 파리 이란박물관에 소장되어 있는, 레이(Rey)에서 발견된 월요 청자 등이 있다.[162]

---

161 Neville Chittick, *Manda: Excavations at An Island on the Kenya Coast*, British Institute in Eastern Africa, 1984. 만다섬 해안에 9세기부터 13세기에 걸쳐 방벽을 쌓은 유적이 발굴되었음.

162 何鴻, 何如珍, "越窯瓷器鎖行海外的考察", 『陶瓷研究』, 2002年, 3期.

제16장

외국의 천문학과 의학의 전래

과학 방면에서도 당제국은 인도, 페르시아와 중앙아시아 천문학의 영향을 받았다. 이슬람 약학 지식과 치료 방법이 중의학 발전을 촉진시켰다. 또한 인도와 대진국의 안과 기술이 당나라에 영향을 끼쳤는데, 인도 의학, 특히 눈 치료법이 당나라에 전래되었고 다시 고구려에 유입되기도 하였다.

1. 천문학

당대 외국의 천문학은 당나라에 큰 영향을 끼쳤다. 주로 인도와 페르시아 천문학이 중국에 전래되었다. 고대 인도의 천문학 역사는 오래되었고 주변 국가에 영향을 끼쳤다. 『구당서』 권198, 「천축전」(天竺傳)에 인도는 "천문과 산력(算曆)을 잘했다"라고 했다. 당나라 초에 편찬한 『수서』, 「경적지」에 당시에 통행하던 인도 천문학과 산학(算學) 방면의 서적을 기록하였는데 예를 들면 『파라문천문경』(婆羅門天文經), 『파라문갈가선인천문설』(婆羅門竭伽仙人天文說), 『파라문천문』(婆羅門天文), 『파라문산법』(婆羅門算法), 『마등가경설성도』(摩登伽經說星圖) 등이다. 불공(不空)이 번역한 『숙요』(宿曜) 2권과 일행(一行)의 『대정노담결』(大定露膽決) 등은 천축의 천문학 서적을 번역한 것이다.[1]

중천축에서 중원에 온 구담(瞿曇) 가족은 당나라에서 대대로 천문학 관련 직업에 종사했고, 당대 천문학과 역법에 커다란 영향을 끼쳤다. 1977년, 서안 장안현 기양향(紀陽鄕) 북전촌(北田村)에서 구담선(瞿曇譔)의 묘를 발견하여 묘지가 출토되었다.[2] 이 묘지를 통해 구담 가족은 중인도에서 왔고 제1세대 구담일(瞿曇逸)은 출사하지 않았지만 그 후손들 모두는 당나라에서 천문학에 종사했음을 알 수 있다. 또 묘지의 기록에 의하면, 조상 구담라(瞿曇羅)는 태중대부(太中大夫)와 사진감(司津監)을 지냈다고 한다. 『신당서』와 『구당서』에 의하면 구담라는 일찍이 고종 인덕 2년(665년)에 사천감(司天監) 태사령(太史令)을 지냈고, 『경위역법』(經緯曆法)을 고종에게 바쳐 고종이 그를 이순풍(李淳風)의 『인덕력』(麟德歷) 편찬 작업에 참여하게 하였다. 그 후 구담라는 무측천 때 『광택력』(光宅歷)을 만들었다.[3]

구담라의 아들 구담실달(瞿曇悉達)은 천문학 방면에 재능을 발휘하였다. 현종 개원 연간에 태사감(太史監)을 맡았는데 북위(北魏) 영흥(永興) 4년(412년)에 제작한 혼의(渾儀)를 수리하였고, 개원 6년(718년)에 현종의 명으로 천축의 『구집력』(九執曆)을 번역하였다.[4] 『구집력』(九執曆)에는 수많은 새로운 천문학 지식과 개념이 들어 있었다. 개원 16년(728년) 8월, 일행

1 鄭樵, 『通志十二略』, 「藝文略」(六), 中華書局, 1995, 1668쪽.

2 晁華山, "唐代天文學家瞿曇譔墓的發見", 『文物』, 1978年, 10期. 周紹良, 趙超, 『唐代墓志匯編』, 大歷049, 1791~1792쪽.

3 『新唐書』 卷26, 「歷志」(2), 559쪽.

4 『舊唐書』 卷28(下), 「歷志」(6)에 의하면" 『九執曆』은 西域에서 편찬되었는데 開元 6년에 太史瞿曇悉達을 불러 번역하게 하였다"라고 했음.

이 편찬한 『대연역』(大衍曆) 중에 『구집력』 2권이 포함되어 있다.[5] 구담실달은 또 『대당개원점경』(大唐開元占經)을 편찬하였는데 이 책은 당나라 이전의 점성학을 집대성하여 중국 고대 천문학과 점성학 연구에 중요한 자료가 되며, 이 가운데 권104에는 인도의 『구집력』을 소개하였다.

구담실달의 아들 구담선과 구담겸(瞿曇謙)도 천문학에 종사했다. 구담선은 숙종 건원 원년(758년)에 사천감 추관정(秋官正)을 맡기 시작하여 대종 보응 원년(762년) 때는 사천소감(司天少監)을 지냈고 최후로는 사천감까지 올랐다.[6] 구담선의 저서로는 『대당갑자원신력』(大唐甲子元辰曆)이 있다. 이후에 구담선의 아들 구담안(瞿曇晏)도 천문학에 종사했는데 동관정(冬官正)을 지냈다. 구담선 가족 4대가 모두 100여 년 동안 당나라 정부에서 천문학에 종사하고 당나라 천문학 발전에 커다란 공적을 세웠던 것이다.

구담 가족 이외에 당나라 천문학 기구에서 관리로 일했던 인도 사람으로는 가엽효위(迦葉孝威)와 승려 구마라(俱摩羅)가 있었다. 가엽효위의 천문학 방면의 업적은 사서에 구체적으로 기록되어 있는데, 인도의 천문학 방법으로 일식과 월식을 계산하였다고 한다.[7] 『인덕력』(麟德曆)에도 기록되어 중국의 역법과 함께 인도의 측정 방법도 활용되었을 것으로 추정된다. 이밖에 중종 경룡 연간에 우효위대장군 가엽지충(迦葉志忠)도 태사 직을 겸직하여 천문학에 종사한 인도 사람이었음을 알 수 있다. 구마라도 일식을 계산하였는데[8] 그 방법이 『대연역』에 소개되었다. 구마라의 저서

---

5 『唐會要』 卷42, 「曆」, 751쪽.

6 『舊唐書』 卷36, 「天文」(下), 1324쪽. 「瞿曇譔墓志銘」, 周紹良, 趙超, 『唐代墓志匯編』, 大歷049, 1791쪽.

7 『舊唐書』 卷33, 「曆志」(2), 1205쪽.

8 『舊唐書』 卷34, 「曆志」(3), 注, 1265쪽.

『비술점』(秘術占)이 송나라에 전해졌다.[9]

페르시아도 당대 천문학 발전에 공헌을 하였다. 당대 정원 연간 초에 도리율사(都利聿士) 이미건(李彌乾)이 장안에 왔는데 그리스 천문학자이고 점성학자인 프톨레미우스(Ptolemius)의 점성술 책 『테트라비불로스』(Tetrabiblos, 四元의 數)를 번역한 『도리율사경』(都利聿斯經) 5권을 중국에 소개했다.[10] 당대의 페르시아 사람은 대부분 성씨가 이씨였고, 이미건은 페르시아의 술사(術士)였을 가능성이 있다고 한다.[11]

중당 때 페르시아인 이소(李素)도 오랫동안 사천대(司天臺)에서 일했고 사천감도 맡았다. 1980년에 서안에서 출토된 『이소묘지』에 의하면 이소는 페르시아인이다. 이소는 페르시아 국왕의 외삼촌으로 그의 조상 이익(李益)은 천보 연간에 당나라에 들어왔고 인질의 신분으로 숙위를 맡았으며 우무위장군에 임명되었고 이씨 성을 하사받았다. 부친 이지(李志)는 광주별가(廣州別駕)를 맡았다. 이소는 어려서 부친을 따라 광주에서 일찍이 천문학에 뛰어난 재능을 보였다. 대종 대력 연간에 이소는 천문 역법 계산에 뛰어나 장안에 부름을 받고 사천대 관리에 임명되었다. 후에 사천대에서 50여 년 동안 관직에 있었고 사천감으로 승진되었다. 이소의 아들 이경량(李景亮)도 부친의 가업을 이어받아 사천대에서 천문학에 종사했다. 이소 가족의 관직은 당나라와 페르시아 천문학의 교류를 잘 보여주는 좋은 사례가 된다. 『도리율사경』의 번역은 이소와 관계가 깊다는 주장이 있다.[12]

---

9 鄭樵, 『通志十二略』, 「藝文略」(六), 1668쪽.

10 『新唐書』, 「藝文志」에 "『都利聿斯經』 2卷은 貞元 연간에 都利術士인 李彌乾이 西天竺에서 전하였는데 璩公이란 자가 문장을 번역한 것이다"라고 했음. 『新唐書』 卷59, 「藝文志」(3), 1548쪽.

11 榮新江, "一個人仕唐朝的波斯景教家族", 『伊朗學在中國論文集』(第2集), 北京大學出版社, 1998, 86~87쪽.

당대에 외국에서 전래된 역법 중에 또한 『칠요력』(七曜曆)이 있다. 칠요란 밀(蜜, mīr, 일요일), 막(莫, Māq, 월요일), 운한(雲漢, Wnqān, 화요일), 질(咥, Tīr, 수요일), 온몰사(溫沒司, Wrmzt, 목요일), 나힐(那頡, Māqit, 금요일), 계완(雞緩, Kēwān, 토요일)인데, 마니교도가 사용하는 매주 7일의 별 이름이다. 해, 달과 다섯 별로 구성되었기 때문에 칠요력은 페르시아, 인도와 속특 사람 가운데 광범위하게 사용되었다. 불공이 번역한 『문수사리보살급제선소설길흉시일선악수요경』(文殊舍利菩薩及諸仙所說吉凶時日善惡宿曜經) 양경풍(楊景風) 광덕(廣德) 2년 주문(注文)에

> 칠요란 해, 달과 다섯별이 인간 세상에 내려와 하루에 한 번 바뀌는데 7일을 주기로 다시 시작된다. 이를 사용할 때 모든 일에 적합하였는데 적합하지 않으면 상세히 물어보아 사용하였다. 갑자기 기억이 나지 않아서 속특, 페르시아와 인도 사람에게 물으면 모두 다 알고 있었다. 니건자(尼乾子), 말마니(末摩尼)는 항상 일요일에 재계하였고 이날을 섬겨 큰 날로 여겼으며 잊지 않고 지켰으므로 나라 사람들이 칠요라고 불렀다.[13]

라고 했다. 니건자는 자이나교,[14] 말마니는 당대 마니교도를 가리킨다. 당시 이 역법이 당나라에 전래되어 당나라 사람이 이에 대해 잘 알고 있

12 周紹良, 趙超, 『唐代墓志匯編』, 下冊, 2039~2040쪽. 榮新江, "一個人仕唐朝的波斯景教家族", 『伊朗學在中國論文集』(第2集), 82~90쪽.

13 『大正大藏經』 21冊, 『七曜直日曆品』 第8, 398쪽.

14 『南史』, 「夷貊傳」에 林邑國 "國王은 尼乾道를 받들었으며, 금은을 녹여 사람의 형상을 주조하였는데, 그 크기가 10아름이나 되었다"라고 했다. 尼乾道는 尼健이라고도 한다. 梵語 nirgrantha의 음역. 佛敎에서 말하는 外道의 하나로 곧 露形外道이며, 자이나교(Jainism)를 지칭한다. 非正統 브라만교에서 발생한 出世主義 종교이다. 佛敎에서 니간타(Nigantha: 尼乾陀)라고 전하는 종교를, 석가와 같은 시대의 마하비라(Mahāvīra)가 재정비하여 이루어진 것이다. 동북아역사재단 편, 『南齊書 · 梁書 · 南史 外國傳 譯註』, 250쪽.

었음을 알 수 있다.

조사위(曹士蔿)는 소무구성의 하나인 서역의 조국(曹國) 사람 후손이다. 관직은 대중대부(大中大夫)에 이르렀다. 건중(建中) 연간(780~783년) 때 『부천력』(符天曆)을 편찬하여 현경(顯慶) 5년(660년)의 우수(雨水)를 역법의 역일을 계산하기 시작하는 최초의 날짜 역원(曆元)으로 삼고 오랜 세월 기준이었던 음력 정월 보름날 상원(上元)을 사용하지 않았으며, 만분(萬分)을 일법(日法)으로 삼아 1년이 365와 1만 분의 2,448일(日)이 되어 민간에서 환영을 받았는데 소력(小曆)이라고 일컬었다. 오대(五代), 후진(后晉) 때에도 사용되었고 또 조원력(調元曆)이라고 불렀는데 송대에 영향을 끼쳤다. 또 다른 저서 『칠요부천력』(七曜符天曆) 1권, 『칠요부천인원력』(七曜符天人元曆) 3권 등을 편찬했지만 대부분 세상에 전하지는 않는다. 상해도서관에 『축상부천력』(縮象符天曆) 초본이 남아 있다. 오대 말경에 일본에 전해졌는데 먼저 일본에 전해진 선명력(宣明曆)을 함께 참조하여 역법을 산출하여 사용하였고 그 가운데 점복과 관련된 내용이 광범위하게 민간에 전해졌다. 1967년에 일본 천리(天理)도서관에서 『부천력』 일부가 발견되었다.

2. 의학

이슬람 약학 지식과 치료 방법은 향료의 길과 육상 실크로드를 통해 동쪽으로 전파되어 중국 약학에 수많은 새로운 내용을 보충해주었고 중의학의 약물 사용 범위를 확대하였으며 치료 경험을 수용하고 응용하여 중국 의학 발전을 촉진시켰다.

당대 서역의 아랍 이슬람 지역의 약물 수입은 주로 무슬림의 호상(胡商) 혹은 번상(蕃商)의 중개로 이루어졌다. 『유양잡조』(酉陽雜俎), 『해약본초』

(海藥本草) 등의 문헌의 기록에 근거하여 당시 수입된 광물류와 식물류 약물을 알 수가 있다. 상유향(像乳香), 몰약(沒藥), 안식향(安息香), 노회(蘆薈), 혈갈(血竭), 아위(阿魏), 몰석자(沒石子) 등은 당대 때 중국 약물학 저작 중에 수록되었는데 이러한 약물의 성능과 사용 경험에 관한 지식 대부분은 향료를 운반한 대식과 페르시아 상인에게서 획득한 것들이었다.

당, 송 시대에 수입한 약물의 명칭은 대부분 아랍어와 페르시아어의 음역 혹은 의역에서 유래했다. 서역 약물의 수입은 주로 중국에 온 대식, 페르시아 지역의 상인과 관련이 깊다. 예를 들면, 밀타승(密陀僧)은 페르시아어 mirdasan 혹은 murdasang의 음역이고, 유향(乳香)은 아랍어 lubān의 의역이며, 호로파(胡蘆巴)는 아랍어 huibah의 음역이며, 압불노(押不廬)는 아랍어의 yabrūh의 음역이고, 호박(琥珀)은 페르시아어의 kanruba의 음역이며, 시라(莳蘿)는 페르시아어 zira의 음역이고, 홀야첨묵(忽野檐默)은 아랍어 xiyarchambar의 음역이며, 제돈(齊暾)은 페르시아어 zeitun의 음역이고, 아역(阿驛)은 무화과(無花果)로 페르시아어 anjir의 음역이며, 몰수(沒樹)는 페르시아어 murd의 음역이고, 몰약(沒藥)은 페르시아어 myrrh 혹은 아랍어 murr의 음역이며, 골망(鶻莽)은 굴망(窟莽)으로 페르시아어 khurma의 음역이고, 별제(鼈齊)는 페르시아어 birzai의 음역이며, 노회(蘆薈)는 아랍어 Alua의 음역이고, 몰석자(沒石子)는 마적(摩賊)으로 페르시아어의 maju의 음역이며, 아위(阿魏)는 아우절(阿虞截)로 페르시아어 anguza의 음역이고, 가여륵(訶黎勒)은 페르시아어 halila의 음역이며, 파라득(婆羅得)은 페르시아어 baladur의 음역이다. 일부 약물은 직접 그 생산지명을 그대로 사용하였는데 예를 들면 파사조(波斯棗), 안식향(安息香) 등이다.[15]

오대 때 향약을 운반하여 중국에 와서 정착한 페르시아 상인의 후예 이

15 馬建春, 『大食 · 西域與古代中國』, 232쪽.

순(李珣, 855~930년)[16]은 의학에 정통하여 『해약본초』(海藥本草)를 저술하였으나 현재는 전하지 않지만 『정화증류본초』(政和證類本草) 권46에 일부가 전한다. 그의 저서 중에 향약의 향기와 치료에 대한 새로운 지식을 수록하여 『신농본초』(神農本草), 『명의별록』(名醫別錄), 『당본초』(唐本草), 『식료본초』(食療本草)와 『본초습유』(本草拾遺) 등의 의학 저서의 오류와 부족한 점을 보충하였다.[17] 이밖에 이전의 본초에는 없던 수입 향약, 예를 들면 병향(瓶香), 반혼향(返魂香) 등이 수록되었다.

인도의 의학은 당대 의학에 큰 영향을 끼쳤다. 당대 승려 의정(義淨)은 인도를 기행한 후에 편찬한 『남해기귀내법전』(南海寄歸內法傳)에서 인도의 의학을 소개하였는데, 인도에는 피부 부스럼과 상처, 눈병, 목 이하의 신체, 불구, 독(毒), 태아에서부터 16세까지의 소아병, 장수, 다리 건강 등 8종류의 치료법이 있다[18]고 하였는데, 당시 인도에 의학이 발달하였음을 알 수 있다. 수당시대 때 약왕(藥王) 손사막(孫思邈)이 편찬한 『천금방』(千金方) 권27 가운데 『천축국안마』(天竺國按摩)가 있는데 이것은 파라문법(婆羅門法)이라고 하였다. 『천금익방』(千金翼方)에 '기파탕'(耆婆湯)을 수록하였는데 주로 허(虛), 냉풍(冷風), 허약 체질과 안색이 좋지 않은데 치료에 쓰였다. 『외대비요』(外臺秘要) 권38에도 기파탕을 수록하였는데 풍에 걸렸거나 허한 체질 치료에 쓰였고 골수를 보충하고 건강하게 만드는 데 복용되었다고 하였다. 기파는 인도의 명의로 이러한 치료제는 인도의 의학과 깊은 관계가 있다.[19]

---

16 梓州, 지금의 四川 三臺 사람으로 그의 누이동생이 前蜀 后主 王衍의 昭儀였다. 前蜀이 망하자 벼슬을 그만두었다. 그 詞 작품은 맑고 아름다운데 『花間集』에 실렸고, 詩에도 능하여 『瓊瑤集』이 있다. 『全唐詩』에 詩와 詞 작품 57首가 수록되어 있음.

17 구체적인 수정과 보충에 대해서는 馬建春, 『大食 · 西域與古代中國』, 235쪽.

18 義淨 撰, 王邦雄 校注, 『南海寄歸內法傳校注』 卷3, 「先體病源, 151쪽.

인도에서 중국에 온 방사 가운데 당태종 때 나라이사파매(那羅邇娑婆寐), 고종 때 노가아일다(盧迦阿逸多)는 모두 당나라 황제를 위해 장수 약을 제조하였다. 이밖에 당시에 당나라 궁중에 온 인도의 승려들도 의술에 정통하였다. 『개원석교록』(開元釋教錄) 권9, 「보제유지전」(普提流志傳)에 보제유지는 음양 역수(曆數), 지리, 천문, 주술, 의술 모두를 손바닥을 가리킬 정도로 훤히 알고 있었다고 기록하였고, 권10 「파라파가라밀다라전」(波羅頗迦羅密多羅傳)에 당시에 태자가 전염병에 걸렸는데 중국 의원들 모두가 치료하였으나 아무 소용이 없자 파라파가라밀다라는 황제의 부름을 받고 치료하여 100여 일 만에 병이 호전되었다고 하였으며, 승려 달마전열라(達摩戰涅羅)는 의술에 달통하였다고 한다.

인도 승려들은 눈 치료 방법에 정통했는데, 예를 들면, 유우석의 「증안의파라문승」(贈眼醫婆羅門僧)에서

> 맑은 가을에도 멀리 볼 수 없어,
> 종일토록 눈병으로 눈물 흘리네.
> 두 눈은 지금 벌써 침침해졌고,
> 중년인데도 노인처럼 늙어버렸네.
> 붉은 것 보면 점점 푸르게 변해가고,
> 해 보기 겁나고 바람 쐴 수도 없네.
> 스님께선 금비술 갖고 계신다더니
> 어떻게 흐릿한 눈을 뜨게 하셨나요?[20]

---

19 李斌城, 『唐代文化』, 1898~1899쪽.

20 "三秋傷望遠, 終日泣途窮. 兩淚今先暗, 中年似老翁. 看朱漸成碧, 羞日不禁風. 師有金篦術, 如何爲發蒙." 吳汝煜 選注, 『劉禹錫選集』, 358쪽.

제목에서 알 수 있듯이 이 시는 안질을 고쳐준 인도 승려에게 바친 것으로 인도 승려는 안과 의술에 정통하였음을 알 수 있다. 금비술(金篦術)은 불교의 전래와 함께 중국에 전래된 안질 치료술이다. 금을 재료로 두 끝은 둥글고 미끄럽게, 가운데는 가늘게 만들어져 그 모양이 공이와 흡사한데, 이 두 끝에 약을 묻혀 각 안중에 발라두는 것을 말한다.[21] 당대 장안에는 의도 의사가 있었는데, 금비란 인도의 의술 가운데 백내장 치료 도구였던 것이다.

송대 정초(鄭樵)가 편찬한 『통지』(通志)의 수당 대에 번역된 『용수안론』(龍樹眼論)에 인도 대승불교 초기 대사이자 의술에 뛰어났던 용수의 72가지 안과 치료 방법을 수록하였다. 백거이는 그의 시 「안병」(眼病)에서 "책상 위에 제멋대로 『용수론』을 펼쳐놓고, 상자 안의 결명자 환약을 만지작거리네. 인간 세상엔 방술 약이 소용없지만, 서로 다투어 금비술을 얻으려 하네"[22]라고 읊었다. 결명환이란 결명자(決明子)로 만든 환약으로 간을 깨끗하게 해주고 눈을 밝게 해준다고 한다. 용수의 안과 치료에 관한 의서를 찬미하고 있고, 당시에 『용수론』이라는 의학 저서가 안과 치료의 이론과 방법에 관하여 의료계에서 공인을 받았음을 알 수 있다.

---

21 『大日經疏』 卷9, 吳鋼, 張天池, 『劉禹錫詩文選注』, 136쪽에서 再引用. 劉禹錫은 『傳信方』이라는 醫書를 편찬하였는데, 그의 「傳信方述」에서 자신이 수집하거나 직접 고안한 처방 50여 가지를 모아 엮은 책이라고 하였다. 吳汝煜 選注, 『劉禹錫選集』, 358쪽. 劉禹錫의 「答道州薛郎中論方書書」에 자신이 어려서 병이 많았다고 하면서 성장기에 자기 또래의 애들이 눈이 초롱초롱하고 몸이 건장한 것을 보고 자신은 그들만 못한 것이 부끄러워 대대로 명의로 소문난 명의로부터 의서를 빌려 그것을 읽기에 몰두하여 각종 처방의 원리와 방법을 터득하여 자가 치료법을 고안하였다고 하였다. 또한 그의 「爲淮南杜相公論新羅請廣利方狀」이라는 문장을 보면, 淮南節度使 杜佑가 德宗 때 李適이 편찬한 『貞元廣利藥方』을 新羅 사신에게 하사하였다고 했는데 당시 중국의 醫書가 新羅에 전래된 사실을 알 수 있다. 吳汝煜 選注, 『劉禹錫選集』, 296쪽.

22 "案上謾鋪龍樹論, 盒中虛撚決明丸. 人間方藥應無益, 爭得金篦試刮看." 朱金城 箋校, 『白居易集箋校』(3), 1672쪽.

현종 때 왕도(王燾)의 『외대비요』 권21에도 인도 의사의 안과 치료 방법과 처방을 수록하였는데 그 가운데 「천축경론안서」(天竺經論眼序)가 있다. 후대의 주석에 "농상도인(隴上道人)이 편찬했고 속성이 사(謝)이고 제주(齊州)에 살았는데 서국(西國)의 호승(胡僧) 처(處)에게서 전수받았다"라고 했다. 서국의 호승이란 인도의 의사로 인도의 이사 처에게서 안과 질병의 치료 방법을 배웠음을 알 수 있다. 또한 그 내용 가운데 인도의 안과 이념에 관해 논한 것도 있고, 사도인(謝道人)의 처방도 포함되어 있다. 가장 특징적인 점은 인체가 지(地), 화(火), 수(水), 풍(風)의 4원소로 구성되었다고 본 것인데, 이것이 인도 의학 이론과 내용이다.

이밖에 『외대비요』 권19에는 각기(脚氣), 권30에는 풍질, 귀머거리와 맹인 치료 방법이 수록되어 있어 당시에 이미 인도의 의학 이론과 치료 방법이 유행하였음을 알 수 있다. 특히 권18 각기를 치료하는 처방에 "만약 독기가 심장을 공격하면 수족의 맥이 끊긴다"라고 하면서 이에 대한 처방으로는 고려노사방(高麗老師方)이 있다고 하였는데 이것은 고구려에서 전해진 것이다.

인도의 안과 의술 외에 대진(大秦)의 안과 진료 수준도 뛰어났다. 두환(杜環)이 탈라스 전투 후에 포로로 중앙아시아에 갔을 때 대진국 의사가 안과 질병과 이질 치료에 뛰어났고 무슨 병인지 먼저 알아내거나 뇌를 열고 기생충을 끄집어냈다고 하였다.[23] 대진국은 당대에 불름국이었다. 고종은 말년에 머리가 무겁고 현기증에 시달려 시력이 나빴는데, 어의 진명학(秦鳴鶴)이 진단 후에 풍독(風毒)이 머리를 공격하였기 때문이고 머리에 상처를 내어 피를 조금 흘리면 낫는다고 하여 백회혈(百會穴)과 뇌호혈(腦戶穴)을 침으로 찔러 피를 흘리게 하니 정말 두통이 완화되고 고종은 자기

---

23 杜環 撰, 張一純 箋注, 『經行記箋注』, 23쪽.

눈이 밝아졌다고 말했다. 화를 내었던 측천무후는 하늘이 자신에게 스승을 하사했다고 하면서 진명학에게 비단을 하사하고 감사의 표시를 하였다고 한다.[24] 진명학의 의술과 대진국 의사의 두개골 절개 방법은 유사하여 진명학이 중국에 온 대진국 사람이라는 주장도 있다.[25]

인도 이외에서도 외국의 약방(藥方)이 전래되었다. 개원 8년(720년)에 계빈국이 당나라 조정에 비요(秘要)와 번약(蕃藥)을 바쳤다.[26] 개원 25년(737년)에 인도 승려 달마전(達摩戰)도 범본(梵本) 약방을 바쳤다.[27]

---

24 劉肅, 『大唐新語』 卷9, 「諛佞」, 141~142쪽.

25 桑原騭藏, 『隋唐時代西域人華化考』, 50~51쪽.

26 『冊府元龜』 卷971, 「外臣部」 〈朝貢〉(4), 11406쪽.

27 『冊府元龜』 卷971, 「外臣部」 〈朝貢〉(4), 11410쪽.

제17장

외국의 체육, 마술과 도박의 전래

페르시아에서 전래된 마구는 당제국 황제들이 좋아하여 궁중에서 크게 유행했다. 환술이라고 하는 마술은 서역에서 전래되었고 중국에서는 기예로 공연되었는데 당제국에 이르러 유행하였고, 민간과 일부 승려, 도사 중에 신기한 마술을 부리는 사람이 있었다.

아랍에서 기원한 쌍륙이 중국에 영향을 끼쳤다. 당대에 크게 유행한 쌍륙이 육로와 해로를 통해 중앙아시아, 남아시아, 동남아시아와 일본에까지 전래되었다.

1. 체육

당대의 말은 세 가지 점에서 중요하였다. 말이 절대 필요했던 원인으로 첫째는 변방의 돌궐과 토욕혼의 침입을 방어하기 위한 전투용이었고, 둘째는 정치, 군사와 경제, 문화 교류의 대맥인 교통의 원활한 소통을 위한 교통수단용이었으며, 셋째는 변방 이민족과의 융합으로 사회 풍조의 변화에 따른 승마, 수렵, 마구(馬球), 마희(馬戱) 등의 오락용이었다.

마구는 당대에 크게 유행한 오락, 체육 활동이었다. 마구(馬毬), 격국(擊鞠), 타구(打球) 혹은 격구(擊球)라고도 한다. 공은 가볍고 질긴 나무로 만들었는데 겉에는 채색을 하여 단단하고 매끄러웠다. 경기를 할 때는 쌍방이 말을 타고 나무 스틱으로 공을 쳐서 상대방 골문에 많이 넣는 팀이 승리했다. 마구는 원래 페르시아에서 기원하였는데 일설에는 토번이라고도 한다. 원래 명칭은 폴로로 말 위에서 공을 막대기로 치는 놀이였다. 두환(杜環)의 『경행기』(經行記)에는 중앙아시아의 발한나국(拔汗那國)에 "폴로숲이 있는데 숲 아래에는 폴로구장이 있었다"라고 기록했고, 말록국(末祿國)에는 마구절(馬球節)까지 있었다고 하였다.[1]

마구운동은 당태종 때 이미 장안에 전래되었다. 태종이 측근에게 "서역 사람들이 마구를 좋아한다고 들었는데 그대들도 그들을 훈련시키는 것을 짐이 한 번 관람한 적이 있다. 어제 승선루(升仙樓)에서 보니 서역 사람들이 길거리에서 마구하는 것이 보였는데 짐에게 일부러 보인 것이다. 이 서역 사람들은 짐이 이 경기를 좋아하는지 궁금해서 짐을 초청했는데 곰곰이 생각해보니 제왕이 참가하는 것은 쉬운 일이 아니어서 짐은 마구의 공을 불태워 경계로 삼았다"라고 말했다.[2] 마구가 태종 시절에 이미 크게 유행하였음을 알 수 있다.

중종 때 황제 자신이 마구를 좋아하였기 때문에 시대의 풍조가 되어 유행하기 시작했다.[3] 경룡(景龍) 4년(710년)에 금성공주(金城公主)가 토번의 왕에게 시집을 가게 되자 토번은 공주를 영접하기 위해 특별 사신을 파견

---

1 張一純 箋注, 『經行記箋注』, 卷3, 61쪽.

2 封演, 『封氏聞見記』 卷6, 129쪽.

3 "황상은 擊毬를 좋아했는데 이로 말미암아 풍속으로 서로 높여졌고 駙馬 武崇訓과 楊愼交는 기름을 뿌려서 격구장을 축조하였다." 권중달 옮김, 『資治通鑒』(22), 288쪽.

하였는데 장안의 궁중에서 마구 경기가 벌어졌다. 먼저 당황실 마구 팀이 경기에 졌다. 중종은 후에 현종에 등극한 임치왕(臨淄王) 이융기, 사괵왕(嗣虢王) 이옹(李邕)과 두 명의 부마 양신교(楊愼交), 무연수(武延秀) 네 명이 경기에 나가 10명으로 구성된 토번 마구 팀을 이겼다. 당시 이융기는 경기장에서 "동서로 달리는데 바람이 세차게 불고 번개가 치듯 했으며 앞에서 막을 적이 없었다"고 한다.[4] 심전기(沈佺期)의 「행이원정관타구응제」(幸梨園亭觀打毬應制)에서 황제와 함께 마구 경기를 관람하고, "천천히 춤추듯 향 풍기는 말이 둘러싸며, 재빠르게 화려한 공을 스쳐가네. 몸을 구부려 공을 맞춰도 땅에 떨어지지 않고, 말고삐를 당겨 공을 쫓아도 옆으로 흘러가버리네"라고 읊었다.[5]

현종 때 마구운동은 더욱 발달하여 전성기를 맞이했다. 『송창잡록』(松窗雜錄)에 현종이 마구를 좋아했다고 하였다.[6] 또한 현종은 옹화전(雍和殿)에서 매월 두세 차례 왕자들과 마구 경기를 했다.[7]

고종부터 소종(昭宗)까지 적어도 15명의 황제 모두가 마구운동의 애호가였는데, 어떤 황제는 직접 마구 경기에 참가하기도 했다. 선종(宣宗)은 "활쏘기와 마구 경기 모두에 뛰어났는데 그의 말에는 재갈 이외에는 어떠한 장식도 하지 않았다. 그의 말은 튼튼했고 매번 마구 경기 때 힘차게 달렸고 공중으로 공을 날렸으며 공을 수백 번이나 쳤고 쉬지 않고 달렸는데 번개처럼 빨랐다. 양쪽 팀 선수 모두 그의 능력에 탄복했다"고 한다.[8] 또 한식(寒食) 때 측근들과 함께 연회를 베풀어 "황제가 친히 격구를 하며 즐

4 封演, 『封氏問見記』 卷6, 130쪽.

5 "婉轉縈香騎, 飄飆拂畵毬. 俯身迎未落, 回轡逐傍流." 『全唐詩』(四), 1030쪽.

6 『松窗雜錄』, 『唐五代筆記小說大觀』, 1214쪽.

7 裴庭裕 撰, 『東觀奏記』(中卷), 109쪽.

8 王讜 撰, 周勛初 校, 『唐語林校證』, 卷7, 633~634쪽.

서안 장회태자묘 벽화 ≪마구도≫(馬球圖).

겼고 돌아가며 신하들을 위로하였다."[9] 희종(僖宗)은 자신의 마구에 대해서 자부심이 무척 강했는데, 일찍이 "짐이 만약에 격구를 하여 진사 시험을 본다면 반드시 장원을 할 것이다"라고 말하기도 했다.[10] 목종은 내시들과 궁에서 격구를 하였는데 내시들이 갑자기 말에서 떨어지는 일도 발생했다.[11] 경종(敬宗)은 여러 차례 중화전(中和殿)에서 격구를 하였다.[12]

섬서 장안현 당대 위동(韋洞)의 묘에서 마구 도용이 발굴되었다. 1970년대에 건현(乾縣) 장회태자(章懷太子) 이현(李賢)의 묘에 9미터 길이의 벽화 마구도(馬毬圖)가 발굴되었는데 성당 시기 귀족들의 마구 경기 모습이 생생하게 묘사되어 있다. 그림 가운데 기수는 손에 스틱을 쥐고 말을 달

9 『新唐書』 卷175, 「楊漢公傳」, 5249쪽.

10 『資治通鑑』 卷253, 廣明 元年. 권중달 옮김, 『資治通鑑』(26), 567쪽.

11 『舊唐書』 卷16, 「穆宗紀」, 501쪽.

12 『舊唐書』 卷17, 「敬宗紀」, 508쪽.

리는데 서로를 쫓으며 말 위에서 공을 치거나 격렬하게 공을 다루는 모습은 생동감이 넘친다.

소종은 천우(天祐) 원년(904년)에 낙양으로 천도를 할 때 그와 함께 간 타구공봉(打球供奉)과 내원소아(內園小兒)가 모두 2백여 명이나 되었다.[13] 타구공봉이란 당나라 정부에서 전문적으로 마구에 뛰어난 인재를 키우기 위해 설치한 기구를 말한다. 신책군(神策軍)에 타구에 뛰어난 장수가 적지 않았는데 그 가운데 일부 장수는 격구 실력으로 고관대작이 된 장수도 있었다. 예를 들면 절도사가 된 주보(周寶), 고병(高駢) 모두 신책군 장수 가운데 격구를 잘하여 천하에 유명해진 사람들이다. 시중 주보는 군대에 있을 때 성격이 강인하여 내시들에게 지조를 굽히지 않았는데 중년의 나이가 되었어도 지위는 여전히 낮아 울분이 쌓였다. 홀로 타구공봉을 전후 36번이나 통솔하여 황제의 총애를 받아 금오장군(金吾將軍) 등의 관직을 역임하다가 나중에는 경원(涇原)절도사를 제수 받았다.[14]

당대 묘에 묻힌 격구 명기(明器) 도용도 발굴되었다. 1959년에 섬서 장안현 남리왕촌(南里王村) 위동(韋洞)의 묘에서 4건의 격구 도용이 발굴되었다. 도용의 머리는 두 개의 상투를 틀었고 몸에는 붉은색과 녹색의 웃옷을 입었으며 검은색 장화를 신었고 준마를 탔으며 각자 서로 다른 격구의 자세를 하고 있다. 신체가 앞으로 쏠린 도용, 힘차게 스틱으로 공을 치는 도용, 두 팔을 높이 들고 등지고 공을 치는 도용, 두 손으로 고삐를 잡고 말을 달리는 도용 등은 당시의 마구 경기의 긴장감과 격렬함을 나타내었다.[15]

---

13 『舊唐書』 卷20, 「昭宗紀」, 779쪽. 內園小兒는 唐代 宮中의 庭園에서 일하는 使喚과 같은 雜役을 말함.

14 劉崇遠 撰, 陽羨生 校點, 『金華子』, 『唐五代筆記小說大觀』(下), 1758쪽.

15 閻存良, 『唐三彩』, 92쪽의 圖34.

격구 운동은 귀족들 사이에서도 크게 유행했다. 예종 때 대신 유택(柳澤)은 일찍이 상소를 하여 당시의 귀족들의 격구가 덕을 쌓는 근본이 되지 못한다고 비판을 하였다.[16] 그러나 이러한 유행은 금지되지 않았고 오히려 갈수록 더욱 유행하여 현종 형제는 매일 조회가 끝나면 집으로 돌아간 후에 음악을 연주하게 하고 술을 마시며 격구와 투계를 즐기거나 교외에 나가 사냥을 하였다.[17] 당대 화가 한간(韓幹)의 그림 「영왕조마타구도」(寧王調馬打球圖)[18]는 영왕 이헌(李憲)이 격구를 하는 장면을 그린 것이다. 원화 2년(807년) 한식날 헌종은 두우(杜佑), 무원형(武元衡) 등 문무백관, 친왕과 함께 대명궁 인덕전(麟德殿)에서 연회를 베풀었는데 황제는 그들과 함께 정원에서 격구를 하였다.[19]

낙양에도 격구장이 있었다. 중종 때 부마 무숭훈(武崇訓)과 양신교(楊愼交)는 격구장을 건립하는 데 수백만 명이 동원되어 농사일에 해를 끼쳐 크게 사람들의 원망을 샀다고 한다.[20] 이렇게 장안과 낙양이라는 대도시에 격구가 크게 유행하여 도시 청소년들도 좋아하는 운동이 되었다. 이곽(李廓)의 「장안소년행」(長安少年行)에 "경박한 친구들을 좇아다니며, 한가롭게 놀 땐 붉은 비단옷 입지 않았네. 길게 줄지어 말 타고 수렵 나가고, 격구 옷으로 자주 바꿔 입었네"[21]라고 읊었다. 『태평광기』 권19에 "우승상 이림보는 20세가 되기까지 공부를 해본 적이 없었다. 그는 동도(東都洛陽)에 있을 때, 사냥, 격구, 승마, 매사냥, 개사냥을 좋아하여, 매일 성 아래쪽의 홰나무 단 아래에서 나귀를 타고 격구하기를 거의 쉬는 날이 없

16 『舊唐書』 卷77, 「柳澤傳」, 2686쪽.

17 『舊唐書』 卷95, 「睿宗諸子傳」, 3011쪽.

18 『新唐書』 卷59, 「藝文志」(3), 1561쪽.

19 『冊府元龜』 卷111, 「帝王部」〈宴享〉(3), 1316쪽.

20 『冊府元龜』 卷306, 「外戚部」〈奢縱〉(3), 중화서국, 1960, 3605쪽.

21 "追逐輕薄伴, 閑游不着緋. 長攏出獵馬, 數換打球衣." 『全唐詩』(2), 328쪽.

었다"라고 하였다.[22]

격구는 말과 사람의 능력과 기술을 훈련시키는 역할도 하였기 때문에 군사용으로도 활용되었다. 황제들의 제창으로 군대 중에도 격구가 유행했다. 장안의 신책군 중에 격구 군장이 있었고 수많은 군장들의 격구 기술이 뛰어났다. 예를 들면 장지화(張志和)는 일찍이 좌신책군격구장(左神策軍擊球將)을 맡았다.[23] 수많은 번진(藩鎭)에 격구장이 있었다. 예를 들면, 변주(汴州)의 격구장에서 이신(李紳)은 용사들을 위로하고 포상하였다.[24] 천복(天復) 3년(903년)에 변주의 장수 주우륜(朱友倫)은 장안에서 격구를 하다가 말에서 떨어져 죽었다. 평로절도사 소재 운주(鄆州)에도 격구장이 있었다. 원화 14년(819년)에 당나라 군대가 반란군 이사도(李師道)를 공격하고 격구장을 점령하였다.[25] 청주(青州)에도 격구장이 있었는데 일본 승려 엔닌(圓仁)이 『입당구법순례행기』에 기록하였다.[26] 명장 이광필(李光弼)은 송주(宋州)에서 조정의 칙사와 함께 격구를 하였다. 장호(張祜)는 「관송주전대부타구」(觀宋州田大夫打毬)에서 송주에서 명장 전신공(田神功)의 격구 광경을 보고 "백마의 붉은 술 장식이 갑자기 멈추더니, 자줏빛 소매가 가볍게 공을 스치네"라고 읊었다.[27]

격구의 유행은 과거시험에도 영향을 끼쳐 진사에 급제한 사람은 관례에 따라 곡강(曲江)의 연회에 초대를 받았는데 격구 경기 관람과 모란꽃 감상 등의 활동도 포함되었다.

---

22 李昉 등 모음, 김장환 外 옮김, 『태평광기』(1), 489쪽.

23 『册府元龜』 卷628, 「遷黜」, 7536쪽.

24 范攄 撰, 『雲溪友議』(卷上), 『唐五代筆記小說大觀』(下), 1266쪽.

25 『舊唐書』 卷124, 「李師道傳」, 3540쪽.

26 顧承甫, 何泉達 點校, 『入唐求法巡禮行記』 卷2, 94~95쪽.

27 "白馬頓紅纓, 梢球紫袖輕." 『全唐詩』(15), 5807쪽.

2. 마술

마술(魔術)을 한대에는 환술(幻術)이라고 했는데, 『구당서』(舊唐書), 「음악지」에 "산악(散樂)과 잡희(雜戲)는 대부분 마술로 마술은 모두 서역, 특히 인도에서 전래되었다. 한무제 때 서역이 개통되어 마술사들이 중국으로 들어왔다"라고 했다.[28] 한무제 때 인도에서 마술이 중국에 전해졌음을 알 수 있다.

한대의 환술은 서역의 마술이 중국에 전래되어 중국의 환술과 융합되었는데 중국의 환술은 대부분 신기한 방술(方術)로 나타났고 방사(方士)들이 환술에 뛰어났다. 『서경잡기』에 도술을 잘 부리는 국도룡(鞠道龍)의 말을 인용하면서 동해 사람 황공(黃公)은 도술을 부려 뱀과 호랑이를 제어할 수 있었고, 황동 칼을 차고 진홍색 명주를 머리에 묶은 채 서서는 구름과 안개를 일으키고 앉아서는 산과 강을 만들었다고 하였다.[29] 또한 경제(景帝)의 아들 교동왕(膠東王) 유기(劉寄)의 궁인(宮人) 난대(欒大)가 한무제를 만났는데 황제가 난대에게 그의 방술을 시범 보이라고 요구하자, 난대는 바둑돌을 바둑판 위에 놓고 저절로 서로 부딪치도록 하였다.[30] 이들은 모두 방사에 속하였고 그들의 환술은 신기한 기술로 여겨져 사회적으로는 널리 알려지지는 않았다.

장건이 서역을 개척한 후에 "대원(大宛)이 사신을 한나라에 파견하였는데 한나라가 광대한 것을 보고 큰 새 알과 이헌(犛軒)의 마술사를 한나라

---

28 『舊唐書』, 1073쪽.

29 劉歆 지음, 葛洪 엮음, 김장환 옮김, 『서경잡기』 권3, 161쪽.

30 司馬遷, 『史記』(封禪書), 211쪽. 자성이 다른 것끼리는 서로 당기고 같은 극끼리는 밀어내는 원리를 이용하여, 바둑돌이 자상을 띠게 하여 바둑판 위에 놓으면 서로 밀어내며 부딪치도록 하는 마술. 사람을 속이는 수단으로 사용하였음.

에 바쳤더니 황제가 기뻐했다.” 여기에서의 마술사란 환인(眩人)인 환(眩)은 환(幻)과 동일한 글자로 칼을 삼키고 불을 토해내며 박을 심으면 나무가 자라며 사람을 토막 내고 말을 절단하는 기술 모두를 가리키며, 이들은 본래 서역에서 왔다.[31] 이헌은 로마제국을 말한다.

한대 석각에 입에서 불을 뿜어내는 ‘토화’(吐火)를 새긴 것이 있다. 하남 신야(新野) 토화도(吐火圖)를 보면 콧등이 높고 수염이 길며 뾰족한 모자를 썼고 긴 치마를 입었으며 입에서 불을 뿜어내고 있는 서역 사람의 형상이다. 또한 서주(徐州) 동산(銅山) 홍루(洪樓)의 동한 때 대형 백희악무도(百戱樂舞圖)에도 토화가 있는데 토화는 백희 중에 필수적이었음을 알 수 있다.[32]

아랍 지역을 중국인은 조지(條支)라고 불렀다. 조지의 기예(技藝)를 연출하는 사람이 여러 차례 한대 궁중에서 기예를 공연했다. 이들의 기예는 한대 중국에 유행하여 중국의 기예와 융합되어 “마술사의 기예가 보태어져 각저(角抵)와 기이한 백희(百戱)에 포함되었는데 마술이 점차 더욱 흥성하기 시작했다.”[33] 또한 한나라 소제(昭帝) 때 환관(桓寬)이 지은 『염철론』, 「숭례」(崇禮)에 “백성은 집에 손님이 오면, 음악, 연극, 잡기, 마술로 접대한다”라고 하여 잡기와 마술 공연이 있었고, “오늘은 쓸모없는 진귀한 기물, 기이하면서 쉽게 사육할 수 없는 동물, 두 사람이 서로 머리를 부딪치는 기예나 사람들의 눈을 홀릴 만한 물품 등을 진열하여 우리 자신을 뽐내고 있다”[34]라고 하였는데 여기에서 각저(角抵)는 상박(相撲) 또는 쟁교(爭交)라고 하는 일종의 씨름 혹은 레슬링과 같은 스포츠이다.

---

31 『漢書』 卷61, 「張騫列傳」, 2696쪽과 인용구에 대한 顔師古의 해석.

32 傅起鳳, 傅騰龍, 『中國雜技史』, 68쪽과 책 앞부분의 사진 도록.

33 『漢書』 卷61, 「張騫列傳」, 2696쪽.

34 김원중 옮김, 『鹽鐵論』, 268~269쪽.

잡기. 돈황 막고굴 156굴. 만당 때 송국부인출행도(宋國夫人出行圖)로 피리, 북과 박판을 연주하는 가운데 잡기 공연을 하고 있다.

동한 안제(安帝) 영녕(永寧) 원년(120년)에 조지의 사신이 '이단'(異端)을 바쳤고, 그 가운데 사람의 말을 할 줄 아는 까치가 포함되어 있었다. 영제(靈帝)가 특별히 애호하여 서아시아의 풍습, 복식, 기예와 이집트의 완구 등이 중국에 성행했다. 장안의 관리와 귀족들이 서로 모방하였다.

서역에서 전래된 마술 대부분이 혹형(酷刑)과 유사하여 당왕조 제왕들은 마술 공연을 금지하여 민간에 전파되는 것을 막았다. 고종은 일찍이 「금환희조」(禁幻戱詔)를 반포하고 "바라문 서역 승려가 매번 잡희 공연장에서 검으로 배를 찌르고 칼로 혀를 자르는 등의 마술로 백성들을 현혹시킨다고 들었는데 이는 극히 이치에 맞지 않으니 모두들 귀국하고 중국에 머물지 말라. 변방을 단속하고 만약 마술을 공연하는 기색이라도 있으면 입조하지 못하도록 하라"고 하였다.[35] 그러나 마술은 이미 오랫동안 사람들이 좋아하였기 때문에 근절되지 않았다. 물론 혹형과 같은 마술만이 금지되었기 때문에 궁정과 민간의 백희 공연에 마술은 여전히 존재하였다.

한대에 유행하였던 칼을 삼키고 불을 토하는 마술은 당대에도 인도로부터 전래되었다. 왕계(王棨)의 「탄도토화부」(呑刀吐火賦)에 "기묘한 마술은 누군가 전했는데 이 사람이 습득했다. 칼을 삼키는 마술은 기묘하고 불을 토하는 능력은 오묘하다. 목구멍에 칼끝이 있어도 가슴을 뚫고 겨드랑이까지 닿을까 걱정하지 않고, 붉은 불을 뿜어내어 그 화염이 연기로 변하여도 놀라지 않는다. 본래 인도에서 전래되었는데 당시 장안에 공휴일이면 예측하지 못하는 신기한 마술로 발전시켜 비상한 묘술을 부렸다"라고 했다.[36] 일본의 『당무회』(唐舞繪)라고도 불리는 『신서고악입도도』(信西古樂立道圖) 중에 탄도토화도(呑刀吐火圖)가 있다. 불을 토하는 사람은 오른손을 뻗어 벌리고 왼손은 허리에 끼고 화염을 뿜어내고 있다. 칼을 삼기는 방식은 같지 않은데 일반적으로는 나누어서 입에 넣는 모습이다.[37] 또한 『구당서』, 「음악지」에 인도로부부터 바라문교의 춤추는 사람이 칼날 위에 눕고 필률을 부는 사람은 배 위에 서 있으면서 곡이 다 끝날 때까지

35 『全唐文』(1), 卷12, 57쪽.

36 『全唐文』(4), 卷770, 3555쪽.

37 傅起鳳, 傅騰龍, 『中國雜技史』, 158, 159쪽. 도록 참조.

아무런 상처도 입지 않았다고 하였다.[38] 이러한 마술은 『당무회』의 와검상무도(臥劍上舞圖)와 같은 것으로 칼을 땅에 꽂아놓고 사람이 칼끝에 눕는 모습이다. 이런 종류의 와검 마술은 티베트 상연사(桑鳶寺) 대회랑 벽화에도 있다. 당대에 이 마술이 출현한 후로 중국에서는 지금까지 연출되었는데 이를 '인체횡현'(人體橫懸)이라고 한다.

이밖에 『당무회』에는 한반도에서 중국에 전래된 마술 입호무(入壺舞), 즉 항둔(缸遁)과 입마복무(入馬腹舞)가 기록되어 있다. 항둔 마술은 다리가 낮은 책상 두 개를 놓고 각각에 항아리 하나를 위에 놓으면 한 사람은 우측에서 항아리 가운데를 뚫고 들어가고 좌측 항아리 가운데에서 뚫고 나오는 것이다. 입마복무 마술은 한 사람이 말의 배를 뚫고 들어가고 나머지 하반신은 밖으로 노출하고, 이미 말 입으로부터 다른 한 사람이 뚫고 나와 상반신을 노출하는 것이다. 이러한 마술은 분신술(分身術)의 최초의 형식이었다.[39]

당대의 민간과 일부 승려, 도사 중에 신기한 마술을 부리는 사람이 있었다. 현종은 술사 나공원(羅公遠), 양귀비는 금강삼장(金剛三藏)을 신임했는데 두 사람은 항상 경쟁했다. 한 번은 현종이 공덕원(公德院)에 가서 칠성전(七聖殿)을 배알했는데 갑자기 등이 가려워지자 나공원이 대나무 가지를 꺾어 마술을 부려 칠보여의(七寶如意)로 만들어 현종에게 주어 현종이 크게 기뻐했고, 또 한 번은 나공원이 부적을 날려서 간수 몰래 삼장의 금란가사(金欄袈裟)를 훔쳐도 들키지 않았고 나공원이 용부(龍符)에 대고 입으로 물을 뿌리고 가사 위에 놓자 삼장의 가사는 가닥가닥 실로 변했다. 그래서 정우(鄭嵎)의 「진양문시」(津陽門詩)에 "궁중에서 술사가 여러 차

---

38 『舊唐書』, 1073쪽.

39 傅起鳳, 傅騰龍, 『中國雜技史』, 160, 170, 171쪽.

례 마술을 부리고, 임금 앞에서 승리하려고 경쟁하네. 나공원은 여의를 만들었고, 삼장은 가사를 실로 변하게 했네"라고 했다.[40]

재야의 마술사들도 마술 실력이 뛰어났다. 예를 들면, 함통 연간(860~874년)에 어떤 마술사가 대략 10세 어린아이의 머리를 자르는 마술을 공연하였다. 칼로 어린 남자아이의 머리를 베고 그의 몸통은 땅에 뉘었으며 머리는 다시 몸에 붙여놓아 어린 남자아이는 죽은 사람처럼 어떤 미동도 하지 않았는데 마술사가 주위 사람들에게 돈을 구걸하면서 이 아이를 살리겠다고 말한다. 사람들이 던져준 돈을 거두어들인 다음 마술사가 큰소리를 치면 이 어린 남자아이가 벌떡 자리에서 일어났다. 또한 종과(種瓜) 마술이 있는데 마술사가 먼저 작은 상자에서 박을 하나 꺼내고 칼로 팔에 상처를 내어 박을 상처 속에 넣으면 잠시 후에 넝쿨이 자라 있고 박이 열렸다.[41]

당대 단성식의 『유양잡조』에 왕경(王瓊)이란 강회의 마술사는 일찍이 단군수(段君秀)의 식객이었는데 기와 위에 거북을 그린 후에 가슴에 품고 잠시 후에 기와를 다시 꺼냈더니 기와는 거북으로 변했고 거북을 정원에 방생했더니 거북이 담을 따라 기어 다녔고 저녁이 되자 다시 기와로 변했다고 기록하였다.[42]

『태평광기』에 서역의 환술에 대한 기록이 보인다.

> 당나라 때 하남부(河南府)의 입덕방(立德坊)과 남시서방(南市西坊)에는 모두 호요신(胡祆神)의 사당이 있었다. 매 해마다 호상(胡商)들은 복을 빌며 돼지와 양을 잡고 비파를 타고 북을 치고 피리를 불면서 춤과 노래에 취하여 신에게 제사를 올

40 王仲鏞 著, 『唐詩紀事箋校』(下), 1673쪽.

41 尉遲偓, 『中朝故事』, 『唐五代筆記小說大觀』(下), 1789쪽.

42 『唐五代筆記小說大觀』(上), 600쪽.

린 다음 호인(胡人) 한 명을 뽑아서 요주(妖主)로 삼았는데, [요주를 본 사람들은] 돈을 희사하여 그에게 모두 주었다. 그 요주는 횡도(橫刀) 한 자루를 쥐고 있는데, 그 칼은 서릿발처럼 날카로워서 공중에 날리는 털도 자를 수 있을 정도였다. 요주는 그 칼로 자신의 배를 찔러 칼끝이 등을 뚫고 나온 다음에도 계속해서 뱃속에서 칼을 휘저어 피가 철철 흘렀다. 한식경이 지난 다음 상처가 난 곳에 물을 뿜고 주문을 외면 원래대로 돌아왔다. 이것은 대개 서역의 환술이다.[43]

서역에서 마술이 전래되었음을 알 수 있다.

3. 도박

당대의 도박은 쌍륙(雙陸)이 대표적이다. 쌍륙은 2개의 주사위를 던져 나오는 점수대로 말을 써서 상대편보다 먼저 궁으로 들어가면 이기는 놀이의 일종으로 판은 12줄이다.

한대 장건이 서역을 개척한 이후로 『삼국지』, 『진서』와 『위서』 등 3세기부터 6세기까지 중국의 사서에 조지(條支),[44] 지금의 아랍 지역에 관해

43 『太平廣記』 卷285, 「河南妖主」에서 인용한 『朝野僉載』. 李昉 등 모음, 김장환 外 옮김, 『태평광기』(12), 331쪽.

44 많은 학자들이 西洋史에 보이는 安條克(Antiochia)의 縮譯으로 여기고 있다. 條支라는 지명이 처음으로 보이는 중국 사서는 『史記』, 「大宛列傳」이다. 장건이 서역에 사신으로 갔을 때 소문으로 安息 서쪽 수천 리 밖에 떨어져 있는 나라라고 들었다. 이를 근거로 시리아의 塞琉西王國으로 추정하고 국도를 安條克으로 여겼다. 『後漢書』, 「西域傳」에 甘英이 大秦의 사신으로 가서 條支國에 도달하였는데 安息國 서쪽과 국경을 맞대고 로마제국에 복속되어 있어서 시리아는 아니고 페르시아만 서북 해안의 아랍 小國으로 추정된다. 漢魏 이후로 條支라는 지명을 빌려 서방의 먼 이역을 가리켰는데, 아마도 페르시아만과 지중해 연안 사이에 있었던 나라였을 것으로 추측됨.

모두 기록하였는데, 두 지역 사이의 육로뿐만 아니라 해상교통도 발달하였고 경제, 문화의 교류가 빈번해졌다. 이에 따라 아랍 지역에 유행하던 기예(棋藝) 쌍륙이 6세기 전후에 중국에 전해졌다. 7세기에 이르러 당나라와 대식국이 건립되어 중국과 아랍의 교류는 점점 밀접해져서 아랍에서 기원한 쌍륙과 같은 박희(博戲)가 중국에 영향을 끼쳤다.

쌍륙은 '악삭'(握槊)이라고도 하는데 『위서』에 "조국(趙國)의 이유서(李幼序)와 낙양의 구하노(丘何奴)가 모두 악삭에 뛰어났다. 이 호희(胡戲)가 근래 중국에 들어왔는데 호왕(胡王)의 동생이 죄를 지어 죽게 되었는데 동생이 옥중에서 이 유희로 고립되어 곧 죽을 것이라는 뜻을 전달했다. 세종 이후에 크게 유행했다"라고 했다.[45] 세종(世宗)은 북위(北魏) 선무제(宣武帝)로 500년에서 515년까지 재위하였으므로 6세기 초였다. 또한 『북제서』에 "세조의 성격이 악삭을 좋아하여 화사개(和士開) 또한 이 유희를 잘 했다"[46]라고 하였는데 화사개의 조상은 상호(商胡)였다. 세조(世祖)는 북제(北齊) 무성제(武成帝)로 561년에서 564년까지 재위하여 북위 이후 북제를 거치면서 악삭의 유희가 성행하였음을 알 수 있다.

쌍륙이 육로와 해로를 통해 서쪽에서 동쪽으로 전해졌고 중앙아시아, 남아시아, 동남아시아와 일본에까지 전래되어 대식 이외에 중앙아시아의 회회(回回), 인도네시아 수마트라섬의 삼불제(三佛齊), 자바의 도파(闍婆), 인도 남부 서해안 말라바르 해안의 남피(南皮), 크메르의 진랍(眞臘), 베트남 중부의 점성(占城), 일본과 광주 등에도 있었다. 이러한 전파는 무역 항로의 해로를 따라 끼친 영향의 결과이다.

고대 아랍 지역에는 주사위를 던지면 그 숫자만큼 걸어가는 장기가 있

45 『魏書』 卷91, 「術藝傳」, 1972쪽. 明代 謝肇淛의 『五雜組』에도 같은 기록이 보임.
46 『北齊書』 卷50, 「和士開傳」, 686쪽.

었는데, 아랍과 페르시아 사람은 이를 '나르드'(Narde)라고 했다. 중세기 때 나르드는 아랍과 페르시아에서 크게 유행한 유희였는데, 처음에는 일상생활 가운데 하나의 오락이었으나 나중에는 도박이 되었다. 송대 주욱(朱彧)의 『평주가담』(萍洲可談) 권2에 "일찍이 외국인들이 거주하는 광주(廣州)의 번방(蕃坊)에서 외국인들이 장기로 도박을 하는 것을 보니, 차마(車馬)는 없고 상아, 서각, 침향, 단향으로 만든 장기 알을 두 사람이 옮겼는데 승패에 절도가 있었다"라고 하였다.[47] 이것은 아랍의 나르드, 즉 쌍륙이다.

판이 장기판과 유사하여 좌우가 각각 6개 길이 있어 쌍륙이라고 하였다. 쌍륙을 두는 방식은 탑 형태와 유사한 말이 흑백 각각 15개로 주사위를 던져서 나온 숫자만큼 말이 가는데 백마는 좌에서 우로, 흑마는 우에서 좌로만 갈 수 있고 먼저 다 가는 사람이 이긴다. 당대에는 위로는 궁정에서부터 아래로는 민간에까지 모두 유행하였는데 당시에는 장행(長行)이라고 했다.

『태평광기』에 쌍륙에 미친 사람을 이렇게 묘사하였다.

> 함형 연간에 패주(貝州)의 반언(潘彦)은 쌍륙을 몹시 좋아하여, 외출할 때마다 항상 쌍륙판을 몸에 지니고 다녔다. 그는 한번은 바다에 나갔다가 풍랑을 만나 배가 파손되었는데, 오른손으로는 판자 하나를 잡고 왼손으로는 쌍륙판을 잡고 입으로는 쌍륙 주사위를 물었다. 1박 2일 동안 표류한 끝에 겨우 해안에 이르렀는데, 두 손은 뼈가 드러날 정도였지만 쌍륙판은 끝내 놓지 않았으며 주사위도 입에 그대로 있었다.[48]

47 『宋元筆記小說大觀』(2), 2312쪽.

48 『太平廣記』 卷201, 「潘彦」. 李昉 등 모음, 김장환 外 옮김, 『태평광기』(9), 52~53쪽.

당대 황제들도 쌍륙을 좋아하였는데 그 가운데 중종이 가장 좋아했다. 쌍륙에 빠진 위후(韋后)로부터 쌍륙을 알게 되었는데, 위후는 항상 도박꾼 무삼사(武三思)와 쌍륙 도박을 하였다. 『자치통감』 권208 중종(中宗) 신룡(神龍) 원년 2월에 "황상이 위후(韋后)로 하여금 무삼사(武三思)와 더불어 쌍륙(雙六)을 하도록 하고 자신은 옆에서 머물며 산가지로 점수를 매겼다"라고 하였다.[49] 무측천이 중종을 폐위하여 방주(房州)로 유배를 갔는데 무측천의 조카 무삼사가 방주에 가서 중종을 방문하였고, 주연이 다 끝나지도 않았는데도 위후는 급히 무삼사를 내방으로 불러 쌍륙을 즐겼다.[50] 당, 송 때, 쌍륙은 중국에 크게 유행했고, 원명 시기에 이르러서도 쌍륙의 유희는 계속 유행했다.

명대 이후에는 사서에 쌍륙에 대한 기록이 적다. 지금 남아 있는 쌍륙 장기는 당대의 것이다. 일본 나라 도다이지 쇼소인에 당대 자단목(紫檀木)에 쌍륙을 그린 그림 두 폭이 남아 있다. 1965년에 신강 투루판 아스타나 제38호 묘의 벽화 중에 시종이 쌍륙 판을 들고 있는 그림이 있다. 1973년에 투루판 당나라 묘에 감라전목(嵌螺鈿木) 쌍륙 판이 출토되었다. 길이가 28센티미터, 높이가 78센티미터이다. 서안 동쪽 근교 수나라 때 사리탑 지하 궁에서도 유리로 만든 쌍륙이 출토되었다.

---

49 권중달 옮김, 『자치통감』(22), 224쪽. 注에 雙六은 일종의 도박으로 지금은 전하지 않지만, 구슬을 던져서 12개의 棋를 가도록 하는데, 각기 6개의 棋를 가는 것으로 게임을 하였으므로 雙六이라고 하였다고 함. 중종의 딸 安樂公主는 武三思의 아들 武崇訓에게 시집을 갔고, 武三思가 마침내 皇后와 情을 통하니 이때부터 武氏 세력이 세상에 떨쳤다고 함.

50 王家廣, 『唐人風俗』, 161쪽에 "임금의 침상에서 韋后가 雙陸을 武三思와 하였고 황제는 옆에서 點籌하였는데 모두들 웃으며 즐거워하였는데 추잡한 소리가 날마다 밖에까지 들렸다"라고 하였다. 武三思의 아들 武崇訓이 中宗의 딸 安樂公主와 결혼하였고, 中宗이 復位한 뒤에 권세가 날로 높아졌으며, 中宗의 부인 韋后와 私通하였다. 韋氏 母女와 太子 重俊을 廢位하려다가 重俊에게 피살되었음.

결론

당황실은 자칭 농서(隴西) 이씨라고 하였다. 『구당서』와 『신당서』에 노자(老子) 이이(李耳)의 자손으로 16국의 하나인 서량(西凉)의 개국 군주 이고(李暠)도 당황실의 조상이라고 하였다. 농서 이씨는 진(秦)나라 때부터 시작된 중국의 저명한 장군 집안으로 한나라 때 비장군(飛將軍) 이광(李廣) 등의 저명한 장군을 배출하였고, 남북조시대 때 문벌제도가 흥기한 후로 한족의 명문 집안이 되어 산서(山西) 조군(趙郡) 이씨와 함께 문벌 최고 가문 중의 하나가 되었다. 북주(北周)시대 때 선비화(鮮卑化) 정책으로 이호(李虎)가 대야씨(大野氏)가 되었다가 북주가 멸망한 후에 다시 이씨 성을 회복하였다.

당제국을 세운 이연의 혈통은 순수한 중국인이 아니었다. 당제국의 선조는 흉노와 선비족이 잡거하던 지역인 무천(武川)에서 비롯되었다. 무천은 후위(後魏) 육진(六鎭) 가운데 하나였는데, 지금의 내몽고자치구 호화호특(呼和浩特) 북부의 무천이다. 당황실 황후의 혈통은 선비족이다. 이연의 모친은 독고신(獨孤信)의 넷째 딸로 북주 명제(明帝) 황후의 여동생이고, 수문제 독고황후(獨孤皇后)의 언니이다.

이연의 선조는 역대로 호인(胡人)들과 섞여 살았기 때문에 상당히 호화(胡化)되어 있었다. 이연의 모계에는 호인의 혈통을 가지고 있다. 이연의 모친 독고씨, 부인 두씨(竇氏), 둘째 며느리 장손씨(長孫氏)는 모두 선비족 출신이다.

현무문(玄武門)의 정변을 일으킨 이세민을 도운 사람 가운데 한족이 아닌 이민족 출신이 상당수 있었다. 장손무기(長孫無忌)와 위지경덕(尉遲敬德)이 대표적인 인물이었다. 이들 이민족의 도움으로 등극하여 태종이 될 수 있었다. 장손무기의 여동생은 당태종 이세민의 부인 장손황후(長孫皇后)이다. 장손무기는 현무문의 정변 때 이세민을 도운 공으로 조국공(趙國公)에 봉해졌고, 정관 17년(643년)에 태종이 공신 24명의 초상화를 능연각(凌烟閣)에 그렸는데 그가 첫 번째였다. 장손무후의 조카 장손순덕(長孫順德)은 이연이 산서 태원에서 기병하였을 때 그를 도와 공을 세워 설국공(薛國公)에 봉해졌고, 현무문의 정변 때 이세민의 형 이건성(李建成)의 잔당을 소탕하였다. 위지경덕은 본래 유무주(劉武周)의 편장군이었으나 무덕 3년(620년)에 당나라에 귀순하여 진왕 이세민을 따라 수나라 말경의 지방 세력 왕세충(王世忠), 두건덕(竇建德), 유흑달(劉黑闥), 서원랑(徐圓朗) 등을 격파하였다. 현무문의 정변에도 참가하여 이세민의 동생 이원길(李元吉)을 활로 쏘아 죽였다. 오국공(吳國公)에 봉해졌고, 태종의 묘인 소릉(昭陵)에 함께 묻혔다.

초당 때 당제국에 위협이 된 이민족은 동돌궐(582~630년)이었다. 중국식 표기인 돌궐(Tu-Kiu)의 정식 명칭은 오르혼 돌궐 비문에 의하면 '괵-튀르크'(Gök-Türk)로, 하늘(Gök)에 속한 신성한 튀르크라는 의미를 가진다. 수나라 말경 이연을 포함한 여러 군웅들이 기병할 때 모두 동돌궐의 신하를 자처하여 당시의 돌궐족은 중국에 대해 확고한 우위를 점유하고 있었다. 시피(始畢)가한이 619년에 당나라의 수도 장안을 점령하기도 하여 당나라에 큰 위협이 되었다. 626년에 이세민이 당태종에 등극한 후에도 돌궐에 대한 정책은 유화적이었다. 돌궐과 그 복속 종족들과의 전투가 계속되고, 시피가한의 아들 툴리(突利)가한과 실리(頡利)가한과의 충돌이 일어났으며 결국 툴리가한이 당나라에 투항하게 되자, 군사적 우위의 확보와 유리한 정세를 이용하여 당제국은 드디어 630년에 출병하여 실리가한을 생포하고 장안으로 후송하여 실질적으로 동돌궐은 멸망하였다. 동돌궐이 멸망한 후에도 각지로 분산된 돌궐족의 일부가 당에 대한 저항을 계속하였는데, 639년에 당의 궁정 근위병 출신의 퀴르-샤드(Kür-Shad)가 39명의 동료와 함께 음모한 태종 암살 미수 사건은 그 예이다. 당나라에 투항한 부락민이 10여만 명에 달했다. 당 조정은 항복한 돌궐족을 동쪽으로는 유주(幽州), 지금의 하북 대흥(大興)에서, 서쪽으로는 영주(靈州), 지금의 영하(寧夏) 영무(靈武)의 변방 지역에 안치시켰다. 그리고 툴리가한과 실리가한의 당숙인 아사나사마(阿史那思摩)를 도독(都督)으로 삼아 이들을 다스렸다. 이러한 기미(羈縻) 정책으로 동돌궐의 추장들에게 5품 이상의 관직을 준 사람이 100여 명을 넘었고, 돌궐인으로 장안에 들어와 사는 사람만 1만 가구나 되었다. 태종 본인도 돌궐인과 접근하기를 좋아하였고, 심지어 그들을 시위(侍衛)로 임명하여 태자인 이승건(李承乾)도 돌궐의 습속에 젖어들었는데 이러한 것으로 보아 당황실 중앙의 호화(胡化) 색채가 얼마나 농후하였는지 알 수 있다.

당대 기미정책의 형성 원인은 변방의 안정을 꾀하기 위한 외교, 군사적 대비책인 동시에 무역을 통한 경제적 번영의 밑거름이 되었다.

당대 기미부주의 변천은 세 단계로 나눌 수 있다.

첫째 단계는 초기 건립 시기로 서남 지역에 집중되었고 그 수도 적었으며 범위도 작았는데, 당시 서북과 동북 지역의 이민족들은 당나라에 귀속되지 않았다. 당나라 건립 시기에 돌궐족은 큰 위협이 되었고, 이 시기의 서남 지역에 기미부주를 설치하여 서남 변방을 안정시켜 돌궐과의 관계를 대처하는 데 집중할 수 있었다.

둘째 시기는 전성기로 정관 연간부터 개원과 천보 연간 안록산의 난 전까지이다. 당태종 즉위부터 변방 이민족들의 계속적인 귀순으로 기미부주가 급증하였고 범위도 확장되었다. 예를 들면 동북 지역은 신당서「지리지」에 60개의 기미부주를 열거하였지만 실제로는 22개의 도독부와 79개의 주를 설치하여 당대 기미부주는 856개에 달할 정도였다. 서남 지역의 기미부주도 많아 총수의 약 절반을 차지하여 천보 13년(753년)에는 기미주가 104개나 되었다. 서북과 북방은 돌궐, 철륵, 토욕혼, 당항, 강족 등과 회흘과 서역의 호족이 있었고, 동북에는 거란, 해, 말갈과 고구려가 있었으며, 서남 지역에는 강, 요(僚)와 남만족이 있었다.

세 번째 시기는 천보 14년(755년)에 발발한 안사의 난 이후 당말까지이다. 천보 이후에 정세가 급변하여 천보 14년(755년)에 남조가 당제국에서 이탈하여 토번에 귀속되었고, 대중 13년(859년)에 남조의 왕이 칭제하고 당제국과 대규모 전쟁을 발동하여 10년 동안 서남 변방이 혼란에 빠지는 상황에 놓이자, 기미부주의 범위도 급속하게 축소되었다. 또한 토번 세력의 확장으로 기미주는 104개에서 76개로 축소되었다. 서북과 동북 지역의 기미부주도 쇠퇴하여 안사의 난 때문에 서북의 군대가 동북으로 이동하여 서역 지역은 공백으로 남아 토번 세력이 쉽게 이 지역으로 들어왔다. 서역을 통괄하던 기미부주의 안서와 북정의 도호부는 정원 3년(787년)과 정원 6년(790년) 전후로 토번에 함락되었다.

당제국이 설치한 기미부주의 특징은 변방 이민족들에 대해 당 조정의 법령에 복종하고 조공을 바치며 당제국의 군사 활동에 협조하는 조건으로 자신들의 풍속과 방식대로 관할 지역을 통치할 수 있도록 허락을 받았다. 기미부주는 '변주'(邊州)라고도 불렀는데 정식 행정 주와는 달랐다. 또한 기미부주와 번국(藩國)과는 달라서 당 조정과는 명확히 예속 관계가 있었다. 이러한 예속 관계는 다음과 같은 조항에 잘 나타나 있다.

첫째, 각 기미부주의 도독과 자사는 당나라 중앙 정부의 책명에 의해 관직의 인끈을 부여받은 후에야 정식으로 자기 종족을 통치할 수 있는 합법적인 권력을 취득할 수 있었다. 도독과 자사가 죽으면 그 후손이 당 조정의 책봉을 받아 관직을 계승하였다. 또한 각 부주는 반드시 당나라 중앙정부의 법령을 집행해야만 했다.

둘째, 당나라 중앙정부의 군사 활동에 협조하여야 했다. 각 기미부주는 당나라 중앙정부에 협조할 의무가 있어서 번국 병사는 동원될 수 있었다. 예를 들면 고창을 평정하는 군사 가운데 돌궐, 계필 병사가 수만 명이나 있었고, 개원 초에 돌궐의 묵철이 반란을 일으켰을 때 북정도독부 관할하의 번국의 병사 25만 명이 동원되었다.

셋째, 조공을 바쳐야 했다. 이러한 조공은 정치적 관계와 세금이라는 성격의 두 가지 의미가 있었다.

기미부주 설치로 다음과 같은 결과를 낳았다.

첫째, 변방의 이민족들과 정치적 교류가 빈번하게 이루어졌다. 변방 이민족 사신이 당나라에 자주 왔는데 천보와 광덕 연간에 서역 각 이민족들이 장안에 체류하며 조공을 바치는 등 무려 4천여 명에 달했다고 한다. 당나라도 자주 사신을 파견하였다. 정관 연간에 당태종은 각 이민족 추장들의 추대를 받아 천가한(天可汗)으로 추앙받았다.

둘째, 변방의 안정을 꾀하여 사회 발전을 촉진시키고 경제 번영을 이룩하였다. 각 기미부주의 자사의 권력도 확대되어 그들의 정치와 경제 권력이 날로 증가하여 점차 관할 토지, 산림과 하류를 점유하고 자신의 농노, 부곡(部曲)을 보유하여 장기적으로 세습 통치를 할 수 있었다. 또한 막북(漠北) 지역은 정관 연간 때 설연타를 평정하고 기미부주를 설치한 후에 철륵의 각 부족의 사회, 경제가 현저하게 발전하였다. 당 조정이 서역을 통일한 후에는 사회 생산력이 회복되어 발전하였다. 각 이민족 지역의 수공업이 발달하였다.

셋째, 문화 교류도 쌍방으로 이루어졌다. 서역 지역은 당 중앙정치와의 관계가 강화되면서 당나라 각 분야의 문화가 전파되었다. 서역 돌궐의 중심지 가운데 하나였던 쇄엽 유적지에서 당나라 중원의 풍격과 유사한 연꽃무늬 와당과 연주 문양 와당이 발굴되어 중원 문화의 변방 지역에의 전파와 영향을 보여준다. 동시에 서역의 음악, 춤, 회화, 체육, 잡기 등이 대량으로 중원에 유입되어 각 문화가 교류하고 융합되어 새로운 당나라 문화를 형성하였다.

그러나 이러한 기미정책은 병폐를 낳기도 하였다. 기미부주는 기미정책의 산물로 이민족으로 이민족을 다스리는 결과를 초래하여 민족 간의 대립과 분열을 조장하였다. 안사의 난 때 숙종은 회흘 병사를 동원하여 발한나 병사와 기타 서역 각국의 병사의 반란을 평정하였다. 회흘의 가한은 태자 엽호와 정예 병사 4천 명을 봉상에 파견하여 당나라 군대와 합세하도록 했고, 우전국 왕 위지승은 군사 5천 명을 이끌고 당나라를 구원하였다. 지덕 2년(757년)에 각 이민족 정예 병사와 광평왕(廣平王)이 통솔하는 삭방군 모두 15만 명이 봉상을 출발하여 반란의 주력군을 격파하였다. 반란이 평정된 후에 동원된 이민족 군사에 대한 보상이 당 조정에 큰 부담이 되었고, 또한 동원된 이민족 병사들이 장안에서 약탈을 감행하여 중원의 한족 백성들에게 커다란 고통을 안겨주었다. 또 의종 함통 9년에 계주(桂州), 지금의 계림의 주둔병이 반란을 일으켰을 때 서돌궐의 별종인 사타부(沙陀部)의 원조를 받아서 방훈(龐勛)를 죽이고 난을 평정하였는데, 당 조정은 사타부의 추장 주사적심(朱邪赤心)에게 이국창(李國昌)을 하사했는데 이 이창국은 함통 11년(870년)에 진무(振武)절도사가 되었고 자신의 아들과 함께 건부 5년(878년)에 난을 일으켰다.

당제국의 이러한 기미정책으로 중앙정부와 각 이민족은 정치 관계를 유지하고 동시에 빈번한 경제 교류를 하였다. 호시는 그 가운데 가장 중요한 경제 교류의 형식이었다.

호시는 변방과 내륙의 정부가 주도하는 대외무역 시장 기구로 당 조정은 소부시(少府寺)에서 각 관할부에 호시감을 파견하였다. 호시의 품목으로 중원의 중앙정부가 이민족에게서 얻은 것은 말, 낙타, 노새, 소와 양이었는데 대종이 말이었다. 변방 이민족들은 비단, 찻잎과 양식을 당나라에서 얻었다. 그러나 관영 주도의 호시는 오히려 당 조정의 기미부주 주변의 이민족들의 경제 수단으로 정치적 색채를 띠었다. 당 조정의 관영 주도 호시는 다음의 두 가지였다.

첫째, 당제국 중앙정부와 이민족 정권 사이의 관 주도의 호시이다. 대표적인 예가 안사의 난 이후에 당나라와 회흘의 견마 무역이다. 당 조정의 전략적 수요 때문이다. 토번 세력의 방어를 위해 북쪽으로는 회흘과 화친을 맺고, 남쪽으로는 운남과 통하며, 서쪽으로는 대식, 천축과 동맹을 맺어서 토번을 고립시키는 정책을 펼쳤다. 회흘과 대규모의 견마 호시를 개설하는 것이 바로 북쪽으로는 회흘과 화친을 맺는 방법이었다.

둘째, 당 조정의 또 다른 관방 무역은 소위 조공 무역이다. 이러한 호시를 조공 호시라고 부르는데, 조공은 정치적인 예속 관계를 동반하는 특수한 세금을 받는 형식이다.

기미 수단의 하나가 된 호시는 이민족의 당제국 중앙정부와의 예속 관계를 강화하는 수단이 되었다. 그러나 호시는 다른 방면에서 경제 수단이 되기도 하였다. 이러한 정책의 영향으로 외국, 특히 아랍 지역의 사신과 상인이 해상 실크로드를 통해 당제국의 동남 해안 지역으로 들어와 정치 관계 및 통상 무역 활동을 진행하면서 빈번한 교류가 이루어지고 외국의 물질 및 문화가 중국에 유입되었고, 이러한 외국에서 들어온 박래품은 중국의 경제, 사회와 문화에 커다란 영향을 끼쳤던 것이다.

당제국 중앙정부는 외국과의 우호적인 외교 왕래와 상업적 교역 활동의 수요에 맞춰 수도 장안에 전문적인 접대와 관리 기구를 설치하였고, 동남 해안 지역의 주요 항구에는 시박사를 두어 외국 상선의 박래품에 대한 관리를 담당하게 하였다.

중앙정부의 대외 외교 및 무역 담당 기구는 주객사(主客司), 홍려시(鴻臚寺), 사방관(四方館)과 예빈관(禮賓館)이었다. 주객사는 상서성 예부에 속했고, 황성 내 상서성 도당(都堂) 동쪽에 위치하였다. 소수민족과 외국의 사신의 알현을 책임졌고, 각 이민족 수령이 죽은 후 그 자손의 계승에 대한 작위 수여를 담당했다. 홍려시는 황성 주작문 서쪽에 있었다. 종3품의 경(卿) 1명, 종4품의 소경(少卿) 2명과 기타 관직 여러 명을 두었다. 전객령(典客令)은 외국과 소수민족 사신의 조공, 연회, 영접과 전송 등의 일을 맡았다. 사방의 소수민족과 외국의 사신은 홍려객관(鴻臚客館)에서 묵었다. 목종 장경 원년(821년)에 태화공주(太和公主)가 회흘(回鶻)에 시집을 갈 때 회흘의 영접 사절단이 573명이 묵기도 하였다. 당제국의 정부는 이를 위해 매년 양식 1만 3천 곡(斛)을 내어 접대비용으로 충당했다. 또한 홍려시에는 전문 통역관을 배치하여 통역을 담당하게 하였다. 이외에도 사방관(四方館)을 황성 승천가(承天街) 서쪽 중서성 서쪽에 설치하였다. 사이(四夷), 즉 동이(東夷), 북적(北狄), 남만(南蠻)과 서융(西戎)의 사신 접대 일을 담당했다. 예빈관은 홍려시에 속했고 장흥방(長興坊) 북쪽에 있었다. 소수민족과 외국의 사신 또는 손님을 접대하는 일을 맡았다. 이밖에 태복시(太僕寺), 장작감(將作監) 등을 설치하여 돌궐의 가한과 회흘의 사절단을 영접하도록 하기도 하였다.

당제국 경내에는 많은 외국인이 거주하였다. 장안성에는 돌궐, 회흘,

토번, 서역의 여러 나라뿐만 아니라 멀리는 아랍과 페르시아 등지의 이민족들도 살았다. 외국인의 거주 원인은 첫째, 이미 한족으로 귀화한 이민족들이다. 당왕조 이전부터 이미 중원에 이주하여 살아온 사람들이다. 장안성 장수방(長壽坊)에 거주한 위지경덕(尉遲敬德), 영평방(永平坊)의 수나라 부마도위(駙馬都尉) 위지안(尉遲安), 가회방(嘉會坊)의 수나라 태보(太保) 오국공(吳國公) 위지강(尉遲剛) 등은 북위(北魏) 때 이주해온 우전 사람들이다. 영순(永淳) 원년(682년)에 장안성 사저에서 죽은 유격장군(遊擊將軍) 강마가(康磨伽)는 북주(北周) 때 이주해온 서역의 강국(康國) 사람이다. 선천원년(712년)에 장안성 대천복사(大薦福寺)에서 원적한 법장(法藏)은 성이 강씨(康氏)이고 조상은 강국 사람이다.

둘째, 당대에는 변방 이민족의 투항한 수령, 장군이나 귀족과 같은 고위층 인사와 부락민 등 수많은 사람들이 장안성에 이주해와 살았다. 정관 4년(630년)에 돌궐 힐리가한이 투항한 후에 귀화한 돌궐인이 장안에 1만 가구나 되었고, 천보(天寶) 연간 초에 장안성의 인구가 30여만 호였는데, 덕종(德宗) 때 관중(關中)의 이민족 상황은 동관(潼關)의 서쪽, 농산(隴山)의 동쪽, 부방(鄜坊)의 남쪽, 종남산(終南山)의 북쪽 10여 주(州)의 땅에 이미 수십 만여 가구가 살아 그 수는 이미 3분의 1을 차지할 정도로 많았다.

셋째, 인질로 숙위를 맡아 장안에서 오래 살았다. 정관 10년(636년)에 토욕혼이 아들을 인질로 파견하고, 개원15년(727년)에 거란의 수령이 그의 아들을 인질로 보냈다. 장안에 거주한 지 오래되면 대개는 본국으로 돌려보냈지만 아사나사이(阿史那社爾)의 경우는 돌궐의 처라(處羅)가한의 차남인데 정관 10년 이래로 좌효위대장군을 제수 받고 북문의 숙위를 맡았다가 영휘 6년(655년)에 장안에서 죽었는데 장안에 산 지 20년이나 되었다. 이밖에 이민족 수령이 장안에 온 후에 귀국하지 않은 경우도 있다. 소륵(疏勒)의 왕 배규(裴糾)는 무덕(武德) 연간에 내조하고 응양(鷹揚)대장군에 임명되었으며 천산군공(天山郡公)에 봉해졌는데 장안에 머물고 본국으로 되돌아가지 않고 장안 사람이 되었고, 또 우전국의 왕 위지승(尉遲勝)이 안사의 난 때 군사 5천 명을 이끌고 와서 당나라를 도와 반란군 평정한 후에 숙위로 남기를 청하여 장안성 수행방(修行坊)에서 살았다.

다섯째, 전쟁에서 공을 세워 장안에 남았다. 안사의 난 때 당 조정은 회흘 병사의 도움으로 장안과 낙양을 수복할 수 있었다. 반란이 평정된 후에 공을 세운 회흘족은 장안에 남게 되었는데 천 명은 되었다.

여섯째, 사신으로 장안에 왔다가 길이 막혀 장안에 오랫동안 살게 되었다. 대종(代宗) 초에 토번이 하서주랑 지역을 점령하자, 천보 연간 이래로 안서(安西), 북정(北庭)도호부의 주사(奏事)와 서역의 사신이 모두 4천여 명이나 되었는데, 귀로가 막혀 장안에 40여 년을 살았다. 이들 이민족들은 오랫동안 장안에 살며 결혼을 하여 자식을 낳고 돈을 벌어 밭과 저택을 구매하였으며 편안하게 살며 귀국하지 않았다. 덕종 정원 3년(787년)에 당 조정은 그들이 회흘에게 길을 빌리거나 해로로 귀국하도록 했는데 일부 귀국을 원치 않는 자가 있어 홍려시에서 직위를 수여하고 봉록을 주어 당나라의 신하로 삼았으므로 귀국을 원하는 이민족은 한 명도 없었다.

일곱 번째, 국학에 입학하였기 때문에 장안에 있게 되었다. 당제국 주변 국가의 유학생이 장안의 국학에서 공부하였는데, 토번에 문성공주가 시집을 온 후에 토번 왕의 아들이 장안에 와서 국학에서 공부를 하였다. 발해 또한 여러 차례 유학생을 파견하여 장안의 태학에서 중국의 고금의 제도를 공부하였다. 정관 연간에는 고구려, 백제, 신라, 고창, 토번의 왕이나 수령의 아들을 파견하여 국학에서 공부를 하였는데 그 수가 8천여 명이나 되었다.

일곱 번째, 종교 전도를 위해 장안에 왔다. 당대 서역 지역의 불교, 요교, 마니교, 이슬람교, 경교 등 각종 종교 전도사가 중원에 들어와 포교 활동을 전개했다. 서역의 불교 승려 승가대사(僧伽大師)는 하국(何國) 사람으로 오랫동안 포교 활동을 하다가 경룡(景龍) 4년(710년)에 천복사에서 원적했다. 현수대사(賢首大師) 법장은 강국 사람으로 선천 원년(712년)에 천복사에서 원적했다. 각종 종교의 사원도 장안성 곳곳에 세워졌다. 의녕방(義寧坊)의 파사호사(波斯胡寺)는 대진사(大秦寺)라고도 했는데, 정관 12년(638년)에 대진국(大秦國) 전도사 아라본(阿羅本)의 요청으로 세워진 사원이다. 요사(祆祠)는 보녕방(普寧坊), 포정방(布政坊), 정공방(靖恭坊), 예천방(醴泉坊), 십자가(十字街) 등 다섯 곳에 세워졌다. 천보 원년(742년)에 숭화방(崇化坊) 사저에서 죽은 서역 사람 미살보(米薩寶)는 요교의 신도였다. 무종 회창 불교 탄압 때, 대진교(大秦教)와 요교 승려 2천 명도 환속시켰다.

여덟 번째, 상인으로 장안에 왔다. 당제국 당시에 서역 사람은 장사에 능하기로 유명했다. 강국 사람은 장사를 잘하여 작은 이익도 다투었으며 남자 나이 스물이 되면 멀리 있는 나라를 오고 가며 이익이 있는 곳이면 가지 않는 곳이 없었다고 한다. 이러한 서역의 호상(胡商)은 장안에서 자산을 증식시켜 저택을 지었는데, 장사에서 이익은 모두 그들에게 돌아갔다. 장안의 서시에는 호상이 경영하는 호점(胡店) 파사저(波斯邸)가 많았다. 장안성 가운데 호상의 수가 가장 많아서 대종 대력 연간에 장안의 호상이 적을 때도 2천여 명에 달했다고 한다. 호상이 장안성에 살면서 이민족의 생활습관과 풍속이 한족에게 큰 영향을 끼쳤다. 호삼(胡衫), 호모(胡帽)와 같은 호복(胡服)이나 호병(胡餅), 서역의 술 등은 장안에 크게 유행했다. 특히 개원과 천보 연간에 장안성에는 호풍(胡風)과 호속(胡俗)이 성행하여 호화(胡化) 풍조가 농후했다.

한나라 이래로 서역과 교통하여 서역의 여러 나라들의 특유한 음악, 음식, 기예(技藝) 등 다방면의 문물이 중국에 계속적으로 수입되었는데, 당대에 이르러 외국과의 교류가 더욱 빈번해졌다. 서역의 소무구성(昭武九

姓) 음악이 전래되었고, 춤도 호선무(胡旋舞), 호등무(胡騰武)와 자지무(柘枝舞)와 같은 대표적인 서역의 춤이 전래되어 유행하였다. 기예 방면에서는 페르시아의 폴로라는 격국(擊鞠)이 서역을 거쳐 중국에 전래되었고, 아랍의 쌍육(雙六)도 전래되었다. 포도주, 소병(燒餠), 설탕 등 외국의 음식과 호복(胡服)도 당시의 귀족들 사이에 유행하였다. 생활 방면에서 당나라 사람들은 일정 부분 호화(胡化)되었다.

당대에 외래 종교도 큰 몫을 차지했다. 당나라 초에 서방의 요교(祆教), 경교(景教)의 승려들과 이후에 이슬람의 회교도들이 중국에 오고, 또 현장과 같은 중국의 불교 승려가 인도로 유학을 가서 구법 활동을 전개하였다. 한반도와 일본의 불교 승려들도 유학생 신분이나 견당사로 파견되어 중국에서 불교를 공부하였다. 불교는 당대 이전에 전래되었지만 당대에 크게 발전하여 일부 종파는 당대에 창설되어 유행하였다. 요교, 즉 배화교(拜火教)는 남북조시대 말기에 전파되어 당대에 이르러 장안과 낙양 등지에 사원을 세웠다. 마니교(摩尼教), 회교(回教), 경교 등도 전래되어 활발한 종교 활동을 전개하였다. 마니교는 교의가 본질적으로 현실 세계를 부정하였기 때문에 중국에 전래된 이후로 하층민 사이에 유행하였다.

천축(天竺)과 불름(拂菻)의 의학도 당대에 소개되어 장생술(長生術)도 상당히 유행하였는데 천축으로부터 선약(仙藥)이 전래되고, 특히 인도의 안과(眼科) 의술과 불름, 즉 비잔틴제국의 외과와 안과 의술이 뛰어나 중국에 영향을 끼쳤다.

중국에서 외국으로 수출된 상품 가운데 비단과 도자기가 주류를 이루었다. 비단이 외국으로 수출되는 길에는 두 가지가 있었다. 하나는 육상 실크로드로 강거(康居), 지금의 사마르칸트 지역으로 통하는 길이고, 다른 하나는 해상 실크로드로 인도양의 항구들을 거쳐 서방으로 가는 해로였다. 당시 비단의 주요 고객은 로마와 페르시아 사람으로 서역의 호상(胡

商)과 인도양의 상선(商船)을 통해 판매되었다. 중개무역의 막대한 이익 때문에 페르시아와 서돌궐의 충돌이 불가피해졌고, 20여 년에 걸친 동로마와 페르시아의 전쟁이 발생하였으며, 아라비아제국의 흥성이라는 결과를 낳기도 하였다. 도자기는 당대에 이르러 가장 발달된 수공업이 되었고, 중국의 주요 해외 수출품이었다. 한반도와 일본은 물론 동남아시아, 인도양, 아랍과 멀리는 아프리카의 이집트와 동부 해안 지역에까지 수출되었다.

중국의 전장(典章)과 같은 문물제도가 한반도, 일본, 토번, 남조와 서역에까지 걸쳐 전파되었고, 중국의 학문을 배우기 위해 외국 유학생들이 중국에 들어와 국학을 공부하였다. 중국의 서예도 외국인이 귀하게 여겼는데 구양순(歐陽詢), 유공권(柳公權) 등을 가장 존경하였다.

현종 천보 10년(751년)에 아랍과의 탈라스 전투 이후 중국의 종이 제조 기술이 사마르칸트를 거쳐 서방에 전해졌다. 종이는 후한의 화제(和帝, 89년~105년) 때 발명되어 위진 시기에 이르러 서역에도 전해졌는데, 당군의 포로 가운데 종이 제조 기술공이 있어 사마르칸트에 종이 제조 공장이 세워지고 종이를 만들었다. 이후에 이러한 기술이 아랍인에 의해 유럽에 전해져 12세기에 이르러 유럽의 각국은 종이를 제조하기 시작하였던 것이다.

외국의 수많은 박래품과 문물들이 중국에 전해졌고, 이러한 박래품과 외국 풍습 가운데 일부 사치품과 마구와 같은 스포츠는 궁중에 유행하였고, 마술, 도박 등은 일반 중국인의 삶에도 큰 영향을 끼쳤던 것이다.

여러 국가와의 중복 교류를 잘 보여주는 예는 일본 나라 도다이지 쇼소인에 수장되어 있는 「나전자단오현비파」(螺鈿紫檀五絃琵琶)의 장식품을 통해 알 수 있다. 낙타 등에 올라탄 호인(胡人)이 비파를 연주하는 모습을 나전으로 장식하였는데 이것은 실크로드를 통해 비파가 중국에 전래된 역

나전자단오현비파(螺鈿紫檀五絃琵琶). 일본 나라 도다이지 쇼소인 소장 당대 비파.

사를 보여준다. 그러나 이 비파는 서역에서 전해진 것이 아니라 중국에서 만들어졌는데 장식용으로 사용된 나전은 남해(南海)에서 생산된 야광패(夜光貝)로 만들어졌고, 호박은 미안마에서 생산된 것이며 자단은 간발(桿撥), 즉 현을 타는 픽(pick)을 만드는데 사용되었다. 장적(張籍)의 「궁사」(宮詞)에 "황금 기둥이 자단으로 만든 비파바탕에 달렸고, 줄을 당겨 연주하니 음이 높네"라고 했다. 각국의 보물뿐만 아니라 외국의 문화가 비파에 융합되었고 이러한 박래품으로 만든 악기 연주를 시인이 듣고 시로 창작하여 당제국 문화의 수용과 창조, 더 나아가 외국으로의 전파를 통해 당제국의 활발한 외국과의 문화 교류의 면모도 엿볼 수 있다.

쇼소인에 수장되어 있는 동경 가운데 「구면나전경」(九面螺鈿鏡)이 있는데 남해에서 생산되는 야광패, 동남아시아의 호박, 특히 미안마의 홍호박과 아랍의 보석, 아프가니스탄의 남보석(藍寶石)이 하나로 융합된 진귀한 유물이다. 길상의 상징인 입에 가지를 물고 있는 새와 애정의 상징인 원앙새, 중국 특유의 청룡, 백호, 주작, 현무 네 마리의 동물이 새겨져 있다. 여러 나라의 진귀한 보석을 사용하여 중국의 도안을 장식하여 당나라의 수공예술의 수준을 나타냈다. 이러한 공예품을 통해서도 당제국의 다문화 사회의 역동적인 힘을 느낄 수 있는 것이다. 당제국 사회의 각 방면을 통해 외국 문화의 유입과 중국 문화의 창조 그리고 그러한 중국 문화의 외국으로의 전파로 이어지는 과정을 살펴보았고, 당제국이 대외 개방을 통해 정치 안정, 경제의 발전과 번영 그리고 문화의 창조와 다양성을 이룩하는 과정을 확인할 수 있었다.

그러나 문호 개방을 통한 번영이라는 정책이 지닌 치명적인 단점이 당제국 말경에 나타났다. 개방은 선택적이고 제한적이어야 했다. 황제를 포함한 중앙정부의 정책 입안과 실행을 담당한 고위관리로 구성된 중심 문화의 견고한 토대 위에서 개방이라는 선택은 제한적일 수밖에 없었다. 중심 문화의 형성과 지탱은 황제의 통치 이념과 능력에서 비롯되는데 만약 황제가 권위를 상실하거나 도덕적으로 타락하여 통치 능력을 상실할 경우 토번, 남조와 같은 외국과의 전쟁이나 안록산과 황소와 같은 사회적 반란으로 인해 제국은 무너질 수밖에 없는 것이다. 다수 국민들의 선택에 의해 통치 권력을 부여받지 않았기 때문에 황제의 개인적인 무능과 통치에 대한 무관심은 제국 경영에 치명적이었다. 안록산과 같은 기미정책으로 변방을 지키는 최고 장수가 당제국의 중심을 대신했기 때문에 전국적인 대혼란을 초래했고, 황소의 난을 평정하기 위한 외국 군대의 용병은 결국 장안성의 약탈과 방화라는 큰 대가를 치렀다. 주변 문화가 중심의 중앙 정부로 대체되었기 때문에 불가피한 개방은 당제국의 멸망을 초래하는 요소가 되었다. 황제가 중심이 된 당제국의 중심 문화는 황제가 무능하고 부패하면 기미정책으로 변방을 책임진 외국인 장수에게는 반란을 통한 정권 탈취의 기회가 되고 약탈을 통한 개인적 치부의 첩경이 되었다.

당제국은 개원과 천보 연간, 즉 713년부터 756년 동안은 가장 번영한 시기였다. 그러나 천보 연간 755년에 안록산의 난이 발생하여 쇠퇴하기 시작했다. 안록산의 난이 당제국의 쇠퇴의 근본 원인이었다. 안사의 난이 평정된 이후에도 그 잔존 세력이 완전히 소멸되지 않고 점차 군벌화되어 갔다. 안록산과 사사명 세력의 부장이 당정부에 귀순해도 처벌하지 않았고 오히려 관찰사 관직을 부여하였다. 반란 초기에 안록산의 부하인 평로진장(平盧鎭將) 유객노(劉客奴), 왕현지(王玄志), 동태(董泰) 등이 당 조정에 항복하였지만 당 조정은 유객노를 평로절도사에 임명하고 안록산에 대항하도록 했다. 후에 왕현지가 유객노를 죽이자, 당 조정은 왕현지를 평로절도사에 임명하였고, 왕현지가 죽자 군사들이 진장인 후희일(侯希逸)을 받들어 당 조정은 그를 절도사에 임명하였다. 보응 원년(762년)에 후희일은 2만 명을 이끌고 남하하여 청주(靑州), 지금의 산동 익도(益都)에 와서 그 지역을 차지했는데, 당 조정은 그를 치청(淄靑)절도사에 임명하여 황하 이남에서 최강의 번진이 되었다.

대종이 즉위할 때 사조의가 실패하자, 안록산과 사사명의 부장 설숭(薛嵩), 장충지(張忠志), 전승사(田承嗣), 이회선(李懷仙)이 당 조정에 항복하고 당 조정은 이들에게 절도사 관직을 부여하였다. 후희일이 영태 원년(765년)에 부장 이회옥(李懷玉)에게 축출되자, 당 조정은 이회옥을 다시 절도사로 삼고 정기(正己)라는 이름을 하사하였다. 이들 절도사들은 안록산, 사사명의 남은 무리들로 점차 당제국의 적이 되었다. 이들은 모두 호인(胡人) 아니면 호화(胡化)가 많이 된 한인들로 이회선은 해인(奚人), 이회옥은 호인, 이정기는 고구려인, 후희일은 모친이 고구려인, 전승사와 설숭은 호화된 한인이었다.

절도사는 자기가 관할하는 지역에서 스스로 관리를 위임할 수 있고 군대를 확충시키며 세금을 부과하고 징수하였는데 중앙정부는 조금도 간섭하지 않았다. 번진 가운데 전승사가 가장 강했다. 이정기는 지금의 산동 서부와 남부로 넓혀, 모두 15개 주를 관할하고 또한 강한 군사 10만 명을 보유하게 되었다. 대력 14년(779년)에 전승사가 죽고 그의 조카인 전열(田悅)이 계승하여 번진의 세습이 처음으로 이루어졌다. 전열은 이정기와 연합하여 당 조정에 반란을 일으켰다. 이때 이정기가 죽고 그의 아들 이납(李納)이 전열과 연합하였다. 치청절도사 이납은 덕종 정원 연간 때 죽고, 그의 아들인 이사고(李師古)에게 계승되었다. 원화 원년(806년)에 이사고가 죽고, 이사고의 계모 소생인 동생 이사도(李師道)를 옹립하였다. 원화 14년(819년)에 이사도는 그의 부하 유오(劉悟)에게 살해당하고 치청은 평정되었다. 이정기 이래로 그의 후손들이 54년 동안 할거하던 지금의 산동 일대인 치청절도사 통치 지역이 완전히 평정되었다.

헌종이 번진을 평정한 이후에 부흥의 기미를 보였지만 당 조정은 환관의 전권과 당쟁의 격화로 혼란에 빠졌다. 당 조정은 안사의 난 이후에 중앙정부의 세금 수입을 대부분 동남 지역에 의지하였는데 의종 때 남방에서 반란이 일어나 이 지역의 경제가 파괴되어 중앙 정부의 수입에 큰 영향을 미쳤고 정권도 흔들리기 시작했다. 의종 함통 원년(860년)에 절강 지역에서 구보(裘甫)가 관리의 학대를 받고 난을 일으켰다. 함통 9년에 계주(桂州), 지금의 계림의 주둔병이 반란을 일으켰다. 12세에 즉위한 희종 때 절서(浙西)절도사 조은(趙隱)의 부장 왕영(王郢)이 전공에 대한 상이 박하여 반란을 일으켰다. 희종 건부 원년(874년)에 산동 사람 왕선지(王仙芝)가 난을 일으키고 하북, 하남, 산동, 회남 일대를 장악했고, 광명 원년(880년)에 황소는 낙양을 점령하고 장안에 입성하자 황제가 사천 성도로 피난하였다. 이러한 계속된 반란으로 당제국은 무너지기 시작한 것이다.

당제국 후기에 접어들면서 번영의 상징이었던 장안성은 파괴되었다. 장안성의 변천을 통해 당제국의 흥망성쇠를 살펴보고, 당제국 초기의 대외 개방정책이 번영의 원동력이었지만 무슨 이유로 당제국이 안록산과 황소의 난과 같은 반란에 휩싸이면서 멸망의 길로 접어들게 되었으며 제국의 번영을 지속시킬 수 있는 정책이 무엇인지에 대해 고찰하기로 하자.

첫째, 황제의 도교 신봉과 환관의 전횡 때문에 장안성이 크게 파괴되었다. 개원 18년(730년)에 당현종은 도교를 숭상하면서 명을 내려 장락방(長樂坊) 서남쪽의 원래 사농사(司農寺) 자리에 흥당관(興唐觀)을 건립하게 했는데 궁궐의 전각을 허물어 여기에서 얻은 건축 재료를 사용하도록 윤허했다. 그래서 흥경궁(興慶宮)의 통건전(通乾殿)을 허물어 천존전(天尊殿)을 세우고, 대명궁의 감천전(甘泉殿)을 허물어 노군전(老君殿)을 세우도록 했다. 이 두 전각은 명칭에서 볼 수 있듯이 전형적인 도교와 관련이 깊다. 『신당서』 권207, 「어조은전」(魚朝恩傳)에 의하면 대력 2년(767년)에 환관 어조은은 황제의 총애를 받기 위해 장안성 동쪽의 통화문(通化門) 밖에 장경사(章敬寺)를 세워 대종의 모친 장경태후(章敬太后)의 복을 대신 빌고자 하였는데, 목재가 부족하게 되자 황제의 허가를 받아 곡강(曲江)과 화청궁(華清宮), 관공서, 고관의 저택의 건축물을 허물어 비용 걱정을 덜었다고 하였다. 이것은 당제국 후기 환관의 횡포의 한 예인데, 이 사원의 전각 수가 4,139여 칸에 건축물이 48동이나 되었던 것으로 보아 장안성 파괴의 심각성을 알 수 있다.

둘째, 이민족의 약탈 때문이었다. 『자치통감』 권223의 기록에 의하면 광덕 원년(763년)에 토번이 장안에 침입하자 대종이 협주(陝州)로 도주하고 무인일(9일)에 토번이 장안에 들어갔고, 부고(府庫)와 저자와 마을을 사납게 약탈하고 민간의 집에 불을 놓아 장안 안이 쓸쓸하게 텅 비었다고 하였다. 광계(光啓) 원년(885년) 정월에 희종이 황소의 난을 피해 촉 땅으로 피난하였다가 장안으로 돌아왔다. 그러나 이 해 12월에 사타(沙陀)가 장안을 압박하자, 전영자(田令孜)가 희종을 모시고 봉상(鳳翔)으로 몽진하였다. 희종 광명 원년(880년)에 황소의 난으로 장안을 점령하였던 초기에 장안성은 파괴되지 않았다. 그러나 관군이 적을 무찌른다고 하면서 재물을 다투느라고 서로 공격하고, 방화를 일삼아 궁궐과 시내 건물들은 10에 6, 7은 불탔다. 『구당서』, 「희종기」(僖宗紀)의 기록에 희종이 장안으로 돌아왔을 때 장안은 궁궐이 쓸쓸하고 잡초가 무성해졌다고 하였다.

셋째, 장안성은 방진(方鎭) 군벌 세력의 각축장이 되어 장안성이 크게 재앙이 되었다. 소종(昭宗) 건녕(乾寧) 3년(896년) 7월에 봉상절도사 이무정(李茂貞)이 진격하여 경사(京師) 장안을 압박하자, 소종이 화주(華州)로 도주하고, 『자치통감』 권260에 이무정이 마침내 장안에 진입하여 희종(喜宗) 때인 중화(中和) 이래 수리, 보수하였던 궁실과 시내 상점들을 모두 불태워 없앴다고 하였다. 천복(天復) 원년(901년) 10월에 주전충(朱全忠)이 대량(大梁), 지금의 개봉에서 군사를 일으켜 곧 장안에 도착한다는 소식을 들은 환관 한전회(韓全晦)가 이계균(李繼筠), 이언필(李彦弼) 등과 결탁하여 군사를 궁전 앞에 늘어놓고 소종을 위협하여 말하였다. "주전충이 대규모 군사를 데리고 장안을 압박하고, 천자를 위협하여 악양으로 행차하게 하고 선양하도록 요구하려고 합니다. 신 등은 청컨대 폐하를 받들고 봉상으로 행차하여 군사를 수습하여 그들에게 항거하도록 하게 해주십시오." 소종은 허락하지 않고 검을 쥐고 걸교루(乞巧樓)에 올랐다. 『신당서』 권208, 「한전회전」(韓全誨傳)에 한전회 등이 황제를 위협하여 누각을 내려가게 하여, 황제의 행보가 겨우 수춘전(壽春殿)에 이르렀는데, 이언필이 이미 천자와 황후, 왕비들이 거처하는 어원(御院)에 불을 놓았다고 하였다. 당시에 황제 곁에는 신하가 없었고 곁에서 시중드는 사람조차 없었다고 한다. 『자치통감』 권262에 "황후, 비빈들, 여러 왕 100여 명과 함께 모두 말에 오르니, 통곡하는 소리가 끊이지 않았고, 소종이 문을 빠져나와 궁전을 바라보니 화염은 이미 맹렬하였다"라고 하였다. 이처럼 여러 차례 방화로 장안성은 더욱 파괴되었다. 그러나 장안성의 파괴는 당시에 주전충(朱全忠)으로 개명한 주온(朱溫)에 의해 자행되었다. 천복(天復) 원년(901년)과 3년(903년)에 최윤(崔胤)은 주온의 병력을 빌려서 환관을 주살하였는데, 주온은 이미 이무정을 깨뜨리고, 관중을 삼키게 되니 위엄이 천하에 떨치게 되었고, 드디어 찬탈의 뜻을 갖게 되었다. 천우(天祐) 원년(904년)에 주온은 소종을 압박하여 낙양으로 천도하게 하고 장안성을 철저하게 파괴했다. 주온은 장안성 주민까지 낙양으로 옮기고, 장안 궁실과 백관의 관부 그리고 민간인이 거처하는 곳을 헐어서 그들의 목재를 가져다가 위수(渭水)에 띄워 황하를 따라서 내려보내니, 장안은 이때부터 드디어 빈터가 되었다. 『구당서』, 「소종기」(昭宗紀)에 당시 장안성 백성들은 통곡하였는데 한 달여를 그치지 않았다. 진(秦) 땅 사람이 길가에서 크게 욕을 하며, "매국노 최윤이 주온을 불러들여 사직을 기울게 했으니 우리가 이 지경에 이르게 되었다. 하늘이여! 하늘이여!"라고 했다고 하였다.

『자치통감』의 기록에 주온은 하남과 하북의 여러 진(鎭)의 정장(丁匠) 수만 명을 발동하여 장안의 재화를 운송하게 하고, 동도 낙양의 궁실을 수리하게 하였지만, 황제가 도착한 화주의 백성들이 길 양쪽에 늘어서서 만세를 부르자 눈물을 흘리며, "만세를 부르지 말라, 짐은 더 이상 너희들의 수군이 아니다. 짐이 오늘 떠돌아다니다가 끝내 어느 곳에 떨어질지 모르겠다"라고 말했고, 이어서 눈물이 흘러내려 옷깃을 적시자, 좌우에 있던 사람들은 우러러 볼 수 없었다고 하였다. 천우(天祐) 원년(904년)에 주온은 군사를 이끌고 서쪽의 빈주(邠州)의 양숭본(楊崇本)과 기주(岐州)의 이무정(李茂貞)을 토벌하려 하였는데, 황제는 뛰어난 기개를 가지고 있어서 궁중에서 변고가 발생하게 될 것을 두려워하여 어린 군주를 옹립하여 손쉽게 선양하고 황제 자리를 대신하려고 꾀하였다. 천우 2년에 토지의 신에게 제사를 지내는 사일(社日)에 주온은 소종의 여러 아들을 초대해서 구곡지(九曲池)에 술자리를 마련하였는데, 술이 거나하게 취하자 그들을 모두 목 졸라서 죽이고 시신을 연못에 내던졌다고 한다. 천우 4년(907년)에 주온은 애제(哀帝)를 폐위시키고 자립하여 변경(汴京)에 수도를 정하고 국호를 양(梁)이라고 하였는데 역사에서는 후량(後梁)이다.

주온과 더불어 당나라 사회를 전란에 빠뜨려 큰 혼란을 조성한 이극용은 사타족(沙陀族) 사람으로 한쪽 눈이 멀어 독안용(獨眼龍)이라고 불렸다. 부친 주사적신(朱邪赤心)은 의종 때 이국창(李國昌)이라는 이름을 하사받았다. 중화(中和) 3년(881년)에 황소의 난을 진압하라는 명령을 받들어 하동(河東) 절도사가 되어 황소의 군대를 추격해 변주(汴州)를 지나다가 주온과 충돌한 후에 서로 싸웠다. 광계 원년(885년)에 왕중영(王重榮)과 함께 장안에 진격하여 방화하고 노략질을 일삼자 희종이 도주하였다. 대순(大順) 원년(890년)에 주온에게 패하고, 후에 이무정과 함께 반란을 일으켜 진왕(晉王)에 봉해졌으나 천복 2년(902년)에 주온에게 패한 후에는 세력이 약화되었다. 그의 아들 이존욱(李存勗)이 후량을 멸망시키고 후당(後唐)을 건립하였다.

당제국 정부의 대외 개방정책으로 중원에 들어온 외국인이 당대 사회에 커다란 영향을 끼쳤다. 당제국의 개방과 창조는 다문화 사회로 접어든 우리나라의 정부시책과 사회구성원의 태도와 자세에도 롤 모델이 될 것이다. 과거 왕조의 적극적인 대외 개방정책을 통해 변방을 안정시키고 외국의 문화를 수입하며 이를 바탕으로 정치적 안정과 경제적 번영을 이룩하고 자신만의 독특한 문화를 창조하며 더 나아가서는 이를 외국으로 전파 및 역수출을 하였던 당제국의 번영과 부흥을 타산지석으로 삼아야 할 것이다. 아울러 우리들은 당제국의 흥망성쇠를 통해 중심 문화의 견고한 정체성 확보와 철저한 선택적 개방이야말로 제국의 영속성과 지속적인 번영을 보장받을 수 있다는 교훈을 얻었다.

참고문헌

1. 기본 문헌 및 번역서(서명 가나다순)

ㄱ

『開元天寶遺事 安祿山事迹』, 中華書局, 2008.

『經行記箋注』, 杜環 撰, 張一純 箋注, 中華書局, 2006.

『계원필경집』, 이상현 옮김, 한국고전번역원, 2010.

『古今注』, 崔豹 撰, 焦杰 校點, 遼寧教育出版社, 1998.

『고운집』, 이상현 옮김, 한국고전번역원, 2009.

『고운최치원선생문집』, 고운최치원선생문집중간위원회, 1982.

『高僧傳』, 熊琬 編, 時報文化出版社, 1985.

『高適詩集編年箋注』, 劉開揚 箋注, 中華書局, 1996.

『教坊記』, 崔令欽 撰, 『中國古典戲曲論著集成』(1), 中國戲劇出版社, 1959.

『廣群芳譜』, 張虎剛 點校, 河北人民出版社, 1989.

『廣雅疏證』, 王念孫 撰, 上海古籍出版社, 1983.

『국역中國正史朝鮮傳』, 國史編纂委員會, 1986.

『舊唐書』, 劉昫 等撰, 中華書局, 1998.

ㄴ

『낙양가람기』, 양현지 지음, 서윤희 옮김, 눌와, 2001.

『洛陽泉志』, 范振安, 霍宏偉, 蘭州大學出版社, 1999.

『南部新書』, 錢易 撰, 黃壽成 點校, 中華書局, 2002.

『南齊書 · 梁書 · 南史外國傳譯註』, 동북아역사재단 편, 동북아역사재단. 2010.

『南村輟耕錄』, 陶宗儀 撰, 文灝 點校, 文化藝術出版社, 1998.

『南海寄歸內法傳校注』, 義淨 撰, 王邦雄 校注, 中華書局, 1995.

ㄷ

『唐國史補』, 李肇 撰, 上海古籍出版社, 1979.

『당국사보』, 이상천 역주, 學古房, 2006.

『唐代墓志匯編』, 周紹良 主編, 上海古籍出版社, 1992.

『唐代傳奇小說選』, 沈旣濟 等撰, 丁範鎭 譯, 汎學圖書, 1981.

『唐大詔令集』, 宋敏求 編, 中華書局, 2008.

『唐大和上東征傳』, 眞人元開 著, 汪向榮 校注, 中華書局, 2000.

『唐六典』, 李林甫 撰, 陳仲夫 點校, 中華書局, 2008.

『唐詩記事』, 計敏夫, 上海古籍, 1987.

『唐詩紀事箋校』, 王仲鏞 著, 巴蜀書社, 1989.

『唐兩京城坊考』, 徐松 撰, 張穆 校補, 方嚴 校點, 中華書局, 1985.

『唐語林校證』, 王讜 撰, 周勛初 校證, 中華書局, 2008.

『唐五代筆記小說大觀』, 丁如明, 李宗爲, 李學穎 等校點, 上海古籍出版社, 2000.

『唐律疏義新注』, 錢大群 撰, 南京師範大學出版社, 2007.

『唐太宗全集校注』, 吳雲, 冀宇 校注, 天津古籍出版社, 2004.

『大唐西域記』, 玄奘法師, 權德周 譯, 일월서각, 1983.

『大唐西域求法高僧傳校注』, 義淨 原著, 王邦維 校注, 中華書局, 2004.

『大唐西域記校注』, 季羨林 校注, 中華書局, 1990.

『大唐新語』, 劉肅, 中華書局, 1986.

『大唐新語譯注』, 劉肅 撰, 何正平, 王德明 編著, 廣西師範大學出版社, 1998.

『大正大藏經』, 東京, 大藏經刊行會, 1990.

『道里邦國志』, 伊本, 胡爾達茲比赫 著, 宋峴 譯注, 中華書局, 2001.

『東觀秦記』, 裴庭裕 撰, 中華書局, 2006.

『東南亞佛教研究』, 大乘文化出版社, 1988.

『東史綱目』, 安鼎福 著, 朝鮮古書刊行會 編, 景仁文化社, 1975.

『杜牧集系年校注』, 吳在慶 校注, 中華書局, 2008.

『杜詩詳註』, 仇兆鰲, 臺北, 漢京文化事業有限公司, 1984.

『杜詩詳注』, 仇兆鰲 注, 上海古籍出版社, 1979.

『杜梁雜編』, 蘇鄂 撰, 中華書局, 1958.

『登科記考』, 徐松 撰, 趙守儼 校點, 中華書局, 1984.

『登科記考補正』, 徐松 撰, 孟二冬 補正, 北京燕山出版社, 2003.

ㅁ

『明皇雜錄』, 鄭處誨 撰, 田廷柱 點校, 中華書局, 2006.

『夢溪筆談』, 심괄 지음, 최병규 옮김, 범우사, 2002.

『文選』, 蕭統 選, 李善 注, 商務印書館, 1974.

『文苑英華』, 李昉 等奉敕編, 『文淵閣四庫全書』(1336冊~1343冊), 臺灣商務印書館.

ㅂ

『白居易集箋校』, 朱金城 箋校, 上海古籍出版社, 1988.

『백거이의 신악부 50수와 진중음 10수』, 金喆洙 역주, 백산출판사, 2007.

『樊川文集』, 杜牧 著, 陳允吉 校點, 上海古籍出版社, 1978.

『法苑珠林』, 釋道世 著, 周叔迦 蘇晉仁 校注, 中華書局, 2003.

『法顯傳校注』, 章巽 校注, 中華書局, 2008.

『本草綱目』, 劉衡如, 劉山永 校注, 華夏出版社, 2009.

『封氏聞見記』, 封演 撰, 張耕 注評, 學苑出版社, 2001.

『封氏聞見記校注』, 封演 撰, 趙貞信 校注, 中華書局, 2005.

『北史外國傳譯註』, 동북아역사재단 편, 동북아역사재단. 2010.

ㅅ

『史記』, 司馬遷 撰, 裴駰 集解, 司馬貞 索隱, 張守節 正義, 中華書局, 1997.

『史記列傳』, 丁範鎭 외 옮김, 까치, 1995.

『三國遺事』, 이병도 역주, 明文堂, 1992.

『삼국사기신강』, 강무학 역해, 청화, 1985.

『三國志』, 陳壽 撰, 裴松之 注, 中華書局, 1998.

『三國志』, 陳壽 著, 김원중 옮김, 신원문화사, 1995.

『三國志 · 晉書外國傳譯註』, 동북아역사재단 편, 동북아역사재단, 2009.

『三輔黃圖校注』, 何清谷 校注, 三秦出版社, 1998.

『서경잡기』, 劉歆 지음, 葛洪 엮음, 김장환 옮김, 예문서원, 1998.

『세설신어』, 劉義慶 撰, 劉孝標 注, 金長煥 譯注, 살림, 2000.

『釋名疏證補』, 王先謙 撰集, 上海古籍出版社, 1984.

『蘇萊曼東游記』, 劉半農, 劉小蕙 譯, 中華書局, 1937.

『蘇門答剌古國考』, Gabriel Ferrand, 馮承鈞 譯, 中華書局, 2002.

『宋高僧傳』, 贊寧 撰, 中華書局, 2006.

『宋元筆記小說大觀』, 上海古籍出版社, 2001.

『水經注』, 酈道元 著, 史念林 等 注, 華夏出版社, 2000.

『隋唐嘉話』, 劉餗 著, 程毅中 校點, 中華書局, 1979.

『隋書』, 魏徵 等撰, 中華書局, 1998.

『食療本草譯注』, 孟詵 原著, 張鼎 增補, 鄭金生, 張同君 譯注, 上海古籍出版社, 2007.

『新唐書』, 歐陽修 宋祁 撰, 中華書局, 1998.

『新修本草』, 蘇敬 等撰, 安徽科學技術出版社, 2004.

『新增東國輿地勝覽』, 明文堂, 1959.

『신편 고려사』, 신서원, 2001.

『十國春秋』, 中華書局, 1983.

ㅇ

『阿拉伯波斯突厥人東方文獻輯注』, Gabriel Ferrand 編, 耿昇, 穆根來 譯, 中華書局, 2001.

『樂府詩集』, 郭茂倩, 中華書局, 1979.

『樂府雜錄』, 段安節 撰, 『中國古典戲曲論著集成』(1), 中國戲劇出版社, 1959.

『安祿山事迹』, 姚汝能 撰, 曾貽芬 校點, 上海古籍出版社, 1983.

『顏氏家訓集解』, 王利器 注, 臺北, 漢京文化事業有限公司, 1983.

『慵齋叢話』 成俔 撰, 南晩星 譯, 大洋書籍, 1973.

『兩京新記輯校』, 韋述 撰, 辛德龍 輯校, 三秦出版社, 2006.

『兩漢魏晉南北朝正史西域傳要注』, 余太山, 上海古籍出版社, 2005.

『歷代名畵記』, 張彦遠, 韓放 主校點, 京華出版社, 2000.

『歷代名畵記』, 장언원 지음, 조송식 옮김, 시공사, 2008.

『역주당육전』, 김택민 주편, 신서원, 2005.

『역주유양잡조』, 단성식 저, 정환국 역, 소명출판사, 2011.

『嶺外代答校注』, 周去非 著, 楊武泉 校注, 中華書局, 2006.

『影印標點韓國文集叢刊』, 259책, 경인문화사, 2000,

『嶺表錄異』, 劉恂, 廣東人民出版社, 1983.

『往五天竺國傳』, 李錫浩 譯, 乙酉文化史, 1974.

『往五天竺國傳箋釋』, 慧超 原著, 張毅 箋釋, 中華書局, 2006.

『왕유詩全集』, 박삼수 역주, 현암사, 2008.

『王玄策事輯』, 馮承鈞, 中華書局, 1957.

『王玄策使印度記』, S. Levi, 馮承鈞 譯, 中華書局, 1957.

『魏書外國傳譯註』, 동북아역사재단 편, 동북아역사재단. 2010.

『元稹集編年箋注』, 楊軍 箋注, 三秦出版社, 2002.

『元和郡縣圖志』, 李吉甫 撰, 賀次君 點校, 中 華書局, 2008.

『越南歷代疆域』, 陶維英, 商務印書館, 1973.

『酉陽雜俎』, 段成式 著, 杜聰 校點, 齊魯書社, 2007.

『酉陽雜俎』, 段成式 著, 方南生 校點, 中華書局, 1981.

『酉陽雜俎』, 段成式 撰, 臺北, 源流出版社, 1983.

『劉禹錫選集』, 吳汝煜 選注, 齊魯書社, 1989.

『劉禹錫詩文選注』, 吳鋼, 張天池, 三秦出版社, 1987.

『劉禹錫集箋證』, 瞿蛻園 箋證, 上海古籍出版社, 1989.

『類編長安志』, 駱天驤 著, 黃永年, 三秦出版社, 2006.

『陸宣公奏議』, 臺灣商務印書館, 1969.

『李白全集編年注釋』, 安旗 主編, 巴蜀書社, 1992.

『李白集校注』, 瞿蛻園 朱金城 校注, 上海古籍出版社, 1980.

『李太白全集』, 王琦 注, 中華書局, 1995.

『日本書紀』, 田溶新 譯, 一志社, 1990.

『一切經音義』, 慧琳 撰, 上海古籍出版社, 1986.

『入唐求法巡禮行記』, 圓仁 撰, 顧承甫, 何泉達 點校, 上海古籍出版社, 1986.
『入唐求法巡禮行記』, 圓仁 지음, 申福龍 번역, 주해, 정신세계사, 1991.
『入唐求法巡禮記』, 潘平 釋譯, 臺灣 佛光文化事業有限公司, 1998.

ㅈ

『資治通鑒』, 사마광 지음, 권중달 옮김, 삼화, 2009.
『岑參集校注』, 陳鐵民 侯忠義 校注, 上海古籍出版社, 2004.
『齊東野語』, 周密 撰, 高心露 外 校點, 齊魯書社, 2007.
『齊民要術』, 賈思勰 撰, 石聲漢 今譯, 中國商業出版社, 1984.
『齊民要術』, 繆啓愉, 繆桂龍 撰, 上海古籍出版社, 2006.
『諸蕃志校釋』, 趙汝適 原著, 楊博文 校釋, 中華書局, 1996.
『全唐文』, 董誥 等編, 上海古籍出版社, 2007.
『全唐詩』, 彭定球 等編, 中華書局, 1992.
『全唐詩補編』, 陳尙君 輯校, 中華書局, 1999.
『貞觀政要』, 吳兢 지음, 정애리시 옮김, 昭林, 2000.
『조선불교통사』, 이능화, 동국대학교불교문화원 편찬, 동국대출판부, 2010.
『朝野僉載』, 張鷟 撰, 趙守儼 校點, 中華書局, 1979.
『周禮』, 池載熙, 李俊寧 解譯, 자유문고. 2002.
『周禮鄭注』, 鄭玄 注, 臺北, 新興書局. 1976.
『周書 · 隋書外國傳譯註』, 동북아역사재단 편, 동북아역사재단, 2010.
『周易』, 十三經注疏本, 藝文印書館, 1984.
『周易』, 南晩星 譯解, 成均書館, 1976.
『中日文化關係史論』, 周一良 著, 廣西人民出版社, 1990.
『中華古今注』, 馬縞 撰, 李成甲 校點, 遼寧教育出版社, 1998.
『眞臘風土記校注』, 夏鼐校注, 中華書局, 2000.
『진랍풍토기』, 동국대 전자불전, 문화재콘텐츠연구소 편, 백산자료원, 2007.
『集異志』, 薛用弱 撰, 中華書局, 1980.

ㅊ

『冊府元龜』, 王欽若 等撰, 『四庫全書』(文津閣本), 1988.

『冊府元龜』, 王欽若 等編, 12冊, 中華書局, 1982.

『楚辭校釋』, 王泗原, 人民教育出版社, 1990.

『初學記』, 徐堅 等輯, 韓放 主校點, 京華出版社, 2000.

『崔文昌侯全集』, 성균관대학교 출판부, 1972.

『崔致遠全集』(1)(四山碑銘), 崔英成 譯註, 亞細亞文化社, 1998.

『崔致遠全集』(2)(孤雲文集), 崔英成 譯註, 亞細亞文化社, 1999.

『青莊館全書』, 李德懋, 『影印標點韓國文集叢刊』, 259책, 景仁文化史, 2000.

ㅌ

『태평광기』, 李昉 等 모음, 김장환 외 옮김, 학고방, 1988.

『太平御覽』, 李昉 等撰, 中華書局, 1998.

『吐魯番出土文書』, 文物出版社, 1987.

『通典』, 杜佑 撰, 王文錦 外 點校, 中華書局, 2007.

ㅎ

『漢書』, 班固 撰, 顔師古 注, 中華書局, 1997.

『漢書列傳』, 班固, 안대회 편역, 까치, 1997.

『漢語景教文典詮釋』, 翁紹軍 校勘 · 注釋, 三聯書店, 1996.

『韓昌黎文集校注』, 馬其昶校注, 上海古籍出版社, 1998.

『夾注名賢十抄詩』, 釋子山, 上海古籍出版社, 2005.

『夾注名賢十抄詩』, 釋子山, 國學振興硏究推進委員會 編, 韓國學中央硏究院, 2009.

『혜초의 왕오천축국전』, 정수일 역주, 학고재, 2006.

『華陽國志譯注』, 常璩 原著, 汪啓明, 趙靜 譯注, 吳迪 外 校訂, 四川大學出版社, 2007.

『後漢書』, 范曄 撰, 中華書局, 1998.

『淮南子』, 李錫浩 譯, 세계사, 1994.

Samuel Beal, *Travels of Fah-hsian and Sung-yun, Buddhist Pilgrims, from China to India(400 A. D. and 518 A. D.)*, London, 1869.

James Legge, *A Record of Buddhistic Kingdom, being an Account by the Chinese Monk Fa-hsien of his Travels in India and Ceylon(A. D. 399~414)*, Oxford, 1886.

H. A. Giles, *The Travels of Fa-hsian(399~414 A. D.) Or Record of the Buddhistic Kingdoms*, Cambridge, 1923.

Yi Jing: Buddhist Pilgrim Monks of Tang Dynasty. tr. Dutt S. London, 1952.

2. 논저(서명 가나다순)

ㄱ

『감은사지발굴조사보고서』, 김재원, 을유문화사, 1961.

『鑒眞東渡』, 許鳳儀, 上海人民出版社, 2000.

『季羨林文集』, 江西教育出版社, 1996.

『古代南海地名匯釋』, 陳佳榮, 謝方, 陸峻嶺, 中華書局, 2002.

『고대한중교유시』, 이충양, 고려대학교 출판부, 2010.

『高麗名賢集』, 성균관대학교 출판부, 1986.

『古絲綢之路樂舞文化交流史』, 金秋, 上海音樂出版社, 2002.

『孤雲先生文集』(上)(桂苑筆耕集), 崔濬玉 編著, 孤雲先生文集編纂會, 1972.

『孤雲先生文集』(下)(詩賦序表狀啓碑銘記讚頌文傳), 崔濬玉 編著, 孤雲先生文集編纂會, 1973.

『固原南郊隋唐墓地』, 羅豐, 文物出版社, 1996.

『昆侖及南海古代航行考』, 馮承鈞 譯, 中華書局, 2002.

『交廣印度兩道考』, Pelliot, 馮承鈞 譯, 中華書局, 2003.

『耕耘論叢』, 洛陽文物局, 科學出版社, 1999.

『果樹史話』, 農業出版社, 1983.

『金明館叢稿初編』, 陳寅恪, 上海古籍出版社, 1980.

ㄴ

『洛陽陶俑』, 俞凉亘, 周立, 北京圖書館出版社, 2005.

『南方草木狀』, 嵇含 撰, 廣東科技出版社, 2009.

『藍色絲路漫記』, 陳瑞統, 北岳文藝出版社, 2003.

『論唐代文化對日本文化的影響』, 李寅生 著, 巴蜀書社, 2001.

ㄷ

『唐代景教再研究』, 林悟殊, 中國社會科學出版社, 2003.

『唐代科擧與文學』, 傅璇琮, 陝西人民出版社, 1986.

『唐代工商業』, 張澤咸, 中國社會科學出版社, 1995.

『唐代九姓胡與突厥文化』, 蔡鴻生, 中華書局, 2001.

『唐代金銀器研究』, 齊東方, 中國社會科學出版社, 1999.

『唐代對外開放初探』, 萬亞光, 黃山書社, 1998.

『唐代文化』, 李斌城, 中國社會科學出版社, 2002.

『唐代城市經濟研究』, 肖建樂, 人民出版社, 2009.

『唐代城市生活長卷』, 黃新亞, 湖南人民出版社, 2006.

『唐代揚州史話』, 李廷先, 江蘇古籍出版社, 2002.

『唐代飮食文化初探』, 陳偉明, 中國商業出版社, 1993.

『唐代衣食住行』, 黃正建, 首都師大出版社, 1998.

『唐代長安與西域文明』, 向達, 河北教育出版社, 2002.

『唐代的外來文明』, 謝弗(Edward H. Schafer) 著, 吳玉貴 譯, 中國社會科學出版社, 1995.

『唐都長安』, 張永祿, 三秦出版社, 2010.

『唐史研究叢稿』, 香港新亞研究所, 1969.

『唐三彩』, 閻存良, 三秦出版社, 2001.

『唐宋時期黃河流域的外來文明』, 毛陽光 · 石濤 · 李婉婷, 科學出版社, 2010.

『唐詩食品詞語語言與文化之研究』, 閆艷, 巴蜀書社, 2004.

『唐新羅教育文化交流之研究』, 吳曾尹, 復旦大學 博士論文, 1996년.

『唐五代史選集』, 黃進德 選注, 上海古籍出版社, 1995.

『唐五代社會政治史研究』, 戴顯群, 黑龍江人民出版社, 2008.
『唐與新羅文化關系研究』, 黨銀平, 中華書局, 2007.
『唐人風俗』, 王家廣, 陝西人民出版社, 1993.
『唐帝國的精神文明: 民俗與文學』, 程茜 董乃武, 中國社會科學出版社, 1996.
「당태종 소릉을 통해서 본 당제국의 다문화사회」, 이해원, 『한국학연구』, 제41집, 2012. 6. 30.
『大唐壁畵』, 唐昌東, 中國陝西旅游出版社, 2005.
『大食 · 西域與古代中國』, 馬建春, 上海古籍出版社, 2008.
『陶瓷之路』, 三上次男 著, 李錫經 譯, 文物出版社, 1984.
『敦煌舞樂線描集』, 史敦宇·金洵瑨 繪, 甘肅人民美術出版社, 1984.
『敦煌畵の研究』(圖像篇), 松元榮一, 東方文化學院東方研究所, 1937.
『동남아 미래의 국가 미얀마』, 양승윤 등, 한국외국어대학교출판부, 1999.
『東文選』, 徐居正, 民族文化刊行會, 1994.
『東史綱目』, 경인문화사, 1987년.
『두보: 시와 삶』, 이병주 지음, 민음사, 1993.

ㅁ

『文明交往論』, 彭樹智, 陝西人民出版社, 2002.

ㅂ

『拍案驚奇』, 凌濛初 著, 章培恒 整理, 王古魯 注釋, 上海古籍出版社, 1985.
『佛教大辭典』, 任繼愈 編, 江蘇古籍出版社, 2002.

ㅅ

『絲路古港:從合浦起航』, 梁旭達, 廣西人民出版社, 2009.
『絲路文化 · 草原卷』, 劉迎勝, 浙江人民出版社, 1995.
『絲瓷之路:古代中外關系史研究』(1), 余太山, 李錦秀 主編, 商務印書館, 2011.
『絲瓷之路與西域文化藝術』, 常任俠, 上海文藝出版社, 1981.
『絲綢之路與文明的對話』, 中國中外關系史學會 · 暨南大學文學院 編, 新疆人民出版社,

2007.
『絲瓷之路體育文化論集』, 中華書局, 2005.
『西市寶典』, 胡戟 主編, 陝西師範大學出版社, 2009.
『西域南海史地考證匯輯』, 馮承鈞, 中華書局, 1957.
『塞種史研究』, 余太山, 中國社會科學出版社, 1992.
『陝西新出土唐墓壁畫』, 韓偉, 張建林 主編, 重慶出版社, 1998.
『昭陵文物精華』, 陝西人民美術出版社, 1991.
『消失的太陽: 唐代都市生活長卷』, 黃新亞, 湖南出版社, 2006.
『소암 권오성 박사 회갑기념음악학논고』, 민속원, 2000.
『隋唐考古』, 제동방 著, 文物出版社, 2009.
『隋唐生活撮影』, 畢寶魁 編著, 沈陽出版社, 2002.
『隋唐時代西域人華化考』, 桑原騭藏, 上海, 中華書局, 1939.
『隋唐兩京坊里譜』, 楊鴻年, 上海古籍出版社, 1999.
『隋唐五代史綱』, 韓國磐, 人民出版社, 1977.
『隋唐五代社會生活史』, 李斌城 等, 中國社會科學出版社, 1977.
『신라인의 실크로드』, 신형식 외, 백산자료원, 2002.
『新修本草』, 蘇敬 等 撰, 尙志鈞 輯校, 安徽科學技術出版社, 2005.
『神韻與輝煌:陝西歷史博物館國寶鑑賞』(唐墓壁畵卷), 冀東山, 三秦出版社, 2006.
『神韻與輝煌:陝西歷史博物館國寶鑑賞』(金銀器卷), 冀東山, 三秦出版社, 2006.
『실크로드미술』, 권영필, 열화당, 2004.

ㅇ

『我國果樹歷史的研究』, 辛樹幟, 農業出版社, 1983.
『阿拉伯波斯突厥人東方文獻輯注』, 費瑯 編, 耿昇, 穆根來 譯, 中華書局, 2001.
『아랍』, 文淑英, 悅話堂, 1976.
『아시아음악의 이해』, 전인평, 중앙대학교 출판부, 2005.
『偃師杏園唐墓』, 中國社會科學院考古研究所 編著, 科學出版社, 2001.
『沿着古代中亞的道路』, Mark Aurel Stein, 巫新華 譯, 廣西師範大學出版社, 2008.
『與猶堂全書』, 『影印標點韓國文集叢刊』本, 경인문화사, 2002.

『遊戲競技與娛樂: 中古社會生活透視』, 王永平, 中華書局, 1977.
『이백의 삶과 문학』, 이해원 지음, 고려대학교 출판부, 2002.
『日中文化交流史』, 木宮泰彦, 胡錫年譯, 商務印書館, 1980.
『日中佛教友好二千年史』, 道瑞良秀, 商務印書館, 1992.

ㅈ

『長城國際學術硏討會論文集』, 吉林人民出版社, 1995.
『재당 신라인사회 연구』, 권덕영 지음, 일조각, 2005.
『正倉院』, 韓昇, 上海人民出版社, 2007.
『正倉院 소장품과 統一新羅』, 崔在錫, 一志社, 2004.
『제국의 미래』, 에이미 추아 지음, 이순희 옮김, 비아북, 2008.
『朝鮮漢文學史』, 金台俊 著, 張璉瑰 譯, 社會科學文獻出版社, 1996.
『中古中國與外來文明』, 榮新江, 三聯書店, 2001.
『中國古代航海史』, 孫光圻, 海洋出版社, 1989.
『中國古瓷在非洲的發現』, 孟凡人, 馬文寬, 紫禁城出版社, 1987.
『中國南洋交通史』, 馮承鈞 撰, 上海古籍出版社, 2005.
『中國對外貿易史』, 沈光耀, 廣東人民出版社, 1985.
『中國陶瓷史』, 葉喆民, 三聯書店, 2006.
『중국도자사연구』, 방병선 지음, 景仁文化社, 2012.
『中國舞蹈史』(隋唐五代部分), 王克芬, 文化藝術出版社, 1987.
『중국무용사』, 왕극분 著, 차순자 譯, 동남기획, 2002.
『中國文物精華大辭典』, 「陶瓷卷」, 上海辭書出版社, 香港商務印書館, 1995.
『中國民族史』, 王桐齡, 吉林出版集團有限責任公司, 2010.
『中國密敎史』, 呂建福, 中國社會科學出版社, 1995.
『中國佛教』 第2輯, 上海東方出版社, 1982.
『中國石窟與文化藝術』, 溫玉成, 上海人民美術出版社, 1993.
『中國市舶制度史研究』, 鄭有國, 福建教育出版社, 2004.
『中國詩와 詩人』, 이병한 외 22인 공저, 사람과책, 1998.
『中國與亞非州文化交流志』, 沈福偉, 上海人民出版社, 1988.

『中國歷史大辭典』(隋唐五代史), 上海辭書出版社, 1995.

『中國印度見聞錄』, 穆根來, 汶江, 黃倬漢 譯, 中華書局, 2001.

『中國雜技史』, 傅起鳳, 傅騰龍, 上海人民出版社, 1989.

『중국중세사회로의 여행』, 페어뱅크 저, 조성을 옮김, 한울, 1991.

『中國通史』, 傅樂成 著, 辛勝夏 譯, 宇鐘社, 1974.

『中國航海史』(古代航海史), 彭德淸 主編, 人民交通出版社, 1988.

『中國海關史話』, 姚梅琳 編著, 中國海關出版社, 2005.

『中西交通史料匯編』, 張星烺, 中華書局, 2003.

『中西文化交流史』, 沈福偉, 上海人民出版社, 1988.

『中外文化交流史』, 周一良 主編, 河南人民出版社, 1987.

『中外文化交流史』, 何芳川 主編, 國際文化出版公社, 2008.

『中越關系史論文集』, 文史哲出版社, 1992.

『中印文化關係史論叢』, 季羨林, 人民出版社, 1957.

『中印文化交流史話』, 薛克翹, 商務印書館, 1998.

『中日關系史資料滙編』, 汪向榮, 夏應元 編, 中華書局, 1984.

『中華國寶:陝西珍貴文物集成』(唐三彩卷), 李炳武, 陝西人民教育出版社, 1998.

ㅊ

『泉州港與古代海外交通』, 文物出版社, 1982.

『7~14世紀中日文化交流的考古學硏究』, 葚嵐, 中國社會科學出版社, 2001.

ㅌ

『泰國史散論』, 廣西人民出版社, 1994.

『泰國古代史地叢考』, 黎道綱, 中華書局, 2000.

『터키사』, 이희수 지음, 대한교과서주식회사, 2007.

ㅎ

『河南唐三彩與唐墓靑花』, 科學出版社, 2007.

『한국고대음악사연구』, 송방송, 일지사, 1992.

『韓國禪教史』, 忽滑快天, 朱謙之 譯, 中國社會科學出版社, 1995.

『漢唐西域與中國文明』, 林梅村, 文物出版社, 1998.

『漢唐外交制度史』, 黎虎, 蘭州大學出版社, 1998.

『解讀長沙窯』, 劉美觀, 文物出版社, 2006.

『夾注名賢十抄詩』, 釋子山, 上海古籍出版社, 2005.

『胡商胡騰舞與入華中亞人』, 張慶捷. 北岳文藝出版社, 2010.

『華南與東南亞相關民族』, 民族出版社, 2004.

『和風堂文集』, 柳存仁, 上海古籍出版社, 1991.

S. A. M. Adshead, *T'ang China: The Rise of the East on World History*, New York: Palgrave Macmillan, 2004.

Charles Benn, *China's Golden Age: Everyday Life in the Tang Dynasty*, Oxford University Press, 2002.

D. Devahuti, *Harsha: A Political Study*, Oxford Univ. Press, London,1970.

Michael Sullivan, *Studies in the Art of China and South-East Asia*, Vol. Ⅱ. London, The Pindar Press, 1992.

Major F. B. Pearce, *Zanzibar: The Island Metropolis of Eastern Africa*, London, T. Fisher Unwin.

Antonino Forte, *The Hostage An Shigao and His Offspring*, Kyoto, 1995.

Antonino Forte, *Political Propaganda and Ideology in China at the End of the Seventh Century*, Naples: Instituto Universititario Orientale, Seminario di Studi Asiatici, 1976.

E. M. Warmington, *The Commerce Between the Roman Empire and India*, South Asia Books, 1995.

Neville Chittick, *Manda: Excavations at An Island on the Kenya Coast*, British Institute in Eastern Africa, 1984.

F. B. Eldridge, *The Background of Eastern Sea Power*, Melbourne: Georgian House, 1945.

Marcus Bingenheimer, *A Bibliographical Dictionary of the Japanese Student-*

Monks of the Seventh and Early Eighth Centuries, München, Ludicium-Verlag, 2001.

G. F. Hudson, *Europe and China*, London, 1931.

E. G. Brawn, *A History of Persia*, London, 1920.

찾아보기

ㄴ

ㄹ

ㅁ

ㅅ

ㅇ

ㅊ

ㅌ

ㅋ